近代台湾の経済社会の変遷

——日本とのかかわりをめぐって

馬場　毅
許　雪姫
謝　国興
黄　英哲
編

東方書店

本論集は、
中央研究院台湾史研究所と愛知大学東亜同文書院大学記念センターと
東方書店との提携出版である。

序文

二〇一一年に台湾・中央研究院台湾史研究所は、同研究院の支持をいただいた三年研究計画に着手した。テーマは「戦後台湾の歴史における多元的な象嵌《ぞうがん》（訳注　はめ込み）及び主体の創造」というもので、その下には一三の分計画と一つの総計画があり、歴史・法律・経済・文学の四つの分野の研究者で組成されたグループがそれぞれの計画を担当する。すなわち、政治参与グループ（三名、研究テーマは、国家試験を例にしての外来政権と台湾の地元人材の登用の探究と、農会・水利会から見た政権交替と台湾の地方エリートの流動及び、台湾関係の人脈を中心にした戦後の台日間の政治経済面での関係の再建と発展への考察）、法律史グループ（三名、「内地の延長」から「自主的な継承」までの法律の現代化と、台湾の現代国家法における人的集団を分類しうるメカニズムやその法律の現代化及び、台湾の現代司法官の職業としての様相やその名声の個人の生涯での選択）、文化グループ（四名、「台湾文学」から「中国文学」へとしての、戦後台湾文学の新秩序の生成と構造の重層化及び、郷土の文学運動と文学解釈共同体の構造について、そこでのエスニックグループや歴史への記憶に対する検証から「戦後」の意義を問うこと及び、一九三〇―一九八七年の台湾人の精神像について、台湾百貨公司の歴史〈一九三〇―二〇〇〇〉からその功能と消費社会への体現を考察すること）、経済グループ（三名、戦後台湾の民営企業の伝承・発展と転換から台日の経済交流の再建と変遷を、三井物産の『在台商務百年史』から戦後台湾の金融体制の再建と発展をそれぞれ検討）の四組である。

日本統治時代の中後期から一九九〇年以前までは断絶もあるが、台湾の歴史的経験を時間の序列上から考察することで、同じ時空のもとで各種の異なる面が内側で関連しあって時代性を掌握する重要な手段となることがまさに望まれる。そして、各方面で長期間関連しあってきた継続性と断絶性から、事象の脈略が整理されることによって、変転の探査に重点的関心が払われることになる。換言すれば、戦前と戦後を跨ぐことを通じて、日本の統治と民国の統治とで異なる政権の歴史性を視野に入れ、学問分野を超えた総合的探究によって異なる面から内側へと連繋することで、多方面の文化がどのように象嵌され、主体の創造がどのようになされたかを現出させることで、今にあたって台湾が自らの歩みで未来へ向うことができるであろう。

この一三の分計画では、私は愛知大学の黄英哲教授に加入をお願いし、その中の一つを取り仕切っていただいた。計画の進行が二年目に入り、過去一年来の研究成果を精査し、外部との研鑽を行うにあたり、黄教授は私に、愛知大学東亜同文書院大学記念センターと共同すれば、台日関係や台湾を研究している学者を招いて、同じ場所で競い合うことが必ずできると提案して下さった。このことを私と分計画の各リーダーとで討議した結果、皆が賛成することになった。日本側の学者は黄英哲教授が責任を持って招聘して下さり、二〇一二年八月四日~五日に愛知大学（訳注 名古屋校舎）でシンポジウムを開催するにいたった。

そのシンポジウムは「近代台湾の経済社会変遷―日本とのかかわりをめぐって―」と題して、六つのセクションを設けて、二〇編の論文が発表されたのであり、主な探究テーマは（一）近代台湾の経済・法制・文学と文化の変遷、（二）台湾の被植民時期及び戦後における官僚の流動と再建、（三）東亜同文会・東亜同文書院と近代の台湾・日本、（四）北部角板山のタイヤル族の戦中と戦後、の四点とした。これらの討論を通じて理解されたことは、戦前と戦後が経済・政治・文化・人員の各方面において、表面上には連続性も断裂性もあったとしても、それは絶対的なものでなく、外部からの導入を経たことで、すでに継承されていたものがさらに新しい刺激を受け、今日《こんにち》の台湾が形成されたということである。そして戦前に植民者・非植民者が築き上げた台日関係は、戦後になって新たな転換があったものの、一定の連繋が維持されたのであって、例えば台湾の中小企業と日本商社との交流や、日本台湾協会の再建といった事象は、すべて今述べたことの証しである。

この論文集を単行本にして日本で出版することに際しては、私は愛知大学東亜同文書院大学記念センター長馬場毅氏・同大学現代中国学部教授黄英哲氏にとりわけ謝意を表さなければならない。両氏は愛知大学に経費を申請して本全体の日本語への翻訳作業を進めるとともに、日本側の論文審査の責任を果たした。黄教授はさらに本書を有名な東方書店に出版の取りつぎをして下さり、以上の支援には、単なる「感謝」の語では表わしきれないものがある。台湾・中央研究院は全体の研究計画の進行と経費を支援して下さり、本書の出版が実現した原動力となった。本書を出版する前に、私は各論文を編集・作成した台・日双方の学者諸氏及び、シンポジウム開催の手配に尽力した陳雅苓氏をはじめとする助手陣にも、特別の謝意を表したい。以上、謹んで序文とする。

台湾・中央研究院台湾史研究所研究員
許雪姫（佃隆一郎訳）

序文

本書は二〇一二年八月四日と五日の二日間にわたって愛知大学東亜同文書院大学記念センターと中央研究院台湾史研究所（中央研究院の主題計画「戦後台湾の歴史における多元的な象嵌《ぞうがん》及び主体の創造」を実行中）共催による愛知大学名古屋校舎で行われた国際シンポウム「近代台湾の経済社会変遷―日本とのかかわりをめぐって―」で報告した論文により構成した（ただし、やまだあつし報告「明治農法と台湾農政―熊本農業学校の教育と卒業生の台湾農政への関与を中心に―」は、本書の編集前にすでに別の雑誌に発表されたために採録していない）。

シンポジウムは二日間にわたって、二〇の報告が行われ、それぞれ日本側の報告には台湾側のコメンテーターが、台湾側の報告には日本側のコメンテーターがコメントし、それぞれの問題意識や学術研究の蓄積にもとづく発言があり、学術交流が行われた。台湾側の報告者には、多くの日本留学経験者がおり、中には日本語で報告をした方もいて、日本の学術研究について熟知しており、また日本側も台湾側の研究についてはかなり認識しており、両者の共通の学術的プラットホームができていて、その上での議論が展開された（紙幅の関係でコメントと議論は採録していない）。

二日間の報告は、①東亜同文会・東京同文書院と近代日本・台湾、②近代台湾の法制の伝承と変容、③近代台湾文学・文化変遷、④近代台湾の経済変遷、⑤植民地・戦後における官僚の流動、⑥戦後再建の六つのセクションに分かれて行われた。その中では、法制、経済、文学・文化各分野における時系列での日本統治時代と戦後における継承と断裂、さらには日本「帝国」の影響下の台湾と満洲における官僚の空間的移動などの報告が行われた。

東亜同文書院大学記念センターは二〇一一年度より、プロジェクト「東亜同文書院大学を軸とした近代日中関係史の新たな構築」が文部科学省の私立大学戦略的研究基盤支援事業に採択され、現在、プロジェクトを推進中である。

東亜同文書院を経営していた東亜同文会は、もともと日中の学生の教育に力を入れ、日本人学生のために上海にあった東亜同文書院、中国人学生のために東京同文書院を設置し、その後中国人学生の入学者の減少後、後者の経営から手を引き、その業務は東亜同文書院中華学生部に引き継がれた。台湾の学生は日本人扱いされ、東亜同文書院に入学した。今回の国際シンポジウムの中で、東亜同文会、東亜同文書院の事業を台湾近代史の視点から照射する機会を与えられ、また東亜同文書院に入学した台湾人学生を日本と中国の関係の中での境界人としての要素を考える良い機会となった。

本シンポジウム開催にあたって、許雪姫前所長、謝国興現所長をはじめとする中央研究院台湾史研究所の先生方、さらにお忙しい中、報告、コメンテーター、司会を務められた日本国内の各大学の先生方、それから本シンポジウムの企画段階から本書の出版まで多大の尽力をされた愛知大学の黄英哲教授に対して感謝の意を表したい。本書の出版に当たって、編集作業では（株）東方書店コンテンツ事業部の川崎道雄氏に大変お世話になった。

なお本書は中央研究院台湾史研究所と愛知大学東亜同文書院大学記念センターと東方書店の提携出版である。

最後にシンポジウム当日のスケジュールを記しておく。

「近代台湾の経済社会変遷―日本とのかかわりをめぐって」

共催：愛知大学東亜同文書院大学記念センター

台湾・中央研究院台湾史研究所

中央研究院主題計画「戦後台湾歴史的多元鑲嵌与主体創造」

■八月四日（土）会場：愛知大学名古屋校舎　L七〇五教室

司会　馬場毅（愛知大学東亜同文書院大学記念センター長、現代中国学部教授）
一〇：〇〇～一〇：三〇　開会挨拶
佐藤元彦（愛知大学学長）
謝国興（中央研究院台湾史研究所研究員兼所長）
◆セクション一　東亜同文会・東亜同文書院と近代日本・台湾　一〇：三〇～一二：〇〇
司会　藤田佳久（愛知大学名誉教授）
●馬場毅（愛知大学東亜同文書院大学記念センター長、現代中国学部教授）
東京同文書院について
コメンテーター　鍾淑敏（中央研究院台湾史研究所副研究員兼副所長）
●武井義和（東亜同文書院大学記念センター研究員、愛知大学非常勤講師）
東亜同文書院で学んだ台湾人学生について
コメンテーター　許雪姫（中央研究院台湾史研究所研究員）
●佃隆一郎（東亜同文書院大学記念センター研究員、豊橋技術大学非常勤講師）
台北帝国大学から愛知大学へ
コメンテーター　黄美娥（国立台湾大学台湾文学研究所教授）
◆セクション二　近代台湾法制の伝承と変容　一三：〇〇～一四：三〇
司会　宇田川幸則（名古屋大学大学院法学研究科教授）
●王泰升（国立台湾大学法律学院教授、中央研究院台湾史研究所合聘研究員）
中華民国法制の「脱内地化」の進展と限界

●曾文亮（中央研究院台湾史研究所助理研究員）
台湾戦後権威体制下の法律上の「人群」分類及びその効果
●劉恒妏（国立台湾師範大学公民教育与活動領導学系副教授）
台湾司法における日本の要素―司法人材養成の背景を中心として
コメンテーター　鈴木賢（北海道大学大学院法学研究科教授）
◆セクション三　近代台湾文学・文化変遷　一五：〇〇～一七：〇〇
司会　松浦恒雄（大阪市立大学大学院文学研究科教授）
●陳培豊（中央研究院台湾史研究所副研究員）
郷土文学の声と大衆
コメンテーター　坪井秀人（名古屋大学大学院文学研究科教授）
●黃美娥（国立台湾大学台湾文学研究所教授）
「台湾文学」と「中国文学」の移植およびそれに関連する言語と文字の問題
―戦後初期国語運動から論ず（一九四五－一九四九）
コメンテーター　松浦恒雄（大阪市立大学大学院文学研究科教授）
●工藤貴正（愛知県立大学外国語学部教授）
台湾・厨川白村と魯迅の「生命力」・『苦悶の象徴』―民族・文化・政治・国家アイデンティティーの葛藤
コメンテーター　黃英哲（愛知大学現代中国学部教授）
●李衣雲（国立政治大学台湾史研究所助理教授）
日本統治期台湾百貨店から見た展示文化

コメンテーター　黄世輝（雲林科技大学創意生活設計学系教授）

■八月五日（日）会場：愛知大学名古屋校舎　L七〇五教室

◆セクション四　近代台湾の経済変遷　九：三〇～一一：三〇

司会　若林正丈（早稲田大学政治経済学術院教授）

●黄紹恒（国立交通大学人文社会学系教授、中央研究院台湾史研究所合聘研究員）

日本統治期台湾における三井物産商務の展開と発展

コメンテーター　やまだあつし（名古屋市立大学人文学部教授）

●謝国興（中央研究院台湾史研究所研究員兼所長）

戦後初期台湾中小企業の植民地伝承

コメンテーター　河原林直人（名古屋学院大学経済学部准教授）

●李為楨（国立政治大学台湾史研究所助理教授）

戦後初期国民政府の台湾信用組合改編の研究

コメンテーター　菊池一隆（愛知学院大学文学部教授）

●楊彦杰（中国閩台縁博物館館長）

百年魚塭（養魚池）―蔡氏源利号の養魚池経営

コメンテーター　謝国興（中央研究院台湾史研究所研究員兼所長）

◆セクション五　植民地・戦後における官僚の流動　一二：三〇～一四：三〇

司会　加納寛（愛知大学国際コミュニケーション学部教授）

●許雪姫（中央研究院台湾史研究所研究員）
日本統治期満州国における台湾人官僚―高等文官を例として
コメンテーター　三好章（愛知大学大学院中国研究科長、現代中国学部教授）
●湯原健一（愛知大学大学院中国研究科博士課程）
技術系植民地官僚の形成と交流―台湾総督府内務局長相賀照郷を手がかりとして
コメンテーター　浅野豊美（中京大学国際教養学部教授）
●やまだあつし（名古屋市立大学人文学部教授）
明治農法と台湾農政―熊本農業学校の教育と卒業生の台湾農政への関与を中心に
コメンテーター　黄紹恒（国立交通大学人文社会学系教授、中央研究院台湾史研究所合聘研究員）
●薛化元（政治大学台湾史研究所教授兼所長）
戦後初期台湾農業エリートの断絶と連続―農田水利会を例として
コメンテーター　松田吉郎（兵庫教育大学学校教育学部教授）
◆セクション六　戦後再建　一四：五〇～一五：五〇
司会　三好章（愛知大学大学院中国研究科長、現代中国学部教授）
●鍾淑敏（中央研究院台湾史研究所副研究員兼副所長）
戦後日本台湾協会の再建
コメンテーター　森久男（愛知大学経済学部教授）
●菊池一隆（愛知学院大学文学部教授）
台湾北部タイアル族の戦中戦後

コメンテーター　王泰升（国立台湾大学法律学院教授、中央研究院台湾史研究所合聘研究員）

◆総合討論　一五：〇〇～一七：一〇

司会　馬場毅（愛知大学東亜同文書院大学記念センター長、現代中国学部教授）

謝国興（中央研究院台湾史研究所研究員兼所長）

討論者：許雪姫・王泰升・黄紹恒・薛化元・陳培豊・浅野豊美

◆閉会式　一七：一〇～一七：二〇

馬場毅（愛知大学東亜同文書院大学記念センター長、現代中国学部教授）

許雪姫（中央研究院台湾史研究所研究員）

二〇一三年一一月

愛知大学東亜同文書院大学記念センター長、現代中国学部教授

馬場毅

目次

第六部　戦後再建

第一部　東亜同文会・東亜同文書院と近代日本・台湾

東京同文書院について

馬場毅

はじめに

一八九八年に東亜会と同文会が合併してできた東亜同文会（近衛《このえ》篤麿《あつまろ》会長、陸羯南《くがかつなん》幹事長）は、その綱領として「支那を保全す」「支那および朝鮮の改善を助成す」「支那および朝鮮の時事を討究し実行を期す」「国論を喚起す」を掲げた。すなわち中国の分割に反対し、「支那を保全」し、「支那の改善を助成」するとともに「朝鮮の改善を助成」することを掲げた。

そのために中国、朝鮮の時事を調査研究するとともに、世論を喚起することを重視した。

また主意書の中で、「列強隙に乗じて時局日に難なり」という認識の下で、「外その侮を禦ぐ」ために日本と清の「両国政府」が「邦交」を固くすると述べ、変法派や革命派支持ではなく、清朝政府維持を主張した（この点では東亜会ではなく同文会の主張が生かされた）。また日中両国の士大夫は上は両国政府を助け、下は商民を指導して「隣宜を善く」すべしとし、自らを日本の士大夫と位置づけている。

このように明治維新以後の日本国内の「脱亜入欧」的風潮の中で、東亜同文会はアジア主義を明確に掲げている。東亜同文会は上述した目的を実現するために、人材の育成を重視した。その場合に注目すべきは、日中両国の人材育成を行ったことである。両江総督劉坤一の協力により一九〇〇年五月に開院した南京同文書院は、二〇名前後の日本人学生とともに六月に王府園に分院を開院し、三〇名の中国人を入学させた。ところが六月、清国は義和団の動きに呼応して、北方で一一カ国の列強に対して宣戦布告をした。東亜同文会は義和団の動きの余波が長江流域に及ぶ恐れが出たため、中国人のいた南京の分院を閉鎖し、本院を上海に移し授業を継続した。その後一九〇一年五月に、日本人の人材養成機関として、上海に東亜同文書院が正式に開院した[1]。そして日本に留学にきた中国人の人材養成機関として、それ以前に設置されていた東京同文書院が担当していった。

東京同文書院については管見のかぎり正面から取り扱った研究はほとんどないという状況であるが、その中で阿部洋「在華教育態勢の構築―東亜同文会の中国人教育事業―」[2]が、東亜同文会の中国人教育事業の中で、東京同文書院について簡単にふれており、また保坂治朗「目白にあった東京同文書院」[3]は、東京同文書院について正面から取り扱った唯一の研究であり、特に柏原文太郎、潘佩珠《ファンボイチャウ》などの東京同文書院関係者とベトナム人独立運動家との関係、さらに東京同文書院ならびにそこに併設された目白中学校での教員について詳しい。また目白中学校の後継校である中央大学附属中学校・高等学校の校史である『中央大学附属中学校・高等学校「校史」―一九〇九－二〇一二―』[4]も特に目白中学校での教員に大変詳しく、参考になる。ただいずれも東亜同文会側の機関誌類などを詳細に分析して、来校した留学生、授業内容および教員の変遷などを記したものではない。

本稿では、主として辛亥革命までの日清両国の関係の中での東京同文書院の清国人学生への教育の問題と、潘佩《ファンボイ》珠《チャウ》などのベトナム人独立運動家と東京同文書院との関係について述べたい。

一、清国人学生への教育

(一) 東京同文書院の設置、義和団事件の影響

日清戦争の敗北後中国では、いち早く欧米文化を学んで近代化を進めた日本の学術を学ぶため、日本への留学の風潮が盛んになった。

東京同文書院の設立のきっかけとなったのは、一八九九年一月、近衛篤麿会長が湖広総督張之洞の依頼を受け、その孫張厚琨を華族の子弟の入学する学習院に特別に入学させ、宿舎として当時自らが務めていた貴族院議長官舎の一室を与え、日常の監督には学習院の教官一名を配し、従僕一名を付けたことであった。(5) その後東亜同文会は、五月、清国からの留学生のために寄宿舎の設置を決定し、その規則や学生監督の方法のプランを柏原文太郎に一任し、(6) 六月、東亜同文会は、清国の留学生に「日本語および普通学」を教授し、高等の学校に入るための予備の学校として東京同文書院の設置を決定した。(7) 一〇月、東亜同文会の関係していた福州東文学堂（中島真雄が関係）の学生、劉崇傑（一八歳）、林棨（一九歳）の二名が、四川提督丁鴻臣、福州船政局提調沈翊清とともに来日し、東文学堂より彼らの教育を依頼してきた。そこで彼らを収容して牛込区山吹町二九一番地に寄宿舎を開始し、ここに東京同文書院が開設された。中西重太郎が監督となり、教師四名であった。(8) この時期、張之洞の派遣した清国留学生が張之洞の幕僚である湖北留日学生監督銭恂に率いられて一〇月に第一陣四六名、一一月に第二陣三五名が来日した。それらのうち、程家檉（安徽人二四歳）、権量（湖北人二三歳）、王璟芳（湖北人二一歳）、張鴻藻（湖北人二三歳）、陸宗輿（浙江人二四歳）は、その教育を東亜同文会に依頼してきたため、一一月に受け入れた。(9) 一九〇〇年二月、新たに馮閲摸、徐家璘を受け入

れ、この時期、以上の九名に授業をしていた[10]。留学生が増えるに従い、寄宿舎および教室の拡張のため一九〇〇年六月に牛込区中里二四番地に移転した[11]。七月には同じく銭恂に率いられてきた馬肇煙（二二歳、両湖書院出身）劉修鑑（一八歳、工芸学堂出身）、盧定遠（一六歳、両湖書院出身）が入学した[12]。夏期休暇中には、七月一五日より八月二二日まで、相模国三浦郡三崎町に移り、夏期講習を行うとともに、当時清国人が行う習慣のなかった水泳などを行った。帰京後は新たに、福州東文学堂にて日本文を修めた上海道台余聯元の息子余祖鈞（湖北省孝感県人、二五歳）、余達（湖北省孝感県人、二三歳）が、東京同文書院甲部に入学した[13]。

以上のように創立期に東京同文書院に入学した清国人留学生は、①近衛とも関係のある湖広総督張之洞の派遣した者、②東亜同文会関係者の関係していた福州東文学堂で学んだ者であった。このように東京同文書院は清国政府との関係が深く、また派遣された者も清国のエリート予備軍であった。

ところでこの時期、華北では義和団が天津、北京を占領し、清朝内部の保守派はこれを頼みにして、六月、日本を含む一一カ国の列強に宣戦布告をした。しかし東亜同文会と関係の深い南方の湖広総督張之洞や両江総督劉坤一はそれにしたがわず、上海の各国領事と「東南互保条約」を結んで列強の利益を保護した。そのような背景の中で来日中の張之洞の息子張権に対して、東亜同文会は七月二七日、張権および銭恂など清国人六名の招待会を東京の芝公園紅葉館で行っている[14]。

だがこの間、留学生の帰国が相次ぎ、六月に徐家璘、劉崇傑が帰国し（劉は一一月再来日）、八月には張之洞の息子張権とともにその孫張厚琨および劉修鑑が帰国し、さらに月日は不明であるが入学して間もない余祖鈞、余達の兄弟も帰国した[15]。また学生の上級学校への転入学も相次ぎ、九月までに陸宗輿が東京専門学校へ転学し、一二月には林棨も東京専門学校政治部に入学しており、また劉崇傑は東京応用学校応用化学部へ入学する予定であった（実際は東京専門学校に入学した）。また権量、張鴻藻の二名は、翌年三月に高等商業学校予備科へ入学した[16]。このように学生が帰

表1　試験受験者

1902年3月学期試験	東京別科生　廖世綸、第2学期生　尹援一、呉啓孫、戴麒、孫慶沢、沈募周、高逸、曾沢霖、邢子襄、戴賛、張孝拸（仮編入）、 第1学期生　李宜威、朱祖恂、鄭炳、朱祖愉、鄭礼融、張魁先、屠寛（帰省中）、呉啓（帰省中）、呉龢（帰省中）
7月第1学年試験受験者	尹援一、邢子襄、戴麒、呉啓孫、張孝拸、戴賛、沈募周（帰省中）

出所：「会報」（『東亜同文会報告』第29回、1902年3月、16-18頁）、「会報」（『東亜同文会報告』第33回、1902年7月、322頁）。張孝拸は表11の張孝移と同一人物と思われる。

国したり、上級の学校へ入学して在学生が減っていく中で、一二月までには久しぶりに廖世綸（上海文学社）、姚志光（上海中西学院卒業）、林資荃（道台学）、劉荃業（福州東文学堂）が入学したが、一九〇一年三月になるとこのうち廖世綸だけが残り、以前から在学していた馬肇煙、程家樫、盧定遠の四名の在学者にまで減少した。また同年一月には、創立以来三番目の校舎である赤坂檜町一〇番地に移転した。[17]

（二）新校舎開院式の挙行と章程の決定、卒業式の挙行

一九〇二年になると徐々に入学者も増え、一月、東京同文書院は神田錦町に四番目の校舎に当たる新校舎を建築し、近衛同文会会長、清国の蔡和甫公使など多数の来賓を招いて、開院式を行った。当時の在学者は二〇名前後であった（この直後の試験受験者から見る学生の在籍者は表1の通りである。ただし後述するようにこの後七月には在学者が増えているが、入学直後に全員がすぐ学期試験を受けることは考えにくい。したがってすべての在籍者を網羅しているわけではないが、当時の在籍者名が解る貴重な資料なので掲載する）。

また東京同文書院章程を定めた。それによれば、東京同文書院は東亜同文会直轄とし、その目的は「清国留学生ヲ収容シ各専門学校ニ入ルヘキ予備ノ学科ヲ授クル処トス」とし、修業年限は二年、学科は第一年が、「日本語読方、同会話、同文法」などの日本語のほかに、「数学、英語」の学科、さらに「修身」と「体操」であった。第二年が、第一学年の科目のほかに学科に「翻訳」と「理化学、地理、歴史」が加わった（一九〇〇年九月には「地理」は万国の部、「歴史」は西洋史を教えていたので、[18]それを踏襲し

たものと思われる）（表2参照）。学生は全寮制で、授業料、寮費、燃料費、食費を納めねばならなかった。また特色あるものとして、休日の中に、日曜日、春期・夏期・冬期休業のほかに、日清両国大祭祝日、さらには春秋の孔子祭の日を含めたり、開院式の時に玄関の前に門を作って日清両国の国旗を交差させるなど、清国人の風習にも配慮したことである。

初代院長には杉浦重剛、幹事田鍋安之介、教頭前田元敏、舎監兼教授水谷彬、その他に園田竹熊、池田良作、唐沢祐慶、東賢隆、八田敏夫、北村和三郎の六名の教授がいた(19)。なお学生の数は七月になると五〇名以上になり、全員を校舎に収容できず、そのため急場の用として、近くに四〇余名を収容できる監督寄宿舎を設け、そこから書院に通学するという案も検討されていた(20)。

この時期、文部省はその直轄学校に入るには、各国公使の保証書が必要としていたが、清国公使が軍事を学ぶ成城学校への私費留学生の入学希望者に対して保証書を出すことを拒否したことから留学生と清国公使館とが対立し、さらにこのような保証書を出す必要を決めた文部省処置にも不満を覚え全員帰国しようという事件が起きた。東亜同文会副会長長岡護美が斡旋に乗り出し外務省とも協議をし、嘉納治五郎のやっている弘文学院、清華学校（東亜商業学校の前身）、東京同文書院の三校が六ヵ月以上在学者で日本に一ヵ年以上いるなどの条件を満たす者の身元を保証し、外務省から証明を出し、それを持って行くと公使の証明がなくとも、文部省の直轄学校への道が開かれ、九月までにこの問題はいちおう解決した(21)。すなわち東京同文書院は、日本政府の文部省や外務省に対して留学生の身元保証の役割を果たすことになった。またこのことがこれ以後上級の学校への入学を目指す留学生が、東京同文書院への入学の数を増やしていった原因ではないかと思われる。なおその後清国公使蔡鈞は更迭され、一九〇三年一月、九名の留学生は保証されて成城学校に入学し、福島安正のインドからの帰国後、陸軍は振武学校を作り、成城学校の学生すべてをこれに受け入れ、留学生側の要求が入れられることになった(22)。

表2　初期に於ける東京同文書院教職員並びにカリキュラムの変遷

年月	事項
1899年10月	牛込区山吹町291番地に寄宿舎開始、学生監督中西重太郎、教師4名。
1900年2月末まで	1年次に教えていた課目（試験課目より）、読法、講釈、書取、会話、文法、数学、作文、ただし、1年次甲級ではすでに世界歴史、地理学を教える。1年次乙級では、高等小学読本を教える。
7月27日より8月23日まで	三崎町六合にて夏期学校を行う。その時、金井保三特別の講師となる。授業の後、遊水を行う。その間、近衛篤磨、文磨、長岡護美も山口同文会幹事の案内のもとで参観する。
9月5日より新学期開院	6月より牛込区中里24番地に校舎移転。 教職員　田野橘治（舎監兼学生監督、歴史、地理、筆記）、金井保三（文法会話）、文学士新村出、西式（翻訳）、猪狩又蔵（英文）、一柳滝一郎（数学）、理学士片山正夫（理化学）、副嶋知一（読本語法）、教習新井文学士辞職（12月） 授業科課目、甲部　英文、算学、歴史（西洋史）、地理（万国之部）、筆記、理学、会話、翻訳、乙部、読本、文法、会話、算学、翻訳、日本語、筆記
1901年1月	赤坂檜町に校舎移転。2月田野橘治、ロンドンへ向かい、水谷彬舎監となる。
3月	新校舎移転にともない、従来の教員に代わり、園田竹熊、杉村広太郎、東賢隆に教職を嘱託する。
1902年1月、新校舎の開院式を行うとともに章程を決める。	神田錦町に新校舎建築。院長　杉浦重剛　教頭　前田元敏　幹事　田鍋安之介　舎監兼教授　水谷彬　教授　園田竹熊　池田良栄　唐沢祐慶　東賢隆　八田敏夫　北村和三郎　書記　川崎雉郎　湘ノ口藤太郎

出所：『東亜同文会史』81頁、「会報」（『東亜同文会報告』第6回、1900年5月、24頁、31-32頁）、「会報」（『東亜同文会報告』第11回、1900年10月、2-3頁）、「会報」（『東亜同文会報告』第11回、1900年10月、4頁）、「会報」（『東亜同文会報告』第14回、1900年12月、44頁）、「会報」（『東亜同文会報告』第17回、1901年4月、6頁）、「会報」（『東亜同文会報告』第27回、1902年2月、12-13頁）。

一九〇三年二月、東京同文書院の幹事田鍋安之介の後任に宮崎民蔵（宮崎滔天の兄）がなり、教頭前田元敏が辞任した。その後六月には長岡護美が第二代院長になり、幹事並びに教頭を廃止し、幹事兼教頭心得宮崎民蔵を解任し、新たに置かれた監督に十時弥《ときわたる》がなり、水谷彬舎監を解任し、神谷愿が舎監となった（表3参照）。学生数は五月の段階で一二〇名になった。

七月、留学生の第一回卒業式を行い、清国留学生総監督汪大燮列席のも

表3　東京同文書院の教職員の異動（1903年）

1903年2月	幹事田鍋安之介の後任に宮崎民蔵がなり、教頭前田元敏が辞任した。
6月	長岡護美が第2代院長になり、幹事並びに教頭を廃止し、幹事兼教頭心得宮崎民蔵を解任し、新たに置かれた監督に十時弥がなり、水谷彬舎監を解任し、神谷愿が舎監となった。
8月	教授　水谷彬、園田竹（介）熊、池田良栄、唐（津）沢祐慶、真野起太郎が辞職。
10月	院長　長岡護美、教授　里見元壽、志村健雄、立花寛篤、小林万吾、鈴木代吉、菅沼多喜雄、亀田次郎

出所:「会報」(『東亜同文会報告』第40回、1903年3月、2頁)、「本会記事」(『東亜同文会報告』第44回、1903年7月、89頁)、「本会記事」(『東亜同文会報告』第45回、1903年8月、84頁)、「会報」(『東亜同文会報告』第47回、1903年10月、106頁)。

とで戴麒（安徽省）など四名が卒業した[23]（なおこれ以前に卒業式を行った形跡はない。これ以前の学生は課程を修了したのか、あるいは課程を修了以前に上級学校に転入学したのかは不明である）。

一九〇四年二月、学生が増え神田錦町の校舎は狭くなったので、小石川目白台の新築なった十全病院の建物全部を借り上げて移転した。学生数一三二名。その中で私費が一〇六名、官費が二六名であり、学生数の増加とともに私費学生が増えてきて、学生は創立直後の清国のエリート予備軍というだけではなく、より中堅層にも広がってきた。三月、新たに副院長をもうけ、その後の東京同文書院の運営に大きな影響を与えた柏原文太郎が就任した。七月、清国公使楊枢、各省留学生監督が列席し、第二回卒業式を華族会館で行い、金曾澄など九名が卒業した[24]。

一九〇五年一月、第三回卒業式を清国公使館賛参馬廷亮、雲南留学生監督袁嘉穀の出席の下で華族会館で行い石志泉など一一名が卒業し、四月、第四回卒業式を清国公使館賛参馬廷亮、江蘇・湖北・江西留学生監督李宝巽の出席の下で、華族会館で行い、林汝魁をはじめ一二名が卒業した（表4参照）。

また東亜同文会は満州での教育経営も計画し、一月、根津一幹事長は、満州に派遣され奉天将軍に会見し、奉天に教育を普及することを勧め賛同を得て、まず小学、師範、中学を設置することになった。そしてそこには東亜同文書院の卒業生を教習として派遣することも計画していた。同時に根津は四名の留学

表4　各回卒業生

第1回　1903年7月	戴麒（安徽省）、邢子襄（直隷省）、李（木）宜威（福建省）、戴賛（安徽省）
第2回　1904年7月	金曾澄（広東）、王孝絅（福建）、阮明新（広東）、林先民（福建）、王琨芳（湖南）、王海鑄（直隷）、李士煕（直隷）、阮福田（広東）、江爾鶚（福建） 在学生の優等生　林汝魁（第3班）、朱葆勤（第4班）、鄧汝欽（第5班）、董恩祿（第5班）に賞状。
第3回　1905年1月	石志泉ほか計11名卒業、在学生第3班優等生朱葆勤に賞状。
第4回　1905年4月	林汝魁（32歳、広東、自費）、陳同紀（21歳、広東、自費）、趙建煕（23歳、湖北、官費）、江華木（21歳、湖北、官費）、呉湘（23歳、広東、自費）、李瑞萱（25歳、浙江、自費）、陳復（21歳、広東、自費）、唐書琦（18歳、江西、官費）、譚学徐（26歳、広東、官費）、蔡世浚（19歳、福建、自費）、黄徳毅（18歳、広東、自費）、徐仁誠（23歳、直隷、自費）、在学生第2班優等生朱葆勤に褒状。

出所：「会報」（『東亜同文会報告』第46回、1903年9月、86頁）、「会報」（『東亜同文会報告』第47回、1903年10月、106頁）、「本会記事」（『東亜同文会報告』第62回、1905年1月、58-59頁）、「本会記事」（『東亜同文会報告』第65回、1905年4月40-41頁）。

生を連れて帰国し、東京同文書院に入学させ、さらに奉天将軍は五〇名の留学生を派遣することを決定し、それを東京同文書院に受け入れることになった。

一一月一九日には、北豊島郡落合村下落合に新築した校舎の開校式を行った（なお寄宿舎は高田に置かれていた）。ここには清国公使楊枢も参加し祝辞を述べるとともに、公使館賛参馬廷亮、日本留学生監督李宝巽など清国側からの列席もあった。日本側来賓の中には、大隈重信、犬養毅もいた。この結果留学生五〇〇名を収容することが可能になった。当時の学生数は二〇〇名であった。[25]

(三) 清国人留学生取り締まり問題

一九〇五年、すでに日本国内の留学生の間に革命派の影響が広まっていた。八月に行われた孫文の歓迎大会には在日留学生一三〇〇名が参加する盛況であり、引き続いて中国同盟会が東京で設立された。以前から勢力を拡大していた革命派の留学生への影響力が増すことを警戒し、清国政府は日本政府に取り締まりを要請し、一一月二日、文部省は清国留学生取締規則を出した。このとき、留学生が特に問題にしたのは、第一条、入学願書に「清国公館ノ紹介書ヲ添付セシムルコト」という箇所と第九条の清国人生徒は「寄宿舎アルイハ学校ノ監督セル下宿ニ宿泊セシメ校外ノ取締ヲナスヘシ」という箇所と第一〇条の「他ノ学校ニ於テ性行不良ナルカ為退校ヲ命セラレタル清国人ヲ入学セシムルコトヲ得ス」という箇所であった。すなわち清国公使館の監督強化と、公私立学校の責任において校外での留学生の革命派への集会などの参加を取り締まることと、「性行不良」という言葉を学校側の恣意的解釈によって、革命派への参加とされ退学への口実とされることであった。

清国留学生会館の留学生総会の幹事達は、まず清国公使楊枢を通じて、文部省へ清国留学生取締規則の特に第九条、第一〇条に反対であるという意思表示をしてもらおうとして、留学生の意見をまとめた「学生公稟」を出したが、それに署名した者の中には、東京同文書院を一九〇三年七月に卒業した邢子襄、在学中の朱萢勤もいた（ただし運動が急進化していくと両者とも運動から離れていった）。その後留学生達は、このたびの企ては日清両国政府が共同したものによるものとの認識が深まり、一二月に強行派は同盟休校をはじめた。さらに『東京朝日新聞』の一二月七日の記事に対して憤激した同盟会員陳天華が抗議のため、大森海岸で自殺する事件が起きた。さらに強行派の一部は清国に帰国した。その後留学生の間で帰国派と復校派と対立した上、一月一三日に同盟休校をやめ復校した。[26]

なお同盟休校派と復校派が対立した時、青木周蔵東亜同文会会長と細川護成東亜同文会副会長は、大隈重信、嘉納治五郎などと、文部省と清国公使の間に立ってその調停に奔走した。東京同文書院はもともと寄宿舎制をとっており、清国留学生取締規則が出されても大きな変化がなかったが、学生の中には退校してその後に他校に比していち早く復校したものもあり、[27]運動に参加したものもあった。清国政府との関係が密接な東京同文書院が留学生の革命派参加についてどう対処していたかは不明であるが、機関誌を見る限り在学中の留学生の革命派参加について言及してはいない。

（四）清国人留学生の増加

また一九〇五年五月、連合艦隊はバルチック艦隊を破り、九月、ポーツマス条約が結ばれ、日露戦争で日本は勝利した。そのこともあり、清国人留学生は増加し、八〇〇〇名にも及んだ。[28]この頃、清国留学生により上級の学校に入るための予備教育をするものとして軍事関係の成城学校、振武学校、それ以外に東京同文書院、東京大同学校（梁啓超、一九〇〇年に清華学校となり、一九〇一年以後東亜商業学校と改称）、実践女学校（下田歌子）、弘文学院（嘉納治五郎）、東斌学堂（寺尾亨）、成女学校、経緯学校（明治大学）、法政速成科（法政大学）、清国学生部（東京専門学校、後の早稲田大学）があった。[29]また一〇月に東亜同文会は柏原文太郎幹事を奉天に派遣し、奉天将軍と一月に於ける根津に次いで再度会見し、奉天に師範学堂一、中学堂一、小学堂一を新たに設置することになった。一二月の段階では、満州から師範学科志望八〇名、実業家志望一〇名、その他に成城学校へ一〇名が近々送られることになり、東京同文書院では師範科を設けてこれらの学生の準備をすることになった。[30]

その他に、清国政府で北洋、南洋艦隊の再建をしようとすることになったが、海軍士官がいなかったので、一九〇五年頃、東亜同文会副会長兼東京同文書院院長長岡護美が、清国の南洋、北洋大臣に頼まれ、海軍士官養成を日本で行うことに尽力し、まず商船学校で受け入れて船の事を教え、その後海軍が引き取り、軍艦に乗せて海軍の事を学ばせるという事になり、南洋、北洋から七五名が派遣されてきた。その後、商船学校を卒業した八名が、一九〇九年一一月、海軍砲術学校に入学した。彼らは計画ではそこで六ヵ月学び、その後、水雷学校で六ヵ月学び、海軍少尉候補生の資格でもって練習艦隊に乗り、六ヵ月清韓沿岸を航海する実習を経て後、清国に帰国することになっていた。東亜同文会は将来、彼らが新建海軍の基礎となることを期待していた。当時、商船学校には、二年生一二名、一年生三四名、機関科三二名の清国人が在学し、これらのうち二年生一二名、機関科の一部が卒業後、海軍で修学す

表5　第5回、第6回、第7回合同卒業式、1906年7月

高等科	阮明新（広東）、阮福田（広東）、朱葆勤（広東）
第5回	朱葆勤（広東）、章啓祥（広東）、方宗鰲（広東）、卓冠英（広東）、王者師（広東）鄧瑞檠（広東）、霍顯西（広東）、陳応竜（湖北）、金溥芬（広東）、李杭文（湖北）金溥崇（安徽）、徐造鳳（湖北）、李景淵（広東）、孫蔭溪（直隷）、石徳純（広東）、祝長慶（湖北）、黄世芳（湖北）、陳雲五（湖北）、李寿芬（雲南）
第6回	董恩祿（貴州）、谷鐘琦（直隷）、黄昌駿（？）（湖北）
第7回	殷汝驪（浙江）、程家顯（湖北）、呉犖（浙江）、時功玖（湖北）、章希平（江西）郭詒青（湖北）、鄭礼鏗（福建）、郝嘉福（雲南）、陳兆雯（直隷）、王自強（直隷）優等生朱葆勤、章啓祥、殷汝驪に賞品と褒状を授与。

出所:「時報」(『東亜同文会報告』第80回、1906年7月67-68頁)。(？)は直前の字が不鮮明であることを示す。

ることになっていた。[31]

一九〇六年六月、東亜同文会副会長侯爵細川護成、第三代院長となり、六月一七日、そのお披露目をかねて、清国公使楊枢などの参加のもと、朱莅勤をはじめ高等科三名、章啓祥をはじめとする第五回一九名、谷鐘琦をはじめとする第六回三名、殷汝驪をはじめとする第七回一〇名の合同卒業式を書院校舎で行った[32](表5参照)。

(五)　速成教育と清国人留学生の激減

ところで日本国内の留学生のための他の多くの教育機関が速成教育をやっていることに東亜同文会はかねてから批判的であり、東京同文書院は全員寄宿舎制をとり、学生の監督を厳しくし、また日本語と旧制中学程度の普通学をみっちり教えていることを自負していた。そして一九〇六年一二月の段階で、二年間の課程を三年間に延長することを決定していた。なおこの頃清国人留学生は東京に一万名以上がおり、最高の数に達していた。だが清国政府が駐日公使に速成禁止を訓令した[33]こともあり、翌年には東京にいる留学生は五〇〇〇名に減る[34]など速成教育者の多い清国留学生は急激に減少していく。

一九〇七年五月、東京同文書院は清国代理公使の参加も得て、黄紱はじめとする第八回八名、徐存徳をはじめとする第九回七名、姜棋をはじめとする第一〇回一八名、計三三名の卒業生の卒業式を行った。その際、在学生の優待生何鴻熙、

表6　第8回、第9回、第10回合同卒業式、1907年5月

第8回	黄紱（湖北）、宋任（浙江）、王観海（湖北）、黄如楝（江蘇）、権道涵（安徽）馬志道（湖北）、趙世晋（江蘇）、選科　趙宋卿（安徽）
第9回	徐存徳（直隷）、王有庚（江蘇）、黄卓（浙江）、李樹銘（直隷）、王剳彬（広東）、陳再興（湖北）、選科　呉錫忠（雲南）
第10回	姜棋（浙江）、劉先鸞、黄直民（湖北）、徐陳冕（浙江）、崔瑞芝（直隷）黄元蔚（直隷）、陳振洛（浙江）、李作賓（安徽）、陳幹（浙江）、張万煦（湖南）黄樹民（浙江）、時功璠（湖北）、裴豫祥（安徽）、黎克翔（湖北）、陳綸（浙江）趙翰恩（直隷）、選科　章任、葉大栄、卒業生総代劉先鸞、在学中の優等生何鴻熙、傅式説、許崇清に褒状。

出所：「本会記事」（『東亜同文会報告』第90回、1907年5月　69-70頁、73-74頁）。

傅式説、許崇清を表彰した(35)（表6参照）。

高等学校以上の留学生への教育について、前年柏原文太郎が訪中した折り、清国政府および袁世凱に働きかけ、両者から清国公使に訓令があった。清国公使は東亜同文会に相談し、東亜同文会の案を清国政府に上申し、同意を得た。それによると清国政府が二三〇万円を出し、日本の文部省に納め、日本政府も三〇万を出し、一〇年計画で中国の留学生を統一して教育し、彼らをすべて文部省の直轄学校に入れて、寄宿制度をもって教育するという案であった。すなわち寄宿制度など東京同文書院をモデルとして高等学校以上への留学生への十分な教育を行うことを考えていた。この案は、一九〇七年、総理大臣、関係大臣の同意を得たが、国会に上程できず実現できなかった。その後、文部省と清国公使が相談をし、一九〇八年、高等学校以上に転ずるものについては、文部省がすべて引き取り、文部省直轄学校内に寄宿舎を建てて教育し、一ヵ年約一五〇名、ないし一六〇名を収容することになって(36)、この案はそのままではないが実現することになった。

(六)　目白中学校の併設

一九〇八年七月以後、従来高田にあった寄宿舎を目白（落合村）の東京同文書院の敷地内に移転する工事を行い、その結果約三〇〇坪の寄宿舎が完成し、さらに食堂などの付設舎を含めて、建坪三五〇坪ほどになった。当時の在学者は

表7　東京同文書院並びに目白中学校教職員

1910年6月 東京同文書院並びに目白中学校職員	院長（校長）　侯爵　細川護成、副院長（次長）　柏原文太郎、監督　文学士十時弥、生徒監　陸軍歩兵少佐難波田憲欽、講師　文学士門脇三徳、文学士大塚久、文学士中村安之助、桂五十郎、一柳滝一郎、八田敏夫、東京美術学校助教授小林万吾、理学士田中三四郎、藤沢安三郎、マスターオブアーツ今井美佐雄、粟根鉄蔵、森小三郎、永持三郎輔、合（会）計　篠崎雄斎事務員、柴田小三郎

出所：『東亜同文会史』475頁、なお原史料はJACAR（アジア歴史資料センター）Ref.B12081969100、東亜同文会雑纂　第二巻（B.3.10.2.13_002）（外務省外交史料館）「東亜同文会事業一覧表」である。

二〇〇名ほどであった。(37) しかしながら一九〇七以来の留学生の急激な減少の中で、中国人の留学生養成の学校は次々と閉鎖し一三校あったものが、五校に減少してしまった。そういう中で東京同文書院は、数少ない清国人学生の教育機関として残ったが、目白（落合村）の新校舎は五〇〇名の収容能力があり余裕があり、かつおそらく東遊運動で日本に来ていた多くのベトナム人留学生が帰国したこともあったせいか、東亜同文会は、一九〇九年二月、日本人学生のための中学校併設を決定し、四月、目白中学校を開設した(38)（のちに一九二二年、東京同文書院が廃止された後も柏原文太郎個人の経営するものとしてそれが残っていった）。

（七）辛亥革命以後

辛亥革命が起こると、多くの留学生が帰国した。その後、一九一三年になると再び学生数が増え、当時、中華民国の北京政府の参謀長兼湖北都督黎元洪が日本の参謀本部に委託し、参謀本部から普通学を学ぶことを東京同文書院に委託された各省の武官の依託学生の入学が一月から始まり、その後六月までに九八名が入学し、学生総数二七二名となった。(39) その後、一二月の東亜同文会秋季大会（一二月一八日開催）時点では武官の依託学生は九二名となり、学生総数は三九二名となった。当時、多くの普通学を教えていた教育機関が閉校していく中で、東京同文書院に多くの留学生が集まり、二四名の教員でこれに対処した。(40) 同月、武官の依託学生九〇名が卒業して帰国した。

表8（1）　東京同文書院卒業学生数　　計　874名

年度	1901～1903		1904	1905	1906	1907	1908	1909	1910	1911
人数	49		21	31	28	48	114	61	91	75
1912	1913	1914	1915	1916	1917	1918	1919	1920	1921	1922
33	143	52	39	12	10	0	45	7	10	5

表8（2）　出身地　　計　856名

広東	湖北	浙江	江西	湖南	四川	雲南	広西	安徽	直隷	山東
176	128	118	56	50	48	43	33	30	23	19
奉天	貴州	吉林	江蘇	福建	河南	陝西				
18	15	12	39	38	5	5				

出所：『東亜同文会史』78頁。上述の数字の卒業生の数は1901～1903年49名となっているが、前述したように正式に卒業したものは、1903年、第1回卒業生3名であり、49名という数字は、正式の課程を修了せずに上級学校へ編入した数を含んでいると思われ、ほかの年も同様である。また1901年から1915年までの数を累計すると785名であり、前述した1915年末の830名と異なる。また卒業生と出身地の合計の人数が異なる。以上の問題点があるが全体の傾向を示すものとして掲載する。

その後、一九一四年の五月までに、教室を二室増築し、さらに今後の武官学生の入学に備えるため村田銃一二〇丁を買い入れ、機械、体操具などの設備の充実を行った。当時の学生数は二六〇名であった。[41] 一九一五年一二月の時点で開設以来の入学者は三〇〇〇名近く、純卒業を含めて卒業者は八三〇名に及んでいた。だが同年、日本政府が二一箇条要求を出したため、それに反対して多くの学生が帰国し、在学者は三二名に激減し、[42] その後、二、三〇名で推移し、二度と増えることなく、ついに一九二三年に東京同文書院は廃止され[43]（表8）、中国人学生の教育は、中国上海の東亜同文書院中華学生部が担うことになった。

二、潘佩珠《ファンボイチャウ》の東遊運動と東京同文書院

一九〇四年、ベトナム独立の維新会を結成した独立運動家潘佩珠が援助を求めて初めて日本に来たのは、日露戦争の最中、日本海海戦の直前の一九〇五年四月のことであった。彼はその後当時横浜にいた変法維新派の梁啓超に会い、彼に勧められてベトナム人に呼びかける『越南亡国史』の草稿を渡し、それは日本で発行

された。その後、潘は梁より野党の憲政本党の大隈重信、犬養毅、東京同文書院副院長であった柏原文太郎を紹介され、さらにこれらの関係を通じて、東亜同文会幹事長根津一、日本軍人とも知り合いになった。彼は最初、日本から武器援助を求めたが、それは不可能であったが、独立運動を遂行するために、多くのベトナム人留学生を日本に来させ、日本で学ぶ東遊運動が始まった(44)。

その後、一度ベトナムへ帰国した潘佩珠は、その年一〇月に再来日した。ベトナム国内では、各地の維新会会員が留学生を日本に送る組織をつくった。一九〇六年一月、潘佩珠は犬養毅宅で留学生来学について相談し、陳有功(阮式庚)、梁立巌、阮典の三名を振武学校(校長は福島安正)へ、梁毅卿を東京同文書院に入学させることになった。これらはベトナムで最初に外国に留学した人物である(45)。そして維新会会首でベトナムの王族である畿外侯クオン・デ(彊柢)が、一九〇六年四月、香港まで迎えに行った潘佩珠を伴い、横浜に上陸した。そして横浜の潘佩珠の寓居は、「丙午軒」と称し、来日した維新会会員の拠点となった。その後、潘佩珠は一九〇六年七月、日本を出国し、ベトナムへの武器調達のために中国の広東、広西を視察し、さらにベトナムに潜入し、香港に留学生の世話と金銭文書授受のための秘密の事務所を作り、翌年五月に日本に戻ってきた(46)。

すなわち一九〇七年五月六日、潘佩珠はベトナム人留学生一六名を引き連れて、清国の広東人姚成功と称して、小石川区青竜館に下宿し、その後六月三日、同区高田老松町の玉名館に転居すると共に、留学生全員を東京同文書院の寄宿舎に入れた。この時に入ったのは、漢世美、阮田之、阮祖之、陳有章、潘至宝、卿高吾、黄有文、潘美雪、陳至君、朱少郎、丁興兼、阮赤心、卿田天、武王佐、阮正気、訓啓聖の一六名であった(47)(東京同文書院側はベトナム人留学生を、フランス政府の要請を受けた日本政府の弾圧を避けるために、清国人と名乗っていた)。

一九〇八年になると、東京に約一〇〇名のベトナム人留学生が来ており、そのうち六〇名が東京同文書院に在学していた。そのうち九名の児童は、小石川区表町の東亜商業学校(学校の運営に犬養毅、柏原文太郎が関与していた)の寄宿

表9　維新会の4部と1局の各担当委員の名称、下線は東京同文書院入学者

経済部	鄧子敏　鄧秉誠　范振淹	紀律部	譚其生（譚国器）　潘伯玉　黄光成
交際部	潘世美　阮泰抜　梁立巌　藍広忠	文書部	黄仲茂　鄧梧鄰　黄興
稽査局	梁立巌　陳有功　阮典		

出所：潘佩珠「『自判』本文」272頁。これらのうち陳有功（阮式庚）、梁立巌、阮典の3名は前述したように振武学校入学者である。外の者の多くは東京同文書院入学者と思われるが、資料的に確認できるのは、潘伯玉、譚国器、鄧子敏（『東亜先覚志士記伝』中　820-822頁）、范振淹、藍広忠（武慣）（鄧摶鵬著・後藤均平訳『越南義烈史―抗仏独立運動の死の記録―』刀水書房、1992年、135頁）、阮泰抜、黄仲茂（阮徳功）（「『自判』本文」278頁、281頁、『越南義烈史―抗仏独立運動の死の記録―』105-106頁）、黄興（JACAR：.B02032272700、仏国内政関係雑纂／属領関係／印度支那関係／安南王族本邦亡命関係　第1巻（A.6.7.9）（外務省外交史料館）「安南人ニ就イテ」「安南人ニ関スル件」）である。その他に白石昌也「付1　ベトナム人出洋表」（『ベトナム民族運動と日本・アジア―ファン・ボイ・チャウの革命思想と対外認識―』巌南堂書店、1993年）769頁では、前述した1907年6月に東京同文書院の寄宿舎に入学した漢世美を潘世美と記している。すなわち漢世美と潘世美を同一人物としている。そうだとすれば潘世美も東京同文書院に入学したことになる。

舎に収容し、礫川小学校に通学した(48)。

ベトナム人留学生は、クオン・デと潘佩珠の下で、香港を経由地としてベトナムと日本の間の送金や通信を行いながら、新越南公憲（憲法）制定、臨時仮政府の準備をしていた。また学校外の事についての自主的組織として、維新会のもとで留学生は、すでに一九〇七年九月、公憲会をつくり、会長にはクオン・デ、会の総理兼監督は潘佩珠が就任し、そのもとに経済部、紀律部、交際部、文書部と稽査局を置いた（表9）。そして日曜日ごとに校場（練兵場）を借りて演壇を作り、全体の会員大会を開き、会長クオン・デと総理兼監督潘佩珠が演説した後、会員が自由に発言し、団結を強めた(49)。

東京同文書院では、清国人留学生と同様に彼らに日本語と普通学を教え、上級学校への予備教育を行った。柏原文太郎のほかに、教頭十時弥、難波田憲欽、荘辰三郎などがベトナム人留学生に対して、特別の好意をもって遇し、日露戦争の時に胸部に負傷したため退役した難波田憲欽少佐は、留学生が軍事教練に熱心なので、日曜日に高田の根生院の上の空き地で軍事教練の指導を行った(50)。

このように一九〇七年から一九〇八年にかけて多くのベトナム人留学生が日本にやってきていたが、日本政府は、フランス政府との間で、一九〇七年六月、日仏協約を結び、清国での勢力範囲をフランスと協定した上で日本の朝鮮での優越的地位を認め、日本はインドシナ半島でのフランスの植民地支

配を認めた。この前後から、フランス政府の要求もあり、日本政府はベトナムの独立運動への監視を強めていき、かれらの独立の動きを弾圧していくことになった。ベトナム国内では、在日維新会の呼びかけで、二月から五月にかけて反税運動が起こり、また六月にはハノイのフランス軍の兵営で中毒事件が起き、フランス政府は潘佩珠をその首謀者と目した。そういうなかで東京同文書院はこうした日本政府の動きに抗して、一九〇八年五月からしばらく潘佩珠を寄宿舎にかくまった(51)。

フランスは、ベトナムで一部のベトナム人を買収して密偵とし、親元と留学生との間の資金や通信ルートを切断し、留学生を帰国せざるをえなくし、また東京同文書院にも弾圧をした。すなわち、フランスの意を受け、一九〇八年秋、内務省の命令により警察官が乗り込んできて、ベトナム人留学生を集め、彼らの本名と本籍、および各学生の実家宛の手紙を書かせ、これを書かないものはフランス大使館に引き渡すと脅し、手紙をすべて持って行った。その後、彼らの実家から「警察に監禁されている苦痛を訴え、お前達が帰国、自首すれば家族は全員、即時釈放される」という手紙が届いた。日本政府は九月に学生への解散命令を出した。潘佩珠は大変驚き、福島安正や犬養毅に助けを求めた。彼らは「このことは内務・外務二省の命令であり、外交関係については我々も争うことが出来ない。けれども暫時の政策に過ぎない。諸君は日本の各地に分散して、約一年間苦しい労働しながら学ぶならば、我々も再び策をめぐらし、原状を回復する計をしよう」と述べた。そこで潘佩珠は東京同文書院の留学生を自分の家に集め、この話をして説得したが、多くの学生は帰国を望み、一〇月、学生の解散は完了した。一二月留学生は大挙して帰国し(52)、東遊運動は失敗した。

ただし福島や犬養の言葉を信じた潘佩珠の説得にしたがって、なお日本に残留した留学生がいた。潘佩珠によると南部出身では、陳文書、陳文安、黄某、黄偉雄、阮脈之、北部出身では鄧子敏、高竹海、黄廷珣(阮継之)、梁立巌、譚其生(譚国器)、中部出身では藍広忠(武慣)、黄仲茂(阮徳功)、陳有力(阮式唐)、阮琼林、黎求精、丁允済、范賚良

表10　留学生の残留者の止宿先、おおよび人名

宿泊所	人名
神田区西小川町常陽館	范振淹、潘是漢、潘伯玉、鄧子敏、張克慎（南広忠）、黄国光（元昹阮）
豊多摩郡落合村（東京）同文書院宿舎	黄利賓、潘国禎、潘賚良、黄興、黎求精、何当仁、何王元
四谷区坂町140番地遠山方	正則英語学校生徒、伊竜、梁毅卿
麹町区3番町和泉館	正則英語学校生徒　阮典、譚国器
神田区一橋通町7番地公成館	正則英語学校生徒　陳有功
小石川区表町東亜商業学校寄宿舎	礫川小学校生徒　陳文安、陳弓雪、黄貴

これらの人物は清国の広東省人、広西省人と称していたという。なお人名の下線は潘佩珠も記している人物、潘是漢は潘佩珠の別名である。

出所：JACAR（アジア歴史資料センター）Ref.B02032272700、仏国内政関係雑纂／属領関係／印度支那関係／安南王族本邦亡命関係　第1巻（A.6.7.9）（外務省外交史料館）「安南人ニ関スル件」

である。[53]

日本に残った留学生については、一九〇九年二月、日本の内務省が調べ外務省に報告した史料が現在外交史料館に残っている。上述の潘佩珠の指摘している人物の外に、表10の多くの人物が残ったものと思われる。

彼らの多くは苦しい生活の後、数ヵ月後、あるいは一年後には日本を去っていった。その中で陳文書は日本にとどまり、後に早稲田大学を卒業した。黄廷珣（阮継之）は、清国人留学生と交際し、駐日清国大使（公使）に紹介され、広西省人の籍を得て、官費生として日本の高等学校に入学し、五年後、日本の師範学校に入学し、卒業後は北京の中学校の教員や東亜同文報館の編輯員となった。彼は日本語、英語に巧みでかつ独・仏文を少し解った。そのため後に潘佩珠が北京でロシアの公使館書記カラハンと話すときに、彼の助けを借りた。また譚其生（譚国器）は、東京同文書院から支給された帰国の旅費や生活費を受け取らず、潘佩珠の書いた『海外血書』『新越南』などを除いて、自分の読んだすべての日本書を焼き、東京を離れて地方の建築会社に入り、一日六銭を得る左官工となった。そして苦しい生活の中で半年間金を貯め、銃器商店で六連発の短銃二丁を密買し、一九〇九年、これらの短銃をもって当時起きていた暴動に呼応するためにベトナムへ潜入した。また黎求精は学生の

解散後、武器製造を学び、日本の明治三〇年製造の小銃に匹敵する日本式の五連発の銃を造った。その後潘佩珠がタイを経てベトナムに武器を輸送するときに、黎求精は秘密の箱を造ってこの試みを成功させた(54)。日本政府の退去命令を受けて、潘佩珠は一九〇九年三月に出国し、その後中国で越南光復会を作り、クオン・デは日本国内でしばらく身を隠した上で、一一月に出国し(55)、東亜同文会・東京同文書院の支援したベトナム独立運動は、フランス政府の意を受けた日本政府により挫折していった。

おわりに

ここで本稿で述べたことを簡単にまとめておきたい。

一八九八年に成立した東亜同文会は、その綱領に中国の分割に反対し中国の保全をし、中国の改良を助成することを掲げ、そのために日中の人材養成を行った。一九〇〇年に成立した南京同文書院では、日中の人材養成を行おうと試みたが、翌年に成立した上海の東亜同文書院では、初期において日本人の人材養成に限定し、清国人留学生の人材養成は東京同文書院(一八九九―一九二二)が担うことになった。

東京同文書院は、清国人留学生に対して日本語と旧制中学程度の普通学を教え、より上級の学校へ入るための予備の学校であり、全員寄宿舎に入れ、当時の日本の他の学校の速成教育を批判し、最初二年制をとり学力をつけることを目的にしていた(一九〇六年末には三年制に移行していた)。清国人留学生の中にもすぐ習得できる短期の速成教育を望むものが多く、日本側の受け入れ校でも速成教育を行うところも多かったが、一九〇六年になると、本国政府の訓令を受けて、清国公使が速成教育を禁止したこともあり、この年最高になった清国留学生の数は、翌年から減少に向

表11　清末民初、東京同文書院出身者、中国政府高官等の氏名ならびに職名

陸宗輿	北京憲政編査官兼政府委員（清末）、後に駐日公使となった（註）。	蕭楚璧	広東省海軍副司長
劉崇傑	横浜総領事（清末）、駐日公使館員	陳復	海軍部視察
林棨	北京大学堂法政科学長（清末）、大理院推事、専門教育司司長	鄭礼慶	海軍部科長
王璟芳	北京資政院議員（清末）、審計処総弁署理	金溥崇	外交部僉事
権量	北京大学堂商科学長（清末）、交通部僉事	欧陽啓勲	参議院議員
張鴻藻	共和党評議員	殷汝驪	同上
王履康	内務部僉事	時以玖	同上
張孝移	大理院推事	黄群	同上
陳芙昌	広東軍司令部弁護士	曽彦	同上
張考準	南京留守府軍務処長　陸軍少将	汪穮（?）芝	法制局参事
廖世綸	工商部僉事	劉蕃	総検察庁検察長署理
林先民	工商部僉事	朱祖誠	大理院書記長
林汝魁	海軍部科長	葉在畇（?）	署京地方審判庁推事
王鎮南	湖北高等検察庁検察長	但燾	国務院秘書
李作棟	湖北財政司長	趙世晋	外務部辦事院
易恩侯	湖北高等審判庁長	徐揮	交通部僉事
江華本	湖北外交司長	何錫蕃	湖北水上警察総庁長　海軍少将
黄如棟	江蘇江浦民政長	高尚志	陸軍中将
張昉	駐京湖北都督代表人	陳経	京師高等審判庁推事
李士熙	財政部参事	張映行	山東省議会長
王孝縄	盛京省参事	黄元蔚	吉林省秘書

出所『東亜同文会史』475頁（なお原史料はJACAR（アジア歴史資料センター）Ref.B12081969100、東亜同文会雑纂　第二巻（B.3.10.2.13_002）（外務省外交史料館）「東亜同文会事業一覧表」1910年6月調）とJACAR（アジア歴史資料センター）Ref.B12081969100、東亜同文会雑纂　第二巻（B.3.10.2.13_002）（外務省外交史料館）「東京同文書院出身支那高官一覧」1913年3月より作成。なお後者の史料からは、卒業生531名という記述があるが、この数には、狭義の卒業生だけではなく陸宗輿、劉崇傑、林棨、権量などの年度途中に上級の専門学校などに編入学した数が入っていると思われる。

（註）陸宗輿は駐日公使時代、21ヵ条要求の交渉に携わり、五四運動の時に学生側から売国官僚として攻撃され政府の職から罷免された。

かった。

東京同文書院の創立期に入学した学生は、張之洞の派遣した留学生と、東亜同文会関係者が経営していた福州の東文学堂で日本語を学んだものであり、清国のエリート予備軍であった。その後私費学生が増えて中堅層が入学してきた。前述した表11はその後の入学者を含めて、東京同文書院の出身者で中国へ帰った後に政府の官僚などになった者の氏名である。

東京同文書院の入学生の特色として挙げられるのは、清国の地方の高級官僚から派遣された者が多かったことである。張之洞の例の他に、一九〇五年以後、奉天に小学、師範、中学教育を普及するために、奉天将軍が学生を送ってきたことがあった。その他に一九〇五年頃当時の東亜同文会副会長兼東京同文書院校長が斡旋して、北洋、南洋艦隊再建を目的として、海軍士官養成のために商船学校を経て、日本海軍での学習の段取りをつけ、実際に留学生が派遣されてきた。このような中央、地方の政府との関係は、辛亥革命以後も続き、一九一三年、第二革命後に各省の依託学生として武官が派遣されてきた。これらはそれぞれ中国の近代化に寄与することを目的としていた。

東京同文書院、東亜同文会関係者は、清国公使館、日本の文部省と清国人留学生が対立した時に、両者の間に立って仲介活動をした。文部省がその直轄学校に入るには、各国公使の保証書を必要とし、一九〇二年、清国公使が私費留学生の成城学校への入学希望者に保証書を出すことを拒否した時には、外務省とも協議し、東京同文書院は弘文学院、清華学校とともに、清国留学生の身分保証をし、清国公使の保証書がなくても、文部省の直轄学校に入学できるようにした。一九〇五年、文部省が清国政府の要求に応じて、革命派の留学生への影響を排除しようとして清国留学生取締規則を出し、それに反対した清国留学生が同盟休校派と復校派で対立した時に、東亜同文会関係者は、文部省と清国公使の間に立って調停した。

また東亜同文会は日本で清国留学生が上級学校に入るに当たって、東京同文書院の実践をモデルとして、統一的なかつ質の高い教育を保証しようとした。すなわち一九〇七年、清国政府と日本政府が資金を出し合って、清国人留学生を文部省の直轄学校に入れて統一して教育し、寄宿舎制度を実施することを計画した。翌年、上級学校に転ずる者については文部省がすべて引き取り、文部省の直轄学校内に寄宿舎を建て、一五〇名ないし一六〇名収容することを行うことになった。

ベトナムの独立運動家潘佩珠が、東遊運動において日本へ派遣させた留学生を、東京同文書院が入学させることになるのは、梁啓超により大隈重信、犬養毅のほかに、東京同文書院副院長柏原文太郎、東亜同文会、根津一などを紹介されたからである。一九〇六年一月に最初の留学生が東京同文書院に入学し、一九〇八年には、東京に約一〇〇名の留学生がいて、そのうち六〇名が入学しており、東京同文書院はベトナム人留学生の受け入れの中心であった。東京同文書院では、日本政府の弾圧を避けるために、彼らを清国人と称し、上級学校の予備教育として日本語と普通学を教え、ベトナム独立闘争の準備のための軍事教練を行った。畿外侯クオン・デ（彊柢）と潘佩珠の下で、新越南公憲（憲法）制定、臨時仮政府の準備をしていた。しかし日本政府は、一九〇七年六月、日仏協約を結び、フランスが日本の朝鮮での優越的地位を認め、日本はインドシナ半島でのフランスの植民地支配を認めた。そしてフランス政府の要求に応じ、日本政府はクオン・デと潘佩珠の国外追放と留日学生団の解散ならびに帰国をさせようとした。この時、東京同文書院は潘佩珠を寄宿舎にかくまったこともあった。しかし一九〇八年秋、東京同文書院に警察官が踏み込んで弾圧を行い、ベトナム人留学生に親元への手紙を書かせ、親から帰国させる手を用い、多くの留学生が帰国し、一九〇九年にはクオン・デと潘佩珠も国外追放となり、東遊運動は失敗した。

ベトナムの独立運動家の期待に反して彼らを失望させた日本政府は、日仏協約を結んだ一九〇七年、第三次日韓協約を結び、統監府の支配を強化し、韓国の軍隊を解散させた上で、一九一〇年、韓国併合を行い、フランスがベトナムで行ったように、韓国を植民地とした。

辛亥革命後、多くの中国人留学生が帰国し、東京同文書院の在学生が激減したが、一九一三年から増加に向かった。しかし一九一五年の日本の二一箇条の要求による日中関係の悪化は、日本への留学生自体が激減した。清末のように日本は学ぶべき対象ではなくなった。東京同文書院も入学者が激減し、一九一九年の排日の五四運動を経て、ついに一九二二年閉校となり、中国人学生の教育は中国上海での東亜同文書院中華学生部にゆだねられた。

【注】

(1)大学史編纂委員会編『東亜同文書院大学史―創立八十周年記念誌―』滬友会、一九八二年、七六‐七七頁、七九頁‐八〇頁、八二‐八四頁。

(2)阿部洋「在華教育態勢の構築―東亜同文会の中国人教育事業―」『「対支文化事業」の研究―戦前期日中文化交流の展開と挫折―』汲古書院、二〇〇四年。

(3)保坂治朗「目白にあった東京同文書院」(愛知大学東亜同文書院大学記念センター『同文書院記念報』VOL．一七、二〇〇九年)。

(4)中央大学附属中学校・高等学校一〇〇周年記念校史編集委員会編『中央大学附属中学校・高等学校「校史」―一九〇九‐二〇一二―』、中央大学附属中学校・高等学校発行、二〇一二年。

(5)東亜文化研究所編『東亜同文会史』霞山会、一九八八年、七四頁。

(6)「会報」(『東亜時論』第一三号、一八九九年六月、五〇頁)。

(7)「会報」(『東亜時論』第一五号、一八九九年七月、六〇頁)。

(8)「会報」(『東亜時論』第二三号、一八九九年一〇月、五四頁)、「会報」(『東亜同文会報告』第六回、一九〇〇年五月、二四頁)。

(9)『東亜時論』第二三号、一八九九年一〇月、四六頁、「会報」(『東亜時論』第二三号、一八九九年一〇月、五四頁)、範鉄権「銭恂生平史事述論」(『河北大学学報(哲学社会科学版)』第三五巻第六期、二〇一〇年一二月、八二‐八三頁)。

(10)一九〇〇年二月から三月にかけて行われたテストの成績が、第一年級甲部と乙部に分けて九名の学生について各自の成績が載せられている。「会報」(『東亜同文会報告』第六回、一九〇〇年五月、三一‐三二頁)。

(11)「会報」(『東亜同文会報告』第七回、一九〇〇年六月、三六頁)。
(12)「会報」(『東亜同文会報告』第九回、一九〇〇年七月、九頁)
(13)「会報」(『東亜同文会報告』第一一回、一九〇〇年一〇月、二一－三頁)
(14)「会報」(『東亜同文会報告』第九回、一九〇〇年七月、一一頁)
(15)「会報」(『東亜同文会報告』第九回、一九〇〇年七月、八－九頁)、「会報」(『東亜同文会報告』第一四回、一九〇〇年一二月、四四－四五頁)、「会報」(『東亜同文会報告』第一一回、一九〇〇年九月、三－四頁)。戴海斌「庚子年張之洞対日関係的若干側面―兼論所謂張之洞的〝帝王夢〟―」(『学術月刊』第四二巻第一一号、二〇一〇年一一月、一四七－一四八頁)。
(16)「会報」(『東亜同文会報告』第一一回、一九〇〇年九月、四頁)、「会報」(『東亜同文会報告』第一四回、一九〇〇年一二月、四五頁)、「会報」(『東亜同文会報告』第一七回、一九〇一年四月、六頁)。
(17)「会報」(『東亜同文会報告』第一四回、一九〇〇年一二月、四四頁)、「会報」(『東亜同文会報告』第一七回、一九〇一年四月、六頁)。
(18)「会報」(『東亜同文会報告』第一一回、一九〇〇年九月、四頁)。
(19)「会報」(『東亜同文会報告』第二七回、一九〇二年二月、一一－一三頁)。
(20)「会報」(『東亜同文会報告』第三三回、一九〇二年八月、一頁)。
(21)「会報」(『東亜同文会報告』第三五回、一九〇二年一〇月、一－三頁)、「会報」(『東亜同文会報告』第三八回、一九〇三年一月、五－六頁)。
(22)さねとう・けいしゅう『増補版　中国人日本留学史』くろしお出版、一九八一年、四六〇頁。
(23)「会報」(『東亜同文会報告』第四〇回、一九〇三年三月、二頁)、長岡院長就任については前掲『東亜同文会史』七五頁による。「本会記事」(『東亜同文会報告』第四三回、一九〇三年六月、一五三頁)、「本会記事」(『東亜同文会報告』第四四回、一九〇三年七月、八九頁)、「本会記事」(『東亜同文会報告』第四六回、一九〇三年九月、八六－八七頁)。
(24)「本会記事」(『東亜同文会報告』第五二回、一九〇四年三月、一〇四－一〇五頁)、学生数は前掲『東亜同文会史』七五頁による。「本会記事」(『東亜同文会報告』第五八回、一九〇四年九月、七八－七九頁)。
(25)「本会記事」(『東亜同文会報告』第六二回、一九〇五年一月、五八－五九頁)、「本会記事」(『東亜同文会報告』第六五回、一九〇五年四月、四〇－四一頁)、「本会記事」(『東亜同文会報告』第六八回、一九〇五年七月、四五－四六頁)、「本会記事」(『東亜同文会報告』第七三回、一九〇五年一二月、三五－四〇頁)。

（26）清国留学生取締規則およびその反対運動については、前掲『増補版　中国人日本留学史』（四六一－四九四頁）を参照。
（27）前掲『東亜同文会史』七六頁、「本会記事」（『東亜同文会報告』第七九回、一九〇六年六月、八九頁）。
（28）「本会記事」（『東亜同文会報告』第七三回、一九〇五年一二月、三八頁）。
（29）前掲『東亜同文会史』七六頁。
（30）「本会記事」（『東亜同文会報告』第七四回、一九〇六年一月、二一頁）。
（31）「本会記事」（『東亜同文会報告』第六八回、一九〇五年七月、四六頁）、「本会記事」（『東亜同文会報告』第一〇三回、一九〇八年六月、六一頁）、「時報」（『東亜同文会報告』第一二〇回、一九〇九年一一月、七二－七三頁）、「本会記事」（『東亜同文会報告』第一二一回、一九〇九年一二月、七七頁）。
（32）「時報」（『東亜同文会報告』第八〇回、一九〇六年七月、六七－六八頁）。
（33）「本会記事」（『東亜同文会報告』第八六回、一九〇七年一月、六三頁）。
（34）「本会記事」（『東亜同文会報告』第九八回、一九〇八年一月、七五頁）。
（35）「本会記事」（『東亜同文会報告』第九〇回、一九〇七年五月、六九頁、七三－七四頁）。
（36）「本会記事」（『東亜同文会報告』第九一回、一九〇七年六月、八七頁）、「本会記事」（『東亜同文会報告』第九八回、一九〇八年一月、七五－七六頁）、「本会記事」（『東亜同文会報告』第一〇三回、一九〇八年六月、六一頁）。
（37）「本会記事」（『東亜同文会報告』第一一〇回、一九〇九年一月、七〇－七一頁）。
（38）「本会記事」（『東亜同文会報告』第一〇三回、一九〇八年六月、六〇頁）、「本会記事」（『東亜同文会報告』第一一三回、一九〇九年四月、八四頁）。
（39）「会報」（『支那』第四巻第一一号、一九一三年六月、六四頁）。
（40）「会報」（『支那』第五巻第二号、一九一四年一月、七六頁）。
（41）「会報」（『支那』第五巻第一一号、一九一四年六月、二頁）。
（42）「会報」（『支那』第七巻第一号、一九一六年一月、一〇三頁）。
（43）前掲『東亜同文会史』七七－七八頁。
（44）葛生能久『東亜先覚志士記伝』中、黒竜会出版部、一九三五年、八一七－八一八頁、「ヴェトナム民族運動史関係略年表」（潘佩珠著、長岡新次郎・川本邦衛編『ヴェトナム亡国史他』〔東洋文庫〕平凡社、一九六六年初版、二九八－二九九頁）、潘佩珠著、南十字星訳「獄中記」（前掲『ヴェトナム亡国史他』一二三－一二六頁）。

(45)川本邦衛「潘佩珠小史」(前掲『ヴェトナム亡国史他』二三八頁)、前掲「獄中記」一三二頁。
(46)前掲「ヴェトナム民族運動史関係略年表」三〇〇―三〇一頁。
(47)ＪＡＣＡＲ(アジア歴史資料センター)Ref. B02032272700、仏国内政関係雑纂／属領関係／印度支那関係／安南王族本邦亡命関係　第一巻(A.6.7.9)(外務省外交史料館)、「安南人ニ就テ」。
(48)ＪＡＣＡＲ(アジア歴史資料センター)Ref. B02032272700、仏国内政関係雑纂／属領関係／印度支那関係／安南王族本邦亡命関係　第一巻(A.6.7.9)(外務省外交史料館)、「安南人ニ就テ」、ＪＡＣＡＲ(アジア歴史資料センター)Ref. B02032272700、仏国内政関係雑纂／属領関係／印度支那関係／安南王族本邦亡命関係　第一巻(A.6.7.9)(外務省外交史料館)、柏原文太郎「安南学生教育顚末」。
(49)潘佩珠「『自判』本文」(内海三八郎著、千島栄一・櫻井良樹編『ヴェトナム独立運動家潘佩珠《ファンボイチャウ》伝―日本・中国を駆け抜けた革命家の生涯―』芙蓉書房出版、一九九九年)二七二―二七三頁
(50)前掲『東亜先覚志士記伝』中、八二〇頁
(51)長岡新次郎「日本におけるヴェトナムの人々」(前掲『ヴェトナム亡国史他』二六三―二六四頁)、前掲注47に同じ。
(52)前述「『自判』本文」二七五頁、二八一頁、前掲注47に同じ。
(53)潘佩珠「『自判』本文」二七五―二八一頁。なお潘は駐日大使と書いているが、当時大使はおらず駐日公使である。
(54)潘佩珠「『自判』本文」二七五―二七七頁、二七九頁。
(55)前掲「ヴェトナム民族運動史関係略年表」三〇二頁。

東亜同文書院で学んだ台湾人学生について

武井義和

はじめに

本論は、従来取り上げられることがなかった東亜同文書院（一九三九年に大学へ昇格したため、必要に応じて「東亜同文書院（大学）」または「東亜同文書院大学」と表記する）で学んだ台湾人学生について、その実像を明らかにすることを試みるものである。特に彼らの東亜同文書院（大学）入学前の学歴、卒業後の就職先、そして戦後の彼らの活動などに焦点を当てる。

一九〇一年に東亜同文会により上海に開設され、一九四五年日本の敗戦で閉鎖された東亜同文書院（大学）は、一九三九年の大学昇格まで商務科が中心であり、中国の経済をはじめ経済全般に関する科目や中国の政治・法律に関する科目が設定されていた(1)。大学昇格により誕生した東亜同文書院大学は主に予科と学部で構成され、学部には商学部が置かれたが、一九四一年当時の学部カリキュラムをみると、東亜精神史、東亜資源論、植民政策といった時局の影響と思しき科目が登場するものの、民法や商法、経済学、財政や金融など、経済や貿易に関係する科目が多く、さらに選択科目としては経済関係や政治学関係、語学（上海語、福建語、広東語、蒙古語、ドイツ語、フランス語、ロシア語）などが配置されていた。したがって、東亜同文書院大学は全体的にみて経済に関する専門的な勉学に比重が置かれていたといえる。また、一九四三年には旧東亜同文書院の例にならい実務的人材の養成を目的とする三年制の専門部（付属専門部）が設置された(2)。

こうした東亜同文書院（大学）で学んだ学生は四十数年の間に五〇〇〇名近くに上ったが(3)、その中には日本の植民地統治下にあった朝鮮人や台湾人も「日本人」学生として含まれていた。しかし、彼らを取り上げた先行研究は皆無に等しい(4)。その理由として、「日本人」であったために彼らの動向だけをまとめた当時の記録などがないことが挙げられる。したがって、本論のテーマである台湾人学生についても、在学中の様子や意識面などについては明らかにし得ない。

そのため、本論では東亜同文書院（大学）の入学前と卒業後に焦点を当て、考察を進めることとする。一つ目は東亜同文書院（大学）に入学する前の学歴についてである。これは植民地台湾の教育における台湾人の置かれた状況と切り離して捉えられない問題である。二つ目は、卒業後の就職先についてである。特に戦前・戦時中に卒業した台湾人学生の就職先はどのようなところであり、それは東亜同文書院（大学）卒業生の中でどのような位置付けとなるのか、また就職後の軌跡はどうであったかという点である。これは延いては、当時の台湾人の中国における活動という問題にもつながってくると思われる(5)。三つ目は、戦後の彼らの人生についてである。彼らは日本敗戦後、中国大陸残留または台湾への帰還のどちらを選択したのか、そして戦後はどのような職に就き、どのような人生をたどったのかという点である。以上の諸点を明らかにしていくために、東亜同文書院（大学）の『学籍簿』をはじめ、東亜同文書院（大学）に関する資料や日本の主要な大学の一覧などを資料として用いる。

なお、人名等については個人情報やプライバシー保護の観点から、一部を除き仮名で表記した。

一、台湾人学生の東亜同文書院への入学まで

表1は『学籍簿』をもとに、台湾人学生の派遣元・学歴などをまとめたものである。台湾在住日本人と思われる人物や、台湾人と中国人の判別が困難な人物、また『東亜同文書院大学史』等で台湾出身者と記されているものの、『学籍簿』の原籍地記載でそのように確認できない人物などは除外した。そのため、表には二一名のみを掲げた。

さて、そこから浮かび上がる特徴的な点を幾つか確認していくが、まず最初に全体的な傾向について触れておく。すなわち、一九三五年までは入学年が大体隔年で、一名ずつの入学であったが、一九四二年以降は毎年複数名が入学するという変化が生じている。時代的にみて戦争の影響があったと思われるが、それを示す資料は管見の限り確認できない。そのため、本章では主に一九三〇年代半ばまでの時期を対象とし、必要に応じて一九四二年以降の入学生を取り上げることにしたい。

（一）私費生の圧倒的な多さ

台湾人学生の大きな特徴として、「私費生」の身分での入学者が圧倒的に多いことが挙げられる。東亜同文書院の特徴の一つとして、運営が「国費（補助金）と公費（各府県の派遣費）によって賄われたこと」[6]と指摘されているように、学生に焦点を当てた場合、各府県が選抜試験を行った上で派遣する「府県費生」に重きが置かれた[7]。実際には私費生も存在したが、例えば一九一六年度の「東亜同文書院章程」では入学生の区分や入学生採用の順序について、「府県費生、公費生、準公費生、私費生ノ四種トシ、其採用ノ順序ハ第一府県費生ヲ採リ、次ニ定員ニ照シ、余地アレハ公費生ヲ採リ、尚余地アレハ準公費生、私費生ヲ加フ（以下略）[8]」と定めていた。ほぼ同じ内容が一九二〇年代や

表1　台湾人学生の派遣元・入学前の学歴

姓	入学年、卒業年	派遣元	入学前の学歴
A	1916～1919年	私費生	1916年台湾総督府国語学校卒業
陳	1919～1922年	台湾総督府（準公費生）	1919年公立台中中学校卒業
B	1921年（のち退学）	台湾総督府	1919年東京私立中学校卒業
彭	1923～1927年	私費生	1923年台中第一中学校卒業
C	1924年（退学、後年再入学、病死）	私費生	1924年台中第一中学校卒業
D	1927～1931年	私費生	1927年元台湾総督府商業専門学校本科卒業
E	1928～1932年	私費生	1928年台北商業学校卒業
F	1935～1939年	私費生	1935年東京某学院卒業
G	1942年（のち休学）	私費生	1940年台北第一中学校卒業→1941年東亜同文書院大学予科入学（42年修了）
H	1942年（のち休学）	私費生	1941年高雄中学校卒業→同年東亜同文書院大学予科入学（42年修了）
I	1942年	私費生	1942年台北高等商業学校卒業
J	1943年	私費生	1941年台中第二中学校卒業→1942年東亜同文書院大学予科入学（43年修了）
K	1943年	—	1942年台北第二中学校卒業
L	1943年	私費生	1941年上海居留民団立日本商業
M	1943年	私費生	1942年高雄中学校
N	1943年	某鋼業株式会社	1943年台中第一中学校
O	1943年	私費生	1942年基隆中学校
P	1944年	私費生	1942年基隆中学校卒業→1943年東亜同文書院大学予科入学（44年修了）
Q	1944年	—	1943年北京日本中学校卒業→同年東亜同文書院大学予科入学（44年修了）
R	1944年	—	台南第一中学校
S	1944年	—	東京某学園中学校

出典：東亜同文書院（大学）の『学籍簿』をもとに、執筆者作成。
注1：入学年・卒業年・入学前の学歴は年までの表示とした。
注2：入学生の生年月日は除外した。また、ほとんどの実名を伏せた。
注3：『学籍簿』では、派遣元に関して「私費生」と「自費」の二通りの表記がなされているが、繁雑さを避けるために「私費生」で統一した。また、陳の学歴は「公立台中学校」と記載されているが、表の作成に際して「公立台中中学校」とした。
注4：『学籍簿』では日本の元号で年が表記されているが、便宜上西暦に直した。
注5：—は不詳を示す

一九三〇年代の「東亜同文書院章程」、そして一九四一年の東亜同文書院大学学則でも確認できるため、東亜同文書院（大学）の入学生は一貫して各府県の派遣生が最も重視されていたことが改めて分かる。ただし、一九四一年時点の大学学則は「準公費生」が含まれていない点が従来の章程と異なっている。(9)

こうしたことを踏まえると、台湾人学生の場合は一九一九年と一九二一年の入学生にそれぞれ公費生、準公費生という形で台湾総督府による派遣生が二名と、一九四三年の入学生に某企業による派遣生が確認できるだけであり、それ以外は私費生という非常に特殊な状況であったといえる。私費生は一九二〇年代後半に発表されたと思われる「東亜同文書院入学志願者心得」（以下、「心得」と略）では、「直接東亜同文会本部ニ出願シテ選抜試験ヲ受クルモノヲ云フ」と定義しており、また受験方法について、私費生と準公費生は東京の東亜同文会本部または指定の場所に召集し試験を行うと定められていたが、(10)右で示した台湾人私費生らが東京まで出向いて受験したのか、台湾で受験したのかは不詳である。

（二）東亜同文書院の高額な学費と台湾人学生の出身家庭

ところで、私費生には学費の負担という問題が立ちはだかる。東亜同文書院の学費の高さはすでに指摘されているが、(11)前出の「心得」には東亜同文会が入学志願者に対して求める提出書類の一つとして、市町村役場が証明する保証人の財産証明書もしくは所得税納付証明書一通が含まれていたことから、(12)東亜同文会側も私費生の学費負担の大きさを認識していた様子が浮かび上がる。ちなみに、準公費生も出願時に財産証明書の添付を求められていた。

では、どれほど高額であったのかについて、具体的にみていきたい。ここでは学生Ｅが入学した一九二八年当時の「東亜同文書院一覧」を手掛かりに用いる。その一覧には、一年間の学費が六六〇円、四期に分けて一六五円ずつ東亜同文会本部に納入することが記されている。ほぼ同年代の日本国内の大学の場合、例えば一九二七年の日本大学は入学金五円と学部年間授業料一一〇円、同年の同志社大学は日本大学と同じく入学金五円と学部年間授業料一一〇円、一九二八年の明治大学も入学金五円と学部年間授業料一一〇円、一九二九年の慶応義塾大学は入学金五円と学部年間授業料一四〇円が学費として定められていたので、東亜同文書院の学費の高さが改めて分かる。これほど高額だった理由は、教科書やその他学用品費をはじめ被服費、食費宿舎費、疾病治療費、大旅行費や小遣い銭までが含まれていたからである。(13) 特に、東亜同文書院生は上海で寮生活を送り、また学業の集大成として卒業年次生が夏休みを中心とする時期に中国各地を調査して歩く、いわゆる「調査大旅行」を毎年行っていたため（一九〇七～一九四三年）(14)、異国での生活環境と独特な教育内容が、学費が高額になる要因であった。

この状況は大学昇格後も変化がなかった。例えば一九四一年一月制定の「東亜同文書院大学学則」では、予科・学部ともに年間九〇〇円と定められていたが、同年の慶応義塾大学の場合、入学金一〇円と年間授業料を予科一四〇円、学部一六〇円と定められていた。したがって、このような比較から東亜同文書院大学の学費も依然として高額だったことが分かる。(15)

こうした学校に私費生として入学した台湾人学生の家庭環境については、今回明らかにできなかったため、詳細は分からない。だが、植民地期における台湾人の留学生について、必要な学資や生活費が相当に高いために留学の希望は公費、あるいは私人による留学費援助を受けなければ、通常は富豪の子弟だけがかなえられるものであり、留学生の家庭的背景は富豪の子弟が絶対的多数を占めていたと、先行研究で指摘されている。(16) これは主に日本への留学生について論じたものだが、高額な学費を納入しなければならなかったという点から、東亜同文書院（大学）へ進学した学生たちの家庭についてもこの指摘はある程度当てはまるように思われる。また、確認できるだけで二人の学生の保証人（父親、親戚）が地方の名士または地方公共事業に尽力する人物として紹介されていた。(17)

したがって、東亜同文書院（大学）に入学した台湾人学生の多くは比較的に裕福な家庭、もしくは地方で広く知られた名士の家庭またはその親戚筋の出身であるか、莫大な学費援助を受ける機会に恵まれていた人たちであったと考えられるのではないだろうか。

（三）東亜同文書院入学までの学歴

次に学歴についてみると、一九一六年から一九二四年までの入学生五名の場合、学生ＡとＢがそれぞれ台湾総督府国語学校と東京私立中学校の出身であることを除き、残り三名が台中中学校やその後身である台中第一中学校（一九二二年台湾教育令により改称）の出身者であることに気付く。逆に、学生Ｄが入学した一九二七年以降になると出身校が多様化している。その中には台湾総督府商業専門学校本科や台北商業学校といった専門学校や実業教育機関の卒業生も含まれているが、ほとんどが中学校出身なので、以下もっぱら中学校について論じていくことにする。[18]

一九二四年まで台中中学校や台中第一中学校の出身者が目立っていた理由は、同校の設置以前は台湾人が学ぶ初等教育機関である公学校より上の学校が非常に限られており、台湾総督府国語学校と台湾総督府医学校しかなかったからである。[19]すなわち、一九〇七年台北に、一九一四年には台南に中学校が設置されていたが、日本人子弟が通学するための学校であった。なお、これらの中学校は台湾教育令が制定された一九二二年四月にそれぞれ台北第一中学校、台南第一中学校と変更されたが[20]、台湾教育令制定までは日本人と台湾人の共学は認められていなかったため、台湾人子弟は台中中学校が誕生するまで、公学校を卒業しても台湾において中等教育を受ける機会がなかったのである。

こうした状況の中で、台中中学校は台湾人上流階級人士による台湾人子弟のための私立中学校設立運動に端を発し、台湾中部の資産家や名望家らが中心となって集めた募金が台湾総督府に寄付され、総督府によって地方税支出の公立学校として認可された結果、一九一五年に誕生した学校であった。[21]したがって、台中中学校の設立は画期的ではあったが、当時の日本の旧制中学校が五年制であったのに対し、最終的に一年短い四年制とされ、また教育内容も日本語および漢文の時間数が最も多く、その一方で英語は随意科目の扱いであった。入学資格についても、公学校第四学年の課程を修了した者または修業年限四年の公学校卒業者とされ、日本人の中学校よりも修学年限や教育内容などが低く設定されていた[22]。

こうしてみてくると、一九二四年まで東亜同文書院入学前の出身校が限定されていた理由は、以上のような植民地教育下における台湾人の就学機会の制限という環境が背景にあったことが分かる。一方、学生Ｂは東京私立中学校から東亜同文書院に入学しているが、彼は台湾での不利な教育環境を脱してより高度な教育を求めて、公学校卒業後に日本本土の中学校へ「内地留学」をしたと考えられる。この点についていえば、学生Ｆも同様のことがいえるかもしれない[23]。

一方、一九二七年入学生以降の出身校の多様化は、一九二二年の台湾教育令制定以降に中学校が増加したことによる。表1にみえる台湾の中学校をみると、元々は日本人の学校として誕生した既述の台北第一中学校、台南第一中学校のほか、台北第二中学校、台中第二中学校、基隆中学校、高雄中学校が確認できる。台北第二中学校、台中第二中学校、高雄中学校は一九二二年四月の設置であり、基隆中学校は一九二七年に設置された学校であった[24]。

しかしながら、この台湾教育令では中等教育以上の学校における台湾人と日本人の共学が容認され、修学年限・カリキュラムが日本の中学校と同等になったものの[25]、中学校の増加は日本人子弟の増加によるものであり、台湾人の中等教育機関への進学は依然として困難であったという指摘がなされている。また、公学校での国語（日本語）・漢文の授業は日本人が通学する小学校よりも多く、しかも中学校入試は日本の文化や習慣に精通していなければ解けない問題もあったということも明らかにされている[26]。これらの点から、植民地期の台湾人は初等教育の段階で日本人と教育内容・レベルの差があり、かつ台湾人にとって不利な入試問題もクリアしなければならないなど、台湾内で中等教育を受けることが大変であったことが分かる。

こうした進学の困難さは一九四二、四三年時点においても存在していた[27]。したがって、台湾で中学校に入学し課程を修了して東亜同文書院（大学）へ進学した学生の多くは、植民地教育体制下において厳しい勉学環境を勝ち抜いてきた者たちであったと推察される。結局、台湾総督府商業専門学校本科や台北商業学校の出身者も含めて、中学校を卒業した学生たちが東亜同文書院（大学）を目指した理由は、より専門的な教育を求めたためであったと考えられる。

二、卒業後の職業と日本敗戦後の人生

本節では、卒業後の職業や日本敗戦後の人生について取り上げていく。表２は台湾人学生の卒業後の職業についてて、一九八〇年代までを対象として調査しまとめたものである。一九三五年入学生までは戦前・戦時中にすでに就職しているが、一九四二年以降の入学生は在学中に日本敗戦により東亜同文書院大学の閉校という事態に直面したため、就職して社会に出て行くのは戦後になってからである。

したがって、まずは一九四五年以前の状況について取り上げ、その次に一九四二年以降の入学生も含めた学生たち全体の戦後の足取りについてみていくことにする。

（一）一九四五年まで

戦前・戦時中に就職した者は、退学したＢと再入学したが在学中に病死したＣを除くＡ、Ｄ、Ｅ、Ｆ、陳、彭の六名である。ＤとＥは卒業直後の就職先が記録で確認できないため、一九三七年までの間に転職をしたか否か等についても不明であるが、それを踏まえた上で概観していきたい。

まず、卒業後の動向については①台湾に戻った者、②上海に留まった者、③中国各地を転々とした者、の三パターンが挙げられる。①としては、卒業数年後に台湾で炭鉱会社に勤務していたDが該当する。②としては、A、彭、Fが該当する。AとFは上海の三井洋行／物産に就職したが、東亜同文書院に一九〇一年から一九三四年までの間に入学した学生たちの就職先で最多なのは「商工業・会社」で、合計二六八四名中一一三八名を占めており、「銀行業」や「独立企業」も含めるとビジネス・金融界で活躍した卒業生は一五九七名を数え、最も多くの東亜同文書院卒業生が進んだ進路であった。[28] また『東亜同文書院大学史』によれば、三井物産は明治初年から上海に支店を出していた関係で、四十数年の学校存続期間を通じて七〇名近くの書院生がこの会社に入社した。[29] したがって、AとFは多くの東亜同文書院生と同じ業種を選択し、かつ書院卒業生が多く働く会社に就職したことが分かる。

一方、彭は卒業すると母校の東亜同文書院に勤務するという形で、上海に留まった。しかしその後、彼は激動の人生を歩むことになるが、それについては後述する。

③としてはEが該当する。彼は旅順税関に勤務した後、戦時中には汕頭で福大公司に勤めた。この福大公司とは台湾拓殖株式会社の関連会社として一九三七年に台北に設置されたもので、鉱山業や電力業、諸工業、農林水産業、そしてその他の拓殖事業を主要業務としていた。また、厦門に支店を置き、上海と汕頭に出張所を置いていた。[30] したがって、Eが勤務したのはこの出張所である。彼が転職した動機や理由、そして彼自身の心境は不明であるが、戦時期の中国における台湾人の行動を考える上で興味深い。

こうした中で、一九一九年入学生の陳は台湾人でありながら、一九二〇年代から一九三〇年代にかけて日本の外交官としての人生を歩んだ特異な人物である。『東亜同文書院大学史』には東亜同文書院（大学）出身の外交官たちについて紹介されているが、その中に彼の記述はない。しかし、彼は一九二四年当時漢口総領事館の通訳生を務め、一九二六年には同総領事館書記生、一九三二年には外務省亜細亜局第一課に勤務、一九三三年以降は広東総領事館書

表2　台湾人学生の卒業後の進路（戦前より1980年代まで）

姓	戦前～1945年	1945年～1980年代
A	1919年卒業後、上海・三井洋行→1928年・1937年、同上→1942年、三井洋行内・某化学工業会社	1953年・1963年、某実業公司→1976年・1985年、某実業股份有限公司董事長
陳	1922年卒業後、外務省→1928年、漢口日本総領事館→1942年、台湾総督府	1963年、台湾某大学
彭	1928年・1937年、東亜同文書院→1942年死亡	
D	1928年・1937年、台湾・炭鉱会社	1976年、中学校
E	1937年、旅順税関→1940年、汕頭・福大公司	1963年、日系企業香港事務所→1976年、日系商社の香港支店
F	三井物産上海支店	1953年、台北・貿易会社→1963年、貿易会社、漁業会社重役→1976年・1983年、台湾の畜産系企業→1985年、薬局
G		1953年、アメリカ留学→1963年以降、日系商社台北支店
H		戦後、小学校校長→1976年・1985年、予備校経営
I		1953年、台北・中央信託局→1963年、東京・中央信託局弁事処→1976年、東京・M企業（株）
J		1963年、台北・日系銀行→1976年、日系銀行台北支店次長→1985年、台北・日系企業
K		—
L		1963年、某実業股份有限公司駐日総代理店→1976年、某実業股份有限公司→1985年、某実業股份有限公司総経理
M		1963年、日系綿花会社台北支店→1976年、K貿易股份有限公司董事長→1985年、T交易股份有限公司
N		1953年・1963年、K銀行支店→K商業銀行支店→1976年、K商業銀行総行副主任→1985年、K銀行支店経理
O		1953年・1963年、女子中学校→1976年、某音響股份公司工場→1985年、某紡織公司
P		戦後、上海某大学経済学部卒、同学部助手→1980年、人民日報東京特派員
Q		戦後、北京某学院入学→1983年・1985年・1987年、上海某学院日語研究室。
R		—
S		1963年、東京・F貿易（株）

出典：『滬友』第10号（1919年）、同第20号（1922年）、『滬友学報』第3号（1940年）、同窓会名簿各年版、『東亜同文書院大学史』（滬友会、1982年）をもとに執筆者作成。

注　：一部を除き姓名や会社名を仮名にしたり、実名を伏せた。また、—は不詳を示す。

記生として勤務したという経歴をたどり、さらに一九三六年には広東総領事館副領事に昇任し、台湾人唯一の副領事となった人物であった。ただし、実際に副領事として執務することはなかったが[31]、彼は戦前期に日本の外務省に勤務し、また外交官として中国に赴任した台湾人として特筆すべき人物である。

さて、彼らの現地における社会的地位や具体的な活動について、ここでは上海に留まったAと彭を例にみておく。Aは一九三八年、上海の台湾公会会長に就任している。台湾公会は一九三六年一二月に台湾人の自治機関として上海に在留する戸主の全てを会員として成立した組織で、二年後の役員改正により彼は会長に選出された。台湾公会の事業は幼稚園経営、無料宿泊所・職業紹介所開設、金融機関設置、日本語教授による日中親善の促進や上海台湾間貿易の発展向上の企図、同郷者の救済・相互扶助・親睦・福利増進の企図などがあった[32]。したがって、Aは上海台湾人社会の中心的地位にあり、まとめ役であった。

一方、彭は周仏海の通訳となり、汪精衛政権が誕生すると同政権の財務部参与を務めたが、実際は国民政府傘下の軍統の特務であった。そのことが汪政権側の特務工作総部に発覚したが、周仏海が自分の妻の弟を保証人としたため釈放され、彭は復職した。しかし、汪政権と日本政府との間の密約や、それに関する情報を収集していたために日本政府によって処刑されたという[33]。時期的にみて、彭が周仏海や汪政権に関与するようになったのは東亜同文書院を辞職した一九三九年一〇月以降と思われる[34]。

彭の場合は極めて珍しいケースであるが、戦前・戦時中に東亜同文書院を卒業して就職した台湾人の動向については不明な点がまだ多いため、今後の研究課題である。

（二）一九四五年以降

日本敗戦により東亜同文書院大学は閉校となったが、当時すでに卒業していた台湾人はもちろん、在学中だった学生も戦後新たな人生を歩むこととなった。表2にある「一九四五年～一九八〇年代」の欄は基本的に一九五〇年代からほぼ一〇年おきの動向を追ったものであるが、人によっては所々欠落があることを最初に言及しておかねばならない。

日本敗戦後、ほとんどは台湾に戻ったが、PとQの二名は中国大陸に残った。台湾に戻った人々の場合、多くの消息が確認できるようになるのは一九五〇年代に入ってからである。日華平和条約締結翌年の一九五三年には同窓会支部の一つとして台北支部が設置されたため(35)、不完全ながら戦後の軌跡が浮かび上がってくる。一方、中国大陸に残った者については、一九七二年まで日本と中華人民共和国との間に国交が存在しなかったので、消息が判明するようになるのは一九八〇年代に入ってからである。

さて、一九四二年入学以降の学生は、在学中に日本敗戦による東亜同文書院大学の閉校という事態に直面したが、彼らを含めた全員の戦後における職業をみると、居住場所がどこであるかを問わず、ビジネス・金融界や教育界、言論界に進んでいたことが分かる。特にビジネス・金融界に進んだ者が最も多かったことが表2から分かる。彼らは貿易会社や企業、銀行などに勤務したが、その中には会社の董事長や総経理、日系銀行の支店次長など、企業や銀行のトップランクにまで上り詰めた者が複数確認できる。一方、教育界は既述した戦前日本の外交官を務めた陳やD、Hが挙げられるほか、Oは後に企業への転職を繰り返すものの、一九五〇年代から六〇年代にかけて女子中学校に勤めていたことが確認できる。さらに、中国大陸に残ったQは一九八〇年代に上海の学校に勤務していた。また、言論界の道を歩んだ人物として、Qと同じく中国大陸に残り、一九八〇年代に人民日報東京特派員を務めたPが挙げられる。

もう一つは、一九六〇年代以降に仕事を通じて日本と関わりを持った者が目立つことである。それは台湾や香港において現地に進出した日本の企業や銀行に勤務したり、逆に台湾から東京に赴任するなどの形でみられた。また、中国大陸に残ったP・Qも日本と関わる仕事に携わっていたという点では、同じことがいえよう。

以上は、東亜同文書院（大学）で学んだ台湾人学生の戦後における特徴と捉えることができよう。

おわりに

本論では東亜同文書院（大学）に入学した台湾人学生を対象に、入学前の学歴、卒業後の就職先、そして戦後の活動などの観点から彼らの実像を明らかにすることを試みた。

彼らは「日本人」として東亜同文書院（大学）に入学したが、植民地下の台湾人に対する不利な教育環境の中で、同校入学まで厳しい勉学環境を勝ち抜いてきた者が多かった可能性を指摘した。あわせて、高額な学費を納めなければならない私費生の身分で入学していたことから、裕福な家庭もしくは地方名士の家庭、またはその親戚筋の出身か、莫大な学費援助を受ける機会に恵まれていた人たちであった可能性も指摘した。一方、卒業後の就職先や軌跡について戦前から戦後にかけて捉え、特徴を明らかにした。

しかし、資料上の制約から十分に考察できず、今後の課題として残った点もある。以下、それについてまとめの形で言及しておきたい。まず、戦時期の一九四二年以降に毎年複数名の学生が入学した理由についてである。この背景には台湾における戦時体制が何らかの形で影響していると推察されるが、本論では明らかにできなかった。台湾総督府による派遣生の募集や採用の実態についても同様である。

また、基本的な問題として、東亜同文書院（大学）への進学について植民地期の台湾人の留学動向と関連付けて考察していく必要がある。すなわち、植民地時代の台湾人の留学地として大まかに日本、中国大陸、欧米の三つの地区があったが、日本は言語、交通、その他の面でほかより便利であったため、留学生数ははるかに多く、その影響もより大きかったと論じられている。[36]これを踏まえた場合、東亜同文書院（大学）という上海に設置された日本の学校への進学はどのような位置付けがなされるのか、が課題として浮かび上がる。また中国、特に上海にあった中国系や欧米系の各教育機関へ留学した学生たちとの比較検討もテーマの一つである。

ほかに、日本敗戦までの時期に卒業して就職した者たちのさらなる実態解明や、戦前から戦後にいたる台湾人同窓生同士、あるいは彼らと日本人同窓生との具体的な人的ネットワークなども今後の研究課題と思われる。

いずれにしても、全体的にみて東亜同文書院（大学）で学んだ台湾人学生の研究は、特に植民地教育を中心とした植民地期の台湾の歴史をはじめ、戦前・戦時中における台湾人の中国での活動という問題、そして戦後の台湾における彼らの社会的地位や、彼らが日台関係に果たした役割などのような、重要な歴史的諸テーマに接近する可能性を含んでいるということができる。

【注】

（１）『東亜同文書院大学史』（滬友会、一九八二年）一〇三―一〇四頁、一一九頁、一三一―一三三頁。
（２）『東亜同文書院大学一覧　昭和一六年一〇月』四九頁、五四―六〇頁、同右書一六〇頁、一六二頁。
（３）前掲『東亜同文書院大学史』六九頁。

（4）東亜同文書院（大学）で学んだ朝鮮人学生を扱った研究として、僅かに室井雅弘『朝鮮総督府の教育政策─東亜同文書院大学の学籍簿調査から』（二〇〇五年度愛知大学大学院中国研究科修士論文）が確認できるだけである。この研究は主に三回にわたり制定された朝鮮教育令と東亜同文書院（大学）入学者との関係の考察を試みたものである。

（5）近年の研究として、卞鳳奎『日拠時期台湾籍民在大陸及東南亜活動之研究』（黄山書社、二〇〇六年）、許雪姫「日本統治期における台湾人の中国での活動」（『中国21』Vol．36、愛知大学現代中国学会、二〇一二年）が挙げられる。このうち、卞氏の著書は中国の北京や上海などをはじめ、東南アジアの台湾人も対象にしている。

（6）前掲『東亜同文書院大学史』七三頁。

（7）府県費生の定義については「東亜同文書院入学志願者心得」（外務省記録『東亜同文会関係雑纂』第四巻）を参照。なお、この「心得」には年代が明記されていないが、一九二六年から一九三一年の間に作成されたものと思われる。

（8）『文部省認定東亜同文書院一覧　大正五年度』三三頁。なお、原文には句読点がないため、本論では読点を付けた。

（9）『大正一二年二月　東亜同文書院紀要』二二頁、「東亜同文書院章程」一九三一年（外務省記録『東亜同文書院関係雑件』第三巻）、前掲『東亜同文書院大学一覧　昭和一六年一〇月』六六頁。

（10）注（7）に同じ。

（11）佐々木亨「東亜同文書院入学者の群像──海を渡って学びに行った若者たち」七頁（『同文書院記念報』Vol．11、愛知大学東亜同文書院大学記念センター、二〇〇三年）。

（12）注（7）に同じ。

（13）「東亜同文書院一覧」一九二八年五月（外務省記録『東亜同文書院関係雑件』第三巻）、『日本大学一覧』三五頁（一九二七年）、『同志社一覧』九五頁、九六頁（一九二七年）、『明治大学一覧』（一九二八年）五九頁、『慶応義塾総覧』五〇頁（一九二九年）。『日本大学一覧』、『同志社一覧』は国立国会図書館近代デジタルライブラリーより。

（14）調査大旅行については前掲『東亜同文書院大学史』一八三－一九八頁、藤田佳久『東亜同文書院生が記録した近代中国』（東亜同文書院大学記念センター編、あるむ、二〇〇七年）、同『日中に懸ける　東亜同文書院の群像』（中日新聞社、二〇一二年）所収の第六章を参照。

（15）前掲『東亜同文書院大学一覧　昭和一六年一〇月』六二頁、七〇頁、『慶応義塾総覧（昭和一六年度）』五四頁（一九四二年）。『慶応義塾総覧（昭和一六年度）』は国立国会図書館近代デジタルライブラリーより。

（16）呉文星著、所沢潤訳『台湾の社会的リーダー階層と日本統治』（財団法人交流協会、二〇一〇年）二〇一頁。

(17)『台湾人士鑑』(台湾新民報社編集発行、一九三七年。ただし復刻版、『台湾人名辞典』日本図書センター、一九八九年)。
(18)台湾総督府商業専門学校や台北商業学校については『台湾教育沿革誌』(一九三九年、ただし復刻版『旧植民地教育史資料集四　台湾教育沿革誌』青史社、一九八二年)八九七頁、九四二－九四三頁を参照。
(19)若林正丈「総督政治と台湾土着地主資産階級―公立台中中学校設立問題、一九一二－一九一五年―」『台湾抗日運動史研究　増補版』(研文出版、二〇〇一年)三三八頁。また、前掲『台湾の社会的リーダー階層と日本統治』はTsurumi,E.Patricia氏の研究を引用して、国語学校と医学校が当時の台湾人の最高学府であったが、強いていえば医学校のみが高等教育機関と呼ぶことのできるものであったと記す(一五六頁)。一方、鍾清漢『日本植民地下における台湾教育史』(多賀出版、一九九三年)は台中中学校ができるまでの台湾人に対する男子高等普通教育機関(中等教育に相当)として、国語学校国語部があるのみであったと指摘し、医学校については専門学校というより医学講習所的性格なものであったと指摘している(一二一頁、一三〇頁)。
(20)前掲『日本植民地下における台湾教育史』一二一頁、台湾総督府文教局『昭和一二年度版　台湾の教育』三七頁、前掲『台湾教育沿革誌』七二九頁、七三〇頁、七四一頁。
(21)前掲「総督政治と台湾土着地主資産階級―公立台中中学校設立問題、一九一二－一九一五年―」三三七頁、三三八頁。なお、同論文は漢族土着地主資産階級の教育要求や彼らの階級、台中中学校の設立背景と設立にいたる経緯、学校設置の背景にある日本側の思惑などについて論じている。
(22)前掲『昭和一二年度版　台湾の教育』三八頁、前掲『台湾教育沿革誌』七四六頁、七四九頁。
(23)台湾人が「内地留学」に至った背景については、坂根慶子「留学生教育史の視点からみた「台湾人内地留学」の実態」(『東海大学紀要　留学生教育センター』第一八号、一九九八年)五五頁、五九頁、前掲『日本植民地下における台湾教育史』二〇一頁を参照。
(24)前掲『台湾教育沿革誌』八〇九頁。
(25)前掲「留学生教育史の視点からみた「台湾人内地留学」の実態」五五頁、前掲『日本植民地下における台湾教育史』一四五頁。
(26)前掲「留学生教育史の視点からみた「台湾人内地留学」の実態」五四頁、五五頁。
(27)前掲『日本植民地下における台湾教育史』一八〇頁。
(28)前掲『東亜同文書院大学史』八五頁の「第二表　東亜同文書院卒業者活動状況」より。なお、その表には赴任地が「中国」、「満洲国」、「日本」、「外国」と分かれているが、本論ではその分類をせず、合計数のみを記載した。
(29)同右書三〇一－三〇三頁。

(30)『事業概要』(台湾拓殖株式会社、一九四〇年)一三八－一三九頁、事業分布図。

(31)李昇燁「外務省の「外地人」官僚たち―朝鮮人・台湾人副領事特別任用制度を中心に―」(松田利彦編『日本の朝鮮・台湾支配と植民地官僚』国際シンポジウム三〇、国際日本文化研究センター、二〇〇七年)八四頁。なお、陳が広東総領事館副領事として職務を執行しなかったのは、昇任上奏以前に副領事陳名義の辞職願が提出されており、副領事昇任は退職に伴う礼遇措置であったためと指摘されている(同頁)。

(32)荻洲生「在滬台湾人の近況」(『台湾時報』五月号、一九三八年)、前掲『日拠時期台湾籍民在大陸及東南亜活動之研究』八八頁。

(33)前掲「日本統治期における台湾人の中国での活動」一〇四頁。

(34)『創立四拾週年　東亜同文書院記念誌』(上海東亜同文書院大学、一九四〇年)一五三頁。

(35)『滬友名簿』一九五三年。

(36)前掲『台湾の社会的リーダー階層と日本統治』一八三頁。

台北帝国大学から愛知大学へ

佃隆一郎

はじめに

日本統治時代の台湾・台北に設置された臺北帝國大學（以下「台北帝国大学」と表記。場合により「台北帝大」の略称も使用）は、日本の敗戦により台湾大学に移行したが、戦後まもなく日本国内に新設された愛知大学の源流の一つとされることもある。

台北帝国大学と愛知大学との関係は微妙な面があるが、同じく敗戦により中国・上海の東亜同文書院（最終時大学[1]）から引き揚げてきた教職員有志によって、豊橋市に創設された愛知大に、台北帝大と、現韓国ソウル特別市にあった京城帝国大学の引揚げ教員も加わる形で人材の側面が強化され、当初入学した学生（旧制予科・学部）も、東亜同文書院大を主体に台北・京城両帝大などを交えた「外地」からの引揚げ者がその多くを構成したという認識が、通常なされているようである。

すなわち、台北帝国大学がそのまま愛知大学に移行したという形ではないが（これは京城帝大はいうまでもなく、東亜同文書院大も同様である）、同帝大は愛大創設の際「引き合いに出される」大学の一つであるといえよう。ただし、「愛知大学史」の視点からいえば、台北帝大の具体的な位置づけは京城帝大ともども、やはりいまだ曖昧になっている感があるため、本稿ではまず台北帝国大学の概観を、戦前の台湾での高等教育の一端として述べ、続いて愛知大学の創設時に、台北帝大から「継承」されたものについて、教員と学生の移籍・（編）入学の面から検討してみることで、ひとつの「愛知大学前史」を描くことを試みたい(2)。

一、台北帝国大学とは

（一）台北帝国大学の歩み

台北帝国大学は一九二八（昭和三）年三月一六日付の勅令により設立され、文政学部と理農学部の二学部が設置された講座制の形で同年四月一日に開校した（講義開始は翌月より）。同帝大はその名の通り、一八八六（明治一九）年に国家の「須要」に応じる学術研究・人材養成を目的として公布された帝国大学令および、それと同様のシステムを台湾でも適用すると規定された一九二二（大正一一）年制定の台湾教育令に基づく、官立の総合大学であって、戦前の台湾唯一の大学でもあった。

台北帝国大学の設立経過について見れば、台湾での大学の設立は、日本が台湾を領有して間もない一八九九（明治三二）年に阪谷芳郎男爵が『台湾協会会報』で初めて提議したのであり、一九二〇年代に入ると前記の台湾教育令制定により、設立の機が熟してきた。一九二四（大正一三）年に着任した伊沢多喜男台湾総督により予算に計上された帝国大学は、後任の上山満之進総督の時、台北帝国大学（当初予定されていた「台湾帝国大学」を改称）として、幣原坦初代学長のもとで開校を迎えたのである。なお、台湾では文末【史料A】「台北帝国大学ニ関スル件」の第二条に「総長ハ台湾総督ノ監督ヲ承ケ台北帝国大学一般ノ事ヲ掌リ所属職員ヲ統督ス」とあるように、総督が文部大臣の職務を担当したが、これは朝鮮にあった京城帝国大学（一九二四年設立）もやはり同様であった(3)。

台湾での大学設立の立脚点は、地理的・気候的・人種的な利点であり、日本の南洋への進出の唯一の足場であるという見地から、大学の使命、学科の構成、教授の配置などが考えられた（李恒全「台北帝国大学成立史に関する一考察」『神戸大学発達科学部研究紀要』第一四巻第一号、二〇〇六年、五二頁）。また、台北帝国大学が当初より二学部体制となったことに、帝国大学令制定以来の「帝国大学は総合大学であり、単科であってはならない」という原則が貫かれているが、「理工」ではなく「理農」と農学系が重視されたことについては、札幌農学校から発展した北海道帝国大学の場合との類似性が指摘されている（吉見俊哉『大学とは何か』岩波新書、二〇一一年、一四六頁）。

さらに一九三六（昭和一一）年には医学部が開設され、一九四〇年代に入ると予科（四一年）と工学部（四三年）が作られるとともに、理農学部が理学部と農学部とに分離されたほか、熱帯医学研究所、南方資源科学研究所、南方人文研究所などの付置研究所が次々と置かれていったのであって、日本が降伏した一九四五（昭和二〇）年度時点での台北帝国大学の学部構成は、文政学部・理学部・農学部・医学部・工学部であった。同年一一月一五日に、進駐してきた中華民国政府に接収されて国立台湾大学と改称され、翌年二月には（しばらく勤務・受講が認められていた）日本人教職員・学生の引揚げ開始にともない、台北帝大以来の業務・講義も閉鎖・消滅したが、大学自体は台湾大学に継承される形で、現在に至っている。

このように、台北帝国大学自体は一七年と短い存在期間であったが、台湾の最高学府として、南方文化や熱帯医学・農学に関する研究業績を残しているのであり、その後の台湾大学についても「台北帝国大学の敷地、建物、図書館および研究業績を継承し、戦前に確立された学術研究条件に立脚して発展してきたことは否定できない」と断言している研究者もいる（前掲「台北帝国大学成立史に関する一考察」四五頁）。一方では、それら研究成果を認めた上で、「政治、思想関係の学問は敬遠されてい」て、「台北帝大は、戦前における台湾の唯一の最高学府であったが、高等学校と大学予科の卒業生が少ないため、競争率は専門学校よりも低いという奇異な現象があ」ったことを、台北帝国大学の概観の一つとしてあげている書もある（鍾清漢『日本植民地下における台湾教育史』、一九九三年、多賀出版、一九九頁）。

台北帝国大学には複雑な側面もあったことが、それら記述からもうかがえようが、ここでは以下、台北帝国大学に在籍していた学部生の日本人・台湾人の比率の確認を手がかりに、同帝大の歴史的特色の一面を見てみたい。

（二）台北帝国大学の歴史的特色

近年日本国内の一般レベルで相当な支持を得ている「日本の植民地経営肯定論」では、「我が国は満州や朝鮮半島や台湾に生活のインフラを数多く残したほか、学校を多くつくり現地人の教育に力を入れた」という主張もあり、その根拠の一つとして「日本政府は大阪や名古屋よりも先に朝鮮や台湾に帝国大学をつくっている」ことを強調している人もいるが[4]、問題の本質は「その大学にはどこの誰が学んでいたか」ということであろう。

以下にあげる「表1」のように、台北帝国大学学部の歴代卒業生は、太平洋戦争中の（工学部の新設と理農学部の分離の直前にあたる）一九四三（昭和一八）年までで八三八名を数えたが、台湾（地元）人と日本人との比率は医学部以外、日本人のが圧倒的に多かった。

この翌年の一九四四年、すなわち台北帝大が敗戦で接収となる前年の在籍者を見ても、その日台の比率は文政学部が三〇対二、分離された理学部は四〇対一、農学部は七四対〇、新設された工学部は四七対二と、医学部の七七対八〇を除き台湾人学生数は、日本人の一〇分の一にも達していなかった（予科は四七六対六二）。さらに見れば、その

表1　1943年までの学部別・人種別の台北帝国大学学部卒業生総数

人種	学部			
	文政学部	理農学部	医学部	合計
台湾人	45（14%）	37（11%）	79（45%）	161（19%）
日本人	277（86%）	303（89%）	97（55%）	677（81%）
合計	322（100%）	340（100%）	176（100%）	838（100%）

出典：P.G. アルトバック・V. セルバラトナム編著、馬越徹・大塚豊監訳『アジアの大学―従属から自立へ―』、1993年、玉川大学出版部、内第10章「台湾における高等教育の発展」、367頁

前年の一九四三年の時点での文政学部在籍者は一六四対三にまで開いていたが、それが多少は縮まったのは、同年断行の学徒出陣（理農工・医学部生は対象外）によって、日本人学生が大量に応召したことに過ぎないようであり、台湾人学生は増えていなかったのである（林景明『日本統治下 台湾の「皇民下」教育』、一九九七年、高文研、一〇五頁）。

また、教員の構成にしても、台北帝国大学の「終戦前の統計」では一七三人のうち、台湾人はただ一人のみであった（前掲『日本植民地下における台湾教育史』、一九九頁）。一方で台湾の中等教育では、一九三八（昭和一三）年以降中等学校に台湾人生徒が増えていったが、これはむろん台湾人に戦争協力を期待したための政策であり、その上の高等教育機関に進学する台湾人は依然限られていたことは、台北高等学校、台北経済専門学校（もと高等商業学校）、台中農業専門学校（もと台北高等農林学校）などの、台北帝大以外の高等学校・専門学校のケースを見ても明らかである（前掲『日本統治下 台湾の「皇民下」教育』、九八、九九頁）。

こうした、日本統治時代の台湾の高等教育全体について、日本の大学の教授等を歴任した台湾人の鍾清漢氏は、総括として次の三点の特長をあげている。

①国の経済社会的要請と地域的要求に合致
②教授会による大学自治の制度化と、整えられた研究体制
③量よりも質を重視（実業教育重視の方向へ）

その上で、「ともあれ、台湾は所詮日本の植民地政策下にとどまり、台湾人の教育機会は表面的にはともかく、実質的には幾重もの制約があった」とし、台北帝大設立後台湾での高等教育は発展したものの「日本人による高等教育の独占であり、したがって政治、社会、経済的地位の独占につながる。そのうえ、台湾人の高等教育を受けたものが、きわめて少数であっても、台湾人には要職が与えられなかった」と指摘しているのである（前掲『日本植民地下における台湾教育史』、二〇〇、二〇二頁）。

このことは、台湾師範大学の伍振鷟教授ら三名が共同で執筆した論考でも、

一八九五年に台湾が日本に併合された後、日本的教育システムが台湾に移植されたが、それは主として植民地政策や拡張政策を支援するためであった。こうした特別な目的があったために、台湾の高等教育制度は、高等教育機関の数が制限され、研究の方向性に独特なものが見られ、ユニークなものとなった。加えて、ほとんどの定員が日本人学生によって占められていたため、台湾での高等教育の機会は台湾人には不十分なものであった。

と同様の結論が示されている（前掲「台湾における高等教育の発展」、三五三頁）。

要するに、台北帝国大学は「宗主国」日本の政策によって「内地」より優先される形で設立されたが、同大学のみならず台湾での高等教育の形態自体が、現地の台湾人のためのものになっていなかったということになり、その意味では、台北帝大の設立が比較的早かったことで、「日本は植民地で良いことをした」という証拠にすることはできまい。ただし、各氏があげている「台北帝大の長所」が、戦後の台湾大学の発展につながったことも同時に認めるべきものであろうが、敗戦によって教員・学生の主体を占めていた日本人が引き揚げていったことは、同時期の台湾で政治・経済が混乱したことと無関係でないことはまた否定できまい。[5]

むろん、日本側によって当時「外地」に設立されていた各高等教育機関は、敗戦によって例外なく（廃校や接収という形で）終焉を迎えることになったのであるが、そのまま消滅する形となったもののほかに、日本や現地で大なり小なり受け継がれた所があった。それらの各ケースや「継承度」の体系的な比較検討については今後の課題としたいが、ここからは、現在「愛知大学の実質的前身」と位置づけられている東亜同文書院大学および、愛知大にある程度の教員が移籍した京城帝国大学の場合との比較対照を交えつつ、台北帝国大学から愛知大学へどのような形でどのようなものが「継承」されたのかを見てみることにする。

二、愛知大学への継承

（一）愛知大学設立の過程での台北帝国大学との関連

愛知県豊橋市に愛知大学が創設されたのは、一九四六（昭和二一）年一一月一五日であった。この日はまさしく、台北帝国大学が中国側に接収されてからちょうど一年にあたったのであるが、「はじめに」で少し述べたように、新生愛知大学はあくまでも（敗戦により廃校となって上海から引き揚げてきた）東亜同文書院大学の教職員有志によって設立されたのであって、台北帝大は京城帝国大学とともに、同文書院大以外から愛知大学に加入した「ほかの大学の代表的なもの」としての位置づけがなされていることがあるに過ぎない。

しかし、『愛知大学五十年史 通史編』（同史編纂委員会編、二〇〇〇年）の「前置き」では、「本愛知大学」が前述の日に旧制大学としての設立を認可され、当時中部地区唯一の文科系大学として創設されたことを冒頭で述べた上で、創設に当たっては、最後の東亜同文書院大学学長であった本間喜一氏をはじめ、書院大関係者の多大な努力があった。また、京城帝国大学や台北帝国大学など海外にあった大学の教員や、横田忍豊橋市長の協力も大きかった。

と、公式の通史で台北帝大を、京城帝大とともに「愛知大学を形成したもの」の一要素であったとしているのである(一頁)。その根拠としては、設立に際して一九四六年八月一日に作製された文書「愛知大学設立認可申請」内の注記「教員銓衡方針」での

本学ハ其ノ設立ニ当リ京城大学、(原文ママ)法文学部、東亜同文書院大学、台北帝大文政学部等ノ教授助教授、講師及其他一般学界ヨリ有為ナル人材ヲ簡抜招聘シ、有力ナル教授陣ヲ構成セン

との一節が示していよう(愛知大学五十年史編纂委員会編『愛知大学五十年史 資料編』所収、一九九七年、三九頁)[6]

ともあれ、愛知大学の「母体」となったのは、「主」が上海の東亜同文書院大学(一九〇一年東亜同文会経営の専門学校として設立。一九三九年大学に)、「従」が京城帝国大学と、台北帝国大学ということになろうが、ひとまず愛知大学形成の過程における、上記三大学の関連を見てみたい。

東亜同文書院大学の廃校と教職員・学生の引揚げに際し、(全員の学籍簿を持ち帰るなど)めざましい対応と処置を行なった本間喜一は、同大学関係者の最後の一団とともに一九四六年三月一日に帰国を果したが、経営母体の東亜同文会はその一か月前に解散を決定していて(引揚げ完了の同日に認可)、占領軍による追放の懸念のない本間ら四名を清算人に選任していた。そのため本間は、帰国後すぐにその業務に携わることになったが、後継大学の設立への考慮

も、清算を指揮していた前理事長代理に申し入れた。それはまさに、当時焦眉の急となっていた引揚げ学生救済のためであったが、代理の回答は「当局（同窓会）としては行なわないが、有志でやるのなら異存はない」というものであり、それを受けて本間は、元同文書院大教授の小岩井浄らとともに、同年秋を目標とした新大学設立に乗り出すこととした。

東京神田の日華学会内の一室に設営された設立仮事務所で、本間喜一はほぼ毎日通い、設立事務を指揮した。本間がまず取り組んだのが、設立されるべき大学の教員組織の確定という重要かつ最も難しい問題であり、それを充実させるために、本間は小岩井と相談しながら、東亜同文書院大と同じく（廃校と接収とで違うものの）「海外にあったが敗戦により引揚げ」となった京城帝国大や台北帝国大の教員にも視野を広げた。まず京城帝大については、元学長の紹介を得て法文学部長であった大内武次を訪ね協力を要請したところ、大内はそれに全面的に賛同し、同人が同大学の元教員に連絡することになった(7)。

そして台北帝大については、本間は霞が関にあった同大学連絡事務所を訪ね、そこで引揚げ教員の連絡先を示した紙片を発見し、それを写し取ることで有効に利用した。新大学設立にあたって、このように広い視野から教員スタッフの充実を考えたのは、東京帝大を卒業して東京商大（現一橋大）に勤め、学界にも広い知己をもっていた本間ならではのことと評されている（大島隆雄「東亜同文書院大学から愛知大学への発展」『オープン・リサーチ・センター年報』第三号、二〇〇九年、三〇五頁）。

そして、いくつかの候補があがっていた新大学の設立場所も、愛知県出身の元東亜同文書院大学教員からの連絡を受けた横田忍豊橋市長の協力により、豊橋市南郊の旧陸軍予備士官学校校舎と決まり、一一月一五日、新大学は「所在地に加え『知を愛する』の意もこめた『愛知大学』」として、（本間と旧知の仲であった）田中耕太郎文部大臣より認可された。本間喜一は戦中の学徒出陣で多くの同文書院大生を戦地に送った責任を自ら感じ、学長就任を固辞したが、愛知大学は林毅陸《きろく》初代学長（元慶応義塾大総長・東亜同文会理事。林の学長就任には本間や小岩井のほか大内も直接懇請した）のもと、豊橋の地に全国・海外からの教員・学生を迎え、予科を併設した旧制大学としてスタートを切ることになったのであり、翌一九四七（昭和二二）年一月に最初の予科生が、五月に最初の学部生が、それぞれ三コース（期間）ずつに分かれて入学することになる。

（二）台北帝国大学からの転入教員と学生

このような本間喜一の尽力により、愛知大学は台北帝国大学の教員も相当数迎え入れたと思われよう。しかし実際には、一九四六年一一月の愛知大創立時に台北帝大から移籍した教員は、（東京で偶然本間に会ったことで縁を得た）財政学担当の小幡清金教授一名のみであった[8]。

その三か月前の八月に田中文部大臣へ提出された先述の設立認可申請書では、ほかにも哲学の担当教員として「元台北帝大教授　柳田謙十郎予定」とあるが（前掲『愛知大学五十年史　資料編』三九頁）、同氏の招聘は実現しなかった。すなわち、愛知大学教員として登用しようとした教員のうちで台北帝国大学関係者の占める割合は、幻に終わった柳田を含めても全体の四パーセントに過ぎなかったが、創立二周年にあたった一九四八（昭和二三）年一一月までには行政法の園部敏、教育学の伊藤猷典、民法の西村信雄の三名が加わり、小さいながらも一つのグループをなすにいたった（前掲「東亜同文書院大学から愛知大学への発展」三一〇頁）[9]。国内・海外双方の各大学・専門学校・機関から旧制愛知大学への教員の「転入」が出揃った、この時点での各教員の前の所属と人数の一覧を「表2」に掲げる（教員の全体数は、法経学部二七名、予科二六名の計五三名）。

そのグループ内で、中心的存在になったはずの小幡清金教授についてさらに見てみると、一八九八（明治三一）年に東京で生まれた同教授は、一九二三（大正一二）年に東京帝国大学経済学部を卒業している。台北帝国大学の教員

表２　愛知大学創設時の転入各教員の、前の所属（1948 年 11 月時）

所属名	人数	所属（職）名	人数
東亜同文書院大学	9	天理外国語学校	1
京城帝国大学	9	北京工業専門学校	1
台北帝国大学	4	千代田女子専門学校	1
九州帝国大学	4	上海自然科学研究所	1
東北帝国大学	1	大原社会問題研究所	1
慶応義塾大学	1	朝日新聞社	1
東京商科大学	1	中日新聞社	1
東海大学	1	判事	1
満州法政大学	1	（計）	(39)

※学部・予科、教授・講師を問わずに算出
出典：前掲『愛知大学五十年史 通史編』66 ～ 70 頁の一覧をもとに作成

になった時期は未確認であるが、東京帝大卒業後ほどなく赴任したとすれば、台北帝大の創設期から教鞭をとっていたことになる。新学制（学校教育法）の制定にともない、愛知大学が一九四八年七月に改めて文部大臣に提出した設置認可申請書の中にある「総長並びに学部及び学科別教員予定」では、小幡は新制大学で財政学のほかに貨幣金融論の担当も予定されていて、これまでの著書は六点、学術論文は一〇点以上を数えるとあり（前掲『愛知大学五十年史 資料編』、一七三頁）、設立された新制学部では実際に、上記科目以外にも経済原論・ケインズ経済学・演習を担当することになる。また小幡は、役職として愛知大学の図書館長も務め、のちには理事にも就任したのであり、「台北帝大系」としての存在感を示したことは、充分に想像できよう。(10)

そしてもう一方の要素たる、台北帝国大学生の愛知大学への転入学であるが、やはり転入元の大部分を占めた東亜同文書院大学の公式通史にも、愛知大設立に際して本間喜一らが「書院大学をはじめ、京城・台北両帝国大学の引き揚げ学生を収容する計画を推進」したとあるものの（大学史編纂委員会編『東亜同文書院大学史』、一九八二年、滬友《こゆう》会、一七〇頁）、こちらも愛大への京城と台北の両帝大出身者については実際のところ、一九四七年の旧制予科・学部各コースの全入学者九〇一名の中で京城三名、台北一〇名とさほど多くなく、二〇〇名以上にも及んだ東亜同文書

表３　創設期の愛知大学に入学した、台北帝国大学をはじめとする台湾の学校の出身者（1947年入学分。省略した氏名のアイウエオ順に各期で記載）

台北帝国大学出身者

■旧制予科

入学年月及び期間	出身地	生年月日	学　　歴	備　考
1947.1～3	大分県	1928.1.1	台北三中→台北帝大予科在学→	1950.3経済卒
	広島市	1925.10.21	台南一中→台北帝大予科在学→	1950.3学部卒
	岐阜県	1925.6.1	台北一中→台北帝大予科在学→	
1947.1～48.3	長崎市	1926.3.31	瓊浦中→台北帝大予科１年修了→	1951.3経済卒
	長崎→福岡	1927.10.1	台北四中→台北帝大予科在学→	
	東京都	1927.6.1	台北一中→台北帝大予科１年修了→	1951.3経済卒
	静岡県	1926.7.28	嘉義中→台北帝大予科在学→	1951.3経済卒
	鹿児島県	1925.7.23	？→台北帝大予科在学→	1951.3経済卒
1947.1～49.3	熊本県	1928.1.5	高雄一中→台北帝大予科１年修了→	
1947.1～？	鹿児島県	1929.1.17	台北四中→台北帝大予科在学→	中途退学

■旧制学部（愛知大予科を経由した者を除く。以下同）〔該当者なし〕

台湾のほかの学校出身者

■旧制予科

入学年月及び期間	出身地	生年月日	学　　歴	備　考
1947.1～48.3	長崎県	1927.4.14	諫早中→台北経済専門学校在学→	1950.3経済卒
1947.1～48.3	三重県	1926.11.10	高雄中→台北高等学校２年修了→	
1947.1～49.3	鳥取→兵庫→東京	1927.5.5	台北一中→台中農林専門学校１年修了→	
	長崎→山口	1925.8.16	台北三中→台北高等学校１年修了→	
	愛知県	1927.2.13	豊橋中→台南工業専門学校在学→	
	広島県	1928.10.1	日彰館中→台中師範学校在学→	
1947.1～？	鹿児島県	1928.9.12	台北三中→台北高等学校在学→	中途退学（以下同）
	静岡→豊橋	1930.1.1	？→台北高等学校在学→	

■旧制学部

入学年月及び期間	出身地	生年月日	学　　歴（最終は入学した学科）	備　考
1947.5～？	三重県	1928.1.12	台北一中→台北高等学校文科→経済	中途退学（下共）
	台湾	1921.1.1	高雄中→台北高等商業→経済	

※「出身地」は原則都県名で表記したが、県庁所在地と豊橋市（愛知大学所在地）は市名にした

※「学歴」の学校名はいずれも当時のもの

出典：愛知大学豊橋学生課保管の学籍簿より筆者が作製した一覧表

院大出身者（予科・学部および付属専門部）のほかは、新京法政大学や（東亜同文会が委嘱経営していた）北京経済専門学校といった、旧満州を含めた中国大陸の各学校の出身者が目立っている（拙稿「愛知大学旧制予科・学部入学者の特徴と変遷」『愛知大学史紀要』第三号、一九九六年、六七〜六九頁[11]）。

その「一〇名の台北帝大出身者」の内訳は「表３」のように、すべて予科の出身者（在学していた者と修了した者とに分かれているが）が愛知大予科に入学した形であって、同学部に直接入学した者は、予科・学部いずれの出身者ともゼロであった。ちなみにその表では、同年に台湾のほかの学校から愛知大学予科・学部に入学した者の集計も参考として記したが、それも予科八名、学部二名と多くなく、中途退学者は四割を占めている（学部は二名とも）。また、いずれの集団も、台湾の現地人は台北高等商業から愛大経済学部に入学したものの、中退した一名のみとなっている。

ちなみに先の小幡清金教授が、台北帝国大学の予科でも講義を担当していたかは不明であるが、同帝大予科創設時のカリキュラムで経済関係の科目は「法制及経済」として文科には二、三年次、理科には一年次に、週二単位ずつ課せられていたに過ぎず（修業年限が三年から二年に短縮された、一九四三年の規程改正後は「経国科」として文科のみ一年二、二年四単位に）、また予科では経済の専任講師が別に着任していたことから（台北帝国大学予科五十周年記念誌編集委員会『芝蘭』、一九九四年、二七二〜二七六頁の資料）、上記の元台北帝大予科生らが「小幡先生を慕って」愛知大学に再・編入学したとは考えにくいものがある。しかし、台北帝大からの生徒（予科ではそう呼称）の大部分が愛大法経学部経済科にそのまま進学した傾向は、台湾のほかの高等教育機関からの予科生に比べても顕著であることから、旧制の経済科では、「元台北組」が少数ながらも小幡ゼミのもとで、確かに固まっていた可能性はあるのではなかろうか。

おわりに

このように、台北帝国大学は植民地に早期に設立された官立帝国大学であったが、植民地の大学であるがゆえの「限界」も持ち合わせていた。しかし、短い生涯を終えた台北帝大の「遺産」は、施設や研究成果の面で台湾大学に受け継がれたとともに、豊橋に生まれた愛知大学にも限定的な形ながら、教職員と予科生の個別的な移籍・転入学でもたらされたことになる。

旧東亜同文書院大学の本間喜一元学長らが書院大学再建、愛知大学創設の指揮を自ら取ったことと、消滅時の書院大学の学生・生徒の専攻が、旧制法経学部の法政科と経済科と予科の形でスタートした愛知大学（新制大学移行時に文学部社会学科を新設し、法経学部の両科は法学科と経済学科に改組）と比較的共通の形で合致していたことで、同文書院大は教員・学生ともまとまった形で愛知大に移行することになった。それと異なり、台北帝国大学と京城帝国大学は学部構成で理科系・医科系に比重が置かれていたことで、前者は教員の移籍が、後者は学生の移籍がそれぞれ結果として進まなかった、と見ることができよう。[12]

しかし、台北帝国大学予科から愛知大学予科に転入学してきた各生徒は、集団としては少数ながらも、元台北帝大の小幡清金教授のいた愛知大法経学部の経済科に相当数が進学したのである。その意味においては、文末にやはり全文を掲載した【史料B】「愛知大学設立趣意書」の一節にある、愛知大設立の一目的としての「外地ノ大学専門学校ニ在籍スル学徒ノ転入学ノ困難ヲモ緩和」は、台北帝国大学の場合も果たされたのではと思う。[13]

二〇一二（平成二四）年四月に、愛知大学経済学部（経済学科が一九八九年昇格）は創設以来の豊橋から、名古屋駅近くの笹島新キャンパスに全面移転したことで、新たな歴史が創られていくことであろうが、わずかながらも存在した台北帝国大学の命脈が、設立趣意書の理念とともに生きつづけていくことを念じたい。

【注】

(1)戦前海外に設けられた日本の高等教育機関として最も古い歴史を有し、近衛篤麿貴族院議長が会長の東亜同文会が経営する専門学校として一九〇一年に開設された東亜同文書院（一九三九年以降大学）については、本論文集のほかの論で言及されるところであり、また愛知大学東亜同文書院大学記念センターが二〇〇七年から二〇一一年まで刊行した『オープン・リサーチ・センター年報』所収の各論などでも多面的な考察がなされていることから、本稿での具体的な言及は割愛するが（同大学の通史は注2で後述）、二〇一二年には前記念センター長の藤田佳久名誉教授による一般向けの単行本『日中に懸ける 東亜同文書院の群像』が中日新聞社より刊行（前年に同新聞に連載された記事を再編集）されたことをお知らせしておきたい。

(2)東亜同文書院大学の通史は、戦後再建された同窓会の滬友会によって、『東亜同文書院大学史』が一九五五年に編纂、刊行され（八二年に新版を刊行）、また経営主体だった東亜同文会を受け継いだ財団法人霞山会によって、『東亜同文会史』が一九八八年に、『東亜同文会史・昭和編』が二〇〇三年に、それぞれ刊行された。その一方、台北帝国大学は京城帝大ともども、公式の大学史の刊行までには（大学の性格上やむを得なかろうが）いまだ至っていない。そのため両帝大の歴史を体系的に考察するにあたっては、いわば基準や目安にあたるものが存在しないのが現状であるが、台北帝大については参考文献として各所であげる各書論のように、日本では一九九〇年代前半より、台湾人の各研究者によって（とりわけ創立時の経緯や関連人物について）研究に進展が見られている感がある。

(3)京城帝国大学は、予科を設置したことから始まった形が台北帝国大学とまず異なる。三年目の一九二六年に法文学部と医学部が設置されて大学レベルの教育体制が整い、一九四一（昭和一六）年には理工学部が設置された。日中戦争勃発後の一九三八年に公布された「第三次朝鮮教育令」では「内鮮教育の一元化」が唱えられたが、朝鮮人の就学率と日本語普及率は伸びず、京城帝大にしても最終時までやはり、朝鮮人学生が過半を占めるには至らなかった。日本の敗戦により連合軍の軍政期に入ると、教職員や学生の半数以上を占めていた日本人学生は日本に引き揚げ、京城帝国大学は閉鎖された。しかし、閉鎖後ほどなく、同帝大の固定資産を受け継いでソウル大学校が開学した。

京城帝大についての論稿では、例えば通堂あゆみ「京城帝国大学法文学部の再検討」（『史学雑誌』第一一七編第二号、二〇〇八年）がある。

（4）こういった言説を盛んに唱えている代表的な人物として、元自衛隊航空幕僚長の田母神俊雄氏があげられようが、同氏の主張について歴史的事実の検証を通して反論している書に、梅田正己『これだけは知っておきたい 近代日本の戦争』（高文研、二〇一〇年）がある。

（5）本文で前掲した『日本植民地下における台湾教育史』二〇二、二〇三頁では、日本人の台湾での高等教育の独占が、台湾人の「高等遊民」化をもたらしたとした上で、

終戦後、日本人の引きあげに伴い官僚、エリートの空洞を埋める「人材」がなく、大陸から「接収」に来たこれら多くの政府関係者の中には、腐敗官吏（僚―原文―）が紛れこんできた。（中略）戦後一時期における政治、経済の混乱は、上述のように台湾人の政経官僚人材が養成されずに「高等遊民」化政策の尾を引いた結果によるものともいわなければならない。

と結論づけている。

（6）愛知大学創設直前の一九四六年九月二〇日に本間喜一が故郷の母と甥に送った手紙にも、「教員は、同文書院教授と京城帝大法文学部教授十名 台北帝大文政大学部（原文ママ）教授数名其他を抜擢」する計画が記されている（愛知大学東亜同文書院大学記念センター所蔵。同大学記念館での展示に使用）。

（7）大内武次教授は愛知大学創設に際し予科長に就任したが、開学式直前の一九四七年一月一三日に逝去した。大内の後任には、同じ京城帝国大学出身の松坂佐一教授が就いたが（同年四月まで）、松坂も一九四九年には、やはり京城帝大系の戸沢鉄彦・四方博両教授とともに、旧帝大の名古屋大学に新設された法律および政治学科に移籍することになる。愛知大創立時のほかの京城帝大出身教員としては、鈴木栄太郎・森谷克己・花村美樹・横山将三郎の各教授がいた（前掲『愛知大学五十年史 資料編』四四～五一頁収録の履歴書掲載分。その後新設された文学部に秋葉隆教授らも合流）。

（8）小幡清金教授自身のちに、一九八一年一一月二五日付の『愛知大学通信』第三〇号での大石岩雄教授（東京商科大学―現一橋大―より愛知大創立直後転任）との座談会「私の追憶 愛知大学の回顧と展望」で、台北帝大より愛知大に移った際の経緯について、

戦後愛知大学が出来たことを知ったのは、私が奉職していた台北帝国大学が終戦で廃校となり勤務先の無くなった昭和二十一年の秋頃、文部省の大学学術局長を訪ねた時であった。ちょうどその室へ本間先生（本間名誉学長―原文、以下同―）が入ってこられ、局長から愛知大学が新設されることを知らされ、本間先生を紹介された。本間先生からは、大学設立のことは小岩井先生（故小岩井浄第三代学長）が熱心にやられているので一度会うようにとお話があった。十一月頃であったか、大学設立仮事務所（当時東京神田西小川小学校内）で小岩井先生にお会いした。先生はその場で採用を決められたが、今は財源が無く給与をお支払いすることができないので四月までは来ないで欲しい、翌年四月になれば学部もできるということ

であった。

と当時の事情を述べたあと、「翌」一九四七年三月ごろに満を持して愛知大学を訪れた際の「焼跡みたい」だった学内の様子と、それでも就任後「学生は学問に熱心で、講義のしがいがあった」「当時の愛大生は勉学の途中で戦争にとられたなどの関係者が多く学問に対するあこがれがたいへん強かったよう」な印象があったことを述懐している。

(9)その大島論文三〇九ページの表によれば、愛知大学に移籍した台北帝国大学関係の四人は、いずれも予科ではなく学部の教員であったが、この時点では伊藤猷典と西村信雄は講師であり、なおかつ専任か兼任かは不明とある。ただし、同年七月に再度提出された設置認可申請書（本文で後述、前掲『愛知大学五十年史 資料編』所収）では、伊藤は教授で兼任、西村は講師で兼任と記されている（一七一、一七七頁）

(10)小幡教授の新制経済学科でのゼミ生であり、卒業後も親交のあった越知専《まこと》氏（新制の第一期卒業生）は、著書『本間イズムと愛知大学 実例編』（愛知大学東亜同文書院大学記念センター、二〇〇九年）の中で、「小幡先生は愛知大学が出来ると聞くや、本間喜一先生のもとへ、東京武蔵野を引き払って豊橋の地へやって来られました。財政学の権威です。昭和三四年頃、愛知大学が財政的に困難な時、それも本間先生が病気療養中にお見舞いを兼ねた手紙の中で次の訴えをしました。『経費節減も一律ではなく、夫々の事情に応じてカットすべき、正直者がバカを見ないように』とも書いてありました」などと紹介・述懐している（四二頁）。

(11)旧制の愛知大学には予科に一九四八年、学部に一九五〇年まで、計一九九六名（予科一〇二六、学部九七〇名）の学生が入学したが、いずれも一九四八年以降は「外地」の学校からの（愛大予科を経ない）直接の入学者は極めて少なくなり、東亜同文書院大出身者にしても一〇名足らずに過ぎない。このことなどから、愛知大創立直後に移行措置として設けられた各コースには、比較的年長の転学者が中心になって入学し、短期では海外からの県外出身者が、長期では国内からの地元出身者が主体となったが、次年度以降コースの長期（一般）化と引揚げの完了にともない、予科は地元の中学卒業者、学部は当予科からの進学者に主体が移行したことが看取できよう（前掲「愛知大学旧制予科・学部入学者の特徴と変遷」六九〜七〇頁）。

なお、愛知大学二十年史編集委員会編『愛知大学―二十年の歩み―』（一九七二年）六五頁では、愛知大学十年史編纂委員会編『愛知大学 十年の歩み』（一九五六年）三九ページをもとに、一九四七年予科入学者全体の出身大学・高等専門学校を内地八三校、外地三〇校と計上して、主な出身校別の表を掲げている。

(12)京城帝国大学の学部構成について本文ではふれなかったが、注3のように最終時は法文・理工・医の三学部があった。東亜同文書院大には専門学校令に基づいていた時期、当初からの商務科に加え、一九一四年に農工科が、一九二〇年に中華学生部がそれぞれ新設されたが、いずれも大学に移行する前に廃止され、最終時は（もと商務科の）商学部と（専門学校に準じた）三年制の付属専門部、それに予科であった。なお、愛知大学の創設時には農学部の設立も構想されたものの（前掲『愛知大学五十年史 資料編』五八頁での「愛知大学設立認可申請」内「将来ノ計画」に、「将来農学部及水産専門部ヲモ附置セント欲スル」との一節がある）、実現には至らなかったが、実現していれば台北帝大の農学部や農学系予科からの教員・学生の移籍も、少しはありえたかもしれない。

(13)今後の検討課題としては、本文でとりあげた「外地にあった各高等教育機関の終焉のケースやいわゆる継承度の体系的な比較」のほか、台北帝国大学史に絞れば「接収、引揚げ時の経緯」および「教員・学生の国内各大学への移籍の傾向」、愛知大学史に絞れば「各教員と本間喜一らとの具体的な接触の事例」および「台北帝大予科より愛大予科を経て同学部に進学した学生と小幡清金との関係の度合」を考えている。これらテーマの中には、独力では捉えきれないような大きいものもあるが、関連の研究が進展していくことを望みたいし、むろん自らがそのきっかけとなれるように努めたい。

【史料A】台北帝国大学官制

「台北帝国大学ニ関スル件」―一九二八年三月一四日会議議案―所収

（国立公文書館アジア歴史資料センター所蔵）

第一条　台北帝国大学ニ左ノ職員ヲ置ク

総長		勅任
教授	専任十三人	勅任又ハ奏任
助教授	専任九人	奏任
事務官	専任一人	奏任
司書官	専任一人	奏任
助手	専任六人	判任

書記　　専任六人　　判任
司書　　専任一人　　判任

第二条　総長ハ台湾総督ノ監督ヲ承ケ台北帝国大学一般ノ事ヲ掌リ所属職員ヲ統督ス
総長ハ高等官ノ進退ニ関シテハ台湾総督ニ具状シ判任官ニ関シテハ之ヲ専行ス

第三条　教授ハ各学部ニ分属シテ其ノ講座ヲ担任シ学生ヲ教授シ其ノ研究ヲ指導ス
教授ニシテ学部長ニ補セラレタル者ニハ講座ヲ担任セシメザルコトヲ得

第四条　助教授ハ各学部ニ分属シ教授ヲ助ケテ授業及実験ニ従事ス
講座ヲ担任スル助教授ハ第一条ノ定員外トス但シ講座ヲ分担スル者ハ此ノ限ニ在ラズ

第五条　事務官ハ総長ノ命ヲ承ケ庶務会計ヲ掌理ス

第六条　司書官ハ上司ノ命ヲ承ケ附属図書館ニ於ケル図書、記録及閲覧ニ関スル事務ヲ掌理ス

第七条　助手ハ各学部ニ分属シ教授又ハ助教授ノ指揮ヲ承ケ学術ニ関スル職務ニ服ス

第八条　書記ハ上司ノ指揮ヲ承ケ庶務会計ニ従事ス

第九条　司書ハ上司ノ指揮ヲ承ケ附属図書館ニ於ケル図書記録ノ整理、保存及閲覧ニ関スル事務ニ従事ス

第十条　各学部ニ学部長ヲ置キ其ノ学部ニ属スル教授ノ中ヨリ台湾総督之ヲ補ス
学部長ハ総長ノ監督ノ下ニ於テ其ノ学部ノ事ヲ掌ル

第十一条　台北帝国大学ニ附属図書館ヲ置ク
図書館ニ図書館長ヲ置キ教授、助教授又ハ司書官ノ中ヨリ台湾総督之ヲ補ス
図書館長ハ総長ノ監督ノ下ニ於テ図書館ノ事務ヲ掌理ス

附　則

本令ハ公布ノ日ヨリ之ヲ施行ス

【史料B】愛知大学設立趣意書

一九四六年一一月一五日付。最初に作成された版

我日本ハ長期ニ亘ル今次戦争ニ依テ物質的精神的ニ荒廃セシメラレ、殊ニ其結果ハ惨憺タル敗戦ヲ招キ、正ニ壊滅ノ危機ニ立ツト云フモ過言デハナイ。

今斯ル壊滅ヲ免レントスルナラバ、事ヲシテ茲ニ到ラシメタル旧キ日本ノ誤レル指導ト積弊トヲ一掃シ、新シキ日本トシテ更生スルノ道ヲ択ブ外ナイノデアル。

寔ニ新日本ノ進ムベキ方向ハ旧来ノ軍国主義的、侵略主義的等ノ諸傾向ヲ一擲シ、社会的存在ノ全範囲ニ亘ツテ民主主義ヲ実現シ自ラヲ文化、道義、平和ノ新国家トシテ再建スルコトニ依リ世界ノ一員トシテ、世界文化ト平和ニ貢献シ得ル如キモノタラントスルコトデナケレバナラナイ。

斯ノ如キ我日本ノ新シキ出発ニ際シテ、当面解決ヲ要スル諸種ノ問題山積スルト雖モ就中学問、思想、文化ヲ旺ニ興シ、教養アル有為ノ人材ヲ養成スルコトハ、其急務ニシテ最モ基礎的ナルモノ、一ト言フベキデアラウ。我等相謀ツテ茲ニ愛知大学ヲ設立セントスル所以ハ、実ニ斯ル客観的要請ニ呼応スルモノニシテ、一言ヲ以テ之ヲ謂ヘハ世界平和ニ寄与スベキ日本人文ノ興隆ト有為ナル人材ノ養成ト云フ点ニ尽キルノデアル。併シナガラコノ時ニ当リ、予定スル如キ地方ニ於テ本大学ヲ開設セントスルニ就テハ自ラ特殊ノ意義ト使命モ亦無シトシナイ、即チ、

第一、ニ本大学ノ所在地ハ之ヲ中部日本ノ一地方都市（愛知県豊橋市）ニ置クノデアルガ、其ノ理由ハ現今我国ニ於テ学問文化ノ興隆ヲ計ランガ為メニハ其大都市ヘノ偏重集積ヲ排シ地方分散コソ望マントノ趣旨ヲ活カサントスル含

蓄ニ外ナラナイ、周知ノ如ク名古屋市ヲ中心トスル中部日本ニハ未ダ法文科系ノ大学ヲ見ザルトコロ、此地方ニハ斯ル文化機関ノ設置ヲ要望スルコト切ナルモノガアル、愛知大学ハ此要望ニ応ヘ学問ノ研究ヲ旺ニスルト共ニ周囲ヘノ文化的影響ヲ意義アラシメントスルモノデアル。

第二、世界文化ト平和ニ寄与スヘキ新日本ノ建設ニ適スル人材ハ国際的教養ト視野ヲ持ツコト最モ必要ナル資格ノ一ト思惟セラル、事情ニ鑑ミ、本大学トシテハ一般的学問ノ基礎ノ上ニ各国政治経済文化ノ研究ニ重点ヲ置ク科目ヲ設ケ之ヲ必須科目トシ謂ハバ国際文化大学ノ如キ性格ヲ其一特徴タラシメントスル意図ヲ有スルモノデアル、斯ノ如キ大学ハ我国ノ未ダ有セザルトコロ本学ハ此点ニ新機軸ヲ創始セントスルモノデアル。更ニ

第三、ニ本大学ハ第一年度ニ於テ予科全学級ヲ第二年度ニ於テ学部全学年ヲ一時ニ開設シ以テ中部日本出身学徒（男女）ノ遠隔ノ地ニ学ブ者ニシテ時局下就学不便ノ為メ転学セントスル者ノ要望ニ応スルト共ニ外地ノ大学専門学校ニ在籍スル学徒ノ転入学ノ困難ヲモ緩和セントスルモノデアル。外地引揚学徒ハ現下転入学困難ナル事情ノ下ニ苦悩シツ、アルノミナラズ比較的ニ国際的智識慾旺盛ナルヲ以テ之レヲ本学ニ収容シ思想的学問的ニ再教育スルコトハ又本学ノ性格ニ相応ハシキ一任務ト思料セラル、モノデアル。

以上ノ諸見地ヨリ我等ハ微力ヲモ顧ミズ茲ニ愛知大学設立ノ挙ニ出テントス、我等ノ真意ガ各方向ニ於テ正シク理解セラレ、此企画ニ対シテ支援ト鞭撻トノ与ヘラレンコトヲ念願シテ止マナイ次第デアル。

※本稿の引用文や人名、大学・学部名は原則常用漢字で表記した。また、当時の人名について一部肩書をつけた場合もあるが、歴史的な人物として、敬称は省略した。

注記については、引用・参照文献のデータは本文中のカッコ内に記し、補足説明は文末に「注」として別掲する形をとることにした。

第二部　近代台湾法制の伝承と変容

台湾における中華民国法制の「脱内地化」の進展と限界

王泰升（村上享二訳）

はじめに

台湾の法律は一九四五年、もともとの日本内地へ向かう方向から新しい中国内地へ接近する方向へ転換したが、一九四九年以降、台湾と中国内地は再び同じ一つの政府／国家の統治を受けることはなかった。日本統治時代の後期、日本帝国は「内地延長主義」に基づき、できるだけ内地の法律効力を台湾に延長しようとした。一九四五年、日本は敗戦し、台湾を軍事接収した国民党政権もまた、もともと中国内地向けに設計されていた中華民国法制全般を台湾において施行した。問題は、一九四九年一〇月一日の中華人民共和国成立後まもなく、現実の政治において、同年一二月に遷台した中華民国が、「中国」と称されるこの一つの国家の核心地帯（即ち「中国内地」）を統轄することが出来なくなったことである(1)。そして、中華人民共和国の統治を受けない台湾人民も、これにより中国人民ではなくなった。換言すれば、一九四九年以前の台湾は、中国の一つの省であり、中国内地の一部であったが、この年以降は現実的に中国との政治関係は絶たれた。

ただ、前述した一九四九年の政治大転換は、一九四五年、台湾で効力を発生し始めた中華民国法制では認められるものではなかった。中国内戦に敗北し、蔣介石に指導された国民党は、一九四九年一二月九日、台北にて再び行政院を開いた。これを起点に事実上台湾（台湾、澎湖、金門、馬祖）を「領域」とし、その居住民を「人民」とし、対内的に十分に行使できる最高国家統治権を持ち、対外的にはその他の政治権威支配を受けず、国際的業務を遂行する「政府」を一つ持つ、「主権国家」が成立した。(2) しかし、一般の台湾民衆は、戦前の日本民族主義と戦後の中国民族主義に覆われた教育を相次いで受けるなか、もう一つの「内地」と組み合わされてこそ一つの国家であり、小さな台湾では一つの国になれないと（その面積はスイスに匹敵するにもかかわらず）教え込まれ、台湾独自の建国意識や信念を生み出すことが比較的難しくなっていた。このような大きな環境のもと、一九四九年に中国から台湾へ移入してきた、蔣介石に指導された国民党政府は、中国の執政者の名分を再び保有するため、中国で導入した中華民国法制の有効性を引き続き維持し、いわゆる「法統」を打ち立てることで、「中国人民が構成する政府」という言説を支えた。

中華民国法制がもともと設定していた領土は中国内地を含んでいたが、中華民国中央政府が一九四九年末に、台湾へ遷移して以降、この設定は現実と食い違うものになった。これに対し、台湾の中華民国政府／国民党政府は法制上、中国内地を「大陸地区」（その範囲は福建省の金門と馬祖を含まない）と定めることで、自身が統治している台湾（台湾、澎湖、金門、馬祖を含み、中華民国法制上「台湾地区」、または「自由地区」と称せられる）を「一つの中国」の辺境に押しやることを避けた。しかし、後で述べるように、中華民国法制が何事においても施行地域がなお「大陸地区」を含むと考えるならば、台湾人民の要求にこたえるため、法制内容を調整するという困難をもたらすことになるだろう。このような苦境に面したとき、各種の可能な法律解釈で法制上の矛盾を克服するか、または台湾の政治や社会の現実に基づき、大陸地区の状況を考慮せずに法律を改正することになる。

中国内地を含む領土に再び拘泥しない「脱内地」の効用、また「脱一中」とも言われ、つまり台湾と中国内地は同じ一つの中国であるという考えを排除することを、その初期の不採用から、国民党政権は部分的に採用しなければならなくなり、そして、かなり広範に遵行されるようになったが、依然として憲法上はためらわれ決定されていない。これが本稿の探求する「脱内地化」のテーマである。

一、中央民意代表制度が漸次実施する「脱内地」

(一) 民意のチェックを受ける必要のない「大中国」中央民代

中国民国時代の末期である一九四七年一月一日に公布し、同年一二月二五日に施行された中華民国憲法は、ほかでもなく自由憲政主義が内包する法典を一部有していた。国家の政情が大きく混乱している中、一九四七年一一月と一九四八年一月、中華民国憲法に則り、中国内地と台湾（中国の一つの省として）で、それぞれ第一回国民大会代表二九六一名、及び第一回立法委員七六〇名と第一回監察委員一八〇名を選出した。[3] 国民大会により、「新憲法が生み出した」蔣介石総統が選出された後、総統が行政院長を指名し、新憲法が生み出した立法院は同意権を行使した。しかし一九四八年五月二〇日、新憲法が生み出した総統が就任する前に、第一回国民大会は、一九四八年四月に「動員戡乱時期臨時条款」を制定し、同年五月一〇日に公布して、憲法の条文を部分的に凍結し総統の権力を強化した。これに続き、新任した総統は、同年一二月一〇日に全国に戒厳令を布告し（台湾省など五つの地域を除き）、台湾省も一九四九年五月二〇日に戒厳令が実施された。[4]

中華民国憲法の観点によれば、一九四九年の年末に台北にて「中華民国政府」が再び創設されたが、これは上述の憲法により生み出された第一回中央民意代表が同意し作り上げた政府であった。これにより、国民党政府は自らを「法統」を擁するものと称し、中華民国憲法に依拠し成立したことで正統性を有し、対立する共産党政府を「反乱」団体とした。[5]これは、現実には国民党政府は統治できず、中華民国法制が述べている「大陸地区」は、「動員戡乱時期」に反乱団体により占拠された国家の「領土」である、ということを意味している。一九四九年以降、大陸地区はすでに国民党政権の統治力は及ばず、再び選挙を実施する方法がない。それゆえ、法制上「大陸各省」で選出されていた「人」が台湾に来て、中央の「民意」機関に存在することで、国民党政府は依然として「法統」を有していることを見かけ上顕示した。しかし、これらの代表の構成から言えば、大陸の各省で選出された人が大多数で、台湾省で選出された人はごく少数である。これは一九四九年以降、現実に政府が統轄する人口の中で、台湾省籍が大多数を占めることと正反対である。

軍、特殊警察を拠りどころに、威権統治を行った国民党政権は、前述した実際の統轄人口と代表人数の間の巨大な落差を意に介さず、依然として民国時代中国からの民代は継続して職に就いた。しかし、中華民国憲法は民意が備える流動性の法理に基づき、民意代表が有する任期の制限を、国大代表、監察委員、立法委員で、それぞれ、六年、六年、三年としていた。まず初めに直面した改選問題は、第一回立法委員の三年の任期が、一九五一年に満期を迎えることだった。そこで、一九五〇年一二月二七日、行政院決議は、総統が立法院に諮問し、立法委員が継続して一年、職権を行使することに同意を得るよう願い出た。[6]立法院は即刻、この実際上の任期延長案を通過させ、その後の一九五二年五月、一九五三年四月、立法院は再び蔣介石の諮問案に同意し、それぞれ任期を一年延長した。[7]

その後、一九五四年の第一回国民大会代表と監察委員の任期が満期の六年を迎え、再度改選問題に直面した。一九五三年九月、国民大会代表が第二回総統、副総統を改選するとき、国民党政権はこの苦境を解決しようと試みた。憲法第二八条第二項の規定、「各回の国民大会代表の任期は次回の国民大会開会の日で終了する」により、行政院は決議をもって、「第二回国民大会は、まだ法に則り選挙を行い開催することが出来ない状態にあり、第一回国民大会は当該条文の規定に従い、将来の情勢が許すのを待ち、改選を行う」と示した。このような法律解釈がなされ、蔣介石総統による国民大会秘書処への電報通告が行われた。(8) これにより行政機関の法律解釈のみで、国民大会代表の任期は延長された。

しかし、監察委員会の任期問題は依然として解決されておらず、立法委員会は毎回一年延長するという短期策に頼っていた。立法委員と監察委員の任期問題を完璧に解決するため、司法院司法官会議は一九五四年一月二九日、釈字第三一号解釈を公布し、「国家に重大な災難が発生するにあたり、法律に則り次回選挙を処理することは、事実上不可能であり、もし立法、監察両院の職権行使が停止に陥れば、あきらかに憲法が掲げた五院制度の本旨と相違する。第二回委員はまだ法律に則り選出できておらず、第一回立法委員、監察委員はその職権を継続して行使する」と認めた。換言すれば、行政機関を国民大会のために存続させたようなもので、立法委員と監察委員は、国会で全面改選前の職権を継続行使することが許可された。数十年、継続して「第一回」と称せられ、民意の代表と、選挙民の間に本来ある定期的な委任関係が無視し続けられた「万年国会」は、法的形式上これらの解釈により、憲法における基礎を有していた。

台湾で行われた中央民意代表選挙の結果にかかわらず、当然、国民党政権は有利であった。台湾人口の多くを占める本省人選挙民を抑え込み、民主代表選挙によって国政を問わず、人口の少ない外省人は、選挙を行えないにもかかわらず、かなり高い比率で中央国政の軍事部門、公共部門、宗教部門を掌握していた。さらに重要なのは、人数が極めて少ない国民党上層部のエリートが台湾で強固に敷いている「少数専制統治」であり、中央民意機関の大多数は大陸地区から来た在職民代で占められ、もともとある政治勢力圏とは隔たり、蔣介石親子とその随行者が統治する台湾になり、人々は軒下で頭を低くしているしかなかった。蔣介石一家は最高の国民党高級エリートであり、大陸地区を含む法律上の虚構の領土における最大の受益者であった。

しかし、中華民国法制の体裁を維持するため、国民党政府は十分な数の中央民意代表を必要とし、そのため民主制度の真意を捻じ曲げるのも厭わなかった。例えば、もし台湾にやってきた国民大会代表の人数が国民大会開催の要件を満たさなければ、憲法上で規定される総統、副総統選挙や憲法修正の手続き（「法統」に関連する）を行うことは困難であった。そこで、ただちに政府に対し連絡できないか、または「附匪」（中国に通じる者）として指名手配された国民大会代表を「欠員」と規定し、台湾で原選挙区の他の立候補者を順次補充することで、大陸地区の「民意」の代表とした。このほか立法委員もまた補充を許可した。しかし、かつて国民大会代表選に参加し、資格を有する補充者は限られていた。一九六〇年、国民大会を開会するため臨時条款を改定し、蔣介石を三期連続して総統とすることで、大法官会議は再び火消しの役を務め、憲法が規定するところの開会のためには国民大会代表総数の三分の二以上の出席が必要であるという、この「総数」を「法に則り選出され、召集に応じられる国民大会代表人数を計算規準とする」（釈字八五号解釈）と解釈し、十分な人数をもって開会するという「法定定員」という一般法理を採用しなかった。(9)

歳月が過ぎるにつれ、台湾に来た中央民代は徐々に少なくなり、国民党政権は「台湾から（すでに存在していない）民国時代の中国の民意代表を選出」という手段を持ち出し、一九六九年、「動員戡乱時期における、自由地区の中央公職人員増補選」を実施した。中華民国憲法が規定する各省の選挙立候補者数を基準とし、台湾省は人口増加により定員増となる「増選」となった。補選、それは台湾省の中央民代が欠員したとき、台湾で改めて選挙を行い、その当選者でこの不足を補うというものである。最後に、増、補選挙で選出したのは国大一五人、立委一一人、監委二人であった。これらの増補選選出者は明らかに選挙を経た台湾選出であるにもかかわらず、もともとの中央民代と同様に定期改選を必要としなかった。(10) 国民党政府がいろいろな民主原理と違う方法を用い、出来るだけ守ろうとしたのは、大陸地区を含む領土の法律上での揚言であり、これは蔣介石一家の統治エリートが台湾で遂行する少数専制政治のよりどころの一つであった。

(二)「大中国」中央民代退職による民意機関の本質への回帰

一九七〇年代、国民党政権は国連からの脱退や米国との断交など外交上の挫折により、台湾国内統治の正統性の基礎が揺らいだ。国民党政権はある程度、台湾住民ひいては本省人エリートに、中央政府の運営に関与することを開放し、これにより過去二〇年あまり法制が設定した台湾省と、その他大陸各省の同一視は難しくなり、現実的に統轄している台湾地区（台湾省と福建省の金門、馬祖、両県を含む）は法制度の形式上、僅かに存在している大陸地区より良い待遇を得た。中央民意代表の、定員増加改選から全面改選への変化は、重要な一例である。

法律手段上、動員戡乱時期臨時条款の改正を経て、政治実力者である総統は中央民意機関の改造プロセスを進行させた。一九七二年三月、動員戡乱時期臨時条款を再び改正した第六項は、総統に「自由地区での中央民意代表大会定員の増員、定期選挙、国外に住む国民が選出する立法委員および監察委員など、実際上選挙者を行えない者については、総統が選挙の方法を取り決める」という権利を授けた。また「増員された国民大会代表は、六年ごとの改選、立法委員は三年ごとの改選、監察委員は六年ごとの改選」とした。定期改選で増加された中央民代、規定により民国時代の中国で選出された中央民代、既に前述した改選の必要のない増補選出の中央民代、これらは職権を共に行使した。注意しなければならないのは、台湾地区の中央は民意代表を増加させたにもかかわらず、各民意機関の代表の中で占める比率は依然低かったが[11]、すでに憲法本文中の各省の定員配分比率を超えていたことである。換言すれば、中華民国法制は既に「有効支配領土」は台湾のみであるという現実に変化し、初めて、台湾を「一つの国家」における「特殊地域」とみなし、その他地域に比べ、多くの参政権を持つことができ、台湾は、台湾の民意を実際に代表できる中央代表を生み出すことができ、これは台湾の特殊性を示していた。もし単に、法制の規範で述べるなら、これは「内地延長主義」とまったく反対の「特別統治」方針を採用していた。

台湾が徐々に民主化に向かうにつれ、中央民意代表は増え続けた。ついに一九九〇年六月二一日、自由民主憲政理念を執る司法官大法官会議が釈字第二六一号の解釈を行った。この条項の解釈の具体的な要求は「事実上すでに職権を行使できない者、または常に職権を行使しない者は、直ちに調査し解雇し、それらを除き、未定期改選の第一回中央民意代表者は、中華民国八〇年一二月三一日までに職権の行使を停止し、中央政府は憲法の精神、本解釈の主旨および関係法規に則り、適切な時期に次回中央民意代表選挙を行い、憲政体制を確保する」ことであった。換言すれば、未定期改選の老代表者たちは、一九九一年末までに退職しなければならず、中央民意代表の全面的な定期改選を行うということであった。

そして、一九九一年の五月一日、第一回国民大会は憲法修正手続きが定める「憲法増修条文」の効力を発生させ、その増修条文の第一条から三条は、第二回中央民意代表を「自由地区」、即ち台湾選挙区、山胞（原住民）、華僑、および全国区などの四種の代表とし、華僑および全国区は地区の政党の得票数により定員を分配すると規定した。台湾の学会において一部の人は、ここで創設された「全国区代表」で「法統延長と民主選挙の両難が解決したこと」を認識し[12]、あるいは「全国」の概念をもって、まだ「大陸代表」を含み法統が継続できると認識した[13]。しかし、一つの地域にすぎない甲地域（台湾地区）で選出された代表による民意機関が、実際に甲地域と乙地区（大陸地区）を含めた全国人民を代表するのは難しかった。そうでなければ、以前の国民党政府も苦心惨憺する必要はなく、各種の手段を見つけて、もともと大陸地区で選挙された「人」を「民意」の職につかせ、あの「万年」である中央民意代表ですら、改選しない理由は無かった。しかるに法理上異論があろうとなかろうと、この制度のもとでは、台湾の中央民意代表は、一九九一年の国大代表選挙、一九九二年の立法委員選挙から全て、台湾人民の定期改選を経て生み出され、大陸地区の人民の投票参加はなくなった。中央民意代表機関はもはや、もともと「内地」と称せられていた大陸地区代表から構成されず、これは一種の「脱内地化」の表れであった。しかし、今述べた「大陸地区」と呼ばれる架空の領土は、中華民国法制内にまだ存在していた。

二、領土範囲および行政区画と組織の限られた「脱内地化」

(一) 台湾の中国各省との併走から台湾省の独走へ

蔣介石総統が指導していた国民党政権が中央政府を遷台して以降、実際上台湾省と中央政府の管轄区域の大部分は重なっていた。ただし、「中国合法政府」の体裁を保つため、政府の体制上台湾省の存在を維持し、もう一つの「全国」的な中央政府と対比しなければならなかった。台湾省が一つの省であるからには、法理に則り、憲法の定める地方自治を推し進めなければないが、台湾に来た国民党統治エリートの人数は限られ、中央政府の職に集中していた。また中央政府が使用できる資源はほとんど台湾省にあり、もし憲法の規定に則り、台湾で省の自治を推し進めれば、中央政府は自身が有している資源を提供する困難に遭遇する。このため、一九五〇年四月二〇日、性質上「中央政府外派機関」に属する台湾省政府は[14]、行政院の命令により、「台湾省各県市実施地方自治要綱」を公布し、上級機関の自治監督権を拡大し、地方政府の人事権および財政権を等しく縮小していった[15]。

しかし一九五〇年ごろ、将来、大陸の各省、故郷へ帰還することを推進していた地方自治体の立法委員たちは、積極的に省県自治通則条文の制定を進めた。これに対し、行政院は表面に立って調停し、立法院に案を棚上げにするよう促した。前述の一九五〇年代の中央民代制度同様に、国民党政府もまた、台湾省を除くその外側にも多くの「大陸各省」があるとして、台湾で憲法の定める地方自治の施行を拒否した。これが現実上で意味しているのは、中央政府管轄区域と殆ど重なる台湾省で、省県自治通則が規定するような省民選出省長を認めないということである。そうでなければ、台湾でないところに設置される民選により誕生した、政府行政院長や総統にはどのような意味があるのだろうか？

上述したのは「憲法によらない地方自治」ということで[17]、法律の形式上、問題とされやすく、一九八〇年代における台湾の政治民主化のうねりの中で広く批判を浴びた。しかし、二ヵ月後に前述の国会全面改選の釈字第二六一号の要求をなしとげた同じ大法官たちは、一九九〇年四月一九日に公布した釈字第二六〇号の解釈で、「姑息」とも言えるような、行政命令により実施される地方自治の、明らかな反法治主義よりも[18]、憲法の規定に依拠することを堅持しようと、中央が「自治通則」を制定した後、各省県市は通則に依拠して、自治法を制定しなければならないとした。かつこの所謂自治「通則」は、普遍的に「全国」において通用するよう制定されなければならず、台湾「一省」に焦点を当ててはいけないとした。しかし通則はなく、各地方政府は当然自治法規を制定する方法がなかった。この項の見解は「脱内地」を拒絶するに等しく、法律の形式上「大陸各省」を等しく扱うことは、現実に台湾の民主を向上させることよりもさらに重要であった。

ただし、情勢は瞬く間に変化し、釈字二六一号は国会の全面改選に応じるよう公示した。一年後の一九九一年、動員戡乱宣言を終了し、憲法増修条文を制定した後、中華民国法秩序、すなわち先の大陸各省を含む「全国」に焦点を当て制定した「通則」による自治法は、明らかに「脱内地化」へ向かった。まず、一九九二年の憲法増修条文により、憲法上の省県自治通則に関する規定の適用が停止され、一九九四年、省（院轄市）、県（市）、郷（鎮、市）の法人地位を与えると制定し、法による自治であり台湾省で施行され、福建省には及ばない「省県自治法」と「直轄市自治法」が制定された。[19]これは、法制上の「大陸各省」が問題とならない「脱内地化」方式により、台湾を「憲法が定める地方自治」の実施へ向かわせたと言える。

しかるに、台湾省の自治法人化および省長の民選は、台湾省と中央政府の管轄区域の大部分（一九九〇年代は九八パーセント）を重複させた。特にこのとき、全台湾の八〇パーセントの人口（台北市、高雄市および金門、馬祖両県の人口を除く）が直接選出した台湾省長は、広範な民意基盤を有していた。そして一九九六年、台湾で第一回総統直接選挙が実施された後、李登輝総統は国家発展会議を開催し、所謂「政府機能と組織の簡素化調整」という政府と民間の協力を達成した。[20]一九九七年、憲法増修条文九条で台湾省長および省議会の選挙を停止し、省が持っていた職権を県、市または中央に移転させた。その後の台湾省は、省の権限、権利義務を有する主体者の範囲に属し、公法人の資格を有していたが、もはや地方自治体性の公法人（司法院大法官会議釈字第四六七号解釈を参照）ではなかった。ただし、中華民国法制上、台湾省は一つの省であり、ただ「改善」されたのであり「解決」されたわけでなく、いぜんとして「内地／大陸各省は同じ中国の一省」という古い概念であった。

（二）国家領土範囲に関する論争

前述の台湾法制転換の重要な前提は、一九九一年五月一日、李登輝総統が動員戡乱宣言の終了をもって、動員戡乱時期の臨時条項を廃止し、国民大会を通過した中華民国憲法増修条文を公布したことである。[21]動員戡乱の終了の意義は、以前の「国家での反乱の発生により、憲政の施行は出来ない」という法制上の宣言を放棄したことであり、これはまた、現在中華人民共和国を統治している政府を「反乱団体」ではないと認めたことに等しかった。

しかし、一九九〇年代、中華民国法制は、国家領土範囲の宣言に関し、やはり直接的で明確な改変を願わなかったようである。一九九一年、「第一回」国民大会による民国時代の中国長老代表と、中国民族主義を抱く国民党員からなる憲法修正機関を通過した憲法増修条文の「前文」には「国家統一前の必要から……憲法条文を増修する」と明記され、その第一〇条は「自由地区と大陸地区の人民の権利義務関係およびその他事務処理は、法律による特別規定とする」とした。文章に書かれている「国家統一前」という表現により、当時の立法関係者が、国家はまさに「統一前」の分裂状態にあり、国家の領土は、第一〇条が述べている「自由地区」と「大陸地区」の二つの部分があると認識していたことが窺える。もし、そうであるなら、中華民国法制上、国家領土範囲に関して、依然中華民国政府の統治権が及ばない「大陸地区」を排除しておらず、本論文が述べている「脱内地」の現象は、まだなかったと言える。引き続き、法律の規範上、一九九二年七月一六日に制定公布された「台湾地区と大陸地区の人民関係条例」(同年九月一八日施行、以下簡単に「両岸関係条例」と記す)の第一条は「国家統一前に、台湾地区の安全と民衆の福祉を確保し、台湾地区と大陸地区人民の往来についての規範を定め、人民の間で発生する法律事案の処理を本条例で特別に制定する」と表し、そして、第二条の条文により、台湾地区が「政府の統治権が及ぶ」地であり、大陸地区は「政府の統治権が及ぶ」地区以外の「中華民国領土」であるとしている。両岸関係条例は、まったく大陸地区の「安全と民衆の福祉」を提供せず、政府統治権の及ばない大陸地区は「治外」の地で「国法」が及ばないとした。

また中華民国法制は西洋の国際秩序である「国籍」概念を源としていないので、「治内」と「治外」という、「台湾地区人民」と「大陸地区人民」のどちらに属するかで区別した。両岸関係条例第二条の第三、四の両項は、「戸籍」で身分を定義し、法制上だけの「台湾地区人民」、すなわち事実上台湾(台湾、澎湖諸島、金門、馬祖)に居住する人民は、「台湾の中華民国」の国民と見なされる。もし、一定時間以上中国大陸(金門、馬祖を含まない)に居住し、「中華人民共和国」の中国戸籍を有していたら、それは法制上「大陸人民」に属し、実際上、台湾国民の権利と義務を失う。ようするに中華民国法制の基本上、中国(中華人民共和国)人民を同一国家の成員と見なさず、所謂中国の土地をその「領土」としない。これは「脱内地」または「脱一中」「脱内地を目指す」と言える。

一般の抽象的な法規範の法律条項は、いかに記述されようと法律条項であり、実際の案例でいかに解釈適用するかは別のことである。中華民国憲法の第四条規定によれば「中華民国領土はその固有の領域に依る」としているが所謂「固有の領域」は具体的にどこを指すのであろうか？　唯一、憲法解釈という中華民国法秩序を体現する権利を有する司法院大法官会議は、これに対し立場を表明しようとしない。釈字第三二八号によれば憲法上「固有領域範囲の境界を定めることは、重大な政治問題であり、司法権の憲法解釈機関での解釈を受けない」としている。政治問題である以上、「人民留保」の理論を基に、このような国の根本に関わる問題は、主権者である人民の公民投票をもって決定することを留保されるべきであるとしている。[22]　憲法解釈機関は前述の解釈において、この点をまったく述べておらず、中華民国法制上まだ、定説が無い。

一九九一年、憲法増修条文が制定された後、中華民国法制上、大陸地区の法律の性質は変化しなかったのか？一九九二年、かつてある法学者は、今後の台湾と中国は「特殊な国と国の関係」となるということに基づいて、中華民国憲法の有効地域は法制上の「大陸地域」にはもう及ばないと認識した。[23]　公法学を専攻した許宗力の指摘によれば、一九九一年の憲法増修条文の前文は「国家統一前の必要のため」と述べ、憲法は国土が既に分裂していることを示しており、その第一〇条は、両岸人民の往来が起こす法律問題および関係する事務は、授権立法機関が規定し、大陸地区内部の人民に法律関係の規定を行わないとしている。つまり、憲法の適用地域を台湾地区に制限することを意味していた。この点は、追加修正条文第一条から第三条に、中央民代は台湾地区だけから選出されると明確に定められていることからも分かる。さらに第一〇条を創設し、外国人に関する法規により処理しないことは、両岸関係は一般の両国関係ではないからであり、ここに授権立法機関は、大陸地区人民に外国人と比べ、異なる地位を与えることになった。[24]

一九九九年、総統であった李登輝は上述の「特殊な国と国の関係」を公に支持した。[25]　二〇〇〇年、多くの法学者もまた、法解釈論の立場から、許宗力の前述した「特殊な国と国の関係」の主張を支持した。[26]しかし、中華民国法秩序から言うのなら、総統や法学者たちの憲法解釈は、全て非憲法解釈機関による中華民国法秩序の部分的な有権解釈である。さらに、前述の許宗力教授や李登輝総統は、一九九一年憲法修正後の有効地域は大陸地区に及ばないとし、憲法上の領土が大陸地区まで及ぶということに挑戦することは困難であり望むものではなく、ただ憲法の効力は大陸地区まで及ばないと主張した。ただし、法理上疑問が無いわけではなく、領土の一部である以上、なぜ国家の法秩序の最高位にある憲法が施行されないのか？　過去よく見かける例は、ただの植民地、租借地、信託管理地などには国家の憲法は施行せずということだが、所謂「大陸地区」はこのような性格をもっているということなのだろうか？　これは常識とはかけ離れているであろう。この結果は、追加修正条文を含んだ中華民国憲法に、歴史要因により領土範囲に関して中国内地を含むという、法律上の公言が依然として存在するということであり、これは法律上、台湾（台湾、澎湖、金門、馬祖）を領土とするという憲法を、台湾に誕生させることをかなり妨げるものであり、台湾は一つの法理上の国家として規範上、一定の疑問に遭遇している。

要するに、中華民国憲法は実質上、すでに大陸地区において適用されておらず、すでに「脱内地」、「脱一中」を達成したと言えるが、法律の形式上まだ大陸地区を領土としており、よってまだ完全には実現していないのである。ここで法制のもと、党要綱内に「台湾は一つの主権独立国家であり、その主権領域は台湾、澎湖、金門、馬祖およびその付属島嶼にのみ及ぶ」と明記した民進党は、二〇〇〇年から二〇〇八年まで、中央行政権についたが、国際社会で中国は興隆し、台湾内部は政府が弱く野党が強い（立法権を掌握しきれていない）政治的現実のもと、憲法上の領土宣言を変えるのは難しかった。中華民国憲法同様、民国時代の中国で誕生した中国国民党は、二〇〇八年、台湾において再度政権についたが、当然、この憲法上の領土に関する規範の宣言を変えようとはせず、李登輝、陳水扁の二〇年（一九八八－二〇〇八）の政策を改め、台湾地区の「地区性」を重視し、中華民国の「国家性」を軽視する傾向があった。[27]二〇一二年三月、国民党の馬英九が総統の再選に成功した後、さらに、一九九一年の憲法増修条文上の「国家統一の前」「自由地区と大陸地区」などの文言を援用しようと試み、ふたたび「一国両区」の論調を取り上げた。前述した一九九一年の憲法修正後の、実質上台湾を国家とする望み、国際化という努力を否定しようとしたが、前述の両国論を支持する少なくない法学者の批判を引き起こした。[28]在野にある民進党の政治家は、対策を確立できなかったり、または大陸地区を含む領域を概念上、依然認める「憲法一中」を打ち出したりした。[29]このようにして、一九九〇年代における、中華民国憲法の有限な、または曖昧な「脱内地」、「脱一中」は深刻な影響を受けた。

三、全国的な中央の法律は普遍的な「脱内地化」

（一）民事法

中華民国民法は、一九二九年から一九三一年の間、中国で公布され施行が開始されたが、その後の修正は全て、台湾でのみ施行されている（大陸地区において施行されていない）期間内に行われた。司法行政部が一九七四年から開始した民法改正作業に基づき、まず総則編の修正を進め、一九八二年までに立法手順を完成させ、一年後の元旦に施行を開始した。その後直ぐに親族編、相続編の修正を進め、一九八五年六月三日に公布し施行した。財産法の部分は、もともと債権編、物権編の順で改正するつもりであったが、債権編の改正プロセスは非常に大きく、多くの時間を必要とするので、法務部は一九八八年に別に物権編改正班を設け、まだ完成していない債権編の改正と同時進行させた。[30]そして一九九九年、債権編は修正を終え、二〇〇〇年五月五日に施行され、また物権編は二〇〇〇年代に三回に分け修正が完了した。[31]これらの法律修正活動は、中央政府統治権が大陸に及ばないので、大陸地区を考慮していないことは仕方のないことだが、修正後の結果から論じるなら、中国内地を同一の領土と見なしておらず、「脱内地」、「脱一中」と言うべきものである。

民事法上、時には大陸地区の存在を適切に考慮するが、そのときは常にその地区の人民を本国人と見なしておらず、これもまた「脱内地」の結果である。もっとも明らかな例は、両岸関係条例第六七条であり、そこでは一九九二年七月一六日の制定公布時に、中国人民は台湾人民の遺産を、一定の額、種類上の制限を受けた相続権のみ持つことができると、すでに規定している。二〇〇九年七月一日、この条項を修正したとき「大陸地区人民を台湾地区人民の配偶者としたときは、その台湾地区の遺産を相続するか、遺贈を受ける者になる」という項目が追加され、前掲の金額の上限が取り除かれ、許可された長期居留者もまた「台湾地区相続人の居住地」に属さない不動産も相続できるようになった。この修正理由は「台湾の配偶者との婚姻関係による大陸の配偶者が共に生活を営み、台湾社会および家庭と緊密な連帯関係を築くなら、一般の大陸地区人民とは異なる」ということであった。[32]ひとことで言えば、この第六七条の規範の意図は、できるだけ台湾にいる相続人の権益を保護し、中国に居住する相続人を顧みないことである。

一九三〇－一九三一、一九三五年、中国で公布施行された中華民国民事訴訟法典は、中華民国政府が遷台した後の、一九五三年から、一五年を経過し、全文が修正され「民事訴訟法」という名称で一九六八年二月に公布施行された。[33]しかし、旧法典と同様に基本的に欧州の法体系の理論と実務を踏襲し、よって施行地域が大陸地域に及ぶかどうかとは無関係であった。[34]しかし、この法典は、戦後台湾における台湾法院の実践活動と学説上の発展を反映させ、一九九九年からすでに重大な修正がなされている。[35]「全国」で一部施行された民事訴訟法が修正されるとき、まったく「大陸各省」の法院の実践活動を顧みておらず、これは「脱内地」と言うべきである。

（二）刑事法

中華民国刑事法典は一九三五年に中国で公布され施行され、一九四九年、中央政府の遷台後、台湾（台湾、澎湖、金門、馬祖）にてやっと施行された。一九九〇年代、立法院の全面的な改選により引き起こされた法律修正活動が頻繁になる前、総計三五七条の中で、ただ四条の条文が修正されただけで、(36)極めて少ない修正であり、「脱内地」とは言い難い状況であった。しかし一九九〇年代以後の法律修正は常に、台湾で発生した案件および社会の要求に応じるためであり、大陸地区の状況を考慮しておらず、よって実質的に「脱内地化」している。(37)

中華民国刑事訴訟法は一九三五年に中国において公布され施行された。中華民国政府の遷台後、一九六八年二月に全ての法典を修正し「刑事訴訟法」とした。(38)しかし、この法律が採用した、訴訟審理原則および全ての訴訟骨子は、基本的に欧州の法制度を模倣しており、施行地域が大陸地区に及ぶか及ばないかとは無関係であった。しかし、二〇〇二年および二〇〇三年、刑事訴訟法に重大な変化があり、米国の刑事訴訟法の骨子である「改良当事者主義」も採用する方向へ向かい、(39)これは台湾社会の要求が大陸地区を考慮しないということと同じであり、明らかな「脱内地化」であった。

しかし、中華民国最高法院は今まで依然として、中国内地を我が国の領土と見なしているため、「大陸地区」で発生した犯罪を「自国」の領域外で発生したものと見なしていない。動員戡乱時期が終了した後の一九九九年、台湾高等法院は台湾人民が中国で起こした犯罪は「自国領域外犯罪」に属するとみなした。(40)これは「現実回帰」的な法律見解であり、ただちに最高法院検察署の検察総長は特別上訴し、その結果最高法院は台湾高等法院の前見解を否決した。この見解はその後の最高法院判決が採用したものである。(41)しかし法学界には、最高法院のこの見解を批判する者がいた。(42)最高法院の大陸地区での犯罪に中華民国の法律の適用を認めるという見解は、主権支配が及ばない現実のもとでは、中国人民にとってはただの空論であり、台湾人民にとっては常に無責任な話であった。中国で発生した犯罪を最高法院の前掲見解で調査するなら、当然中国人民の加害者や被害者は、みな中華民国刑事法の適応を受けるが、実際に、台湾政府は、該当する刑罰規定を執行することは根本的に出来ない。加害者が台湾人民で、台湾に送還された後に、台湾政府は刑罰権を行使できるだけであり、犯罪地が台湾ではないので刑事訴訟手続き上、いかに検挙し立証、調査するかなどの多くの問題が存在する。さらに重要なのは、被害者が台湾人民で、最高法院が前述の見解により、加害者の中国人の訴追を要求したとき、中国で公権力を行使できない台湾政府は、まったくなすべき方法がなく無策なことである。さもなければ、台湾ビジネスマンが中国で被害を受けたり、台湾人民が中国の有毒な食品により被害を受けたとき、大陸地区の犯罪に適用するという中華民国法律規範上の揚言によれば、ただちに検察官を中国へ派遣し容疑者を取り調べ処罰することになるが、しかし実際上このようには出来ず、ただ中国政府との協議を要望できるだけである。

現在、両岸の人民は互いに相対しており、台湾政府は中国人民がすでに作り上げた中華人民共和国を否定することを望まず（すでに動員戡乱の宣言が終了しているように）、また台湾はすでに主権国家の実態を有しているが、中国政府は承認を望んでおらず、法理上、両主権国家の法制処理に関与すること、また政治的現実と法律規範の乖離に触れることを拒絶している。これは当然、双方が解決を待たなければならない、政治的な見解の相違である。ただし、台湾人民は自身を司ることはでき、自身の法域上の中華民国法制を施行し、まず、現実の国家領域を台湾（台湾、澎湖、金門、馬祖）に一致させて法律規定を制定し、法律解釈の適用を進めるべきである。前述の台湾高等法院の、中国における犯罪に関し「自国領域外犯罪」に属するという見解は一つの新しい試みであるが、まだ最高法院は承認していない。

おわりに――「脱内地」まであと一マイル

台湾は、一九四九年末に中華民国中央政府が遷台し、事実上一つの国家となった後、中華人民共和国統治下の中国と政治上の関係を断絶した。しかし、国家法規体系である中華民国法制として、前述の現実を認めていない。ただし徐々に時局は変化し、中華民国法制は次第に、その台湾統治の現実に向かい合い、「大陸地区」即ち中国内地の法制上の存在およびその実際状況を、法制定、修正において考慮しなくなり、このことは「脱内地」と言える。

中華民国法制に関連する中央民意代表制度、つまり各種可能な法律解釈を行うことは、実質上徐々に達成してきた「脱内地」効果のよい例である。一九九一年の憲法増修条文によれば、その後の中央民代は全て、台湾人民の定期改選によってのみ生み出され、「大陸地区」人民の投票参加は皆無で、実質上すでに「脱内地」である。しかし、この「脱内地化」が領土範囲および行政区画と組織に及んだとき、直ちに挫折してしまった。一九九七年、「省の改善」がなり、「省の廃止」がならなかったことは、はっきりと「脱内地」への抵抗勢力がまだ残っていることを示している。「脱内地化」を阻む大きな障害は、憲法上の国家領土範囲が依然として「大陸地区」を含むことである。一九九一年五月一日、動員戡乱の終息が宣告され、同時に公布された、脱内地、脱一中に対する憲法増修条文は「脱内地を目指す」という微妙な態度であった。中華民国憲法は実質上、既に大陸地区に適用されていないが、憲法の有権解釈は国家法秩序上、まだこのようにはなっていない。この曖昧な憲法上の規定はまた、全国的な中央の法律を普遍的な「脱内地」へ展開させたが、依然としてまだ超えられない障害がある。それは例えば最高法院は依然として中国を堅持しており、「大陸地区」の犯罪は「自国領域内犯罪」とし、この見解が実際にそぐわないことを無視していることである。

中華民国法制の「脱内地」「脱一中」のプロセスの中で、最後でもありかつ最も困難な一マイルは、憲法上で国家の領土範囲が台湾（台湾、澎湖、金門、馬祖）であるということを確立することである。法律手続き上、公民投票により決定するのか？　立法院で決議するのか？　司法院大法官会議で解釈するのか？　総統が宣布するのか？　さらに重要なのは、いかに実質上の困難を克服するのか？　すなわち、中国が内包する国際的な強権干渉を避け、最も核心であり鍵となる、台湾共同体内部で、前述の憲法規範を支える、台湾国民全体の同意理念が形成されることである。

【注】

(1)ただし国際社会では、国連が一九七一年に、中華人民共和国政府を承認し、台湾にある蔣介石に指導された政府を、中国を代表する政府ではないとした。

(2)一九四九年以降、中華民国政府は台湾において、継続して主権独立国家の体制をもって主権を行使した。台湾人民は一般的に、「我が国」の経済貿易実力の世界的レベル、「国民」の生育率、死亡率、その他健康状況などについて語るとき、台湾、澎湖、金門、馬祖からなる政治共同体をいつも指し示す。許宗力「両岸関係法律定位百年来的演変与最新発展――台湾的角度出発」、台湾法学会編『台湾法制一百年論文集』（台湾法学会、一九九六年）、三六四－三六五頁。

(3)李筱峰『台湾戦後初期的民意代表』（自立晩報、一九九三年）、三八－四二頁。

(4)詳細は、王泰升『台湾法律史概論』（元照、四版、二〇一二年）、一三六、二一八頁。

(5)若林正丈著、洪金珠、許佩賢訳『台湾　分裂国家与民主化』（月旦、三版、二〇〇九年）、三六頁。

(6)薛化元編著『自由化民主化――台湾通往民主憲政的道路』（日創社、二〇〇六年）、六六頁。

(7)林山田『五十年来的台湾法制（一九四五－一九九五）』（自刊、増訂版、一九九六年）、六二－六三頁。

(8)国民大会秘書処編『国民大会実録　第二編』（一九六一年）、一－二頁、薛化元『戦後台湾歴史閲覧』（五南、二〇一〇年）、一一八頁。

(9)詳細は、王泰升『台湾法的断裂与連続』（元照、二〇〇二年）、一六六－一六八頁。

(10)詳細は、王泰升、同前註、一六八頁。

(11) 一九七二年の増員選挙では、台湾地区選出の増員国代は五三名、増員立委は五一名、増員監委は一五人であった。しかし、この選挙後の実際の総人員は、国代は一三四四名に達し、立委は四六一名であった。台湾地区代表の占める割合は依然極端に低かった。中央選挙委員会編『中華民国選挙概況　上篇』（一九八四年）、二四六－二四八頁、国民大会秘書処編『第一届国民大会臨時会実録』（一九九一年）、二六〇頁。
(12) 林紀東、黄錦堂補述『中華民国憲法釈義』（作者自刊、改訂版、一九九二年）、四五〇－四五一頁。
(13) 李炳南『憲政改革与国是会議』（永然文化、一九九二年）、七九－八〇頁。
(14) 黄錦堂『地方自治法治化問題之研究』（月旦、一九九五年）、二四頁。
(15) 王泰升、同註（4）、一六七頁。
(16) 薛化元、同註（8）、八四－八五頁。
(17) 翁岳生「我国行政法四十年来之発展」、『法治国家之行政法与司法』（月旦、一九九四）、二七二頁。
(18) 葉俊栄「従国家発展与憲法変遷論大法官的釈憲機能――一九四九至一九九八」、『台大法学論叢』二八巻二期（一九九九年一月）、二五頁。
(19) 王泰升、同註（4）、一六七頁。
(20) 林金田総編輯、鄭喜夫等撰『台湾省政府功能業務与組織調整文献輯録　上』（台湾省文献委員会、一九九九年）、一七－一八頁。
(21) 薛化元、同註（8）、三八四－三八五頁。
(22) 許宗力、同註（2）、三六七－三六八頁。
(23) 許宗力、同註（2）、三六〇頁。しかし、許宗力教授は一九九二年に別の論文で既にこれを主張している。黄昭元「両国論的憲法分析――憲法解釈的挑戦与突破」、同編『両国論与台湾国家定位』（学林、二〇〇〇年）、一四頁、註二一。
(24) 許宗力、同註（2）、三五九－三六五頁。
(25) 王泰升、同註（9）、一七五頁、註五五。
(26) 黄昭元「導言」、同編『両国論与台湾国家定位』（学林、二〇〇〇年）、四－六頁。
(27) 詳細は、王泰升「法律史――台湾法律発展的『輪替』、転機与在地化（二〇〇七－二〇〇九）」、『台大法学論叢』三九巻二期（二〇一〇年六月）、一七一－一七七頁。
(28) 二〇一二年四月、呉伯雄が中国に向け明らかにした「一国両区」論を通じて、台湾法学会が馬英九に焦点を当てて、開催した座談会。「『一国両区』対台湾憲政及法律地位之影響」、『台湾法学雑誌』二〇〇期（二〇一二年五月）、一二四－一二五、一二九、

一三一、一三四－一三六、一四〇－一四一頁。

(29)「憲法一中」と領域の関係については、張明偉「論両岸旅遊糾紛之刑事訴訟障礙」、『法令月刊』六〇巻六期（二〇〇九年六月）、一一二－一一三頁。これは前行政院長謝長廷が提起したものだが、民進党内でこれに対し、かなり多くの批判があった。

(30)国史館編『中華民国史法律志（初稿）』（国史館、一九九四年）、三八九頁。

(31)王泰升、同註（4）、二八六－二八七頁。

(32)条文内容および修法理由全体は、立法院法律系統サイトで見られる：http://lis.ly.gov.tw/lgcgi/lglaw?@262:1804289383:f:NO%3DE01825*%20OR%20NO%3DB01825$$10$$$NO-PD、最終閲覧日：二〇一二年七月一一日。

(33)国史館編、同註（30）、八六－八七、九一－九七頁。

(34)国史館編、同註（30）、九七－一〇三頁。

(35)王泰升、同註（4）、三〇九－三一〇頁。

(36)国史館編、同註（30）、四九八頁。

(37)王泰升、同註（4）、二四四－二四五頁。

(38)国史館編、同註（30）、一七八－一八〇頁。

(39)王泰升、同註（4）、二五八頁。

(40)「在大陸地区犯罪、応属在我国領域外犯罪」、『月旦法学雑誌』六八期（二〇〇一年一月）、二〇七頁。

(41)張明偉「論両岸旅遊糾紛之刑事訴訟障礙」、一〇九－一一〇頁、註（5）。

(42)許沢天「『中華民国領域』概念在刑法適用法的解釈」、『台湾法学雑誌』一六六期（二〇一〇年一二月）、一三七－一三九頁。この論文はまた、両岸関係条例第七五条が大陸地区での裁判効力を否認しているので、最高法院が掲げている大陸地区犯罪は国内犯罪に属するという見解を、不当と認識している。

戦後初期台湾人群分類の調整及び法律効果
——一九四五－一九四九

曾文亮（加藤紀子訳）

はじめに

一八九五年、日本が台湾の主権を獲得した後、近代国家の統治がもたらされた。しかしながら、この近代国家統治の本質は「国民均質の原則」を前提とする「国族国家」ではなく、多民族国家の前提下で行われた植民統治であった[1]。日本の台湾に対する植民統治体制下で、台湾島の住民は「文明」と「民度」の標準に拠って、「内地人」、「本島人」と「蕃人」（一九三五年の後「高砂族」と改称）に区分され、異なる人群は互いに異なる法律と地位を与えられた。

本島人は文明を備え持つ種族と考えられており、このため、かつては国際法の原理に基づいて本島人の私有財産権を承認したが、統治者はその「民度」が依然として内地人の程度に達していないと考えたため、本島人に対し特別な法律統治を採用した。まずは、六三法体制を通して、台湾を憲法の権利によって排除する他に、総督の行政権を主とする委任立法統治を実施し、台湾を明治憲法下の特殊な憲法空間とした。また、本島人と内地人の相違に合わせて、ある事項において属人法の立法措置を採用し、内地人に優位な人群の法律階層を形成した。「蕃人」の部分は、文明ある人種に属していないと考えられるため、法律統治に適合しない。結局、法律人格は否定され、関連する者は、土地の所有権を持つ方法がないばかりか、「犯罪」行為に裁判所の審判が入るかどうかも総督の決定を経由しなければならない。(2)行政方面においても、総督府により「警察行政」を通して管理され、「理蕃行政」と称された。理蕃行政の主要な任務は、文明教化工程の進行である。理蕃行政を通して「蕃人」を近代文明生活に適合する程度にまで教化した後、再び「蕃人」に法律人格を与え、法律統治に入る。(3)

この種の「内地人／本島人／蕃人」の人群分類体系は、一九三〇年代後期には戦争動員の関係で緩みが生じたが、これは一九四五年、日本の敗戦後までのようであり、この体系は中国国民政府の台湾接収に伴い瓦解を告げた。(4)国民政府が台湾を接収した後、国民統合の精神に基づいて、台湾島上の人群の分類は、順次、内地人、本島人、高砂族から、台湾人、高山族として変化してきたが、漢民族(中華民族)に「中華国族」として位置づけられてきた。本文はこうした戦後初期に整理された過程の中で、台湾島上の人群分類における法律効果の変化を扱うものとする。

一、戦後統治権の変動と人群境界線の再分別

一九四五年一〇月二五日、国民政府の代表は台北において日本軍の降伏を受け入れ、同日、長官公署が成立し、台湾の統治権は日本帝国から国民政府へと移った。台湾の統治権が移るのに伴い、台湾島の人群の法律地位には大きな変動が生じた。まず、内地人は日本外国居留民に変わり、引き揚げる運命に直面した。その次に、本島人と高砂族は国民政府の統治によって早くに中国国籍を「回復」させられた。この国籍回復問題は人群の境界の確定に関連する。

(一) 接収と台湾人の国籍回復(5)

日本の敗戦降伏に伴い、台湾島の内地人、本島人と高砂族の分類関係は新たな調整に直面した。日本が台湾の主権を放棄したため、台湾はもはや日本の領土でなくなった結果、台湾島の「内地人」は日本海外国民となり、このため引き揚げさせられる運命に直面した。「本島人」と「高砂族」に至っては、日本国内の法令により日本国籍を喪失した。別の方面で、同盟軍を代表して接収した国民政府は、一連の接収を「祖国回帰」と見なし、故に一九四五年一〇月二五日より接収すると同時に、台湾を中国の一省に収め、中華民国のあらゆる法令を台湾に適用した。

一九四五年一一月、上海方面は台湾人が戦前に投資した産業を傀儡政権の財産と見なして没収するため、長官公署法制局が行政院に書面で請願し、その年一〇月二五日より台湾省の人民の国籍を回復し、本省人の財産を保護するよう宣言した(6)。この戦後の台湾人国籍問題は日本の戦争責任に対する追究及び戦後国際秩序を再び整える問題に関連するものであり、本来、中国内国法上が処理できるところではない。しかしながら、行政院は依然として一九四六年一月一二日より訓令をもって台湾人の中華民国国籍身分を回復することを宣言した(7)。

国籍回復の意義は、中華民国の国民身分の取得にある。当時の中華民国訓政時期約法第一条の規定によると、「凡そ中華民国の国籍を有する者は、中華民国の国民とする」(凡依法律享有中華民国国籍者為中華民国国民)。如何にして中華民国の国籍を取得することができるか、及び国籍の取得、喪失、回復等の問題については、国籍法の規定によらなければならない。当時の中国国籍法によると、中国の国籍区分を中国人の「固有国籍」、及び外国人の「取得した国籍」とする(8)。国民政府は帰化方式を用いず、台湾人に国籍を取得させることを通じて、台湾人は外国人ではないということを明らかに示した。しかしながら、「固有国籍」方式を用いて処理すると、台湾人は中国と同時に国籍を取得していないという事実に直面しなければならない。最後に、台湾の歴史に対する新たな解釈を通して、台湾人は始めから中国国籍を持っており、日本の統治により一時喪失しただけに過ぎず、このため戦後に回復したと考えられる。

国民政府の国籍を回復する措置は、法理上において問題がある。おそらく、中華民国国籍法は一九二九年に制定され、台湾は早くも一八九五年にはすでに日本に割譲されており、このため台湾人について言えば、本来、回復すべき国籍がない[9]。この他に、国民政府はこの問題に対して行政院の命令形式で主要な目標は台湾接収処理における人心問題にあり、法律人群秩序の組織にはないと明らかに示した。中華民国国籍を回復した台湾人は、法制上において中華民国国民に属するため、中華民国国民の地位を取得した。しかしながら、台湾人が中華民国国籍を求めるという当初の意図に戻って言えば、この一連の国籍を回復する方法によって台湾人が財産没収の脅威から免れられないようになった。

一九四六年の初めの、司法院の台湾人の戦争責任に関する解釈によると、台湾人は戦前すでに日本国籍を取得していると考えられ、このため、「抗戦期においては、敵国人民の地位によって、徴兵を余儀なくされ、敵の作戦に伴い各地の敵偽組織の職務に就いたのであり、国際法上の処置を受けなければならず、漢奸条例の規定の処罰は適用されない[10]」。行政院の国籍を回復する方法は、台湾人を始めから中国国籍に属するものと見なし、故に中国国内で戦犯とみなされることから免れることができる。しかしながら、中国国籍を回復した後の台湾人は「漢奸犯罪」の問題に直面する可能性があり、この時、財産は同様に保護されない[11]。

(二) 日本人居留民の引き揚げと台湾人の境界

台湾人の国籍を回復するには、最初に「誰が台湾人か」を確定しなければならない。一九四六年七月、外交部はかつて海外領事館の疑問に対し解答を出し、「台湾は日本により割譲を余儀なくされたため、本来中国国籍を有していたが喪失した台湾人及び台湾割譲後に出生した子孫」と述べている[12]。この「台湾割譲後に出生した子孫」は、中国国籍法第一条によると、父親を台湾人とするという意味を指す。しかしながらこの定義の下では、台湾人の身分が疑わしい者が出現する可能性があり、即ち、日治時期に台湾で婚姻を結んだ配偶者及びその子供である。その中で配偶者の部分の主な問題は国籍の回復にはなく、国籍を取得することができたかどうかにある（国籍法第二条）。子どもの問題については、両親が異なる種族に属するため、国籍の認定は直接、種族身分の認定と等しい。

外交部が前述した台湾人の定義を提出する前に、長官公署は日本人居留民の引き揚げ作業のために、同様に「誰が日本人居留民か」を確定しなければならなかった。戦後台湾の人群身分の変動中において、「日僑」は「台湾人」ではなく、このため、長官公署は日僑身分調査を通して、同様に台湾人の境界を確定する役割を持っていた。誰が日僑かを確定するために、長官公署は接収後に「日僑調査方法」を公布し、台湾総督府が一九四五年一〇月に行った調査資料を基礎として、日僑再調査を進行した。一九四六年一月四日より全面的な再調査を始め、二月二三日に完成し、合計三二万余名が日僑民となった[13]。一九四六年四月に開始した戸籍調査業務中でも、逃げるように引き揚げて行った日本人捕虜、日僑及び浮浪者、浪人に特別に注意を払っており、その処理原則は「たとえ回復前にすでに台湾国籍を取得していようとも、あるいは回復後の四月に台湾国籍を満たしていようとも、接収管理して戸籍台帳の中に入れ、全て調査員が責任を持って調べて明らかにして削除し、浪人調査の登録を処理する[14]」（傍線は筆者が加えたものである。以下同様）ことであった。また、長官公署の日本人に対する認定は戸籍主義を採用せず、「種族／血統主義」を採用した。このため、戦前は婚姻、他人の子供を引き取って養育する等の身分のために台湾人の戸籍に入った者は、引き揚げさせられる運命を免れることができなかった。

一九四六年一〇月、内政部はまた「日本人の戸籍登録処理方法」を公布しており、その要点は以下のようである。一、日本人で中華民国国籍に入る者は、内政部を通じて審査の上許可を受けていなければ、すべて無効である。二、日本人女性ですでに中国人の妻となっている者は、国籍法規定に基づいて中華民国国籍を申請しなければならない。

三、日本人に関して、外国人が中国に帰化する申請の規定を適用することを一時停止する。また、種族上の身分を前提としており、国法上の身分に関する変動かどうかを認定する。戦後、長官公署は婚姻等の身分行為のために生じた親族間の国籍変動について、種族と性別等の要因に基づいて異なる処理方式を有していた。例えば、「台湾人男性と日本人女性」の婚姻関係では、夫の国籍が回復したため、妻は国民となることを認められ、子どももまた「父親に従う」原則に基づいて国籍を定める。しかしながら、「台湾人女性と日本人男性」の婚姻では、台湾人女性は当然、国籍を回復することができず、甚だしきに至っては、かつて、「祖国の観念を無視した」とさえみなされ、回復を否定された者もいる。後に、国籍を回復するかどうかの選択を許可したが、例え回復するかどうかの選択であろうとも、日本国籍の夫はみな国民となる方法がなく、その子どもも「父親に従う」の原則のため、日本人となる。[15]

もしも婿養子をとったならば、国籍を判断する基準と上述した原則はちょうど相反する。婿養子を迎えるにあたって、配偶者及び子どもの国籍判断はおおよそ「妻に従う」「母親に従う」の原則である。しかしながら、台湾人男性で日本人女性の婿養子となった者は国籍を回復することができる。合法的な婚姻以外の同居と内縁関係については、例えば台湾人男性と日本人女性の内縁関係において、日本人女性は合法的な結婚手続を経て国籍を取得しなければならず、子どもは台湾人の父親を通じて引き取られるあるいは認められなければならない。台湾人女性と日本人男性の内縁関係において、台湾人女性はみな国籍を回復し、子どもは父親を通じて引き取られていない者だけは中華民国籍を有する。[16] 言い換えれば、この類の非合法的な婚姻関係では、男女はそれぞれが本来の国籍を回復し、生まれた子どもはまだ引き取られていない、あるいは認められる前は母親に従い、引き取られた後は父親に従う。最後に、養子をもらって成立した親子関係において、台湾人で日本人の養子をもらった者は日本国籍に属すると認定されるため、「回復」する方法がなく、帰化方式を通じて戸籍登録するだけである。日本人で台湾人を養子にする者については、内政部の解釈によると「内政部の指示を受け、日本人で中国人を養子とする者は民法の規定に基づいて我が国の国籍を取得するわけにはいかず、その日本人は国に送り返さなければならない」ようである。つまり、養父と養子の一方が日本人であれば、日本人と認定される。この類の判断基準を通して、台湾人と日本人は明確な境界線を持った。

(三) 国外台湾人の国籍問題

国民政府は接収した区域内の台湾人に対して、行政命令によって国籍を回復することができたが、台湾人の国籍問題は結局、戦後の国際秩序再建の一環であった。このため、ひとたび国籍を回復する対象を国外の台湾人に広げると、同時にその他の同盟国のこの問題に対する見解を考慮しなければならない。例えば、日本における台湾人の国籍問題は、日本国籍/臣民身分の変動及び戦後の連合軍最高司令官総司令部(General Headquarters, Supreme Commander for the Allied Powers：GHQ)の台湾人の地位に対する態度に関連する。その結果、当時の日本内地における台湾人について言えば、戦争が終わった後、まず直面したのは連合軍の接収管理下における日本臣民身分の変動問題である。

一九四五年一二月、日本は衆議院議員選挙法を改正し、付則中の規定では「戸籍法が適用されない者は、選挙権と被選挙権を一時停止する」とある。この規定の理由はポツダム宣言を受諾した後、「朝鮮人、台湾人は原則上、日本国籍を喪失するため、選挙参加に適合しない」ためである。この規定は台湾島の台湾人について言えば、完全に意義がないが、極めて少数の日本内地に戸籍を有する台湾人について言えば、日本国民としての参政権を剥奪されたことになる。一九四七年五月二日、日本政府は更に台湾人と朝鮮人を外国人と見なした[17]。台湾人が外国人と見なされる一年前の一九四六年六月二二日、国民政府は「国外台僑国籍処理方法」を公布し、「台僑は民国三四年一〇月二五日より中華民国国籍を回復する」[18]並びに「外交部から各外国大使館へ電報を打ち、各駐在国の政府に了承を請うこと」を規定した。実際の回復措置にあたって、その方法は登記方式を採用して処理しており、「在外台僑は、外国領事館あるいは代表により直ちに、華僑登記方法に基づいて登記しなければならない。登記をした台僑を経て、登記証を交付しなければならない。……この登記証は国籍証明書と同様の効力を有する（第二条）」。登記処理時において、「確実に台湾本籍を有する華僑二人の保証人を立てなければならない（第三条前段）」。中国国籍を回復した台僑は、法律地位と待遇が一般の華僑と完全に同じである。日本における韓国人は、その他の同盟国の僑民と同等の待遇を受けなければならない（第五条）。中国国籍を回復したいと思わない者については、駐外領事館あるいは代表所に「中国国籍を回復したくないという声明」を出さなければならない（第三条後段）[19]。ここから、国外の台湾人の国籍回復は同時に、外交上の問題に関連し、かつ、島内で回復を強制したのとは異なり、国外の台湾人は回復しない選択をする権利を有していることを知ることができる。

国外の台湾人の国籍問題は現地政府の態度問題にまで関連するため、外交機関での処理を経なければならない。例えば、東京の連合国軍総司令部（ＧＨＱ）は戦後の台湾人の国籍問題を朝鮮人と同様にするべきだと考え、平和条約締結時に及んで確定した。ＧＨＱあるいは日本政府について言うと、その主な懸念は台湾人が中国国籍を取得した後の管理問題にあった。例えば、中国国籍を取得した後の台湾人は、同盟国国民の身分を有しているため日本の警察の逮捕を受けない権利を持つ。日本側について言えば、闇市あるいはその他の行為の取り締まりが更に困難になるだけでなく、台湾人の犯罪に対する管轄権を喪失することも意味する[20]。

一九四六年六月、外僑処理方法の公布後、国民政府とＧＨＱはこの問題を討論し始め、七月に渋谷事件が発生した後、更に台湾人の身分の重要性が際立った[21]。結局、長期の討論を経た後、中国と米国の双方がついに同意し、一九四六年一二月三一日前に登記の申請をした者を中国国籍者と見なし、刑事審判権については中国市民権を取得したと推定し、登記を申請していない者は中国市民権を拒絶したと推定した。しかしながら、国籍と市民権に関係のある最終確定は平和条約を待たなければならなかった[22]。一九四七年二月、最高司令官はこの協議内容を承認し、日本政府に通知した。ここに至り、どうにか一時、在日台湾人の平和条約締結前における日本の法律上の地位問題が解決した[23]。

日本以外に、その他、例えばインドシナ半島、シンガポール、インドネシア等の台湾人の国籍問題は同様にイギリス、オランダ等の同盟国政府と交渉しなければならない[24]。国民政府の立場は、台湾人に華僑と等しい地位を取得させることを希望するものであった。しかしながら、やはり各国の基本的な立場は日本との条約締結後に台湾人の国籍転移を認めるという傾向にあった。台湾人の地位については、即ち外交部の交渉下において、同盟国／連合国の人民の地位（米国）、あるいは友好国の人民の地位（英国）とみなした[25]。

一九五二年四月二八日、サンフランシスコ平和条約の効力が発生すると、日本は正式に台湾、朝鮮の主権を放棄し、台湾人もまたこのために日本国籍を喪失した。同年四月一九日の法務府民事局の通達によると、戦前の日本帝国臣民の台湾人に対して、日本国籍を喪失させる基本原則は以下の通りである。内地に居住する台湾人を含め、全てが日本国籍を喪失する。例えば、日本国籍を取得したければ帰化の手続きを経なければならない。台湾人で条約の効力が発生する前に身分行為（婚姻、養子をもらう等）のために内地の戸籍に入った者は、日本国籍を有する。これに反し、もともと内地人で、身分行為のために内地の戸籍を解除した者は日本国籍を喪失する[26]。

日本政府のこの種の戸籍と国籍を連動させるやり方は、国民政府の「種族／血統」原則と異なり、その結果、戦前の本島人、内地人の国籍変動について異なる認定が生じる可能性がある。例えば、戦前、日本国籍に入った台湾人は戦後、国籍を回復するために中華民国国籍を取得した。しかしながら、上述した通達に基づくと、同様に日本国籍を取得しており、二重国籍になっている。戦前、身分行為のために日本の戸籍を解除し、台湾の国籍に入った者は、一方では日本の法律に基づいて日本国籍を喪失し、もう一方では中華民国の法律に基づくと国籍を承認されず、その結果、帰化方式を経て更に国籍を取得するしかない。両国間の国籍に対する判断基準が異なるために出現しうる問題について、同年、日中平和友好条約第一〇条は「この条約について言えば、中華民国国民は、中華民国が台湾及び澎湖ですでに施行している、あるいは将来、施行する可能性のある法律規則に拠って、中国国籍を有する全ての台湾及び澎湖の居民、及び以前台湾及び澎湖に属していた居民及びその子孫を含めて考えるべきである」と規定している。また、戦後の台湾人の国籍の境界問題について、中華民国の規定を優先するべきであると言っている。

二、台湾人の民族身分と法律地位

戦前の台湾島の三つの種族に直面し、国民政府は日僑の引き揚げと国籍制度を経て、日本の内地人を国家の境界外へ排除した。別の方面で、国籍を取得した本島人と高砂族については、如何にして中華民国に収めいれるかという体制の問題があった。

一九三一年の訓政時期の法は国民に関して国族規定がないだけであったとはいえ、一九三六年の憲法草案は中華民族の組織区分を国族と国民の二つとした。これは、五五憲法草案第五条に「中華民国の各民族は均しく中華国族の構成分子であり、皆平等である」[27]とあり、並びに第八条では「中華民国の人民は法律上において皆平等である」[28]と規定されている。つまり、当時の国家建設では、国民個人の調整のほか、民族の整合問題に立ち返るのである。これら民族と国族の概念区分は、清末以来の中国民族主義者が民族と国族に対する理解を続けてきたが、換言すれば「民族」(people)は文化、歴史、社会の概念に偏ったものであり、国族(nation)は政治的概念である。このため中華民国樹立以後の中国民族主義の課題は、当時存在した各種民族の境界線をいかに打破すべきかであり、均質的な構成員となる中華国族が創出されていった。[29]接収後の本島人と高砂族の統合問題に対しては、民族と個人の二つの側面から分析することができる。

(二) 中華民族の身分と法律上の平等

カイロ会議後、国民政府が台湾を取り戻そうとする態度から、スローガンが次第に実践へと転換されていった。一九四四年四月、台湾調査委員会が成立すると、台湾「収復」後に内地と同様の省制を採用すべきか否かについて、異なる観点が存在していたとはいえ、[30]台湾人が中華民族（漢民族）に属するという一点に対しては、異なる意見は存在しなかった。それは台湾人のみが現実に日本統治を受けたため、「祖国」と「台湾」の別が存在したのであり、それは、ただ「祖国人士」と「台湾人士」の区別であって、種族の区別ではなかったのである。

例えば、国民政府が台湾を接収した後、「台胞」の単語が長官公署が発布する命令あるいは中央へ提出する報告書中において出現し始めた。[31]長官公署が発布する命令において、常に「台胞」と「本省人」を混ぜて用いる状態が出現した。[32]その他に、台湾と内地に関連する問題中において、「本省人」と「外省人」が相対する状況が出現する可能性があった。[33]この種の「台胞」から「本省人」に到るまでの呼称の変化は、台湾を祖国の一省に収め入れる制度を統合する意味を持つ以外に、明らかに本省人と外省人が同じく一つの民族に属するという同質性の意味を有する。

民族において中華民族に組み入れられる以外に、台湾人は法律上においても中華民国人民の身分を平等に有するものとして扱われる。この法律上の平等な地位は、接収機関の行省化、民国法令の適用及び参政権の付与等の方面から見出すことができる。接収機関の行省化の方面において、一九四五年三月の台湾接収管理計画概要中の第八条は「台湾を省として、接収管理時に正式に省政府が成立する」と規定しているが、[34]権限上においてに過ぎず、「中央政府から委託を受けて行使するという方式をもって、比較的大きな権力を与えなければならない（同概要第一二条）」と規定している。言い換えれば、接収開始から、台湾において内地と同じ制度を施行し、長官公署に比較的大きな権限を与えるという方面において、また、中央委員が行う行政事務はほとんど「台湾省の中央各機関に対して指揮監督の権利を有している」だけである。かつ、長官公署はこれらの権限を執行する時に、中央政府の指揮を受けなければならないが、中央行政機関の上に君臨することができるということではない[35]。

長官公署の権限は中華民国の体制から見ると、接収任務のために比較的大きな権限を与えられた省レベルの政府機関としての権限である。このため、中央政府の立法、行政権及び人民の参政権については、すべて長官公署が決定できるところのものではない。「台湾接収管理計画概要」第五条は「民国はすべての法令を均しく台湾において用いる」と規定し、即ち、台湾人民と祖国人民は法律上において同等の地位を享受することを意味する。同条もまた長官公署が必要である時には暫行の法規を公布することができるが、単行法はただ省の単行法を指すだけで、全国的に効力のある法律ではないため、長官公署の法規制定権は立法権と別のものである。司法権の方面では、接収開始から、長官公署は口出しできるところではなく、南京の司法行政部から直接、司法接収担当者を派遣して接収の旨を告げ、接収後に成立した台湾高等法院及び地方法院を国民政府の司法体系に収め入れた。この後、台湾省内の司法案件で、台湾高等法院の判決結果に不服のある者は南京の最高法院に上訴することができた[36]。

戦後初期の台湾人は、地方と中央の参政権も取得した。一九四五年一二月二八日に長官公署が公布した「台湾省各級民意機関の成立方案」は、台湾の地方自治を完成し、憲政の実施を準備するのに必要とするところの各級民意機関に関連する規則を定めた。一九四六年一月末までに地方行政編成が完成し、三月一五日までに郷鎮民代表大会が成立し、参議員を選挙したが、しばらく、郷鎮長は選挙しなかった。四月一五日までに県(市)参議会が成立し、省の参議員を選挙した。五月一日に省参議会を招集した[37]。一九四六年二月に接収が完成した後、長官公署は台湾において公民登記及び一連の地方公職人員の選挙を実施し始めた。中央の参政権方面では国民政府の時期において、第四回国民参政員補欠選挙、国民参政員の選挙及び憲法制定国民大会代表の選挙を含む[38]。憲法制定後における、新憲法体制下で参与した立法委員、監察委員の選挙である[39]。

戦前、日本統治下において、台湾人が一九二一年より展開し始めた議会請願運動は十余年の努力を経て、ようやく一九三五年に一部の地方選挙に変わった。戦後、国民政府が接収した後に、すぐさま全面的に台湾人に国政参与権を与えた。これについて言えば、異族統治と同族統治の違いを反映しているかもしれない。戦後台湾において、一つの省として中央政務に参与しているが、これと同時に、周辺化の危機に直面した。もしも、台湾からだけで見るならば、一気に数十名の中央民意代表が出現し、台湾人の参政権の実現を明らかに示したようである。しかしながら、これらの台湾の代表は数千人が在席する中華民国中央議会中において討論に参与し、東南の辺境区から十数名の代表が来るとは想像し難く、あらゆる行いをし難いと考える。この種の状況は日治時期の台湾議会請願運動が発展して間もない時、すでに当時の知識人が意識していたことであり、このため、後に総督を仮想敵とすることを決定し、台湾議会の設置を勝ち取り、日本帝国議会に参与する権利はなかった。

(二) 民族内の差別と法律平等の破綻

国民政府が台湾を接収した後、台湾人が中華民族に組みこまれると、法律上の平等な地位が付与された。こうした国族国家の国民均質化理念に合わせた手法も、当時の台湾人の期待に見合うものであった。しかし、具体的な実践過程においては、むしろ「台湾同胞／本省人」は日本植民統治の経験を受けてしまっていたため、祖国人民との「質」の違いを認められず、進んで台湾人を排斥し、法律上の平等に影響していった。

国民政府の台湾人に対する排斥は、接収前の幹部訓練班からすでにその兆しを見ることが出来る。台湾調査委員会の時期において、かつて多くの台湾出身の委員を招いて任用したが、「台湾行政幹部訓練班」に到った時、この委員は次から次へと排除されてしまった(40)。長官公署が台湾を接収した後、陳儀長官は直ちに一九四五年一一月の演説中で「高級人員について、以前は台胞を充当してはならなかったが、以後は任に堪える条件下において、できるだけ台胞に担当する機会を与える」[41]と示した。いわゆる任に堪える条件とは、即ち国文／国語の能力である。

陳儀によれば文官任用の側面では、文官試験は日本語を用いることを希望するが、この一点は受け入れることができない。文官試験は国文を用いなければならない……。国文について、我々は芯の強い国文を普及させることを希望し、わずかでも柔軟性があってはならない。中国には欠点があり、何事も断固として行うことができないことである。……我々は国語と国文を普及させ、それは断固としたものでなければならなず、効果を増加することができるようにさせる。[42]

この、国語を公職の任に堪える条件とする、あるいは国語の重要性を強調することは強く推し進めなければならず、また、過度に非難すべきほどでもない。しかしながら、長官公署は日本の教育を「奴隷化教育」と認めたにもかかわらず、このことをもって台湾人の民族意識、国家観念を否定した。一九四四年五月、陳儀は当時の教育部長陳立夫に書いた個人的な手紙の中で「回復した後、最も厳格に行わなければならないことは、奴隷化されたという昔の心理、革命を建設するという心理を根絶することであり、それを主とするためには教育に頼らなければならない[43]」と言及している。また、台湾人が日本人に「奴隷化」されたため、同じ中華民族に属しても、祖国の同胞と「質」の方面において異なるところがある。この種の奴隷化の思想は根絶しなければならず、それは教育を通じてのみ可能であり、特別なのは国語教育である。[44]

これら台湾人の文化差別は、議会参政権の側面の影響には限りがある。一度は公権人登記を停止する法が現れたとはいえ、[45]最後は台湾人が各項の民意代表に参与する選挙に影響しないだけであった。なぜこうなのか？　国民政府の体制下において、民意機関の影響が非常に限りあるものであったからかもしれない。台湾省内の省参議会を例として、その組織条例が規定するところの職権に拠ると、省の政治に対する事項の権限は省の政治を建議して興す事項、省政府の議決に意見を提出する事項、省政府の施政報告及び省政府が提出した事項の聴取だけであり、予算権はない

（組織条例第三条）。たとえ決議案を作成したとしても、省政府が執行しなければ、最終的には行政院に報告して申請し、調査し処理する（第一九条）。この他に、省政府の省参議会に対する決議案に意見がある時は、最終的には同様に行政院に申請し、調査し処理することができる（第二〇条）。中央の民意機関方面は、例え憲法を広めようとも、中央議会の機関に対する権限がもたらすところの影響は、台湾省が選出するところの代表の人数が全国に占めるところの比例代表について言えば、本来、全国の政局に対して影響力を発揮し難い。

これに対して、省籍の幹部は地方公職であるけれども、それにもかかわらず一省の権力中枢である。このため、国民政府は台湾人が省レベルの幹部を担当することについて、高度の警戒を持つ。上述した懸念下において、長官公署は一九四六年三月より訓令をもって各機関にできるだけ本省の優秀な人材を用いるよう要求し、更に「本署の必要に備える人員登録方法」を制定し、本省人を採用する根拠とした。「すべての本省人民の、中等以上の学校の卒業者は均しく登記を申請することができる……省の訓練団及び各主管機関に分配し、試験で選抜し、任用する」(46)。この他に、任用資格を緩やかにし、「本省を『周辺省公務員任用資格暫行条例』の省に適用し、できるだけ寛大に取り扱うために任用する」。長官公署は一九四六年五月一日から開いた省議会中で書面報告を提供し、一九四六年三月末に至り、長官公署に申請する案件のある職員中で、本省籍の占める総数は七六・〇六パーセントであると指摘し(47)、公職人員の絶対多数が台湾人であるということを明らかに示している。しかしながら、長官公署は、層級がより高い公務員の本省人の占めるところの割合はより低いということに言及しなかった(48)。この種の台湾人に対する人材の遠慮は日本植民統治の経験によって個人レベルの経歴を差別する根拠にはならず、自然に台湾人が接収するところとみなす方法がなく、次第に文化から政治に至る各方面において反対する声が出現した。

（三）台湾人の主張及びその後続

一九四六年一月初め、台湾人文学家の王白淵は『台湾新生報』で「所謂『奴隷化』問題」を発表し、長官公署の台湾人奴隷化説に対し反撃を示した。[49] 王白淵は台湾人が日本教育を受けたのは無論、事物上において日本化の現象であるかもしれないが、「日本化」は「奴隷化」と違うと考える。特に、日本化には多くの近代文明の事物も存在し、このため、台湾人が日本教育を受けた＝奴隷化と考えるべきではなく、台湾人の日本経験を否定するべきではないという。王白淵の文章が出てきた後、各新聞は相次いでこの議題に関する報道を出し、一大論戦を形成した。[50] 王白淵の日本教育に対する深い観察と比べ合わせると、陳儀の見解は中国民族主義の色彩が満ちている。甚だしきに至っては、官僚について言えば、台湾人の強化しなければならない民族意識、国家意識は、意外にも祖国の官僚の風紀腐敗、規律の緩み及び破壊、遅れ等の現象に対して寛容であった。[51] ここから更に「台湾人の奴隷化説」は祖国の官僚によって無限に批判されている状況を見出すことができる。

台湾人の文化差別のために、そして公職に従事する権利上において直面するところの不平等な待遇を解決するために、台湾人は一九四六年にこの種の差別待遇を批判し始め、民主化を主張した。例えば、謝南光は一九四六年九月一一日に台北におけるラジオ演説中で「民主政治のために奮闘する」を題目とし、「祖国の危急を救う道は民主にある」と主張し、「人民により省長、市長、県長を選挙し、人民により選挙権を行使し民主政治を実現すること、これは中国を救う大きな路である」[52] と言っている。勢力を二分して創設したところの台湾の評論雑誌のため、立場が台湾自治に傾いている。[53] この雑誌は主に李純青が編集した創刊号で発表した「中国政治と台湾」の一文で、「台湾人は自治に賛成し、均権制度に賛成すべきである。自治を行い立ち上がれば、台湾は各省の模範と見なされうる」と指摘している。李純青の自治は即ち、「省憲法の制定、省長の民選」である。[54] 台湾人が提出するところの省憲法あるいは省長の民選等の主張は、孫文の思想及び国民党の党綱領を基礎としている。[55] 中国法制の構成下において、台湾人が求める最大の政治利益と主導権から見ると、一九二〇年代の「台湾民族」論と若干、精神の一致するところがある。

しかしながら、一九四六年一二月二五日に公布した中華民国憲法中の、地方自治に関する規定はすでに重点を省自治から県自治へと移している。たとえこのようであっても、長官公署はすでに年を隔てた一月に公布した「台湾地方自治三年計画」で台湾は一九四九年に至るまで県市長民選を実施することができないと規定している。長官公署の言っている理由は、台湾人の国語国文の能力が不足しているというものである。しかしながら、国語国文の問題は即ち、国民精神、国家観念の問題である。[56]

長官公署を招聘した後に実施した地方自治のやり方について、台湾人は当然承服できなかった。一九四七年二月二八日の二二八事件勃発後において、台湾人は前述した主張を具体的な政治告訴に転換した。三月初めに成立した全省的な組織である二二八事件処理委員会は、「全国同胞に告げる書」の中で、「漢民族」の立場に基づいて「本省の政治の改革を勝ち取る」と強調した。いわゆる本省政治の改革とは、「二二八事件処理大綱」から見出すことができる。例えば「省自治法の制定を本省政治の最高規範とし、国父建国大綱の思想を実現できるようにする」「県、市長は本年六月までに選挙を実施し、県市参議会を同時に改選する」としている。この他に、各機関は全部あるいは半数以上、本省人を任用するべきであると要求した（第四、五、六、一六、二一、二二条を参照せよ）。そして、「高山同胞の政治経済地位及び享受すべき利益」を適切に保証する。台湾人の政治主張に直面し、国民政府が応ずるべきやり方は直接、武力に訴えるものであった。三月上旬に始まった武力鎮圧は自治を主張する台湾人を除いて、別の方面で民間自治団体を成立させ、国民政府の政策と一致する地方自治を推進した。武力鎮圧と地方自治を収容して改編する解釈権を通じて、台湾の地方自治を一九五〇年に実施した県レベルの地方自治へと導いた。[57] 国民政府が鎮圧したもとで、幸いにも毒手にあわずに海外に逃亡した台湾人は、さらに「民族自決」の立場において、独立建国と漢民族からの離脱の台湾民族論を主張していった[58]。

官僚の台湾人に対する文化差別は、台湾人の民族心理に影響しただけでなく、更に文化差別がもたらすところの不平等待遇のために法律と政治の危機を誘発した。この危機を解決するために、国民政府は最後には武力鎮圧に訴え、ここから更に国民統合の裂け目が拡大した。この裂け目を補うために国民政府は四月より長官公署を台湾省政府に改組し、台湾人人士を多く採用することを重要な方針とした。丘念台、南志信、林献堂、陳啓堂、陳啓清、杜聡明等を含む台湾籍人士は省政府委員として任命された。当時の行政院長張群が中央執行委員会秘書所に宛てた公文書に拠ると、台湾省政府が改組した時に任命した一四名の委員中、七人が台湾籍に属しており、副庁長四人中三人が台湾籍に属しており、庁長四人中一人だけが台湾籍に属している。台湾人を多く使用したけれども、省政において重要な庁長方面は、台湾籍人士で庁長を担当した者は少なく副庁長が多い。これに対し、国民党の張群は内部の書簡中においてかつてその考えを漏らした。「台湾の同胞は過去、日本の統治下において、参政の機会は甚だ少なく、ひとたび要職を担当すると経験と鍛錬不足を恐れ、故に……特に重要な職務を担当する庁長については、中国の人材を比較的多く備えたが、人材の選択に中国と台湾の境界の差別はない[59]」。

張群の意見は当時の国民政府の台湾に対する見解を反映したと言うことができ、即ち台湾人民は日本からの差別を受けたため、人材が乏しく、故にまだ重い任務を任せ難かった。この意見は、長官公署が引き起こした台湾人奴隷化論争の見解と同じであり、かつ、台湾人奴隷化論争時において、すでに台湾人の考え方と隔たりがあることが証明された。台湾接収の数ヶ月前において、李万居は発行を担当した『台湾民声報』の創刊の言葉の中で、以下のような見解を示した。「一昨年に三大領袖が開いた会議で、戦後、台湾は中国に帰還し、ここから台湾問題は普遍的に祖国人士の深い注意を引き起こした」。しかしながら、祖国人士で関心を持つところの者は、「多くが豊富な産物に対する研究調査を重視するだけで、往々にして台湾人民の特性と心理を見落とした[60]」。国民政府の台湾に対する重視は、非常に日が浅く、このため、台湾人に対する理解が特に不足している。いわゆる台湾人の奴隷化説はまさに無関心に台湾人を見ていたことの具体的な現れである。この種の心理状態は戦後、接収時期において二二八事件の悲劇を招いたばかりでなく、二二八事件後も変化がなかった。

三、原住民の民族身分と法律地位

国籍を回復する問題において、原住民は同様に適用したけれども、国家内部の統合上で原住民の問題は台湾人（元の本島人）とは異なる。これは、原住民民族において漢民族と異なり、関連するところの問題は国民政府の少数民族に対する統合問題であるためである。

（一）弱小民族に対する国族統合と保護措置

国民政府は台湾接収制度の建設過程において、すでに、原住民（「蕃人」）と日本人、台湾人を同じ台湾島上の民族とみなした[61]。「台湾接収管理計画要綱」中で、原住民族に対しては特別に施政原則を規定している。「蕃族について、建国大綱第四条の原則に基づいてこれを助成し、自決自治をさせなければならない（第一八条）[62]」。いわゆる建国大綱第四条とは、すなわち「訓政時期建国大綱」第四条であり、「国内の弱小民族について、政府は助成をし、自決自治をさせることができる」としている。

つまり、接管計画綱要は台湾原住民を国内弱小民族とみなし、中華国族の中の一民族と構成づけた。個人の身分として法律上その他国民と平等の地位を持つこと以外に、さらにその少数民族の身分によって施政の上で国家助成を授け、自決自治の達成を目標とした。

長官公署は台湾を接収した後、原住民族を国族の成員とし、その成員には法律上において自然に中華民国の法令を適用した。例えば、一九四五年一一月三日の署法字三十六号は民国の全ての法令を台湾に適用し、高山族を排除せず、一九四五年に公布した「台湾省人民の元来の姓名を回復する方法」において、その適用対象は高山族も含んでいた[63]。


別の方面で、高山族が助成行政の対象となったことで、法律上において区別する必要性があり、戸籍調査規定の中に特別規定が存在した[64]。このため、長官公署の戸籍行政を通じて、原住民と台湾人の境界線を区別することができた。具体的な助成行政の方面において、長官公署は一九四六年二月に蕃地の接収が完成した後に、民政の施行を改め、蕃地を山地郷、村として編制し、普通行政に入れた。しかしながら、原住民には納税習慣がなく、また、納税能力がないという見地から、郷の編制上において、財務係を設置しなかった[65]。他に郷内の事務方面において、郷長から運用を統括し、雑用を指揮し、行政の効率を向上するように要求した[66]。県レベル以上の行政に至っては、山地行政指導室を設立し、長官公署内において、警務処、教育処、交通処、農林処及び各局科から「高山族施政研究委員会」を組織し、山地行政が必要とする機構となった。この高山族施政研究委員会は、長官公署の『三ヶ月施政概要』の報告に拠ると、高山族への施政に利するために組織し、その目的は施政問題の研究にあり、再び実際の状況に基づいて五年計画を定め「高山族同胞の生活を改善、教育文化を向上させることを任務とする[67]」としている。

長官公署は、高山族の風俗習慣、家庭組織、生活状態、生産方式、交易状況は均しく特殊であると考え、その最大の原因は知識の欠落、生活の困苦であり、完全に原始社会の状態に置かれているとした。しかし、この種の状況は過去に日本政府が劣等民族と見なし、差別と抑圧を与え、極まりなく不平等な待遇をしたために引き起こしたところのものである。長官公署は高砂族を助成の対象としたが、注意しなければならないのは、その実施範囲が山地地区に限られていたことであり、また、戦前の蕃地蕃人、平地地区は含まない[68]。

具体的な措置方面においては、例えば高山族を保護し、山地の秩序を保つために、まず花蓮、台東から、そして後に各県市で次々に「山地出入管制弁法」を制定した[69]。婚姻方面においては、高山族と平地住民の婚姻紛争が減少し、住民間の善良な風俗を維持することが出来るようになったため、一九四六年に「本省山地住民与平地通婚弁法」を提出し、省参議会の調査を経た後、意見を述べており「平地の女性が山地へ嫁ぐのは自由に任せることができる。山地の女性は比較的少なく、平地へ嫁ぐ時は民法の規定に拠る以外に、当地の郷鎮長及び郷民代表会を通過しなければならない[70]」としている。行政機関から民事法律関係に介入している[71]。

別の一つの保護政策の例は山地保留地である。いわゆる山地保留地、即ち戦前の蕃地保留地は日本当局が原住民の法律上の主体的地位を否定することを通じて、土地所有権を否定した。それから、理蕃行政によって、原住民の文明程度を改善するために、文明が入るのを待った後、再び土地所有権を与えた。日治時期のこの種の蕃地に対する土地権利の割り振りは、戦後、国民政府が引き継ぐところとなった。戦後、中華民国の一員となった高山族／山胞は、法律がその人格を認めたため、保留地の所有権を取得することができた。その主な活動空間は、即ち、日治時期に計画したところを引き継いだものであり、所有権は国家の保留地に属する。山地官制あるいは婚姻制限と比較すると、主要な目的はみな平地人の山地に対する秩序の崩壊を防止することにあり、山地保留地政策は植民統治時期の国家の原住民に対する侵害を引き継いだ。

建国大綱あるいは接収管理計画要綱に拠ると、助成行政の措置は本来、民族自決の自治を助成するためであるが、しかし、長官公署の助成行政はそうではない。前に述べたように、原住民の行政区画において、その最高行政機構は郷レベルに過ぎない。参政権の建設においては、郷を原住民自治の範囲とした。一九四六年七月二九日に長官公署が公布した「台湾省各県完成山地郷民意機関弁法」は、九月末までに郷民代表大会が成立したと規定している。それから、郷民代表会から県参議会議員を選挙した。再び高山族県参議員から高山族の省参議員及び憲法が制定する国民大会代表各一名を選挙した[72]。また、郷レベルでは民族自治の色彩を有しているだけであり、県レベル以上の会議においては、山地地区に特殊定員を与えるだけであり、自己の議会はないということが言える。更に接収管理計画のいわゆる民族自決自治は、長官公署接収後に至って、地方自治が存在するだけであり、民族自決はなかった。

（二）原住民の民族性の弱化と山地行政

長官公署の台湾原住民に対する助成行政は、接収管理計画要綱と出入りするところがあるけれども、当時新しく制定した憲法の精神と一致する。一九四六年末に制定して完成した中華民国憲法第一六八条の規定に拠ると「国家は辺境地区各民族に対し……、その地方自治事業に対して、特別に助成を与える」。この辺境地区特別規則を提出した国民大会代表の馮雲仙が言うところに拠ると、「今日、一般人が言うところの民族自決とは、その内容が地方自治と偽りなく、帰趨が同じであり、故に我々は特に民族自治あるいは地方自治という語句上の論争を計画する必要がない[73]」。また、いわゆる「民族の自決自治」とは憲法制定過程において中華民国の地方自治事業として整合されると言える。地方自治を強調する前提下で、憲法第一六九条は「国家は辺境地区各民族の教育、文化、交通、水利、衛生及びその他の経済、社会事業に対し、積極的に行い、発展を助成しなければならない。土地の使用について、その気候、土壌の性質、及び人民の生活習慣に適しているところに拠らなければならず、保障及び発展を与える」と規定している。国家政策を通じて保護、助成政策を普及させ、国内各民族の実質的な平等が到達するのを以って民族自決とするのではない。

憲法の規定に拠ると、台湾の原住民を辺境の少数民族としようがしまいが、国家の助成行政はすべて民族自決の助成を目標とすることができない。一九四七年二月に二二八事件が発生した後、原住民の民族性はまた更なる弱化に遭遇した。一九四七年六月、原住民の憲法制定国民大会代表南志信が政府に提出した建言で、政府機関が「高山族」の呼称を使用することを禁止し、「高山族」を「台湾族」、即ち「台湾原住民族」を意味する呼称に改称することを要求した。[74] しかしながら、台湾省政府の討論後、「高山族」は日治時期に日本の同化政策による差別を受けた呼称であるため、「高山族」の使用禁止に同意したけれども、新たな呼称において、当該委員が提出したところの台湾主体の意味を汲む「台湾族」は採用せず、台湾回復後の山地同胞に対する一視同仁を理由として「山地同胞」と改称した。各機関に通達する以外に、一九四八、一九四九年にまた、二度この旨を述べている。[75]

台湾省政府は高山族を「山地同胞」と改称し、「台湾族」とは言わず、平等視する以外に、同時にまた原住民民族の独立性を否定する意味を含むものである。例えば、戦後初期に長期、原住民事務に参与した張松は台湾山地行政要論において「山地同胞は根本的に別の一種の民族ではないので、差別のある呼称を用いるべきではなく、『台湾族』は『高砂族』と同じように適用すべきでない」[76]と言及している。一九四七年、憲法を実施した後の中央民意代表選挙はまた、この民族性ある改編を反映している。相対的に憲法を施行する前の高山族の人員への保障に対して、憲法を施行した後の山地同胞は、自治事業上で中華民国地方自治の一環に属するため、国民大会代表、立法委員及び監察委員の選挙において、みな区域選挙中に収め入れられ、別に特別人員枠を保有しない。その結果、原住民族の種族身分が行政上での否定に遭遇し、取って代わられたのは、居住地が特殊な地域（山地）の台湾人としての身分である。辺境少数民族ではないため、辺境の助成行政を適用するまでもない。

原住民の民族性は否定するが、山地の原住民社会が平地より遅れていることに基づいて、特殊行政措置を採用する必要がある。「山地同胞」に対して採用するところの特殊施政のため、「山地行政」と呼ばれた。[77] 張松の見解に拠ると、この種の特殊行政は日治時期の「理蕃事業」において始まり、戦後に至ると、三民主義及び中華民国の憲法精神に基づき、目的は「山地の遅れた社会が近代化に入るよう促し、すべての水準が低落した山地同胞に、現代の水準に追いつくようにさせる」[78]こととされた具体的な内容の方面では、張松の見解に拠ると以下のことを包括する。一、山地地方自治。郷、村行政機構の構築を統括し、山胞に参政権を与え、同時に相応する自治文化訓練等を提供する。[79]二、山地教育。国民学校の計画開設、進学奨励、職業教育の提供及び山地青年服務隊の成立を含み、社会教育を推し広める。[80]三、山地経済建設。水田工作の奨励、水利交通の修築、公共家屋及び従来の水利施設の建設及び山胞の移住、造林、及び牧畜、養蚕、手工業等の奨励を含む。[81]四、山地衛生。各郷村の衛生所、衛生分所を含み、各村に助産師を配置し、無料で薬品を提供し、期間を分けて山地衛生人員等を養成する。[82]

上述したこれらの戦後初期の山地行政の内容は、更に二つの主題に整理することができる。即ち「中華民族教化」及び「文明生活」である。前者は台湾原住民を特殊台湾人（山地同法）とみなす前提の下で、それに対して採用した「中華民族化」教化工程である。山地郷村行政の建設、地方自治の補導、及び国民教育の遂行を含み、すべて台湾原住民に中華民族の意識を教え込む。その他に経済、衛生方面の施政によって原住民の社会進化を加速し、速やかに平地人と同じ水準に到達させる。これについて言えば、日治時期の一九二〇年に確立したところの理蕃方針の延長であると言える。言い換えれば、いわゆる山地行政は中華民族の立場から行う文明教化工程である。この文明教化工程は一九五〇年に至り中華民国中央政府が台湾において更に推進した後、また更に総統府から「山地平地化」の基本政策目標が提出され、省政府方面からは「山地施政要点」が制定され、山地行政の基本目標及び方針とした。

(三) 原住民の自我主張の出現と後続

国民政府の国家構築について、原住民社会は自身の声がない。台湾の本省人と政府の間に二二八事件が勃発し、衝突した際に、原住民社会のリーダーは「平地人の紛争に巻き込まれることを拒絶する」と表明した。[83]この他に、原住民のリーダーはまた三月に霧峰において会議を招集し、原住民の自治事項を討論した。「案内状」の付記中で、以下のように提言している。

現在、民主主義はすでに台湾の方針となっており、民主の精神に従い、高山地区全体の民衆の幸福のために、我々高山族は一致団結しなければならず、和平交渉の方式を以って、高山族を主人公とする区域を設定する。区域は確定したが、この区域（高山区は警察局を兼る）は県長及び長官に隷属している。我々はこの他に、あらゆる自主の方式を以って、山地区域の自治建設に従事しなければならない[84]。

この主張の中で、原住民のは高山族の区域確定を主張しているが、この確定した区域は県長及び長官に隷属しており、また、高山族の区域の確定は、国家権力に向かって挑戦しようと試みることはなかった。しかしながら、具体的な施政措置において、「自主の方式によって、山地区域の自治建設に従事する」を以って主張している。山地区域の自治建設は国民党の建国大綱、国民政府の接収管理計画要綱中の原住民弱小民族の自治助成政策と一致する。しかしながら、当時やっと通過した中華民国憲法（台湾は辺境に属さず、このため、台湾の原住民は辺境少数民族ではなかった）及び国民党政府の山地行政の構想が別に存在する[85]。同年六月、前述したような原住民国民大会代表は高山族に名案を提出し、これは原住民の民族性の観点の具体的な現れである。しかしながら、原住民の自我の抑制下において、この類の主張は転化せず、具体的な行動とみなされた。一九五〇年以後、国民党政府の国共内戦における敗退に伴い、山地と原住民の抑制が更に強化されたことについて、原住民のリーダーは自我抑制の立場を採っていたが、ここに至ると国家の迫害に遭うのを免れることができなかった[86]。

おわりに

台湾島上の人群と法律関係は、清時期においてすでに複雑性を見出すことができる。一八九五年以後、日本植民統治の到来に伴い、近代国家と植民統治要求の間の思考下で、日本国民に属し、また、戸籍制度を通じて内地人、本島人と高砂族に区分され、異なる法律地位を分けて与えられた。一九四五年、日本の敗戦に至ると台湾の人群分類に再度、変動が出現した。同盟軍を代表して接収した中国政府は日本にとって代わり新しい統治者となり、台湾を中国の統治体制に収め入れた。この政権転移は人群分類及びその法律地位に均しく影響を与えた。

第一に、人群境界線の再区分（重劃）問題であり、戦後台湾人の国籍回復を通じて、国民政府がいかに日本人と台湾人の境界線を確定しようとしたのかを見ることができる。台湾人内部では、一九四五年時の戸籍制度を根拠として、台湾人と高砂族を区分している。言い換えれば、本来、本島人の台湾漢人に対して、国民政府が同属の中華国族の主要な構成員とする漢民族とみなしたため、独立した民族身分を備えず、後に長官公署に接収されたことで、中国一省の省民とされたのであり、長官公署の自己本位的観点からすれば、それは「本省人」である。台湾人が国族参与の上で漢民族とされ、法律上において国籍が回復されること、民国一切の法令が適用されること、および参政権を賦与されることを通じて、台湾人と祖国同胞に法制上の平等的地位がもたらされるのである。原住民については、接管綱要の時期において国内弱小民族と位置づけられたため、接収後にその民族の自決自治を援助することを目標とした。換言すれば、国民政府が原住民を弱小民族身分として中華国族に統合し、憲法上の国民平等原則をもとに民国法令を原住民に適用し、行政機関を設置し、参政権を賦与し、国民均質の理想に達したのである。

しかし、この国族と法律上の統合は、実践過程の中では、むしろ国民政府の台湾人の特殊な文化経験に対する否定、原住民に対する弱小民族としての地位の否定によって、ある程度変化していった。台湾人の国族統合の側面では、戦争終結前の国民政府内部の準備工作から、すでに行政幹部任用での台湾人排斥を見ることができる。その背後の理由としては、台湾人が五〇年に亘る日本の統治を受けていたことがあった。台湾人が日本語教育を受けたことが奴隷化した根源であり、結果的に、日本語教育を受けた＝奴隷化＝祖国意識が欠落したとみなすことが、接収した外省官員の普遍的心理現象となった。これら心理の反応は戦後の接収では、台湾の人材に対する否定であり、祖国統治に対するいかなる批評も全て、民族意識の欠落＝奴隷化に等しかった。祖国官員の文化と法律上の差別は、台湾人の不満を招き、さらに「台湾人奴隷化」（台人奴化）の論戦が生ずるに至った。その結果、台湾人と祖国の間の心理的わだかまりを生み出しただけでなく、民族統合に破綻を来し、さらにこれによって台湾人に台湾と祖国の統合形式問題を新たに考えさせ、中央政府に対する別の自治主張を提出した。政府は最後に台湾人の政治的主張を武力鎮圧したといっても、むしろさらに台湾人と祖国の間の心理的わだかまりを深めたことが、台湾人の漢民族、ひいては中華国族に対する統合の意志に影響したのである。

しかし、原住民統合の側面からすれば、一九四六年末に中華民国憲法が制定された際に、少数民族に対する保護の対象がすでに辺境少数民族に転化していた。それは、台湾の原住民が憲法上辺境に属さない少数民族と認められたものであった。このため、原住民に関する行政措置は、その民族性を強調することはなかった。原住民代表の改名請求を契機として、台湾省政府からもある程度改名に同意したが、別の側面ではこの機会に乗じて原住民の民族性を否定し、こうした改称を「山地同胞」、または台湾省内の特殊群体としてきた。この後、山地同胞の施設に対して、再び弱小民族への助成に基づいて、省政の一環に位置付けるのみでり、それは山地社会を落伍させるものであった。このため、特別措置が必要となり、早期から現代化を促す理由とされてきた。こうした特別統治の措置が、「山地行政」であったのである。

図１：接収初期の国民政府人群分類と台湾島における原住民分類

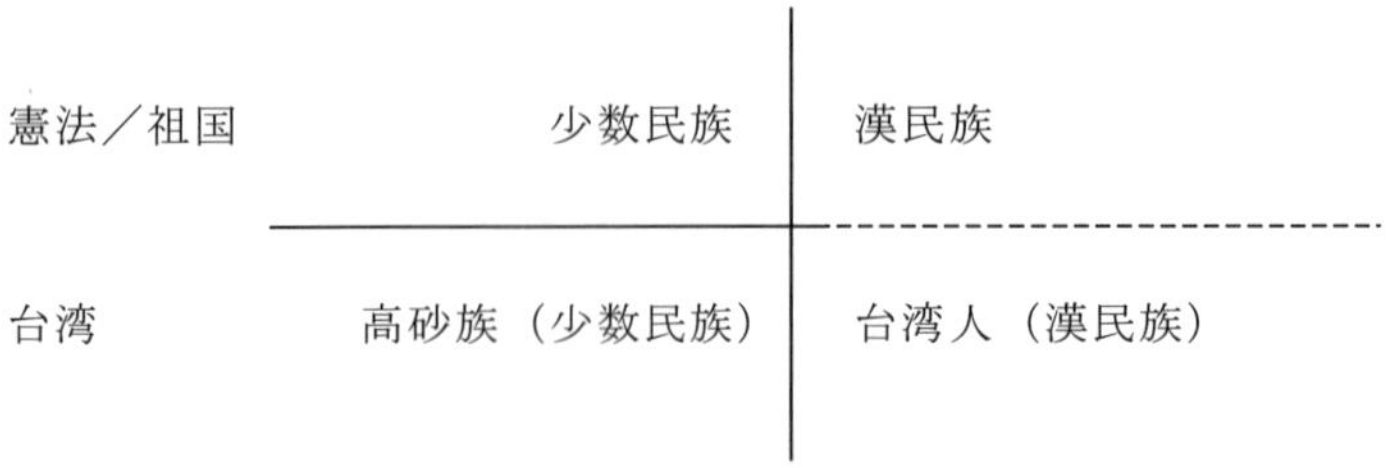

憲法／祖国	少数民族	漢民族
台湾	高砂族（少数民族）	台湾人（漢民族）

図２：戦後初期国族統合実践下の台湾人群分類

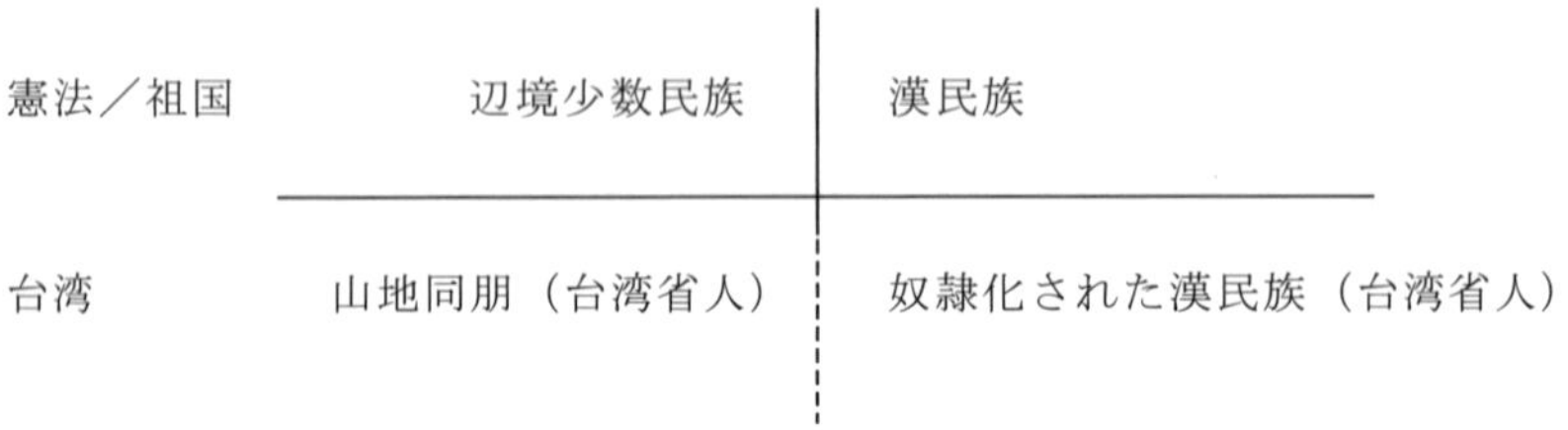

憲法／祖国	辺境少数民族	漢民族
台湾	山地同胞（台湾省人）	奴隷化された漢民族（台湾省人）

この国族統合の実践過程の中で、奴隷化論に伴い台湾漢人と外省漢人の間に具体的境界線が形成され、本来原住民と漢人の間にあった境界線は、原住民が少数民族であることに対する否定によって次第に消失していった。その結果、戦後台湾の人群分類の境界線も、次第に漢民族／少数民族による主分類をなしていったことで、外省人／台湾省人を主とする変化となっていった（図1・2）。こうした分類は一九五〇年代以後、台湾国家法上の重要な人群分類の骨組みにしだいになっていったのである。

【注】

(1)戦前日本の多民族国家に関する問題は、小熊英二『単一民族国家神話の起源』(新曜社、一九九五年)を参照せよ。

(2)日治時期の原住民刑事懲罰に関する問題は、王泰升「日治時期高山族原住民族的現代法治初体験——以関於悪行的制裁為中心」、『台大法学論叢』四〇巻一期(二〇一一年三月)、一－九八頁を参照せよ。

(3)例えば、花東一帯の「蕃人」は、比較的高い文明程度を備えていたと考えられ、一九一四年の後より普通行政統治に入り、土地所有権を与えられた。花東平地の蕃人に関する問題は黄唯玲「日治時期『平地蕃人』的出現及其法律上待遇(一八九五－一九三七)」、『台湾史研究』一九巻二期(二〇一二年六月)、九九－一〇五頁を参照せよ。「平地蕃人」の進展と比較すると、蕃地に位置する「蕃人」は、日本の統治が終わるまで、法律統治に入ることができなかった。

(4)本文中で使用する「国民政府」は訓政期の中華民国約法体制を表している。訓政期の中華民国は「以党治国」のモデルを採用しているため、実際上、国家の最高権力機関は政権を握っている国民党であり、国民政府は政務執行機関に過ぎない。王泰升「台湾戦後初期的政権転替与法律体系的承接(一九四五－一九四九)」、同作者編『台湾法的断裂与延続』(元照出版、二〇〇二年)、一－一一〇頁、特に一一－一八頁を参照。

(5)「台湾人」の表記は日本統治時期に台湾島上の漢族臣民を俗称したものであり法律上の用語は「本島人」としている。戦後の「台湾人」の表記は本来本島人を指して用いたほか、日本統治を受けた本島人と原住民を指しても用いられる。例えばこうした国籍問題における台湾人である。別の側面からすれば、台湾人は台湾省の中華民国国民における戸籍を指して用いることもあり、台湾省人あるいは本島人として扱われる。その際の概念には祖国から台湾省に籍を設けるものを含むべきである。このため、「台湾人」の範囲は由来が異なるため差異がある。

(6)長官公署の他に、その他の外国領事館にも類似した請求がある。湯熙勇「恢復国籍的争議——戦後旅外台湾人的復籍問題(一九四五－一九四七)」、『人文及社会科学集刊』第一七巻二期(二〇〇四年)、三九三－四三七頁、四〇二－四〇三頁を参照せよ。

(7)一九四六年一月一二日行政院節參字第〇三九七号訓令、「台湾の人民を調査すると、本来我が国の国民は敵の侵略を受け、国籍を喪失するに至った。現在、国土は回復し、本来、我が国の国籍を有していた人民は、三四年一〇月二五日より一斉に我が国の国籍を回復した。……」。張瑞成編『光復台湾之籌画与受降接収』(国民党党史会、一九九〇年)、二一一－二一二頁。

(8)民国一八年一月二九日、「国籍法」を参照せよ。立法院法律系統：http://lis.ly.gov.tw/lghtl/lawstat/version2/01121/0112118012900.htm。閲覧日、二〇一二年七月一六日。

(9)王泰升「台湾戦後初期的政権転替与法律体系的承接(一九四五－一九四九)」、一一一一〇頁、三八頁、註七〇。
(10)司法院院解字第三〇七八号解釈。
(11)行政院の立場と相反し、司法院は終始、台湾人の戦争責任は戦犯の範囲に属すると考え、漢奸条例を適用していない。例えば、一九四六年六月二四日の院解字第三一三三号解釈中において、司法院は第三〇七八号解釈を参照し、台湾人には漢奸条例規定による処罰を適用しないと強調する。この解釈から逆の推論ができるようであり、当時、依然として台湾人に漢奸条例が適用されていた状況がある。
(12)湯熙勇「恢復国籍的争議——戦後旅外台湾人的復籍問題(一九四五－一九四七)」、三九七頁。
(13)『台湾省行政長官公署施政報告』、一九四六年五月、六七頁。『台湾民政』第一輯、一九九－二〇〇頁を参照せよ。
(14)『台湾省行政長官公署施政報告』、一九四六年五月、五一頁を参照せよ。
(15)陳昭如「性別与国民身分——台湾女性主義法律史的考察」、『台大法学論叢』三五巻四期(二〇〇六年七月)、一一一〇三頁、特に三七－六四頁を参照せよ。
(16)陳昭如「性別与国民身分——台湾女性主義法律史的考察」、一－一〇三頁、特に五八－五九頁を参照せよ。
(17)即ち勅令二〇七号の「外国人登録令」。田中宏『在日外国人』(岩波書店、一九九五年)、六三－六四頁を参照せよ。
(18)この方法の条文は、張瑞成編『光復台湾之籌画与受降接収』(国民党党史会、一九九〇年)、二二二－二二三頁。
(19)この規定によると、この声明は一九四五年一二月三一日より前でなければならない。しかし、この規則が公布された時すでに一九四六年であり、このため、この日時は明らかに誤っている。
(20)松本邦彦解説・翻訳『GHQ日本占領史十六——外国人の取り扱い』、八四頁。
(21)渋谷事件は一九四六年七月一四日に起こり、一九日に収束した。台湾人が渋谷の闇市の活動中、相次いで日本の暴力団及び警察と衝突し、その後再度日本の警察と衝突した際に、日本の警察が発砲し、台湾人が死傷したという事件を指す。湯熙勇「恢復国籍的争議——戦後旅外台湾人的復籍問題(一九四五－一九四七)」、四二五－四二七頁。
(22)松本邦彦解説・翻訳『GHQ日本占領史十六——外国人の取り扱い』、八五頁。
(23)ここから、一九四七年双方の協議は一種の一時的な便宜措置であり、台湾人に関係のある国籍問題は平和条約締結に及んで確定しなければならないと言える。しかしながらまた、占領当局がこれを承認していたと考える研究があり、即ちGHQは日本に滞在する台湾人の国籍を中華民国籍と承認したことを意味する。湯熙勇「恢復国籍的争議——戦後旅外台湾人的復籍問題(一九四五－一九四七)」、三九三－四三七頁、特に三九五－三九六頁。

（24）湯熙勇「恢復国籍的争議——戦後旅外台湾人的復籍問題（一九四五－一九四七）」、三九三－四三七頁、特に四一三－四二三頁。
（25）一九四七年二月二五日、連合軍総司令部は日本政府への訓令で、中国代表団特有の登記証を発行する件で、台僑について、その刑事管轄権は中国人民及び連合国人民の待遇処理に基づかなければならない、としている。英国政府は即ち一九四六年一〇月に外交部へ覚書を提出した時、正式な手続きの前に台湾の人民がすでに中国国籍を回復していることに同意する方法はないが、友好国の人民とみなすことはできる、と示した。湯熙勇、四一六－四一七頁を参照せよ。
（26）田中宏『在日外国人』、六七－六九頁を参照せよ。このやり方は、一八九五年に台湾人に国籍選択を与えたやり方と明らかに異なる。後者は国籍選択権を経て、人民は自発的な選択権を有しているが、前者は「帰化」の手順を経ており、国家により主導権が握られている。
（27）この条の草案の説明に拠ると、立法の参考はソ連の憲法を例としている。立法院中華民国憲法草案宣伝委員会編『中華民国憲法草案説明書』（一九四〇年七月）、正中書局、一九四三年、七－八頁を参照せよ。
（28）この条の草案の説明に拠ると、立法の参考はソ連の憲法を例としている。立法院中華民国憲法草案宣伝委員会編『中華民国憲法草案説明書』、七－八頁を参照せよ。
（29）沈松僑「我以我血薦軒轅——黄帝神話与晩清的国族建構」、『台湾社会研究季刊』地二八期、（一九九七年二月）、一－七七頁。同作者「中国近代民族主義的発展——兼論民族主義的両個問題」、『政治与社会哲学評論』第三期（二〇〇二年一二月）、四九－一一九頁。
（30）当時、重慶方面の官僚は特別措置を採用する必要はないと認識し、台湾出身の調査委員は「各省と同じにする必要はない」と認識していた。王泰升「法律現代化与『内地延長』的再延長——以日治後期与戦後初期的承接為中心」、第四回国際漢学会議にて発表、二〇一二年六月二一日、二〇－二二頁。
（31）例えば一九四五年一一月七日に公布した「台湾省各級学校及び教育機関接収処理暫行方法」第一条は、公立の国民学校の接収について「校長は皆、国民から任命して新たに引き継いで任務を行い、しばらくは元々の学校の教職員から学識能力が比較的優れているあるいは当地で教員の資格を有している台胞を選んで、公務の代理を委任し、……」と規定している。また、長官公署の『三個月来工作概要』中で、更に、「台胞」の単語の広範な使用を見ることができる。例えば、戸政設置方面において「台胞が元々の姓名を回復する申請を許可する」、「省外の台胞が戸籍を戻す事項を処理する」ことに言及する。台湾省行政長官公署法制委員会『台湾省単行法令彙編』第一集、一四五一頁、及び長官公署『三個月来工作概要』、一九四六年二月、二三、二八頁を参照せよ。
（32）例えば台湾行政長官公署寅佳（卅五）署人字第二〇九〇号の「各機関は極力、本省人を招致し、共に復興と建設の任務を担わせるようにしなければならない命令」とする訓令では「本省の人民を調査すると、日本の統治期において、工作機関は長い間制限を受け、現在回復し始め、才能に応じて人を用い、均しく機会を与えるべきである。本署は以前、台胞を任用する資格がわずかに中央法令の規則に合わなかったため、具体的な方法を照合して示そうとすることを経て、本省を中心地から遠く離れた省の公務員任用資格漸行条例に適用する省に入れた。本省の人民に至っては、かつて本省の各機関あるいは会社に勤めた者は、その経歴を採用し、本署を経て銓叙部に便宜上採択を許可するよう要請した。相応の年齢と労働資格を持つことを認め、同等の労働を担当させる際には、同等の報酬を与えるべきであり、これらの弁法は、広く本省人に設けるものであり、後の各機関業務よりすべからく皆この旨を体とし、所属する各部門においては、本省の優秀な人材を招致し、国家に献身させ、共に復興建設の任務を担わせるものである……」とある。

(33) 一九四六年一〇月、民政所が参議会に反復して電報を打った「内地人戸籍案」の電文中で、「台湾省を調査すると……すでに一〇月一日から戸籍法を実行しており、……中央の法令を根拠とし、兼ねて、その土地の事情に適した措置をとるという原則を採用し、たとえ本省人あるいは外省人であろうとも、均しく土地の登記を申請しなければならない、……」と言及している。「鄭景泰建議要設内地人的戸籍案」、典蔵号〇〇三〇一九〇〇一一〇一七を参照せよ。

(34) 張瑞成編『光復台湾之籌画与受降接収』(国民党史会、一九九〇年)、一一〇頁を参照せよ。

(35) 王泰升「台湾戦後初期的政権転替与法律体系的承接(一九四五–一九四九)」、特に一–一一〇頁、二〇–二三、四六–四七頁を参照せよ。

(36) 王泰升「台湾戦後初期的政権転替与法律体系的承接(一九四五–一九四九)」、特に一–一一〇頁、四七–四九頁を参照せよ。

(37) 台湾省行政長官公署法制委員会『台湾省単行法令彙編』第一集、一〇〇三–一〇〇四頁。

(38) 台湾省行政長官公署編『台湾省行政長官公署施政報告』(一九四六年一二月)、一六–一七頁を参照せよ。

(39) 各項の選挙の過程については、李筱峰『台湾戦後初期的民意代表』(自立晩報社、一九九三年)を参照せよ。

(40) 近藤正己『総力戦と台湾　日本植民地崩壊の研究』(刀水書房、一九九六年)、六五一–六五三頁を参照せよ。

(41) 一九四五年一一月三日第一次国父記念週演説、台湾省行政長官公署宣伝委員会編『陳長官治台言論集』第一集(一九四六年九月)、二頁を参照せよ。

(42) これは陳儀が一九四六年二月一五日第一六回「国父記念週」で報告した内容である。台湾省行政長官公署宣傳委員会編『陳長官治台言論集』第一集(一九四六年九月)、六九頁を参照せよ。

(43) 張瑞成編『光復台湾之籌画与受降接収』五三頁を参照せよ。

(44) 陳翠蓮「去植民与再植民的対抗――以一九四六年「台人奴化」論戦為焦点」、『台湾史研究』第九巻第二期(二〇〇二年一二月)、一四五–二〇一頁、特に一五五頁を参照せよ。

(45)その方法は簡単に「回復は返還を以って、厳密に過去の皇民奉公を担当することを防止するために、実際に業務とかつて法に拠って罰を言い渡され公権が停止した者は、各種の政治上に参加する活動から見て、公権が停止した人の登記を処理する。登記規則の制定は内政部が咨文で報告し、施行を公布する」と言える。台湾省行政長官公署編纂『台湾省行政長官公署施政報告』(一九四六年一二月)、一六頁を参照せよ。

(46)台湾省行政長官公署施政報告(一九四六年五月)、五頁。

(47)台湾省行政長官公署施政報告(一九四六年五月)、五頁。

(48)例えば長官公署内の一級単位の正副首長一八人中において、一人だけが本省人であった。公署内の各所係長以上の三一六人中、一七人(約五パーセント)だけが本省人であった。王泰升「台湾戦後初期的政権転替与法律体系的承接(一九四五－一九四九)」、一一一〇頁、特に五五－五六頁を参照せよ。

(49)王白淵「所謂『奴化』問題」、『台湾新生報』、一九四六年一月八日を参照せよ。

(50)陳翠蓮「去植民与再植民的対抗──以一九四六年『台人奴化』論戦為焦点」、一四五－二〇一頁を参照せよ。

(51)陳翠蓮「去植民与再植民的対抗──以一九四六年『台人奴化』論戦為焦点」、一五五－一六〇頁を参照せよ。

(52)曾健民『台湾一九四六──動盪的曙光』、三七二頁より再引用している。

(53)何義麟「『政経報』与『台湾評論』解題……従両份刊物看戦後台湾左翼勢力之言論活動」、呉三連史料基金会覆刻編『台湾評論』(台湾旧雑誌覆刻系列四之五)(出版年月なし)、五－一八頁を参照せよ。

(54)李純青「中国政治与台湾」、『台湾評論』創刊号(一九四六年七月)、五頁。

(55)「社論──争取地方自治」、『民報』一九四六年八月二九日、一版。「謹告全国同胞書」、『民報』一九四七年一月二〇日、三版を参照せよ。

(56)陳翠蓮「去植民与再植民的対抗──以一九四六年『台人奴化』論戦為焦点」、一四五－二〇一頁、特に一五五頁を参照せよ。

(57)何義麟「台湾政治建設協会与二二八事件」、張炎憲・陳美蓉・楊雅慧編『二二八事件研究論文集』(財団法人呉三連台湾史料基金会、一九九八年)、一六九－二〇六頁を参照せよ。

(58)例えば廖文毅。張炎憲「戦後初期台独主張産生的探討──以廖家兄弟為例」、陳芳明編『台湾戦後史資料選─二二八事件専輯』(現代学術研究基金会、一九九二年)、二七九－三〇三頁、特に二九六－二九九頁を参照せよ。

(59)張群「中央執行委員会秘書処公函」、一九四七年一月七日、檔史館蔵、毛筆原件、檔号──政八／七・三。任育徳「向下扎根──中国国民党与台湾地方政治的発展(一九四九－一九六〇)」、政大歴史係博士論文、二〇〇五年、二八頁、註六七から再引用する。

(60)著者不詳『台湾民声報刊詞』、一九四五年四月一六日、張瑞成編『台籍志士在祖国的復台努力』、(国民党史会、一九九〇年)、二九〇－二九二頁を参照せよ。

(61)一九四四年七月一三日、中央設計局台湾調査委員会の座談会中で、調査委員の一人の沈仲九は、台湾には現在三種類の民族、蕃人、日本人及び台湾人が存在すると言及した。張瑞成編『光復台湾之籌画与受降接収』、(国民党史会、一九九〇年)、六〇頁を参照せよ。

(62)張瑞成編『光復台湾之籌画与受降接収』、一一一頁を参照せよ。

(63)この方法第一条では「本署は本省の人民(高山族の人民を含む)が便利にするために元来の姓名の回復を申請するという点から見て、特に、台湾省の人民が元来の姓名を回復する方法(以下、本弁法と略称する)を取り決め定めて、申請の根拠とする」と規定している。第四条では、「高山族の人民で、本弁法第二条の各款の事情があり元来の姓名の回復を申請する者は、本弁法の規定に基づいて処理するべきであり、元来の姓名を回復することができないあるいは元来の名前が適切でない時は、中国の姓名を参照して自ら姓名を定めることができる」と規定している。台湾省文献会編『台湾原住民史料彙編(三)――台湾省政府広報中有関原住民法規政令彙編(一)』、(台湾省文献会、一九九八年)、一三四－一三五頁を参照せよ。

(64)一九四六年三月一八日に公布した「台湾省各県市戸籍調査実施細則」第一三条に拠ると、戸籍統計報告表中で、高山族の戸籍数を各欄と合わせて計算し、ほかに赤色の数字があり、欄内において、高山族各項の戸籍数を明記しなければならない。また、表に記入する注意事項に拠ると、例えば、高山族は戸別に「高山族」と書き込まなければならない。台湾省行政長官公署法制委員会『台湾省単行法令彙編』第一集、八五〇－八五二頁を参照せよ。

(65)長官公署は一九四六年七月に各県政府に通知した。『原住民法規政令彙編(一)』、五七頁を参照せよ。

(66)中華民国三五年一〇月八日酉斉署民(三)字第三二〇四八号、『原住民法規政令彙編(一)』、五七頁を参照せよ。

(67)台湾省行政長官公署『台湾省行政長官公署三月来工作概要』、一九四六年、二五頁。

(68)同様の区別が選挙中にも反映している。一九四六年の国大代表選挙中において、花蓮県と台東県は区域選挙に繰り入れられ、張七郎と鄭品聡を国大代表として選出した。高山族代表に至っては即ち、山地行政区域を範囲としている。

(69)この方法に拠ると、一九四六年五月より花蓮県政府と台東県政府から「山地人民の利益を保ち、山地の安寧から見て」、区別を申し立て、行政長官は山地管制弁法を審査の上許可した。即ち、「花蓮県の平地人民は山地管制弁法に入る」及び「台東県の平地人民は山地管制弁法に入る」。このような管制弁法に基づいて、平地人民が山地に入ることを望むならば、一定の条件と一致する必要があり、県に請願書を書かなければならない。台湾省行政長官公署法制委員会『台湾省単行法令彙編』第一集、一四〇五－一四一〇頁を参照せよ。
(70)「本省山地住民与平地通婚弁法修正建議書」、台湾省参議会檔案、民政類総綱、山地、総節を参照せよ。
(71)一九四六年九月、新竹県政府は「平地と山地の人民の通婚について、未だ県政府に申請して許可を得た者はおらず、姦通罪と見なす」と建議している。しかしながら、民政処は法による根拠がないため、未だ同意を与えていない。「新竹県公務員出入山地須請発許可証案」、台湾省参議会檔案、民政類総綱、山地、総節を参照せよ。
(72)張松『台湾山地行政要論』(正中書局、一九五三年)、七〇－七一頁を参照せよ。
(73)林紀東『中華民国憲法逐条釈義（一）』(三民書局、一九七〇年)、三五五－三五六頁を参照せよ。
(74)范燕秋「楽信・瓦旦与二二八事件中泰雅族的動態――探尋戦後初期台湾原住民菁英的政治実践」、許雪姫主編『二二八事件六十週年紀年論文集』(台北市文化局、二〇〇八年三月)、三六五－三九一頁、特に三七一頁を参照せよ。
(75)『原住民法規政令彙編（一）』、五八、六一－六二頁を参照せよ。
(76)張松『台湾山地行政要論』、一頁を参照せよ。
(77)この原住民の中華民族説を強化するために、戦後また、台湾の原住民は中国大陸から来たという説が出現し始めた。例えば、張松は一九五〇年の文章中で台湾原住民は福建省沿海の越族の枝分かれであると主張している。張松『台湾山地行政要論』(正中書局、一九五三年)、六－七頁を参照せよ。そして、一九七〇年代にもまた、関連のある研究出版がある。衛聚賢『台湾山胞華西渡来説』(説文社、一九七七年)を参照せよ。
(78)張松『台湾山地行政要論』、六〇頁を参照せよ。
(79)張松『台湾山地行政要論』、七〇－八三頁を参照せよ。
(80)張松『台湾山地行政要論』、九二－九七頁を参照せよ。
(81)張松『台湾山地行政要論』、一〇五－一一二頁を参照せよ。
(82)張松『台湾山地行政要論』、一二〇－一二二頁を参照せよ。
(83)呉叡人「台湾原住民自治主義的意識型態根源」、『国家与原住民――亜太地区族群歴史研究』、(原文に記載なし)二一二頁より再引用する。
(84)呉叡人「台湾原住民自治主義的意識型態根源」、二一二頁より再引用する。
(85)この種の国家に頼る自治の主張について、呉叡人はこれを「国家発展自治主義」と称している。呉叡人「台湾原住民自治主義的意識型態根源」、『国家与原住民――亜太地区族群歴史研究』、一九三－二二九頁を参照せよ。

(86)呉叡人「『台湾高山族殺人事件』――高一生、湯守仁、林瑞昌事件之政治史的初歩重建」、許雪姫編『二二八事件六十週年記念論文集』(台北市政府文化局・台北二二八記念館、二〇〇八年)、三二三―三六四頁を参照せよ。

戦後台湾の司法における日本的要素
――司法人材養成の背景を中心として

劉恒妏（大野絢也訳）

はじめに

日本が台湾を統治した五〇年間は、台湾司法に深刻な影響をもたらした。これについて関連する専門書が、台湾の学界では王泰昇教授によって著されている(1)。また、大戦後台湾の法律あるいは台湾法文化の影響について重要な研究成果が存在する(2)。そして戦後台湾の司法要員に関する部分は、すでに筆者の拙稿にて探求している(3)。本稿は司法人材の養成背景を通して、特に指標的な意義をもつ大法官と法官の人選において、戦後台湾の司法における日本的要素を検討する。

台湾司法の中の日本的要素において、最も具体的な事例は、財産面における設備接収に勝るものはなく、他に公文書書類、制度面では法規制度をそのまま用いている点、並びに人事における司法要員への影響についてである。

財産設備の面において、最も直接的な部分、すなわち戦後初期に国民政府が接収した日本の台湾における各基礎司法施設は、改造された上で引き続き使用された。これは法院庁舎の建築施設と家財用品、法院予算の預金残高、盗品保管倉庫等の不動産、動産と事件書類も含まれる。日本統治下における各地の法院不動産、動産の各財産、事件目録台帳、明細などに分けられ、空襲により焼失し使用が不可能なものを除き、残りの部分は接収後すぐに修復され各部門で分類され使用された。(4)不動産においては、一九四五年一一月一日に元高等法院会計主任の岩埼吉之柱と書記長永沢貴人が「原高等法院不動産目録」を引き渡し、国民政府は七六棟の建物、一〇万九一二三甲(約一〇、五八四ヘクタール)の土地を接収した。(5)「台湾高等法院接収原高等法院予算余額報告表」によれば、併せて接収した高等法院の日本銀行台北代理店(当時国庫)にある預金は昭和二〇年度予算残高四三万四八七七円九銭であった。この資金受領の後司法行政部は「接収した予算残高は預金し、すでに台湾省行政長官公署の本院経費として使用することを予定し、その準備を許可する」と命じ、戦後台湾高等法院はこの資金によって四ヶ月の経費を維持した。(6)

事件書類の面では、国民政府は民事、刑事、公証など各項目の証明文書と統計台帳を接収した。(7)高等法院の一九四七年報告によれば、多くの部分が一九四六年一月一六日の「台湾法院接収民事事件処理条例」と「台湾法院接収刑事事件処理条例」によって対処された。何か疑義があった場合は高等法院の出した解釈を引用し、これら以前の案件の多くは台湾省の判事によって処理されることとなった。(8)

法規制度の面においては、行政権が日本から台湾へ代わるため、一九四五年一一月三日、国民政府は「長官公署署法字第三六号布告」で接収日を示し、「民国のすべての法令は均しく台湾で通用し、必要な時には制度を公布して法規を暫時施行しなければならない。日本統治時代の法令は、台湾人民を締め付け圧搾し三民主義と民国法令に抵触するものを除き、すべて廃止せず暫定的に有効であり、必要に応じて段階的に修正する」(9)と定めた。日本統治時代の法令が大規模に廃止されたのは一九四六年一〇月二五日からであり、この時には二三六種の法令がその必要性から廃止を除外され、その他二六〇〇種余の法令が廃止された。その後、すべての公私行為が中華民国と台湾省の既存法令にすべて依拠することとなり、法令によって定められていないものは既存法令の範囲内で許可し、しばらくは慣例に従って取り扱った。[10]一見、日本統治時代の法令の大規模な廃止は、民衆生活に対して大きな衝撃をもたらしたかに思える。

だが、法律の実質的内容から言えば清末、民国初期の中国は西洋法と日本の明治維新後の新法制の影響を受けているため、戦前中華民国の法制と日本の法制は似通っていた。[11]一部の特殊制度を除き、[12]差異はそれほど大きなものではなかったのである。ただ日本語文と中国語文を翻訳する必要があるため、戦後初期の司法接収において言語転換が重要な作業となった。

司法人事の面では、差別が原因で日本統治期の台湾法院の司法官は日本人が絶対的多数を占めていた。一九四三年を例にすれば、台湾総督府法院の六六名の判官の内、台湾人はわずか六～七名（約一割）に過ぎず、検察官は三三人いるなかで台湾人が一人もいなかった。[13]弁護士は一九四五年時点において全台湾で一〇九名の内、日本人六三名、台湾人四六名であった。[14]このような状況は行政権の移転後、情勢が変化した。当局が推し進めた「去日本化」（去奴化、つまり脱奴隷化）政策により、在台湾日本人は特殊事情を持つ抑留者を除き、一斉に送還帰国させた。接収初期において、政府は多くの現地人を運用して人事上の空白を補填した。一九四六年時点において台湾人審問官の割合は約五〇パーセントを占め、一九四七年時点では台湾人司法要員の中で約四〇パーセント強を占めている。その後、国民党政権は大陸における支配権を喪失して中央政府は台湾へ撤退、それに伴って中国の各省から多くの司法要員が移った。

八年間に及ぶ「抗日」戦争を経て、戦後台湾へ撤退した中央政府に従い移った「外省人」の中で、特に日本の占領地域であった中国沿海部出身の人にとって「日本」は敵国であり、[15]日本的習慣が濃厚な台湾社会に直面し感情は複雑であった。「去奴化」（去日本化）と「再中国化」の基本的な政策の下、異なる地域と文化をもつ人民が存在する台湾において共存し何とか生き延びようとするなかで、前者（去奴化）は消え、後者（再中国化）は復興する効果を生み出した。一九五五年の裁判所資料に依れば、原籍が台湾の職員数は、高等法院以下の各機関全体の職員数の一八・二パーセントを占める。その内審問官は僅かに五パーセントを占めるだけであり、台湾人の比率が大幅に低下することがわかる。このほか、異動が頻繁になり流動性が高くなっている。[16]弁護士においては、戦前の日本の弁護士資格は取得困難であったが、戦前中国の弁護士資格は試験を必要とせずただ学ぶだけで経歴重視であったため、戦後台湾において外省人の弁護士が多数を占めることとなった。[17]

全体の状況を述べるならば、物資を接収して使い尽くしていくにしたがって、以前の案件は解決され、制度改正が容易となり、戦後の台湾司法における財産と制度面の日本的要素による影響は次第に消滅していった。そのため本稿では、異なる出身、異なる世代であった司法要員の人事推移を見ることによって、日本的要素がどのように戦後の台湾司法に影響を与えたか検討する。

本稿は戦後の台湾司法における人材養成の異なる背景を、日本的要素の影響から分析していく。『中華民国憲法』によれば、憲法解釈において「大法官」の職権には法律解釈の統一、命令権があり、[18]地位が非常に高い。『司法院組織法』によると、大法官は権威のある法学教授、法官と立法委員など五種の法学エリートの中から選抜される。[19]また司法院あるいは法務部（前司法行政部）を掌握し、台湾司法を主導している。これらのことから本稿では、二種の指標的な意義を備えた人選を通して観察していく。

このほか必ず触れなければならないのは、国民党政権が中国を代表する中央政府であることを継続し「法統」を堅持したことである。『戸籍法』の上で「本籍」で人民の身分を認定及び登録の基準にしていたため、中国各省の行政単位による原籍区分を維持することで、人民の戸籍登録と分類を進行した。一九九二年に立法院が改正した『戸籍法』では、「出生地」を「本籍」として登録するよう改められ、それ以前における「原籍」は台湾人民の個人身分の重要な指標であった。このような戸籍登録は、戦後台湾において重要な役割を演じ、人民大衆の管理・把握と人的資源配分の基準となり、戦後台湾に形成される新しい集団の意識とその分類を打ち立てた[20]。本稿は基準を定めてここからそれぞれ異なる集団を分析し、その代表的な異なる背景をもった出身の台湾司法における人材状況を探究する。

一、日本的な一般教育及び法学教育を受けた者

戦後台湾の司法要員の養成過程の中で、日本の影響を最も受けたのは、日本的な教育、ひいては日本的な法学教育を受けた者に勝るものはなく、以下でそれぞれ論じていく。

（一）戦前に日本的な法学教育を受けた者

戦前日本（あるいは植民地、占領地等）において日本的な法学教育を受けた者は、以前日本植民地出身の身分で進学した台湾人（「本島人」）を除き、主に中国（清国、中華民国）の留学生である。

日本統治下の台湾植民地における教育は軽視されていたため、一九二八年に台北帝国大学が創立する前において、多くの台湾人は日本へ行き法政学科を修学することを選択し、法学の修士、博士号を取得する者もいた。台北帝国大学の創立後も進学のため日本へ渡る風潮は消えることはなかった。日本統治末期に至るまで、台湾はすでに六五八万人の人口を抱え、九割以上が台湾人であった[21]。

台湾の中で唯一の法政高等教育機関であった台北帝国大学文政学部政学科は、わずか四〇名余りの法政を専門とした台湾人卒業生がいるだけである[22]。これは戦前の東京帝国大学における法政専門の台湾人卒業生[23]の人数におよそ相当する。過去における研究者の統計によれば専科以上の台湾人日本留学生数は「医学を志す者が最も多く、平均して約

五分の二以上を占め、その次に法学を志す者が約五分の一」であり[24]、その中で少なくとも百数名は日本における高等文官試験に合格した[25]。

このほか清末、民国初期の中国において日本へ留学する学生数は非常に多かった。清末に科挙制度が廃止されて以降、日本留学で法政を専攻するということは、官吏の職を求める有識者にとって重要な選択肢となり[26]、ひいては中国社会において「科挙廃止以降、日本は我が国にとっての一大試験場」であるという見解が広く伝わった[27]。しかし、その後は政府側が制限したためにその風潮は消えた。そして一九三七年の盧溝橋事件以後、中国は全面的に日本留学生を召還帰国させ日中間の留学交流は停止した[28]。研究者の推測では、民国期の中国人日本留学生は少なくとも五万人存在する[29]。他の統計によれば、一九〇一年から一九三九年の間に日本の各学校で学業を修了し、卒業証書を取得した中国人留学生は、一万一九六六名に上る[30]。

(1) 戦後において原籍が「台湾」の「本省人」[31]

戦後台湾の大法官を例にするならば、第一期から第五期の人選における、候補指名、任命はすべて中国省籍、つまり省・区に従って配分した[32]。一九九四年の第六期大法官候補指名においては、「原籍」は審査基準になることはなかった[33]。原籍が「台湾」(台北と高雄の二市を含む)の人口は、およそ総人口の八割以上を占めていたが、大法官は第一期から第五期において毎期一七名の中で、わずか一－三名を占めるだけであった[34]。候補指名を得た者の多くは、戦前に日本の法学教育を受けた者で、ひいては司法実務の経験を持っていた。

一九五二年、台湾人(原籍が台湾)で初めて蒋介石総統から第一期大法官に任命された蔡章麟(一九〇八－一九八八)は、東京帝国大学法学部法律学科の法学修士(一九三二年)を取得しており、日本の青森、神戸、大阪等の地方判事を歴任し、大阪地方裁判所所長の経験もあった[35]。

その後、一九五八、一九六七年の第二、三期大法官に任じられる黄演渥(一九〇二－一九七一)は東北帝国大学法学部を卒業し、戦前の台北、嘉義、台南地方法院の判事に任じられている。[36] 一九七一年の第三期大法官の指名候補に挙げられた戴炎輝（一九〇九－一九九二）は東京帝国大学法学部を卒業して、戦前の日本において弁護士であった。[37] 一九七二年の第三期大法官候補であった陳世栄（一九一八－）は東北帝国大学法学部卒業である。[38] 第四期大法官の洪遜欣（一九一四－一九八一）は、東京帝国大学法学部法律学科を卒業し、かつて広島、東京、岡山等の地方裁判所判事を務めたことがある。[39]

いずれも全て戦前の日本的な法学教育を受け、多くは高等文官試験に合格し、高等文官・司法官あるいは弁護士資格を得て司法実務に従事した。戦前の日本法学において造り出された「学識と見解」は明らかに優れており、事実上大法官らと総統に肯定され、初期において台湾籍大法官は人材選抜の指標となった。ドイツ留学経験者の法学博士である翁岳生が、一九七一年に台湾大学法学教授の資格で第三期大法官に指名されて、ようやく新しい基準による任命となった。

司法院長と司法行政部及び法務部長について言及すれば、戦後の司法院長、副院長を歴任した者の多くは本省人ではない。一九九〇年代前においては、戴炎輝と洪寿南（一九一二－一九九七）の両名のみであった。戴炎輝は初めて台湾籍で一九七二、一九七七年にそれぞれ司法院副院長、院長に任じられ、洪寿南は一九七九年に副院長へ任命されている。戴炎輝の学歴はすでに前述したが、洪寿南は京都帝国大学法学部を卒業し、京都地方裁判所の判事を務めた他、台湾総督府台南地方法院の判官に任じられた経験がある。[40] 両名とも学歴と各種実務経験は、前述した台湾籍大法官の基準に相当する。

注意する必要がある点は、戦後国民政府ないし中華民国政府が「反共抗ソ」意識を堅持し、また同様に八年間の「抗日」戦争等「仇日」の歴史を強調し、大中華民族精神を強化しようとしたことである。全体から言えば、「去奴化」（去日本化）と「再中国化」の基本的政策の下、台湾における法曹実務人材は一種の「人材否定」という困難な立場に直面した。[41] そして「台湾人が日本人の奴隷化教育を受けた」ことを理由として、政府は迂遠な手段をとって現地の人材を見捨て、ひいては降格、多くを放置し、外省人を積極的に登用した。このような人事任用政策の下、戦後は台湾籍の司法要員は非主流の扱いを受け、台湾の各級裁判所体制は少なくとも人事の上で、次第に日本的要素を持つ台湾籍の人材を登用する人事から、原籍が江蘇、浙江、福建、広東などの中国沿海地域を中心とした「外省人」が主導する中国的体制の人事へ転換した。[42]

戦後台湾は「去日本」、つまり統治時代における過程を否定することによって「在地化」、「本土化」を行った。だがあくまでも形式上のものであり、政府は決して「植民協力者」あるいは「台奸」などの方法で、日本統治時代の全面的な系統性を排除したり、かつて日本側から登用されていた台湾人を粛正するなど、専門的知識をもつ人々を否定しなかった。否定するのではなく妥協的方法により解決をはかったのである。これらの人々は政党に参加あるいは派閥に入って一定の政治的信頼関係を築けば、台湾人として抜粋され職位が与えられた。現在に至るまで、国民党と戦後台湾の司法との関係は、依然として明らかにするべきひとつの研究のテーマである。法官と国民党の関係は依然として不明瞭な点が多いが、一般には入党しなくとも法官に任命するのは認められている。だが「本党同志」として入党後は容易に選抜されやすくなり、また裁判長以上の行政職務者の任命の際は、通常国民党に参加することを求められた。[43]

一定の指標性を持つ台湾籍大法官及び法官の人選では、特に明らかな日本による「奴化」の影響を過小評価しないことにより、かえって過去の日本統治時代における学歴と実務経験、法学専門表現が「学識と見解」としてある程度許容された状況となった。

（2）戦後において原籍が「遼北、遼寧」（東北区）であった者

戦後において原籍が東北地区の「遼北」、「遼寧」であった法曹実務家は、（政府の呼び方にならえば）「偽満洲国」で青年期に日本的な法学教育を受けた。多くの日本人教員の指導のもと、満洲国六法について学習した。満洲国での学歴と経験は、国民政府にとって政治的に敏感な問題であるため、彼らは青年期の日本的な法学教育に対する学歴についてあまり明らかにせず、多くを隠し表明しなかったが、自らの日本語能力については強調していた。

第三期大法官の張承韜（遼寧出身）を例にすれば、彼の自叙伝には一九四五年に「長春法政大学法律系」を卒業したと記し「日本語に精通」としているが、[44]ここから満洲国統治下における経歴を連想するのは容易ではない。二〇〇二年のインタビュー取材の際、満洲国時期（一九三二－一九四五）に「新京法政大学」を受験し、長春法政大学の法律系夜間部（特修科）で法学を専門として、満洲国六法を学んだことを、張承韜は詳細に明らかにした。長春法政大学は法学実習が優れていると自認していたが、政府は東北地区が日本の「奴化」教育に属した地域であると認識しており、「偽満洲国」地域の学歴証書は、全て再び台湾省教育庁を通じて教育部へ転送され、そこで審査を受け弁明し承認を得なければならない。それと比較してみると、日本統治期の台湾人の学歴は、政府に日本から受けた「奴化」教育の影響を認めさせ、直接承認させている。学歴を認証する過程において、東北人が政府から受ける差別は、ひいては台湾人より厳しかった。[45]

第四期の大法官、翟紹先（遼北出身）は大法官自叙伝で一九四八年に「国立東北大学法律系」卒業、及び「英語、日本語に精通」と表明している。[46]中国瀋陽の「東北大学」校史に従うならば、一九三一年の満洲事変後、この大学の一部教員と学生は亡命して北京、西安、三台などの地まで移動し、終戦後の一九四六年三月に続々と再び教員、学生が瀋陽に戻ってきている。[47]この一五年の間に、張承韜大法官が修学したのがすなわち「新京法政大学」である。その上、一九四三年から満洲国司法部で職位を得、同時に「新京法政大学」の教授を兼任していた台湾人林鳳麟の追憶によれば、翟紹先、張承韜両名は全て当時この大学の卒業生であった。[48]そして換言すれば、自叙伝などでの当事者の政治的な配慮による、こうした多くを隠し明らかにしようとしない記述のため、満洲国の歴史と関連がないように見え、相前後して満洲国の同一大学で修学していた両名の大法官の経歴を連想するのは容易ではない。

政府の差別的政策の下で、東北地区の大法官は台湾人と比較して、立場が更に困難な状況であった。学歴でさえ教育部を通じて審査を受け弁明した上でようやく認められたのである。依然として満洲国時期に日本的な法学教育の下で習得した法律専門知識と日本語能力は活用することが可能だが、極力「満洲国」における「被奴化」の影響とされる日本的要素を薄めて、国民党へ入党して「同志」になることに賛成する以外に方法はなく[49]、指導者に対して「忠勤」態度を表明した[50]。

(3) 戦後において原籍が台湾以外あるいは東北各省の者

歴代各期の大法官の中で、かつて中国人日本留学生の身分で戦前の日本へ行き日本の法学の教育を受けている者も少なくはない。例えば第一期大法官の何蔚(広東出身)は日本大学法学士、第二期大法官の史尚寛(安徽出身)は東京帝国大学の法学士、同じく第二期の諸葛魯(浙江出身)は法政大学法学部へ留学、第二、三期の大法官であった林紀東(福建出身)はかつて明治大学研究所で学び[51]、第四期大法官の鄭玉波(熱河出身)は京都大学法学士[52]、李潤沂(山西出身)はかつて東京帝国大学研究院法学部で研究していた[53]。

一九九〇年代前における司法官で、例えば司法院院長を務めた王寵恵(広東出身)[54]は、エール大学の法学博士とイギリスの弁護士資格を持ち著名であるが、青年期には日本へ留学し法政を学んでいた。司法院副院長を務めた石志泉(湖北出身)は、青年期に清末の湖北日本留学生として派遣され、東京大学法学部学士を取得した[55]。

上述の林紀東、鄭玉波はかつて台湾大学法律系の教授であったが、平日も各公私立大学と司法官訓練所で講義を兼任して、著作が非常に多い。林紀東の『中華民国憲法逐条釈義』(四巻)、『行政法』、鄭玉波が民法についてそれぞれ編纂した教科書は、内容が戦前日本の学説の影響をかなり受けていて、長期にわたり戦後台湾の法学にも影響している[56]。

(二) 戦前において日本的な一般教育のみ受けた者

行政権が移譲された一九四五年前後において、日本的一般教育のみを受けたのは、戦前日本あるいは台湾で修学している者の中で小学校に所属していた世代である。世代が移っていくにしたがって、大法官のなかで第五、六期を中心として、およそ一〇名存在する。第五期大法官の中では、三名の台湾籍大法官がこれに当てはまる。陳瑞堂(一九二八－二〇一〇)[57]、翁岳生(一九三二－)[58]、楊日然(一九三三－一九九四)[59]の三名は、戦前の日本的基礎教育を受けている。楊日然は更に台湾大学法律系を卒業後、日本へ留学し東京大学法学修士と博士の学位を取得した。さらに原籍の制限を受けない第六期大法官の中では、戸籍法の原籍が「台湾」であった孫森焱(一九三二－)[60]、楊慧英(一九三四－)[61]、蘇俊雄(一九三五－二〇一一)[62]、陳計男(一九三七－)[63]、曾華松(一九三六－)[64]、戴東雄(一九三七－)[65]、城仲模(一九三八－)[66]等の者が挙げられる。その中で城仲模は一九六四年に早稲田大学及び東京大学法学研究室で刑法を修学し、修士の学位を得た。

司法員においては、一九八七年に司法院院長へ任じられた林洋港(一九二七－二〇一三、台湾出身)、一九八四年に法務部長担当となり、一九八八年に法務部長へ任命された蕭天讃(一九三四－、台湾出身)[67]、一九九四年に司法院院長へ任じられた施啓揚(一九三五－、台湾出身)[68]等もこれに属する。

このような司法要員の多くは、ある程度の日本語能力を持っていて[69]、日本語文献の事件を扱って研究が可能であり、中国語文献が比較的に不足する新しい領域では、日本語文献を参考に活用することができる。例えば陳瑞堂は大法官の任期中において、日本語書籍を非常に有効的に活用した。当時はほとんどすべての案件が日本の関連の論著、判例あるいは法令をもとに研究されていた。これは台湾において関連する中国語資料を探すのが困難であるからで、また台湾にある日本語書籍が非常に豊富なためである[70]。他にも曾華松は、過去の裁判の上で多くの日本の法律関係書

籍を、ひいては日本統治期の高等法院の判決と見解を参考にしている。(71)

二、戦後日本的な法学教育を受けた者

戦後台湾における言語環境の急速な強制転換により、日本語環境は消失した。(72)一般的に海外留学へ行く風潮が存在する中、教育部の言語教育政策が英語を単一外国語教育に策定したこともあって、台湾社会は長期にわたりアメリカの影響を受けることとなり、関心はアメリカを中心とした英語圏国家に向けられた。しかし法学分野において法典が継承されたのは大陸法系であり、特にドイツ法を中心としていた。法学言語の訓練と奨学金が交付される関係、また奨励があったため、法学関係者の留学先はドイツ等ヨーロッパ国家へ転向したのである。(73)日本もまた大陸法系に属するが、外国人に対して容易に博士学位を与えないこと、学歴重視の台湾において留学から帰国後の就職等が比較的不利であったこと等を原因として、戦後日本を選択して日本の法学高等教育を受ける者は多くなかった。学者の戦後台湾大学法学部における教員に関する研究を例にするならば、戦後台湾では日本へ留学経験のある者の多くを早期に台湾本省人のグループとしていた。(74)

大法官と法官においては、前述した大法官楊日然、城仲模等、かつて日本的な基礎教育を受けた者が、戦後においてもまた日本留学を選択し修士、博士の学位を取得した。司法院長の頼浩敏（一九三九－）は自ら日本語を習得して日本の文部省留学生奨学金試験に合格し、東京大学大学院法学研究科で刑事法修士を取得した。(75)

三、その他日本的な法学教育を受けなかった者

同様に論じるならば、戦後台湾司法体制において、ここで述べるいくつかの類型の者は少数派である。けれどもその他の人士は、戦前の中国において修学しており、あるいは戦後台湾の法学教育を受けているので、多くの法律体系と教育環境によって間接的に日本的要素の影響を受けている。

戦前中国の「法政学堂」で学習した者は、かつて多くあるいは少数が直接（あるいは翻訳を通して）、日本人教員（あるいは日本留学経験のある教師）の教育を受けていた。早期に使用されていた法学教科書、講義は、常に日本から引用されていた。

中華民国北京政府が一九一四年に創設した「司法講習所」の司法要員の実習講義内容を見ると、初期は新しい法院実務と要員育成訓練に関するものであるが、日本の経験によるものが非常に大きな部分を占めている。例えば日本人教員の板倉松太郎の講義によれば、毛頌芬訳の『刑事訴訟記録』(76)は、完全に日本における裁判所の訴訟判例の実務上使用された公文書を事例教材として、全書四百数頁、全て明治における日本各地の各級裁判所が作成した「告訴筆録」、「検験証拠筆録」、「予審終結決定」、「送達証書」、「公判請求書」等の文書を中国語に翻訳し編纂したものであった。日本への留学経験があった教員の潘昌煦、陸鴻儀等の講義による『刑事訴訟法規及判例』(77)は、中国における裁判所の実務運営の資料として加えられた。教材の形式も日本的な法学教科書を模倣し、法典に対応する章節は編集して、各項目では関連する日本の大審院での判決、各地方裁判所の判決を羅列し、さらに中国の民国初期における大理院の判決と解釈文等の実務上の意見を、並列の事例として同様に扱っている。日本を中心とする各国の立法例と解釈の例を通して、清末、民国初期の裁判所における実務運営の事例、当時の中国における刑事訴訟手続の「検察庁調度

司法警察章程」（宣統二年（一九一〇）四月六日奏定）及び「我国法草案」等、刑事訴訟関連法規の法概念を解説している。

また当時、戦前の中国における各大学法学部が続々と出版した法学教材を、当時の法学教育の講義内容をも反映して使用している。たとえば有名な朝陽大学法律科は、一二九名の学生が歴代の各クラス教員が講義した内容を記録、整理して編集し一九一七年から二九版にわたって出版した。[78] 当大学における法学教材は、国家司法試験の開始以降、受験生の重要参考書となった。この種の需要に対応するため、当大学は法学に関連する講義において、最も研究能力のある学生を選び、それぞれ注釈を加えて詳細に記録させた。[79] 日本留学経験者の夏勤、[80] 郁嶷[81] 両名は、例として朝陽大学法律科の教材『法学通論――法院編制法』を挙げ、[82] この種の教材は教員が内容を講義することによって意味を解釈することができるため、学生の聴講時におけるノートと参考資料であり、伝統的な中国の経典における注釈の標示方法である「疏」に類似し、編纂時に本文後へ注を付け加えた。教材は「現行有効法令」に基づき注釈を明記し編纂され、既存の有効法令が無い場合は草案に基づいて、草案を改訂する場合はその部分を付け加えている。前半部「法学通論」は、多くの欧米各国法、例えばイギリス法、アメリカ法、フランス法、ドイツ法、ローマ法、ゲルマン法等の法制史と概念の発展を解説するためのものである。しかしそれは「日本近代法学者による独自の新見解」によってある程度詳細に論述されており、それが日本の法制史研究を継承していることが容易にわかる。[83]

一九三〇年代、中華民国民法典の前三編が公布施行された。この法典に依拠し、日本留学経験者の法学者である陳瑾昆[84] は『民法通義――総則』、『民法通義――債編総論』、『民法通義――債編各論』等の教科書を編著し、朝陽大学から出版した。この種の法注釈の教科書は、当時の中国法学界において展開されていた日本法条文の意味を解釈した後、更に中国法典における成果を加え注釈している。

しかし、戦後台湾は「抗日」戦争を民族精神の教育における重要な要素とした。国民党は「法統」における「中華民国法制」教育を重視し、学習するにあたって日本統治下の五〇年間を省略あるいは少し触れるのみであったが、戦前の中国法制の発展は直接一九四五年の台湾まで連結している。現状のままこのような経緯に触れないよう図る（最も直接的な例は、民国紀元を使用する前の台湾における日本紀元の扱い）形式を続ければ、台湾法規と教育において長期にわたり社会民衆生活を軽視することになり、矛盾を生み出すことになるだろう。司法審判上、一九四五年以前の日本統治下における台湾の法体制に対して司法要員が認識不足であれば、判決の正確度と法律の適用に疑義をもたらすことになり[85]、これもまた法制の日本的要素が戦後台湾の司法に対して与えた、もう一つの複雑な影響であると言える。

おわりに

本稿は戦後台湾における大法官と法官を主な対象とし、司法活動に参与する異なる世代、異なる出身の法曹実務家達について、それぞれの成長と教育過程の中で、どのような方法で、いかに日本教育あるいは日本法の影響を受けたのかを考察した。ここから見いだせることは、東アジアの歴史の発展の中で、それぞれ異なる世代、異なる地域の出身者が、それぞれ異なる形態で日本的要素の影響を受けていることである。彼らは偶然のめぐりあわせの下で、戦後の台湾に集まった。たとえ執政者が、台湾人は「奴隷化」されたなどの理由で「去日本化」を行い、「人材否定」方式で、戦後の司法人事の総入れ替えを行ったとしても、その流れは変わらなかっただろう。指標性のある大法官と司法首長の人選を通して、「日本的要素」を代表したこのような法制を見ることができる。明治維新以来、東アジア全体の西洋法化、近代化と、西洋法を用いて不平等条約の束縛を抜け出し、国際路線に踏み出すことは、すでに定まった歴史的慣性があり、それを放棄することは容易ではない。

原籍が「台湾」で戦前は「日本人」であった人々、原籍が「遼寧」、「遼北」で戦前は「満洲国人」であった人々、あるいは原籍が「江蘇・浙江」、「福建」の「中華民国人」であった人々も、戦後はそれを問わず、事実上すべて戦前の日本から、西洋近代法の影響を受けている。言いかえれば、法治上、極限に達した全面的な「去日本化」は困難である。台湾法曹界が打撃を受ける部分は大きく、戦前の日本留学を経験した中国の法曹エリートにかかわることを免れられない。他方、このような措置は戦前中国がすでに影響を受けていた近代化路線と西洋法体制を放棄することにほかならず、法制執行が困難になるばかりでなく、また政権側も楽観できるところではない。

戦後台湾の執政側による司法官と法官の人選を通して、日本的要素の影響について理解することができる。戦後台湾における司法体系の「去日本化」あるいは「去奴化（去奴隷化）」の過程において、いまだ全面的に排除できていない日本的要素の根絶がはかられた。全ての日本植民地における法曹実務家に共通する日本的要素を否定するため、さらに明白な意思表示となる「国民党に加入するか否か」という選択を通して、「奴化」に対する疑念を晴らし、「自己人（身内）」であるか確認するための態度を表明する方法を与えている。そして戦前中国から相当程度継続している「党化司法」（党による司法への介入）路線による措置を除き、「不計前嫌（以前の恨みにこだわらない）」という言葉によって国民党へ入党する台湾あるいは満洲国の法曹エリート（及びその背後に存在する日本的要素）をも受け入れた。日本基準の「学識と見解」は非難されることが有り得なかっただけでなく、当局はこれらを肯定し更に受容を進め、日本的要素を持つ司法人材を適度に抜擢した。このような政治的操作を通して、体制内に当地の法曹エリートを残すことを選択し、与党及びそのコントロール下の司法体制に組み入れ、戦前の日本が築いた法治基礎の上で、引き続き日本からの近代東アジアの西洋法制路線を安定的に継承したのである。

【注】

（1）王泰升『台湾日治時期的法律改革』（聯経出版、一九九九年）。
（2）王泰升「台湾戦後初期的政権転替与法律体系的承接」、『台湾法的断裂与連続』（元照出版、二〇〇二年）、一-一一〇頁。王泰升「台湾法律文化中的日本因素——以司法層面為例」、『政大法学評論』第九五期（二〇〇七年二月）、五五-八九頁。
（3）拙稿「戦後初期台湾司法接収（一九四五-一九四九）——人事、語言与文化的転換」、『台湾史研究』一七巻四期（二〇一〇年一二月）、三三-八〇頁。及び同「戦後台湾司法人之研究——以司法官訓練所文化為主的観察」、『思与言』第四〇巻一期（二〇〇二年三月）、一二五-一八二頁。
（4）一九四六年八月一四日台湾高等法院呈発文呈総字第一七四四号を参照（司法行政部一五一-三二四三『台湾高院接収原高院情形巻』一九四六年）。
（5）同掲。
（6）司法行政部指令（一九四六年一一月五日）京指総字第一三八三四号を参照（司法行政部一五一-三二四三『台湾高院接収原高院情形巻』一九四六年）。
（7）台湾全体の事件文書接収に関するものは、王泰升「台湾戦後初期的政権転替与法律体系的承接」九三-九八頁を参照。
（8）検察処一九四七年報告によれば、当時高等法院の検察処案件に属する第一審は、一九四七年五月一五日より以前は漢奸に関する案件が多く、五月一六日以降は内乱事件に関するものが多い。第二審に属するものとしては、多くが窃盗事件などの案件で、全体の七〇パーセントを占めた（司法行政部一五一-四六五、『全国司法行政検討会議台湾高院検工作報告巻』一九四七年）。
（9）『台湾年鑑』（台湾新生報社、一九四七年）、E八頁。
（10）同掲E一〇一、E一六頁。
（11）中華民国民法条文の諸法律規範の用語、概念は全て日本の影響を受けている。初期中国法学の日本から受けた影響に関連する研究は、李貴連「中国近現代法学的百年歴程（一八四〇-一九四九年）」、蘇力等主編『二〇世紀的中国—学術与社会—法学巻』（山東人民出版社、二〇〇一年）、二一四-二四六頁。
（12）例えば中華民国民法「典権」と日本民法「不動産質」には差異がある。拙稿「台湾法律史上国家法律体系対民間習慣規範之介入——以台湾〝典〟規範之変遷為例」、台湾大学法律研究所修士論文、未出版、一九九六年六月。
（13）拙稿「日治与国治政権交替前後台籍法律人之研究——以取得終戦前之日本法曹資格者為中心」、林山田教授退休祝賀論文編輯委員会編『戦闘的法律人——林山田教授退休祝賀論文集』、五八七-六三七頁。
（14）楊鵬『台湾司法接収報告書』（一九五六年）、一五頁。

(15) 例えば李学燈、史錫恩、李志鵬大法官等（司法院『大法官釈憲史料』一九九八年、一三一－一三三、一七七－一七九、一八一－一八二頁）。

(16) 日本人司法要員の人事運用に関するものは、前掲「戦後初期台湾司法接収（一九四五－一九四九）――人事、語言与文化的転換」、『台湾史研究』、四三－六八頁。

(17) 拙稿「従知識継受与学科定位論百年来台湾法学教育之変遷」、台湾大学法学研究所博士論文、二〇〇五年、一六〇－一六九、二三二－二四〇頁。

(18) 『中華民国憲法』第七八、七九条。また二〇〇五年に改憲された中華民国憲法に加えられた条文第五条による。新しく加えられた内容は、憲法法廷による総統、副総統の弾劾に関する事項と政党の違憲解散に関する事項の二種の職権についてである。

(19) 『司法院組織法』第四条を参照。

(20) 「本籍」規定の転換及びその台湾社会と集団意識に与えた影響に関連する研究として、王甫昌「由〝中国省籍〟到〝台湾族群〟――戸口普査籍別類属転変之分析」、『台湾社会学』第九期、（二〇〇五年）、五九－一一七頁。

(21) 一九四三年の台湾人口統計の総人口は六五八万五八四一人であり、日本人は（内地人）三九万七〇九〇人で僅かに六パーセントを占めるのみである（参照「台湾五十年来統計戸口調査表四九―二歴年全省戸口」、台湾省行政長官公署統計室編『台湾省五十一年来統計提要（一八九四－一九四五）』〔台湾省行政長官公署出版、一九四六年〕。http://twstudy.iis.sinica.edu.tw/twstatistic50/Pop.htm）二〇〇四年八月一〇日閲覧。

(22) 陳昭如、傅家興「文政学部――政学科簡介」、『台北帝国大学研究通訊』創刊号、（一九九六年）、一九頁。

(23) 『東京帝国大学一覧』、『東京大学要覧』は歴年の学籍資料であり、台湾出身の学生は東京大学各学部中、法学部学生の人数が最も多い。僅かに一九四二年度の医学部学生人数が超過したのみである。最初に台湾人学生で東京帝国大学へ入学したのは、おそらく一九一九年四月に法学部政治学科へ入った蔡伯汾、劉明朝の両名である。一九一九年から一九四二年度までにおいて蔡伯汾等三九名（法律学科は呂阿墉等二七名、政治学科は蔡伯汾等一二名）、このほか、経済学部の朱朝陽等一三名がいた。大学院では呂阿墉等一四名（その中八名の研究テーマは法学領域に属する）が存在する（東京帝国大学『東京帝国大学一覧』歴年版は、黄紹恒「張漢裕教授学術源流考」、呉聡敏編『張漢裕教授紀念研討会論文集』〔台湾大学経済学系、二〇〇一年〕、二三六－二三九頁から引用した）。

(24) 呉文星『日据時期台湾社会領導階層之研究』（正中書局、一九九二年）、一〇九－一一〇、一二一頁。

(25) 拙稿「日治与国治政権交替前後台籍法律人之研究――以取得終戦前之日本法曹資格者為中心」、五八八－五九四頁、及び拙稿「日治台人不能念法政？——日治時期台湾法政教育初探」、『第四期台大基礎法学復活節』二〇〇一年三月三一日発表。
（26）拙稿「従知識継受与学科定位論百年来台湾法学教育之変遷」一二七－一三〇頁。
（27）張元済「議改良留学日本弁法（一九〇六年）」、『張元済詩文』（商務印書館、一九八六年）、一三六頁（これは関暁紅『晩清学部研究』（広東教育出版社、二〇〇〇年）、三八八頁から引用）。
（28）実藤恵秀著、譚汝謙等訳『中国人留学日本史（増補版）』（三聯書店、一九八三年）、一一七、一一八頁。
（29）『日華学会二十年史』（日華学会、一九三九年）によれば中国人日本留学生総数は推計一〇万人を超すと言われる。一九五五年に郭沫若は早稲田大学で「中日文化之交流」の講演文の中で留学生の推計人数は約三〇万人とした。しかし実藤恵秀の掌握する数拠によれば少なくとも五万人であろう。前掲『中国人留学日本史（増補版）』三八、三九、一一七－一一九頁。
（30）同掲一一二－一一六頁。
（31）台湾省行政長官公署は「本省籍」、「外省籍」及び「外国籍」（あるいは「本省人」、「外省人」、「外国人」）の三大分類によって全省公務職員の原籍関する統計をとり、台湾以外の地域出身者を「外省人」と呼称した。他にも「平埔族」はなくなり、「本省人」へ分類された（前掲「由〝中国省籍〟到〝台湾族群〟——戸口普査籍別類属転変之分析」、七五－七六頁）。
（32）第五期を例にするならば、一九八五年六月一〇日の第五期大法官選抜審査チーム第一次（予備会議）記録によれば、「第五届大法官遴審作業計画」が決議通過し審議の原則として「（一）年齢：以九年任満後不超過七五歳為原則（即現年不超過六六歳）、惟連任者可酌予放寛。（二）籍貫：除台、閩外、毎一省区以不超過一人為原則。（三）性別：女性至少一人、如有適当人選、可酌増一人。（四）適用条款：適用前述法定積極資格任一款人数、不得超過総名額三分之一。（五）学識及見解。（六）健康状況。（七）現職。（八）風評。（九）留任人数：現任大法官中留任人数之考慮」とある。「卸任総統後——第五届大法官遴選資料」、『厳家淦総統文物』国史館蔵、典蔵号：006-010901-00006-002、入蔵登録号：006000000487A。
（33）候補指名した一六人中、一二名は原籍が台湾であり、そのほか四名は劉鉄錚（河北出身）、呉庚（広東出身）、施文森（江蘇出身）、董翔飛（江蘇出身）、しかし原籍が「台湾」でない者は三名のみで限られているわけではなく、原籍「江蘇」の者も一人に限られてはおらず、候補指名は二名増加した（司法院『大法官釈憲史料』一八七－一二七頁）。
（34）第五期大法官の候補指名審査作業は選抜チーム参考の資料によって台湾籍の任命状況を特別標示した。第一期から台湾籍は一名に限られていた。一九七二年七月一三日に陳世栄、翁岳生を入れ、このために大法官は台湾籍を二名にし、また一九七六年九月一七日第四期の候補指名においては翁岳生、陳世栄、洪遜欣が台湾籍であり、大法官における台湾籍要員は三名が占めることとなった（「政府来台後歴任大法官提名節略」は「卸任総統後——第五届大法官遴選資料」、『厳家淦総統文物』国史館蔵、典蔵号：

006-010901-00006-010、入蔵登録号：00600000487A より引用）。第五期の候補指名は、台湾籍三名の基準を維持し、翁岳生、楊日然、陳瑞堂が選出された。第六期からは、省籍に関係なく選出することとなった。

(35) 司法院『大法官釈憲史料』一一五－一一六頁。

(36) 同掲一二五頁。

(37) 同掲八三－八五頁。

(38) 同掲一四一頁。

(39) 同掲一五一－一五二頁。

(40) 同掲一〇一－一〇三頁。

(41) 曾文亮、王泰升「被併吞的滋味――戦後初期台湾在地法律人才的処境与遭遇」、『台湾史研究』一四巻二期、(二〇〇七年六月)、八九－一六〇頁。

(42) 例えば「二二八事件」以後、南京中央政府は首尾よく司法官適任者を派遣することができない状況となった。司法行政部部長と人事部は協議し、便宜上「辺遠省份公務員任用資格暫行条例」の適用によって、行政機関の「法院組織法」違反を許容し任用資格を下げた。司法行政部は一気に二十数名を中国内陸から派遣して、司法官の資格のないものに暫定的に臨時資格を与え台湾において審問した（前掲「戦後初期台湾司法接収（一九四五－一九四九）――人事、語言与文化的転換」、五七－五八、七五－七六頁）。

(43) 過去において公務員に任じられた者が国民党に入党しないと堅持することは困難なことであった。公職は異動、昇進があるため上司の信用を受けて、再任、抜擢を受けることができるかどうか、国民党党籍の有無と密接な関係があった（王泰升等との訪談「黄緑星女士訪談記録」、『台湾法界耆宿口述歴史――第四輯』（司法院司法行政庁、二〇〇八年九月）、二〇九頁）。早期には党と国へ忠誠を強調する内容は、個人の伝記でよく見られるが「革命実践研究院第〇期」等の政党色の濃い記録で残っている。例えば洪寿南の役所側伝記の記述によれば「党性堅強」、並びに真心をもって上層部の称賛を受けて、最後は高得票により国民党中央常務委員会委員に当選することができるのは「有耕耘者必有収穫」の証明であるとされていた。司法院史実紀要編輯委員会「現任副院長洪寿南先生」『司法院史実紀要』第一冊（司法院、一九八二年一二月）、一一三－一一四頁。

(44) 司法院『大法官釈憲史料』、一八二－一八三頁。

(45) 王泰升等のインタビュー（「張承韜先生訪談記録」、『台湾法界耆宿口述歴史』第一輯（司法院司法行政庁、二〇〇四年九月）、一〇九－一五〇頁）を参照。

(46)司法院『大法官釈憲史料』、一六九、一七〇頁。

(47)中国「東北大学校史」(http://www.neu.edu.cn/history_history.htm) 及び「東北大学校友総会校友精英専家学者翟紹先」(http://www.neualumni.org.cn/FriendMienShow.asp?InfoID=200510130048)、二〇一二年七月一二日閲覧。

(48)林鳳麟の回想では当時、この大学では多くの台湾人が就学していて、例えば早稲田大学卒業後、法政大学で助教になっていた王朝坪や、台南人の詹朝、高雄人の陳宝川(かつての国民大会代表)、台北人の黄演淮、台中人の頼眼前等である。長春法政大学卒業の学生はすべて優秀であり、中国人学生の成績も日本人学生のそれと遜色のないものであった。現在台湾にいる者は、例えば前立法院長梁粛戎、大法官翟紹先、張承韜、国民大会代表李春清、路国華、張世良、大学教授郝致誠、金志中、于衡、張慶凱、李万鐘、樊志育、梁維孝、寇龍華等、高等法院台中分院推事徐元慶、高等法院検察署検察長劉景義等である(許雪姫訪問インタビュー、曹金蘭紀録「林鳳麟先生訪問紀録」、『口述歴史』第五期(中央研究院近代史研究所一九九四年)、二一三－二一六頁)。

(49)例えば張承韜は党組織の司法に対する影響力が早期であればあるほど強いと考え「入党就是自己人」、第五期大法官の内、僅かに馬漢宝が非党員であったのみだった。王泰升等インタビュー「張承韜先生訪談記録」、『台湾法界耆宿口述歴史』第一輯、一三〇－一三三頁。

(50)政府側の翟紹の記録によれば「栄獲先総統　蔣公頒賜玉照、激励忠勤」となっている。司法院『大法官釈憲史料』一七〇頁を参照。

(51)同掲、一〇九、一一七－一一九、一二四－一二七頁。また林紀東は朝陽大学卒業後、明治大学研究院で行政法を専攻し、抗日戦争勃発前に帰国した(林故前大法官紀東先生治喪委員会「林紀東先生事略」、林紀東教授追思紀念集編輯委員会編『高山仰止――林紀東教授追思紀念集』(三民書局、一九九〇年七月)、一五九－一六一頁)。

(52)司法院『大法官釈憲史料』、一四二、一四三頁。

(53)同掲一四七－一四八頁。

(54)同掲七八－七九頁。

(55)石志泉は国民党員ではなく、かつて一九五四年の中国民主社会党副総統候補人選において、副主席に指名され任じられている。同掲九二、九三頁。

(56)例えば林紀東『中華民国憲法逐条釈義』四巻は、東京大学憲法研討会の憲法学者が法条例の作成についてまとめたものを参考にし、重訂二七版に及ぶベストセラー教科書である(呉涵碧「法学界泰斗林紀東」及び三民書局代表の劉振強「懐念林紀東先生」は、林紀東教授追思紀念集編輯委員会編『高山仰止――林紀東教授追思紀念集』四一－四四、一六三－一六六頁に収められている)。

(57)司法院『大法官釈憲史料』一八〇頁を参照。一九四一年一〇月、陳瑞堂は日本の中学で学び日本敗戦後、台湾へ帰って嘉義高中で修学している(潘光哲等インタビュー「陳瑞堂先生訪談記録」、『台湾法界耆宿口述歴史』第一輯、一五五-一五八頁)。

(58)司法院『大法官釈憲史料』一八七-一八八頁。

(59)同掲一七五-一七七頁。

(60)日本統治期において小学五年級まで日本語を学習し、一九四六年から中国語を学んでいる(同掲二〇三-二〇四頁。孫森焱は曾華松を長官へ薦めたが、最後まで国民党へ入党しなかった。入党と法官任命は関連のない事となっているが、行政組織の昇進の上において暗黙の規範となっていた(王泰升等インタビュー「孫森焱先生訪談記録」、『台湾法界耆宿口述歴史』第三輯〔司法院司法行政庁、二〇〇七年一一月〕、一九〇-一九一頁)。

(61)台湾大学法律学士。司法院『大法官釈憲史料』、二一三-二一四頁。

(62)台湾大学法律学士、ドイツフライブルク大学法学博士、同掲二一六、二一七頁。

(63)台湾大学法律学士。同掲二〇五、二〇六頁。

(64)省立法商学院法律学系学士。同掲二〇七、二〇八頁。

(65)台湾大学法律学士、ドイツフライブルク大学法学博士、同掲二一五、二一六頁。

(66)早稲田大学、東京大学法学研究室修士。同掲二〇一-二〇三頁。

(67)台湾大学法律学士。蕭天讃『蕭天讃自伝――牛背上的法務部長』(蕭天讃教育基金会、二〇一〇年九月)。

(68)台湾大学法律学士、ドイツ法学博士(司法院『大法官釈憲史料』、九〇-九一頁)。

(69)例えば楊慧英については前掲『大法官釈憲史料』、二一三、二一四頁。

(70)潘光哲等のインタビュー(「陳瑞堂先生訪談記録」、『台湾法界耆宿口述歴史』第一輯、一九八-一九九頁)を参照。

(71)王泰升等のインタビュー(「曾華松先生訪談記録」、『台湾法界耆宿口述歴史』第四輯、一四四-一四六頁)。類似した例として最高行政法院庭長黄緑星は、小学四年級において日本語の基本を習得した。行政法院の行政法及び行政訴訟中の文書は少なく、日本語文書に依拠していた。これは審判業務に対する便宜が大きいものであった。同時期に王甲乙院長、陳瑞堂、陳計男、曾華松、林明徳、陳石獅等の行政法院庭長、法官も日本学説と判例を参考にした。日本に続きドイツ留学から帰国した公法学者は、ドイツ法学の新理論を導入し、大法官の解釈もドイツ公法理論を引用するようになり、行政法院における判決も次第にドイツ法制に傾倒した。一九九八年、行政訴訟法が修正され、ドイツ行政法院法に合わせた形となり、一部分において日本行政事件法を参考にし、ドイツ学説と判決にしたがって実務開始された。王泰升等のインタビュー（「黄緑星女士訪談記録」、『台湾法界耆宿口述歴史』第四輯、一九〇－一九一頁）を参照。

(72)当時役所用語文字は中国語に強制的に転換され、台湾人の言語状況は劣勢に立たされた。役所側はただ初期の二年間における国家試験時に「各科目試験を一時間延長」しただけだった。試験問題及び解答は中国語であるが、日本語による解釈は加えることが可能であった（「司法人員考試昨天開始挙行」、『民報』第一七五号、一九四六年四月三日（三）二版、及び「本省高、普考試已訂変通弁稿用国文得付口訳考委允許期間両年」、『民報』第一八四号、一九四六年四月一二日（五）二版）。

(73)例えば戴東雄の回想では、留学先を選択する際、言語能力から日本留学を選ぶ傾向にあったが、日本もドイツ法制を継承する国家であり、直接ドイツへ留学する方がさらに良いと考え、韓忠謨の勧めもあってドイツを選択したという。ドイツ留学の奨学金は教育部公費のほかに、ドイツ学術交流協会（ＤＡＡＤ）の提供奨学金もあり、それも学生の選択に影響を与えた（李永盛インタビュー「戴東雄先生訪談記録」、『台湾法界耆宿口述歴史』第六輯、司法院司法行政庁、二〇一一年九月、二一七－二二九頁）。

(74)王泰升「台大法学教育与台湾社会（一九二八－二〇〇〇）」、『台湾法的世紀変革』（元照出版、二〇〇五年二月）、一九〇－一九九頁。

(75)「頼浩敏自伝」（http://hanreporter.blogspot.tw/2010/10/blog-post_4859.html）、二〇一〇年一〇月閲覧。

(76)板倉松太郎の講述を参照（毛頌芬訳『刑事訴訟紀録』、司法講習所、年代不詳）。

(77)潘昌煦、陸鴻儀等の講述を参照（『刑事訴訟法規及判例』、司法講習所、年代不詳）。潘昌煦は晩清の蘇州人で、日本留学経験のある法学家。かつて北京政府大理院刑庭庭長に任じられていた。

(78)汪有齢「初版序」、夏勤「再版序」、「五版序」、「六版序」、夏勤、郁嶷、何超らも同様に述べている（朝陽大学法律科講義『法学通論――法院編制法』北京朝陽大学、一九二七年一〇月）。

(79)関吉玉「憶朝陽」、『法律評論』第二七巻第一一－一二期合刊（総期第九二八－九二九期）、一九六一年一二月、二五－二六頁。

(80)夏勤（一八九二－一九五〇）字は敬民、江蘇泰州人。北京法政専門学校法律本科卒業、東京・中央大学卒業、東京帝国大学法科研究部卒業、北京政府京師地方検察庁検察官、京師高等審判庁長を経て、一九一七年大理院総検察庁首席検察官、北京大学法律系教授を兼任。一九二八年国民政府最高法院の刑庭庭長となり、法官懲戒委員会委員、最高法院院長、一九四九年司法院大法官。著作に『法学通論』、『刑法総論』等。以下を参照。http://www.muhong.com/ReadNews.asp?NewsID=284、二〇〇四年四月閲覧。

(81)郁嶷（一八九〇－？）、字は憲章、湖南人。天津北洋法政大学を卒業し、早稲田大学法科卒業後、江寧地方審判庁長、国民政府法

制局編審を歴任、奉天省立法政専門学校教授、京師大学法科講師、北京朝陽大学、北京大学等多くの大学教授をつとめた。著作に『法学通論』、『親属法要論』等。前注を参照。

(82)「例言」において夏勤、郁嶷、何超が同様に述べている(朝陽大学法律科講義『法学通論――法院編制法』)。

(83)例えば『法学通論』第三編「権利論」では、近世の学者の通説を列挙し、特に梅謙次郎、仁保亀松、織田萬、鵜沢總明、上杉慎吉等「日本近代法学者による独自の新見解」について述べている(朝陽大学法律科講義『法学通論――法院編制法』一〇三－一〇四頁)。

(84)陳瑾昆は東京大学法学士、前大理院裁判長、北京大学と北京朝陽大学教授。中華人民共和国の建国に参与し、一九四八年起草の新中国民法、憲法草案等に関わった。またかつて華北人民法院院長等の経歴がある(陳瑾昆『民法通義――総則』北京朝陽大学、一九三〇年六月)。

(85)詳しくは王泰升「論台湾法律史在司法実務上的運用――以在個案中適用旧的国家法為中心」を参照(王泰升『台湾法的断裂与連続』、元照出版、二〇〇二年、二一七－二六〇頁)。

第三部　近代台湾文学・文化の変遷

「歌を聴いて字を識る」
――日本統治下の台湾歌謡と文芸大衆論争(1)

陳培豊

はじめに

台湾の流行歌産業は日本植民地統治期の一九三〇年代に始まり、僅か一〇年ほどの間に人口に膾炙する楽曲を数多く生み出す。これらの台湾流行歌は台湾の重要な文化遺産としてだけでなく、植民地支配下における台湾の歴史でもある。戦前、この流行歌の萌芽、生成、発展は文学と深い関係に結ばれて、この島の文学史の一部であった。にもかかわらず、ヒットした台湾流行歌は、殆どが恋愛を謳った娯楽的なもので、それが故に、その重要性は見落とされる傾向がある。

日本統治期、台湾では五、六千枚ものレコードが製作されていたが、ヒット曲となって住民の記憶に残された楽曲が興行の競争で勝利を収めたものの、注目されなかった大量の歌謡は敗者となった。この時期、台湾歌謡は複雑、且つ困難な歴史を辿ってきた。この島の歴史の重みを背負う楽曲が多々ある。しかし商業上の競争の敗退と共に、それらの楽曲に内包された歴史の痕跡や政治、文化的な意義は闇の中へと葬られることとなった。

本論は敗者の歴史を糸口とし、一九三〇年代の郷土文学、文芸大衆化運動に焦点を当てて、あまり注目されなかった台湾歌謡史のもう一つの側面を描き出す一方、台湾近代文学の複雑な態様を理解する新たな視点を提供することを試みる。

一、識字教育を抜きにした近代文学

（一）「脱日入中」の中国白話文運動

日清戦争後の一八九五年、台湾は日本の植民地となった。一九世紀以前の植民地統治は、基本的に白人が欧米文化を以って遠い所の有色人種を支配する構図を持っている。しかし、台湾における日本の統治は、東アジア域内の政治支配であり、漢字文化圏の黄色人種同士の支配という複雑な様相を呈していた。政治上の統治者とはいえ、日本は漢字漢文及び漢詩の伝統文化を被統治者の台湾と共有していた。異民族統治をより順調に行うために、半世紀にわたった台湾支配では漢字漢文が温存されていた。

一方、朝鮮はその領土をすべて日本に支配されたのに対して、台湾は清朝の領土の一部分である。日本より近い所に、「祖国」の中国が存在する。植民地支配下、漢字漢文の本家である「祖国」との人的、商業、文化的な交流を断つことはなく、台湾人は中国との間の「同文」関係を維持、また確認することができた。「同文」を背景にして、台湾では異なる書記言語の近代文学が二つも存在していた。植民者が持ち込んだ日本語のほかに、東アジアの共同文化遺産である漢文も台湾文学の担い手として役割を果たしていた。

一九一七年以降、中国では、反封建主義、反貴族文学、反古典文学を主旨とした、いわゆる中国白話文運動が提唱された。白話、つまり口語体による国民文学、写実文学、社会文学という理念を掲げたこの運動は、文学は通俗的、大衆的であるべきとする。また旧漢文や文言文を使用した上層階級による文学の独占を打破し文語体を改革すると同時に、いわゆる言文一致の狙いがあった。一九二〇年以後、近代啓蒙の精神を標榜する中国白話文運動の風潮が中国各地に広がっていく。それに伴って、異民族の植民地支配を受けていたとはいえ、ほぼ同じ時期に台湾にも「祖国」から中国白話文運動の風が吹き込んできた。

大正一三年（一九二四）九月から一一月にかけて、台湾における中国白話文運動の旗手たちは、『台湾民報』という反体制雑誌に一連の文章を発表している。そこで、彼らは古い時代の因習を打破し、中国明清以来の旧式漢文の封建思想を踏襲する旧文学、つまり日清戦争後「同文」関係の故に、台湾に温存され、統治者と被統治が癒着した前近代的な文学である漢詩漢文を批判し、近代文学のスタイルに沿って中国白話文を創作の道具とした新文学運動を提唱している。[2] 新文学運動に賛同する台湾知識人によって日本統治下、台湾人が受けた政治の差別、経済の搾取、社会の抑圧を糾弾する小説が発表されている。これらの作品は自由、民主、解放を目指す当時の台湾社会を反映した高度なリアリズムの精神に富み、一九二〇年代台湾の知識人層に大きなインパクトを与えた。中国白話文運動は、台湾の近代文学の実質上の出発点となった。

近代小説の創作を試みる台湾の中国白話文運動は、近代啓蒙の社会運動の意味を持つだけではなく、「脱日入中」という意図を持っていた。台湾知識人が新文学を提唱し、伝統的な漢詩漢文を批判する際に、日清戦争後台湾の旧文人を陳腐な人間として糾弾し、中国白話文という日本人にとって馴染みの薄い言語文体を以って、彼らと一線を画し、新しい文学共同体を構築しようとしていたのである。新文学運動は中国白話文を担い手とした創作上の実践によって、「祖国」と文化的なアィデンティティを自己確認できると考えられていた。従って中国白話文運動は文化面、言語面では近代啓蒙の色彩を帯び、政治面においては「脱日入中」の意図、つまり反植民地という政治的な色彩を帯びていた。(3)

一九二〇年代当時、台湾では台湾語、つまり閩南語や広東語を母語とする台湾知識人が大部分を占めていた。北京語を音声基準とした中国白話文の文章は彼らの言語とかなりの隔たりがあったので、新文学を目指せば目指すほど、「言文不一致」という矛盾を抱えることになる。そのために、一九三〇年代になると台湾で郷土文学及び台湾話文（閩南語）に関する運動が起こり（以下郷土／話文論争もしくは運動と略す）、それに伴って大規模な論戦を引き起こすことになる。

（二）等身大の自分を目指す郷土／話文運動

一九三〇年八月、黄石輝は「君たちは台湾人であり、台湾の空の下に生き、台湾の大地を踏んでいる……そして話す言葉も台湾の言語であるのだから、君の垂木のような健筆、才筆も台湾の文学を書くべきである(4)」と、この郷土／話文論争の第一声を発している。

台湾話文とは中国白話文のような「外部」から移入された言語文体ではなく、台湾の伝統的漢文の口語化された独自の文体である。一九二〇年代台湾社会に流行した中国白話文は進歩的、啓蒙的、モダンなイメージを持つものの、台湾人の口語と離れて一部の知識人にしか普及しなかった。また口語、伝統、庶民、感性などの要素を欠いたがために、この文体は台湾社会底辺の悲惨な世界や庶民の喜怒哀楽を表すには不適切と思われていた。中国白話文による台湾新文学のアンチテーゼとしての黄石輝の提唱は、台湾文学は内容の上で台湾、特に農漁村など社会の底辺の住民を創作対象とし、そのために形式的には台湾人の口語体に近い台湾話文をその手段として用いなければならないと主張するものであった。黄石輝の考え方が郭秋生、鄭坤五、楊守愚、李献章ら、いわゆる台湾話文派の支持を得て郷土／話文運動は展開していく。(5)

一方、黄石輝、郭秋生の主張は廖毓文、朱点人、趙櫪馬、張深切、林克夫、頼明弘ら、いわゆる中国白話文派の反発を招いた。彼らの反対の理由は主に以下の三点に絞られる。一、台湾語は粗雑で幼稚であり、文学創作の道具とすることはできない。二、台湾語で創作すると対岸「祖国」の中国人が理解できない。三、台湾話文実践の拠り所、つまり書記法の確立、普及を如何に解決するか。

中国白話文派の反対や批判に対して台湾話文派は、文芸はプロレタリア階級を主な対象とすべきであり、台湾文学は言文一致でなければならない、また台湾話文こそが台湾人の思索や感情を存分に表現できる道具であるといった理由をその反駁の基盤としていた。(6)

もともと郷土／話文論争のきっかけは、一九二〇年代以後の、日本語教育による台湾知識人の文化的な危機感及び日本語教育施設普及の不備による「文盲」救済であった。台湾話文を台湾文学の担い手としながら、郷土文学の精神とは統治者に抑圧、搾取される台湾人の労働階級の実態をリアルに描写することであった。中国白話文／新文学運動と同様に、郷土文学運動も反植民地の政治的色彩を濃く帯びていたので、郷土／話文論争をめぐる郷土文学の正当性、必要性に関しては両者に大きな異議は見られなく、その実践の道具を中国白話文にするか、あるいは台湾話文にするか、双方が固執していただけであった。(7)

一つの言語文体及び文学改革運動を実践するためには、その新しい言語文体の書記方式、規範を確立し、標準化された新しい言語文体を教育で普及していかなければならない。しかし、前にも触れたように、日本統治下の台湾では中国白話文、台湾話文を伝授する教育施設は皆無だった。この困難な状況下、二つの運動はどういう方法で実践を試みたのか。

一九二〇年以後、中国白話文を台湾社会に普及させるために、反日メディアの拠点であった『台湾』や『台湾民報』は対岸の中国白話文の関連書籍を販売し、中国白話文に関する論文や文章を積極的に掲載し、大衆に対してこの文体の学習及び使用を呼び掛けている。さらに中国白話文に関連する勉強会を開き、読者が書いた中国白話文の文章を無料で手直しするなどの教宣活動も行っていた。中国白話文という「外部」から導入された近代化された言語文体がすでに存在していたので、それをモデルにして学習方法を模倣することができた。

ところが、台湾話文は強圧的な植民地政策に加えて、「祖国」の中国白話文と同様に組織的な教育資源を持たなかった。それだけではなく、元来台湾社会には規範化された台湾語の表記システムもなく、台湾話文運動は系統化された実践手段不在の壁に阻まれていた。中国白話文運動に比べて台湾話文運動の実践は、より厳しい困難を克服しなければならなかった。このような困難な状況の中で、論戦当初、郭秋生は台湾話文を「文盲」救済運動のバイパスとすることを試みている。それは漢字という表意、象形の特性を生かして台湾話文運動の実践の基盤とするものである。その識字方法の特異な点は漢字の視覚性を存分に利用する「歌を聴いて字を識る」ということにあった。

二、「文盲」救済の処方箋としてのレコード産業

(一)「歌を聴いて字を識る」識字法

郭秋生が提唱した識字方法とは、文盲の人たちが台湾社会で長い間、口承によって伝えられてきた俗歌、民謡に頻繁に接してきたことを利用し、さらに非識字者の耳に慣れ親しんだ歌謡や俗歌の聴覚的な記憶を通して文字の画像表

記を認識させるというものである。[8]「歌を聴いて字を識る」という発想は奇抜で荒唐無稽ではあるが、伝承文化を合理的に利用した方策といえよう。

一九三〇年代の台湾社会には多種多様な俗歌、民謡が存在したが、それら伝承文化の中でも「唸歌仔」が最も流行していた。「唸歌仔」とは観劇や薬売り、縁日等の場を通して触れることができる日本の浪花節のような民間芸能である。歌を生業とする「歌仔先」（歌の先生）が、街中で「唸歌仔」を披露し、老若男女はみな「唸歌仔を聞くこと」を唯一の娯楽としていたものである。そして印刷技術の発達に伴い、「歌仔先」は「唸歌仔」の際に、その場で歌詞、いわゆる「歌仔冊」を聴衆に配るようになった。「歌仔冊」の内容の大半は何百年以上の伝承を持つ古い物語や伝説であり、そのストーリーや台詞を聴衆は既に聞き覚えており、暗記すらしていたものである。そのため「唸歌仔」は娯楽としてだけでなく、清の時代から「歌を聴いて字を識る」という効果が宣伝されていた。[9]

郭秋生の提唱した識字方法はプロレタリア階級の「環境に恵まれない」という意識を利用し、歌謡や講談物といった庶民の娯楽を通して「彼等の興味を促し、自発的に字を覚えさせる」というものであった。手元の「歌仔冊」を見ながら、耳に「唸歌仔」を聞くという民間文学を利用して、台湾話文を普及させ、文盲を識字層にするための取り得るべき手段と考えたものである。[10]

言語とは字形と字音の結合である。「歌を聴いて字を識る」ということは、漢字文化圏でのみに成立し得る「逆行操縦」の識字法であることが分かる。教育が普及されなかった時代、文盲の人たちにとって民歌の伝播する速度、範囲は「どんな詩、書、文集よりも数万倍勝る」のであり、その伝播能力や学習効果はたとえ学校という教育システムに匹敵できなくても、一般出版物の宣伝効果に劣らないものがあると、郭秋生は考えたのである。[11]

（二）「雪梅思君」と郷土文学運動

郷土／話文運動の実践的な策略としての「歌を聴いて字を識る」という識字法には、植民統治下の台湾人のやるせなさが見てとれる。この方法は日本語教育に到底抵抗できなかったものの、郭秋生本人は自信満々であった。そして郭秋生の自信の根拠はほかでもなく、台湾におけるレコード産業の出現である。

郷土／話文運動が幕を開けた一九三〇年、日本人の商人柏野正次郎によって台湾で「コロムビア」レコードが創立され、それに続き台湾人もレコード会社を設立し、近代における台湾のレコード産業の競争は過熱化する。一九三〇年代、台湾の各レコード会社は南北管曲、歌仔戯調、山歌など台湾の伝統的な俗謡のほかに、大衆娯楽的な新式流行歌も大量に発売して、百家争鳴の音声時代を告げることになる。[12] それだけではなく、流行歌産業の出現は郷土／話文運動にとってカンフル剤ともなった。

一九三三年、コロムビアが「改良鷹標」を商標として俗謡「雪梅思君」（「旦那を偲ぶ雪梅」）のレコードを発売すると、台湾各地で流行して大ヒットとなった。「雪梅思君」は中国のアモイの俗謡である。歌詞は封建社会に虐げられた悲しい女性が自分の切ない人生を回想したものである。この俗謡は新たに編曲され、歌詞は「七世夫妻」という口承文学に基づいて、一月から一二月まで毎月一段の方式で書かれている。一二段の形で構成されたこの曲は合計八四三字もあった。

「雪梅思君」が一般大衆から「非識字」者である農漁村の大衆まで支持を得て人口に膾炙したことから、発売後の翌年、郭秋生は「歌を聴いて字を識る」思索に辿りついたのである。「雪梅思君」の歌詞は、全て台湾話文で書かれて歌詞カードに掲載されており、当然「唸歌仔」や「歌仔冊」以上の効果を発揮し、非識字の者たちの耳に慣れ親しんだメロディーを通して文字の画像表記を認識させることができる。というのは、「唸歌仔」の伝播能力は一時的で、その聴衆、範囲も限られる。それに対してレコードの影響力は広範囲で、長期間にわたる。従ってレコード産業や流行歌を利用すれば、台湾話文の「音はあるが文字が決まらない」という表記問題、また大衆の識字手段の欠如問題を一気に解決できると郭秋生は考えたのである。[13]

台湾話文派にとってレコード業界の隆盛は、まさに大衆の識字の障害を打破する援軍となったのである。とりわけ、郷土／話文論争が熾烈化する時期、台湾ではすでにコロムビア、泰平、博友楽、奥稽、文声といったレコード会社が設立され、台湾社会にはまさに「百家争鳴」の音声テクスト旋風が吹き荒れていた。レコード業界の隆盛は台湾話文の普及にとって明るい材料になるはずであった。[14]

レコード産業の出現は、プロレタリア大衆の「識字」ラインの多様化を促し、郷土文学の具現化をもたらした。流行歌が多く発売されればされるほど、郷土／話文運動の成果も高まっていくことになる。

三、台湾文学と重なった流行歌の影

（一）関係者及び創作精神の重複

明らかに台湾における流行歌の萌芽、発展は文学の歩みと密接な関係に結ばれ、両者の間にある程度の相互依存、補完の関係が生まれたのである。実際、台湾のレコード産業に携わる成員と台湾の文学界、特に郷土文学関係者は多く重なっている。

日本統治期台湾歌謡の作詞者は、おおよそ「知識界出身の台湾文学運動家」と「民間出身の創作者」の二種類に分けられた[15]。郷土／話文運動は実践作品より論争が多いという批判を受けて、膠着状態に陥った一九三四年、台湾初の全島規模の「台湾文芸協会」が設立される。当時流行歌創作に従事していた陳君玉、廖漢臣、蔡徳音、黄得時、趙櫪馬、黄石輝、楊雲萍、朱点人、李献章らはほぼ「台湾文芸協会」のメンバーであると同時に、かつて郷土／話文論争の参加者だった。郷土／話文論争の参加者のほかに、代表的な知識人には蔡培火、盧丙丁らの名が挙げられる。彼らは直接もしくは間接的に郷土／話文運動に関わった者である。以上のような「知識界出身の台湾文学運動家」が台湾流行歌の重要な作詞提供者となったのである。

注目すべきことは、一九三四年七月「台湾文芸協会」発行のプロレタリア文学雑誌『先発部隊』には、当時台湾レコード界で三本指に入る泰平レコードの広告が掲載されている。雑誌名から分かるように『先発部隊』は社会主義の雑誌である。一九三四年泰平レコードが設立された当初、趙櫪馬が文芸部主任、蔡徳音は専属歌手であり、作詞者には趙櫪馬、廖毓文、楊守愚、黄得時、黄石輝ら郷土文学論争の参加者が名を連ねている。彼らは濃淡こそ異なるが、社会主義者である。

泰平レコードの親会社は太平蓄音機であり、一九三二年から台湾本土のレコードの製作を開始している。当時の「講古説唱」（台湾の講談物）のスター汪思明の「時局口説：肉弾三勇士」という新型の「唸歌仔」を吹き込み、日露戦争の国民的な英雄を諷刺、侮辱しているということで、かつて泰平レコードは当局に糾弾されている。そのほか、「美麗島」（「麗しい島」）、「街頭的流浪」（「街頭の流離」）等台湾や社会の底辺の弱者を描出する作品を発売し、さらにレコードの広告を『先発部隊』に掲載していた[16]。

一九三四年一二月に発売された「街頭的流浪」は、当時の経済不況による台湾民衆の失業状況を描き、社会下層の生活の悲惨さを訴えていた。それが故に当局の注意、世論の反発を招き、ついに総督府から「歌詞不穏」という理由で、発売停止のリストに加えられた[17]。

〈街頭的流浪〉

守真 詞／周玉当 曲／青春美 唱（泰平商標八二〇〇三）

景気一年一年歹 生理一日一日害
頭家無趁銭 転来食家己
唉呦 唉呦 無頭路的兄弟 有心作牛拖無犁

失業兄弟行満街 好時無得睏 歹時無得去
唉呦 唉呦 無頭路的兄弟

毋是大家歹八字 著恨天公無公平
日時遊街去 瞑時恬路辺
唉呦 唉呦 無頭路的兄弟

「街頭的流浪」（「街頭の流浪」）
守真 詞／周玉当 曲／青春美 歌唱（泰平商標八二〇〇三）

景気は一年一年悪くなり 商売も一年一年ひどくなる
ボスは金を稼げず 家に帰って自分で稼ぐしかない

アイヨ　アイヨ　仕事がない兄弟たち
仕事をしたくても職業がない　街中失業した兄弟だらけ
景気のいい時は寝る時間もないのに　景気が悪くなると働きたくても働けない
アイヨ　アイヨ　仕事がない兄弟たち

俺たちの運命が悪いからといって　神様は不公平だと恨んだりはしない
昼間は街をブラブラし　夜は道端にうずくまる
アイヨ　アイヨ　仕事がない兄弟たち

泰平レコードは同時期の最も大手のコロムビアや博友楽などと異なり、その製作曲には恋愛だけでなく、郷愁や社会のリアリズム、生命への思いやりを主旨とし、近代文学と同様に心の内面を描くものがあった。また、泰平レコードはしばしば『先発部隊』などに掲載された新詩や歌詞に曲をつけて楽曲にしていた。「音楽でありながら文学でもある」、つまり歌謡と文学の相関関係から、これらの歌謡には啓蒙、教化、あるいは日本統治への不満、不平を訴える創作動機のほかに、プロレタリア文学精神が込められていることが窺えよう[18]。

『先発部隊』の創刊時、泰平レコードは「先発部隊」というレコードまでを発表し、それには「太平歌劇団全員出演」と記載がなされていた。趙櫪馬の主導下、泰平レコードが製作した流行歌は明らかに当時の台湾の文学運動と密接な関係で結ばれていたのである。本来、中国白話文派の趙櫪馬にとって歌謡は自らの心境、思想を吐露し、台湾の社会状況や啓蒙運動を投影する代替物となったのである。

（二）歌詞に見られる鑑賞性、テーマ性

日本統治期、台湾流行歌の創作者と郷土／話文運動の参加者の間には、ある程度の重複が見られ、創作精神においても一定の連帯感が結ばれる。両者にとっては、音声と文学の間の距離は決して遠いものではなく、お互いの不足を補い合うものであった。書記手段の不全で揺らぐ台湾近代文学にとって、流行歌はまさに新たな創作の舞台であり、歌詞と文学は融合して一体となりうるものであった。

実は一九三〇年代、台湾流行歌の歌詞は常に『南音』、『先発部隊』、『台湾文芸』、『三六九小報』、『風月報』といった台湾人発行の文学雑誌に掲載されていた。これらの雑誌は歌謡欄や新詩のコーナーを設けて作品を収め、一方、文学雑誌に掲載された詩もレコード会社に採用され商品化されたのである。音声が横溢する時代に、詩と歌詞は文学形態においては表裏一体の存在であり、音声化、商品化の可能性を秘めて、新聞雑誌は台湾流行歌の歌詞の供給源となっていた。「街頭的流浪」の作詞者守真も、しばしば自分の詩作を上記の文学雑誌に発表する一人であった。

そのほかにも前掲した陳君玉、廖毓文、蔡徳音、黄得時、趙櫪馬、蔡培火、黄石輝、盧丙丁、林清月、楊雲萍、朱点人、李献章らも、これらの雑誌の歌詞発表欄の常連であった。彼らは政治運動家、文学者、文化人、医者であり、必ずしも作詞の専門家ではないので、その作品が全て流行歌になって商品として市場に出たわけではない。「音楽でありながも文学でもある」彼らの作品は、日本統治期、台湾文学の一部として残されている。

台湾流行歌の中で文学の影が濃く、鑑賞性が高い例として「安平小調」が挙げられる。一九三九年コロムビア発行の「安平小調」は台南の安平を舞台とした陳君玉作詞の楽曲である。ドラマチックな楽曲に仕上げられた歌詞の情景は、佐藤春夫が一九二五年発表した「女誡扇綺譚」[19]を髣髴させ、安平の「荒廃美」を描写した物語になっている。

〈安平小調〉陳君玉 詞／鄧雨賢 曲／愛愛 艶艶 唱（利家商標T一一六五）

（愛愛）秋風吹 秋天時
腹内愁声 時常悲 悲愁声 混在秋風裡
亦有留恋味 窮倒旧城址 憶及早当時 宮主美
悲愁人 設使能得做幸運兒

（説明／純純）在安平残廃的城址 有一個襤褸的青年 坐在城辺 默默塊想的中間 不覚煞睏落眠 来夢見著眼前変成美麗城 城中有一妖裘嬌豔的宮主出現 行偎近伊的身辺 在這美麗的城内 過了無上的快楽 由夢中醒来的時 看見伊猶原是在這残廃的城辺 目睭展金四辺一吓看 城壁有一首的古詩 是来乎伊更加感嘆 同時腹内悲愁的声又再起了

（印不吹送／録音のない補足説明）好宮主 知我意
我心早早着有你 送我扇
安慰我心思
喜涙流落去 染著伊玉膝 不敢再看伊 将目閉
温心兒 享受這款的甜蜜味

（豔豔）秋風吹 秋天時

腹内愁声　声又起　醒悟来　猶原廃城辺
白玉的膝枕　却是石頭只　枕頭辺一枝　白綾扇
那後面　一首幽雅的抒情詩

「安平小調」
陳君玉　詞／鄧雨賢　曲
（愛愛）秋風が吹く　秋の日
心には憂いの声　いつも悲しみ　悲しい声が　秋風に混じる
未練も残る　古い城址は朽ち果て　昔を思い出せば　美しい姫
悲しい人は　幸せになることを夢見る

（ナレーション／純純）安平の荒廃した城址　一人のボロボロの服を着た青年が城の端に座り　考え事をしてる
ときに知らず知らずに眠りに落ちた
夢の中では目の前が美しい城へと変わり　城には絶世の美しい姫がいて
彼女のそばに行き　その城の中で　最上の幸せな生活を送る
夢から覚めた時には　青年は元の荒廃した城の前にいて　辺りを見回すと
城壁には一首の詩　嘆きもひとしおで　心にはまた悲しい声が湧き起こる

（印不吹送）美しい姫は　私の気持ちを知っている

私の心にはずっと前からあなたが棲み着き　彼女は私に扇を送り　私の心を慰める
嬉し涙が溢れ　彼女の膝を濡らした　もう彼女を見詰められずに　目を閉じる
心は温かく　甘美な気持ちを味わった

（艶艶）秋風が吹く　秋の日に
心には憂いの声　声はまた起こり　目覚めた時には　また元の廃城の傍
白玉の膝枕は　ただの石ころで　枕の傍には　白綾の扇
その裏には　優雅な抒情詩

曲調から言えば、「安平小調」の歌詞はリズム感に欠ける。その代わりに「鑑賞性」を強く帯びている。曲中にある冗長な台詞は、歌詞カードという可視性を持った伝達手段によって「歌を聴いて字を識る」という主張の実践可能を証明しているのではないか。特に歌詞カードに載せる「説明」、つまりナレーションや「印不吹送」、すなわち補足説明は歌詞と文学との距離を短縮させ、両者の一体感を浮き彫りにしている。

歌詞カードに印刷された台湾話文の内容は、実際に録音された音声より多い。これは台湾流行歌によって台湾人が文学上、日本や中国との間にある「同文」の縺れを解かし、台湾語／台湾話文、つまり「異音」／「異文」という在地性が高く、そして最も直接的な言語文体で創作するという理想を実現しようとしたものである。

郷土／話文論争の期間中、台湾知識人たちはこれらの歌詞に対して異なる見解を抱いていた。その異見の焦点は歌謡及び歌詞についてだけではない。歌詞の担い手としての台湾話文の表記方式の当否、中国白話文を切り捨てて台湾話文を目指す必要性、つまり文字・文体の選択の問題にも及んだ。楽曲や音楽を捨象したこのような論議は、本末転倒のきらいはあるものの、それでも郷土／話文論争の一部となった。[20] 台湾流行歌は郷土／話文運動の支流であったといえよう。

四、主体性を以って日本歌謡と対峙する

（一）流行歌に見られる明確な「台湾」

郷土／話文論争の一九三〇年代は、台湾文学がまさに発展する活動期にあった。漢文、中国白話文、台湾話文、日本語等異なる担い手によって書かれた作品が、頻繁に各新聞、雑誌に掲載されていた。このような百家斉放の文字世界に対して、台湾歌謡の世界では「唸歌仔」も現代流行歌も、中国白話文や日本語ではなく、全て台湾語（閩南語、客家語）によって発音されていた。

実は、コロムビアが台湾に設立された当初、柏野正次郎は中国白話文、つまり北京語でもレコードを発売していたが、売り上げが伸びず中止していた。[21] その後、台湾語レコード製作一本に絞ってから市場で成功を収める。台湾人知識人が如何なる表記法で文学を創作し、プロレタリア大衆を包括するか、「言文一致」を実践するべきか悩み、論争を繰り返していたまさにその時、皮肉なことに、この日本人はレコード、つまり資本主義による歌声プラス歌詞という手段で、音声と文学の狭間を如何に調整するかという難題に一つの可能性を提示したのである。

郷土／話文論争の白熱化とは対照的に、流行歌謡の世界では中国白話文の入り込む隙間は殆どなかった。これは台湾話文が庶民の感情を表現するのに適当、有効であったことを提示しただけでなく、郷土文学の正当性と必然を明ら

表1　三〇年代のレコードの中で、台湾の地名をテーマとした楽曲一覧

曲名	歌手	作詞	作曲	年月	会社	レコード番号
大稲埕行進曲	江鶴齢	文芸部（日文）	鄧雨賢	1932	文声	1010
台北行進曲	純純	張雲山人		1932	Col	80184
咱台湾	林氏好	蔡培火	蔡培火	1934	Col	80298
蓬莱花鼓	純純	陳君玉	高金福	1934	Col	80307
稲江行進曲	紅玉（博友楽専属歌姫）	鶴亭	葉再地		Pop	85001
美麗島	芬芬	黄得時	朱火生	1934.12.29	泰平	82004
新蓬莱花鼓	純純愛愛				Col	80359
阿里山姑娘	赫如	徳音			泰平	T407
新台北行進曲	逸客				泰平	T409
夜半的大稲埕	純純	陳君玉	姚讃福	1935	Col	80387
安平小調	愛愛、艶艶（口白 純純）	陳君玉	鄧雨賢		Reg-R	T1165

引用：黄裕元、「日治時期台湾唱片流行歌之研究——兼論一九三〇年代流行文化与社会」（国立台湾大学歴史学系博士論文、2011年）、246頁

かにしたのである。さらに「台湾とは何か」という問いに対する最も自然な脚注を提供してくれたのである。

中国白話文及び郷土／話文論争が象徴するように、日本統治期の台湾の知識人は文字テクストの世界において、どんな手段すなわち言語で自己／他者の境界線を引くか、自らの文学共同体の境界線がどこにあるか、を求めて暗中模索していた。それに対して期せずして、台湾歌謡の世界に活路を見出す。文体が曖昧で、揺らぎ続ける文字テクストに比べて、台湾の音声テクストは具体的で、安定的で且つ明瞭であったのである。

台湾の流行歌は主体性が顕在化し、三〇年代の流行歌レコードには台湾各地の風景を主題としたり、もしくは台湾の地名を曲名に用いた作品が数多く

見られる（表1）。そして、陳君玉、蔡徳音、黄得時、蔡培火といった作詞家たちは、かつて言語、文学運動に関わった知識人たちであった。

台湾文学の境界性が曖昧であったのに対し、台湾歌謡の対象性は非常に具体的で明確であった。レコードは越境して南洋やアモイでも販売されたけれども、想定された作品の聴き手の範囲、対象は基本的に台湾を範囲としたもので、文学のように漢詩文／東亜、新文学／中国、郷土文学／台湾といった異なる地域に跨るものではなかった。[22] つまり、台湾をその創作対象とするという郷土／話文論争における台湾話文派の一貫した主張は、歌謡の世界でほぼ実践されていたのである。それだけでなく、郷土文学の反植民という精神さえも一定程度その歌謡の中に溶け込ませていたのである。

（二）統治者との対峙関係

三〇年代に音声が商品となって台湾社会に出現する以前に、一部の台湾知識人が歌謡を教化や反植民の手段としようと試みている。台湾文化協会という抗日団体の要員であった蔡培火によって、二〇年代の議会請願歌の創作や、美台団という啓蒙団体による映画解説などがなされている。[23] そこには台湾人が歌謡を利用して植民地支配に抵抗する軌跡が見られる。

二〇年代後半に入ると、統治者はいわゆる「新民謡」の募集活動を主催し、音声によって台湾とは何かを求め、探り、確かめようと試みている。政治面から見ると、三〇年代の台湾流行歌の出現は、統治者と被統治者の、台湾のそれぞれの自画像の描出をめぐる争いの始まりであったといえる。この争いは「音頭」というジャンルの歌謡でより明確に現れる。

一九三〇年代の日本内地では、「東京音頭」の伴奏のようなお囃子や地方の祭で流されるお神楽が流行する。これら「伝統」の息吹を持ち、また踊りのＢＧＭにも使えるリズム感のある音楽の流行は台湾にも伝えられる。但し台湾で「音頭」が受け入れられる時、その日本風の音楽がそのまま持ち込まれたわけではない。そのスタイルの音楽を真似して自ら台湾風の舞踊音楽を製作していたのである。

台湾のコロムビアは「花鼓」というレコードを発売する。作詞の陳君玉と作曲の高金福は、台湾の民謡に舞踊をミックスして、台湾伝統の楽器を使い、舞踊のＢＧＭに適した楽曲「蓬萊花鼓」、「摘茶花鼓」、「観月花鼓」など、つまり「花鼓楽」と呼ばれる一連の「花鼓」シリーズ作品を発表する。(24) さらにこの「花鼓楽」は、意図的に福佬、客家や原住民の音楽要素や主題を歌詞や曲調、編曲に取り込んで変化をつける。明らかに日本の「音頭」に対抗する姿勢が「花鼓楽」に込められていた。そこに、被統治者である台湾人の巧まざる自立不羈の魂の真髄を感得する。

〈蓬萊花鼓〉
陳君玉　詞／高金福　曲／純純　唱（古倫美亜唱片商標　八〇三〇七）

来跳呀　来跳呀　来跳蓬萊的花鼓
蓬萊自本風景好　宛然一幅山水図（合）正実一幅山水図
美麗島　四面海　宝潭宝庫清世界
四時春色攏無改　和風定定入蓬萊（合）和風定定入蓬萊
四季花　自然美　随心随意随時開

汝麼親像六月桂　阮是古都的春梅　（合）親像古都的春梅
合歓山　唱山歌　桃李結合在山坡
酸渋総有一項好　双双相褒来噍陶　（合）双双相褒来噍陶
甘蔗甜　初恋味　黄金花結黄金子
人人合唱花鼓詩　花鼓声響鵝鑾鼻　（合）花鼓声響鵝鑾鼻

「蓬莱花鼓」
陳君玉　詞　高金福　曲　純純　唱（古倫美亜唱片 商標八〇三〇七）

踊りましょう　踊りましょう　蓬莱の花鼓を踊りましょう
蓬莱は景色も綺麗で　まるで山水画のよう　（合いの手）まさに山水画
美麗島は　周りを海に囲まれて　水も綺麗で宝箱のよう　素敵な世界
一年中春のよう　穏やかな風が蓬莱に吹いてくる　（合いの手）穏やかな風が蓬莱に吹いてくる
四季の花　自然の美　いつでもどこでも花開く
あなたは六月の木犀のよう　私は古都の春の梅　（合いの手）古都の春の梅

合歓山　山歌を歌う　桃も李も山で実をつける
酸っぱくても渋くてもいい　一緒に歌って遊びに行きましょ（合いの手）一緒に歌って遊びに行きましょ
甘蔗の甘さ　初恋の味　黄金の花は黄金の実をつける
みんなで花鼓の詩を歌い　花鼓の声が鵝鑾鼻に響く（合いの手）花鼓の声が鵝鑾鼻に響く

文学の世界において台湾歌謡は日本の影響を受けてはいたものの、統治者との対峙関係の延長線上で、内容は独自の色を持ち、両者の間に隷属関係は見られなかった。亜熱帯の台湾を範囲とする現実や事象が明確に描かれる以上、統治方針である「内地延長」や「同化」の文化統治をこの島に持ち込む違和感も浮かんでくる。両者は必然的に対峙する関係にあったのである。

五、歌謡と大衆に対する多様な考え方

（一）歌謡、啓蒙、文学

一九三〇年代、台湾流行歌は出現した。流行歌の活動は、台湾知識人が文学の展開に挫折し、迂回する形で音声テクストへと戦略転換した文化現象であり、文学の分身や支流と言えよう。ところが、興行上で惨敗を喫し、啓蒙、教

化、識字、抵抗の役割を担わされた流行歌は、台湾の大衆から不評を買う。

黄裕元の研究によると、一九三〇年代台湾の流行歌レコードは、一般的に四万枚が平均的な販売枚数であり、五万枚以上の売り上げに達すれば、ヒット曲となる。「心酸酸」（一九三六）、「双雁影」（一九三六）などの人気曲は八万枚に達していた。「紅鶯之鳴」（一九三三）は一二万枚も売れたので、大ヒット曲となった。そして「行進曲」の販売数は大概五万枚であった。「跳舞時代」（一九三三）というモダンな楽曲は、近年台湾で話題になっているが、当時の販売数は一、二万枚に留まった。社会体制を批判した「街頭的流浪」（一九三四）は二万枚売れたものの、「時局口説・肉弾三勇士」の販売数は僅か三〇〇枚だった。

知識人の蔡徳音が携わった楽曲は「紅鶯之鳴」を除いて、その売り上げはほぼ全敗であった。ちなみに「紅鶯之鳴」はメロディーは中国の俗謡で、蔡徳音の歌詞は恋愛を主題としている。「心酸酸」、「双雁影」などの人気曲はいずれも民間人による作詞作曲の作品である。[25]そして商業面で惨敗しただけではなく、それらの楽曲をめぐって知識人内部にも異論が現れて論争を起こしている。

台湾文学の特徴の一つは、実践作品に比べて論争が多いことである。郷土／話文論争の末期、当時日本の芸術大衆化論争の波及を受けて、台湾でも文芸大衆化論争が文化界を賑わした。流行歌に対する台湾知識人の議論も郷土／話文論争から文芸大衆化論争にスイッチしていく。そして三〇年代台湾社会では「文芸」及び「大衆」という言葉が氾濫し、歌謡曲を議論する重要な概念となっていった。同じ「文芸」、「大衆」という言論のフィールドに吸い込まれても、流行歌に対する台湾知識人の考え方は一致するわけではなかった。

まず、歌謡を識字手段と考えた黄石輝、郭秋生らの台湾話文派は、流行歌を台湾文学の一部とし、文盲に台湾話文を普及させるには、これら「レコードは全て教師」であり、流行歌は台湾語を文字化するための重要な手段であると考えた。本来は中国白話文派であった廖毓文も「文学そのものは決してただ文字であるだけではなくて、文字を知らない人にも文学は存在する」とし、教育手段を欠く台湾語による近代漢字文学をいかに発展させるかの難問を考慮して、台湾歌謡には今後大いに研究、発展の余地があると考えていた。[26] 自らも流行歌を作詞した廖毓文にとって、歌謡と文学の距離は僅少であった。

郷土／話文論争では立場が異なったが、黄石輝、郭秋生、廖毓文にとって歌謡を文学の一部とする発想の基盤は、論争の際に現れた「歌を聴いて文字を識る」という識字法に対する考え方というよりも、文芸は知識階級に専属する特権か、それとも労働階級、さらには文盲階級にも共有できるものかについての思考の共感にあった。

労働階級や文盲階級の救済の必要性を認めた中国白話文派はほかにもいる。例えば、廖毓文と同様、中国白話文を支持しながらも台湾話文を以って歌詞を創作した朱点人は、文芸は「当然文盲階級をその対象として、徐々に大衆の中へ広げていかなければならない」とし、創作者は「極めて通俗、且つ分かり易い言葉で大衆に読み聞かせるべき」であり、歌謡はまさに大衆に馴染みやすく、近付ける文芸であると強調している。[27]

朱点人が描く理想の文芸観には、批判的な意義が込められていた。その批判の矛先は同じ中国白話文派の張深切、林克夫らに向けられていた。文芸とは何かという問いに対して、張深切は「歌曲は音楽であり、文学ではない」という態度を貫いていたからである。

演劇家の張深切は「台湾で最も緊要な課題は新劇の提唱」であり、「小説や文字は識字階級のみ、僅かな人々にしか鑑賞できない。戯曲は、識字できるかどうかを無関係にし、老幼を問わず皆が楽しめる」と考え、[28] 演劇は「芸術大衆化を実現する最も有力な芸術であり」、台湾文学の活路であるとさえ主張している。張深切は演劇に比べて歌謡は単なる娯楽であり、文学ではなく、また啓蒙という社会教化の機能も持たないと論難した。[29] それに引き換え、演劇は音声だけでなく、所作、表情、舞台装置、さらにＢＧＭも使え、流行歌に比べて作品の上演時間も長いために、作者の思考、意図をより万全に表現、反映させることができるという。

ちなみに、張深切は大衆啓蒙の手段と演劇を捉えてはいなかったが、彼の作品は啓蒙の要素を有していた。彼が台湾流行歌を批判した根拠の一つは、当時の台湾流行歌の歌詞の内容が啓蒙的な要素を欠き、封建的で陳腐なものだったことにあった。

（二）識字の手段か、封建腐敗の娯楽か

さらに、張深切は「民報、先発部隊（第一線）、台湾文芸が集めた詩歌百首以上を検証して非常に失望した。十のうち七、八首が恋愛を描写するもの、さもなければ社会に対して失望することを主眼とした作品であり、台湾の現状から考えてひたすら悲しむことは、社会に無益であるだけでなく、有害ですらある」と批判する。(30)

張深切に附和した林克夫も台湾流行歌を「拝金芸術のレコード歌謡」と皮肉った。ただ、評価すべき歌詞として当時、台中で起きた大地震の惨状を描いた「一個恐怖的早晨」（「ある恐怖の早朝」）を挙げている。(31) また郷土／話文運動のカンフル剤となった「雪梅思君」、さらには民間小説の「施公案」、「彭公案」、「六才子書」、「龍鳳配」などに対して、これらの作品は玉石混交であり、大衆文芸ではなく時代の残滓と貶め、中には支配階級が盛り込んだ「疑わしいもの」が隠されていると警戒していた。(32)

林克夫と同様、頼明弘も『三伯英台』などの歌本は、「過去の文学であり、現在の大衆には知識や生活の向上を促進できるものは微塵もなく」、「これらの旧い文学で満足し、……それを大衆に最も人気のあるプロレタリア文学と考えると、台湾文学は発展できない。のみならず、台湾人が退化していく」と、当時発売された俗謡を批判している。(33)

一九三〇年代の台湾歌謡やレコードを廖毓文、朱点人は「啓蒙の手段」の一つと認め、黄石輝、郭秋生はさらに、「識字手段」としての機能を認めていた。台湾話文派メンバーの殆どが歌謡、レコードを大衆文芸の主な内容と考えていたのである。それに対して中国白話文派は、台湾歌謡やレコードは反進歩であり、封建の残滓であり、社会秩序

表2　台湾歌謡に対する知識人の見方と態度

	娯楽	封建、陳腐	啓蒙	識字	文学（芸）
張深切*	○	○	×	×	×
陳君玉	○	○	○		○
林克夫*	○	○	○	×	×
廖毓文*、趙櫪馬*	○	×	○	×	○
黄石輝、郭秋生	○	×	○	○	○

（*をつけた者は中国白話文派である）

を破壊し、道徳風俗を紊乱する娯楽商品であると見なしていたのである。

一九三〇年代、急速に進展する近代化の過程で、台湾知識人は封建制度に過敏に反応し、排斥の態度を取っていた。台湾流行歌、とりわけ興行上勝利を収めた民間の作曲、作詞家が作った恋愛作品には、確かに封建的、頽廃的な色彩を帯びたものがあった。また郭秋生が好んだ「雪梅思君」のような俗謡もその要素を持っていた。また「人道」や「一個紅蛋」といった流行歌も古風な女性を賛美し、さらに寡婦を貫き、再婚しないことを美徳とする内容であった。(34) 当時、これらの「伝統」的な行動思考は台湾の大衆にとって美徳であったが、進歩的な知識人批判の対象であった。しかし、このような古い価値観、秩序観、旧時代を礼賛する作品は議論を起こしやすいものではあるが、台湾話文派にとっては、台湾語表記の規範化の媒介や手段に変わりはなかった。

表2から分かるように、反啓蒙を理由に台湾歌謡を批判する者の多くが中国白話文派であり、台湾話文派は封建、陳腐と言われたそれらの歌謡を自分たちの伝統という理由で、寛容に扱う傾向が見られる。啓蒙、進歩／伝統、封建の境界線は中国白話文／台湾話文の違いにある程度重複するのである。一歩を進めて歌謡を文盲の識字法として認めるかどうかは、歌謡の啓蒙的要素の有無の判断に影響したのである。

六、連戦連敗の大衆争奪戦

(一)「文芸大衆」とは一体誰か

台湾歌謡の社会的、時代的意義に対する見方の分岐点として、啓蒙に対する考え方の相違が鍵になるが、相互の見解の乖離をさらに拡大したのは、いわゆる「大衆」という概念の捉え方の相違である。

一九三四年、「台湾文芸大会」が開かれ、主要な議題は「文芸大衆化」であった。大会中、林克夫は次のように述べている。[35]

現在台湾無産大衆兄弟,有那麼様多,如何認識文芸大衆化呢? 一方面識字階級不過四〇%,尤其是,無産大衆自身的識字階級微之又微了。在這無可如何状態下的台湾文学,非把従来的謬誤清算,重新確立大衆化的根本問題不可。

現在の台湾無産大衆がこれほど多い状況で、どのように文芸大衆化を考えるべきか。識字階級は四〇パーセントに過ぎず、さらに無産大衆の識字階級はより少数だ。このどうにもならない状態にある台湾文学は、従来の誤謬を清算し、改めて大衆化の根本的な問題を明らかにしなければならない。

林克夫は無産階級の識字階級が極めて少数である現状下、民主主義などの近代的な概念を労農大衆に広めるのは困難と考えた。そのために、文芸大衆化の対象は非識字者の労農大衆とするのではなく、間接的に知識能力を持つプチ・ブルに労農大衆の生活困難な状況を理解させることがまず大切なことである。その理解によってプチ・ブルがプロレタリアの世界観、労農大衆の生活状態を芸術の主題として詩歌、小説、演劇などの文芸作品の創作を行うこととした。大衆化の先兵であるプチ・ブルが覚醒して、我々の当初の理想が実現可能と主張したのである。[36]

林克夫が文芸大衆化論争の中で、設定した「大衆」とは識字階級であり、彼にとって文芸大衆化運動に文盲問題は存在していないはずであった。実際には林克夫の論述には齟齬が見られる。『南音』という台湾話文を支持する雑誌の創刊の際、林克夫は祝辞で、台湾人の知識に対する飢饉、栄養不良の症状を治療するには、「大衆の胃腸によい、つまり趣味的で、消化の容易な文字を選んで、大衆の読書欲を促進」し、「無産大衆の兄弟たちに読ませる」ことが必要と説いている。[37] この時、林克夫は「無産階級」にも文芸を堪能させ、「知識に対する飢饉や栄養不良の症状」を解消する文芸の創出を呼び掛けたのである。ここでいう「無産階級」とは、四〇パーセントの識字階級の人々である。どのようにして無産階級に読ませるか、彼らの「読書欲」を満足させるか、その難問に対して、林克夫は具体的な回答は出していないのだ。

林克夫と同様に歌謡、レコードに対して批判を加え、台湾話文派の主張を批判し、「非識字の無産大衆」を文芸の外に排除する考え方は、頼明弘や張深切にも見られる。頼明弘は当時興った歌仔戯（台湾の伝統芝居）や台湾流行歌は、文学の範疇には含まれないとした。

林克夫らの批判に対して黄石輝は、「我々が日々叫ぶ『文芸大衆化』は、大衆化の名を借りて、実際はインテリ化して、『大衆の中へ』は完全に空論となった」と反撃し、さらに台湾の知識人は大衆に接近することができず、カフェやダンス・ホールに入り浸るために、文芸は有閑階級の娯楽となって、大衆とますます遠くなると論破した。[38] そして流行歌の歌詞を文学の範疇に加えることに異議を唱える者に対して、台湾流行歌の歌詞を大衆文学の中に加える

表3 流行歌謡に関わった台湾人が認識する「大衆」

	プチ・ブル階級	無産階級
張深切、林克夫	○	×
廖毓文、趙櫪馬	×	○
黄石輝、郭秋生	×	○
民間の歌謡創作者	○	○

ことによって、大衆は初めて文学を知り、「文芸大衆化」は達成できるものとなると呼びかけた。

普遍的な言葉ではあるが、「大衆」とは複雑な概念である。大衆とは匿名性を有し異化しやすく、暗示にかかりやすい、無関心の特性を持つ集合体のことを指す。通常、大衆は特権階級に対して疎外感を抱き、数の上では多いが、組織されない総体である。また消費能力を持った人々として理解され論じられる。(39) とはいえ、発信する立場の違いによって、大衆の定義、範囲は一様ではない。

レイモンド・ウィリアムス（Raymond Henry Williams、一九二一－一九八八）が述べているように、「大衆など実際はおらず、人民を大衆とみなす方式があるだけである」。(40) 一九三〇年代の日本で文芸大衆化論争が行われた際に使われた「大衆」という言葉の中身は殆ど「庶民」という意味であり、学術的な使用というより、むしろ「庶民」という観念をモダンに言い換えたに過ぎないものであった。(41) 台湾の文芸大衆化運動にもその傾向が見られる。

一九三四年五月「台湾文芸大会」が設立され、張深切が組織の重要性及び設立の趣旨を説明している。「大衆」をキーワードとして使ったこの演説は満場の喝采を浴びたが、文芸大衆化の対象は誰か、大衆とは誰なのか、といった課題に関して、台湾知識人たちの見解は分散状態にあった。文芸大衆化を論議するに当たって、台湾知識人はそれぞれが認識する「大衆」で論述したので、大衆について照準を合わせることは至難であった。(42)

台湾話文派にしろ、中国白話文派にしろ、知識人の多くは流行歌を文化、娯楽としてだけではなく、植民地統治下で解決できない台湾文学の政治、社会、文化の重荷を音声テクストとして託し、大衆教化の道具性を賦与していたのである。しかし、一部の知識人は台湾歌謡を蔑視し、毒素を含む娯楽と考えていた。表3が示すように、知識人が想定した歌謡大衆は伸縮して範囲こそ違うものの、いずれも限定された階層に絞られた。それに対して民間の作詞作曲家は単なる資本主義の損得利害、つまり市場や売り上げを考え、広範な大衆の嗜好、要求に迎合する。大衆の設定における両者の相違が、そのまま市場に反映され、ビジネス面で勝敗は明らかになった。知識人を負かした相手は統治者ではなく、同じ台湾人の民間の歌謡創作者たちであった。

（二）植民地まで浸透する『キング』の影響

一九三〇年代、台湾知識人が関与した台湾歌謡活動は商業面での敗者となった。その失敗を台湾島内ではなく、日本帝国、つまり当時の内地の「大衆の争奪」という観点から俯瞰すると、大きな時代的意義がある。

日本における芸術大衆化論争は二〇年代に起こり、三〇年代後半まで続いた[43]。台湾の文芸大衆化論争は日本より遅かったものの、その内実や目的は日本のそれと類似していた。この論争が植民地で起こったことは、台湾が後追いの形でこの帝国をその範囲とする大衆争奪戦の戦場に参入していったことを意味しよう。

一九三〇年代の日本の文芸大衆化論の中で、社会主義の知識人たちの関心は、文芸という民衆教化の道具を利用して右翼と争い、無産階級庶民、すなわち農漁民や労働者の政治意向を変革し、群集の力でブルジョア階級に対抗することにあった。この時、大日本雄弁会講談社（現講談社）発行の右翼を代表する大型娯楽雑誌『キング』は、軍国主義や皇国思想を巧妙に雑誌に織り込み、社会下層を含む各階層の多数の大衆の支持を得ていた。

『キング』の内容はイラスト、漫画、写真を多用して分かりやすく、面白いものであった。広告や読者投書欄の設置、さらにはレコード部門までを設立する。流行歌を発売したことによって、『キング』は知識人から労働者まで読者として取り込み、発行部数は百万部を超えた[44]。社会大衆教化の主導権を握った後、右翼陣営はその勢いのまま日本国民を軍国主義の道へと誘導していく。『キング』の成功は日本の左翼雑誌にとって重圧となり、やむなく講談社のような資本主義的編集方針を模倣して、肩が凝らない軽い文章を掲載し、「楽しませながら教化する」方針に舵を切る。余暇的で分かりやすく、さらに面白いといった要素を社会主義の文学雑誌が導入していく。[45]

この「読者大衆の争奪」と呼ばれた文化的、政治的現象は一九三〇年代の台湾にも波及する。[46]『キング』の旋風は台湾にも及び、台湾知識人の雑誌『南音』、『先発部隊』、『台湾新文芸』などは「読者大衆の争奪」で一敗地に塗れたのである。内地（日本）の芸術大衆化論争と同じ構図である。前述の郷土文学論争の背後には、実質では日本よりさらに複雑な「読者大衆の争奪」の構図が隠されていた。文学の担い手に関する主張の差異に基づいて台湾の大衆争奪戦は、次の三者から成る。

①「国語」教育や大量の社会教育施設によって労働階級を教化し、軍国主義、皇国思想や資本主義を喧伝する植民統治者。
②「中国白話文」、あるいは日本語を創作手段として統治者と対峙する台湾知識人。
③②と同様抵抗の意図を持ちながら、台湾話文を提唱する台湾知識人。

「読者大衆の争奪」の角度から眺めれば、日本語、中国白話文、または台湾話文を雑誌の担い手としてきた台湾知識人が文字テクストの大衆争奪で敗れ、つまり台湾自生の雑誌が日本から持ち込まれた雑誌に打倒された後、音声の分野へ転戦した結果が流行歌だったといえる。この転戦は台湾人に一縷の希望をもたらした。それは前にも述べたが、決まった表記法がないため、小説、詩歌など文字の世界では台湾人は統治者と太刀打ちできないが、音声すなわち流行歌の世界では、台湾歌謡は日本歌謡を凌駕するということである。台湾知識人は歌謡という文芸によって大衆を争奪し、啓蒙教化を図ることができることを知る。そして、それは可能性、勝算を持った抵抗の道具であったことを意味していた。反植民の戦場が「文芸大衆」の領域に移った後、台湾の知識人は音声という武器を手にしたものの、やはり苦杯を嘗めることになる。その原因の一つは、彼ら知識人が「文芸」とは何か、「大衆」とは何か、さらに歌謡という「文芸大衆」争奪戦の中で如何なる役割を果たすべきかについて、一致した考えを共有できなかったことにある。

流行歌の歌詞は専門的で特殊な創作領域である。旋律やリズム、テンポなどの面から見れば、「知識エリート」の書く流行歌の歌詞や詩は、譜面に乗せて歌うのにふさわしいものとは限らない。それらの作品はある程度読む価値や文学的特質を備えていても、音楽性やリズム性が不足していたために、レコード産業の流行歌の歌詞として求められる娯楽性や商業性といった売れる要素を欠いていたのである。

社会主義知識人の歌謡活動、すなわち「大衆啓蒙の手段として」の歌謡、「大衆の識字手段としての」歌謡は、結局「大衆娯楽としての」歌謡、さらに「封建の毒素を有する」陳腐で、頽廃的な歌謡に敗退することになる。これは取りも直さず、日本帝国との読者大衆の争奪戦をめぐって、台湾の左翼知識人の連戦連敗を意味することになる。

おわりに

日本統治下、台湾人は近代文学の道を歩み始めた。「自ら」の文学の担い手、つまり近代化された表記言語の欠如する苦境に置かれながら、台湾人は文字以外の文化活動を繰り返し利用する必要があった。文学や歌謡は統治者の社会低層の教化に対抗し、大衆教化における争奪戦の利器になりえたからである。

歌謡の世界へと迂回、転戦を強いられて文化活動を行うには、多くの論争が伴う。中国白話文派が台湾話文で流行歌の創作を始めたことは、郷土／話文論争において、本来反対派である自らの主張の軌道修正、妥協を意味する。それにしても台湾知識人の歌謡活動は、一般大衆に浸透するまでには至らなかった。創作した歌謡レコードの売り上げや人気が庶民性、娯楽性、音楽性を備えた民間作詞者の作品に及ばなかったからである。歌謡大衆の争奪戦においても知識人たちは勝利者にはなりえなかったのである。文学においては日本、音声においては台湾の民間作詞者の軍門に降った左翼知識人は、大衆の争奪戦で連戦連敗を喫し、絶えず挫折を味わったのである。

文芸大衆の争奪の歩みは、多くの近代化の課題——文字、音声、資本主義、被植民、知識——に同時に包囲された往時の台湾知識人の苦境を今、改めて台湾人に問い掛けているのである。

【注】

(1)本論文は、台湾中央研究院「戦後台湾歴史多元鑲嵌及主体創造」の主題計画による研究成果の一部である。この場を借りて関係者に感謝の意を表する。

(2)『台湾民報』の創刊後、張我軍は「糟糕的台湾文学界」(大正一三年一一月二一日)、「為台湾的文学界一哭」(大正一三年一二月一一日)、「絶無僅有的撃鉢吟的意義」(大正一四年一月一一日)、「揭破悶葫蘆」(大正一四年一月二一日)等数多くの論文を発表している。

(3)台湾における中国白話文運動は、翁聖峯『日拠時期台湾新旧文学論争新探』(五南図書出版、二〇〇七年)が詳しい。

(4)黄石輝「怎様不提唱文学」(『伍人報』第九－一一号、一九三〇年八月一六日－九月一日)、中島利郎編『一九三〇年代台湾郷土文学論戦資料彙編』、(春暉出版社、二〇〇三年三月)、四一七頁。なお、本論文中郷土／話文論争関係の資料は大部分が中島利郎編の同書から引用したものである。以下は『彙編』の略称を用いる。

(5)郷土／話文論争の経緯については、陳淑容『一九三〇年代郷土文学／台湾話文論争及其余波』、(台南市立図書館、二〇〇四年一二月)が詳しい。

(6)同上書を参照。
(7)陳培豊『日本統治と植民地漢文――台湾における漢文の境界と想像』(三元社、二〇一二年八月)、一三一―一八二頁。
(8)郭秋生「建設『台湾話文』一提案」、『台湾新民報』一九三一年八月二九日、九月七日、中島利郎編『彙編』より転載、九三頁。
(9)陳培豊、前掲『日本統治と植民地漢文――台湾における漢文の境界と想像』、一五二―一六四頁。また「唸歌仔」に関する研究は許成章『台湾俗文学探討(叢稿之二)』(高雄市文献委員会、一九六七年)などが挙げられる。
(10)ちなみに、「唸歌仔」は国語を学習していても漢文を知らない台湾知識人のような文化の「文盲」にも役に立つと思われる。黄得時という当時の台湾の代表的な知識人の話によると、「唸歌仔」は貧しい労働者だけではなく、知識人の娯楽でもあった。彼自身が「唸歌仔」の愛好者だったからである。
(11)前掲、陳培豊『日本統治と植民地漢文―台湾における漢文の境界と想像』、一五二―一六四頁。
(12)陳培豊「演歌の在地化――重層的な植民地文化からの自助再生の道」蕭新煌、西川潤編『東アジア新時代の日本と台湾』(明石書店、二〇一〇年)、二三九―三〇〇頁。
(13)黄石輝は「郷土文学は発展する際に一切の文学作品、民間故事、童謡、俗歌等が文字と力をあわせれば、台湾語は文字化できる。一方で簡単な読物本を編集し群集に広める。そうすれば、書店がなかろうが、漢文科が廃止されようが問題ではない。群集は無意識のうちに文字を覚えられる。どうだろう?この時、父兄は教師となり、友達も教師となり、薬売りも教師となり、レコードすらも教師となる。いつでもどこでも文字を覚える機会が生まれるのである」と述べた。(黄石輝「解剖明弘君的愚論」、『台湾新民報』九七四―九七八号、一九三三年一一月五日から九日)
(14)林良哲『日治時期台語流行歌詞之研究』(国立中興大学台湾文学研究所碩士論文、二〇〇九年)、一九八頁。
(15)同前。
(16)黄裕元『日治時期台湾唱片流行歌之研究――兼論一九三〇年代流行文化与社会』(国立台湾大学歴史学系博士論文、二〇一一年)。
(17)同上書を参照。
(18)前掲、林良哲『日治時期台語流行歌詞之研究』。
(19)佐藤春夫(一八九二―一九六四)は、一九二〇年に台湾を三ヶ月旅行。帰日後「植民地の旅」等の旅行記を書いた。その後一九二五年五月号の雑誌『女性』に、台南安平で起こったロマン怪奇事件をテーマとする小説「女誡扇綺譚」を発表した。この作品の台湾風景の描写は、当時の日本社会の台湾に対するロマンティックなイメージを生み出すのに多大な影響を与えた。物語の概略は、主人公が安平旧港の一角にある廃墟となった富豪の屋敷を探険する。その富豪の家は海難により没落するが、噂によると美しく着飾った娘が部屋の中で命を落としたという。主人公は荒れ果てた部屋の中で扇を拾いそこを離れる。そして扇がその地で発生した不倫事件や情死事件と関係していく。幾つもの時空と物語が折り重なったロマン怪奇物語となっていく。中国語訳は佐藤春夫著、邱若山訳、『殖民地之旅』（草根文化出版社、二〇〇二年九月）を参照。

(20) 前掲、林良哲『日治時期台語流行歌詞之研究』、一九四頁。
(21) 前掲、黄裕元『日治時期台湾唱片流行歌之研究――兼論一九三〇年代流行文化与社会』、四一－四三頁。
(22) 前掲、陳培豊『日本統治と植民地漢文――台湾における漢文の境界と想像』、三一五－三一九頁。
(23) 蔡培火は台湾文化協会の同志から母の長寿祝いにもらった祝儀を基金として、東京でアメリカ製の放映機材と啓蒙的性格の教育フィルムを十数本購入、台湾文化協会の映画宣伝事業を始める。そして「美台団」という三人の組織を結成している。
(24) 黄信彰『伝唱台湾心声：日拠時期的台語流行歌』（台北市政府文化局、二〇〇九年五月）、六四頁。
(25) 前掲、黄裕元『日治時期台湾唱片流行歌之研究――兼論一九三〇年代流行文化与社会』、五五－七五頁。
(26)「台湾文芸　北部同好者座談会」、『台湾文芸』2：2（一九三五年二月一日）、五頁。
(27) 点人「南国的使者――我希望「南音」如此！」、『南音』一：2（一九三二年一月一五日）、一頁。
(28) 楚女「評先発部隊」、『台湾文芸』創刊号（一九三四年一一月五日）、七頁。
(29) 頼明弘、林越峰、江賜金「第一回　台湾全島文芸大会紀録」、『台湾文芸』2：一（一九三四年一二月一八日）、六頁。
(30) HT生「詩歌的批評及其問題的二、三」、『台湾文芸』2：4（一九三五年四月一日）、一〇一頁。
(31) 林克夫「詩歌的重要性及其批評」、『台湾新文学』一：七（台湾新文学社、一九三六年八月）、八八頁。なお林克夫の言う「三月号には拝金芸術のレコード歌謡」とは、陳君玉が『台湾新文学』第一巻二号で発表した「黎明山歌」と「半夜調」のことである。
(32) 林克夫「清算過去的誤謬――確立大衆化的根本問題」、『台湾文芸』2：一（一九三四年一二月一八日）、一八－一九頁。（前掲、林良哲『日治時期台語流行歌詞之研究』、二〇〇頁）
(33) 前掲、林良哲『日治時期台語流行歌詞之研究』、二〇三頁。
(34) 同前、一六四、一六五頁。また左翼の歌謡曲に対する頽廃批判は戦後の日本でも起こった。
(35) 前掲、林克夫「清算過去的謬誤――確立大衆化的根本問題」、一九頁。
(36) 同前。
(37) 克夫「祝『南音』的産生　並将来的希望」、『南音』一：2（一九三二年一月一五日）、三頁。
(38) 黄石輝「没有批評的必要、先給大衆識字」、『先発部隊』（台湾文芸協会、一九三四年七月）、一一－一二頁。

(39)李承機「植民地台湾におけるメディア・ミックスの競合と『大衆』」、『アジア遊学』五四号、（二〇〇三年八月）。
(40)彼徳・布魯克（Peter Brooker）『文化理論詞彙』（A Glossary of Cultural Theory）（巨流図書有限公司、二〇〇三年一〇月）、二三五頁。
(41)尾崎秀樹『大衆文学』（紀伊国屋書店、一九九四年一月）。
(42)前掲、頼明弘、林越峰、江賜金「第一回台湾全島文芸大会紀録」、四頁。
(43)日本の芸術大衆化論争は、一九二八年にナップ（全日本無産者芸術連盟、後の全日本無産者芸術団体協議会）結成前後に、芸術大衆化がプロレタリア文学運動の重要課題であるとして議論された。中心は蔵原惟人、中野重治、鹿地亘らであった。一九二八年中野は「いわゆる芸術大衆化論の誤りについて」で芸術至上主義の立場から出発する。鹿地は「小市民性の跳梁に抗して」で異なる立場から芸術大衆化論に反対する。それに対し蔵原は「芸術運動当面の緊急問題」で、中野の論は日本大衆の実情を無視した理想論であると批判、鹿地と共に文学の自律性の論点を否定して芸術の大衆化とプロ文芸の統一戦線を強調する。その後、三人は『戦旗』上で引き続き論争を行い、最後は日本無産階級作家同盟中央委員会で「芸術大衆化に関する決議」が決められ、革命的無産階級のイデオロギーによって大衆の意見を把握することが宣言されて、論争は一段落を告げる。論争が政治と文学の弁証関係については解決を見なかったために、その後も芸術価値論争が起こることになる。葉渭渠『日本文学思潮史』（五南図書出版、二〇〇三年四月）、四二六－四二九頁。長谷川泉『近代文学論争事典』（至文堂、一九六二年一二月）、二〇六－二〇八頁。
(44)佐藤卓己『『キング』の時代――国民大衆雑誌の公共性』（岩波書店、二〇〇二年）、七七－九三頁。
(45)同前。
(46)陳培豊「殖民地大衆的争奪『送報伕』・『国王』・『水滸伝』」、『台湾文学研究学報』第九期（二〇〇九年一〇月）、二四九－二九〇頁。

「台湾文学」と「中国文学」の接木及びそれに関連する言語と文字の問題

――戦後初期の国語運動から論ず（一九四五－一九四九）

黄美娥（三好祥子訳）

人生の黄昏に至り、非常なる心残りといえば、国文をもって小説を書いていないことである。健康が許せば、短編小説を書きたい。命あるうちに、国文で創作がしたい。それでこそわが祖先に対し面目が立つというもの。

龍瑛宗『身辺雑記片片』(1)

はじめに

一九四五年八月、日本は降伏、台湾は中国の懐に戻った。ここより戦後の段階に入り、同時に盛大なる「脱日本化、再中国化」という文化再建工作が展開された。なかでも「国語運動」の推進は重要かつ影響の大きい項目であった。一九四六年設立の「台湾省国語推行委員会」のみならず様々な機関が離合集散を繰り返す中、その担当する業務は変化したが、現在にいたるまで国語学習は小中学校の教育の柱となっている。実際、戦後初期までさかのぼりうる国語学習の風潮が、当時台湾を訪れた多くの中国の国語学者の目に「新たな耕地」あるいは「実験台」[2]として映ったとはいえ、その結果が人も驚き羨むようなものであったのは確かである。一九三二年「詞的解放運動」における魯迅(一八八一―一九三六)との筆戦でその名を世に知らしめた曾今可(一九〇二―一九七一)は、一九四八年に公開された講演で、台湾における国語(の普及)を迅速且つ普遍的に推行するよう提唱している。彼は、一〇年後には台湾全土で言語の一致が何の問題もなく果たされていると確信しているとし、「将来最初に言語の一致を果たすのはおそらく間違いなく台湾だ。中国の模範省でもあるからして、当然台湾である」[3]と述べている。

中国の他の地域と比べ、成功の度合いが大きかったと評価される国語運動について、それがどのように展開し、台湾人は如何に反応したのか。特に戦後初期、日本統治時代後期の濃厚な「皇民化」の洗礼を受けた人々はどう対応していったのか。先に引いたように、戦後三十年余を経た一九七九年、晩年の著名作家龍瑛宗が未だ「国文」をもって作品を書いていないことを心残りだとし、「国文」での創作こそ先祖への面目であると嘆じたこと、これは彼自身の状況とみるよりは、むしろ戦後初期国語運動が人々の奥深くまで入り込み、台湾文学との関係が決して浅からぬものであったことを反映したものである。戦後新たに興った「国語」「国文」は、台湾作家にとって悪夢かそれとも幸福な夢だったのか。もともと日本語での創作に長けた龍瑛宗が、何故それを忘れることなく心に深く刻み込んだのか。言葉という伝達手段の問題から創作の心に至るまで、台湾における戦後初期の国語運動は、文学と作家にとってどのような意味を持ったのか?

実際、早くも『新生報』「橋」文芸欄論戦期において、福建省漳州出身の戯劇作家陳大禹は、これは国語学習への強い要求が原因にあると鋭い観察を示している。互いに関連しあいながら形作られてきた台湾文学の特殊性について、彼は「現在台湾で発表されている作品は、機能上異なる点があり、特に語文の教育性において顕著である。言葉の変革のため台湾人は祖国の言葉に対して白紙のような状態にあり、雑誌などから吸収し、学んでいる。彼らの読解力は、内容の理解において国内に偏っているが、生活の中では必要な言語と文字を引用していかなければならない。したがって、現在の台湾の作品は、このような需要のためにその特殊性を強調すべきであり、その特殊な需要に基づいて適宜使用すべきである」[4]。陳氏の仔細な観察は、戦後初期台湾文学の中の言語と文字の変革、需要及び実践のため、それが如何に変化して台湾文学そのものの特殊性となったかを指摘している。戦後初期の台湾文学の状況を知るためには、当時の国語運動と台湾文学の間にあった相関関係は欠かせない。

上述のような状況に対し、台湾文学における戦後初期の国語運動について言えるのは、言葉の変換ゆえに登場した王育徳のいわゆる「被呪詛文学」あるいは林亨泰の「跨越語言一代」のような抑圧された困難ばかりでなく、龍瑛宗のように国文で執筆することへの燃えるような情熱と確固たる信念、また陳大禹いうところの機運に応じて生まれた台湾文学の特殊な状況にも注目すべきということである。これらによって日本統治時代以降の台湾文学作家が戦後「国語」の学習と使用について感じた、複雑に錯綜した情感の構造とあいまいで込み入った態度、さらに以前とは異なる文学そのものの姿、新たに生じた文学秩序の構造、これらが如何に思考を刷新し、綿密な叙述に結びついてゆくのかが待たれている。かつての戦後初期台湾文学に関するポスト・コロニアリズム論を見ると、少なからぬ成果のなかに「日文」から「中文」にいたる言語の断裂性がはっきりと示され、台湾文学の苦難の歳月が鮮明に描かれている。故にここでは試みに異なる視点をもって、日本統治時代から戦後の段階を見てみたい。「台湾文学」が「中国文学」になる時、両者の間にかつて生じた、「国語」を基礎とする文学の「接木」状態、及びそこから派生する言語に関わる問題について述べてみたい。

戦後初期、なぜ「国語」が台湾文学と中国文学の「接木」を進める重要な基点となったのか。まずは「接木」という言葉について説明したい。「接木」は異なる植物を結合させ、新たな植物と成す繁殖法である。この言葉を用いて戦後初期の台湾文学と中国文学との接触・連結の状況を描写しようとしたのは、長期にわたる日本統治下での、日本語と中国語との衝突、それによって台湾文学と中国文学が異種となるにいたった事、その後この二つが合して一体となるためにはこのような接ぎ木の過程が必要であったことをあきらかにするためである。それは以下の事実にも示される。戦後初期の各種文学論域の論争を通し知れるのは、一九二〇年代の台湾で、北京白話文を筆記の道具とした中国語の創作現象を当時の人々が決して知らなかったわけではないこと、それと同様に、漢字の「同文」性という特質を持つ台湾古典文学の筆記が、戦後初期の台湾文学創作において、依然として多くの質疑と挑戦に遭遇しており、そのため「文字」以外にも「音声」および「文体」の標準化を求めねばならなかったことである。実際、かつての台湾本省の古典文人の漢文及び中国語作家の北京白話文との「同文」性という条件は、両者のスムーズな適合の進行や理想的接木にはなお不足で、最終的には全てを「国語」という媒介の出現に頼らねばならなかった。したがって戦後初期において台湾ではただ「国語」の実地操作を通じてのみ、「言文一致」した現代中国文学を書写する要求を満たすことができたのであるが、戦後初期の正統な文学規範についての新たな協議が可能だったのも、ともに接木できる空間と基礎があったればこそである。

国語運動が非常な勢いで展開されると、その普及性・強制性にともない言語改革は公共の話題となった。文学分野でもその影響を受け、台湾人によれば「国音」の養成・「国文」の書写・「文法」の熟知など、日常言語から文学言語に至るまで波及し、台湾文学が生まれ、時と共に進んできた質の変化を強力に促した。特に国語の読音の標準化・国家化、国文書表記の一致・統一、そして文学の負うところである民族主義の宣揚・国家精神の啓蒙化にいたる変化は、最終的に台湾文学のもたらす革命性の新たな意義となり、台湾文学の創作規範をすこしずつ変化させていった。こうして、日本統治下から戦後の段階において、「日文」から「中文」へ、「漢文」から「国文」へ、そして「文語」から「白話」へと国家からの強力な働きかけを受けた「国語」が定まり、それから文字読音・文体筆記・文学秩序・

文学領域の大変化などについても火が点き、戦後の台湾文学は日本統治時代とはうって変わり、新たな状態に入った。これこそ本論が明確な整理分析を試みるポイントである。

一、戦後初期台湾の国語運動

戦後台湾の国語運動について、主な推進者、あるいは理論体系の構築、ひいては語文雑誌の創刊などは主に中国国語運動の延長、またそれを参考にしたものだが、中には台湾ならではの環境によるものも含まれる。以下に説明する。

（一）台湾全土にわきおこった国語推行運動

国語運動の推進については、一九四五年、教育部により組織された国語推行委員会まで遡らねばならない。対日本戦の勝利を目前にして、中央は接収及び修復計画に着手、教育部国語推行委員会は人員を派遣して準備工作に参加した。台湾光復後の一九四五年一一月、教育部は魏建功・何容などを台湾に派遣し、「台湾省国語推行委員会」および各県市の「国語推行所」を開設した。一九四六年四月二日、「台湾省国語推行委員会」が正式に成立、魏建功を主任、何容を副主任とし、方師鐸・斎鉄恨等を常務委員、呉守礼・王炬等を委員とした。後に一部委員は続投、新たに王寿康・洪炎秋・梁容若・黄得時なども委員となっている。[5]名簿を見ると、教育部国語推行委員会出身の委員が多いものの、呉守礼・洪炎秋・黄得時という台湾の教育環境を熟知した本省人も少数ながら含まれている。この「台湾省国語推行委員会」の努力のもと、台湾人の国語学習の旅が始まった。

台湾の国語学習については、一九四五年台湾に入った陳儀が大晦日の公開ラジオ番組で、国語学習を取り入れた民国三五年の心理建設工作について述べている。

心理建設は民族精神の発揚にある。而して、言語、文字、及び歴史は民族精神の要素である。台湾は中華民国に復帰したのであるから、台湾の同胞は中華民国の言語と文字によって中華民国の歴史を理解しなければならない。来年度の心理工作については、わたしは文史教育の実行と普及を重視せねばならぬと思う。一年以内に、全省の教員学生ほとんどが国語を話し、国文に通じ、国史を理解することを希望するものである。(6)

陳儀が国語学習と民族主義、学校教育を相互に連結させ、国語学習と国家意識を密接に関連づけているのは明らかだが、それ以外にも学校教育の強力なチームワークの様子が良く見て取れる。事実、国語学習運動は中華民国民族主義と多くの点で関わるところであり、学校教育の重要ポイントというにはとどまらない。戦後初期の各種文献資料から見ればこれらは全民運動と称するに差し支えなく、党・政府・軍は無論、省、県市単位で関連教学機構が設立されており、そこには官民階級・左右翼派系・初等〜高等教育機関も含まれていた。本省人、外省人を問わず参加しないものはなく、いたるところ「国語熱」(7)が広がっていたのである。首都台北から辺境の花蓮地区に到るまで、新聞や雑誌では国語学習・指導の情報が軒並み掲載され、ラジオではレギュラー番組を設置、出版物は読者や視聴者の大歓迎をうけた。全民化・地域化・地方化の状況がよく見て取れる。

(二) 国語運動の理念と理論

戦後初期台湾国語運動の熱狂の後は、国語運動の理念と理論について示したい。「台湾省国語推行委員会」にかかわる最も系統的な説明と言説は、行政長官公署の機関報『台湾新生報』に集中している。これは一九四六年五月に創刊された「国語」の専門雑誌で、創刊後、魏建功らはこの雑誌を大いに利用して国語運動の重要論文などを発表した。これ以前に魏氏の論文が見られるのは一九四六年五月発表の「国語的徳行」一文のみであるが、雑誌発刊以降は少なくとも「国語運動綱領」「何以要提倡従台湾話学国語」「国語四大涵義」「台語即是国語的一種」「談注音符号教学方法」「学国語応該注意的事情」「国語辞典裡増収的音」「台湾語音受日本語影響的情形」「日本人伝訛了我們的国音」「学習国語応重方法」「関於交際語」などがあり、これらの文章は「国語」専刊のそれぞれ第一期から第一一期および第一五期・第一八期に掲載されている。(8)

台湾国語運動の主たる論者として、魏建功は台湾に対しどのような理論と叙述を行ったのか。魏氏の考えを分析する前に、まず先に引いた「国語」専刊の発刊のことばの一部分を引用したい。

> わが国における国語運動は結局のところ一種の社会運動である。政府による徹底した政治力を用いた厳格なる執行は行われたことがない。この基本的事実をなおざりにすれば、話のつじつまが合わなくなってしまう。……国語運動も五十年の歴史があり、その成果の多くは自然な発展のなかで得られたもので、……。(9)

ここで示される重要なキーワードとは、つまり中国の国語運動は自然な発展を遂げた一種の社会運動であり、政治の指導のもとに生じたものではないということである。この記述を借りれば、台湾の国語運動をよどみなくまた速やかに押し広めていこうとしているのは明らかで、実際これらは中国国内でかつて行われた事と同様、自然な状態での活動展開であり、政治の強い介入は全く受けていない。

しかし、台湾全島での熱狂ぶりを再度考えてみると、「国語熱」に浮かされる台湾人は少なくないものの、現実生活に対峙した時、陳儀のいう一年以内に教員学生が国語を話し、国文に通じ、学校で日本語を話さないようにするという政策、あるいは一九四六年一〇月二五日刊行分から日本語欄が廃止されたという措置について、台湾人が政治力の強烈な関与を感じないわけはなく、でなければ文学者から「被詛咒文学」の悲哀の声が出ることもないだろう。ここで考えるべきは、国家の強制的な雰囲気を感じつつ「国語」を学ぶことにおいて、どうすれば台湾人に喜んで勉強させられるかということである。この点について、魏建功の「国語的徳行」はまさにキーポイントとなる文章である。以下に要点を抄録する。

我々の標準的な国語の形成は文化の自然な変化であり、……その来源は孔子の哲学のなかの「恕」と関わっている。……我々の標準的な言語の系統もまたこの処世哲学のなかで陶冶されたものである。……これらの標準的な系統は北京においてゆっくりと成長していたが、折良く北京から四方に散じて行政を担うことになった役人が、……したがって、人はそれを「官話」というのである。「官話」は決して「官の語る言葉」ではない。ここでの官は「官私（訳注：官吏と人民）」の「官」であり、また「公共」の意味でもある。……我々の国語推進は台湾における一つの「文化の復元」であって、日本人が我々の性霊を破壊したり、その施行した「文化政策」の如きものでは全くない。……我々は国語の長所を利用して、五十一年にわたり隔てられていた台湾と祖国とを一つに結びつけ……我々の標準語を標準とするにあたり、純粋な言語学の観点以外で最も重要なのは、一種の徳行を涵養する表現が豊富な点であり、これは軽視すべきではない(10)。

魏建功がここで訴えるのは、中国国語の「標準化」が、長い時間のなかで自然に成立したものであり、これら標準化は孔子の「恕道」という哲学精神に基礎をおくが故に強制と圧迫を伴わずゆっくりと醞醸生成されてきたということである。次に、国語の標準化について、彼は北京官話から話を始めるものの、「官話」は公共力を持った話法であり官の話す言葉ではないと明確に指摘、したがって階級制や役人とは無関係で、かつ功利を追求しない自由平等な言語であるとして、この点で特に破壊的色彩を帯びる日本語政策とは異なるとしている。三つめに、国語は既にある種の徳行を伴う言語であるとして、ゆえに標準化の実施を求める場合、方言は消滅するどころか、平等に取り扱い、本省人には方言から国語を抽出するような学習方法を勧め、標準化へ大きく邁進していくべきだと述べている。

国語問題に高く注目した魏建功の文章は、「国家」のために「国語」に対する統制力と統一性を犠牲にするのではなく、却って言語の「標準化」に立脚した議論をたてている。魏建功は「標準化」が台湾人に一種の脅威と暴力を与えていることをはっきり認識しており、そのため特に「恕」という字を挙げて、中国国語の標準化は自然にゆっくりと形成されたと説明し、台湾人に標準化した国語を突きつけたとき当然生じるであろう嫌悪感を無にしようとしたのである。また、彼は台湾方言を尊重し充分に用いることは、本省人が国語を学習する際に見いだした方法論且つ方便の道であり、それが国語の標準化を追求するなかでの方言色による不具合や衝突を取り除くのだと説いている。魏建功が、台湾方言は国語学習のための近道になりうるとはっきりと述べたこと、ここに後述する内容のポイントがある。

(三) 方言を用いた国語学習と注音符号論

魏建功が台湾語を利用した国語学習を強調したのは何故か。台湾省国語推行委員会の制定した「台湾省国語運動綱領」六条がその状況をよく摑んでいる。

一. 台湾語を復元し、方言から比較して国語を学ぶ。
二. 国音の読音を重視して、「孔子白」(台湾語の読音)から「国音」に引き渡す。
三. 日本語の句法を排除し、国音でもって直接文を読み、文章の復元を達成する。

四．言葉の分類を対称的に研究し、語文の内容を充実させ、新しい国語を建設する。

五．注音符号を利用し、各民族の意思疎通を図り中華文化を融合させる。

六．学習意欲を鼓舞し、教学の効率を増進させる。（日本語訳については注（6）に同じ）

このうち前半三項目は台湾人の過去の日本語教育を考慮して設けられた。魏建功がなにゆえ新たな国語学習の方法及び近道として方言をあてようとしたか、その意図するところがここにある。彼は「国語的四大涵義」において、「国語」は「本国で現在使用されている標準語」に一義的に含まれるものではないと指摘しており[11]、「台語即是国語的一種[12]」では、台湾語は国語の一種であると明確に述べている。また「何以要提倡従台湾話学習国語」では、方言と国語はある言語的変遷の後形成された異なる一派であり、その文法はほぼ同じで、異なる系統を持つ言語のように無関係な音を持っているのとは全く違うと強調している。だからこそ彼は方言を保存し、比較の方法を用いて国語を学習することが国語の推進のための良き助けとなるとする。更には日本統治時期、日本語の推進は台湾方言に対し破壊性を持ったとし、もし今国語の推進のため台湾語が再度見捨てられ消滅するとしたら、それはあってはならないことだとする。したがって、日本によって攪乱変質に至った台湾語をただちに回復させるべきであり、改めて方言の地位を高め、よしんばそれが「台湾語復元」だとしても、台湾人に郷土文化の獲得と発揚を図り、民族意識を復元することは、国語学習の助けになり得ると主張した。つまり魏建功は国語の標準化を直接求めているわけではなく、その目的は台湾人民族意識の徹底的な回復をはかり、真に学習する気持ちを持たせることである[13]。このような段階を経てようやく国音の読法・注音符号・新しい国語等に立ち向かえると考えたのである。

台湾語の保存と新たな活用によって台湾人の民族意識を回復させ、標準的国語をきちんと学習させるというやり方は、国語推進運動をするに些か回りくどい感があるが、これは「台湾魂を招いて、国語の夢を見る[14]」方式として、推進当初からすでに多くの論議を呼んでいた。張芳傑の「論従台湾語学習国語」は、台湾語回復の後に国語を学ぶのは何故か、直接国語を学べないとでもいうのだろうか？[15]などと疑問を呈している。このように物議を醸した運動がなぜ好意的な風潮となり得たのか、それとも発展途上にすぎなかったのか。この意味深長な現象について、魏建功の発表は一九四六年九月以降、比較的減っているが、台湾大学の教授として着任する頃になってもその理念は継続している。目立つのは、高等教育により普及に着手すると改めた点だが[16]、『新生報』一九四七年二月二七日以降は見られなくなる。対して、陳儀政権終息後の一九四七年九月から、『中華日報』で国語運動に関する文章が比較的多く掲載され始めた。多くは斎鉄恨の手になるもので、内容は注音符号を提唱して学習法の正音としようという論が主であった。これらは方言論と注音符号論としてみることができる。同じ国語推行委員会に属する者同士の主張ではあるが、そこには緊迫と競争があった。ここから台湾国語運動推進の過程と政策調整の状況、そして魏建功の路線が明らかに勢いを失いつつあったことが見て取れる[17]。この点については、国語運動を回顧する洪炎秋の文章を見ればよりあきらかである。「国語日報十五年」において、洪炎秋は「統一国家は、統一言語が必須である。統一言語は三七個の簡単且つ学習しやすい注音符号による推進が必須である。それによって始めて目的に到達できる」と述べ、また『民族晩報』社説を引用して「注音符号については、実際効果をおさめているのがよくわかる。……五四運動以来推進されてきた様々な文化運動は、ただこの点においてのみ百パーセント正しく、かつ成功していると思う[18]」と述べている。ここから、戦後初期の台湾国語運動のなかで、当初魏建功が方言をもって国語学習の近道とした路線は、最終的に注音符号方法論のため淘汰されたということがわかる。

（四）国語・国文と言文一致

国語運動理論について、当時実施された重要点を簡単に述べ、更に「音声」問題についてもふれた。特に方言と国語の音声の疎通および注音符号を国語学習の最も優れた方法とすることは、共に国語運動の大きなポイントであるが、国語運動は「音声」問題のみにとどまらない。

魏建功は「『国語運動在台湾的意義』申解」において、まず「国語とはなんぞや」と問うた。彼は言う。一般人の考えでは、国語というのは我々中国人が話す言葉であり、そうならば台湾においては台湾語こそが国語ということになる。しかし「国語」という言葉は三つの段階を経て解釈され、変化しており、民国成立以降の第三段階における意味は「中華民国の人民が共に採用したある標準的な言語であり、国家が法律で制定した内外で公的に使用される言語の系統」である。この新たな意味合いにより、発音系統を異にする様々な人が一堂に会し、互いに融和して「最も便利且つ容易な音声を選択し、最も簡単で明瞭な構成に鍛錬」することができるとする。このような定義のもとで、国語は言語組織の問題に言及していく必要があるとした。その完全に整った「国語」語彙は、以下の部分を含む。（1）意味を代表する音声を「国音」と呼ぶ。（2）音声を記録する形態を「国字」と呼ぶ。（3）音声形態の配列組み合わせが表現する全ての思想を「国文」と呼ぶ。配列組み合わせの規則が「文法」である。魏建功は台湾の国語推進運動で「国語の伝習」および「国字の認識」のほか最も重要なのはやはり「言文一致」した標準語の話法と表記法にあると考えた[19]。国語運動の推進は、音声と文字の標準化にとどまらず、定義の現代化、国家化に適応しつつ、言文一致の文体表現の問題にも携わらなければならないことになる。そのためにも魏建功は「台湾語もまた国語」論の筋道に沿い、「台湾の国語運動は『言文一致』を実効的に表現していく必要があり、そうすれば『新文化運動』の理想に最終的勝利を得ることもできよう」と一歩進んだ提議を行っている[20]。こうして読音・国字・国文・文法・言文一致から新文化に至る台湾国語運動論の構造が、音声・文体および国体の三つの部分に統合された。音声問題についての既述部分以外に、言文一致問題同様当時重視されていた点について、霜香は「旅台雑感」に台湾の印象を述べている。

台湾の国語運動はきわめて発達しており、喜ばしい現象である。しかし実のところ、国文は国語よりもずっと重要で、口頭でどれだけ流暢な国語が話せたとしても、筆を以て書き表すのがやはり日本式あるいは中日混合の国文であれば、台湾の文化は日本の支配から抜け出せない。台湾同胞に対し、最大の努力を以てすることを希望せずにはいられない。(21)

霜香は文体の問題に着目して「国文」は「国語」以上に重要だとし、話すことと書くことを一致させられない台湾の苦境を取り上げている。これに対し、魏建功もまた台湾における「言文一致」実施の上で手を焼く問題にぶつかった。「編修者が編集室の中で創作した『国語』以外、あるのは教師や学生が昔の人の舌を模倣した文章や手本だけ。手本は必要だが、若者は彼らをきちんと指導できるよう巧みに書かれた文章の手本を与えられたことがない」ためである。(22)

以上の記述からも「言文一致」の問題は明らかであり、国語と国文の断裂性・文体の混雑化のほか、言及すべきは当時文章の筆記に文語と口語が兼用されていた点であろう。とはいえ、魏建功の記述のように「国語」を創作していたのであれば、学生は「昔の人の舌を模倣した文章や手本」を例とすべきではないし、既に暗示されているように「国語」の中の「国文」は、口語とされた。こうして台湾文学における文語と口語の規範の争いは国語運動同様一悶着を引き起こした。また、文語・口語のほか、林萍心「我們新的任務開始了——給台湾志識階級」では「どの言葉をもとに書くか」という問題がより考慮されており、彼自身は五四白話文を選択している。[23] しかし、「言文一致」の国語文の最も優れた規範は、結局五四式の白話文となるのか。この点に関わる選択と議論は、国語運動と共に台湾文学により多くの刺激と影響をもたらし、大きな注目をあびた。

二、台湾文学と国語運動の出会い

戦後初期の台湾で演じられた国語運動は、魏建功によって方言を通じた学習指導が試みられ、台湾語もまた国語だとしていわゆる「標準化」が自然に形成されたとしたが、国語が「国内で使用される言語」となると一躍「人民が共に使用する標準語・国家が制定する言語」となって「国語」は本質の上で国家の政治支配と認定という巨大な影で覆われた。このような状況のもと、台湾文学はどのような挑戦を受けたのだろうか。

（一）「国語」問題から見る戦後初期台湾文学と中国文学の接木

前述のような新しい言語秩序の転換期のなかにあって、国語の学習は一種の愛国的欲求となっているが、日本語を国語に転換する場合の抑圧や支配から逃れるのも困難である。台湾人の中でこの二つのもつれた感情が交錯している。楊逵は「如何建立台湾新文学」で「台湾新文学を回顧すると、『反帝反封建と民主科学』などという点で大した違いはなく、むしろ言語上にその特殊性が見受けられる。光復以来はや三年になるが、再び飛躍すべき台湾文学界は今なお意気消沈の憐れさである。原因の一つは言語にある。十年以上にわたって使用を禁止されてきた中国語は、今日我々とすっかり疎遠になってしまった。我々の考えを中国語で表明するのは非常に困難である[24]」と述べている。日本統治時代、台湾新文学と中国文学が「反帝反封建と民主科学」などという隔てもなく、むしろ歩みを同じくして発展していたことを肯定し、しかし一方では中国語での意見の表明が困難であることも認め、台湾文学作家の苦境を明確に述べている。呉瀛濤の意見も同様だったようで、以下のように述べている。

……一般人は、日本人の教育のもと、あまねく小学教育を受けている。そのため日本語の文法については、みな一定の基礎がある。しかし、国文についてはそのような知識がない。光復後、我々は祖国の懐に回帰して一部の文化人士は文芸工作を始めた……二二八事変の後に至るまで何の行動もない。この静けさにはもとより種々の理由があろうが、主なものとしてはやはり中国語の筆記が困難であることで……（原文に乱れあり）[25]

日本語教育によって一般人は日本語文法を理解するようになったものの、国文については知識がなく、二二八事件後の頃まで中国語での筆記がなお困難であるとしている。

楊逵と呉瀛濤の話を統合すると、国語運動を経た台湾文学が興味深い現象に出くわしたことがわかる。要約すると、一、戦前戦後を経験した作家達は当時台湾文学と中国文学の間にあった、文学特質の一致性など連繫しうる点について結びつき始めており、これは台湾文学の歴史記憶の再建と評価にも波及している。二、国語運動によって台湾の言語問題は新たな思考を獲得した。呉瀛濤の述べた、日本語・国文・中国語などの語彙の関係は分析に値する。三、楊逵と呉瀛濤の文章発表は一九四八年、すなわち二二八事件の後である。しかし二人は共に中国語筆記の困難さを挙げており、国語学習が、音声から言文一致、それが文学として成立するまでに数年を経てなおも困難な問題であり、国語運動が日本統治時代の日本語作家にきわめて大きな衝撃をもたらしたことが知れる。

文学創作者にとって、国語の学習は単に聴くことと話すことというだけではなく、創作言語の変化により深く関わる。一九四六年六月設立の「台湾文化協進会」では成立主旨の第一として「国語国文の推進[26]」を謳っており、また設立二ヶ月後には中山堂で「初次文学委員会懇談座談会」を開催している。当日の出席者は郭水潭・張星建・楊逵・呂赫若・張冬芳・王昶雄・王詩琅・蘇維熊・黄得時・洪炎秋・林荊南・呉漫沙など、座談会の内容は「表現形式と言語問題[27]」についてであった。出席者と日本統治時代後期の作家からすれば、国語問題による当惑は明らかで、その対応のため有益な意見を広く求めている。言語の問題は既に回避できないほどの重荷となっていた。また多くの外省人作家にとって、台湾文学言語の非国語化は特殊な存在となっていて、すでに述べた陳大禹のほか、歌雷が「第二次作者茶会総報告」でこう述べている。

台湾文学は、今日あらゆる特殊性を有している。第一に、真の台湾人作者が用いる文字は日本語のほかは中国語となっているが、それは五四時代、またはそれよりも早い時期の語法のまま止まっている。……そのため今日形式技巧の上で、国内の作家達との間に距離が生じている。第二に、……日本語文および台湾の郷土の中で変化した俗語と口語とが、文学の中に滲み出ている。これは語彙及び詞彙のなかにきわめて大きな混雑が生じるだけでなく、語法文法上、現代の文学との間においてきわめて大きな差違が生じるのである。[28]

歌雷はまず当時台湾白話文のなかの語法が未だ五四時代のものにとどまっており、このような文体が中国国内作家のそれと明らかに距離があることを指摘している。つぎに、台湾文学で使用されるのは純粋な「国文」ではなく、日本語文と台湾郷土の口語が混淆されたものであり、白話文で創作した場合でも中国の国語文の文体と等しくなることはない。したがって、台湾文学は将来的に新文学の発展途上で、今日有する特殊性を「放棄」する過程を経なければならない、と強調している。

歌雷は五四時代の白話文について、台湾作家にとって文体の模範となっているとは考えていない。この点先に引用した林萍心や、雷石楡が「台湾新文学創作方法問題」で述べた考えとも異なっている。雷によれば、

当時出版された『台湾文芸』……に掲載された作品は、……文章が「五四」時代の白話文レベルに地方の言語を少々加えたというところでとどまっている。……台湾文学の創作問題について、以上の理解を基礎とし、いくつかの根本的な原則を提言したい。……一、……二、中国の文学遺産の継承と受容、とりわけ「五四」以来の新文学の達成（台湾ではみな魯迅などの作家の知識があるが、日本語翻訳での認識では原文からの体得に遙かに及ばない）。これは、隔てられていた祖国の文化に接触する機会となり、同時に文字の使用、筆記の方法についても助けとなる。三、人物の性格・習慣を適切に表現するために、対話部分における地方語の使用を妨げない。(29)

雷石楡は、日本統治時代の台湾文芸雑誌刊行物に関わった自身の経験から、把握する台湾文学の現況を出発点に、五四時代の白話文・五四文学作家の作品が、戦後初期台湾文学において今なお筆記の軌範となっている作用を認めている。また魯迅を台湾人作家の学習対象にする意義を提唱し、文学の語彙としての方言の使用の実効性をも挙げている。これは台湾語を国語学習の手段とする魏建功と同様の理解である。台湾文学における方言使用の是非は、それが国語運動の触媒として作用するため、作家の苦悩の焦点となってきた。しかしこれを台湾文学の特殊性とし得るのか、ひいては台湾文学を独立した位置で討論できるのかという問題であろう。これらは『新生報』「橋」文芸欄での論戦からも一部始終をうかがうことができる。揚風と雷石楡は外省人が台湾の方言と郷土文化を真に理解できるか否か、台湾文学の正しい活路を評論し、導く資格があるかという激論を交わした。(30) 討論は更に台湾文学と中国文学の間の緊張関係にまで波及し、瀬南人は「評銭歌川・陳大禹対台湾新文学運動意見」において、「言語の統一は国内の思

想・情感をもまた相通じさせる」という点で台湾文学の確立を語るのは「分離目標の樹立」という誤謬だとして、当時台湾大学文学院院長だった銭歌川を強く攻撃している。瀬南人には「創作に地方の色を添え、適切な方言を運用することを奨励」することは方法上の問題で、これをもって「中国文学と日本文学の対立をもたらす[31]」ことにはならないという強い認識があった。以上の論戦で言わざるを得ないのは、中国語と台湾方言の間の相互の関係、創作のための言語の選択・学習、そして方言語彙の使用と方法論に至るまで、更には台湾文学が地方文学として国家文学の一体性に挑戦したのかどうか、これらが全て運動の実施に伴って生じたものであり、また文体と国体上の思索・論議をももたらしたのだということである。

(二) 白話文学と古典文学の競合

国語運動が台湾文学にもたらす多くの混乱、および作家達の艱難辛苦について述べてきた。しかし心に留めざるを得ないのは、たとえ省内外の作家からの猛烈な炮火、あるいは鋭い対立が過去にあったとしても、国語運動の時代の潮流のもと、台湾文学もまた祖国文学との衝突・対話と接木があり、日本統治時代文学が記憶する文学の始まりとその世界について、回顧と再構築が行われたことである。そのためこれらは戦後初期台湾文学にとって成長であると言え、その意義と価値は、一九四五年から一九四九年の台湾文学の様相を見れば公平かつ正確に理解できるだろう。

とはいえ仔細に見てみると、台湾作家達が国語運動に対峙した時、生じた反応はそれぞれ異なるものであった。張我軍は戦後張文環と面会した時の状況にふれ、「これまで、日本語の筆記に慣れていた彼は、腕を断たれた将軍の如く、英雄に武器は無用とばかり、創作の筆を高閣に束ねて置かざるを得なかった[32]」と感傷を込めて述べている。彼自身は日本統治時代かつて台湾で出版された『中国国語文作法』を一九四七年に新編『国文自修講座[33]』として引き継いでおり、逆に国語運動の協力者且つ宣伝者となった。

張我軍同様正面から国語運動を迎えたのは、中国語の運用能力を備えた者達で、たとえば蔣培中は「『時潮』所負的使命」の中で以下のように述べている。

島民は光復を共に喜んでいる……我々の『時潮』半月刊がまた発刊された。これは私と漫沙同志が……作った『時潮』である。……『時潮』の負う使命は時勢の潮流に乗って、台湾文芸を建設し、文化を復興させて祖国の最高水準の文学として邁進することである。(34)

蔣培中は、呉漫沙と共同発行した雑誌『時潮』が、時勢の潮流を利用し、台湾文学が祖国の最高水準の文学として前進していくことを求めている。しかし、これが結局国語を識るということになるのだろうか？ 劉文碩編集・鐘雲龍発行の雑誌『大同』の「創刊の言葉」は、頗る味わいあるところとなっている。

今わが台湾は。祖国に重返す。光復は慶祝なり。わが六百万の同胞。新台湾建設の重責を需む。然るに五十年の桎梏のもと。凡そ言語文字。皆其の泯滅を被ること疑いを俟たず。漢民族といえど祖国の言語文字を知らず。……わが同仁斯れに於いて鑑みるあり。……本誌を発刊す。以て台湾新文化の使命たらんと鼓吹す。(35)

この文章はわかりやすい文語文と旧式の句読点で構成されており、そこからは文語文の運用能力を備えた『大同』編集同人が祖国の言語文字をよく理解し、台湾新文化建設の職責と能力があると自認していることがよくわかる。しかし「祖国の文字を知る」ことが「国語を識る」事になるのだろうか？ かつて戦後台湾文学の新しい言語として台湾の方言を用いて論議をよんだ事があるが、『大同』創刊の言葉で使用された文語文体はこれに類似している。果たして標準国語の現代的な意識を満足させられるのだろうか。あるいはこの『大同』編集者流を日本語作家と比較した時、表現しうる点があるのかもしれない。言語の正統性とは何なのか？　呉新栄は以下の文章でこう述べている。

光復以来、我々はもともと持っていた文化の小集団を知らず知らずのうちに解散させてしまった。……郷里近くにある文化人がいる。彼はこの地方では有名な漢学家、尊敬する芹香氏である。……しかし彼は今如何に痛惜の念を与えずに済むかと、我々の前に立つことができずにいる。これもまた旧文化の退場を暗示しているのかも知れない。(36)

言い換えれば、祖国の言語と文字を充分に知悉している者がもし僅かでも漢文人であれば、本場の国語が非常な勢いで迫ってくるのを目の当たりにした場合、早々にその陣地から去るだろうこと、呉新栄がよく知り、尊敬するところの芹香氏が即ちそうであった。「漢文」は国語・国文と同じではない。文字の上で国語、国文との「同文」性を有しているとはいえ、音声・文体及び時代・国家を代表するにおいては適当ではない。呉新栄がここではっきりと浮かび上がらせたのは、「白話文」（国語）の現代性と正統性の意義である。

呉新栄が指摘する事例は、「漢文」が戦後時宜に合わなくなった後、別の意義すなわち間接的に言及された「古典文学」では国語の白話文文学と競うのが困難であるという事実で、杜重の「推進台湾文芸運動的我見」でみられるように、文語文の時代は既に去り、復古を主張して文語文を推奨したとしても結局は時代遅れ、魯迅や郭沫若・茅盾等巨匠の作品を台湾に紹介し、文芸欄を強化すべきであると建議したのである。しかし、比較的特殊なこととして、彼は文語文の落日を指摘したのと同時に、伝統的形式の文語詩の保存は従来通り必要だと提言している。杜重の「詩人は台湾にいる。それは偶像ではなく、一種の力だ[37]」を引用して根拠としたい。

以上の杜重の言は、戦後初期台湾文学において国語運動を契機とした台湾文語・白話と新旧文学の版図崩壊の可能性と、古典文学における詩・文の状況が巧妙に変化し、文学創作の実践における種々の問題が、真の白話文学は何かという本質的な思考を包括していることを明確に浮かび上がらせている。

では、台湾人が学ぶに値し、効果的な中国白話文学の創作の手本となるのは、結局のところ五四白話文学なのだろうか？　それとも戦争が終結したばかりでまだ戦闘力と民間性に充ち満ちている抗戦文学だろうか？　またあるいは左翼的色彩を伴う人民文学や大衆文学だろうか？　作家の手本は前述した魯迅達か、それともまた他にもいるのだろうか？　国語運動が台湾の内部に入り込んだ後、一連の文学秩序・文学領域に関わる変化は、各種討論が展開され、大きく広がっていった。

おわりに

戦後初期にわき起こり、大きな波となった台湾文学史は、一貫して学界の注目するところであり、現在に至る研究成果の蓄積は決して少なくない。本稿は国語運動の影響論を研究の視点として、それが台湾文学と中国文学の接木を展開した基点と考えたほか、台湾文人作家が何を受け入れ、応対したかを考察し、関連する文学の発展環境の変化の問題を探った。国語運動と台湾文学との関わりにより生じた言語の政治的はたらきを整理し、国家体制のもとでの文学秩序の変化、そして戦後初期台湾国語運動の盛況ぶりを叙述した後、魏建功の主要言論に解析を加え、音声・文体・国体の三つの面について、台湾文学が国語運動に遭遇した後の複雑な制約についても探索した。

研究を通して得たのは、魏建功が台湾方言を利用して国語運動を推進させた文化的な思考の構造を解明した点や、戦後初期に異なる言語グループの作家が国語運動に身を置いた時の心境と境遇について述べた点、また「国語」「国文」という現代性・国家性を含む語彙に対し、中国語・漢文・白話文・古典文学等のキーワードが示す意味とその拮抗する様を示せた事である。

しかし、「国語」の誕生に伴い引き起こされた様々な影響は、文学における知識体系の転換・文学規範の修正と調整・文学作家モデルの確立などの問題を含み、深く追求するにはいたらず、さらなる解説が必要である。とはいえ、本稿の説明は台湾文学の戦後初期国語運動について明確にしており、いざこざに満ちた時代の軌跡がいささかなりとも留められたのではないかと思う。

【注】

(1)陳万益主編『龍瑛宗全集』第六冊(国家台湾文学館籌備処、二〇〇六年)、三三九頁。

(2)呉守礼「台湾人語言意識的側面観」、『新生報』一九四六・五・二一第二〇九号「国語」第一期。

(3)曾今可「文芸作品的社会価値」、『建国月刊』二:六(一九八四・九・一)、一二一-一二三頁。

(4)『新生報』「如何建立台湾文学」第二次作者茶会総報告中の陳大禹の発言。陳映真・曾健民編『一九四七-一九四九 台湾文学問題論議集』(人間出版社、一九九九)、六三頁。

(5)方師鐸『五十年来中国国語運動史』(国語日報社、一九六五年)、一一三、一一七-一一八頁。

(6)台湾省行政長官公署宣伝委員会編印『陳長官治台一年来言論集』(一九四六年)、四四-四五頁(日本語訳については、黄英哲「戦後台湾における『国語』運動の展開——魏建功の役割をめぐって」より引用した)。

(7)許雪姫「台湾光復初期的語文問題」、『思与言』二九:四(一九九一・一二)、一六〇頁。

(8)魏建功『新生報』「国語」専刊第一五期及び一八期、筆者未見。この部分については黄英哲『「去日本化」「再中国化」——戦後台湾文化重建一九四五-一九四七』(麦田出版社、二〇〇七年)、五〇頁を参考にした。

（9）「発刊詞」、『新生報』一九四六・五・二一第二〇九号。
（10）魏建功「国語的徳行」、『新生報』一九四六・五・六第一九四号。
（11）「国語的四大涵義」、『新生報』一九四六・六・四第二二三号。
（12）「台語即是国語的一種」、『新生報』一九四六・六・二五第二四四号。
（13）魏建功「何以要提倡従台湾話学習国語」、『新生報』一九四六・五・二八第二七六号。
（14）魏建功「国語的四大涵義」、『新生報』一九四六・六・四第二二三号。
（15）張芳傑「論従台湾話学習国語」、『新生報』一九四六・六・二五第二四四号。
（16）梅家玲「戦後初期台湾的国語運動与語文教育――以魏建功与台湾大学的国語文教育為中心」、『台湾文学研究集刊』七（台湾大学台湾文学研究所、二〇一〇・二）、一四二頁。
（17）しかし補充すると、これは魏建功の路線が失われたわけではなく、たとえば朱兆祥発行の『国語日報』「語文乙刊」一九八四年一一月創刊から一九五〇年代まで、依然として方言を使用した指導と改革が行われている。菅野敦志『台湾の言語と文字――「国語」・「方言」・「文字改革」』（勁草書房、二〇一二年）第三章「台湾に消えたもう一つの「国語」運動――朱兆祥と「語文乙刊」」、七一－一〇〇頁。
（18）洪炎秋「国語日報十五年」、『癡人癡話』（中央書局、一九六四年一〇月）、四三頁。
（19）魏建功「『国語運動在台湾的意義』申解」、『現代週刊』一：九（一九四六・二・二八）、八－一一、七頁。
（20）魏建功「『国語運動在台湾的意義』申解」、同右注、一二頁。
（21）霜香「旅台雑感」、文載『現代週刊』一：七、一：八（一九四六・二・一六）、六頁。
（22）魏建功「『国語運動在台湾的意義』申解」、一二頁。
（23）林萍心「我們新的任務開始了――給台湾志識階級」、『前鋒』一（一九四五・一〇・二五）、九－一一頁。
（24）楊逵「如何建立台湾新文学――第二次作者茶会総報告」、陳映真・曾健民編『一九四七－一九四九台湾文学問題論議集』（人間出版社、一九九九年）、五八頁。
（25）呉瀛濤「第二次作者茶会総報告――（一）中文写作困難（二）発表園地太少」、同右注、六一頁。
（26）「台湾文化協進会章程」、『台湾文化』一：一（一九四六・九・一五）、二八頁。
（27）『台湾文化』一：一（一九四六・九・一五）、三〇頁。
（28）歌雷「第二次作者茶会総報告――関於台湾文学的特殊性及其応有的参種努力」、同注（24）、六二頁。

(29) 雷石榆「台湾新文学創作方法問題」、同注(24)、一一〇－一一一頁。
(30) 揚風「新写実主義的真義」、同注(24)、一五一－一五二頁。
(31) 瀬南人「評銭歌川、陳大禹対台湾新文学運動意見」、同注(24)、一三九頁。
(32) 張我軍「城市信用合作社巡礼雑筆」、張光正編『張我軍全集』(台海出版社、二〇〇〇年)、三六六頁。
(33) 張我軍『国文自修講座』巻一・序及び導言、張光正編『張我軍全集』同右注、四三〇－四三四頁。
(34) 蔣培中「『時潮』所負的使命」、『時潮』一(一九四五・一二・一〇)、一八－一九頁。
(35) 『大同』創刊号発刊詞(一九四五・一一・一二)、一頁。
(36) 呉新栄「文化在農村」、『台湾文化』一：一(一九四六・九・一五)、二一頁。
(37) 杜重「推進台湾文芸運動的我見」、『建国月刊』第二巻第六期(一九八四・九・一)、一四－一五頁。

台湾新文学運動と厨川白村
――西欧普遍主義の概念を超克する「大正生命主義」を視座に

工藤貴正

はじめに

台湾には過去二回の大陸・中国経由の大正文学の流入がある。

一回目は、日本植民地時期の一九二〇－三〇年代において、北京に在住する台湾人が中国の文学革命とこれに連動する五四文学運動の成果に刺激を受けて、中国経由で大正文学を台湾の新文学運動に流入させたケースである。二回目は、戦後台湾に国民党政権とともに商務印書館などの出版業者と知識人が移動し定住したことが要因で、その後国民党再植民地時期の一九六〇－七〇年代に大正文学の成果が受容されたケースである。この二つのケースにともに関わるのが厨川白村と彼の著作である。

台湾に中国から大正文学が二回流入したケースには、ともにかなり複雑な台湾の内政事情が潜んでおり、権力掌握者側の主張や特定の民族・族群の主張した事象にばかり捕らわれていると、台湾に中国経由で日本文学の流入があったことさえ気づかない。特に一九二〇－三〇年代は台湾が日本統治下にあったという状況に照らせば、日本文学などは日本から直接に移殖されたと見るのが当然であろうし、それをわざわざ中国から遣って来たなどと主張するのは、単に奇を衒った見方をしているにすぎないと即断されかねない。

一九六〇－七〇年代に見られた厨川白村の著作の翻訳現象については、『台湾における厨川白村――継続的普及の背景・要因・方法』(1)という論考ですでに一応その原因の一端を解明した。

ところで、河原功によると一九二〇－三〇年代の台湾新文学運動は次の二つの系譜に位置づけられる(2)。

一つは、欧州大戦後の「民族自決主義」の影響を受け、日本化が進展する中で失われていく漢民族としての文化アイデンティティーを保ち、祖国との民族アイデンティティーの連帯を願う台湾知識人の民族意識の表れとしての中国五四文学運動の流れを汲む中国白話文運動の系譜である。

この考え方は「台湾の文学は、中国文学の一支流である。本流において何らかの影響、変遷があれば、支流もそれに伴い自然に影響、変遷する。これは必然の道理である(3)」と述べた張我軍（一九〇二－一九五五）の主張に代表される。そしてこのような主張を掲載したのが、一九二三年四月東京で台湾雑誌社から創刊された中国白話文採用の新聞『台湾民報』であった。『台湾民報』は文化啓蒙の一環として中国の文学革命や五四文学運動の状況を台湾に直接導入するのに貢献し、その大陸本土の状況を伝えたのは、一九二四年一月から一九四六年六月まで二三年余を北京に暮らし、中国事情に精通し、周作人とも親密な交友のあった張我軍であった。

もう一つは、本島人が日常に話すのは台湾語（福建語、閩南語）であり、文言文（文語文）にしても、中国白話文（口語文）にしても、台湾の一般民衆とは無関係であるので、台湾語を文字化し台湾話文を創設すべしとする考え方で、一九三〇－三一年には「郷土文学論争」として展開した系譜である。

こうして一九三二年になると、台湾新文学運動は、一月に創刊され「台湾話文嘗試欄」を特設し文芸大衆化に努め台湾話文を推奨しようとする『南音』の路線と、四月に日刊となり中国白話文を推進する『台湾新民報』の路線とが存在した。この二つの路線は、一九三三年一〇月台北に「台湾文芸協会」が刊行する中国白話文雑誌『先発部隊』と中国白話文・日本語文混合雑誌『第一線』や、さらに東京で一九三三年七月に創刊された「台湾芸術研究会」の日本語文雑誌『フォルモサ』における活動にも刺激を受けて、一九三四年五月台中に全島的な文芸組織「台湾文芸聯盟」として一つに統合される。「台湾文芸聯盟」が刊行したのは中国白話文・日本語文混合雑誌『台湾文芸』であった。

本稿では、一九二〇－三〇年代の台湾に「大正生命主義」の典型としての厨川白村著作が中国から渡って来て、台湾新文学運動の「啓蒙期」に影響を与えた例を、張我軍と彼の著作が掲載された『台湾民報』に求め考察を試みる。そして、「啓蒙期」での厨川受容がきっかけとなって展開された「最盛期」での受容の例を、黄得時と彼の著作が掲載された『先発部隊』及び『第一線』に求め考察を試みる。そこでまず、「大正生命主義」とは何か、何故厨川白村は時代の寵児から転落したのかの議論から始めよう。

一、「大正生命主義」の典型としての厨川白村著作と厨川の退場

（一）「大正生命主義」の典型および中国・民国文壇での熱狂的受容の厨川白村著作

日露戦争から関東大震災に至る一九〇五年から一九二三年の間、大正期の知的青年たちには、「自己表現」「自我の解放」を標榜すると同時に、哲学や芸術―勿論中心となったのは西欧の哲学や芸術―などを広く教養として身につけることで、人格を高めることを目標とした潮流があったが、これを「大正教養主義」といった。

厨川白村（一八八〇－一九二三）の著作は、デビュー作でベストセラーとなった『近代文学十講』が明治四五（一九一二）年三月、その後のベストセラー群は、『文芸思潮論』が大正三（一九一四）年四月、『象牙の塔を出て』が大正九（一九二〇）年六月、『近代の恋愛観』が大正一一（一九二二）年一〇月、『十字街頭を往く』が大正一二（一九二三）年一二月、死後出版の『苦悶の象徴』が大正一三（一九二四）年二月である。

厨川がベストセラーを陸続と世に送り、大正のほぼ一三年間をとおして活躍した背景には、大正デモクラシーと謳われた懐の広い時流に支えられた「大正教養主義」の風潮があったからであろう。まさしく、厨川著作は「大正教養主義」の寵児であった。

鈴木貞美は、大正期の教養主義のなかでも、「生命」の語が氾濫し、「生命」がスーパー・コンセプトになっていた現象があったことを「大正生命主義」と名づけその特徴を紹介しているが、纏めると次のようになろう。(4)

大正生命主義とはなにか

「生命主義（vitalism）」とは、思想一般において、「生命」という概念を世界観の根本原理とするもので、一九世紀の実証主義に立つ目的論・機械論による自然征服観に対立する思想傾向をいう。

大正期は、「自我」「自己」の語が氾濫し、個人の解放の思想が盛んであったが、その「自己」とは、概括すれば、近代市民社会の原理の一面である「利害追求の自由」が、進化論の影響から「生存競争」の原理として把握され、それを超える個のあり方が模索されるときに「生命」が浮上したものといえよう。逆に言えば、競争する個を超える、普遍的概念としての「生命」が浮上していたのである。

「生命主義」という言葉は、田辺元『文化の概念』（『改造』大正一一年三月号）の中では、Biologisumus の訳語であり、新カント派のドイツの哲学者リッケルトが、ベルグソン、ジェイムズ、デューイらの当代哲学の根底にあると指摘した用語を借りている。Biologisumusは普通、「生物学主義」と訳し、人間が生物の一種であることを強調する思想傾向を指すが、ここでは、一九世紀末から二〇世紀初頭の進化論や遺伝学の隆盛の影響を受けた哲学の意味である。

さて、「大正生命主義」の定義は田辺『文化の概念』に見いだすことができる。まず、田辺が「文化すなわち物質文明の発展、とする考え（＝自然の征服利用）を、〈生物はもとより、如何なる自然をも、同じく自然の一成員としての人間が自己の為に利用することを権利付ける根拠は到底発見せられない〉と批判する」ことを述べ、次のように整理する。

〈自然の一成員としての人間〉という観点に立ち、物質文明の進展を「文化」とする考え方を退けた上で、〈我々の物質生活に対する自然の利用といふ限られたものではなく、広く精神物質の両面に亘りて我々の生活内容を豊富にし、心身の活動を阻害するものから之を解放して、自由に其要求を満足せしむる内容の創造〉を「文化」と定義する思想を、「文化主義」（＝教養主義 culturism）と呼ぶ。これを、〈生命主義の立場における文化の意味〉とし、〈現代の思想を支配する基調としての生命の創造的活動を重んずる傾向〉を指摘する。

そこで、大正教養主義は、ひろく哲学や芸術を吸収した文化的人格を形成するという思想傾向にとどまるものではなく、その底に普遍的な「生命」の発現こそが文化創造の原基であるという思想をもっていたのである。

また、「大正生命主義」に大きな影を投げかけた、西欧一九世紀末から二〇世紀初頭の思想として、（1）エルンスト・ヘッケルの優生学を伴う人種進化論学説、（2）アンリ・ベルクソンの『創造的進化』、（3）ウィリアム・ジェイムズの多元主義的プラグマティズム、（4）エレン・ケイのリベラルなフェミニズム思想、（5）ロシアの無政府主義者クロポトキンの『相互扶助論』の思想、の五つをあげる。

大正期の「生命」概念は、自我を人類や宇宙などの普遍性に開き、個の生存競争を超え、機械論的自然征服観を克服し、文化を創造し、社会を改造する思想の原理であった。総じて、近代の合理主義と功利主義を超克する原理であった。（以上、傍線はすべて筆者）

しかし、「生命主義」は関東大震災後に支配体制と反体制運動の両方から切断される。震災後の国民精神統合の機運と西欧列強対アジアの意識が高まるに連れて、民族主義と西欧列強に対する汎アジア主義のうちに吸収される傾向が見える。その際、キイ・ワードとなるのは「民族の生命」という語であり、「民族の生命」をキイ・コンセプトとすれば、強力なナショナリズムともなりうるのである。

以上、長くなったが「大正生命主義」の特徴である。

厨川白村のベストセラー群『近代文学十講』、『文芸思潮論』、『象牙の塔を出て』、『近代の恋愛観』、『十字街頭を往く』、『苦悶の象徴』には、上述した「生命主義」の原理が散りばめられている。

例えば、厨川白村の三大図書である『近代文学十講』にしても、『近代の恋愛観』にしても、『苦悶の象徴』にしても、そこに述べられるのは、自我を人類や宇宙などの普遍性に開き、個の生存競争を超え、機械論的自然征服観を克服し、文化を創造し、社会を改造する思想の原理である。特に、厨川の文学論（創作論と鑑賞論）である『苦悶の象徴』においては、「生命の力」「生の喜び」「生命力の発動」「生命の表現」「生命力の突進跳躍」「生命の行進曲」「生命の共感」などなど、「生命」「生命力」の言葉が氾濫している。

それでは、ひろく哲学や芸術を吸収し文化的人格を形成するという「教養主義」的な傾向に留まることなく、競争する個を超え、西欧普遍主義的な「文化」の概念を超克した「生命主義」の性格を有する厨川白村と彼の著作は、一九二〇－三〇年代の民国文壇にどのように受け容れられたのであろう。ここでは、特に創作理念を巡って対立する団体として知られた「文学研究会」と「創造社」を例に挙げて考えてみよう。

一九二〇―三〇年代における「文学研究会」と「創造社」の厨川白村受容

北京大学の李強が『厨川白村文芸思想研究』（崑崙出版社、二〇〇八・三）の中で、中国では厨川白村が「ニーチェ、ベルグソン、クローチェやフロイトとも肩を並べている」ほどの「世界級の学者」と称されているにも関わらず、故国である日本では殆ど忘れ去られた「学術存在」であり「幽霊」である、と語ったように中国語圏の知識人は厨川の登場から現在に至るまで終始高い評価を与えている。(5)

確かに中国では、文学研究会（一九二一・一創立）や創造社（一九二一・七創立）という創作の理念と手法をめぐって対立した文学結社においても、魯迅（一八八一―一九三六）と彼の意思を受け継いだ胡風（一九〇二―一九八五）を中心とした『七月』派においても、魯迅と思想・芸術観にずれを生じ反目していた葉霊鳳（一九〇五―一九七五）においても、厨川白村と彼の著作は厨川の死後も熱狂的な歓迎と好感をもって受け容れられている。

筆者は自著『中国語圏における厨川白村現象』（思文閣出版、二〇一〇）において、厨川白村の著作が系統的に翻訳され、しかも、時代を越えて各地域の特性に根ざして受け容れられている「現象」があることを示した。この「現象」は三つの時空間に発生していたことを示した。一つは、中国で文学革命を経て新文学が出現した一九二〇―三〇年代の中華民国期、もう一つは、内戦に敗北した国民党が台湾に渡った後、大陸の「民国文壇」の継続を図った一九五〇年代に始まり、対外的アイデンティティーの危機感に直面した七〇年代にピークを迎える新たな厨川受容、そして最後が、一九八〇年以降、厨川白村および彼の著作が再び熱く受容されている大陸・中国での「現象」である。いずれも、時代が旧から新への脱皮を必要としたり、時代の閉塞感から新しい理論的枠組みが必要となった時期であった。

厨川白村の著書は、著作九編（『近代文学十講』一九一二・三／『文芸思潮論』一九一四・四／『印象記』〈『北米印象記』を収録〉一九一八・五／『小泉先生そのほか』一九一九・二／『象牙の塔を出て』一九二〇・六／『近代の恋愛観』一九二二・一〇／『十字街頭を往く』一九二三・一二／『苦悶の象徴』一九二四・二／『最近英詩概論』一九二六・七）と翻訳集五編（『狂犬』〈創作「狂犬」と翻訳小説集七篇〉一九一五・一二／『新モンロオ主義』一九一六・一二／『英文短編小説集』一九二〇・八／『英詩選釈』一九二二・三／『現代抒情詩選』一九二四・三）に整理できる。

一九二〇－三〇年代の中国において、そのうち著作九編は死後刊行物の『最近英詩概論』を除いて、八編が以下のように八人の翻訳者により、一一編の書籍となって出版されていた。

①羅迪先訳『近代文学十講』上海学術研究会叢書部
　上（学術研究会叢書之二、一九二一・八初版）・下（学術研究会叢書之四、一九二二・一〇初版）
②任白濤輯訳『恋愛論』上海学術研究会叢書部（学術研究会叢書之六、一九二三・七初版）
③樊従予訳『文芸思潮論』上海商務印書館（文学研究会叢書、一九二四・一二初版）
④魯迅訳『苦悶的象徴』未名社（未名叢刊、一九二四・一二初版）
⑤豊子愷訳『苦悶的象徴』上海商務印書館（文学研究会叢書、一九二五・三初版）
⑥魯迅訳『出了象牙之塔』未名社（未名叢刊、一九二五・一二初版）
⑦緑蕉・大杰訳『走向字街頭』上海啓智書局（表現社叢書、一九二八・八初版）
⑧夏丏尊訳『近代的恋愛観』上海開明書店（一九二八・九初版）
⑨沈端先訳『北美印象記』上海金屋書店（一九二九・四初版）
⑩緑蕉訳・一碧校『小泉八雲及其他』上海啓智書局（一九三〇・四初版）
⑪夏緑蕉訳『欧美文学評論』上海大東書局（一九三一・一初版）

①羅迪先（不明）［不明］、②任白濤（一八九〇－一九五二）［一九一六－一九二二］、③樊従予（樊仲雲、一九〇一－一九八九）［不明］、④⑥魯迅（一八八一－一九三六）［一九〇二－一九〇九］、⑤豊子愷（一八九八－一九七五）［一九二一－一九二二］、⑦⑩⑪劉大杰（緑蕉、夏緑蕉、一九〇四－一九七七）［一九二六－一九三〇］、⑧夏丏尊（一八八五－一九四六）［一九〇五－一九〇七］、⑨夏衍（沈端光、一九〇〇－一九九五）［一九二〇－一九二七］（数字は翻訳本の番号、［］は日本留学時期）

右記④の「『苦悶的象徴』序文」（一九二四・一二）で魯迅は、厨川は「文芸に対する独創的な見地と深い理解にあふれている」として、その独創性を次の三点に纏める。第一に、象徴主義の解釈に対して、一九世紀末に生じたフランス象徴主義ばかりではなく、文芸の表現法が広義の象徴主義であって、古往今来のすべての文芸はみな象徴主義の手法を用いているとする。第二に、ベルグソン（Henri Bergson、一八五九－一九四一）の哲学では、進んでやまぬ生命力を人類生活の根本とし、未来は予測できないという観点を示したのに対し、厨川は詩人に預言者（先知）としての能力を認め、未来を予測可能としている。第三に、フロイト（Sigmund Freud、一八五六－一九三九）は生命力の根底を性欲に帰して、文芸――特に文学を解釈するが、厨川は生命力が抑圧を受けるところに生ずる苦悶懊悩が文芸の根底であり、文芸とは生命力の突進と跳躍であるとする。そして、魯迅は「天馬空かけるような大精神がなければ大いなる芸術は生れない」と述べ、厨川自身に「天馬空かける精神」を見出していることである。

文学研究会の創始者である周作人の日記（『周作人日記』大象出版社、一九九六・一二）には、一九一三年九月一日紹興で北京から送られた『近代文学十講』を手にしたことが書かれている。

小川利康に拠ると、周作人（一八八五－一九六七）は魯迅よりも早く厨川『近代文学十講』で提起される「近代人の苦悶」へ共感を示していた。そこで郁達夫『沈淪』（一九二一・一〇）が赤裸々な情欲を描いたと非難を浴びると、周作人は『沈淪』「自序」の「『沈淪』は病的な青年心理を描き、青年のメランコリーの解剖といってよい。そこには近代人の苦悩—それは性の欲求と霊肉の衝突だ—も描かれているのだ」という一節を引用して、「この短篇集で描かれるのは青年の近代的な苦悩であると概括してよい」（『沈淪』所収『晨報副鐫』一九二二・三）と郁達夫を擁護している。郁達夫もまた「近代人の苦悩」に言及しており、周作人と郁達夫の関係、周作人と郁達夫も所属していた創造社との関係を結ぶ接点は厨川白村であった、とする論点である。(6)

周作人は『現代日本小説集』（上海商務印書館、一九二三・六）に収録する大正期の白樺派の作家千家元麿の『深夜の喇叭』を翻訳するに際し、「胸が苦るし」い、「悩まされてゐる」の訳語に「苦悶」を使用していることからも、改造版『苦悶の象徴』（一九二一・一）を読んでいただろうと推測できる。さらに、『周作人日記』に示されるように、魯迅よりも先に周作人が厨川白村を受容したことは確実だろう。

また、中国・五四新文化運動には魯迅や周作人などの日本留学生が深く関わり、一九一九年以降の五四退潮期における文学理論や文学創作の成果には、東京で旗揚げし、創設当初から厨川に共感を示していた創造社のメンバーが受けた大正文学からの影響が見て取れる。

大東和重は、五四新文化運動後の中国文学を代表し、創造社も代表する郁達夫（一八九六—一九四五）という多読なうえに日・独・英という外国語にも精通した作家の眼—日本留学期間は一九一三（大正二）年—一九二二（大正一一）年—を通して、大正文学のたどった「自己表現」から「自己実現」の時代へと変化した軌跡を明らかにすることを試みた。まず、郁達夫が田山花袋『蒲団』（一九〇七）、志賀直哉（一八八三—一九七一）の「真摯・誠実」、大正文壇に一世を風靡したオスカー・ワイルド（一八五四—一九〇〇）、ルソー『懺悔録』（生田・大杉訳、一九一五）、江馬修『受難者』（一九一七）、島崎藤村『新生』（一九一八—一九一九）等々の自伝的恋愛小説やツルゲーネフなどの外国文学からの読書体験、このような大正教養主義による文学や文化や思想の洗礼を受け大正文学という「磁場」を拠り所に、郁達夫は

『沈淪』『日記九種』をはじめとする小説や評論を複合的に形成していた[7]、と述べている。

一九二〇年代に創作理念や手法をめぐって「人生のための芸術」（人生派）か「芸術のための芸術」（芸術至上派）かで論争を繰り広げた中国の二大文学結社、文学研究会と創造社には、共に大正文学からの影響、特に厨川白村の影が色濃く浸透していた。確実に厨川の影響と指摘できる人物として、文学結社の発起人周作人、創造社の郭沫若、田漢、鄭伯奇、郁達夫、張資平、葉霊鳳などがいる。特に、第二期創造社の機関紙『幻洲』（「半月刊」一九二六年一〇月一〇日創刊～一九二八年一月停刊。一巻一二期、二巻八期、全二〇期、潘漢年主編）は、前半を「象牙之塔」と名付け、葉霊鳳の編集で専ら文芸作品を載せ、後半を「十字街頭」と呼んで、潘漢年の編集で雑文や時事評論を載せるという、厨川の作品のタイトルを構成上のタイトルとするほどの心酔ぶりであった。

（二）「大正生命主義」の変容と厨川白村の退場

中国における厨川白村とその著作の意義は、少し大雑把に概括すると、西洋近代思想の紹介であれ、近代的恋愛論の紹介であれ、「天馬空かけるような大精神」とその批判精神を有する社会改造と国民性改造を示唆する書籍という意味が存在していたといえよう。

大正期から昭和期へとつながる思想的連続性においては、厨川白村の著作に色濃く漂う普遍主義的な「生命主義」の特性は、日本知識人には継承的に読み解くことができていない。しかし、魯迅のような一部の中国知識人には、「天馬空かけるような大精神」の持ち主として、厨川作品の特性が直感されていることは特筆に値する。

鈴木貞美が「大正期の『生命』概念は、自我を人類や宇宙などの普遍性に開き、個の生存競争を超え、機械論的自然征服観を克服し、文化を創造し、社会を改造する思想の原理であった。総じて、近代の合理主義と功利主義を超克する原理であった[8]」と解くように、かなり理想主義的な原理であった。

大正の終焉と厨川白村の退場

彗星のように現れ一三年間を大いに活躍した厨川白村であったが、忘れ去られるのもまた早かった。その理由は、例えば、大正期の主だった作家や文学状況について語った『座談会　大正文学史』（柳田泉、勝本清一郎、猪野謙二編、岩波書店、一九六五・四）の「大正期の思想と文学」の中、「西洋文化の受容・市民意識の成熟――厨川白村のことなど」という対談に示唆される。対談を纏めるとこうである。

世界大戦後の大正日本には、真の一等国として世界を指導するという使命感のようなものがあった。また、日本文壇は軽蔑するが、世界のいい文学は受け容れるという傾向もあった。そんな時、厨川白村の「近代文学十講」のような世界の近代文学を系統づけて整理した読物は当時なかったので、時代の要求にぴったりと呼応して、ずいぶんと版を重ね、多くの学生に教養の書として、或いは卒業論文の参考書として大いに読まれた。ただ、同じ「文学論」「文学評論」でも夏目漱石はオリジナルな文化史的、文学論的であり、一方、厨川は概説的な要素が強いもの、象徴主義とか、世紀末思想とかの手ほどきをしてくれていたので、学生には理解しやすかった。しかし、文学青年からは厨川は二番煎じで文学修業にはならないので、彼を読んでいてはだめだとか、文壇の事情通からは漱石「虞美人草」のモデルは厨川であり、浅薄なやつだとして、彼を読んでいるとばかにされた。ところが、ばかにされても面白いものだから彼の本は皆読んでいた。

ここで示したように、厨川白村と彼の著作は学生を中心に皆によく読まれていたにもかかわらず、「概説的」だとか「二番煎じ」だとか「文学修業にはならない」とかいう理由で、文学通の高級ぶったインテリからばかにされた。そこで、厨川の著作は日本でも何度も版を重ねるほどよく売れたのに、読者は読んでいることを隠して潜伏的・潜在的に普及していたことになる。

このような状況に関して、英語学者でもある渡部昇一は「厨川白村の退場」と「忘却の淵」の理由の一つに日本における学問に対する質の変化を挙げる。(9)

東京帝国大学英文科は、小泉八雲、夏目漱石、上田敏が去ったあと、明治三〇（一九〇六）年に迎えたのはロレンス（John Lawrence、一八五〇－一九一六）であった。彼は、頭韻詩の研究でロンドン大学から「文学博士」号を授けられたもので、学位論文 "*Chapters on Alliterative Verse*"（London, Henry Frowder:1893, vi+113pp.）はドイツ風の論文の形式に拠ったものであった。ロレンスが一九〇六年に東京帝大英文科に赴任すると、英語・英文学はドイツ風のフィロロギー（文献学）重視の学問へと変貌し、彼の流れを汲む弟子たち―英語学者の市河三喜、その後継者の中島文雄、英文学者の斎藤勇、戦後の福原麟太郎および五帝国大学に存在した弟子―が英文学界を席捲し、文学ではなく文学学となり、ハーンや上田や厨川のような文学の系統は出番がなくなった。さらに、厨川の死後に京都帝大英文科の助教授・教授となった石田憲治は厨川の『近代の恋愛観』を「享楽的な分子」が強いと言って、新聞紙上で批判しているが、京都帝大からも厨川は忘却されたのである、と。

一九二三年九月一日に発生した関東大震災はすべての状況を大きく一変させる。

欧州戦争後に大きく成長した日本の資本主義は貧富の格差を助長させ、貧困に喘ぐ大衆は社会に対する不満を募らせていた。本来、木下尚江（一八六九－一九三七）のようにキリスト教の平等主義、博愛主義の立場から社会主義に進んだケースの多かった初期社会主義は人道主義的な傾向が強かった。しかしこのような社会状況のもと、山川菊栄（一八九〇－一九八〇）が厨川『象牙の塔を出て』を「殿様芸の大甘物」（一九二〇）と評していたように、震災以降の社会主義者は政府からの弾圧により組織の先鋭化とセクト化のもと、本来味方に取り込むべき同伴者に対する許容性をますます欠如した組織になって行く。一方、関東大震災後には「不逞鮮人の暴徒化」などを取り締まるために「治安維持法」の前身となる「勅令第四〇三号」が公布され、民衆はますます閉塞感を増し、社会はますます統制化が強められて行った。そこで、右でも左でも旗色の鮮明ではない、「殿様芸の大甘物」と評されるようなプチブル思潮を説いてベストセラーを生み出した厨川白村の著作は、時代から忘却される運命にあった。さらにまた、震災は厨川自身の肉体をも滅却させた。

鈴木貞美は、「生命主義」は、個人が内部にもつ自然力としての「生命」を自由に発現する思想であり、個人の解放と強調することによって階級闘争などの種々の闘争を呼び起こす要因も秘めていたことを指摘している。[10]

さらに鈴木は、「生命主義」は関東大震災後に支配体制と反体制運動の両方から切断され、震災後の国民精神統合の機運と西欧列強対アジアの意識が高まるに連れて、民族主義と西欧列強に対する汎アジア主義のうちに吸収される傾向が見える。その際、キイ・ワードとなるのは「民族の生命」という語であり、「民族の生命」をキイ・コンセプトとすれば、強力なナショナリズムともなりうるのである、[11]とも指摘している。

二、一九二〇－三〇年代・台湾新文学運動（啓蒙実験期・聯合戦線期）と厨川白村

（一）一九七〇年代「中国民族主義的集団経験叙事モデル」言説と厨川白村

台湾における厨川白村研究については、現在に至るまで劉紀蕙『厨川白村と生命の衝動と解放』[12]がもっとも詳細で優れた論考と言えるだろう。

劉紀蕙は、厨川『象牙の塔を出て』の「生命力」「思想生活」「改造と国民性」を中国語版（「参考書目」では、訳者不

明、文国書局、一九八七年）を引用しながら次のように論じる。

（A）　厨川白村はラッセル（Bertrand Rusell）の「改造」論を称賛し、日本（人）の「衝動性が委縮してゐる」田舎紳士（原文「田紳」）の習性であることを批判し、日本（人）の「国民性」を改造し、徳川三百年の順化された政策（厨川原文「事なかれ主義の徳川三百年政策」）をのがれ、戦国時代の「怒り易く」（訳文「火気」、厨川原文「煮え切った」）「徹底的」なものに戻さねばならないと考えた。このような「徹底解決」（原文「根本的な解決」）の切迫した要求を実践しようとしていることに対して、この「生命力」の執行と権力の無限の拡張の間には決して矛盾しないロジックであり、大東亜共栄圏時期の国家主権拡張のレトリックと合理化と、同じ源流の思考回路であることに、私たちは注意を払わなければならない。(13)

また劉紀蕙は、中国の五四新文化運動の影響を受けた張我軍が『研究新文学応読什麼書』（「新文学を研究するには何を読むべきか」『台湾民報』三巻七号、一九二五・三）で、厨川『文芸思潮史』『近代文学十講』『苦悶的象徴』の三冊を新文学の必読書として推薦していること、一九三〇年代の台湾新文学運動隆盛期には、葉栄鐘（慕―筆名、以下同じ）『南国之音』（『南音』創刊号、一九三二・一）、郭秋生（KS生）『文芸上的醜穢描写』（『南音』一巻八号、一九三二・五）、劉捷（郭天留）『創作方法に対する断想』（『台湾文芸』二巻二号、一九三五）などに『苦悶の象徴』の影響のあることを指摘する。特にこの中、郭天留『創作方法に対する断想』における厨川に対する言及の原文は以下の通りである（傍線は筆者）。

（B原文）　今日この島に於ける創作方法の探求を見るに文芸創作の動機が厨川白村博士武者小路氏の所謂苦悶の象徴にして純粋の生命表現であるとか特異な遺伝と風土民族的性格を有する吾々は必然的に郷土文学を持つと迄

言はれてゐる。[14]

（B原文の筆者訳）現在対於此島的創作方法的探求来看，文芸創作的動機，正如厨川白村博士与武者小路先生所述，存在於苦悶的象徴而純粋的生命表現之中，而使得具有特異遺伝与風土民族性格的我們，自然而然地被賦予了郷土文学。

上記（B原文）は日本語としてはやや解り難いが、劉紀蕙は誤訳である「郭天留引用厨川白村与武者小路所説的苦悶的象徴是純粋生命的表現，而強調具有風土民族性格的郷土文学是必然的発展」（厨川白村と武者小路が言う苦悶の象徴は純粋の生命表現であり、風土民族的性格を有することを強調する郷土文学が必然的な発展である）という中国語に基づき立論し、「民族的身体化の想像」（民族的身体化想像）や「民族社会の『体』としての『トラウマ』」（民族社会「体」的「創傷」）および「文芸は民族生命の象徴的表現である」などという観点を通して、「厨川白村の理論の核心は、抑圧と挫折を受けて苦悶する魂の形象化或いは文学と芸術の形象化であった。一九二〇－三〇年代の中国の青年と台湾の青年は類似したロジックで厨川白村の論点と彼の提示したレトリック―例えば、精神的外傷（トラウマ）や〝社会有機体〟としての傷痕、束縛からの解放、鬱積した沈痛な感情の吐露、自己の拡張、自己表現、生命の表現および民族生命の実現などの概念―として受容していた。そのことがモダニティ訴求の典型的な特徴である」と結論した。その上、「ベルグソンの生命の衝動が厨川白村の翻訳紹介によって中国と台湾に普及すると、民族の生命の形式化に実体化されたイメージ（想像）と喫緊に行動すべき具体的なビジョン（説法）を提供した。しかも、このような実体化されたイメージは芸術作品と同じように政治の体制化と形式化の操作、生命衝動、民族国家の形式、政治における全体主義的な統治に対して有機論などの問題を投げかけることになった」と述べる。

ここに示した劉紀蕙の解釈では、「生命主義」の典型としての厨川白村の著作は、「民族の生命」をキイ・コンセプトとして強力なナショナリズム、国家統制主義を形成する著作として曲解されている。まさに鈴木貞美の指摘した解釈の典型と言えよう。さらに、劉紀蕙にあっては、日本人の厨川白村はあくまで「翻訳紹介」者であり、思想家としてのベルグソンの「生命の衝動」が広く一般的に伝わって、「民族の生命」や「民族国家」の概念化と実体化が具体的な像を結んだとしている。

このような考察が排出される背景に、蕭阿勤は『抗日集団的記憶の民族化――台湾一九七〇年代戦後世代と日本統治期台湾新文学』(15)という論稿の中で、戦後の台湾では、(1)一九七〇年代の「中国民族主義的集団経験叙事モデル」と一九八〇年代以降の「台湾民族主義的集団経験叙事モデル」という異なる民族アイデンティティーの集団的な経験叙事モデルが存在すること、(2)一九七〇年代中国民族主義的集団経験叙事モデルによって、日本統治期台湾新文学を理解する際、日本統治期の台湾人作家と作品は抗日的であるとする集団的記憶を形成する上で抗日英雄作家として楊逵(一八八六－一九八五)が重視されたのは、国民党教育体制下あるいは家庭内において教化された中国民族主義的集団経験叙事モデルに指導されて、日本統治期台湾新文学に関する集団的記憶を形成した結果であり、七〇年代台湾人は自分たちが中国民族だと再識別、(再)認識したことより導きだされた反応であった、と指摘する。

そこで、劉紀蕙が、台湾と大陸・中国の(漢/中国)民族アイデンティティーの連帯性重視の視点から、一九二〇－三〇年代の五四新文化運動と台湾新文学運動において中国と台湾の青年は、厨川白村著作に「精神的外傷(トラウマ)」や〝社会有機体〟としての傷痕、束縛からの解放、鬱積した沈痛な感情の吐露、自己の拡張、自己表現、生命の表現および民族生命の実現などの概念」という類似したロジックとレトリックをもって受容していたとする結論を導き出したことは、蕭氏の論考に従えば、まさに一九七〇年代の「中国民族主義的集団経験叙事モデル」の言説ということになろう。

（二）台湾人作家・張我軍の北京で出会った「大正生命主義」
――『至上最高道徳――恋愛』と『文芸上的緒主義』

張我軍、原名清栄（一九〇二―一九五五）は、台北県枋橋（現在、新北市板橋区）に生まれ、公学校卒業後、新高銀行に給仕、雇員として務め、一九二一年には新設の厦門支店の勤務となる。同年から漢文を学んだ厦門同文書院で、清の遺老秀才から「我軍」の名を授かり張我軍と改名する。以来、一九二三年一二月上海、一九二四年三月に北平（北京）に渡り、一九四六年六月に台湾に帰国するまでの二二年余を北京で生活している。その間、魯迅の『日記』一九二六年八月一一日には、「夜、……張我軍来る、『台湾民報』四冊贈らる」とあるが、魯迅は厦門大学からの教授招聘を受けて八月二六日には北平を離れる。一方、一九三七年七月の北平陥落後の北京大学文学院の教授に就任した張我軍は、一九三九年八月から北京大学文学院教授兼院長に就任した周作人と同僚関係にある。また、一九四二年一一月、一九四三年八月に東京で開かれた第一回と第二回の「大東亜文学者大会」には中国・華北代表として参加している。[16]

さて、張我軍は『台湾民報』三巻七号（一九二五・三）の『新文学を研究するには何を読むべきか』で厨川白村『文芸思潮史』『近代文学十講』『苦悶的象徴』の三冊を必読書として推薦していたが、第七五号（一九二五・一〇）には『至上最高道徳――恋愛』を、第七七、七八、八一、八三、八七、八九号（一九二五・一一―一九二六・一）の六回に亘った連載では『文芸上的緒主義』を書いて、厨川の『近代の恋愛観』と『近代文学十講』、『文芸思潮史』の三冊を自分なりに咀嚼し吸収した解釈で紹介している。

『至上最高道徳――恋愛』と厨川白村『近代の恋愛観』

張我軍の『至上最高道徳――恋愛』の底本としては、日本語版『近代の恋愛観』、中国語版Y．D．訳『近代的恋愛観』及び『恋愛与自由』（『婦女雑誌』八巻二号、一九二二・二／九巻二号、一九二三・二）と任白濤輯訳『恋愛論』の三種が考えられる。しかし、翻訳用語が中国語版とは一致しないので、恐らく張我軍は増版を重ねた原本『近代の恋愛観』を底本としていた、と思われる。

『至上最高道徳――恋愛』は「序文」「一、恋愛的発生」「二、恋愛観的変遷」「三、両性間的恋愛是発源於性欲」「四、恋愛的神聖」という構成で、「序文」でこの理論は決して自分のものではなく、「厨川白村先生の名著『近代の恋愛観』を編訳したものである」と語る。

ところで、「生命主義」が「人が内部にもつ自然力としての『生命』を自由に発現する思想であり、個人の解放と強調することによって階級闘争などの種々の闘争を呼び起こす要因も秘めていた」と鈴木貞美が指摘していたが、『近代の恋愛観』の中で、特に厨川的な理論と発想で、西洋近代主義的な思考法を乗り越える所謂「近代の超克」的思想の一つのアイディアとして、「恋愛と自我解放」に述べられる次の一文がある。

> 現代の最も進んだ考へ方から言ふと、恋愛の心境は即ち『自己放棄に於ける自己主張』（self-assertion in self-surrender）だと見られてゐる。おのれの愛する者のためにおのれの全部を捧げることは、つまり最も強く自己を主張し肯定してゐるのである。恋人のうちに自己を発見し、自己のうちに恋人を見出したのだ。この自我と非我とのぴつたり一致するところに、同心一体と云ふ人格結合の意義がある。それは即ち一方から言へば、自我の拡大であり解放である。此境地に到つてはじめて真の自由は得られる。小我を離れて大我に目ざめるからだ。

Y．D．訳『近代的恋愛観』でも、及び輯訳版の任白濤『恋愛論』でもこの部分はほぼ直訳体で翻訳している。ところが、一九二六年改訳本の上海啓知書局版『恋愛論』では、任白濤は「自己放棄」すなわち「自己犠牲」における「自己主張」を前近代的な恋愛観であり、厨川は個人の解放と強調し「自己犠牲」を排除したエレン・ケイが理解できていないとして、この部分が削除される。

しかし、張我軍は「四、恋愛的神聖」で「自己放棄に於ける自己主張」を自分の言葉で次のように解釈する。

これまで学校の先生から忠や、孝や、社会奉仕や……などと様々な形式で説教されたが、依然として「自己犠牲」ということを十分に体験することはできなかったが、切実に体感できるのは、「恋愛」を知ったときからであった。すべての道徳の根底に横たわる自己犠牲というものは、多くは燃えるが如き恋愛をしている男女の最も痛烈な体験からきている。何が「人の道」で、口を開けば仁義、論議すれば忠孝を言うだけだが、夢にさえも見たことのない熱烈な自己犠牲の最高の道徳性は、ただ恋愛の中で最も美しく出現するのである。そこで、このような恋愛は、ただ色を好み性欲を満足させるだけのような者は言うまでもなく、或いは自己の財産を譲るためには継承する子孫が必要だとする不良老人の輩や、或いは青年時代の旺盛の性欲を満足させるために、女学生や女工を追いかけ誘惑する不良若者の輩には、夢にさえ見ることのできない心境である。恋愛にはある種の高貴さがあり、心から純粋な人にして成し遂げることができるものである。逆に言えば、人の心は、恋愛を知るに至って、はじめて浄化され、向上されるのである。このような論は決して言い過ぎた言い方ではない。

ここに示した張我軍の理解力と考え方は同時代の中国知識人よりはかなり深いといえる。全訳版の『近代的恋愛観』（上海開明書店、一九二八・九）の訳者夏丏尊はかなり良識的な知識人である。彼は「訳者序言」で「一方で性欲をのみ喋々し、他方で恋愛を劣情なり遊戯なりと見做すという、この二つの言葉はこの部分に関する中国の現状を診断するもので」、「厨川氏のこの本を紹介することは、同病の者に同じ薬を与えることになると言えるかもしれない。少なくても好い調剤ではあろう」とするかなり功利的な理解であった。それに較べ、張我軍は、「夢にさえも見たことのない熱烈な自己犠牲の最高の道徳性は、ただ恋愛の中で最も美しく出現するのである」、「恋愛にはある種の高貴さがあり、心から純粋な人にして成し遂げることができるものである。逆に言えば、人の心は、恋愛を知るに至って、はじめて浄化され、向上されるのである」として、「恋愛」によって「浄化」され、「最高の道徳」となった「自己犠牲」を発見している。台湾人である張我軍によって、厨川白村が主張した競争する個を超える、新しい普遍性を表わす概念としての「生命主義」の発想が発見されているのである。

『文芸上的緒主義』と厨川白村『近代文学十講』

台湾では、陳暁南訳『西洋近代文芸思潮』（新潮文庫一二八、文学評論及介紹、志文出版社、一九七五年一二月初版）という翻訳書が存在する。実はこの本は厨川白村『近代文学十講』の完訳版で、『西洋近代文芸思潮』と改題し翻訳したものである。

厨川は『近代文学十講』の中で、「文学は常に時代の反映である。そして何れの時代にも、その文化の中心となり根底となつてゐる思想がある。その時代のあらゆる活動の心棒となつて、時勢を運転させてゐる根本的精神である。世にいふ時代精神《ツァイトガイスト》の語は即ち之を指したもので、文学の背後には必ず此時代精神が横たつてゐる事は今更いふ迄もない」と述べ、「一代の民心」を反映する「一代の情緒」が作品となって表れたものが文学であるとする観点を示す。そして「文芸思潮」とは、前代の時代精神を反映したものへの反逆として、次の時代の文学・文芸が表れることを指している。

陳暁南はこの厨川『近代文学十講』出版から六三年以上を経過した一九七五年に、厨川のこの本は「西洋近代」の

「文芸思潮」という観点から書かれていることを明確に意識化し、『西洋近代文芸思潮』と改題したのである。

張我軍が『台湾民報』に一九二五年一一月から一九二六年一月の六回に亘って連載した『文芸上的緒主義』は、厨川『近代文学十講』を基本的な参考書にしながら、「最近二〇〇年間の欧州文芸思潮変遷の痕跡を調べると、およそ四つの時期に区分できる」として、「欧州文芸思潮」という観点から書かれた最新の文芸・文学紹介の理論書であったことが解る。

張我軍が、区分した四つの時期とは次の通りである。

（1）一八世紀の文芸復興以降、欧州文芸界が形式と理智を重視し、情緒を軽んじていたのは、古典主義（Classicism 或は擬古主義と訳される）の時代と称される。

（2）一九世紀前半は主観の文芸思想が勃興し、浪漫主義（Romanticism 或は伝奇主義と訳される）がすべてを凌いでいた。

（3）一九世紀中葉すなわち近代（中国では歴史における「近代」は一八四〇年のアヘン戦争から―筆者）に至ると、現実主義（Realism）、自然主義（Naturalism）全盛の時代になってしまう。

（4）一九世紀末からは、新主観主義すなわち新浪漫主義（New Romanticism）の時代へと変ってしまう。

張我軍はこの四つの時期区分の中から、「以下に厨川白村氏の話の一節を引用して浪漫主義の大意を説明する」と明記する。さらに、浪漫主義の最後の締め括りの解説で、「浪漫主義は本来古典主義に対する反動と破壊に起こった芸術であり、昔日の文芸を破壊し新しいものを建設したのであり、後の自然派のために礎を立て源を開いたのであった。すなわち、浪漫主義の一面には、すべての近代文学の基礎的な性質を備えていることには、注意を払わねばならない。この浪漫主義が極まった時、自然と反動の潮流となり、出現したのが現実主義、写実主義の文学であった」と、張我軍は厨川のいう「文芸思潮」の考え方を受け、厨川の表現手法で解説している。

(三) 台湾新文学運動最盛期（聯合戦線期）に描く黄得時の文学理論
――『「科学上的真」与「芸術上的真」』と『小説的人物描写』

黄得時（一九〇九－一九九九）は、三〇年代の台湾新文学運動最盛期においても、四〇年代台湾皇民化文学運動期においても活躍した人物である。現在彼が高く評価されるのは、皇民化文学運動期に「台湾文壇建設論」の中で書いた「地方文化の確立」と「台湾独自の文壇」の発展を目指すという姿勢が『台湾文学』という雑誌の方向性を代表するものと解釈されるようになってからである、[17]と柳書琴は指摘する。

黄得時の「台湾文壇建設論」（『台湾文学』一巻二号、一九四一・九）は、「芸術至上主義」をもって「エキゾチシズム」を描き「中央文壇に進出せん」ことを目指した人と、「台湾全般の文化の向上発展を計らう」とした人とに分れ、後者のなかでも「台湾独自の文壇を建設して行かう」とする人々には「絶大な敬意を表する」と述べ、前者の「中央文壇」を目指した作家が西川満（一九〇八－一九九九）だと暗示し、西川批判の論文として引用される。また、黄得時の『晩近の台湾文学運動史』（『台湾文学』二巻冬季号、一九四二・一〇）は、台湾皇民化期の文学を論じる場合、台湾人作家と日本人作家を対比して、在台日本人作家を主とする『文芸台湾』を批判し、台湾人作家を主とする文芸集団『台湾文学』を肯定的に論じる際に引用される。

いずれも、一九七〇年代中国民族主義的集団経験叙事モデルを代弁する際の典型的な論文モデルとなろう。

ところが、昭和一〇（一九三五）年前後、楊逵、呂赫若、張文環、龍瑛宗（一九一一－一九九九）等台湾の文学界で活躍しつつあった台湾人作家たちは、「内地」の文学賞に当選して中央文壇に進出して、「内地」文壇及び台湾の文芸界でも注目された。呂赫若を除いた三人の作品は、出版社が募集した懸賞小説へ応募した作品であり、「中央文壇に進出せんがため、台湾を踏台と」したのは、西川満ではなく一時的であるにせよ積極的に懸賞小説に応募したのは台湾人作家の方であった。しかし、黄得時はこのことには全く触れずに、「台湾文壇建設論」の中で、彼らを「中央文壇を全然考慮に入れず、専ら台湾で独自な文壇を建設してその中で作家が作品を発表して自ら楽しむと同時に、台湾全般の文化の向上発展を計らう」とする作家と評したのであった。黄得時は「中央文壇」志向が専業作家として当然の志向であることは理解していたが、彼自身はできなかったのである。西川満よりもむしろ黄得時の方が「中央文壇」との接続を訴えていたが、そのことにも触れていない。そして、彼はその後も常に台湾の中央を活き抜いてきた知識人であった、と指摘する論文も存する。[18]

とにかく、黄得時は時代を生き抜き時流を察知する鋭い慧眼の持ち主であったといえよう。

『「科学上的真」与「芸術上的真」』と厨川白村『象牙の塔を出て』『苦悶の象徴』

最近、黄得時における厨川白村受容の様相を指摘する論文[19]が登場した。

嶋田聡によれば、黄得時『「科学上的真」与「芸術上的真」』は、厨川白村の著作『芸術の表現』（所収『象牙の塔を出て』）に述べられる表現手法を下敷きに援用しながら、結果的には厨川が『苦悶の象徴』で語った「絶対の自由」に連なる芸術至上主義の精神が色濃く影響された理論になり、「社会のための芸術」を主張するテクストを使用しながら「芸術のための芸術」を主張する理論展開になっている、と指摘している。

嶋田の論を補いながらすこし詳しく見てみよう。

一九三〇年代に隆盛する台湾新文学運動の中、一九三三年一〇月に結成された「台湾文芸協会」の機関誌『先発部隊』（第一号、一九三四・七）は「台湾新文学出路的探究」を創刊号特集に組んでいるが、その中、黄得時『「科学上的真」与「芸術上的真」』という漢語白話小品文は、厨川白村の著作『芸術の表現』をコピーし援用した内容であることを「写真に写すところの真」と「白髪三千丈の真」などの表現手法から、嶋田は探り当てる。一方、厨川の『芸術の表現』が芸術至上主義の象徴たる「象牙の塔」から出て「作者の生命」「生命力」すなわち「個性」を縛る社会に対する批判と批評を試みたのは、厨川が『苦悶の象徴』で「文芸は生命力が絶対の自由を以て表現せられた唯一の場合だ」として「生命力」すなわち「個性」の「絶対の自由」を重視したのに対して、黄得時は「創作力と個性は、芸術家の唯一の生命である」と語るように、文学論としてはごく啓蒙的な一般化を施すので、彼の理論には社会批判・批評的な観点は一切存在しない。逆に、『苦悶の象徴』に語る夢に現れるような絶対自由の境地を現実世界に夢想する黄得時は「読者を芸術の殿堂の中に陶酔させ」たいと願うのである。

嶋田は、さらに『先発部隊』巻末の「掲示板」に掲げられた「文芸は断じて俗衆の玩弄物ではなく、厳粛にしてまた沈痛なるべき人間苦の象徴である」（文芸不是俗衆的玩弄物，而是厳粛的，沈痛的人間苦的象徴）という文章をはじめ、無記名の『宣言』、芥舟（郭秋生）『巻頭言・台湾新文学出路的探究』などにも『苦悶の象徴』の影を見出すが、雑誌の寄稿者全員に共有されているものではないとも指摘している。

『先発部隊』は、「純文芸雑誌」を表題に、漢語白話を横書きの形式で編集していたという点ではかなり革新的であった。そして、この雑誌に掲載された文学論としての黄得時『科学上的真』与「芸術上的真」』は、一頁三六字、三〇行の紙面で一頁半、高々一四〇〇字にも満たない短編であり、嶋田が言う所の「文学論の表現モデル」を厨川白村の文章に求めたのは、厨川が言う所の共鳴共感の鑑賞論に起因されての執筆ということになるだろう。

ところで、黄得時が「白髪三千丈」という「表現としての真」が「芸術上的真」だとする厨川著『芸術の表現』の文章の引用は、拙著『中国語圏における厨川白村現象――隆盛・衰退・回帰と継続』の第六章「ある中学校教師の『文学概論』――本間久雄『新文学概論』と厨川白村『苦悶の象徴』『象牙の塔を出て』の普及」で述べた「文学的真実」の引用と同じ箇所である。これは、民国文壇では無名の一中学校教師の王耘荘が、本間久雄『新文学概論』（章錫琛訳『新文学概論』上海商務印書館、一九二五・八）を章構成の骨格とし、厨川白村『苦悶の象徴』（魯迅訳『苦悶的象徴』）と『象牙の塔を出て』（魯迅訳『出了象牙之塔』）を文学論の雛形に編んだ『文学概論』（杭州非社出版部、一九二九・九）での受容例を提示したものである。王耘荘は日本語ができないので当然使用したのは、魯迅訳『苦悶的象徴』と『出了象牙之塔』の中国語版であった。

一方、黄得時『「科学上的真」与「芸術上的真」』の脱稿が一九三四年四月三日とあるので魯迅訳・中国語版『苦悶的象徴』や『出了象牙之塔』も参考した可能性は否定できない。なぜなら、黄得時のこの論考は、テクストを自分なりに咀嚼、消化して表現しているので、必ずしも魯迅の翻訳文体や翻訳用語を同様に踏襲しているとは限らない。例えば、典型的な用語を①厨川の日本語、②魯迅の訳語、③黄得時の訳語から拾って比較してみると次のようになる。

①a科学的の真、b科学的真、c科学上の真、d芸術上の真、e表現としての真、f写真、g絵
②a科学底的真、b科学底真、c科学上的真、d芸術上的真、e作為表現的真、f照相、g絵画
③a なし、b なし、c科学上的真、d芸術上的真、e不失為表現真、f写真、g絵図

これだけでは、黄得時が底本にしていたのは、厨川原典か、魯迅翻訳版か、はたまた両方かは判断できない。

『小説的人物描写』と厨川白村『苦悶の象徴』及び二冊の中国語版小説

『第一線』（第二号、『先発部隊』は『第一線』と改題、台湾文芸協会出版部、一九三五・一）に掲載された黄得時『小説的人物描写』にも、厨川白村『苦悶の象徴』の文学論が色濃く反映され、特に『鑑賞論』の『文芸鑑賞の四段階』などを参考に、［1］外面描写、［2］内面描写という構成で、［1］では「人物」「事件」「背景」を、［2］では「情緒」「思想」「性格」をキイ・ワードに、「我々は人物描写の立場から、台湾の今の文壇の小説状態を見てみよう」、すると「台湾で発表されたすべての作品は、大方が『事件』が中心である」、そこで「今後多くの作家に望むのは、人物描写

の面で、出きるだけ時間をかけて研究し、我々の台湾芸術の殿堂を完成させようではありませんか」と締めくくっている。

ところで、ここで参考とすべき人物描写の表現モデルの小説に選ばれた作品がトルストイの耿済之訳『復活』の中国語版であり、アルツィバーシェフの『労働者シェヴィリョフ』の中国語版（魯迅訳『工人綏恵略夫』上海商務印書館、一九二二・五）であり、魯迅『阿Q正伝』の中国語版であったことは注目に値する。魯迅『阿Q』は『台湾民報』（八一－八五号、八七－八八号、九一号、一九二五・一一－一九二六・二）に全八回に亘って連載されていたが、耿済之訳『復活』と魯迅訳『労働者シェヴィリョフ』は大陸・中国から入手したものである。三〇年代台湾における中文図書の入手状況の困難さから考えれば、当然黄得時が使用したのは厨川の日本語原典であろうと想像するが、魯迅訳『苦悶的象徴』と『出了象牙之塔』はともに入手されていた可能性がないとは言えない。

そして、黄得時も、王耘荘もそれぞれ「近代とはなにか」という問題を「文学とはなにか」というところから論を組み立てている。厨川は『文芸の根本問題に関する考察』（所収『苦悶の象徴』）で「文芸は生命力が絶対の自由を以て表現せられた唯一の場合だ」として、『芸術の表現』（所収『象牙の塔を出て』）で「作家の有つて居る生命の内容即ち生命力といふものが描かれた物に乗移つて居なければ芸術的表現にはならないのです」と語るように芸術の表現における「生命力」を重視したように、黄得時も「創作力と個性は、芸術家の唯一の生命（性命）である。創造力と個性が濾過された経験をもつ作品は、〝活きている〟と言え、創造力と個性が蒸留された経験を持たない作品は〝死んでいる〟のだ」として、やはり「個性」が芸術的表現の「生命」だと考えている。中国青年である王耘荘にしても、台湾青年である黄得時にしても、厨川白村著作から読み取ったのは、個の生命力の表現手法としての純粋な「文学論」であって、ベルグソンの「生命の衝動」が背景にあることにも、「民族生命」や「民族国家」の形式化や実現像に具体的なイメージを与えているなどとは思いもしないだろう。

おわりに

河原功は日本植民地期の台湾文学を「台湾新文学運動期」（一九二二－一九三七）と「戦時下の台湾文学」（一九三七－一九四五）と二つの時期に区分し、さらに「台湾新文学運動期」について前期（一九二二－一九三二）を「台湾新文学運動の擡頭期」として、中国白話文が台湾に定着しプロレタリア文学が勃興するまでの時期、後期（一九三一－一九三七）を「台湾新文学運動の自立上昇期」として、社会運動が壊滅的な打撃を受けたことで、新文学運動に活路を求めて、抵抗という理念を共有した全島的な文芸団体が成立された運動最盛期であり、プロレタリア文学運動の渦中から、中国白話文に対決する台湾話文運動がおこり、郷土文学論争が引き起こされ、一九三七年の日中全面戦争により、新聞の「漢文欄」が廃止されるまでの時期であるとした[20]。

一方、陳芳明は「文学史一揃いを作り出そうとすると、往々に史観の問題に影響が及んでしまう。所謂史観とは、歴史叙述者の見識と解釈であり、如何なる歴史解釈も歴史家に具わる政治的色彩を免れ得ない。歴史家が社会をどのように見做し、そのことでその社会に出現した文学にどのような評価を下すかは、共にそのイデオロギーと密接な関係がある[21]」と明確に意識した上で、彼の歴史認識に従った専門用語と時期区分に従い、日本植民地期の台湾文学を「啓蒙実験期」（一九二一－一九三一）、「聯合戦線期」（一九三一－一九三七）、「皇民運動期」（一九三七－一九四五）の三つの時期に区分している。

陳芳明のいう通り叙述者のイデオロギーにより使用した専門用語は、川原と陳芳明とでは、「台湾新文学運動の擡頭期」が「啓蒙実験期」、「台湾新文学運動の自立上昇期」が「聯合戦線期」という呼称の違いとはなっているものの、しかし、時期区分の説明や解釈は同じ内容が述べられているので、本稿では従来の河原功の呼称を使用した。

本稿では、厨川白村のデビュー作でベストセラーとなった明治四五（一九一二）年の『近代文学十講』、その後のベストセラーとなった大正九（一九二〇）年の『象牙の塔を出て』、大正一一（一九二二）年の『近代の恋愛観』、死後出版で大正一三（一九二四）年の『苦悶の象徴』の四作品を採りあげている。そして、これらの作品には、鈴木貞美が規定した「大正生命主義」とは何かという概念に照らすと、自我を人類や宇宙などの普遍性に開き、個の生存競争を超え、機械論的自然征服観を克服し、新しい文化の概念を創造し、社会を改造する思想の原理が鏤められていることが認められる。特に、厨川の文学論としての『苦悶の象徴』には、「生命の力」「生の喜び」「生命力の発動」「生命の表現」「生命力の突進跳躍」「生命の行進曲」「生命の共感」などなど、「生命」「生命力」の言葉が氾濫し、競争する個を超えて、西欧普遍主義の概念をも超克する「生命主義」の理念が躍動していることが顕著である。

以上の近年の概念である「大正生命主義」を視座に、一九二〇－三〇年代の台湾新文学運動における厨川白村と彼の著作の果たした役割と意義の考察を通し、以下の結論を導き出すことができた。

第一に、創作上の理念と手法で対立していたと言われた「文学研究会」と「創造社」であったが、社団を越えて共に大正文学からの影響が認められ、西洋近代文芸思潮という観点から書かれた『近代文学十講』に対しては、周作人も郁達夫も、「近代人の苦悩」及び「性の欲求と霊肉の衝突する近代人の苦悩」という意識が創作のテーマとなることを共に認識していたことが見て取れた。

第二に、一九二〇年代の台湾新文学運動の擡頭期（啓蒙実験期）における張我軍の厨川白村受容は大陸・中国の知識人と較べてもかなりの理解度の高さを示していた。張我軍の厨川『近代の恋愛観』の解釈書として書かれた『至上最高道徳――恋愛』には、厨川の「自己放棄に於ける自己主張」の考え方を肯定し、「熱烈な自己犠牲の最高の道徳性は」「恋愛」によって「浄化」されることによって成し遂げられると紹介されている。張我軍がエレン・ケイなどが主張した自己解放や自由恋愛などの西欧普遍主義の観念には従わず、競争する個を超える、新しい普遍性を表わす精神としての「自己放棄に於ける自己主張」の発想を発見していたことは、注目に値する事実である。さらに、張我軍『文芸上的緒主義』は、厨川『近代文学十講』を基本的な参考書にしながら、「欧州文芸思潮」という観点から書かれた最新の文芸・文学紹介の理論書であったことが判明した。

第三に、一九三〇年代の台湾新文学運動の自立上昇期（聯合戦線期）或いは新文学運動最盛期と呼ばれるこの時期にも厨川白村受容の痕跡を黄得時の二つの論文に見て取ることができた。一つは『「科学上的真」与「芸術上的真」』で、もう一つは『小説的人物描写』で、前者は純粋に芸術的表現とはどのようなものかを語り、後者は人物描写、心理描写はどのように描くかを説明する。二作品ともに、純粋な文学論と創作論の観点からの『象牙の塔を出て』と『苦悶の象徴』の援用であることが判明した。

第四に、近代の合理主義や功利主義を超克する原理、まさしく近代の超克思想としての意義があった「大正生命主義」、そしてその思想が体現された厨川白村著作は、また右とも左とも旗色の鮮明ではない厨川白村は、日本では関東大震災後に権威主義的な学問の体系化に身をおいた体制側の人たちと、国家・政府から弾圧され先鋭化、セクト化した反体制側の人たちの両方から切断され、時代から忘却される運命を辿った。

第五に、「生命主義」の典型としての厨川白村の著作は、「民族の生命」をキイ・コンセプトとして強力なナショナリズム、国家統制主義を形成する著作として曲解される傾向のあること、そこで、劉紀蕙の解釈において、一九二〇－三〇年代の五四新文化運動と台湾新文学運動における中国と台湾の青年は、「精神的外傷（トラウマ）や〝社会有機体〟としての傷痕、束縛からの解放、鬱積した沈痛な感情の吐露、自己の拡張、自己表現、生命の表現および民族生命の実現などの概念」という類似したロジックとレトリックをもって厨川白村著作を受容していたとするのは、まさに蕭阿勤の謂う所の一九七〇年代「中国民族主義的集団経験叙事モデル」の言説に基づく論理であったことを明示した。

【注】

（1）工藤貴正「台湾における厨川白村――継続的普及の背景・要因・方法」原載『愛知県立大学外国語学部紀要』（言語・文学編）第四一号、二〇〇九・三、二九七－三一八頁／所収『中国語圏における厨川白村現象―隆盛・衰退・回帰と継続』（思文閣出版、二〇一〇年二月）、二四四－二七一頁／［翻訳転載］許丹誠訳「厨川白村著作在台湾的伝播」『華文文学』中国世界華文文学学会、二〇一〇年第四期（総第九九期）、二〇一〇年四月、九一－九八頁／［翻訳転載］羅詩雲訳「在台湾的厨川白村―持続性普及的背景、主要原因与方式」『中心到辺陲的重軌与分軌―日本帝国与台湾文学・文化研究』下、（台大出版中心、二〇一二年六月、七三－一一〇頁。

（2）河原功『台湾新文学運動の展開――日本文学との接点』（研文出版、研文選書七二、一九九七年一一月）、一二三－一二四六頁

（3）張我軍「請合力拆下這座敗草欉中的破旧殿堂」『台湾民報』三巻一号、一九二五年一月

（4）鈴木貞美「『大正生命主義』とは何か」『大正生命主義と現代』（河出書房新社、一九九五年三月）、二－一五頁

（5）工藤貴正「回帰した厨川白村著作とその研究の意義」前掲『中国語圏における厨川白村現象―隆盛・衰退・回帰と継続』、三〇四－三一三頁

（6）小川利康「周氏兄弟の思想的時差――白樺派・厨川白村の影響を中心に」『周作人と日中文化史』（勉誠出版、アジア遊学一六四、二〇一三年五月）、三四－五〇頁

（7）大東和重『郁達夫と大正文学――〈自己表現〉から〈自己実現〉の時代へ』（東京大学出版会、二〇一二年一月）

（8）鈴木貞美前掲「『大正生命主義』とは何か」一一頁

（9）渡辺昇一「書物ある人生二一 徳富蘇峰」『WiLL』ワック出版、三〇一三年六月、二九四－三〇一頁

（10）鈴木貞美前掲「『大正生命主義』とは何か」四頁

（11）鈴木貞美前掲「『大正生命主義』とは何か」一三－一四頁

（12）劉紀蕙「心的翻訳――自我拡張与自身陌生性的推離」『心的変異―現代性的精神形式』（麦田出版、二〇〇四年九月）、「厨川白村与生命衝動之圧抑与釈放」、一二三－一三四頁

（13）劉紀蕙前掲「厨川白村与生命衝動之圧抑与釈放」一二七頁

（14）郭天留「創作方法に対する断想」『台湾文芸』二巻二号、一九三五年、一九－二〇頁

（15）蕭阿勤「抗日集体記憶的民族化――台湾一九七〇年代的戦後世代与日拠時期台湾新文学」『台湾史研究』九巻一期、二〇〇二年

六月、一八一－二三九頁／蕭阿勤（和泉司訳）「抗日集団的記憶の民族化──台湾一九七〇年代戦後世代と日本統治期台湾新文学」呉密察他編『記憶する台湾─帝国との相剋』（東京大学出版会、二〇〇五年五月）

蕭阿勤は「楊逵──抗日英雄作家与戦後世代」で抗日英雄モデル楊逵出現の意義を次のように纏める。

楊逵は抗日の人物モデルとして、戦後世代の人たちが根本的な教化と内在化よる百年来の中国民族／国家の外国強権者に抵抗する集団記憶を具体化していた。過去、現在、未来が連係する過程の中で、この戦後世代は彼らの中国民族／国家アイデンティティーを再識別することで、苦難の民族／国家集団の一員として悲憤と興奮を喚起させた。自分が民族／国家集団の一員であること（再）認識することで、この集団の過去、現在、未来とはすでに不可分にあるばかりでなく、自己と他者ともに混然一体化したのである。なぜなら、われわれはこの集団の生命の一員だからである。（二二二頁）

(16)許俊雅編選『張我軍』（国立台湾文学館出版、台湾現当代作家研究資料彙編一六、二〇一二年三月）

(17)柳書琴「戦争と文壇──盧溝橋事件後の台湾文学活動の復興」下村作次郎他編『よみがえる台湾文学　日本統治期の作家と作品』（東方書店、一九九五年一〇月）

(18)以下の二つの論考に典型される。

・中島利郎「日本統治期台湾文学研究　西川満論」『岐阜聖徳学園大学紀要』外国語学部編四六号、二〇〇七年二月、五九－六四頁／中島利郎「西川満と日本統治期台湾文学──西川満の文学観」前掲下村作次郎他編『よみがえる台湾文学』

・和泉司「西川満と黄得時─四〇年代〈台湾文壇〉を考えるために」『日本統治期台湾と帝国の〈文壇〉─〈文学懸賞〉がつくる〈日本語文学〉』（ひつじ研究叢書〈文学編〉五、ひつじ書房、二〇一二年二月）

(19)嶋田聡「文学論の表現モデルとしての厨川白村──黄得時「『科学上的真』与『芸術上的真』」と雑誌『先発部隊』の発刊動機についての一考察」『野草』九〇号、二〇一二・八

(20)河原功前掲『台湾新文学運動の展開─日本文学との接点』一二九－一三一頁

(21)陳芳明『台湾新文学史』上・下、（聯経出版、二〇一一年一〇月）、二四－三三頁

日本統治期視覚式消費と展示概念の出現

李衣雲（武井義和訳）

はじめに

明治時代以前、日本では値段が比較的に高い商品の大部分は「座売法」を採っており、番頭と顧客の交渉によって取引が行われ、顧客は商品を見ることができなかった。

明治一一（一八七八）年になって、日本では前年に行われた「内国勧業博覧会」の展示で余った商品を東京の永楽町に開設された「辰ノ口勧工場」で販売の後、商品を見ることができる陳列式の販売法がようやく出現し始めた。[1] 勧工場は視覚に訴えかけることのできる陳列販売法を進め、『東京商工博覧絵』の銅版画からは、一八八五年時点で東京神田の輸入品店「松屋万吉」や湯島天神の「松屋善八本店」ではすでに、販売する服や帽子を入口に掛け、商品もきちんと順序よく棚の上に陳列していたことを見つけることができる。[2] 三越百貨店は三越呉服店の時代の一八九五年に真っ先にガラスショーケースを導入し、また一九〇〇年以降より全面的に「座売法」を廃止し、陳列販売方式の採用へと改めた。[3] 高島屋は一八九六年にガラスケースを用いた陳列販売法を開始し、また同年真っ先にガラスのショーウィンドーを使用したが、三越は一九〇四年まで待たねばならなかった(4)。

物質的な定義からいえば、百貨店は大型の建物の中で商品を種類別に販売する大規模な小売業である。百貨店の出現はすなわち、見ることのできる大量の商品で客を引き付けたが、顧客と店員が面と向かう関係はもはや伝統的な商店と比較してずっと弱くなり、入店したら買わなければならない「義務感」も、これにともない下がった(5)。その次に、百貨店が販売するものはただ奢侈品だけでなく、下層中産階級（lower middle class）もまた目標とする顧客群であった。例えば、日本で一九二九年以降に現われた終着駅の百貨店は、最初は駅の通勤する人の群れを目標として興ったものだった(6)。

この二つの観点から見ると、自由に見ることができ、展示する商業手法は決して百貨店が発明したものではないかもしれないが、しかし百貨店が大規模に行ったこの手法は、消費者群を広く開拓し、同時に百貨店は大型建築になり、商品にさらに大きな展示の舞台を与えたのである。

百貨店の分類展示、販売という概念は、博覧会からひいては博物館の近代的展示観を手本としたものであり(7)、この種の分類展示や新たに意義が与えられた概念は、百貨店研究において一つの重要な検討すべき側面である(8)。しかし、百貨店の権力が「モノ」の分類体系において顕示されるという作用以外にも、欲望の生産と理想像を作り上げるための記号となっているという作用もまた、重要な配慮すべき側面である(9)。展示、広告と華麗な殿堂の使用は、「モノ」と「モノ」との間に関係を構築し転嫁し、商品を製造するといった記号的価値を持つのである。

しかし、百貨店の最も重要な目的は、ただ「モノ」と「モノ」との間にある関係を製造するだけでなく、さらに一歩進めていえば、「モノ」と「モノ」との間につくられた関係は「モノ」と人を結びつけるためのものである。「モノ」は意義と人との間の架け橋であり(10)、「商品獲得」を「（商品の）意義獲得」と同一視することを通して消費者の欲望を引き起こし、また購買行為を促進するのである(11)。

ここでは二つの議題に注意しなければならない。まず、欲望を誘発するやり方はとてもさまざまであり、異なる社会的背景の条件に支えられながら、これらのやり方も絶えず変化が生じるのである。人の感覚器官の中で、視覚が得る情報が最も明確ではっきりしており、さらに焦点化することもでき、同時に視覚がもたらすことのできる情報量も聴覚あるいは触覚と比べて多く、またハイスピードである[12]。それゆえ、一九世紀以降効率を追求し、不特定の大衆を目標群とする大衆消費社会の出現後、視覚展示は主要な販売手段とみなされた。その次に、本文においては陳列は展示（display）と同じではない。「見ることのできる」商品は、もとより商品の存在を告知し、具体的なイメージ、意義転嫁などの作用を持つが、「どのように見えるか」ということはさらに「モノ」と「モノ」との間の意義転化に影響する。展示はまさに「モノ」の文化意義を「あたかも自然」に消費者の前で演出し、一種の「疑いのない」つながりを形成するのである。

このような視覚式消費文化は台湾でいかに発展したか。これが本文の関心焦点である。視覚を通して記号的価値を付与することを重視するのは、需要や実用性より欲望と文化的意義を重視する商店である。百貨店はその中の代表である。本文は前述した二つの問題の観点から、贅沢品販売店から百貨店へと進化するプロセスを叙述することで、日本統治期の台湾の商品陳列、展示の様子、および消費文化の初期的発展を描くことを試みるものである。

一、台湾の視覚式消費の先駆け――「見える」から「展示」へ

日本統治期の商店の中で、呉服店と洋物店は百貨店に最も近似した店種である。衣料品店は、日本やヨーロッパの百貨店の前身であり、高級なテイストも重視した商店であった。そして洋物店が販売する商品は、まさに百貨店の主

要な商品であった。早くも日本統治初期の一八九八年に、台湾には盛進商行や丸福商行などの、服飾や西洋の輸入品を販売する商店があった。その中の盛進商行は越中（富山県）出身の中辻喜八郎と阿波（徳島県）出身の藤川類三の合資により、日本統治の軍制時代に創立されたもので、日本統治初期に最も人気があった洋物店でもあった[13]一九一〇年代初期に盛進商行が販売した商品には、もはや必需品ではないダイヤモンド指輪、化粧道具、ラケット、顕微鏡、茶葉、洋酒、ケーキ、生活用具と家具なども含まれていた。

台湾の政治情勢が次第に安定し、交通もまたある程度発達すると、日本の百貨店は台湾を出張販売の目当ての地域として進出を開始した。記録上、最初に台湾で出張販売を行ったのは一九〇八年三月、三越百貨店の出張販売であった。一九〇九年以降になると、ほとんど何ヵ月かおきごとに、日本の百貨店が台湾に来て出張販売を行った。

これらの台湾に進出して販売業を営む日本の百貨店は、主に地理的に台湾と近く、また大きな店舗を持つ百貨店やその支店であった。例えば三越と高島屋の大阪・京都支店、および阪急百貨店である。出張販売される商品は一般の百貨店の店舗でも販売されるものであり、例えば呉服、洋服、時計といったものは盛進商行などの台湾本土の洋物店でも販売されていたが、出張販売される商品は「中心＝近代化」にしたがい、日本の大都市の名声を利用しながら、当時の台湾でみなかなり良い営業成績を得た[14]。

日本の百貨店は台湾にやって来て出張販売を行うとき、初めの頃はすでに名の知られた、例えば鶯遷閣などのように有名で、そして十分なスペースがある場所を賃借りしたが、後に公会堂や鉄道旅館など公共性のある華麗な建築物が完成した後は、ほとんどはこれらの場所を賃借りした。賃借りの臨時の場所ではあったが、商品の陳列方式はやはり百貨店の傾向を持っていた。

一九〇八年に三越百貨店が台北の府後街にある吾妻旅館で開催した最初の出張販売を例にすると、販売場所の正面入口に三越の商標「越」の字があるのぼり旗が交差し、二名の若い接待要員が客の靴や傘などの預かりの責任を負った。会場は三つの部屋を通しにした広間（ホール）、および脇の一部屋であった。呉服の織物は「川」や「三」の文字の形で二階へ上ったときにすぐに見える場所に掛かり、「川」の字の右側には紺色に白絣模様の木綿の生地が積んであり、真ん中には夏用の浴衣が山積みになり、その間には絹布が差し挟まれていた。「床の間」と壁にはいろいろな浴衣や和服の帯、新しい柄の友禅染の布が掛けられていた。右側の脇の部屋には化粧品、洋傘、靴、洋服の付属品などが並んでおり、商品はみな値札が付いていて来店するのは女性が多かった(15)。

この報道によれば、まず最初に、出張販売の商品は見ることのできる陳列方式で販売していたことがわかる。積み重ねてある商品はあるけれども、例えば「川」や「三」の字状の呉服のように、展示の意図を含む陳列も設計されていたということである。商品はただ「見られる」だけでなく、同時に商品をアレンジする方法で消費者の欲望も焚きつけたということができる。その次に、飾りつけが精緻で美しい旅館を選び販売会場としたことは、三越が会場＝「モノ」の意義転嫁を利用し、出張販売ないしは商品に一種の信頼感と高級な風格を与えたと見ることができる。

出張販売が最初に台湾に登場した後の同年末に、『台湾日日新報』は一九〇八年一二月一八日から二三日まで、五回連続して当時の台北で著名な商店の店先のしつらえを紹介したが、洋物店の店先の歳末陳列のほか、呉服店、日用品店、靴店、茶葉店などを含んでいた。商品陳列展示の報道がこのときに現われたことは、三越の出張販売が引き起こした刺激と関係があるかもしれない。この頃には商品の陳列と見せる概念が重視され始めたのである。このシリーズ報道からは、報道された商店はみな商品を見える陳列棚に入れ、同時にガラスショーケースを使用する商店も少なくなかった。例えば北門街通の谷野下駄店、文武街の角にある大倉履物店は靴をガラスショーケースに入れ、また辻利茶店は鹿児島の錫細工の茶道具を正面のガラスショーケースに入れていた(16)。

当時、高価格帯の商品を扱う呉服店は商品の陳列展示も比較的に重視した。例えば前述の報道では福田商店、丸山商店、丸幸商店、近江屋の陳列装飾に話が及んだが、みな顧客の好奇心を誘発することに重点を置き、あわせて巧みに採光を利用したりしたが、丸幸商店はさらに隣りの店先にまで陳列台を取り広げて設けており、普通の店より広々とさせていた[17]。また、販売する商品が百貨店と類似した洋物店の中で、店構えがもっとも立派な長谷川商行は、わざわざ店のど真ん中に置いた陳列ケースの上に一体のぶらぶらとぶらんこする人形を置き、陳列ケースの周りを細い紅白のリボンで装飾し、玩具店の感覚を出していた。女性用の西洋輸入品を主とする小島屋は、中央の平台に花かんざし、櫛かんざし、中折れ帽とその他の小物を陳列していた。洋物専門店の丸福はかなり展示を重視していた。店の出入口にはイルミネーションで「丸福」の文字を作り、電球の間に巧みに色とりどりのひもを用いて装飾していた。店のちょうど中央には展示台が置いてあり、羽毛の布団が谷間を模して置かれており、間の各所には点々と帽子、化粧道具が置いてあった。店内の衣服と帽子は季節に合わせた組み合わせであり、また飾りつけとして陳列された帽子や帯ひも、額縁などの商品には引きつける力があった[18]。

しかし、装飾さえあれば良いというのではなく、店先の全体の調和性も重要であった。一九〇八年末のこのシリーズ報道の記者は、店先で陳列する商品は通りすがりの客の足を止めて店内に入れさせることを求めるためであり、したがって大通りに面した商品陳列ないし装飾はとても重要なものだと何度も強調した。記者はここで、これらの商品の陳列のやり方に対してかなり多くの指摘をした。第一に、清潔であるほかに、商品陳列には必ず分類、順序、あるいはテーマがなければならないということである。例えば大倉履物店はガラスショーケースに靴を安置しているだけで、丸福、村井などの洋物店は全ての空間に商品を満杯に積み重ねており、良くないと思われる。このほかに、飯田屋と盛進商行は正月を迎えるために、店内に多くの飾り付けのイルミネーションと旗を並べたため、記者はこれでは店内が乱雑に見えると考えた。そして「丸福」の店内にはわずか五、六個の電灯があるだけで、明かりが暗いと思われた[19]。これを換言すれば、この時期の商品展示概念は、すでに商品の陳列は必ず商店に一種の「雰囲気」を与えるものでなければならないと気づいていた。

他方、盛進商行は日本統治期の台北で最も百貨店に近く、しかも積極的に百貨店に転換しようとしていた商店であった[20]。しかし、一九〇八年末時点の盛進商行は陳列販売を採用していたが、店の中央に平台が置いてあるだけで、その上の半分には年末の時節に合わせた洋酒が置いてあり、他の半分には随意に西洋の人形が吊り下げて掛っており、記者は「人を引きつける面白味が現われていない」と思っている。陳列棚にはきちんと座布団、綿入れの掛け布団、手提げかばん、靴が置いてあるが、店内で最も人の注目を引く二つの棚には季節外れの洋傘が置いてある。報道は、その乱雑さが、屋台骨の大きい盛進商行が客を招けない理由だと論じている[21]。これを換言すれば、商品陳列が引き起こす乱雑感は商品の品位と視覚効果に影響を与え、「モノ／商品」と「モノ／商店」の間の意義転換作用、および商品を理想像に転換する可能性にも影響したのである。

以上述べたところから、一九一〇年前後の台湾では商品の展示がすでに重視され始めており、新聞メディアもこの手法を推し進め始めたことを知ることができる。商品は顧客の目の前に置かれ、商品を「知らせる」ための存在にとどまらず、顧客に「必要」のためばかりでなく、さらに「欲望」のために購入させたいのである。しかし全体的にいえば、意義転嫁作用を持つ展示の概念について、台湾ではまだ入門の段階にあり、陳列と展示の間の差異はまだはっきりと分かれていなかったのである。

二、視覚効果を重視する展示概念

伝統的な商品が「見えない」時代から、視覚販売手法出現の初めまでは、顧客は終始商品に直接触ることができなかった。この前提の下で、商品と顧客を隔絶することができ、それでいて見ることができる透明なガラスは商品の視覚演出を促進する重要な道具となった。前文で述べたように、一九〇八年時点で台湾ではすでにガラスショーケースが使用されていた。そして近代的な商店の目標は、なじみの客から店外を通り過ぎる不特定の顧客群に変わり、大きなガラスショーウィンドーも目を引きつける重要な手段となった。一九一四年の『台湾日日新報』に掲載された峰谷生署名の文章では、ショーウィンドー設計に関する概念が示され、ショーウィンドーは販売する商品を陳列するためではなく、設計上、テーマ性を有するべきであると強調された。[22] これも前述したように、商品に記号的価値を与えるものである。

当然、ショーウィンドーは決して必ずガラスを使用しなければならないということはなく、店先の一部を囲んでその中で商品あるいは人形などで装飾することができた。例えば一八八八年、大阪心斎橋にある荒木熊三の輸入品店は出入口の外に面した場所の一角を低い柵で囲み、中に洋服を着た人形を置いた。[23] ただし、この方式は人を引きつける力はあるけれども、商品の保存に対してはかなり不利で、風雨といった天候ないし観覧する人が触ることで、展示品ひいては展示のテーマに損害を与える可能性があった。そのため、ガラスショーウィンドーの使用はとても有利となったのである。

ショーウィンドーは一九二一年時点においてすでに台湾に伝わってきていた。一九二一年末、『台湾日日新報』は台北市内にある商店の窓飾競技（ショーウィンドーコンテスト）を主催し、合計六三店が応募した。[24] その後、一九二三年に新竹共進会が、一九二五年には台北、基隆商工会が数回の窓飾競技を開催した。一九二五年五月の台北市での競技には参加が一五〇店に達し（図一参照）、一九二五年六月には台北実業会がさらに「始政三十年記念」の名目で窓飾競技を開いた。これらの店頭の窓飾競技は当時台北、新竹、基隆ですでに一定数の商店がショーウィンドーを使用していたことをはっきりと示している。また、一九二五年一〇月の宜蘭商工会は窓飾競技を行ったが、宜蘭はショーウィンドーを使用した商店が比較的少ないため、最後には店舗全体を装飾する「店頭装飾競技」に改めた。この後、台北、新竹、嘉義、台南の各地でも次々と類似の窓飾競技が開催され、新聞紙上でも連日受賞したショーウィンドーの写真が掲載されたが、このときショーウィンドーは普及中の新しい商業手法であったことを示している。[25] 一九三一年に勝山写真館が発行した『台湾紹介―最新写真集』から、台北栄町の西尾商店、京町の飴や茶葉を売る東陽商店と古川洋服店は、店の出入口に大きなガラスを用いてショーウィンドーを作り出し、特に古川洋服店のショーウィンドーはすでに商品を置くだけでなく、マネキンがあり、花などの非商品を寄り添えて展示の効果を作り出していたことが分かる。[26]

他方、ガラスショーケースの使用にも変化が生じた。前述のように、一九〇八年時点において北門街通の矢野下駄店、文武街の角にある大倉履物店は靴をガラスショーケースの中に置くだけであった。[27] しかし『台湾紹介―最新写真集』からは、すでに多くの商店がガラスショーケースを使用し、かつケースの中の商品はもはやただ積んでおくだけでなく、序列があったことを見ることができる。台北栄町を例にとると、土産物店である辻商店は入口を入った天井板に一列の水牛と鹿の角が掛けて飾ってあり、店の中央には台状の木のふちのガラスショーケースがある。中には一つ一つ白い綿フランネルを敷いた箱が整然と並べられており、箱の中央はサンゴなどから作られた首飾りや指輪などであり、両側の壁にはガラスショーケースが並んでおり、腰までの平台になっていた。その上に置いてある商品は手で触り観賞することができるものであった。そして小島屋は店内に多

図一　1925年台北の窓飾競技で、二等に当選した丸山呉服店の窓飾。『台湾日日新報』(1925年5月18日)

くの平台ガラスケースと菱形に突起したガラスケースをレイアウトし、ショーケースの中の商品も一つ一つの白い綿フランネルの箱を用いて展示していた。同時にガラスショーケースの横には、数個の縦になったフックの付いた棚があり、ネクタイなどの織物製品が掛っていた。以上の例から、これらの商店の陳列はすでに商品が見られるものであるのにとどまらず、さらにフックなどを通して店内の展示に立体的な面を出現させ、また白い布を使用して商品を際立たせたことを見てとることができる。[28]これはショーウィンドー、ガラスケースあるいは店内のその他の陳列にかかわらず、いずれもただ商品が見られるためだけではなく、全体の環境の調和と一致すること、そして陳列位置の主要なものと従属的なものとの区分を考慮したことをはっきりと示した。これもまた当時の陳列展示の概念に一致するものである。[29]

視覚効果の商業に対する刺激効果は植民地政府の注目を引いた。一九三二年七月二〇日から二四日まで、台湾総督府殖産局と台北商業団体は「商業美術展覧会」を共同で開催したが、その展覧会は例えばポスター、宣伝ビラ、ショーウィンドーの写真のような平面広告、および立体的な室外看板と立体の電力広告などの展示を含んでいた。各商店は車などで広告パレードを行い、また台北の商店はショーウィンドーの装飾競技会を行った。ショーウィンドーの装飾競技会に参加した商店は一三〇余軒であった。[30]同年、高雄、台中、新竹などの地もまた真似て商業美術展を開催し、その後一九三三年、一九三四年、一九三七年にも各地で広告祭あるいは類似したコンテストが開催され、ショーウィンドーコンテストはすでに大型の活動競技種目となっていた。[31]その中で、一九三五年に高雄商工会が開催したショーウィンドーコンテスト、および一九三七年の商工祭の評定標準には「人の注目を引きつける」、「愉悦感」、「購買欲を刺激する」、「美観と好感」などの項目が含まれていた。[32]これらはみな一九三〇年代において、台湾の商店がすでに欲望の刺激をとても重視した上で、店とショーウィンドー全体の雰囲気を作り上げていたことを示している。これらの競技の普及とともに、ショーウィンドーは次第に台湾人に熟知され、顧客を集める重要な手段となり、しかも大量のショーウィンドーにより歩行者が街をウィンドーショッピングする行為も可能となったのである。

ほかの視覚展示上の重要な革新は、マネキンの使用であった。立面的な陳列ケース、フック、ないしショーウィンドーの使用は、すでに平面的視覚効果を立体へと引っ張り向かわせたのであるが、(33)マネキン人形の使用は立体視覚効果を強めただけではなく、さらに欲望のイメージを具像化した。商品が平面に置いてあるとき、消費者は必ず頭の中で商品が使われているときの様子をイメージしなければならない。例えば折りたたんで四角い塊となっている衣服について、消費者は必ずそのデザインが広げられたときの全体的な様子をイメージしなければならない。そして広げた衣服についても、消費者はやはり必ずそれを着たときの様子をイメージしなければならない。このような、部分から全体をイメージし、平面から立体をイメージする過程は、各人の異なる経験あるいは知覚の違いにより障害を生じ、時間もかかるであろうから、これは流動的な通りすがりの客を集めることについていえば不利である。それゆえ、マネキン人形の使用は、消費者の代わりにこの種のイメージをやり遂げ、ひいては構築し、またマネキン人形の理想のスタイルを通して消費者に一つの理想投射の対象を与えたのである。

視覚効果の立体化のもう一つの作用については、平面の陳列台では消費者が「頭を下げなければ」視線を商品に集めることができず、折りたたんだ商品は簡単に商品の均一化をもたらし、かつ通りすがりの客に瞬時に商品の存在を捕えさせる方法がないが、しかし初期の人形やその後の等身大のマネキン人形は、商品を平面展示から消費者の視線の高さまで延ばし、特に通りすがりの客を引きつけるショーウィンドーに置かれれば、かなり有効であった。

台湾では一九〇八年の報道において、すでに人形の使用を見ることができる。呉服店の近江屋は陳列台に二体の衣服を着た人形を使っていた。記事は人形がかなり稚拙であると考えており、人形の大小を知る由もないが、(34)しかしこれはやはり平面、部分的な視覚効果を越えていた。一九二九年一〇月二日、台北の松井呉服店は初めてマネキンガールを雇い、当店の最新流行の衣装を宣伝するために五日続けてのファッションショーを開催した。(35)その後、マネキン人形は次第に普及し始めた。一九四〇年九月、戦時新体制の規定に対応して欧米崇拝を排除するため、大稲埕の六〇軒の店は率先して二一二体の西洋人風のマネキン人形を撤去し、黒髪で黒目の日本人風のマネキン人形に換え、翌日よりこの自粛風潮は台湾全土に及んだ。(36) この報道から、日本統治末期のマネキン人形の使用はすでに一定の普及度があったことを見出すことができる。

商品の陳列から展示、ショーウィンドー、マネキン人形にいたる発展は、商店の目的が「見える」を通して客に商品の存在を「知らせる」ことから、最短の時間内に消費者の入店購買欲を誘発することに方向を転じ、視覚効果も次第に大量の項目選択を提示することから、満足しない欲望を作ることに変わったと見てとることができる。

この一連の発展プロセスの中で、空間使用概念の変化はとても重要な社会文化の特徴である。伝統的概念においては、商品の数と種類が多ければ多いほど売ることができる物が多いことを体現し、金儲けが可能でもあった。したがって、店の空間に入れることができる商品が多ければ多いほどよく、この種の概念の下では空間の意義はただ「収容」するために過ぎなかった。例えば、前述した一九〇八年の台北市にある盛進、丸福、長谷川、小島屋などの商店は、商品陳列において「数の多いこと即ち美なり」という効率観を脱却しておらず、いわゆる「陳列」と「見える」の間にはある種のイコール関係があったのだ。しかし、例えそうであったとしても、前述した丸福商店内の谷間を模した布団の陳列と、引き立たせる帽子や化粧品、あるいは長谷川商店が平台にぶらぶらとぶらんこする人形を置いて飾っていたことは、古田立次、清水正巳らが一九二〇年代に提唱した雰囲気法の一端がすでに現れていた。なぜなら空間利用の効率についていえば、陳列台の上にただ一枚の布団が置いてあるだけなのは割に合わないのであり、また、非売品であるかもしれない人形を展示するだけなのは、商品販売の直接性についていえば疑いもなく効果と利益に合わないからである。これは、少なくとも日本の百貨店が台湾に来て出張販売を開始したこの年（一九〇八年）末、台湾ではすでに商品展示式の陳列手法が使われ始めており、空間概念も次第に「収容する」と「置く」という背景の役を離れ、消費されるものの一環となったことを示している。

ショーウィンドーはこの空間概念変化の最もよい証明である。一九三二年の『商業美術展覧会記念帖』にある、台北京町にある大塚万年筆店のショーウィンドーには一二本の万年筆＝商品があるだけで、その他の空間は大型紙製の万年筆、万年筆ブランド「PILOT」の大きな文字と各種の字形の標語で占められ、筆で書く各種の「字体」は「万年筆」のイメージを象徴していた。そして三等賞を獲得した婦人洋服店「玉屋」のショーウィンドーは、焦点の中心となった金髪のマネキン人形は決して商品ではなく、かつ絶対多数の空間は想像を介入させることができる空白状態であった。例え相対的に比較的多くの商品を陳列した秋本ふとん店のショーウィンドーでも、高低の順序にアレンジされた商品はやはりわずかにショーウィンドーの下側を占めただけであり、背景は依然として西洋式の窓枠、窓台とカーテンなどの非商品で近代西洋の雰囲気を形作っていた。(37) これらの例から、台湾で最初の百貨店が登場した一九三二年には、効率を重視する空間に対する観念はすでに、段々と意義転嫁と余白を残す展示概念に取って代わられたことを見ることができる。

三、台湾の百貨店の出現

マズロー（Maslow）の欲求階層理論から見れば、美学あるいは象徴に欲望を覚える前に、一定の経済能力と社会安全の保障は満たされなければならない条件である。(38) 一九二〇年代、台湾の政治と社会は比較的に安定した状態となり、一九二五年より毎世帯平均所得は四〇〇円以上を維持し、都市または農村を問わず所得が成長したので、(39) 人々はただ「必要とする」ために買い物をするわけではなくなった。同時に、台北市、台南市、高雄市を問わず、非農業人口と農業人口の比は一〇対一以上あった。[40] これによって、当時台湾の大都市ではサラリーマン階級—百貨店の主要な消費者—の割合がすでに一定程度あったと推測することができる。そして、台北市は一九三三年時点で人口が二四万人余りで、その上日本全国で八番目の大都市であった。[41] 流行の面では、大体一九二七年以降、台湾全体の商業経済が次第に成熟して都市文化ができ、社会生活のあり様にも変化が現われた。[42] さらに前節で述べたように、メディアの推奨、政府の奨励や商店の利益追求を通して台湾の視覚展示概念は絶えず進化した。このさまざまな条件はみな、このときの台湾の大都市ですでに百貨店が成立する初歩的な条件ができていたことをはっきりと示している。

一九一八年から、日本の百貨店が台湾に進出し開店するという噂は台湾社会の間に広く伝わった。日本側は絶えず噂を否定したにもかかわらず、[43] 台湾商業界のパニックを引き起こし、台湾で長く商売をしてきた幾人かの商人は三越などの外来の百貨店より前に百貨店を設立することを計画した。[44] 台湾最初の百貨店である菊元は、このような背景の中で誕生したのである。

一九〇五年台湾にやって来た重田栄治は台湾で次第に資本を累積し、一九二八年時点で五〇万円を出資して、[45] 内地人と本島人の興味嗜好を一堂に集めた百貨店の建設を計画した。[46] まず初めに、台北栄町に九九・三六坪の土地を取得したが、道路幅と建築物の高さの比例制限、および京町全体の市街調和の問題により、六階建ての高さの建物が許可されただけであった。完成した建物の様式全体はモダニズムのスタイルに属したが、軒先や開き窓は当時流行していたアール・デコ様式のデザインに似ていた。[47] しかも階段室の階段は東京の三越、高島屋が取り入れていたのと同じ大理石のものであった（図二参照）。[48]

一九三二年一一月二八日、菊元百貨店の建物が完成し、三日連続で五階の食堂において落成式が行なわれた。[49] 一階の三分の一を台湾式建物に特有なアーケード（亭仔腳）で区分し、一階から四階を売り場とし、販売する商品は洋品雑貨、呉服、おもちゃ、紳士婦人用品などを含み、[50] 日本の百貨店あるいは出張販売の商品と余りにも大きな違いとい

図二　菊元百貨店の外観、食堂と階段。(『台湾建築会誌』第4輯第6号、1932年、口絵)。

うものはなかった。五階の食堂の空間は三越と同じで、西洋式の廊柱式を取り入れており、[51]テーブルや椅子はみな西洋風で（図二参照）、街に面した三方の壁は透明なガラス窓で採光して明るく、軽食を販売し、また扇風機を設置していた。[52]六階部分の建物は小さく、一階のアーケードと同じ広さのスペースを設けて開放感を作り、集会用に供することができた。[53]そして屋上は展望台だった。全棟の売り場面積は五〇〇余坪であった。[54]

菊元百貨店は設計当初、かなり展示を重視し、栄町通と京町通に面する壁を五尺の幅のショーウィンドーに設計した。[55]菊元も積極的にショーウィンドーコンテストに参加し、一九三六年の第一回「商工祭」で第二位を獲得し、一九三七年の第二回では第三位を獲得した。[56]

菊元百貨店より二日遅れて開店した台南のハヤシ百貨店は、一九一二年に台湾へ来た林としによって創立された。ハヤシ百貨店の五階建ての建物はモダニズムと「西洋歴史様式建築（Historical Western Style Archi-

図三　ハヤシ百貨店のフロアガイド。『台湾日日新報』（1932年12月4日）。

同上　百貨店の三階賣場

図四　ハヤシ百貨店の三階。（『台湾建築会誌』第4輯第6号、1932年、口絵）。

tecture)」の間にある過渡的様式であった。一階から四階までは売り場で、食品、化粧品、煙草や酒、洋雑貨、衣服、時計、日用品などを販売していた。三階は衣服を作製、手直しすることを主とし、一九四〇年時点で四名の仕立屋が現場で採寸しており、四台のミシンを備えていた。四階には日本式の食堂があり、五階には和洋の食堂でコーヒー、紅茶、アイスクリームなども販売していた（図三、四参照）。屋上には菊元百貨店と同じく小さな庭園を設け、その隣には一台の電動遊戯馬と双眼望遠鏡式のアニメ放映機があり、さらに稲荷大明神を祭った小さな神社があった。[57]

菊元百貨店もハヤシ百貨店もエレベータを設置しており、当時、多くの人がこの最新科学技術の製品に乗るためにわざわざ来店した。これらの人々に消費能力があるとは限らなかったが、好きに入店できた。ハヤシ百貨店の元従業員である石允忠も、ハヤシ百貨店はつっかけを履いた人の入店を禁止しなかったと述べている。[58]百貨店が実施した

「入店自由」は、台湾の消費文化の中で店員と顧客の間の伝統的な対面関係が段々と消失していったことをはっきりと示している。

二軒の百貨店も、ガラスショーケース、マネキン人形とショーウィンドーを使って商品を展示した。例えばハヤシ百貨店の二階では、階段を少し上ったところに梯子状のショーケースを置き、二、三階には多くの着物・洋服を着たマネキン人形を使用し、三階のマネキン人形は壁の一面をほとんど占めていた[59]。大稲埕出身の、漢方薬店と反物屋で仕事した店員の娘で、日本統治末期に国防株式会社で裁縫係を担当した呉麗珠は、当時百貨店の商品はみな棚の上に陳列されており、化粧品類といった高額の物はガラスショーケースの中に置いてあり、買いたいときは女性店員に出してもらった。既製服の価格はみな値札が付いていたが、布地は価格を尋ねる必要があったと回想している[60]。石允忠も、もしハヤシ百貨店のガラスショーケースの中の物を見たければ、店員に棚を開けて出してもらわなければならなかったが、観賞後もし欲しくなかったら、直接店員に返すことができたと述べている[61]。

一九三八年、高雄に三番目の百貨店吉井が誕生した。五階建ての表現主義スタイルの建築で、一九〇三年に台湾に来た吉井長平により創立された[62]。吉井百貨店の資料は多くないが、当時の視覚展示文化の発展の状況から推測すると、当時最もモダンな消費場所であった吉井百貨店もショーウィンドー、ショーケース、マネキン人形などの方法を使用したはずである。

菊元百貨店、ハヤシ百貨店と吉井百貨店は屋上に庭園または展望台を設けていたが、これは最もよく日本式百貨店の特徴を表現していた。欧米の百貨店は内部にシュロなどの植物を用いて庭園をしつらえたが、日本式百貨店は空間が欧米より小さいためか、上に向かって発展し、庭園を屋上に設置したのである。例えば松屋浅草店は一九三一年、屋上の庭園に小型の動物園と娯楽場を設けた[63]。同時に日本の百貨店は常に屋上に小さな神社と鳥居を安置した。例えば三越銀座店の屋上には、三井家の守護神である「三囲神社銀座摂社」を安置していた。ハヤシ百貨店も吉井百貨店も屋上に小さな神社を設け、吉井百貨店が安置したのは金刀比羅神社であった。[64] ここからまた、日本統治下の台湾の百貨店は西洋の近代化を標榜していたが、実際には吸収した「西洋経験」は日本を通した重訳された概念であったことがわかる。

ショーウィンドーの展示から庭園の設計にいたるまで、全ては百貨店の核心的な空間概念を示したのである。世界最初の百貨店ボン・マルシェ（Bon Marché）が誕生したとき、百貨店内にギャラリーや消費者が自由に新聞雑誌を閲覧できる図書室が設けられた。[65] 日本の百貨店はさらに社会教育と市民娯楽の役割を帯びることが期待された。例えば三越百貨店は、時時に高度な文化資本を持つ華道展、絵画展覧会、美術展、講演会を開催した。[66]

展覧会あるいは音楽会には、例えば知名度を広げる、人の波を招き寄せるなどの、少しばかりの利益獲得の目的があったが、しかし仮にただ空間に受け入れる「効率」だけから見れば、展覧会、図書室、ひいては楽隊はむしろ不合格であったといわざるを得ない。けれども、空間それ自体を一種の消費対象とし、意義を生み出して商品に転嫁できるという角度から見るならば、百貨店はこれらの高度な文化資本を持つイベント、あるいは場所を利用して、それが有する文化意義を会場の所在自身に転嫁し、それにより再び販売する商品に転嫁するのである。百貨店が流行を導くことができるのは、こういう文化的意義の転換に後押しされるからなのである。

この概念は台湾にも現われた。一九一〇年代の盛進商行から一九三二年の菊元百貨店まで、いずれも常に展覧会や展示会の開催によって文化資本を得たが、特に新しく創立した初期は自身のイメージと風格を形作らねばならない時期だった。一九三三年二月から菊元は一連の生花陳列会を開催し始めたが、七月に夏の時節に合わせて日本の浴衣に常用される朝顔の押花陳列会を開催し、九月には「秋の映画週間」に合わせてスチール・ポスター展覧会を開催、一九三五年には茶道久田流諸式の陳列などを行った。[67]

初期の日本の百貨店の出張販売は、「西洋、日本＝中心、都会」のイメージを通して台湾に「百貨店」と西洋進歩を同一視するイメージを築き上げ、さらに加えてこの後に、前述した展覧会、空間設計、展示などのさまざまな意義転嫁の作用により、本土の百貨店もまた次第に台湾社会で高尚な風格のイメージを作り出した。百貨店へ行き買い物をすることは高級な、上流家庭の行為と思われており、それゆえ商品も価値があると思われていた。例えば杜淑純は「西洋の人形などの洋物は百貨店でも売っており、比較的に上流の家庭は子供たちに（こういうおもちゃを）買ってあげた。例えば、母は子供の時には西洋の人形を抱きながら一緒に写真を撮った」[68]と述べている。呉克泰は、台北高等学校に出願したとき、先生がとてもよい推薦状を書いたために採用された。彼の父親は彼をともない「菊元百貨店のビルへ行き、とても綺麗な紫色のガラスの大皿を選んで買い、刑部先生に贈った。先生もとても喜んでいた」[69]。そして陳貴玉は「小さいとき、菊元百貨店へ行こうと聞くと、とても嬉しかった。綺麗な服に着替え、小さなカバンを持って遊びに出掛けた。百貨店内はとても多くの物を売っていて、食べ物もあった。なので私が最も喜んで行った場所だった」[70]。呉麗珠も、当時町へ行き百貨店を見物することは大事であり、彼女はよい服を持って会社へ行き、退勤時に服を着替えると直接百貨店へ行って見て歩いた。また、普段は履くのが惜しい絹の靴下と革靴を履いたと述べている[71]。

台湾の消費文化は一九四〇年まで持続して発展した。しかし一九三六年に台湾島内の軍事的な雰囲気が高まり、菊元百貨店は店員の制服を国防色に改める一方、政府に歩調を合わせて軍事、戦争と関わりがある展覧会を開いた。一九三八年、日中戦争開始後に日本政府は奢侈品の流行は国民の堕落の証明と考え、節約報国を鼓舞し、戦争の継続にしたがいさまざまな統制を次々と実施した。物資獲得も次第に困難となり、一九四〇年に「七・七禁令」を公布して奢侈品を禁止し、価格は政府が公に定め、奢侈品の製造を抑止し、その後明文をもって奢侈品を販売することを禁止した。同年八月一日の「八・一禁令」はさらに享楽的な行為に対する取り締まりを強化した。ハヤシ百貨店を例にとると、販売する物は全て日本製品で、外国からの輸入商品はなかったが、経済警察が毎日来店し価格が規定に合っているかどうか検査した。このような状況下で、百貨店の売り場も変化が生じ、菊元百貨店はいくらかの「必要」でない商品を四、五階に移し、一階を生活に必要な台所用具に改めた。また、上流の女性を対象とした呉服特選売り場を止め、実用型百貨店に変化した。配給制度実施後、百貨店の危機はますます深まった。これをもって、視覚式の消費と高級な文化的意義を転嫁する手法は市場から消えたのである。

おわりに

台湾は少なくとも一九〇八年以降、次第に視覚式の消費文化が発展し、「空間」を「収容」と同一視する概念は、次第に展示概念に取って代わられた。商品はただ「見られる」だけではなく、さらに配列や配置を通してテーマや意義を持つようになり、ガラスショーケース、ショーウィンドー、マネキン人形といった商業「効率」を持たず、あるいは「空間」を無駄に使う道具も次第に流行した。全体的にいえば、空間を消費対象とする概念は一九一〇年代にすでに芽生えており、一九二〇年代に盛んに成長し、台湾の百貨店はこうした脈絡の中で一九三二年に誕生した。

しかし、日本統治期の台湾で最大の菊元百貨店は、売り場総面積がわずか六〇〇坪余りであった。菊元百貨店支配人の三浦正夫も、百貨店の基準でいえば一〇万人の人口ごとに一〇〇〇坪の売り場を有するべきであるが、一九三三年時点の台北市人口は二七万人で、相応する百貨店は少なくとも二七〇〇坪を有するはずであるから、菊元はやはり相当に狭かったといえるだろうと述べている。[72] 狭い空間は、台湾の百貨店が欧米ないし日本の百貨店のように、巨大な殿堂の形を作り出すことによって圧倒的な華麗な雰囲気を作ることを難しくし、十分に演出し、転嫁の意義を持たせた舞台とすることも難しくした。

戦争の勃発は台湾の消費文化の発展を抑制し、日本の敗戦は台湾三大百貨店の歴史を終わらせた。脱日本化と外国の会社に対する制限設定などのさまざまな条件の下で、日系百貨店の台湾進出は、一九八七年の太平洋ＳＯＧＯ百貨店の開店まで待たねばならなかった。

参考文献

ロザリンド・ウィリアムズ著、吉田典子ほか訳『夢の消費革命』（工作舎、一九九六年）。

海老原耕水編『商業美術展覧会記念帖』（台湾総督府殖産局主催、一九三二年）。

勝山吉作編『台湾紹介―最新写真集』（勝山写真館、一九三一年）。

清水正巳『店頭陳列販売術』（白洋社、一九二三年）、一九二一―二三六頁。

黄美娥、王俐茹「従「流行」到「摩登」――日治時期台湾「時尚」話語的生成、転変及其文化意涵」、余美玲編『時尚文化的新観照』（里仁書局、二〇一二年）、一三九―一八二頁に収録。

呉克泰『呉克泰回憶錄』（人間出版社、二〇〇二年）。

高柳美香『ショーウインドー物語』（勁草書房、一九九四年）。

Chaney, David, 'The Department Store as a Cultural Form', *Theory, Culture & Society*, 1983:1 (3) , pp. 22 – 31.

Crossick, Geoffrey and Jaumain, Serge (ed.), *Cathedrals of Consumption*, Hants: Ashgate Publishing Limited, 1999.

高橋雄造『博物館の歴史』（法政大学出版局、二〇〇八年）。

蔡宜均『台湾日本時代百貨店之研究』、台北芸術大学建築与古跡保存研究所修士論文、二〇〇五年。

趙祐志『日拠時期台湾商工会的発展（一八九五―一九三七）』（稲郷出版社、一九九八年）。

杜淑純口述『杜聡明与我――杜淑純女士訪談録』（国史館、二〇〇五年）。呂紹理『展示台湾』（麥田出版、二〇〇五年）。

Maslow, A., & Lowery, R. (Ed.), *Toward a psychology of being* (3rd ed.), New York: Wiley & Sons, 1998.

Miller, Michael B., *The Bon Marché*, New Jersey: Princeton University Press, 1981.

松村昌家『ロンドン万国博覧会（一八五一年）新聞・雑誌記事集成』（本の友社、一九九六年）。

初田亨『百貨店の誕生』（三省堂、一九九三年）。

エドワード・ホール著、日高敏隆ほか訳『かくれた次元』（みすず書房、一九七〇年）。

Falk, Pasi & Campbell, Colin 編『血拼経験』（弘智、二〇〇三年）。

古田立次「陳列戸棚装飾の要訣」、北原義雄編『現代商業美術全集一一巻 出品陳列装飾集』（ゆまに書房、二〇〇一）、二四－三〇頁。

Laermans, Rudi, 'Learning to consume', *Theory, Culture & Society January* 1993:10, pp79－102.

山本哲士監修『欲望のアナトミア 人の巻 消費の幻視人』（ポーラ研究所、一九八五年）。

吉見俊哉著、蘇碩斌ほか訳『博覧会的政治学』（群学出版社、二〇一〇年）。

インタビュー

謝国興、李衣雲インタビュー、〈石允忠先生訪談〉、インタビュー年月：二〇一一年三月一八日、二〇一一年四月九日。

洪佩鈺インタビュー、〈呉麗珠訪談一〉、インタビュー年月：二〇〇九年一月二三日。

黎勉旻、李衣雲インタビュー、〈呉麗珠訪談二〉、インタビュー年月：二〇一一年八月一日。


【注】

（1）初田亨『百貨店の誕生』（三省堂、一九九三年）、八－五九頁。
（2）高柳美香『ショーウインドー物語』（勁草書房、一九九四年）、四三－四四、五〇－五一頁。
（3）初田亨『百貨店の誕生』、六七頁。
（4）高柳美香『ショーウインドー物語』、一三〇－一三二、一三九頁。
（5）Rudi Laermans, 'Learning to consume', *Theory, Culture & Society January* 1993:10, pp79-102.
（6）初田亨『百貨店の誕生』、一六八－一七四頁。
（7）博覧会、博物館の展示陳列史に関しては、松村昌家『ロンドン万国博覧会（一八五一年）新聞・雑誌記事集成』（本の友社、一九九六年）。高橋雄造『博物館の歴史』（法政大学出版局、二〇〇八年）を参照。
（8）例えば呂紹理や吉見俊哉は議論で百貨店に及ぶとき、博覧会の分類展示の観点から百貨店が持つ社会的意義を考える。呂紹理『展示台湾――権力、空間与殖民統治的形象表述』（麥田出版、二〇〇五年）、三一九－三四一頁。吉見俊哉著、蘇碩斌ほか訳『博覧

会的政治学』（群学出版社、二〇一〇年）。

（9）例えばロザリンド・ウィリアムズ著、吉田典子ほか訳、『夢の消費革命』（工作舎、一九九六年）。Michael B. Miller, *The Bon Marché*, New Jersey: Princeton University Press, 1981. David Chaney, 'The Department Store as a Cultural Form', *Theory, Culture & Society*, 1983:1 (3) , pp. 22-31. Rudi Laermans,'Learning to consume', *Theory, Culture & Society January* 1993:10, pp79-102. Geoffrey Crossick and Serge Jaumain ed., *Cathedrals of Consumption*, Hants: Ashgate Publishing Limited, 1999. Mica Nava,「現代性的否定：女性、城市和百貨公司」、Pasi Falk & Colin Campbell 編、『血拼経験』（弘智、二〇〇三年）に掲載、一〇〇－一六四頁。

（10）佐々木孝次が論述する欲望の「Z」字形が参考となる。佐々木孝次「承認の欲望理論」、山本哲士監修『欲望のアナトミア 人の巻 消費の幻視人』（ポーラ研究所、一九八五年）に掲載、一九四－一九五頁。

（11）J．ウィリアムソン著、半田結ほか訳『消費の欲望』（大村書店、一九九三年）。山本哲士監修『欲望のアナトミア 人の巻 消費の幻視人』。山本哲士監修『欲望のアナトミア 天の巻 消費の夢の王国』（ポーラ文化研究所、一九八五年）。

（12）エドワード・ホール著、日高敏隆ほか訳『かくれた次元』（みすず書房、一九七〇年）、六六、九五－九六頁。

（13）『台湾日日新報』（一八九八年九月四日、二版）。

（14）李衣雲「日治時期日本百貨公司在台湾的発展―以出張販売為中心」、『国立政治大学歴史学報』三三号（二〇一〇年）、一五五－二〇〇頁。

（15）出張販売の日時は三月七日より計四日だった。『台湾日日新報』（一八九八年九月八日）。

（16）『台湾日日新報』（一九〇八年一二月二〇日、二二日）。

（17）『台湾日日新報』（一九〇八年一二月二三日）。

（18）『台湾日日新報』（一九〇八年一二月一八日）。

（19）『台湾日日新報』（一九〇八年一二月一八日、一九日、二〇日）。

（20）『台湾日日新報』（一九一三年一二月五日）。

（21）『台湾日日新報』（一九〇八年一二月一八日）。

（22）『台湾日日新報』（一九一四年六月一〇日）。

（23）高柳美香『ショーウインドー物語』、七六－七七、九八頁。

（24）『台湾日日新報』（一九二一年一〇月一五日、一〇月二四日、一〇月二八日）。

(25)『台湾日日新報夕刊』(一九二三年一二月八日、一九二五年五月一〇日、一九二五年五月一八日、一九二五年六月二一日、一九二五年六月二二日、一九二五年六月二三日)。趙祐志『日拠時期台湾商工会的発展(一八九五-一九三七)』(稲郷出版社、一九九八年)、二〇二-二〇三頁。
(26)勝山吉作編『台湾紹介—最新写真集』(勝山写真館、一九三一年)。
(27)『台湾日日新報』(一九〇八年一二月一八日)。
(28)勝山吉作編『台湾紹介—最新写真集』。
(29)古田立次「陳列戸棚装飾の要訣」、北原義雄編『現代商業美術全集一一巻 出品陳列装飾集』(ゆまに書房、二〇〇一年)に収録、二四-三〇頁。清水正巳『店頭陳列販売術』(白洋社、一九二三年)、一九二-二三六頁。
(30)『台湾日日新報』(一九三二年七月一四日、一九三二年七月二四日)。
(31)趙祐志『日拠時期台湾商工会的発展(一八九五-一九三七)』、二〇八頁。
(32)趙祐志『日拠時期台湾商工会的発展(一八九五-一九三七)』、一〇七、二〇九頁。『台湾日日新報』(一九三七年五月一三日)。
(33)視覚の立体性質に関してはエドワード・ホール著、日高敏隆ほか訳『かくれた次元』、一〇七-一〇八頁が参考となる。
(34)『台湾日日新報』(一九〇八年一二月二三日)。
(35)『台湾実業界』昭和四年第八号、一九二九年一一月、三〇頁。『台湾日日新報』(一九二九年九月四日)。
(36)『台湾日日新報夕刊』(一九四〇年九月一〇日、一九四〇年九月一一日)。
(37)海老原耕水編『商業美術展覧会記念帖』(台湾総督府殖産局主催、一九三二年)。
(38)Maslow, A., & Lowery, R. (Ed.). *Toward a psychology of being* (3rd ed.), New York: Wiley & Sons, 1998.
(39)黄美娥、王俐茹「従「流行」到「摩登」——日治時期台湾「時尚」話語的生成、転変及其文化意涵」、余美玲編『時尚文化的新観照』(里仁書局、二〇一二年)に収録、一六三頁。
(40)台湾総督官房臨時国勢調査部が一九二〇年に調査した『台湾国勢調査集計原表』に基づき、農林業者数と総人口数を計算した結果である。
(41)「菊元百貨店に対する批判」、『台湾実業界』昭和八年二月号、一九三三、三九頁。
(42)黄美娥、王俐茹「従「流行」到「摩登」——日治時期台湾「時尚」話語的生成、転変及其文化意涵」、一六一頁。
(43)例えば一九三一年、白木屋の取締役西野恵之助は台湾で支店を開設することを否定し、一九三二年には三越百貨店の常務麻生誠之も支店の噂を否定した。『台湾日日新報』(一九三一年一〇月八日)。麻生誠之「三越は進出しない」、『台湾実業界』、昭和七年一一月号、四、一五頁。

(44)『台湾日日新報夕刊』(一九二九年一一月一六日)。『台湾日日新報』(一九二九年一一月二八日、一九二九年一一月二九日、一九二九年一二月二日、一九二九年一二月三日、一九二九年一二月四日、一九二九年一二月五日、一九二九年一二月六日、一九二九年一二月一二日)。

(45)「菊元百貨公司老闆——重田栄治的故事1‐4」、http://tw.myblog.yahoo.com/mars31521/article?mid=41&next=1&l=f&fid=16(査看日期、2012/7/2)。このブログを書く者の祖父は、重田栄治が渡台の初めに、彼と商売をした店「錦栄発」の所有者である。陳竹林「市会議員の横顔 台北市の巻」、『台湾芸術新報』五巻一二号、一九三九、二五‐二六頁。陳竹林の当時の文章によれば、重田栄治が台湾に来た年月を一九〇二、一九〇三年としたが、一九一四年には大稲埕でしっかりと根を下ろしていたのである。

(46)菊元百貨店が成立した後に引き寄せた内台人の顧客群の割合は三対七で、台湾の本島人を主とするだけでなく、その頃まで台北市内へ来て消費することがなかった本島人も引き寄せた。林恵玉「台湾的百貨店と植民地文化」、一一二頁。重田栄治「百貨店の経営をどうするか」、四頁。

(47)蔡宜均『台湾日本時代百貨店之研究』、台北芸術大学建築与古跡保存研究所修士論文、二〇〇五年、四‐五～四‐七頁。

(48)「菊元百貨食堂、階段室」、『台湾建築会誌』第四輯第六号、一九三二年、九頁。

(49)『台湾日日新報夕刊』(一九三二年一一月二七日、一九三二年一二月三日)。

(50)林恵玉「台湾的百貨店と植民地文化」、一一四頁。『台湾日日新報』と、当時週に二、三回菊元百貨店を見物に行った霞中生男の描写を総合すると、一階の入口を入った右側では化粧品、ワイシャツ、ショール、靴と帽子を販売しており、進んでいくと軽食菓子類のコーナーで、後にJTB旅行社のカウンターが増設された。二階はかばん類、ネクタイ、下着、毛布(霞中生男の随筆では三階で販売していたと記されている)、タオルを販売し、三階は呉服部、四階はハンカチ、平織布、婦人服を販売し、五階は食堂、六階はおもちゃ、手帳を販売していた。『台湾日日新報』(一九三二年一二月一日、広告欄)。霞中生男「島都百貨店菊元漫歩記」、『台湾芸術新報』五巻一号、一九三九年、六七頁。霞中生男「島都百貨店菊元漫歩記(二)」、『台湾芸術新報』五巻二号、一九三九年、三五頁。

(51)古川長市「菊元百貨店の設計に就て」、『台湾建築会誌』第四輯第五号に掲載、一九三二年、一六‐一八頁。初田亨『百貨店の誕生』、一二二頁。

(52)「台北喫茶店巡り」、『台湾婦人界』一九三四年九月号、七九‐八〇頁。李奈美「電梯、西餐、冰淇淋」、『中国時報』(一九九六年九月二九日)。
(53)古川長市「菊元百貨店の設計に就て」、一七頁。
(54)『台湾実業界』昭和七年一二号、一〇頁。
(55)古川長市「菊元百貨店の設計に就て」、一六―一八頁。
(56)『台湾日日新報』(一九三六年五月二六日、一九三七年五月一三日)。
(57)謝国興、李衣雲インタビュー、〈石允忠先生訪談〉、インタビュー年月:二〇一一年三月一八日、二〇一一年四月九日。『台湾日日新報』(一九三二年一二月四日)。蔡宜均『台湾日本時代百貨店之研究』、四―九頁。林恵玉「台湾的百貨店と植民地文化」、一一四―一一五頁。
(58)杜淑純口述、『杜聡明与我――杜淑純女士訪談録』(国史館、二〇〇五年)、一二二―一二三頁。呉丁梅「消失的百貨文化」、『中国時報』(一九九六年一〇月一六日)。鄧世光「店員多礼 小男生怕怕」、『中国時報』(一九九六年一〇月八日)。李奈美「電梯、西餐、冰淇淋」、『中国時報』。呉金旺「難忘它「高人一等」」、『中国時報』(一九九六年九月二一日)。荘永明「菊元百貨 台湾第一家」、『中国時報』(一九九六年九月一八日)。呂紹理『展示台湾――権力、空間与殖民統治的形象表述』。謝国興、李衣雲インタビュー、〈石允忠先生訪談〉、インタビュー年月:二〇一一年三月一八日、二〇一一年四月九日。
(59)謝国興、李衣雲インタビュー、〈石允忠先生訪談〉、インタビュー年月二〇一一年三月一八日。
(60)洪佩鈺インタビュー、〈呉麗珠訪談一〉、インタビュー年月:二〇〇九年一月二二日。
(61)謝国興、李衣雲インタビュー、〈石允忠先生訪談〉、インタビュー年月:二〇一一年三月一八日。
(62)蔡宜均『台湾日本時代百貨店之研究』、二―二七~二―二八、四―一〇頁。林恵玉「台湾的百貨店と植民地文化」、一一五―一一六頁。
(63)初田亨『百貨店の誕生』、一二四―一二九頁。
(64)林恵玉「台湾的百貨店と植民地文化」、一一二―一一六頁。菊元百貨店は資料不足のため、明らかにできない。
(65)Rudi Laermans, 'Learning to consume', pp.88-89.
(66)初田亨『百貨店の誕生』、一一六、一二九―一三七、一五二―一五六頁。
(67)『台湾日日新報』(一九三三年二月一一日、一九三三年三月一一日、一九三三年七月九日、一九三三年九月二二日、一九三五年二月八日、一九三六年二月一日、一九三六年六月一五日)。
(68)杜淑純口述『杜聡明与我――杜淑純女士訪談録』、一二二―一二三頁。

(69)ここでは、「本」と「元」の語句は「もと」と発音するため、呉克泰は菊本百貨店と書いている。呉克泰『呉克泰回憶録』(人間出版社、二〇〇二年)、八八頁。
(70)陳貴玉「一張卡片留住当年風光」、『中国時報』(一九九六年一〇月一九日)。
(71)黎勉旻、李衣雲インタビュー、〈呉麗珠訪談二〉、インタビュー年月：二〇一一年八月一日。
(72)「むづかしい百貨店の経営」、二六頁。

第四部　近代台湾の経済変遷

日本植民統治初期（一八九五－一九一二）における三井物産台北支店及びその砂糖交易に関する一考察

黄紹恒

はじめに

日本植民統治期の台湾の近代製糖会社といえば、一九〇〇年一二月に創立した台湾製糖株式会社（以下、台糖）はもっと早いもので、表1により分かるように上五位の株主のなかで三井物産合名会社（後日の三井物産株式会社を含めて、以下は三井物産）が最大の出資者である。

三井物産の台糖投資は、その背景には幕末開港以来、日本の長く抱えている砂糖輸入によりもたらされた貿易赤字からなる国際収支のアンバランスという問題が厳存しており、同社の創立がこの問題を解決することに寄与することになるために、創立に当たった三井物産専務理事益田孝や初代台糖社長を務めていた鈴木藤三郎が「国策会社」として取上げて台糖の重要性を強調していた。(1)とはいえ、「国策会社」という当事者の見解からはせいぜい当時の日本社会に対するいくらかの重要性を有するであろうことを読み取れるが、台糖という民間企業は南満洲鉄道株式会社や台

表1　台糖の上位5名の株主（1900年12月10日）

株数	所在地	株主の氏名
1500	東京	三井物産合名会社
1000	東京	内蔵頭（天皇家代表）
1000	東京	毛利元昭（公爵）
750	台湾	陳中和（打狗大糖商）
750	東京	吉川経健（子爵）

資料：伊藤重郎『台湾製糖株式会社史』（台湾製糖株式会社、1939年9月）。

湾拓殖株式会社のような国策会社と同一視すべきではないのではなかろうか。

商業資本として明治期の三井物産はどのような考え方により資金回収率の比較的遅いかつリスクの高い台湾へ資金を投下したのかはこの問題を再考する際、まず明らかにしなければならないと考える。

近代日本の最大級の商事会社といわれた三井物産に関する研究成果はすでに数多く存在しており、ここで詳しく取上げて説明する必要もなかろうと思うが、その研究視角は大まかに分類すると経済史的なものと経営史的なものとに分けられるといえよう。前者は日本資本主義の歴史的発展過程において三井物産ないし三井財閥が果たした役割に関するもので、後者は企業の経営構造、経営戦略などの側面から研究課題を立てて論述を行う研究である。

日本植民統治期の台湾製糖業と三井物産との関係についてこのような砂糖貿易赤字問題から、すなわち経済史的なアプローチが比較的に多く行われているが、三井物産自身の台湾での砂糖交易という視角から台糖との関係を議論する研究が比較的に少ないことが現状であろう。また、三井物産は政商から松方財政期の官業払下げを通じて三池炭坑を手に入れたことにより商業資本から鉱工業資本に変身することで後日の財閥を築き上げたといわれ(2)、三井物産の台糖投資はその変身の一環であるように考えられるが果たしてそうであろうか。ここにも議論の余地があるといえよう。

以下、この二点の問題意識に沿って明治期三井物産の砂糖交易、三井物産台北支店の発展、三井物産台北支店の砂糖交易という論点を設けて本稿の議論を進めたいと思う。

一、明治期三井物産の砂糖交易

戦前の三井物産は一八七六年七月に創立されて、最初には政府米、政府直営三池炭坑の石炭を輸出し、陸軍用の絨毯を輸入した。これはその前身である先収会社の業務を引き継ぐもので、暫く御用商売の範疇を越えていないが、一八八五年から政府関係の御用商売がその比重が減り始めて一般の商売に転換して行きつつあるが、明治一〇年代（一八七七年～）の三井物産はその発展が必ずしもスムーズに進んでいくわけではない。たとえば、当時日本の重要輸出品である生糸について資金力の不足により外国商人との競争がうまく行かなかったこともある。(3)

三井物産の経営状況は創立の一八七六年下半期の売上高が五四万五〇〇〇円から一八九〇年の一八四六万六〇〇〇円に成長した。この時期に取り扱っている商品は前掲の商品のほかに国内交易を中心に鰊粕、生糸、紡績機械などがある。鉄道運輸がまだ整備されていないために江戸時代のように沿海の海運により商品を運搬また交易していたのである。(4)

一方、日本の砂糖消費は幕末開港から増え始め、当初一人当たりの消費量が約二キログラムであったのが一八八五年から一八八八年にかけて五キログラムに膨れ上がり、明治期に入ると一八九七年から一九〇〇年の間で一一・三キログラムまでに増加したという。讃岐、阿波、大島、琉球などの在来製糖業が徐々に没落していくなかで、東京と大阪の砂糖業者を中心に外国糖に抵抗しながら新しい砂糖交易のあり方を模索しているのである。

日清戦争前、日本に輸入された外国糖は最初には清末台湾の打狗糖をも含んでいる安い赤糖であったが、早くも香港のジャーディン・マセソン（Jardine Matheson）商会とバターフィールド・エンド・スワイヤ（Butterfield & Swire）商会が作った「香港車糖」と呼ばれる白糖が大量に輸入されるようになり、日清戦争直後にはまたドイツのビート糖も入ってきた(5)。

一八九六年現在、外国砂糖の輸入金額が一三五九万一〇〇〇円に達しているが日本商人により直輸入されたのは僅か二パーセント（二六万二〇〇〇円）にとどまった。日本の砂糖商はほとんど開港場で外国商会から砂糖を購入し日本国内各地の砂糖問屋に転売するというのである。

表2は日清戦争後、三井物産より直輸入された砂糖の状況を示すものであるが、国産糖の取扱量が増加しつつあるが台糖創立の一九〇〇年以降、三井物産の砂糖交易が依然として外国糖の輸入を中心にしていたことが窺えよう。

一八九七年下半期の事業報告書によると、三井物産の外国糖は香港から輸入し、三池支店、神戸支店及び東京本店の雑貨掛がこの輸入を担当し、日本国内の需要に応じるために香港支店が更にフィリピン糖とドイツ糖を購入している。これらは、原料糖として神戸支店が内外砂糖会社という会社、東京本店が東京にある日本精製糖会社の委託を受けて行うのである(6)。

ところで、三井物産は一八九八年からその営業を元来の国内交易から国外交易に切り替えており主な輸出品には石炭、綿糸、生糸、米、銀、銅、綿布、マッチがあり、主な輸入品は棉花、機械、鉄道用具、大豆、大豆粕、羊毛及び砂糖である(7)。これは三井物産内部に機械や鉄道用具の交易に偏り各種の原料に関する交易を軽視したことへの反省があり、機械等の需要が一時的なものに過ぎなくて原料の需要は延々と続いているということで精糖の原料を含めて二〇種類の原料商品を重点的に取り扱うようにするのである(8)。

一八九八年上半期の砂糖は三井物産が香港とシンガポールとの両支店から輸入し、香港からの砂糖が主として前掲の内外砂糖会社、大阪の日本精糖会社および東京・三池・長崎との三支店に販売され、シンガポールからの砂糖が日

表2　三井物産の砂糖交易（1897-1904）

		海外から輸入した外国糖		日本国内で販売した国産糖	
		斤	円	斤	円
1897	上	835,100	58,739		
	下	2,672,100	160,937		
1898	上	4,370,000	253,212		
	下	14,642,000	731,675		
1899	上	19,479,700	1,239,469		
	下				
1900	上		2,640,904		2,582
	下		2,217,020		0
1901	上		2,540,073		0
	下				
1902	上	40,479,500	2,626,249	30,200	2,407
	下	37,912,100	2,313,783	956,700	73,856
1903	上	38,921,500	1,991,914	4,871,200	430,921
	下	52,863,400	2,926,260	9,025,900	821,334
1904	上	56,599,200	3,236,635	9,383,200	807,840
	下	42,822,800	5,525,606	6,769,700	635,892

資料：三井物産事業報告各季版。
説明：空白は資料のないこと。

本精糖会社に売り出され、原料糖も多く含まれたのである(9)。

全体として、一八九八年の砂糖交易は神戸の内外砂糖会社、大阪の日本精糖会社及び東京の日本精製糖会社の発展により増えつつあり上季同期の輸入量が五一万円成長し、同年の輸入品の第七位に占めることになる。また、日本の砂糖需要にとってジャワ糖の重要性が分りシンガポール支店の支配人が命を受けて現地に入って調査した(10)。

砂糖の輸入は一八九九年に入ると第三位に上がった。その理由は社有船を直接産地に派遣しより多くの砂糖を日本に搬入できるようになったほかに、日本の精糖業の発展をもたらせた原料糖に対する需要増が根本的な理由といえるのである(11)。

このように、日清戦争後初期の三井物産営業部の成績は成長し続け、一九〇〇年にジャワ糖一五万五〇〇〇担（一〇六万円）・

ビート糖二〇〇担（二万一〇〇〇円）、一九〇一年にジャワ糖五〇万九〇〇〇担（二一一万円）・更目糖七〇〇トン（九万五〇〇〇円）・ビート糖六九〇〇トン（六五万円）をそれぞれ輸入した。[12] 一九〇一年の交易金額は約五六〇万円で九〇パーセントが原料糖である。国産砂糖がまだ日本国内の需要を満たしていない現状に基づき、三井物産は積極に直消費できる赤糖、白糖のほかに原料糖がジャワだけでなくキューバ、ハワイまたアフリカに求めるよう考えていた。[13]

三井物産にとってジャワ糖の重要性は一九〇一年四月の重役会において出張員設置を可決したことでその一端を窺える。すなわち、「爪哇糖ノ商売ハ一昨年来長大足ノ進歩ヲ呈シ昨年我社ノ取扱高約四百万ニ達シ向後モ其以下ニ降ラサルヘキ見込ニ有之…向後直接商売ノ地歩ヲ造ル為メ同地スーラバヤ港ニ出張員ヲ常置」するというのである。[14]

一九〇二年はジャワ糖二八万三〇〇〇担（一八七万円）、更目糖一四〇〇トン（一八万一〇〇〇円）、ビート糖二〇〇〇トン（一七万六〇〇〇円）、赤糖二五〇〇トン（一万円）を輸入した。[15] 一九〇三年上半期の事業報告書は砂糖という商品がすでに生糸に次ぐ重要商品になると明記し、一九〇三年は合計九一七八万四九〇〇斤（四九一万八一七四円）の外国糖を輸入したが、日本精製糖会社と台糖との国産砂糖の販売額は一二〇万円に過ぎない、また、輸入した外国糖はその六五パーセント（五九四五万八九〇〇斤）は原料として日本精製糖会社に提供した、と報じた。[16]

一九〇四年、日露戦争初期には、三井物産は戦場と化した中国東北部（満洲）での商務の衰退のほかに、日本国内の公私事業の縮小、社船の政府徴用、運賃及び保険費の値上り、戦時増税、戦時禁制品の指定という様々な原因で大きな打撃を受けた。砂糖は三井物産が独占したはずの日本精製糖会社への原料提供が同社の入札制採用とジャワ糖輸入費用の増加による不利な競争状態に面しなければならないことになり、それに横浜正金銀行からの外国為替がなかなか獲得できないために一六万担のジャワ糖のオーダーすら確保できなくなった。[17]

日露戦争後は、台糖と日本精製糖会社の生産がようやく軌道に乗るようになって三井物産の砂糖交易も初期の精糖

表3　日露戦後三井物産の商品等級

等級	商品特性	商品種類
A	大量かつ鋭意に取扱すべきでありその発展を期待する	石炭、コークス、生糸、材木、マッチ、棉花、機械、鉄道用品、米
B	重要性がAに次くが、その発展を期待する	綿糸、綿布、絹織物、羽二重、糸巾、**砂糖**、樟脳、花筵、銅、官蔘、大豆及その他の豆類、大豆粕、人造肥料、科学肥料、雑粕、燐鉱石、金物類、錫、鉛、鉄類、羊毛、小麦、麦類、硫黄、植物性油、麻袋、アヘン、紡織用品
C	発展の可能性がA、Bに及ばないが安全性が保障されたらその交易を行う	パルプ及び製紙用品、ビール原料及びその用品、ゴム原料、鉱石類、紙類、毛糸、繭及び屑物、綿実、魚油、麦粉、菜種、セメント、石油ドラム缶、茶箱、藺草
D	事情によりその交易が続く	皮革及び製革原料、西洋布類、毛織物、麻類、中国麻、マニラ麻、製帽用品、米国材木、珊瑚、酸類、石膏、チーク材、軍用品、ビール、葉タバコ、耐火煉瓦、法蘭絨会社製品、柞蚕糸、牛骨、木炭、マッチ用品、銀、氷糖、骨炭、平野水、園田缶詰、酒桶、硝石、硝酸ソーダ
E	度重なる調査をしてからその存廃を決める	染料、薬品、中国漆、胡椒、石鹼原料、鉱油、タオル、編織衫、木蠟、パイナップル、こま、台湾酒精、寒天、蠟燭原料、豆素麺、ガラス器

資料：荒浪清彦『三井物産会社小史』（第一物産株式会社，1951年7月）34-35頁。
説明：直ちに廃止すべき商品は19類あり，これは醬油、蠟燭、洋傘、象牙、土管、貝釦、煉瓦、官煙、缶詰類、塗料、ヴァニッシ、石鹼、西洋小間物、藍、なまこ、陶器、生皮、火山灰である。

と粗糖の輸入から国産砂糖の販売へ移りつつある。(18)

一方、一九〇四年から一九〇五年にかけての期間において三井物産が取り扱う商品の種類と数量が激増しており、商品を選別する必要があるとの内部意見が出されたために、一九〇五年の支店長会議は商品のランキング付けという議案が上程された。

同議案は商品をABCDEという五つの等級に分けて、A級商品が鋭意に開拓すべきもの、B級商品が交易相手をよく選別しリスクのない状況の下で交易すべきもの、C級商品が特別の事情あるいは支店からの要請によりその交易を継続させるもの、D級商品が精密な調査に基づきその交易の存廃を決めるもの、E級商品が断然にその交易を中止すべきものとされたのである。台湾と関係のある商品は、A級には硫酸尿素、硫酸カリ、砂糖及び氷糖、マッチ、樟脳、肥料、B級には帽子原料、塩酸カリ、沃度カリ、麻袋、硝酸ソーダ、C級には耐火煉瓦、セメント、アヘン、官蔘、D級には台湾茶、E級には煉瓦、官煙、石鹼、小間物、酒精、パイナップル、なまこ、という品々がある。(19) 議論の結果は表3の通りである。

表3によると砂糖は依然として重要商品の一つであると分る。

しかし、日露戦争後になると砂糖交易には三井物産が新しい局面に直面することになる。それは横浜の増田屋が電信を使ってジャワ、ドイツ、イギリスから直接に砂糖製品を注文し始めただけでなく大阪の安部という糖商と手を組んで共同販売を試み、また神戸糖商岩佐と大阪糖業会社が現産地から砂糖を直輸入し、さらに、三井物産の競争相手たるジャワの建源洋行が社員を日本に派遣し商機を探す一方、横浜糖商安部幸兵衛は自らスラバヤに行って現地の糖業を視察したりと、「反対商」のような競争相手が次々と現れたためである。[20] 明治四〇（一九〇七）年代に入ると、横浜の二つの増田屋、神戸の鈴木商店と湯浅商店も三井物産のように製糖会社に投資することによりその砂糖製品の一手販売権を確保しようとしたのである。

明治四一年度下半期の砂糖交易は日露戦争後の反動恐慌の影響を受けたことで同年度上半期より二九万一一八五担（一二六万一〇九七円）を減じ、全体として日本の砂糖消費が低迷状態に陥ったにもかかわらず、台湾糖業の発展にもたらされた日本への移入が増えるし、ジャワ白糖や香港、マニラの安価な砂糖などの輸入もあって、日本の砂糖市場は供給過剰の状態にあった。日本の国産精糖は台湾砂糖や外国砂糖と競争できなくなり、国内市場から撤退したり、生産を中止あるいは減産したり、中国への輸出を試してみたりと、様々な対策を採っている。[21] この事情を背景に明治四〇年代以降の砂糖交易は三井物産が台湾と日本以外の華北市場に注目するようになった。もちろん北京から張家口までの鉄道、山西鉄道、山東省を貫通する天津までの鉄道の三本の幹線が完成することによるその市場の潜在力への期待も大きいのである。[22]

表4から分るように一九〇八年度の下半期には三井物産の砂糖輸入はその輸出の六万七一一七担（四六万二二〇三円）に対して三五万八〇一一担（二一五万三九六六円）に達しており、その砂糖交易が輸入を中心にしていることは明らかなのである。販売の場合には同期以外は国外での販売量より国内の方が多くて、明治四〇年代を通して三井物産の砂

表4　三井物産の砂糖交易（明治40年代）

単位：担、円

		輸出	輸入	国内販売	国外販売	合計
1908下	数量	67,117	358,011	142,021	204,007	771,156
	金額	462,203	2,153,966	1,614,281	1,480,125	5,710,575
1909上	数量	51,384	186,547	318,866	140,751	697,548
	金額	407,414	1,187,478	3,932,077	1,084,900	6,611,869
1909下	数量	80,907	208,755	314,971	136,986	768,619
	金額	636,788	1,353,510	4,492,636	989,288	7,472,222
1910上	数量	102,260	231,652	413,798	72,946	820,656
	金額	888,779	1,398,519	4,815,604	610,073	7,712,975
1910下	数量	79,515	125,262	615,112	137,966	957,855
	金額	715,891	946,460	7,545,305	1,106,388	10,314,044

資料：1908上、1909上下が三井物産合名会社『明治四十二年度下半季事業報告』14頁より、1910上が三井物産株式会社『明治四十三年度上半季第一回事業報告』26-27頁、1910下は同『明治四十三年度下半季事業報告』23頁より。

説明：「1908下」は1908（明治41）年度下半期をさす、以下皆同。

糖交易は増加しつつあるが国内市場がその主なものである。

また、国内販売について台湾における機械製糖業と改良糖廍との発展によりもたらされた台湾糖の移入が目立ち増加しつつあった。一九〇九年度下半期の三井物産事業報告書によると、台湾の砂糖生産が継続的に好況を維持し、上半期の六〇万担に上った島外搬出に対してこの下半期に八五万担の赤糖が産出されると予測された。台湾産の分蜜糖が次々と日本に移入され、台糖の砂糖製品T.B.B.はその価格が日本国産の同級製品より安いために売れ行きが良く当時分蜜糖の市況が下落傾向にあった日本国内の砂糖市場において異色的な存在だったという(23)。

一九一〇年度上半期はヨーロッパのビート糖が減産し、ジャワ糖の生産量も七・五パーセント減り、それにキューバ糖業が干魃に見舞われたという様々な理由で日本国内の原料から製品までの価格が鰻登りのように絶えず上がったにもかかわらず、台湾糖はその移入量が四五パーセント激増したばかりでなくそれらは完売されたという盛況ぶりを見せた(24)。

総じて言えば、前掲の説明からも分かるように砂糖交易が

表5　日本全国に対する三井物産の砂糖輸入高

単位：千円、％

年度	全国A	三井物産B	比率B/A	年度	全国A	三井物産B	比率B/A
1897	19,823	319	1.6	1904	23,043	5,762	25.0
1898	28,439	830	2.9	1905	13,706	6,833	49.9
1899	17,516	2,702	15.4	1906	23,726	4,956	20.9
1900	26,607	4,858	18.3	1907	19,865	3,682	18.5
1901	33,493	5,571	16.6	1908	19,604	5,884	30.0
1902	14,468	4,940	34.1	1909	13,367	2,541	19.0
1903	20,966	4,918	23.5				

資料：『日本貿易精覧』及び『三井物産株式会社沿革史稿本』（山口和雄編纂『稿本三井物産株式会社100年史』財団法人日本経営史研究所、1978年7月、258頁の第26表「全国対三井物産砂糖輸入高」より再引）。

明治期の三井物産の重要な事業であることに違いない。また、表5に示されたようにその交易量の起伏が大きかったとはいえ、三井物産は確かに日本の重要な砂糖輸入商で商業資本として広く海外から砂糖を日本へ輸入していることに注目すべきであろう。

二、三井物産台北支店の発展

三井物産は早くも日清戦後の一八九六年一一月台北に出張所を設置した。

表6に示されるように台北での出張所が設置後の間もない内に出張店に昇格したが、しばらくは香港支店の管轄から独立していない。そして、一八九六年八月一五日の「達第一七号」は「台湾ハ客年カ我カ版図ニ入リシト雖トモ戦後紛乱ノ地ニシテ百事未タ緒ニ就カサルヲ以テ当分ノ内該島ニ旅行ヲ命シタル者ニハ内国旅費規則ニ拠ラス便宜上東洋旅費額ヲ支給スヘシ」と書かれたように日清戦争直後の台湾を海外であると見做していたと分かる。[25] 香港支店からの独立は一八九八（明治三一）年一月一日からである。[26] その後、一九一二年までは台南、打狗、阿緱、台中、嘉義と拠点を構えていく。

表6　台北支店の設置および所轄の変遷

年	支店地位	台北支店所轄単位	住所
1896	香港支店台北出張店		台北港辺街45番戸
1897	香港支店所管台北支店		台北港辺街49番戸
1898	本店直轄台北支店		台北建昌街62番戸
1899		アモイ出張員設置	アモイ市海後鎮邦街
1903		台南出張員設置	台南西140番地
1905		台南支店に昇格、福州出張員設置	台南西140番地、福州市南台海開堤
1906		スワトウ出張員と打狗出張員設置	スワトウ市懐安街、打狗哨頭街
1907		アモイ、福州、スワトウが香港支店の所管に変わる	
1910		阿緱出張所	阿緱街
1912		台中出張員と嘉義出張員設置	台中街515番地、嘉義西門外236之3

資料：台湾三井物産股份有限公司『台湾における三井物産百年の歩み』（非売品、1996年11月）4-6頁、三井文庫蔵『重役役場明治二十九年中諸達』、三井文庫蔵『重役役場明治三十年中諸達』。

説明：台北支店の住所は1900年台北港辺街4番戸に、1913年台北市大稲埕北門口291番戸に移った。今日の国立台湾博物館の相対側にある三井物産ビル（台北市表町1丁目31番地）に移転したのは1924年からである。

さらに、表6からも見られるのは台湾島内だけでなく華南のアモイ、福州、スワトウが三井物産の策略的布石の変化に従い台北支店の所轄に入った時期もある。

（二）人事

台湾の事業拠点に採用された人員は設置の初めから新式高等教育を受けた、いわゆる「学卒」という出身のものが多かった。その大まかな状況は表7に示されているが商業学校卒の者、とりわけ東京高等商業学校の卒業生はその優勢を占めたのである。

三井はいわば「一家一族」という「閉鎖型家業型」と呼ばれた資本形態から出発し、その経営は最初は江戸時代からの経験と熟練度が積み重ねることを重んじた「番頭政治」によるのであるが、日本の工業化の進展に随い専業的訓練を受けた経営人材が重視されるようになり、時代の変化に対応できる新しい経営体制に転換しつつある。山陽鉄道社長を務めた中上川彦次郎が三井銀行の理事に就任してから三井の経営陣が大学

表7　三井物産が台湾の支店、出張所に雇い入れた「学卒」出身の人員一覧（1904-1912）

年度	各年度の雇い入れた人員の最終学歴
1904	岩田久太郎、1894 年高等商業学校主計科卒業、台北支店勤務
1905	木村秀太郎、1904 年度高等商業学校卒業、台北支店勤務 千葉魯一、1904 年度慶応義塾大学理財科卒業、台北支店勤務 近藤鉄次、1904 年度台湾協会専門学校卒業、台北支店勤務 足立正、1905 年度東京高等商業学校卒業、台北支店勤務 河野音治、1905 年度東京高等商業学校卒業、台北支店勤務 鵜瀞平三、1905 年度台湾協会専門学校卒業、台北支店勤務 里美光吉、1905 年度台湾協会専門学校卒業、台北支店勤務 小倉哲三、金沢商業学校卒業、台北支店勤務
1906	佐藤貫一、1906 年度東京高等商業學校畢業受雇、台北支店勤務 海江田栄之助、1906 年度東京高等商業学校卒業、台北支店台南出張員勤務 北島耕造、1906 年度東京外国語学校卒業、台北支店台南出張員付属
1907	樽田行泰、1905 年度早稲田実業学校卒業、台北支店限から雇入、台北支店勤務 永井又二郎、1907 年東京高等商業学校卒業、台北支店勤務 金井潤三、1907 年東京高等商業学校卒業、台北支店台南出張所勤務 齋藤悦治、1907 年市立名古屋商業学校卒業、台北支店勤務
1909	松本竹蔵、1908 年市立名古屋商業学校優等卒業、台南出張所勤務 三島増一、1908 年東京高等商業学校卒業、台北支店勤務 佐々木一雄、1908 年長崎高等商業学校卒業、台北支店勤務 酒美清、1908 年長崎高等商業学校卒業、台南出張所勤務
1911	前田兵四郎、1910 年度市立名古屋商業学校優勢卒業、台北支店勤務 乙咩安左彦、1900 年度慶応義塾商業学校卒業、名古屋支店限から雇入、台南出張所勤務
1912	池田愛一、1911 年度市立名古屋商業学校卒業、台南出張所勤務 中島義治、1911 年度市立名古屋商業学校卒業、台南出張所勤務 諸熊子一、1910 年度東京高等商業学校卒業、台南出張所限から雇入、台南出張所勤務 郭嘉発、1905 年度台湾総督府国語学校卒業、台南出張所限から雇入、台南出張所勤務 宮崎久三、1905 年度北海道庁立函館商業学校卒業、台南出張所限から雇入、台南出張所勤務 李金井、1904 年度台湾総督府国語学校卒業、台南出張所限から雇入、台南出張所勤務 松野薫、1911 年度東京高等商業学校専攻部卒業、台南出張所勤務

資料：三井文庫蔵、三井物産会社東京本店庶務課『三井物産会社社報』歴年版。

や高等商業学校の学歴を擁した「学卒」の者がその主流になる[27]。

一方、学卒者が三井物産の経営能力を高めるとはいえ、当時の日本社会で学歴エリートと目されているこれらの者はいわば当時の「書生的暴力」のような言葉遣いと応対態度からなる傲慢さにより[28]、創立期以来の奉公人出身の者から彼らに対する根強い違和感と偏見を買うことになった[29]。したがって、この経営構造の改造は少なくとも人事面でスムーズに進められたわけでないことが窺えよう。

採用された人材が東京高等商業学校出身が多かったのは、おそらく益田孝個人の人脈によることと思われる。なぜならば、益田の義兄にあたる矢野二郎が東京高等商業学校の前身だった東京府立商法講習所の初代所長である。この関係によるのか、この商法講習所に学んだ渡辺専次郎、小室三吉、岩下清周、福井菊三郎、武村貞一郎、間島与喜がつぎつぎと三井物産に入社して「学卒」の者が経営陣の構成を変えていくことになる[30]。

一八九九年三月に頒布された「使用人登用規則」の内容から分るように三井物産は原則として一八歳で採用試験に合格したものを採用するが、同規則の第六条にも書かれたように帝国大学、高等商業学校および慶応義塾大学の卒業生が試験無しで入社でき、また同条の但書において大阪、横浜、神戸、大津、京都、名古屋、長崎、下関などの府県市立商業学校の卒業生は校長の推薦状により重役会の詮議を経て同じく無試験で入社できると明記している。このために台北支店に採用された学卒出身のものは前掲の学校の卒業生が多かったといえよう。また、郭嘉発や李金井のような台湾総督府国語学校出身のもので現地採用されたことが注目に値するのであろう。

学卒出身のほかに非学卒の社員も多く採用されている。前掲の「使用人登用規則」には試験合格者を採用すると記されているのみならず、非学卒の出身で試験無しで入社できるコースも用意している。これは会社にとって必要とされる特殊技能をもちかつ重役会の同意を得たものが入社できるという。表8は台湾の支店、出張所に採用された非学卒出身者を示す。

表8　台湾における支店、出張所に採用された非学卒出身者

年度	氏名と配属先
1903	吉田繁雄、台湾語に通ずるために採用される、台北支店台南出張員附属勤務 桑原公介、台北支店臨時雇
1904	吉田繁雄、月給者試験合格により日給者から月給者に雇用 三島浪華、月給試験合格、台北支店台南出張員附属勤務 加藤静治、日給試験合格、台北支店勤務
1905	石渡昌吉、再入社、台北支店勤務 喜多松鶴、再入社、台北支店台南出張員詰勤務 木下景一郎、台北支店店限雇より日給試験を合格したために雇入、台北支店勤務。 竹村忠次郎、台北支店店限雇より日給試験を合格したために雇入、台北支店台南出張員詰勤務
1906	稲江伊三郎、台北支店店限雇より日給試験を合格したために雇入、台北支店勤務
1909	岩崎小虎（1904年岡山県立高梁中学卒業）、1906年5月以来台北支店店限雇より日給試験を合格したために雇入、台北支店勤務 藤森隆久（1907年台湾総督府国語学校中学部卒業）、1907年4月以來台北支店店限雇より日給試験を合格したために雇入、台北支店勤務 近藤釜三郎（糖米交易熟練者）、1906年7月以來台北支店店限雇、使用人登用規則附則により雇用、台北支店受付掛附属
1910	大岡太四郎、1907年6月以来台北支店店限雇から正式雇用、台北支店勤務 増山鉞五郎、1905年5月以来台北支店店限雇から正式雇用、台北支店勤務 呉朝宗、台南出張所店限雇から使用人登用規則附則により正式雇用、台南出張所受渡員勤務 渡辺平次、台南出張所打狗出張員店限雇から使用人登用規則附則により正式雇用、台南出張所打狗出張員受渡員勤務
1911	五十嵐春、台南出張所店限雇から日給者登用試験合格により正式雇用、台南出張者勤務 滝川一誠、台南出張所小供から日給者登用試験合格により正式雇用、台南出張所勤務 宮田辰男、台南出張所小供から日給者登用試験合格により正式雇用、台南出張所勤務 臼井清正（中国研修生）、台南出張所勤務
1912	梅谷鐘多（糖鑑定並受渡特技者）、台南出張所店限雇より使用人登用規則第5条第4号により正式雇用、台南出張所勤務 白水庄之助（糖鑑定並受渡特技者）、台南出張所店限雇より使用人登用規則第5条第4号により正式雇用、台南出張所勤務 藤崎藤蔵（糖鑑定並受渡特技者）、台南出張所店限雇より使用人登用規則第5条第4号により正式雇用、台南出張所勤務

資料：三井物産会社東京本店庶務課《三井物産会社社報》歴年版。

表9 「支那並台湾語学研脩規則」(1898年12月10日現在)

第一条	清国各支店並台北支店ニ在勤スル者ハ支配人ヲ初メ孰レモ其ノ業務ノ余暇ヲ以テ左ニ指定スル語学ヲ研脩スヘシ 一、清国各支店ニ在勤スル者ハ其地方ニ普通ナル支那語学（会話、作文、読書等） 二、台北支店ニ在勤スル者ハ其地方ニ普通ナル台湾語学（右同断）
第二条	語学研脩時間ハ毎日（但日曜日、大祭日ヲ除ク）壱時間以上トシ支店ノ状況ニ依リ社長へ経伺ノ上支配人適宜之ヲ定ム
第三条	語学研脩ニ要スル教師ノ給料並教科書等ハ社費ヲ以テ之ヲ支弁ス
第四条	既ニ語学ニ通シ対話並書簡ノ往復等ニ差支ナキ者及所掌ノ職務ニ依リ特ニ語学ヲ課シ難キ事情アリト認ムル者ハ当該店支配人ニ於テ社長へ経伺ノ上其研脩ヲ免除スルコトヲ得
第五条	本則ニ依リ語学ヲ研脩スル者ハ毎年五月、十一月ノ両度ニ試験ヲ挙行シ当該店支配人ヨリ其成蹟ヲ詳細社長ニ稟申スヘシ
第六条	語学ノ研脩其効ヲ奏シ対話並書簡ノ往復等ニ差支ナキニ至リ処者ハ当該支店支配人ヨリ随時之ヲ社長ニ稟申スヘシ此場合ニ於テハ其成蹟ヲ詮衡シタル上本人ノ本邦給額拾分ノ壱乃至拾分ノ参ノ範囲内ニ於テ特別加俸ヲ支給スヘシ
第七条	病気其他相当ノ理由ナクシテ語学研脩ヲ怠リタル者ハ其情状ニ従ヒ譴責罰俸解雇等ノ処分ヲ為スヘシ

資料：三井物産合名会社『重役役場明治三十一年中諸達』。

同表（および表7）で注目すべきなのは現地で採用され「店限」と呼ばれた人員である。本社に認められていない非正式の使用人である「店限」採用者が採用試験に合格すれば正式社員になれるわけである。また、「店限」より正式に採用された台湾人が何人もいる。同表によると、一九一〇年登用試験を通じて正式に採用された台湾人が呉朝宗が最初で一九一二年までに郭嘉発、李金井がいる。(31)

三井物産は早くから社員教育に力を注いで一八九一年から「修業生」や「見習生」を制度として海外へ派遣し国際貿易の技術を勉強させている。最初の研修先が上海である。また、支店の所在する地元の言葉を習得することが社員に課せられて、最大限で五年間、語学の勉強に専念できるという。

台湾の場合はまず一八九八年一二月一〇日に発布した「支那並台湾語学研脩規則」があり、(32)表9はその内容である。

同規則の第七条にも見られるように罰則を付けたことは政策決定者の積極的な意思を示したといえよう。

これと関連して同年月の一五日に本店から上海支店、香港支店、営口支店、台北支店、天津支店に対して「清国並台北支店ニ在勤シ支那ノ商売ニ従事スルカ又ハ内地ヘ入リ込ミテ取引ヲ為ス者ノ如キハ支那服ヲ着用スルヲ必要又ハ便宜トスルコトアルヘシ此場合ニハ当該支店支配人ニ於テ支那服ノ着用方ヲ命令スヘシ」という指示が下り、最初の一年間の所要費用も支給するというのである。[33]

全体的にいえば日本植民統治初期において三井物産台北支店に採用された人員は学卒出身者が多数を占めるといえよう。学歴を重視するのは三井物産の人事政策の特徴であるかいなかは別として明らかに高等学校・帝国大学からなる近代日本の学歴社会の一環に加担するといえよう。

一方、新しい領土である台湾の交易現場には三井物産がしばらく同時期の外商と同じく買弁を使って商品の売買を行っているが前掲の言葉や服装などの対策にもたせた効果によるかはまだ不明であるが、いち早く買弁制度を廃止したのが確かに三井物産である。しかし、学卒出身の日本人社員は高い学歴をもっているにもかかわらず台湾現地の事情に必ずしも通じていないのも想像しやすかろう。したがって現地で採用された店限人員からの協力が欠かせなくて非常に重要なものであると考えられる。台北支店の店限採用と一八九八年の買弁解雇との関係はこれから究明しなければならないが、特に店限で採用された台湾人が如何なる役割を果したかも今後の課題である。

（二）交易全般

台北支店は設立されてしばらく政府の御用と米穀を中心にその業務を行っているが、[34] 歴年に改定された「台北支店服務規程」をみるとその交易の発展振りを窺える。

一九〇四年は売買掛、勘定掛、出納並用度掛、受渡掛、通信掛などの五掛が設けられ、売買掛がさらに第一部（アヘン、石炭、機械、金物）と第二部（砂糖、マッチ、セメント、硫黄、麦粉）と第三部（米、雑穀、肥料、綿布、島内の陸海軍の御用品）とに分けられた。また、明治火災保険と東京海上保険との両社の業務をも代理している[35]。

三年後の一九〇七年は台北支店の交易範囲が更に拡大したために一九〇四年の五掛から米穀肥料掛、輸出雑品掛、輸入雑品第一部、輸入雑品第二部、機械掛、保険掛、受渡掛、通信掛、勘定掛、出納用度掛、彰化出張員と拡張したのである。台湾からの主な輸出品が材木、硫黄、茶で、主な輸入品がアヘン、石炭、セメント、タバコ、マッチ、麦粉、綿糸、綿布およびスタンダード石油会社の製品と数えられる。

とりわけ、近代製糖業と鉄道などのインフラストラクチャーとの発展が台北支店の機械交易を成長せしめ[36]、綿布は「木綿縮ハ清国各港並台湾等何時ニテモ売行宜敷品柄」や「茶木綿ハ台湾ニ於ケル当社ノ独占商売ト称スヘキモノ」のように何回かの買い貯めが本社からの特別許可を得て重要な品目にもなるのである[37]。

表10は日本植民統治初期の台北支店の営業成績を示すものであるが不明なところがまだ多いが、たとえば「海外で販売された日本製品」とはこの時期に台北支店の所轄に入っている福州、アモイ、スワトウなどの営業成績を指すのでなかろうか。また「国内で販売された外国製品」とは三井物産を通じて台湾に入ってきた外国製品だと思われるが、この時期はおそらく中国からのものが最も多かったのであろう。「国内で販売された日本製品」とは三井物産によって日本国内で販売された台湾製品と台湾島内で販売された日本製品であろう。

同表の内容を見ると明治三〇（一八九七）年代の「国内で販売された外国製品」の営業金額は概して「国内で販売された日本製品」を超えていたとわかる。これが日本植民統治の最初一〇年間台湾が依然に中国（とくに華南）との経済関係が密接的なのを物語っているが、趨勢としてはその状況は徐々に変わっていく。「国内で販売された日本製品」が増えつつあるが日本製品の台湾移入によることかあるいは台湾製品の日本移入によることかはよく分からない。

また、表11によると台南出張所の重要性が上昇したと見ることができよう。これは出張所の人数が増えたのみならず同出張所は一九〇六年三月頃本社の許可を得て小蒸気船一隻、艀船一〇隻を建造し[38]、一九〇七年七月になると本社

表10　台北支店の営業成績（1897-1909）

単位：円

年		海外で販売された日本製品	国内で販売された外国製品	国内で販売された日本製品	半期合計	一年合計
1897	上		238,323	60,482	298,805	945,652
	下		642,706	4,141	646,847	
1898	上	5,458	519,251	56,220	580,929	1,089,479
	下		441,903	66,647	508,550	
1899	上	130,670	638,702	92,814	863,186	2,075,007
	下	380,914	713,292	117,615	1,211,821	
1900	上	104,697	1,164,265	693,322	1,963,284	2,646,545
	下	409	655,738	27,114	683,261	
1901	上	3,856	326,183	125,781	455,820	1,346,812
	下	44,438	529,896	316,658	890,992	
1903	上	6,812	578,005	442,839	1,027,656	2,610,909
	下	14,695	535,549	1,033,009	1,583,253	
1904	上	15,932	1,105,465	1,039,672	2,161,069	3,222,642
	下	26,871	320,547	714,155	1,061,573	
1908	上					
	下台北	11,281	1,002,641	1,326,299	2,340,021	
	台南		175,947	1,145,962	1,321,929	
1909	上					
	下台北		859,707	551,163	1,410,870	
	台南		150,690	355,234	505,924	

資料：三井物産会社事業報告書歴年版。

は台湾での砂糖に関する交易を台南出張所に一括で取り扱うようにという指令を下し、打狗で倉庫を作らせたからである[39]。さらに、一九一〇年一一月台北支店の所轄に属する彰化出張員が本店の指令で台南出張所の所轄に替わった[40]。

しかし、表12に示された明治末期における台北支店と台南出張所との取り扱った商品の種類と金額を見ると、両店が同じくアヘン製品がトップの位にあったことが分る。一方、近代製糖会社の製品については一九一一年下半期の台北支店（台南出張所を含める）が六一万九七九二担を台湾から搬出し、同期の台湾産分蜜糖の総搬出高の五七・八パーセントを占めたにもかかわらず[41]、台北支店と台南出張

表11　台北支店の人事配属（1904-1908）

時点	台北支店	台南出張所
1904年2月20日	支店長藤原銀次郎、次席兼売買掛主任箕輪焉三郎、勘定掛主任拜司鋹三郎，出納兼用度掛主任藤井正章、売買掛飯塚愛吉、険掛主任兼売買掛尾木潔男・竹田亀之助・奥村勢一・内田茂太郎、通信兼売買掛井上憲一	首席兒玉一造、吉田繁雄、（臨）石渡昌吉
1905年2月20日	支店長藤原銀次郎、勘定掛主任拜司鋹三郎、支店長代理高島菊次郎、出納用度掛主任藤井正章、売買掛第三部主任竹田亀之助・（入伍）飯塚愛吉・岩田久太郎・木村秀太郎・千葉魯一、売買掛第三部受渡掛主任心得井上憲一、通信掛近藤鉄次，売買掛第一部加藤静治	首席児玉一造、石渡昌吉、吉田繁雄、三島浪華
1905年8月20日	支店長藤原銀次郎、田中新之助、勘定掛主任拜司鋹三郎、出納用度掛主任藤井正章、売買掛第三部主任竹田亀之助・（入伍）飯塚愛吉・青田乾太郎・岩田久太郎・木村秀太郎・千葉魯一・麻生賢三、売買掛第三部受渡掛主任心得井上憲一、通信掛近藤鉄次、売買掛第一部加藤静治・木下景一郎	首席高島菊次郎、石渡昌吉、喜多鶴松、三島浪華、竹村忠次郎
1906年3月6日	支店長藤原銀次郎、支店長代理斎藤吉十郎、勘定掛主任拜司鋹三郎、出納用度掛主任藤井正章、売買掛第三部主任竹田亀之助・村上純人、売買掛第一部主任飯塚愛吉・横山直康、売買掛第二部主任岩田久太郎、勘定掛木村秀太郎・足立正、売買掛松隈知一、売買掛第三部三島浪華・麻生賢三・近藤鉄次・鵜瀞平三、通信掛里見光吉・稲江伊次郎、出納掛加藤静治、売買掛第一部木下景一郎、売買掛第二部小倉哲三	首席高島菊次郎、青田乾太郎、石渡昌吉、喜多鶴松、井上憲一、竹村忠次郎
1906年8月24日	支店長藤原銀次郎、支店長代理斎藤吉十郎、勘定掛主任拜司鋹三郎、売買掛第三部主任竹田亀之助、売買掛第一部主任村上純人、出納用度掛主任藤井正章、受渡主任飯塚愛吉、売買掛第二部主任横山直康、中部出張岩田久太郎、勘定掛木村秀太郎・足立正、売買掛第一部松隈知一・武田次郎、売買掛第三部三島浪華・近藤鉄次、通信掛里見光吉、出納掛加藤静治、売買掛第一部木下景一郎	首席高島菊次郎、青田乾太郎、石渡昌吉、喜多鶴松、井上憲一、麻生賢三、稲江伊次郎、松崎友右衛門、片山橘治、竹村忠次郎
1908年3月13日	支店長斎藤吉十郎、支店長代理勘定掛主任拜司鋹三郎、支店長代理輸入雑品掛第一部同第二部主任吉岡歌三、米穀肥料売買掛主任竹田亀之助、機械掛松隈知一、米穀肥料掛足立正、勘定掛古宮新吾、輸入雑品掛第二部売買掛三島浪華、輸入雑品掛第一部受渡掛武田次郎、勘定掛佐藤貫一、輸出雑品掛里見光吉、輸出雑品掛保険掛永井又二郎、勘定掛北島耕治、保険掛用度掛加藤静治・河内守吉、通信掛斎藤悦治	所長平田篤次郎、打狗出張員石渡昌吉、船舶保険掛青田乾太郎、雑貨機械石炭掛井上憲一、出納用度掛麻生賢三、雑貨機械石炭掛金井潤三・木下景一郎・稲江伊次郎、受渡掛松崎友右衛門・片山橘治、通信掛樽田行泰

資料：引自『三井合名会社社報』歴年版。
説明：台北支店の管轄範囲に入っている福州、アモイ、スワトウの出張員を除外。

所との商品の上位三位に上がらなかった。アヘン製品の次ぎは台北支店のほうでは機械類の移入が注目すべきであり台南出張所のほうでは米の移出が重要でアヘン製品の金額を超えた時もある。

台湾の米は日本国内の米需給を調整するために日清戦争直後からすでに日本に移入し始めた。一九〇三年七月に神戸支店は「昨年ノ米作不良ニ引続キ本年ノ麦作凶歉ヲ以テシ輸入米ノ需要ハ猶少カラサル処」のために三〇〇〇石の台湾米を買い越すとの許可を得たのはその一例である。(42)日本は一九〇六年朝鮮から一三万六〇〇〇石の米、一九〇七年一月から五月にかけて大阪と神戸がそれぞれ二五万七〇〇〇石と五万石の朝鮮米を輸入した。これは米の凶作により外国米を輸入したことではなく同地域の米商が米価の高い東京へ売り込み、供給不足が起きないようにするために安い外米を輸入したわけである。しかし、朝鮮は輸出できる余裕があるわけではなく全く地元の需要を犠牲に米価の高いところに売り込むのである。輸入した台湾米はそのまま日本の国内需要に供するほかに、場合によっては朝鮮に輸出して、日本に取られた米に対する需要を埋めることにもなる。(43)

三、台湾に於ける三井物産の砂糖交易

近代台湾の機械製糖業は、オランダ東印度会社の植民統治時代から清朝にかけて積み重ねてきた砂糖製造の伝統が基礎になっているとはいえ、日本の幕末開港から明治期にかけて砂糖輸入により引き起こされた貿易赤字問題がその発展の契機になったといわざるをえない。換言すれば、日本が台湾という砂糖を生産する植民地を手に入れなくても貿易赤字に醸された国際収支の圧力が同じく近代機械制製糖業の発展を促すことになったはずである。日清戦争直後、東京と大阪に現れた二つの精糖会社の創立はこのことを如実に物語るものでる。

表 12　明治末期において台北支店と台南出張所との取り扱った商品の種類と金額

単位：円

	台北支店				台南出張所			
	1910 上	1910 上	1911 上	1911 下	1910 上	1910 上	1911 上	1911 下
石炭	4,566	6,249	8,441	163,577	124,087	69,890	265,944	45,671
機械	1,079,768	15,816	14,582	126,351	1,794	26,012	7,822	14,014
砂糖	122,537	168,326	97,197	93,785	68,516	39,455	113,168	143,832
綿布	151,661	139,701	35,794	34,472	159,194	130,785	222,983	180,093
金物	7,762	9,409	7,231	12,305	0	0	0	3,376
鐵路用品	185,269	88,388	227,502	83,034	0	0	84,872	106,913
鴉片製品	1,940,656	3,349,006	1,386,353	1,053,354	245,448	425,059	251,424	0
材木	25,533	13,815	71,265	100,184	42,513	22,024	7,721	12,819
米	0	258,328	0	0	134,503	259,265	402,985	302,416
大豆	0	0	0		0	255	3,539	0
豆粕	268,766	48,370	27,781	384,255	82,333	8,398	134,090	50,548
マッチ	63,114	66,014	32,200	36,104	32,891	58,244	113,629	104,232
セメント	50,947	62,525	83,801	44,025	78,231	41,533	77,460	45,255
麦粉	0	101,554	83,771	65,042	0	114,782	197,116	230,993
油類	0	259	0	5,800	0	5,015	0	6,100
肥料	0	15,222	13,380	282,160	0	31,318	131,141	18,417
硫酸尿素	0	0	0	0	0	0	0	1,285
薬品	0	41,697	28,896	0	0	158	0	0
煙草	0	99,672	330,895	257,959	0	149,174	224,213	125,990
麻	0	0	7,352	0	0	0	0	0
麻袋	0	0	0	12,660	0	0	92,345	193,373
コークス	0	0	0	0	0	100	817	2,448
箱、桶	0	48,881	0	0	0	0	0	0
砂糖用品	0	51,450	0	0	0	73,215	0	0
ビール	0	2,095	0	0	0	45	0	0
其他雑品	532,056	55,399	39,648	71,441	641,808	19,203	227,101	73,996
合計	4,432,625	4,648,406	2,495,089	2,826,508	1,611,318	1,475,722	2,473,498	1,661,771

資料：三井物産会社事業報告書歴年版。

説明：網掛部分は当該季の上位三位の商品を示す。

台湾の製糖業に対する施政は初代の台湾総督樺山資紀とその民政局長水野遵との時期からすでに始まったが、本格的な発展は一八九八年に発足した四代目の台湾総督児玉源太郎とその民政長官後藤新平からといえる。しかし、台湾総督府の糖業政策がまだ固まっていない一八九九年春から台湾総督府の内部にはいわゆる「大小製糖場論争」が起きた。

大製糖場論者は砂糖の貿易赤字という見地から日本の砂糖需要だけでなく海外へ輸出するために台湾の製糖業がどうしても欧米のように大規模に行わなければならないという持論である。これと対照的な小製糖場論者は北海道のビート糖業の失敗に懲りて台湾の投資条件もまだ整備されていないなどの様々な理由で大製糖場論に反対したわけである。

一方、この論争とほぼ並行して児玉、後藤らは積極的に日本国内の資本を勧誘している。その成果は三井物産が筆頭株主になった台糖である。

一八九八年、三井物産の理事益田孝が事業を視察するために台湾に来たが、その時には台湾の製糖業に投資する話はまだないようであるが[44]、同年一〇月二五日付の『台湾日日新報』は益田が台湾総督府からアヘンの納入特許を獲得するために来台したと伝えた[45]。一八九九年末、後藤は上京した際、自ら三井家と三井物産の益田に対して台湾の製糖業の振興に協力を要請したが、台糖の創立に参加するかいなかについて三井家の内部に賛否両論の対立があり、益田孝の積極的な意欲と対照的に三井銀行の中上川彦次郎が反対した[46]。中上川は台湾に投資するリスクが大きいことを理由に反対した。

結果として台湾総督府の補助金を受けるという条件で三井物産がその投資を引き受けるようになる。台湾総督府の補助は最初資本金五〇万円に対して三年間に年五分の利子と約束したが、八重山糖業会社の老朽化した製造機械を引き受けよとする台湾総督府の要請を受ける見返りとして利子補助がさらに二年延長したという[47]。

台糖の創立は大製糖場論の勝利であると見えるが、日露戦争後の製糖会社ブームまでにはただ台糖の一社で、逆に同じ時期には資本金一〇万円未満の改良糖廍（トンボ）という小規模の製糖場が台湾の各地で台湾総督府の奨励のもとに次々と開設しており、小製糖場論が優勢を占めたように思わせる。要するに、日露戦争後の製糖会社ブームまでは台湾総督府の糖業政策は概して混迷的な状態にあったといえよう。

台糖の生産が一九〇一年から始まって、三井物産はその一号から三号までの製品が香港糖と同格、四号から七号までの製品がフィリピン糖と同格であると評価した。また、一九〇二年頃、三井物産は台糖製品の一手販売を引き受ける代わりに同社に五万円を限度に一年間返済という条件で資金を提供することにしたのである。[48]

三井物産の砂糖交易は発足したばかりの台糖製品だけでなく一九〇三年から台湾の赤糖を取り扱うようになるが、最初には台北支店が人員を台湾南部に派遣し調査せしめたが、台南には台湾商人と外国商人を含めて七人の大糖商が存在していることで競争し難いと判断した。[49] とはいえ、台北支店はやはり打狗、安平で毎月五〇円あるいは一〇〇円の手当および砂糖一〇〇斤宛に〇・五斤の戻口銭という条件で買弁を雇った。また、砂糖一〇〇斤に一円という比率で買弁を通じて糖廍に製糖資金を前貸していた。一九〇二年頃、台北支店はこの清末期からの慣習に従い打狗糖三万俵、台南糖五俵を買弁をとおして買い入れた。

もちろん、台湾の赤糖に目をつけたのは三井物産だけではなく一九〇五年から増田増蔵、安部幸兵衛、一九〇七年から鈴木商店、湯浅商店、大阪糖業会社という手強い競争相手が後を絶たずに参入してきた。このために表13に示したように日露戦争後、台湾総督府の糖業奨励が改良糖廍から機械制製糖場に切り替わったが、赤糖を中心に生産する改良糖廍も産業として衰退していないのが確認できる。

だが、「台湾産赤砂糖ノ取扱ヲ為スニハ従来ノ商習慣上仲買人ニ前貸金ヲ為スコト必要ニ有之前貸金ヲ為サ、レハ荷物ノ取集メ難出来候」という資金の前貸しは糖商にとってその商機を掴めるかいなかの成否を決めるポイントにな

表13　製糖場の種類、工場数および生産能力

単位：トン

	機械製糖場		改良糖廍		在来糖廍数
	工場数	生産能力	工場数	生産能力	
1901	1	336	−	−	1,117
1902	1	392	−	−	895
1903	2	432	−	−	1,029
1904	7	1,466	4	376	1,055
1905	8	1,724	5	3,276	1,100
1906	7	1,684	60	3,896	878
1907	9	2,805	61	3,856	847
1908	15	10,101	40	2,826	582
1909	16	10,605	69	5,620	663
1910	21	18,509	74	6,310	499

資料：台湾総督府殖産局特産課『台湾糖業ノ概観』（台湾総督府、1927年5月）95-96頁。

るが、台湾糖商の資金力が一般に貧弱なので貸し倒れのリスクも大きい。大阪支店長藤瀬政次郎と台北支店長藤原銀次郎の譴責案に見られたように本社がこの前貸を相当警戒しており、現地の支店が事前に許可を得ることなしに臨機応変に処置をするのはなかなか難しいのである。(50) それでも台北支店は頻りに本社の許可を申請した上で前貸、売越、買越などの方法を使って赤糖を買い集めている。(51)

おわりに

三井物産の経営方針について一八九八年七月二五日の商務諮問会において益田孝はその席上で六点を取上げて提示した。それは、外国貿易を行う、内国交易を縮小ないし廃止する、外国間貿易を拡張する、外国貿易をコミッションビジネスの主体とする、人材の育成を図る、三井家の対外信用と外国資本を活用するというものである。(52) すなわち、国際貿易はこれから三井物産の営業重点になるわけで、砂糖は国際商品であり日本国内の需要もグングンと伸びていくので三井物産

にとって重要な商品であるのはいうまでもないが、台湾砂糖がどのくらいの重要性をもつのかを三井物産の台糖投資を議論するには忘れてはならない。

商業資本としての三井物産はその事業を広げていく過程において台糖のような製造業に対する投資が唯一ではなく、ほかには日本精製糖、大阪燐寸、日本鉛管などの会社もある。[53]日本精製糖は台糖の初代社長を務めた鈴木藤三郎が経営している製糖会社でもあるが、長く原料糖を三井物産を通じて入手している。同社は一九〇一年頃製品販売の方針を誤ったなどの理由で三井物産に対して七〇万円の債務を抱えることになり、この債務を返済するに当たって重役として三井物産の人員を迎えることにした。これに対して三井物産は「元来精製糖業ハ充分有利ノ事業ニシテ…事業ノ整理宜シキヲ得ハ一割五分乃至二割ノ利益ヲ得ルコト難カラス…横浜ジャーヂンマジソン会社ニ於テハ今後愈々物産会社カ同社（引用者…日本精製糖）ニ一層深キ関係ヲ持ツ以上ハ香港ノ製糖ハ日本へ輸入ノ見込モ立タス」と見ており同社へ支援の手を差し伸べた。[54]

要するに本稿の冒頭にふれた三井は三池炭坑により鉱工業資本に変身したが、台糖投資および日本精製糖救援を通じて三井物産が明らかに商業資本のほかに鉱工業資本の性格をも有するようになるので、間接的とはいえこの変身の一環に連なると考えられよう。

砂糖は明治期における三井物産にとって重要な商品でその種類も粗糖から精糖まで多岐多様に亙っている。そして、同時期（＝日本植民統治初期）の台湾の治安状態は投資にとってまだ安全だといえないし砂糖の製造体制も前近代的なものである。また、前掲のように同時期の台湾赤糖も三井物産の交易対象になっているように台糖とその製品は台湾糖業においても優勢的な地位を占めていない現状を説明している。したがって、総じていえば、三井物産の立場からみれば台糖への投資はむしろ砂糖ないし台湾に対する全般的な交易戦略のほんの一部に過ぎず、決して益田らが言うところの「国策会社」のような重要な存在ではないと言うほうが妥当ではなかろうか。

【注】

（1）長井実編『自叙益田孝伝』（中公文庫、一九八八年一二月）、二一七頁及び鈴木五郎『鈴木藤三郎伝』（東洋経済新報社、一九五六年一一月）、一六二頁。
（2）石井寛治『日本の産業化と財閥』（岩波ブックレット、一九九二年八月）、三二－三三頁。
（3）桝井義雄『三井財閥　大正・昭和篇』（教育社新書、一九七八年一二月）、一九五－一九六頁。
（4）山口和雄『近代日本の商品取引――三井物産を中心に』（東洋書林、一九九八年四月）、一－二頁。
（5）山口和雄・石井寛治編著『近代日本の商品流通』（東京大学出版会、一九八六年四月）、三六、三七頁。
（6）三井物産合名会社『明治三十年下半季事業報告』（三井物産合名会社、一八九七年）。
（7）荒波清彦『三井物産会社小史』（第一物産株式会社、一九五一年七月）、三二－三三頁。
（8）この二〇種類の原料商品は毛糸毛織品、綿糸綿紡織品、精糖、肥料、マッチ、ビール、帽子、縄索、気缶機械、鉄工、造船、建築、電機用品、鉛器、石鹸、段通、皮具、染整物、製紙、ゴムなどの原料である（「製作品原料取扱注意ノ件（明治三一年九月二四日）」、三井物産合名会社『現行達令類集（明治四五年五月訂正増補第七版）』、一三二－一三三頁）。
（9）三井物産合名会社『明治三十一年上半季事業報告』（三井文物産合名会社、一八九八年）。
（10）三井物産合名会社『明治三十一年季事業報告』（三井文物産合名会社、一八九八年）。
（11）三井物産合名会社『明治三十二上半季年季事業報告』（三井文物産合名会社、一八九八年）。
（12）三井文庫監修『三井物産支店長会議議事録二　明治三十六年』（丸善、二〇〇四年一月）、九二頁。
（13）三井文庫監修『三井物産支店長会議議事録一　明治三十五年』（丸善、二〇〇四年一月）、一三五－一三八頁。
（14）三井文庫編集『三井事業史』資料編四下（三井文庫、一九七二年七月）、三三－三四頁。
（15）三井文庫監修『三井物産支店長会議議事録二　明治三十六年』（丸善、二〇〇四年一月）、九二頁。
（16）三井物産合名会社『明治三十六上半季事業報告』（三井物産合名会社、一九〇三年）、四頁、三井物産合名会社『明治三十六年事業報告』（同前）、五－六頁。
（17）三井物産合名会社『明治三十七年季事業報告』（同前）、七－八頁。
（18）山口和雄編纂『稿本三井物産株式会社一〇〇年史』（財団法人日本経営史研究所、一九七八年七月）、二五八－二五九頁。

(19)三井文庫監修『三井物産支店長会議議事録七明治四十一年』（丸善、二〇〇四年一月）、二七－二八頁。
(20)三井文庫監修『三井物産支店長会議議事録四　明治三十八年』（丸善、二〇〇四年一月）、一九頁。
(21)三井物産株式会社『明治四十一下半季事業報告』（三井文物産合名会社、一九〇三年）、四頁。
(22)三井文庫監修『三井物産支店長会議議事録五　明治三十九年』（丸善、二〇〇四年一月）、一六四－一六五頁。
(23)三井物産株式会社『明治四十二下半季事業報告』（三井文物産合名会社、一九〇三年）、一四頁。
(24)三井物産株式会社『明治四十三上半季第一回事業報告』（三井文物産合名会社、一九〇三年）、二六－二七頁。
(25)三井物産合名会社『重役役場明治二十九年中諸達』。
(26)三井物産合名会社『重役役場明治三十年中諸達』。
(27)森川英正『日本経営史』（日本経済新聞社、一九八一年一月）、一六、二七－二九頁。
(28)三井文庫監修『三井物産支店長会議議事録四　明治三十八年』（丸善、二〇〇四年一月）、五－六頁。
(29)山口和雄編纂『稿本三井物産株式会社一〇〇年史』（財団法人日本経営史研究所、一九七八年七月）、二一三頁。
(30)山口和雄編纂『稿本三井物産株式会社一〇〇年史』（財団法人日本経営史研究所、一九七八年七月）、六〇－六一頁。
(31)財団法人三井文庫編『三井事業史資料編四上』（財団法人三井文庫、一九七一年八月）、一七〇頁。
(32)同規則は同年採決された「清国商業見修生特別採用」と同時に施行する。同規則によって社員が会社の仕事を一切免除されて中国語や台湾語の習得に専念することができる（財団法人三井文庫編『三井事業史資料編四上』財団法人三井文庫、一九七一年八月、三三三頁）。
(33)三井物産合名会社『重役役場明治三十一年中諸達』。
(34)三井文庫監修『三井物産支店長会議議事録二　明治三十六年』（丸善、二〇〇四年一月）四七頁。
(35)三井物産合名会社「台北支店服務規程」（『現行達令類集（明治三八年一月訂正増補第四版）』一九〇五年一月、六五－六八頁）。
(36)三井物産会社「台北支店服務規程（明治四〇年五月二七日達第二二号訂正）」（『現行達令類集』七七－八一頁）。
(37)財団法人三井文庫編『三井事業史資料編四上』（同前）一〇七、三〇四、三九一、四六六頁。
(38)三井物産会社東京本店庶務課《三井物産会社社報　明治三十九年中》。
(39)三井物産会社東京本店庶務課《三井物産会社社報　明治四十二年中》。
(40)三井物産会社東京本店庶務課《三井物産会社社報　明治四十三年中》。
(41)三井物産株式会社『明治四十四年下半季第四回事業報告書』一七頁。

(42)財団法人三井文庫編『三井事業史資料編四上』(同前)四九五頁。
(43)三井文庫監修『三井物産支店長会議議事録六　明治四十年』(丸善、二〇〇四年一月)、一四頁。
(44)長井実編『自叙益田孝伝』(同前)。また、後に益田が提出した「明治三十一年台香上出張復命書」において台糖投資に関することをもふれなかった。
(45)しかし、三井物産は早くも一八九六年から台湾総督府製薬所からアヘン購入命令書を受けていた(財団法人三井文庫編『三井事業史資料編四上』九頁)。
(46)下田将美『藤原銀次郎回顧八十年』(講談社、一九四九年一二月)二一頁。
(47)山口和雄編纂『稿本三井物産株式会社一〇〇年史』二七一頁。
(48)財団法人三井文庫編『三井事業史資料編四下』(財団法人三井文庫、一九七二年七月)、三六二頁。
(49)三井文庫監修『三井物産支店長会議議事録一　明治三十五年』、一三九頁。
(50)藤瀬は大阪の香野商店に四五万円を貸したが回収不能という羽目になり、藤原は一九〇三年下半期から一九〇四年上半期にかけて事前に許可を得ず勝手に台湾の硫黄、米および砂糖の前貸金を提供したという廉で罰せられたのである(財団法人三井文庫編『三井事業史資料編四下』、五二七、五四九、六四三頁)。
(51)たとえば台北支店は一九〇四年一一月頃本店に五〇〇〇俵の砂糖へ売越と買越との許可を申し込んだ。その理由書は「台湾糖ノ商売ハ土人より之ヲ買集メ需要ニ応スル次第ナルヲ以テオッファーヲ得テ其オッファーノ期間内ニ直ニ之カ買集ヲ了スル…従テ十分売行ノ見込アルトキハ先ツ現品ヲ買集メ然ル後之ヲ売約スルカ又ハ十分買付ケ得ラルヘキ見込アルトキハ先以テ売約ヲ為シ置キ然ル後現品ヲ買付クル」ことにより弁明したが資金の関係業者に前貸する重要性も窺えよう(財団法人三井文庫編『三井事業史資料編四下』、六四三―六四四頁)。
(52)山口和雄編纂『稿本三井物産株式会社一〇〇年史』、一八二頁。
(53)荒波清彦『三井物産会社小史』、五三頁。
(54)財団法人三井文庫編『三井事業史資料編四下』、三三一―三三二頁。

戦後初期において台湾中小企業が植民地時代から継承したもの

謝国興（佃隆一郎訳）

はじめに

一九五〇年前後は台湾の現代史において決定的な一時期であって、中華民国の中央政府が一九四九年末に大陸から慌しく撤退してきたことで、台湾の軍民双方の人口は一時激増した。その一方で台湾の経済は第二次世界大戦で大損害をこうむったことで、当時の生産能力が戦前の水準に未だ回復していなかった。しかし、その後の台湾の経済発展の起点はまさにこの決定的瞬間においてであり、そこから展開の道を開くことになったことは、もはや言うにはばかるものはない。一般的には、以後に影響をもたらした台湾経済の発展の要素には、三つの面があったと認識されている。すなわち、植民地統治が遺した基礎建設および工業経済の基礎がすでにあったこと、朝鮮戦争開始後に台湾海峡が軍事的に安定しアメリカ軍の支援をうけたこと、そして、政府に関連した経済発展の政策である。

経済発展の主体は農・鉱・工・商各方面の企業であり、それら企業の生産力は産業の経済成長を推進することから、企業が政治・経済の環境下でどのような組織・経営・発展をなし、経済発展に影響を与えるかが、第四の観察に値する面である。戦後に台湾の経済発展が起こりえた条件に関する研究としては、瞿宛文教授が最近比較的多くの探究を試みていて、[1]瞿は論文「台湾戦後工業化是殖民時期的延続嗎？　兼論戦後第一代企業家的起源（戦後の台湾の工業化は植民地時代の延長だったのであろうか？　戦後の第一世代の企業家の起源も同時に論じる）」[2]で、涂照彦が日本が台湾を植民地にしていた時代の工業化を「飛び地」(enclave)経済としている概念を引用して、涂が「日本の植民地統治はある種の形式的な資本主義発展を台湾にもたらしたが、台湾は自力で資本主義発展を持続できたというわけではない」との見解を継承した。その理由は、日本統治時代に台湾では工業の現代化は出現したが、資金・技術・管理はすべて日本人が主導したものであり、敗戦後日本人が完全に撤退して、これら現代工業の主要部はすぐに続けることが難しくなったからだとしている。発展経済学から述べるに、海外投資の際に資本や技術、高レベル人材の供給等の面で投資先に頼る事が極めて少ない時、つまり外資系企業全体と投資される側の国（地域）との経済的なつながりが甚だ弱い場合、その土地の経済は「飛び地」性を帯びることとなる。したがって、戦後台湾の工業発展の主なキーポイントは、一九四六年以後の国・省営事業で大陸から台湾に来た（例えば資源委員会の）人員が「経営階層」の役割を果たし、管理や技術の面での人材不足を解決したこと、さらに一九四九年以後の大陸企業から人材が移入したこと、それに産業発展政策が適宜であったことにあって、のちの台湾経済の奇跡的成長につながることになった。[3]

戦後台湾の経済発展はいかなる程度において、適切な産業政策に促されたのであろうか。それぞれの時期における具体的な政策上の評価については、今日もなおある程度の論争はある。[4]しかし、中小企業が戦後台湾の経済発展の歴史で重要な役割を演じたという点については、むしろ論争はないほうである。戦後台湾の中小企業の源流は、少なくとも日本統治の中後期にあたる一九三〇年代、台湾現地の工業化を促すという統治者の意向の中で生まれた、民間の近代的中小製造業企業にある。それらは、その後の更なる規模および数量の拡大によって発展をとげており、戦前戦後は基本的に、飛び地工業化による経済の断絶という問題はなかった。しかし、戦後台湾の公営事業における管理技術層には、戦前の同等のレベルの人員との延長や連続という相互関係を許さぬ状況があり、ここに断絶が存在した。この種の断絶は、一般の表面的な観察や考えをもって把握しうる単純なものとは異なる。この点については以下本文で触れる。

日本の台湾総督府が台湾で経営していた専売事業および、日本の商人の台湾での個人投資は、敗戦後すべてが「日本の産業」と見なされて、国民政府によって接収され、戦後の公営事業の主たる基盤となった。このほか接収された四八四社の企業が比較的小規模であまり重要でなかったことから、売却のうえ民営化された[5]。一九四六年より一九四八年までの台湾の工場数は六二三七軒から九七五七軒と、二年で三五〇〇軒ほど増加し、ごく一部は旧日系企業が売却されたもので、それ以外の三〇〇〇軒以上が新設であった。一九四九－一九五三年の工場数は九七八一軒から一万二二四三九軒に増えたが、その間大陸の企業が海を渡って移民として参入したことがあったにもかかわらず、四年間の増加は二七〇〇軒に達せず[6]、戦後最初の三年間の増加数になおも及ばなかった。この事実より、一九四九年以前の経済回復の第一段階においては、まず公営事業の増加には限りがあったこと（公営事業での中間管理職と技術員のうち、日本統治期より台湾に籍を置いていた工員は依然多数を占めていた）、そして民間の工業投資はさほど日本人（飛び地工業）の撤退による影響を受けなかったことの二点が指摘できる。この「延長」「連続」的な発展は、考察に値するものである。

一、植民地時代の遺産——台湾中小企業の主たる起源

一九三〇年代に日本は台湾で近代工業の建設を推進しはじめ、一九三九年には、工業生産高は当初より農業（林業と水産業は含まず）を上回った。[7] 近代工業の発展は必然的に周辺の新興製造業に影響を与えた。日本統治後期の台湾の主要工業生産で、食品業は長期にわたり工業生産高の第一位を占めた。その主な原因としては、製糖業をはじめとする農産加工物は一貫して日本統治時代の台湾の経済的基幹であって、主要な輸出品でもあったが、生産高の割合は一九三〇年の七六・四パーセントから、一九四二年には五八・三パーセントに降下したのであり、日本統治後期の現代工業の発展の影響を受けたことは明らかである。金属・機械・化学工業は一九三〇年代に重点的な工業化建設が始まったことで、生産高は比例していずれも明らかに増大した。一九三八年には、日本本土での紡織工業の生産高は工業の総生産高の一八・六パーセントを占めたが、同年の台湾での紡織工業の生産高は工業の総生産高の一・五パーセントに過ぎなかった。[8] 一九四二年以後は太平洋戦争での物資動員の必要に応じるために、台湾紡績株式会社が組織されて、中古の紡紗機と紡錠二万枚、織布機五三五台が台湾に運ばれることになり、王田と烏日に建棉紡紗工場が準備されたが、戦局が不利になってきたことにより、計画は進展を見なかった。[9] 日本統治時代を総覧するに、台湾の紡織業の生産高は終始工業総生産高の二パーセントを超えることはなく、各産業で常に末席に列することになった。

日本の統治時代における台湾人の企業投資の傾向では、農業と商業への投資が比較的高く、一九二九年の統計を例に、日本人と台湾人が台湾で投資した農、工、商業の比率（資本額の合計で算出）をそれぞれ分けてみると、工業九〇・七三パーセント（日本）対八・四四パーセント（台湾）、農業四七・一七パーセント対五二・七九パーセント、商業四三・四四パーセント対五二・七四パーセントであった。[10] 一九四二年の「台湾会社年鑑」では統計にある会社全

二八五五軒中、台湾人が代表になっていたのは一六一八軒であり、五六・六七パーセントを占めていた[11]。その中で単なる「有限会社」の経営者は日本人が台湾人より多く（九四社中日本人五〇社、台湾人四四社）、合資会社一一七六社では台湾人が七六五社（六五パーセント）であり、うち一九三〇年以前に設立した会社は一四三社、翌三一年以後に設立したものは六二二社（八一パーセント）であった。以上のことから、一九三〇年代は台湾人が商工業投資を開始した重要な時期であったこと、合資会社は戦後の民営中小企業の先駆けであったこと、それらの企業を分野別に見ると工業よりも商業の方が多かったこと、の三点が指摘できよう。

台湾人が組織した工業（製造業）分野の企業で「株式会社」の商号を用いたものは比較的少なく、「商会」の名称を使った例が多少存在したほかは、直接「工場」を使用した場合が多かった（小さな企業は大抵このタイプである）。次頁の表1は本稿が整理した、日本統治後期の一九三四年と一九四〇年の二度にわたって行われた調査・統計であり、新興製造業中の紡織・機械・金属・化学の四大業種での工業生産工場における、台湾人の投資・経営の状況がわかるものである（表中の「一九二五年以前」は、清朝統治時期と日本統治初期を含む）。

表1より見いだせることは、日本人が四つの業種で早くから投資をして工場を設立したケースが比較的多かったことは明らかなものの、のちにはこの傾向はしだいに少なくなり、台湾人の場合はそれに相反して、あとになればなるほど強くなっていったことである。紡織業と機械工業ではこの特性はいっそう明らかであり、とりわけ一九三〇年代中期以後の数量の成長はめざましかった。化学工業には伝統の搾油と手工製紙業が含まれ、これら伝統工業の中での台湾人の工場は、その多くが清末から日本統治の初期にかけてすでに設立されていたのであり、これら規模や資本が小さかったり少なかったりしたもの（社員数五名程度）を計算に入れず、近代化の要素を備えていた工場にしぼって見てみれば、やはりあとになればなるほど多く見られた傾向である。一九三四年と一九四〇年の統計を比較すれば、紡績業の工場の増減は比較的変動が少なく、機械業は一九四〇年になった時には、一九三〇年以前に設立された台湾人

表1　日本統治期の台湾中小企業数の発展状況

	設立時期	民族	紡織業	機械工業	金属工業	化学工業	小計
一九三四年統計	1925年以前	台湾人	6	41	15	214-(103+91)=20	82 (276)
		日本人	11	40	11	29-(0+1)=28	90(91)
	1926-1930	台湾人	13	41	14	78-(47+16)=15	83(146)
		日本人	4	19	1	8-(0+0)=8	32
	1931-1934	台湾人	25	47	18	128-(64+22)=42	132(218)
		日本人	9	9	2	11-(0+4)=7	27 (31)
	合計	台湾人	44	129	47	420-(214+129)=77	297(640)
		日本人	24	68	14	48-(0+5)=43	149(154)
	大型(50人以上)	台湾人	3	4	1	1(製紙業)	9
		日本人	3	4	1	11(製紙業3社)	19
	中型(16-50人)	台湾人	15	11	11	4	41
		日本人	6	17	3	20	46
	小型(15人以下)	台湾人	26	115	35	429-(211+140)=78	254(605)
		日本人	15	46	10	16	87
	合計	台湾人	44	130	47	434	304(605)
		日本人	24	67	14	47	152
一九四〇年統計	1925年以前	台湾人	6	31	18	141-(75+46)=20	75(196)
		日本人	10	36	3	29(大型製紙業1社を含む)	78
	1926-1930	台湾人	14	30	23	76-(48+18)=10	77(143)
		日本人	4	19	1	5	29
	1931-1935	台湾人	20	67	17	104-(64+22)=18	122(208)
		日本人	6	14	2	11(大型製紙業2社を含む)	33
	1936-1940	台湾人	41	97	38	119-(51+33)=35	295(211)
		日本人	8	25	3	37-(7+6)=24	73(60)
	合計	台湾人	81	225	96	440-(238+119)=83	485(842)
		日本人	28	94	9	82-(9+10)=63	213(194)

資料：台湾総督府殖産局昭和9年度（1934）と昭和15年度（1940）の『工場名簿』、その他統計による。
備考：1. 化学工業類のカッコ内数字の前は食用植物の榨油業、後ろは製紙業。1934年での製紙業の創立時期は不詳、1940年の工場名簿には工員数の統計がないため、その区分や規模は統計不能。
2. 小計欄のカッコ内数字は小規模の榨油・製紙工場の総数である。

の工場の二一軒がすでに消滅していたが、一方で一九三〇年以後の設立は二〇軒増加している。化学工業では台湾人が経営する小規模の榨油・製紙工場の変化が特に大きく、一九三四年の調査時、一九二五年以前に設立されたものは一九四軒に及び、一九四〇年の時点ではこれら旧式の工場は一二一軒が残っていた。このように総数から見ていえば、一九二五年以前に台湾人が設立して経営していた工場（小型の榨油・製紙工場を含まず）の数は日本人のものより少なかったが、一九二六年以後形勢が変わり、台湾人の工場は日本人のものを大きく上回ることになって、一九三〇年代以後の趨勢はいっそう顕著であった。一九四〇年の統計を見ると、台湾人が一九二六－一九三〇年の間に設立した工場（これも小型の榨油・製紙工場を含まず）は七七軒（同時期日本人二九軒）、一九三一－一九三五年の間の設立は一二二軒（日本人三三軒）、一九三六－一九四〇年の間は二一一軒（日本人六〇軒）で、台湾人の工場はおよそ一五〇パーセントもの速度で増加した。

規模の面を論じれば、台湾人が経営した工場の資金や工員数は、大方日本人より少なかった。やまだあつし（山田敦）は一九三八年の台湾『工場名簿』中の機械工場を統計にし、造船業と電気用機械製造業では日本人の工場数は台湾人より多く、設立の時期では、初期は日本人の工場が多かったが、しだいに減少傾向を見せ、台湾人の工場は対照的に、後期になるほど多くなったとし、規模の面では、一九三八年の統計と上述の表1の統計とは類似が見られるとしている。(12)

一九三〇年代以降、台湾人の新興工業への参入が、顕著な傾向を示してきた。この背後には、総督府による軍需工業推進という点のほか、一九三四年の日月潭発電所の完成によって電力が比較的廉価なものとなり、このことからエネルギー分野の工場を設立しやすくなったこと、台湾人が教育面（とりわけ初・中級の工業技術教育）ですでに訓練されていたために、この分野に携わることのできる人材が逐次増えていったという要因もあった。例えば一九四三年のある統計では、機械器具工業での一四二名の台湾の技術関係の従業員中、中等教育を受けた者は四〇パーセントを、専科学校卒業生は二六パーセントを占め、その学歴は平均に在台日本人より高かった。[13]洪詩鴻は、植民政府（総督府）に対して相当な程度従属的であった台湾人の（日本統治期の「五大家族」のような）大型土地資本家が、一九三〇年代に経営投資上で不振に陥った一方、新興工業に乗り出していた中小資本家は総督府によるインフラ建設が進みつつあった中で、自らの努力によって事業を開拓し、その経験は戦後台湾の発展に不可欠な啓発となったとしている。[14]

二、戦後初期台湾の公・民営工業の生産高の変遷

戦後でも経済生産の回復が緒についた頃は、台湾の公・民営工業の規模と生産高は明らかに比例していなかった。一九四六年（民国三五）の統計では、民営工場の数は工場全体の九二・六パーセントを占め、公営は七・四パーセントであり、雇用された工員の数は民営が三四・六パーセント、公営が六五・四パーセントであった。生産高では、民営工場が四〇・三パーセント、公営工業が五九・七パーセントとなっている。[15]一九四七年以前は、民営工業の復興時期にあたり、基本的には戦時に損害をうけた設備を修復するとともに、新たな生産投入をしていた。一九四七年より一九四八年までの間、台湾と大陸との貿易は密接であったが、一九四九年の大陸情勢の急転によって、それまでの一大販売市場が断絶することになり、関連産業はおのずから深刻な影響をうけた。ただし相対的に、大陸からも少なからぬ企業が一九四八－一九四九年の間に続々と台湾に移ってきて、一九五〇年以後開始された生産投入は、台湾での民営工業の展開の一番新しい局面となった。[16]

台湾の民営工業（とりわけ中小企業）は日本統治末期にあたる一九三〇年代に萌芽を見せ、戦後は基本的に発展を続けたことで、一九五〇年以降には台湾の中小企業は大量に出現し、一九五四年に民営製造業の生産高は公営を上回り

表２　戦後初期台湾の公・民営工鉱製造業生産高（1951-1957）

単位：台湾ドル千元

時期	総計			鉱業		製造業		建設業		公用事業
	合計	公営	民営	公営	民営	公営	民営	公営	民営	公営
1951	4,457,168	2,456,403	2,000,765	80,102	104,036	2,074,174 52%	1,896,729 48%			302,127
1952	5,941,852	3,270,049	2,671,803	110,972	298,494	2,840,079 54%	2,373,309 46%			318,998
1953	8,227,306	4,363,973	3,863,333	106,148	324,038	3,843,041 53%	3,459,496 47%	25,361	79,799	389,423
1954	9,547,893	4,620,687	4,927,206	127,661	290,013	4,032,203 47%	4,535,145 53%	24,356	102,048	436,467
1955	11,289,207	5,126,687	6,162,520	126,724	350,662	4,418,001 44%	5,666,465 56%	27,668	145,393	554,294
1956	13,872,576	6,331,678	7,540,898	150,281	590,887	5,470,626 45%	6,813,917 55%	28,596	136,094	682,175
1957	17,017,584	7,930,224	9,087,360	176,812	890,043	6,884,659 46%	8,012,838 54%	48,813	184,479	819,940

資料：「主要工鉱産品生産価値」、『自由中国之工業』、9巻5期（民国47年5月25日）。
備考：1. ここでの「鉱業」は鉱業と土石採取業を指し、製造業には食品、飲料、タバコ、紡織、木材（製品）、紙（製品）、皮革、ゴム製品、化学製品、石油･石炭製品、非金属鉱物製品、ベースメタル、金属、機械、電気機械器具、その他を指す。公用事業には電力、ガス、水道が含まれる。
2. 製造業での公・民営の比率は本稿で自ら統計したものである。

はじめたのである（表2参照）。これは前述した、一九四六年に公・民営の企業生産高が大きく反比例し、一〇年足らずで情勢が完全に変わった事例を参照されたい。

三、継続と断絶――資金・管理・技術・ネットワークの継承

植民地時代の台湾の工業化を「飛び地」とする論法は主として、戦後日本の資本や管理・技術の人材が台湾から撤退したことで、工業化の発展に「断裂」が作り出されたという点を指している。「資金」面から言えば、主要な戦前の日本企業は公営にされ、その「資産」（土地・設備・材料等）はそのまま相当数が留め置かれ、運営資金は台湾銀行によって融通された。当時台湾の民間資本は確かに、旧日本資本の企業を完全に継承することはできなかった。一九四六年二月陳炘は大公企業の結成を呼びかけて、日本資本企業の業務引き継ぎを図ったが、設立時の資本額はわずかに五〇〇〇万元であって、その一方当時の資本委員会所属

の国営事業の資本額がおのおの数億元であったことから、この両者の状況は比較にならないことが分かる。しかしながら、資本額一〇〇万元レベルの中小企業を民間資本が引き継ぐことは問題にはならなかった。戦前から戦後初期にかけての台湾には、商売から企業界で身を立てた者が少なくなく、積み重ねた商業資本は戦後、とりわけ一九五〇年代以後に、製造業を創設するための工業資金となったのであり、その例は極めて多い。

永豊余グループの創設者は台南安平出身の三兄弟、何伝・何永・何義であった。何伝は一九二三年台南に永豊商店を設立して、肥料の輸入と雑穀の販売を行い、三兄弟は力を合わせて、業務を発達させた。一九三四年には「永豊商店株式会社」に改組し、本店を高雄に移転して、台南・大甲・台北に支店を設置し、同年に高雄の鼓山に甘蔗板製造工場を設立した（戦後「永豊紙業公司」と改称し、一九五二年の調査での資本額は新台湾ドルで五〇万元）。一九四一年に何義は上海に「永豊洋行」を設立して、各地から買い付けてきた米や雑穀を三井物産に転売することで巨額の利益を得、相当の資産を蓄えるに至った。終戦後、何義は台北に帰って「永豊公司」を設立し、三井船舶の船運の代理権を取得して、自ら輸出入貿易に進出した。[17] 一九四八年に豊原の「台湾興亜紙業株式会社」（一九四〇年設立）を買収して、「永豊原紙廠」を設立した（一九五二年の資本額は新台湾ドルで一〇〇万元）。一九四七年には台南の新営に「永豊紙板」を設立し（一九五二年の資本額は五〇万元）、一九四八年には高雄の大樹郷に「永豊余造紙廠」を設立した（一九五二年の資本額は新台湾ドルで一〇〇万元）。戦後の初期には、永豊紙業の各企業は台湾の製紙業の中で資本額が最大となり、一九五一年に台北の三重に設立した「永豊化学工業公司」では、製薬とプラスチック加工を行い、当時唯一のプラスチック加工工場であった。[18] 一九五〇年代初めに政府は、プラスチック産業の発展に力を入れることを決めたが、当初その中心的担い手と目されていたのは何義（永豊化工の責任者）であった。しかし彼が一九五六年に病死したため、プラスチック業の創始者として改めて王永慶が選ばれ、台湾でのプラスチック会社創業期の三大株主は王永慶・何家兄弟・趙廷箴となった。永豊グループは現在に至るまで台湾製紙業の代表であって、「永豊銀行」は目下の核心事業となっている。永豊グループのケースは、「商業から工業へ」つまり植民地時代の伝統的な工業を戦後に受け継いだ発展モデルの典型例ともいえる。王永慶は台湾でプラスチック産業を経営する前に、日本統治期からすでに米や木材供給の商人として著名になっていて、一様に戦前からの商人は戦後に製造業者に転じ、台湾プラスチック王国としての発展を現出させている。

台南出身者の企業グループも戦後初期の「商業から工業へ」のよい例である。一九二〇年代に、侯基とその姪である侯雨利は台南市街で布地の卸売店を経営し、地元の子弟らに経営や商業の技能を習得させたのであり、布工場の絶え間ない増設（最も著名なものは呉修斉・呉尊賢兄弟の新和興布行）のほかにも、一九三三年に侯雨利が、日本人の休業していた織布施設を購入して、「新復興織布廠」を設立し、戦後の初期には積極的に復興につとめたのであり、一九四八年台湾省紡織工業同業公会は、その格子布に「全省での最優秀製品」の名誉称号を与えた(19)。一九四九年に侯朝宗（侯雨利の従弟、もと新復興織布廠技師）が創立していた「宗興織布廠」に、一九五一年に呉兄弟が増資して「三興紡織廠」に改組したのであり、資本金は五万元であった。一九五二年に新和興布行の一部関係者が投資して成立させた「徳興染織廠」は、一九五四年徳興企業に改編し、一九五八年には日本の丸紅と提携して、海外向け既製服の製造に従事する形に改め、台湾で最も早く海外向け既製服製造に従事した業者になった。一九五四年に侯雨利・呉修斉・呉尊賢・呉三連らの共同投資で設立された「台南紡織公司」は、紡織業者の核心産業たる「紡紗廠」を経営し、資本金一五〇〇万元であって、こんにちでは台南紡織・環球水泥・太子建設・統一企業・統一超商などの、重要な「伝統産業」である台南出身者の企業グループを展開している。

伝統産業の経営・管理者には必ずしも高い学歴が必要だったわけではなく、この産業が往々にして「設備は技術を体現する」性質を帯びたことから、経営者は適材適所を念頭に人材を配置し、良好な機器設備を購入、設置して有効な管理を行い、経営の成功につなげた。戦後に日本資本の企業を接収したことで、台湾ではあまたの公営事業が成立したが、その管理職の階層は高学歴の者が多かったことで、かえって政策や体制に多くの制限が生じ、経営の成績や効率の面でさしたるものはなかった。では、一九四九年前後に大陸より台湾に移転してきて工場を設立した外省籍の商工業者は、一九五〇年代前後の台湾企業の発展の歴史上、その地位と役割がどのように評価できるのであろうか。次頁の表3は、行政院の生産設備及び人力調査委員会が一九五四年二月に作成した調査資料を主な典拠とし、その他の関連文献も参照して整理した、戦後初期の台湾企業の設立年代と責任者の出身地の統計である。

ここでのサンプルの業種は当時の製造業の中で、（一）戦前すでに成立していた、あるいは（二）資本・規模が比較的代表的な性質を持っていた、各産業を意味している。統計に入れた一七一五社中での公私営企業の商号での、食品・紡織・化学工業・金属工業・機械製造等に分けた各業種中、戦前すでに設立していたものは三六六社、一九四五年九月－一九四八年の三年で新設されたものは三七九社（その中の一部は戦前の企業を買収して設立したものと思われる）で、この両者を合わせて七四五社にのぼり、その中の圧倒的多数（七一三社）が台湾本省籍の業者であった。いっぽう、一九四九－一九五四年に新設された九六九社のうち、責任者が大陸の外省籍だったのはわずか六七社であった[20]。一七一五社の企業の中で、戦前すでに設立されていたものは約二一パーセントを占め、これは植民地工業の直接の延長といえるが、終戦直後から一九五四年（訳注 一九四九年の誤りと思われる）に新設された企業（二二パーセント）でも、台湾人の企業はそのうちの九〇パーセント以上を占めたのである。このことから、これら台湾人業者が基本的に持っていた、一定の教育による学識や基礎技術は、それらの多くが戦前に養成されていたとの仮説を立てることができよう。戦前には日本や中国大陸（とりわけ満州・上海・アモイなどの地）で活動していた台湾人は少なくなく、戦後台湾に帰ってきた、専門的技能と資本を持っていた者が一九五〇年前後に創業活動に従事できたことで、一九四九－一九五四年に新設された台湾人の企業は九〇〇社余りの多くに達した（対して外省籍は六七社）のである。

この統計分析より確認できることは、一九四五－一九五四年の一〇年間で、戦前からの継続か戦後新設されたかを

表3　1954年以前に成立した企業の創立時期と責任者の出身統計表（一部）

単位：社

業種別＼創立時期		1945.8以前	1945.9-1948	1949-1954	総計
食品類	缶詰食品工場	16（7）	7〔1〕	17〔1〕	40（7）〔2〕
	製粉工場	9	4〔1〕	20〔2〕	33〔3〕
	タピオカ粉工場	63	49	85	197
	黒砂糖業	13	13	7	33
	調味料工場	2	12〔3〕	18〔1〕	32〔4〕
紡織類	棉紡織業	4（4）	2〔1〕	13（2）〔11〕	19（6）〔12〕
	動力織布工場	16	24	229〔22〕	269〔22〕
	ニット工場	7	4〔1〕	34〔8〕	45〔9〕
	織襪業	12	7	66	85
化学工業類	ゴム車輪工場	11（1）	23	47〔2〕	81（1）〔2〕
	ゴム靴工場	7	16〔2〕	20〔5〕	43〔7〕
	化学石鹸業	4（4）〔3〕	13（1）〔4〕	5〔1〕	22（5）〔8〕
	塗装業	17（2）〔2〕	13〔1〕	37〔4〕	67（2）〔7〕
	石鹸工場	6（2）	51〔2〕	51〔5〕	108（2）〔7〕
金属工業類	製鋼鉄業	14（2）〔3〕	11（1）〔1〕	10（1）〔2〕	35（4）〔6〕
	鋳造・鍛造鋼鉄業	21	17	28	66
	鉄缶製造工場	12〔2〕	10〔1〕	35	57〔3〕
機械製造類	エンジン修理製造工場	19	20	22	61
	工作機械製造	10〔1〕	3	9	22〔1〕
	紡織機械製造	5	9	27〔2〕	41〔2〕
	農産加工機械製造	20	12	12	44
	自動車部品製造修理	27	41〔1〕	88〔1〕	156〔2〕
	歯車・車軸製造工場	4	3	10	17
その他	製氷業	48（9）〔2〕	15（3）	79（1）	142（13）〔2〕
合計		366【353】 （31）〔13〕	379【360】 （5）〔19〕	969【902】 （4）〔67〕	1,715【1616】 〔40〕〔99〕
凡例		1.（　）公営　2.〔　〕責任者が外省籍 3.【　】責任者が本省籍			

備考：『台湾工鉱一覧』（行政院生産設備・人力調査委員会編集・発行、1954年12月）を典拠にした部分が割合に重きを占めている産業統計である。

問わず、比較的重要な産業の中では、民営の製造業者、並びに台湾籍人材を責任者とする企業が共に絶対的多数を占めるようになった点である。一九五四年から台湾の民営製造業の生産高が、公営製造業のものを上回り始めたことは、戦後の産業発展に対する植民地時代の各種資産継承の重要性を示している。

日本統治期には、多くの重要な内地資本企業における上層管理職と技術職はおしなべて日本人が担っており、中下層の台湾人職員と「技術者」は学歴による制限と、植民地政策での差別待遇（偏見）とにより、実力で出世することは難しかった。戦後の国・省営事業では全体的に、資源委員会系統では中核たる来台専業官僚がそれまでの最上層の日本人管理職を補填することになったが、技術を取り仕切った階層では、個別的な企業の状況で同一でない点があった。国営の「台湾造船公司」の上層職員は資源委員会より派遣された人員が担当し、台湾籍の職員には、与えられた最高職位はせいぜい副工程長や副管理長に過ぎず、工務員と管理員の補佐役が多かったのであり、技術工は基本的に日本統治時代にすでに就職していた台湾人であった。[21] これも国営の「台湾機械公司」では、一九四九年の職員の出身地別分布状況は、事務室や工場の課長以上の主管級職務のうち、一六名が外省籍であり、三名が台湾籍で、三二名が外省籍であった。また、生産技術職の五八名の職員中、四二名が台湾籍で、一六名が外省籍であり、管理技術職の五八名の職員中、台湾籍が二八名で、外省籍は三〇名であった。[22] 換言すれば、台湾人で主要な管理職に就きえた者はきわめて少なく、中・下層の幹部では台湾人の総数が外省籍よりも多かったことになる（七〇／四六）。

省営の「台湾工鉱公司」は規模が巨大で職員数が極めて多かったが、一九五三年の行政部門で、台湾籍の職員は約一九パーセント（九七／五一一）を占め、生産部門（技術人員を相当多く含んでいた）での台湾籍の人員は五八パーセントと、過半数を超えていたが、そのうち副工程長以上の高級人員では、台湾人の割合は三〇パーセントほど（一一六／三九三）と、比較的わずかであった。[23] むろん国営や省営の事業では、学歴は職を任す重要な判断基準であったのであり、中・高級の職員になると、台湾人は比例して相対的に減少する場合がたいへん多かった。対して民間の企業は実務重視であって、日本統治後期に台湾では職業・専門教育が次第に発展を遂げたこと、とりわけ初等教育の普及率が割合に高かったことで、労働者のレベルが高くなったことは、戦後の経済発展の有力な要素となった。そのほか、戦争による環境下で、たくさんの台湾人が工業技術の訓練をうける機会を獲得したことも見逃せない。台南高等工業学校（成功大学工学院の前身）は一九三四年より卒業生を出したが、その中には台湾籍の卒業生で、以前満州で民間の電力や電信企業に勤めていた者が多くいて（史料に記載のあるもので少なくとも二二名）、戦後台湾の電力や電信事業の重要中堅幹部となった。(24) 一九四三年から一九四五年まで日本海軍は台湾の小中学校卒業生から八四一九名に及ぶ、一二－二〇歳の「少年工」を募集し、日本の高座海軍工廠で半工半読の生活をさせて、飛行機の製造・修理の技術を学ばせた。それら職業教育と現場実習は短くて半年、長くて二年にわたり、この少年たちは戦後台湾の金属・機械工業技術の人材の一大供給源となった。(25) その具体例としては、台北樹林出身の張式如が挙げられよう。張は一九二八年生まれで、樹林公学校高等科を卒業し、一九四四年に恩師の推薦により、海軍工員の身分で三菱重工に入って航空機の製造を学んだ。そこで卓越した能力を発揮し、戦後も三菱重工に残って勤務したのち、一九四七年に帰台し、まず台北で消防器材の生産に従事したのち、樹林で鉄工所を立ち上げ、消防器材の研究開発と生産を続けた。(26)

ネットワークは企業経営基盤の中でも極めて重要な要素であって、常に決定的な作用が発揮される。企業のそういったネットワークは二種類に分けられるのであり、一つは個人的な人間関係、もう一つは企業と企業の間の業務関係であって、それらの関係は一種の無形的な資産である。台湾の多くの商工業者は日本統治期に、日本商社との間で、あるいは個人で作った関係を生かして、戦後に幅広いつながりを築いたのであり、むろんこれは設備購入、技術伝授及び学習、新規業務開拓等、各方面で有利な効果を生み出したのであって、その有利さは競争力ともいえるものであった。

四、産業ネットワークにおける歴史継承の多様性――靴製造業を例として

台湾で一九六〇年代中期より始まった靴製造販売の産業は、基本的にすでに存在していた三種の伝統的関連産業をもとに築かれた。中部地区での藺草《いぐさ》編みの帽子の編織業、ゴム靴の生産業、伝統の皮靴製造技術である。このほか、一九六〇年代に出現しはじめた、プラスチック及び合成皮革産業が、ここに更なる重大な作用をもたらすことになった。

台湾での帽子製造の手工業は一八九七年頃に始まり、苗栗県苑裡鎮の一婦人であった洪鴦が、大甲の藺草を編んで作った日本式の帽子がそれであった。一九〇〇年に大甲地方の地主らが合資で設立した「元泰商行」は、生産した藺草編みの帽子を日本に販売した最初の業者である。(27) 日本統治期に北部では苗栗の後龍・苑裡、南部では台南までの沿岸全体で、帽子編みの手工業が営まれ、中部では大甲・清水・鹿港地区が主要な産地になった。一九三三年の調査では、台中州の製帽業者は四五二軒で、総数（七一一軒）の六四パーセントを占めていて、年間の帽子生産数は一四〇〇万個に達した。(28) 戦後には製帽業は激しく衰退し、一九五〇年代になると台湾のプラスチック製品がいよいよ萌芽の階段をのぼり出し、帽子編み業者の中には生活のために、ビニール製の靴底と、従来各種帽子やゴザに使っていた原料の藺草を編んだ本体や甲ベルト等とで作ったサンダルやスリッパを製造販売し、さらには輸出も行なった。(29) 彰化の鹿港人であった蔡裕元は、もとは中部沿岸の町や村でゴザや帽子を買い付けて販売していたが、のちに「宝成工業社」を経営して、藺草とビニールを組み合わせたサンダル・スリッパの生産業務に従事したことで、帽子やゴザの藺草編み産業をビニール靴の製造業に転化させた典型例となった。

一九五八年に王永慶が「南亜塑膠（プラスチック）公司」を設立し、「台塑公司」での原料を利用してプラスチック

の二次加工品（プラ皮・プラ板）を生産し、ビニール靴製造業に原料を大量に提供した。一九六〇年代には労力を密集させる形の靴製造業は、すでに人件費が高騰していた日本では生産に適さなくなり、当時台湾でビニール製のスリッパやサンダル生産を兼ねていた製帽業者が、ビニールを使ったフェイクレザーを靴に使うのは、技術的には全く難しくないことを発見した。「福成隆公司」は一九六三年九月台中市に設立され、ビニール製の靴を生産して輸出することを専門にしていて、さらに業務展開のため、宝成工業社に発注し、蔡裕元は正式にビニール製サンダル・スリッパ生産に参入することとなった。(30)台湾の製靴工業での初期の輸出品はサンダルとスリッパが主となり、一九六八年一月に成立した輸出業同業公会での初代理事長の陳進生は、かつて「台湾区帽子輸出業同業公会」理事長を長年務めた人物であった。

一九六九年九月、蔡裕元の長子蔡其瑞は家族の事業を継ぎ、「宝成工業公司」を資本金五〇万元と、工員数十人で設立し、彰化で福興郷の海辺に鉄板を組み合わせて簡素な作業場を設け、ビニール靴と動物をデザインした児童用靴の生産を開始した。(31)一九七九年宝成工業公司はアディダス社運動靴の受託製造を始め、以来四〇年間の発展により、現在では全世界の各種有名ブランドの運動靴やレジャー用革靴を生産するまでになり、世界最大の製靴会社と称されるほどになった。二〇一〇年の生産量は二・八億足に及び、二〇一一年の合併による営業収益は二〇八四億台湾ドルに達し、二〇一二年五月時の実収資本額は二九四台湾ドルとなっている。(32)

今や大陸と東南アジアを主要生産基地にして、株式上場した台湾系製靴会社は宝成・豊泰・九興などが含まれていて、九興はもとの名を興昂国際といい（一九六八年創立、近年は専ら婦人用靴ブランドの代行品と自社製品を製作）、主要創設者である陳建民とその父親陳宜昌は、一九四八年上海から台湾に渡り、台中で藺草織りの帽子やゴザの輸出によって富を得て、のち南亜塑膠に投資して、再び製靴業に進出した。(33)九興と宝成の発展の道のりは非常に類似していて、いずれも中部沿岸の伝統的な藺草織り産業から、靴製造に転向していることが分かる。

日本のゴム工業は一八九二年石橋徳次郎が創立した「日本足袋株式会社」で、ゴム底の合せ布靴の生産を開始した。[34]台湾のゴム工業は一九一八年に成立した「日本護膜《ゴム》株式会社」に始まり、一九二〇年代後期に興り、初めは精米機用のローラーや自転車のチューブ、それにゴム靴などを製造していた。[35]一九三四年以後には男女のスニーカーと地下足袋の生産を開始した。[36]一九四一年二月、戦時統制上の便宜のため、日本護膜株式会社が出資して「台湾護膜株式会社」が設立され、台湾のほかのゴム業者を買収して、航空機の車輪チューブや軍靴などの、ゴム類の軍需工業品を専門に生産した。[37]戦時下で原料が統制されていた時期には、台湾のゴム業者のうち台湾護膜株式会社と台中州豊原の美豊橡膠（ゴム）しか天然ゴム原料の配給を受けられず、ほかの民間工場は原料を再生ゴムに切り替えるよりほかなかった。[38]一九四〇年代に美豊橡膠と新高興業が合併して「豊島工業株式会社」になり、その後さらに「全発橡膠工業所」との合併で三光橡膠公司となって、ゴム布靴を生産した。[39]

一九四一年に豊原の「美豊」が「豊島」に吸収合併された時、詹木生と詹双伝の兄弟は上海で別の投資をして「美豊橡膠」を設立したのであり、終戦後詹木生は台湾に帰り、改めて豊原に美豊のゴム工場を開設した（一九四七年二月設立登録、一九五一年の資本金一六万元）。美豊の職員工二八八人（当時台湾で最大規模のゴム靴工場）に対し、黄興隆が経営した「三光興業有限公司」（資本金一万二〇〇〇元）は、運動靴と婦人靴を生産し、職員工は七二人であった。[40]

戦後初期には、台湾のゴム工場では「台湾護謨」を接収して設立された南港のゴム工場が最大規模であり（当初は省営の工鉱公司が管轄し、一九五九年に民営の南港輪胎公司に改組）、一方で、民営工場の増加も極めて速く、一九四八年四月に組織された台湾区橡膠工業同業公会には、三四軒が加入して、[41]最初は雨靴・タイヤ・テープ・ローラー・ゴム管を主に生産し、一九五〇年以後は雨靴や運動靴、[42]そして球技用・採鉱用の靴などの生産へと、大規模に転向を続けた。[43]一九五五年前後の統計では、ゴム業者は八五軒に増え、その中で大陸から台湾に移って新規に立ち上げた業者は八軒で、その他七七軒は台湾の地元業者による経営であって、[44]これらの業者も、一九六〇年代の台湾での靴製造業の飛躍の主力となった。

一九五四年一二月に編集された『台湾工鉱一覧』において、主として各種のゴム靴生産を行なう業者の中で、豊原の美豊橡膠と三光興業は比較的重要な位置にあった。美豊と三光は日本統治期にすでに経営の基礎ができていたこと、また、戦後初期の投資のもとで養成された人材がその後続々と創業したことを背景として、豊原はついに台湾において、硫化を施した運動靴の重要な生産拠点となったのである。一九八八年の統計では、中部地方の靴工場は七六八軒を数え、台湾の靴工場数の六一パーセントを占めており、さらにそのうち四五〇軒が台中県に位置していた。特に豊原鎮は九六軒が集中した、全台湾で靴工場が一番密集した地区であり、[45]その産業の規模と技術の基礎は、早くも戦前から形づくられていたのである。

一九八〇年代中期以前の二〇年間は台湾でのゴム靴輸出の全盛期であり、「三光」や「豊全」は当時の重要な輸出業者であった。[46]豊全のゴム工場（台中に所在）は王文溢が一九四六年三月に創立し、資本金一万八〇〇〇台湾ドル、工員八〇人をもって、自転車のタイヤを生産した。一九五二年には資本金が二七万新台湾ドルに増やされ、男女用ゴム靴の生産を開始した。[47]王文溢の次男王秋雄は一九七一年に、二〇〇万台湾ドルの資本金で「豊泰企業」を創立し、まずスニーカーの生産に着手し、一九七六年にナイキと工業代行の契約を結び、現在では海外にも製靴業を経営している点で数少ない、台湾の株式上場企業の一つとなっている。

製靴業界では、製造するものが革靴であっても運動靴（球技用）であっても、初めは必ず伝統的革靴職人の技術に頼る必要があり、それには木型・表面・靴底の製作や、縫製の技術指導などの作業が含まれる。したがって、運動靴工場の生産ラインでは、かつては必ずと言ってよいほど、もともと革靴職人であった者が現場に立って製造指導をする姿が見受けられた。台湾では清末の通商開放以後、当初は福州より多くの技術が伝来したが、これが台湾の革靴産業の起源と言える。台南は清代には台湾府が置かれ、日本統治期になっても台湾の主要都市であり、よって革靴製造工芸が発達しており、技術面では主として福州の系統に属するが、これは現地の職人を介して伝えられたものである。伝統的な製靴業は基本的に手で革靴を製作するものであり、普段街の店舗では前方に店棚が、後方に作業室（「架仔場」と俗称）がある。福州の革靴指導者系統の出身者はまさに企業主として運動靴工場の経営に成功したのであって、代表的存在としては台南の清禄グループ（主要工場は福州地区とベトナムに所在）、台北の金錩グループ（「閩台皮鞋公司」系統、靴工場は広東省中山とベトナム）がある。清禄グループの指導者蘇清禄は台南の人であり、革靴の「架仔場」で技芸を習得したのち、運動靴の生産に乗り出した。金錩（欣錩）グループの前身は、一九五二年に新北市三重に設立した「閩台被服皮鞋廠」であり、責任者の何瑞欽は、一九五〇年に福州より単身台湾に渡り、自身の製靴技術を拠り所として、まず台北の万華で革靴店を開き、のちに三重に移転して工場を設立、そこで作業靴と紳士用の革靴を製造して事業を立ち上げた。一九七〇年代には運動靴の製造、輸出を始めたが、(48)その後の閩台の事業展開を見ると、再び作業靴の生産に戻っていることが分かる。一九七五年前後には、高価なブランド運動靴の生産拠点は日本から台湾に移り、主な運動靴のブランド品も基本的に台湾で生産されるようになった。これ以外にも、グッドイヤー・ウェルト製法を用いた高価な安全靴や作業靴、およびレジャー用革靴は、台湾で生産されており、台中大甲の通用化学公司と台北の閩台公司はその代表といえる。「閩台」と「通用」はいずれも福州の職人の製靴技術を継承する系統に属しており、共に光彩を放っている。

おわりに

経済学者の中には、日本統治期における台湾工業の発展は「飛び地」としての性質があったとの論法をもとに、産業の発展という広い角度から、戦後には日本がそれまで管理していた技術階層が台湾を離れてしまったことで、台湾の工業と産業発展に一時継承上の断裂が出現したとする人もいる。彼らはそれを認めた上で、それらが延長・継続できたのは、主として資源委員会に日本系産業を接収させたのちに、それを没収して公営事業に組織し、各大企業にとって必要な上層部のリーダーや管理・技術員を適時補充したためであるとする。こうして戦後台湾の産業は連続した発展を遂げることができたとともに、その後の経済発展（奇跡）の基礎が固まったと彼らは指摘している。本論文での検討では、戦後初期の国・省営事業は確かに、当時の台湾経済の復興過程で重要な役割を演じたものの、公営事業の中・上層の管理・技術員には少なからぬ台湾籍の人がいて、中・下層では大部分が継続して雇用された台湾人工員であったことを確認したが、こういった台湾工員は基本的に日本統治期に養成されたのであり、企業の発展による貢献については、さらに詳細な研究と評価を待つこととしたい。

戦後初期の台湾の民営企業（中小企業）は、日本人の資金・管理・技術の撤退による萎縮現象が決して出現することなく、むしろそれに相反して、一九四五－一九五四年の一〇年間近く、九〇パーセントの民営企業は依然台湾籍の業者として経営され、そこからの資金・技術・人員に主に依存することで、植民地時代の遺産は積み重なり育てられていったのである。一九五四年に台湾の民営製造業の生産高は公営製造業のものを上回りはじめ、台湾の中小企業の重要な役割と発展の潜在能力はすでに具体的に現れていた。これら中小企業の歴史の源流をさかのぼれば、一九三〇年代に台湾の現代工業が萌芽期を迎えた頃にあたり、そこから二〇年間の発展を経てきた。つまり、一九五〇年代の輸入代替期、六〇年代の輸出拡張期においても、植民地時代からの長期にわたる累積は決して無視できない要素であった。製靴産業を例にすれば、伝統手工業によっていた革靴製造技術・ゴム産業・帽蓆編織業が相まって、一九八〇年代に台湾を製靴王国へと成長せしめた。産業と企業がその発展過程においてどのように歴史を継承してきたか、その複雑さや多面性については、今後のより深い探究や検討が待たれるであろう。

【注】

(1)瞿宛文「戦後台湾経済成長原因之回顧――論殖民統治之影響与其他」、『台湾社会研究季刊』第六五期(二〇〇七年三月)。「重看台湾棉紡織早期的発展」、『新史学』一九巻一期(二〇〇八年三月)。「台湾経済奇蹟的中国背景――超克分断体制経済史的盲点」、『台湾社会研究季刊』第七四期(二〇〇九年六月)。

(2)瞿宛文「台湾戦後工業化是殖民時期的延続嗎? 兼論戦後第一代企業家的起源」、『台湾史研究』一七:二(二〇一〇年六月)、三九-八四頁。

(3)瞿宛文「台湾戦後工業化是殖民時期的延続嗎? 兼論戦後第一代企業家的起源」、四二-四三頁。

(4)邢慕寰は一九六〇年代の輸出拡張期以後の政府の経済政策と専門的技能を持った官僚の指導に対し、その「指導」には、基本的にマイナス寄りの評価をしている。『台湾経済策論』(三民書局、一九九三年三月)参照。

(5)台湾省接収日産委員会日産処理委員会編『台湾省接収委員会日産処理委員会結束総報告』(民国三六年六月)、二〇-五一頁。一九四八年以後多数の県市営企業は再度売却の上民営化され、一九五〇年代続々と公営事業の売却がさらに進められたが、最大のものは「四大公司」の民営化であった。

(6)これは台湾省建設庁が編集した『台湾建設概況』(一九五四年)一頁の資料二-三に基づいていて、行政院生産設備・人力調査委員会が一九五四年二月末に実施した調査によれば、当時の台湾全土での公民営工場数は一七四八一軒としている。行政院生産設備・人力調査委員会編『台湾工鉱一覧』(同会、一九五四年一二月)、一〇頁。

(7)農業には林業と水産業を含めて計算すれば、一九四〇年の工業生産高は農林水産などの第一次産業を初めて上回った。

(8)黄東之「台湾之紡織工業」(台湾銀行経済研究室、民国四五年四月)、四頁。

(9)『台湾紡織』(台湾省政府新聞処、民国四〇年五月)、二頁。

(10)張漢裕「日拠時代台湾経済之演変」、『台湾経済史二集』(台湾銀行経済研究室、民国四四年八月)、九七頁。

(11)竹本伊一郎編『昭和十八年度台湾会社年鑑』(台湾経済研究会、昭和一七年一一月)、一五三-一九九頁の附録資料およびその他統計に基づく。

(12)やまだあつし「一九三〇年代台湾の台湾人企業家・試論」、『人文学報』七四号(京都大学人文科学研究所、一九九四年三月)、七三頁。

(13)堀内義隆「近代台湾における中小零細商工業の発展」、堀和生編著『東アジア資本主義史論Ⅱ』(ミネルヴァ書房、二〇〇八年四月)、一六二頁。
(14)洪詩鴻「日本植民地期の台湾人産業資本に関する一考察――中小零細資本の成長を中心に」、『経済論叢』一五五巻第二号（京都大学経済学会、一九九五年二月）、七五－七七頁。
(15)李国鼎『台湾経済快速成長的経験』（正中書局、民国六九年七月三版）、二三六頁。
(16)『台湾的民営工業』（台湾省建設庁、民国四一年四月）、五頁。
(17)義容集団編輯小組『台湾前輩企業家何義伝略』（允晨文化公司、二〇〇三年一二月）、三八－六〇頁。
(18)中華徴信所『工商名人録』（同所、一九七三年）、一八〇頁。廖慶洲『当代企業家成功的故事』（聯経出版公司、一九八七年四月）、七八頁。『台湾省民営工廠名冊』（台湾省政府建設庁、一九五三年八月）、三二一－三二三頁。建展「本省新興的塑膠加工業」、『台湾経済月刊』七：六（一九五二年一二月）、二四頁。
(19)「台湾民営紡織工業」、『台湾経済月刊』一：三（一九四八年六月）、二四頁。
(20)一部企業の責任者の出身地は不明であるが、その一部はおそらく外省籍であったと考えられる。
(21)洪紹洋『近代台湾造船業的技術転移与学習』（遠流出版公司、二〇一一年三月）、八五頁。
(22)洪紹洋「戦後台湾機械公司的接収与早期発展」、『台湾史研究』一七：三（二〇一〇年九月）、一六二頁。
(23)本文は『台湾工鉱股份有限公司職員録』（一九五三年一二月）の統計が典拠。
(24)高淑媛「日本統治末期台湾工業技術人才養成――台南与東北的交会」、中国社会科学院台湾史研究中心（センター）主編『日拠時期台湾殖民地史学術研討会論文集』（九州出版社、二〇一〇年一一月）、一一七五－一一七八頁。
(25)林玉萍『台湾航空工業史――戦争羽翼下的一九三五～一九七九年』（秀威資訊公司、二〇一一年一月）、四九－五〇頁。
(26)「張公式如老先生生平行誼」、『張式如先生訃告』（二〇〇〇年八月）。張式如は前台北県立法委員張清芳の父親。
(27)張仲堅「台湾帽席産業概説」、『台湾文献』六一巻二期（二〇一〇年六月）、三二八頁。張慶宗「走過一世紀的大甲帽蓆産業」、『台湾学通訊』六四期（二〇一二年四月一〇日）、八頁。
(28)朱万里「台湾的手工編帽」、『台湾経済月刊』六巻三期（一九五二年三月）、一七－二二頁。台湾での帽子生産量のピークは一九三四年であり、一五〇〇万個以上に及び、当時非常に重要な地位にあった本土工業であった。堀内義隆「植民地台湾における民族工業の形成――製帽業を事例として」、『日本史研究』五五六（二〇〇八年一二月）、二六－五一頁。
(29)『台湾製鞋工業三十年誌』（台湾区製鞋工業同業公会、一九八九年四月）、一－一頁。
(30)陳文栄「台湾中部地区製鞋業競争策略分析――以四家個案公司為例」、台中健康暨管理学院経営管理研究所修士論文、二〇〇四年七月、六八頁。
(31)楊凱成『足下奇蹟――台湾製鞋産業発展史』(国立科学工芸博物館、二〇〇七年一一月)、五四―五六頁。
(32)『宝成工業股份有限公司九十九年年報』、一頁。『宝成工業股份有限公司一〇〇年年報』、一、八頁。
(33)『自由中国工商人物誌』、二一七頁。『中華民国工商人物誌』(訳注　上とも詳細不明記)、四七二頁。呂国禎「精品鞋代工之王陳建民和他的冒険旅程」、『商業週刊』一〇二七期(二〇〇七年七月三〇日)、四〇頁。
(34)『台湾橡膠産業甲子風雲』(台湾区橡膠工業同業公会、二〇〇八年六月)、九二頁。
(35)台湾総督府殖産局編印の昭和年間各『工場名簿』参照。
(36)『工場名簿』(台湾総督府殖産局、昭和一五年四月)、六八頁。
(37)李広「台湾橡膠工業現況」、『台湾経済月刊』二巻二、三期合刊(民国三八年一月)、三九頁。『工場名簿』(台湾総督府鉱工局、昭和一九年六月)、四一頁。
(38)『台湾橡膠産業甲子風雲』、三三頁。
(39)『台湾橡膠産業甲子風雲』、三三―三四頁。一説では全発工業所(一九三九年成立、代表人陳徳全、もっぱら地下足袋や靴底を製造)と豊島工業株式会社豊原工場(一九四〇年、詹木生・黄興隆・顔克忠が共同で設立し、黄興隆が代表人となって、足袋や靴底や運動靴を生産)は、戦時統制の必要により、合併して「新高工業株式会社」になり、引き続き黄が代表人を務めたとしている。『台中県志』巻四経済志、第二冊(台中県政府、一九八九年)、三四四頁。
(40)『台湾省民営工廠名冊』(台湾省政府建設庁、一九五三年八月)、三一三頁。
(41)『台湾橡膠産業甲子風雲』、二六頁。
(42)ここでの「運動靴」はゴムの靴底を硫黄処理したのち、キャンバス地あるいは紡織布を用いた本体部分に粘着させた靴のうち、ハイカットスニーカー状のものを指しており(業界では加硫靴とも呼称)、戦後一九七〇年代まで台湾の学生生徒の間で最も普及していた運動靴である。
(43)建展「台湾橡膠工業近況」、『台湾経済月刊』四巻三期、一八頁。
(44)江文范「台湾的橡膠工業及其検討」、『台湾経済月刊』一四巻一期(民国四五年一月)、六六―六八頁。
(45)楊凱成『足下奇蹟――台湾製鞋産業発展史』、一三四―一三五頁。
(46)『台湾橡膠産業甲子風雲』、八五頁。靴の材料としては、よくビニールとゴムを併用しており、運動靴と言っても、ビニール靴なのかゴム靴なのか区別がつけがたい場合がある。

(47) 陳先輝編著『自由中国工業要覧』（亜洲経済出版社、一九五五年一二月）、民七八頁。
(48)『三重工業史』（台北県三重市公所、二〇〇九年六月）、三四九頁。『台湾区塑膠鞋工業調査報告　六二年度』（台北市銀行、一九七三年一〇月）、一〇二頁。

戦後初期台湾における産業組合の改組及び発展に関する考察

李為楨

はじめに

第二次世界大戦に日本が敗戦を宣言した直後、中華民国国民政府（以下：国民政府）は一九四五年八月一五日に台湾省行政長官公署及び台湾省警備総司令部を設置しており、一一月一日に台湾に対する接収を始めた。台湾ではいわゆる戦後の過渡期に入った。この過渡期には、国民政府は台湾に対して、いわゆる「脱植民地化」そして「中国化」を行わせようとした。言い換えると、国民政府は、接収と再編を通して、日本植民地期における台湾の一切の制度、組織、貨幣、日本人の資産を接収し、中華民国の制度、法律に適合させるように再編し、その行政組織の下に置かせようとした。しかし、金融機関や、貨幣などの諸制度の接収及び改組について、問題は複雑であった。例えば、銀行のような上層の金融機関の場合には、一九四五年の国民政府の計画した「台湾金融接管計画草案」のとおりに国有銀行[1]によって移管されるのではなく、台湾省行政長官公署が設立した接収準備委員会によって改組されることになった。

市街地信用組合、農村信用組合の場合には、地方政府によって整理されるという計画があったが、国民政府の法令に影響されることがあった。(2) そのため、実態として、接収・改組の過程は非常に複雑で、結局それは「中国化」ではなく、むしろ「台湾化」の進行であったと考えられる。

日本植民地期における台湾の産業組合について、波形昭一、松田吉郎などの研究には相当な成果が蓄積されている。(3) しかし、日本植民地期から発展してきた台湾における金融制度が戦後の接収・再編によって、構造上でいかに中国の金融制度に影響されたのか、何の制限があったのか、などについてはまだ明らかにされていない問題である。そこで、本稿では、日本植民地期台湾における産業組合（信用組合を含める）が戦後接収再編された過程の考察によって、戦後台湾の金融構造上の経路依存性についての問題を分析したい。すなわち、日本植民地期から農村における基層の金融機関という機能を持つ産業組合の戦前から戦後までの断続性を明らかにしたい。そうした上で、国民政府の金融組織に対する接収及び改組が、戦後台湾経済史、または台湾史の主体創造という論述に、どのような意味を持っているかを考えてみたい。「はじめに」を除いて、本稿の構造は、次のとおりである。まず、日本植民地期の台湾産業組合を概観して、次に中国の国民政府時期の合作社運動及び合作政策をも理解した上で、第三に戦後国民政府が台湾の産業組合を接収・再編した経過を検討する。「おわりに」では、結論を出してみよう。

一、日本植民地期の台湾における産業組合の概観

日本植民地期の台湾における産業組合制度が日本国内の制度に影響されたのは言うまでもない。日本の産業組合は資本主義に対する反動によって生まれた。石井寛治の研究によれば、日本に於ける産業組合成立の背景は流通という

観点から理解することができるのである。以下のようにまとめてみる。農村の農民が農産物を生産して、商人の力によって生産物が消費地に運ばれた。しかし、その中で、商人の中間搾取を受けたため、農民の利潤が非常に低くなった。そのため、農民が産業組合を結成し、共同販売、共同購買を行って、商人の中間搾取を避けた。日本では、一九〇〇年（明治三三年）に産業組合法が施行されてから、産業組合はまもなく迅速に発展してきた。一九三七年に日本の農家戸数の中で、産業組合に加入したのは八〇パーセントにも達した。(4) こうして、産業組合の結成の最大の目標は、生産物や原材料の流通過程を合理化させることにあった。すなわち、農村の小生産者及び都市市民は自分自身で流通の過程を把握することによって、商人が取った中間利益を奪い返そうとしたわけである。

しかし、日本では、産業組合法の策定に対する議論は、信用組合制度及び信用組合法の制定を中心に展開された。(5) これは、資金が乏しい農村農民や中小商人にとって、生産及び販売を円滑に行うための金融支援こそ最も重要な問題になったことを示している。そのため、日本の産業組合は、産業組合法に基づいて購買、販売、利用、信用の四種類があったが、信用業務を経営した組合（専営と兼営を含む）が最も多かったのである。(6)

一方、台湾では、産業組合の発展は日本と同じような状況があった。台湾産業組合規則は大正二年（一九一三年）に公布施行された。その年には、農村信用並信用兼営組合（信用業務を含む組合）、事業組合はそれぞれ一五組、三組しか設立されていなかったが、その後順調に発展してきた。図1と図2に示したように、農村信用並信用兼営組合が最も発展しており、その数量と組合員数は最も多かった。日中戦争勃発の一九三七年に入ると、農村信用並信用兼営組合は四〇一組、事業組合は五八組、市街地信用組合は二二組にのぼり、組合員数はそれぞれ三五万一一八〇人、一万七四六三人、二万一二二九人にも成長した。その上、図2の示すように日中戦争勃発の一九三七年以降、組合員数はより一層加速的に成長した。

図1　台湾の産業組合数の推移（1913-1941年）

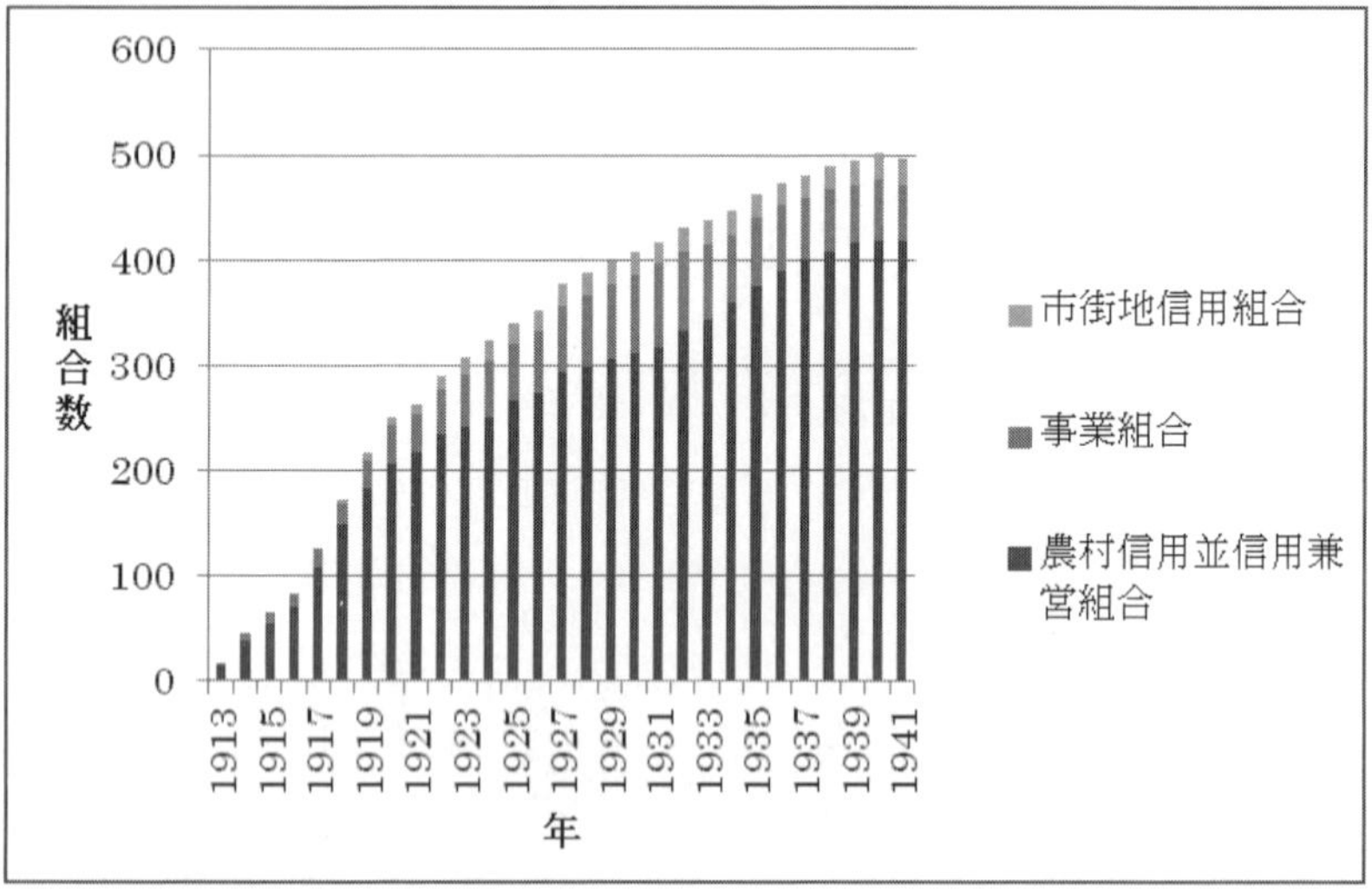

出所：台湾産業組合聯合会『第二十九次産業組合要覧 附農業倉庫概況 昭和十六年度』（台湾產業組合聯合会、1943年）、4-7頁から、筆者作成。

説明：1913-1917年の統計は農村信用と市街地信用が区分されなかった。市街地信用組合は1918年から設立されたのである。

図2　台湾の産業組合員数の推移（1913 － 1941年）

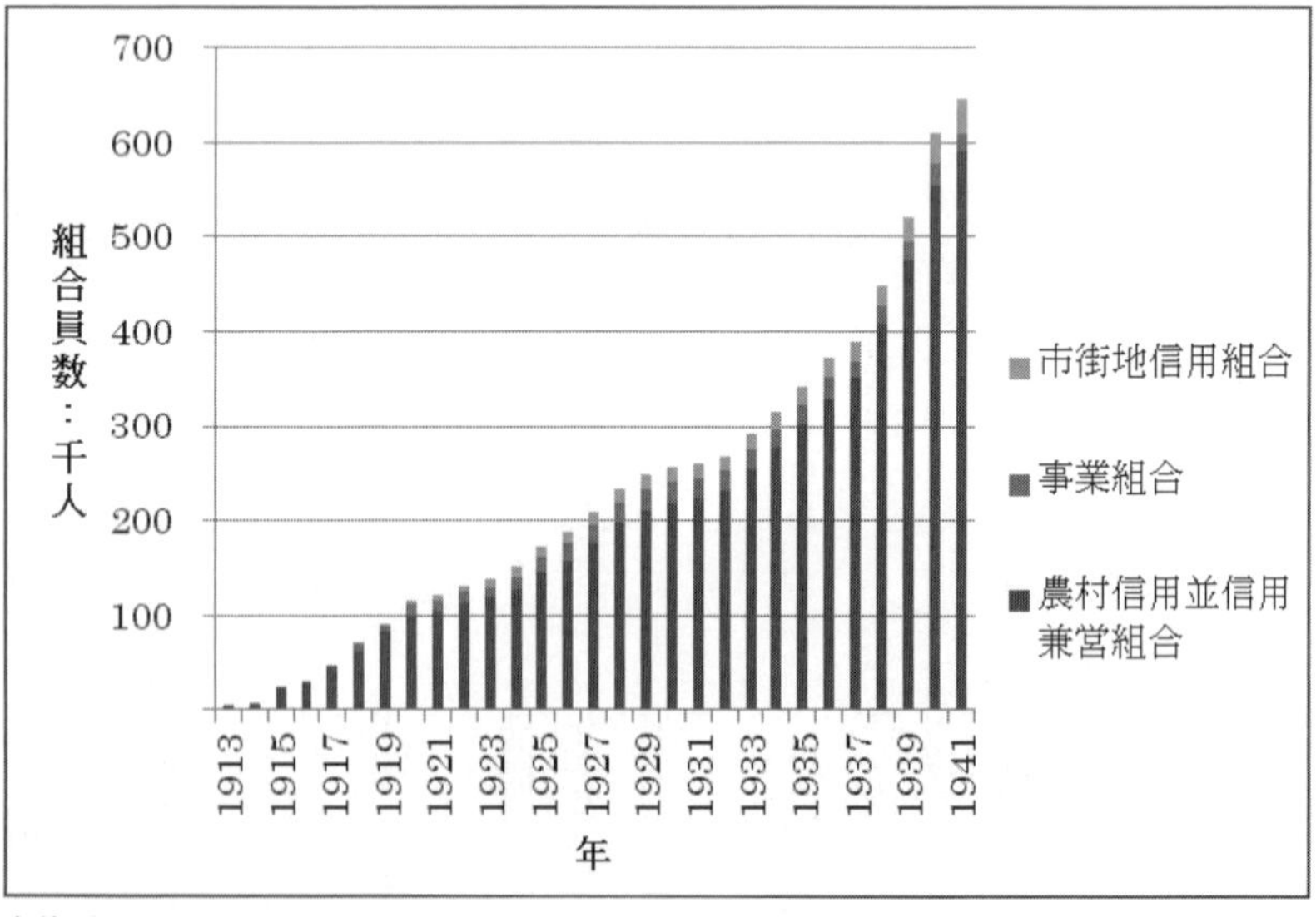

出所：同図1。

一九三七年日中戦争勃発後、必要性の低い産業に融資することを制限するために、日本国内において、一九三七年九月九日法律第八六号を以って「臨時資金調整法」が公布された。同年一〇月一四日勅令第五九五号によって台湾にも適用させた（第五－七、一一－一五条を除外する）[7]。日本では、銀行、信託会社、保険会社、産業組合中央金庫、商工組合中央金庫及び北海道、府県を区域とする信用組合聯合会が臨時資金調整法を適用した金融機関である[8]。それにたいして、台湾では、その金融機関は銀行、保険会社及び台湾拓殖株式会社を指した[9]。ただし、実際に適用した金融機関は銀行である。信用組合が範囲外になったのは、台湾総督府財務金融局の解釈によれば、信用組合と無尽会社は通常短期資金を融資する金融機関であり、そして取引対象が主に中小商工業者で、一口一〇万円以上の貸付の状況が少ないので、除外されたのである[10]。以下では、台湾総督府が台湾の産業組合に対して行っていた金融的統制について見てみよう。

（一）戦時における産業組合統制の推移

日中戦争勃発以降、日本では金融統制においては国民に貯蓄を積極的に奨励することは最も基本的な方針であった。戦争費、時局産業促進の資金のみならず、貯蓄促進によって民間に流通している余剰貨幣を回収するという目的は言うまでもない。そして、産業組合は政府が民間特に農村における資金を吸収する重要なルートになり、さらに金融統制のための重要な基層組織ともなった。

一九三八年四月に日本国内の内閣会議で、一年八五億円の国民貯蓄奨励方針が目標として打ち出された。台湾総督府はこの内地の方針に応じて、そして台湾の特殊事情を考えなければならないので、五月に貯蓄実行の方法に関して各州、庁代表を集めて打ち合わせを行った[11]。時局に応じて、台湾の産業組合が如何に対処するかに関して、台湾総督府殖産局長兼台湾産業組合協会副会頭田端幸三郎をはじめ、一九三八年八月一九日に第一回全島産業組合指導員研究会を開催した。二日間の会議で、農村産業組合及び市街地信用組合の拡充強化、産業組合及び農事実行組合の指導方針、全ての産業組合が国民貯蓄を励行することを決定した。[12] 言い換えると、台湾総督府は、台湾の産業組合に対して、貯蓄奨励を通して農村中の資金を拠出することを強く期待していた。結果として、一九四一年末台湾の産業組合の貯蓄高は激増して一億九〇〇〇万円台を突破した。[13] この段階では、台湾総督府の産業組合に対する統制は、主として貯蓄を動員することであった。

しかし、一九三九年一月末に台湾総督府財務局金融課は、懸案としての台湾産業組合聯合会設置案に関して、銀行業者の意見を尋ねた。[14] 台湾産業組合聯合会の設置について、再び提起された。ただし、今回は総督府側から提起されたのである。[15] 金融課が銀行業者の意見を聞いたのは、連合会の成立は銀行と金融統制上、業務上の利害関係を持ったためであった。台湾産業組合聯合会の法律とその設立は二年後にようやく実現した。

一九四一年九月三〇日台湾総督府は律令第七号を以って「台湾産業組合規則中一部改正」を公布し、台湾産業組合聯合会に関する規定を増加した。[16] 台湾産業組合聯合会は、この改正に基づいて、一九四二年七月一日に開業した。[17] 台湾産業組合聯合会は、事業を指導・奨励することのほか、産業組合に関する金融事業、販売購買利用事業、聯合農業倉庫事業、監督事業などの組織系統の整備ができた。当時の台湾総督府殖産局長石井龍猪の考えをみれば、台湾産業組合聯合会が持つ統制機能という性格がわかる。[18] すなわち、台湾産業組合聯合会は、産業組合をいわゆる中央統制機関の下に置き、過去の個人主義的な経営を放棄させて、産業組合の組合員及びその関係者を統制したものである。波形昭一も、台湾産業組合聯合会の設立は、台湾において産業組合運動の自主性が向上したわけではなく、むしろ戦時体制下国家による統制が強化された結果であり、台湾の産業組合は協同組合という組織から国策機関へと性格が変わったと述べている。[19] 以上のように、太平洋戦争の勃発以前に、台湾総督府の産業組合に対する統制は、その公益性を強化しようとした。

一九四一年末太平洋戦争が勃発してから、台湾では、日本国内の影響を受けて、金融統制がさらに強化された。一九四二年四月に日本では、金融統制団体令が公布・施行された。[20] そして同年の七月二四日に台湾金融協議会が金融統制団体令に基づいて成立した。[21] 台湾金融協議会の会員は台湾銀行、台湾商工銀行、彰化銀行、華南銀行、台湾貯蓄銀行、日本勧業銀行、三和銀行、台湾産業組合聯合会であり、設立委員はすなわち各会員の責任者であった。それと同時に、台湾総督府は、告示第六三〇号で、信用組合はその業務上の余裕金を台湾銀行、台湾商工銀行、彰化銀行、華南銀行、日本勧業銀行、三和銀行、台湾貯蓄銀行に再預金しなければならないことを規定した。[22]

産業組合は、組合員からの払込済の出資金や貯金、各種の積立金、借入金を運転資金として、組合員に対して貸し出しを行う業務とした。組合員の資金需要の緊迫或いは緩和によって、組合の資金に余裕が生じたわけである。[23] 産業組合の業績が好調になると、余裕金も増加したのである。そして、社会の資金を有効的に運用させるため、このような余裕金に対する管理が必要となった。元来余裕金に対する運用はほかの金融機関に預金すること、現金、有価証券の三つの方法があった。[24] 告示第六三〇号の規定は基層的な産業組合をより一層国家統制措置の一環に巻き込ませることを強化したと考えられる。つまり信用組合の余裕金を銀行などに預金することは、農村の資金を都市における普通銀行に流通させて、組合員以外に国債消化や産業資金として利用されたのである。

(二)　農会と産業組合との結合及び台湾産業金庫の設立

一九四三年の台湾農業会令によって、農会と産業組合が合併されることになった。そして、一九四四年に台湾産業金庫が設立された。この二つの事柄は戦後国民政府の農業組織及び合作金融に対する接収及び改組の際に、問題が複雑になった一つの要因であった。なぜならば、日本植民地期台湾における農会及び産業組合は共に、農民を主要な会員とする組織に属するが、両者は異なる系統だったからである。まず、その過程を見てみよう。

元来台湾の農会は、農民が自主的に発起した組織であり、法律的な根拠を持っていなかったが、一九〇八年頃、台湾総督府は、本来農村の地主らと農民が自主的に組織してきた農会をその農業計画を執行する端末組織に収めた[25]。すなわち、台湾総督府は一九〇八年一二月一五日に律令第一八号を以って「台湾農会規則」を公布し、並びに府令第七〇号を以って「台湾農会規則施行規則」を公布した。それによって、台湾の農会は法律上の地位を持ち始めた。台湾農会規則施行規則附則第二項により、台湾農会規則施行以前に設置された農会とその他の農業団体のなかで、台湾総督府の告示によるものは同規則により設置したものと看做された[26]。また、台湾農会規則第二条及び第三条によれば、農会は、台湾総督府が庁長の具申により設置する法人組織であり、農会の地域内において耕地、牧場、森林または原野を所有する者、及び農業、または林業を経営するものは全て農会員とする[27]。

ここで少し農会と産業組合との違いを説明しよう。農会は、政府が推進する組織であり、州庁の行政レベルとして、農民の入会の強制性を持っていたのである。農会の資金源は政府からの補助金、地租収入の配分、肥料配給の手数料、土地森林及び農産品検査などの業務収益である[28]。一方、産業組合の場合は、州庁以下の行政レベルで、基層である市街地まで深く入り込んでおり、運営資金源は組合員の出資金、貯金、及び外部からの借入金などである。前述のように、産業組合は、信用、購買、販売、利用の四種類の経営があり、市街地と農村地域に存在したので、肥料や倉庫などの業務をめぐって州庁農会と重なっていたのである。それにもかかわらず、両者の管轄機関は違っていた。農会は台湾総督府殖産局農務課農政係で所管したのに対して、産業組合は同じ殖産局商工課監理係で所管した[29]。

一九三七年一二月二一日に台湾総督府は律令第二三号を以って「台湾農会令」を公布し、一九〇八年の「台湾農会規則」を廃止した[30]。台湾農会令によって、表1の示すように農会には二級制度のシステムが作られた。すなわち、州庁を範囲とする州庁農会、及び台湾全域を範囲とする台湾農会であった(第七条、第八条)。市街庄には農会組織がなかったが、地方委員を設けて、業務上の連絡事項を従事させた。ただし、市街庄には産業組合、信用組合があったの

表1　日本統治時期台湾における産業組合と農会の変化

時期	台湾全域	州・庁	市街庄	村
1944.1.14 以前	台湾産業組合聯合会	—	産業組合	農業実行組合
	台湾農会	州庁農会	—	
1944.1.15 ～ 1945.08	台湾農業会	州庁農業会	市街庄農業会	農業実行組合

出所：農林処編、『農会与合作社之合併』（農林処、1949 年）、8 頁を参照、筆者整理

である。また、街庄レベル以下の地域や、単純的な農村地域には農事実行小団体や農業実行組合が設置された[31]。

しかし、戦争状態の悪化につれて、糧食増産が迫られており、農民と農業発展に関する両組織のシステムを統合する需要が生じた。すなわち、農会の管轄機関は台湾総督府殖産局農務課であり、産業組合の管轄機関は台湾総督府殖産局商工課であった。農業に関する施政上には常に両課の連絡と相互支援が必要であったにもかかわらず、両者は常に勢力範囲を競争しあって、農業の施政上の協調ができなくなった。そのために、台湾総督府は台湾農業会を作って農業施政を統合しようとした[32]。結局、台湾総督府は一九四三年一二月二九日に律令第二六号を持って「台湾農業会令」を公布した[33]。それの施行（一九四四年一月一五日から施行、府令第七号）に伴って、表1のように、農業会を「市街庄農業会」、「州庁農業会」、「台湾農業会」という三つのレベル（三級）のシステムとして体系化した。農村の産業組合（信用組合と信用兼営組合も含む）は市街庄農業会に編入されるようになった。

台湾の農業会の設立は、農会と産業組合を統合しただけでなく、ひいては畜産会、青果同業組合、パイナップル同業組合などの同業組合も含められた。さらに、一九四三年三月三〇日に法律第四五号で「市街地信用組合法」が公布され、一九四四年二月三日に律令第二号で「台湾産業金庫令」が公布され、同年の四月に台湾産業金庫が設立された。そして、一九四二年に成立したばかりの台湾産業組合聯合会は解散して台湾産業金庫に編入された。このように頻繁に改革したことは、組合金融に対する統制の急迫を反映している。

一九四四年一月から農会と産業組合との統合によって、その関係は表1のように変更し

た。なお、農会はこれまで信用事業を兼営することがなかったにもかかわらず、台湾農業会令に基づいた農会と農村信用組合や信用兼営組合との統合によって、市街庄農業会は信用事業を兼営するようになった。

二、国民政府時期の合作運動及びその政策

前述のように、戦後、中華民国は台湾を接収し、台湾における法律や経済制度などを中華民国の制度に改造させた。戦後台湾における農業会と信用組合に対する接収と改組を理解するためには、国民政府時期の合作社制度も理解すべきであろう。ここで、目を転じて中国における合作社制度の発展、特に国民政府の合作社制度の発展をまとめよう。

中国合作社運動及びその制度の発展に関する既存研究には、陳厳松『中華合作事業発展史』（一九八八）、『合作講話』（一九五三）[34]、頼建誠『近代中国的合作経済運動　一九一二－一九四九』（二〇一一）などがあげられる。これらは一九四九年以前の中国における合作事業を紹介している本である。日本の研究成果では飯塚靖『中国国民政府と農村社会――農業金融・合作社政策の展開』（二〇〇五）[35]、菊池一隆『中国初期協同組合史論一九一一－一九二八　合作社の起源と初期動態』（二〇〇八）[36]があげられる。前者は、一九二七－一九三七年の間の国民政府の農業政策（農業金融政策と合作社政策を中心に）と地域的農村社会との間に相互影響を詳しく研究している成果である。後者は、中国合作社の起源及びその初期の動態、初期合作社思想の導入、初期合作社の設立とその失敗の原因、国民党が主導した合作社の発展、共産党が主導した合作社の発展などの課題を含んでおり、一九二〇年代末までの中国における合作社の様子について非常に詳しい研究成果である。

中国における現代合作制度はおよそ清朝末期から民国初期に導入されるようになり、たとえば日本に留学した学生が帰国して、北京の京師大学堂で「産業組合」という課程を教えた。[37] 陳厳松が中国の合作運動発展の過程を三つの時期に、すなわち、第Ⅰ期合作運動時期（一九一一－一九二七）、第Ⅱ期合作事業時期（一九二八－一九四〇・七）、第Ⅲ期合作政策時期（一九四〇・八－一九四九）[38]に分けているが、本稿ではひとまずこの時期区分を採用する。

第Ⅰ期合作運動時期において、菊池研究によれば、中国における合作社の組織化は、民間から開始されたという特徴を持っており、初めの頃には、生産合作社、消費合作社、信用合作社など多様な可能性が現れていた。さらに、この時期の合作社にはいくつかの脈絡があった。一つは国民党の孫文理念を出発点としての合作社であり、もう一つは共産党の労働運動と農民運動を基盤としての合作社であった。さらに、沈玄廬が浙江省蕭山県に作った衙前農民協会、華洋義賑救災総会[39]が河北省に農民農村を対象として設立した幾つかの信用合作社などがあった。ただし、これらの合作社は北洋軍閥政府の鎮圧により、最終には国民党の合作運動に合流した。[40]

第Ⅱ期合作事業時期において、国民政府は合作運動を地方自治の七項運動の一つとして江蘇省から全国まで展開した。[41] さらに、各回の中央会議で陳果夫などはしばしば合作事業の促進を提案しており、可決されてそして執行するようになった。たとえば、人材育成のために大学で合作関係のある科目や学部を設立し、合作社法（一九三四）を公布し、合作行政機関を強化するために合作事業管理局を設立した。[42] この時期の合作社の問題について、飯塚靖研究によって以下のようにまとめよう。南京国民政府が成立してから日中戦争が勃発するまでに、江浙地域には確かに数多くの合作社が成立されており、その中で信用合作社が大多数を占めていたにもかかわらず、大部分の合作社は「機関化」、「営利化」、「土劣化」という三大問題を抱いていた。[43] 日中戦争勃発後、国民政府はやむを得ず元の基盤であった江浙地域を放棄して、内陸地域へ移動した。しかし、内陸地域の経済文化の発展が相対的に遅れて、合作社の普及及びその活動が非常に困難となり、上述の三大問題がさらに深刻になった。[44]

合作金融について、国民政府は一九三四年三月一日に合作社法を公布、全文で九章七六条であった[45]。一九三六年一二月三一日「合作金庫規定」が公布され、農本局が指導を担当した。合作金庫は中央、省、県の三級制度であり、合作法に比して取り扱われた。しかし、合作金庫が設立された地域は少なくなかったが、大部分の合作金庫は資金難のために展開することがうまくできなかった。農本局が撤廃された後、各地の合作金庫は中国農民銀行に合併された[46]。

その後、国民政府は一九四三年九月一八日に「合作金庫条例」を公布した[47]。合作金庫は二級制に改正した。つまり中央レベル合作金庫（中央合作金庫とその各省市分金庫）と県市レベル合作金庫（県市合作金庫）のような二級制（第二条の二）であった。省には中央合作金庫の支店のみを設立して独立の合作金庫を設立することができなくなった。中央合作金庫の資本金は国幣六千万元を定め、資金源は国庫及び国家銀行が合計五千万を出資し、残りは各省市政府、各県市合作金庫、各級合作業務機関、各合作社団、県以上の各級合作社が引き受ける。県合作金庫の資本金は国幣一〇万元から五〇万元まであり、資金源は県市政府、地方銀行、県市合作機関、各合作社（第二条の二）であった。それにもかかわらず、中央合作金庫は一九四六年一一月一日にようやく設立された[48]。

三、戦後台湾における産業組合と農業会の接収及び改組

以上の説明したように、一九四五年以前の台湾と中国においてそれぞれ産業組合・産業金庫、合作社・合作金庫の発展をまとめると、表2と表3になる。

以上を踏まえて、戦後国民政府が台湾の産業組合（市街地信用組合を含める）を接収・改組した過程、及び日本植民

表2　日本植民地期台湾における産業組合と産業金庫の推移

時期	法規定	結果
明治33年(1900年)	「産業組合法」	日本国内における産業組合設立の法的根拠。
大正2年(1913年)	勅令第5号「産業組合法ノ一部ヲ台湾ニ施行スルノ件」	産業組合法第6条が台湾に施行されるようになった。
	律令第2号「台湾産業組合規則」府令第13号「台湾産業組合規則施行規則」	台湾の産業組合が申請設立。それ以前に設立された信用組合が台湾産業組合規則に適合して申請を提出すべき。
昭和16年(1941年)	律令第7号「台湾産業組合規則中左ノ通改正ス」	台湾産業組合聯合会に関する規定1942年7月1日台湾産業組合聯合会が開業。
昭和18年(1943年)	律令第26号「台湾農業会令」	農業会は「台湾農業会」、「州庁農業会」、「市街庄農業会」が設置される。農村の産業組合は市街庄農業会に編入。
昭和19年(1944年)	律令第2号「台湾産業金庫令」	4月、台湾産業金庫が設立。台湾産業組合聯合会が解散。

出所:筆者整理。

表3　中華民国国民政府時期の合作社と合作金庫

時期	法規定	結果
民国23年(1934年)	合作社法	
民国25年(1936年)	合作金庫規定	農本局の指導で、合作金庫は中央、省、県の三級制度。
民国32年(1943年)	合作金庫条例	合作金庫が中央と県市二級制となった。1946年11月1日、中央合作金庫が成立。

出所:筆者整理。

地期から農村における基層の金融機関という機能を持つ産業組合の戦前から戦後までの断続性について考えてみよう。

国民政府は、一九四五年の終戦前に、日本敗戦後の台湾の貨幣・金融機関に対する接収と改組について、「台湾金融接管計画草案[49]」を策定した。その主要な内容は以下のようにまとめられる。（1）銀行は、情況により国有金融機関が接収する。その計画は表4に示すとおりである。（2）農業会と信用合作社などの下層金融機関は、地方政府が整理、または改組して、その発展を扶助・奨励する。（3）貨幣は、中央銀行が発行する「台湾流通券[50]」をもって適切な比率で台湾銀行券を兌換する。また台湾流通券と法幣、外貨との兌換比率は国内外の貨幣価値によって定める。（4）中央銀行は、一つの重要な地区を接収するごとに当地

表4　金融機関の接収改組の計画（1945年）

植民地期の金融機関	接収単位	再編の予定
台湾銀行	中央銀行（発券と国庫） 中国銀行（外為業務） 台湾省政府	台湾省銀行
勧業銀行	中国農民銀行	中国農民銀行支店
台湾商工銀行	交通銀行	交通銀行支店
台湾貯蓄銀行	中央信託局	中央信託局支局
華南銀行	中国銀行	必要のあるとき、営業停止
三和銀行		完全に台湾人資本の銀行
郵政貯金、保険	郵政貯匯局	
市街地信用組合 市街庄農業会	地方政府	地方政府の指導と奨励の下で継続営業

出所：秦孝儀・張瑞成編『中国現代史史料叢編（四）光復台湾之籌劃与受降接収』、176頁から、筆者整理。

に事務所や支店を設置すべきである。明らかに国民政府の計画は主要な台湾金融機関を大陸の国有金融機関と取り替えて、台湾の貨幣・金融を大陸と直結させようとするものであった。

以上から国民政府の台湾金融に対する接収計画は、中国の既存の金融システムに改組されることを前提とした。一方、日本植民地期の市街地信用組合、及び市街庄農業会に対する接収と改組は、地方政府の指導に基づいて行われた。ただし、台湾産業金庫の場合、前述からわかるように、国民政府にはいまだに適用機関がなかった。それにもかかわらず、実際の接収と改組は、国民政府が設計した接収計画を遂行することなく、むしろ、当面の間、まず接収管理をし、実際の状況によって、いかに改組するかを模索していた。産業金庫、信用組合、農業会などについて、最初は日本植民地期の状態のままが維持され、実際運営状況を調査した。一九四六年以降、続々と清算と改組が行われた。以下では、行政長官公署公文書によって、産業金庫、合作社、農業会の改組を考察してみよう。

（一）台湾産業金庫の改組

前述のように、台湾産業金庫の改組について、台湾省行政長官公署は特定の方策を持っていなかった。まず台湾省行政長官公署が監理委員四人を派遣して監理委員会を組織した。一一ヶ月間の監理を経て、一九四六年一〇月五日に台湾省行政長官公署は台湾産業金庫を接収して「台湾省合作金庫」に改組した[51]。ただし、台湾省合作金庫が設立されたとき、中国国内において中央合作金庫はまだ設立されておらず、国民政府が公布した合作金庫条例は如何に台湾に適用されたのか。また政府は如何に台湾産業金庫を認識して、台湾合作金庫へと改組したのか。

一九四六年五月台湾省行政長官公署財政処処長厳家淦は、産業金庫を如何に改組するかということを長官陳儀に伺いを立てた。厳家淦が出した伺いは主として産業金庫主任監理委員劉長寧[52]の意見であった。厳家淦はこの報告について「見識があり、実行可能性が高い」と説明して長官陳儀に出した。この意見書によって、当時の監理委員会と行政長官公署の産業金庫に対する認識と改組意見を窺うことができるので、以下にまとめる。

(1)台湾産業金庫は創立してからわずか数年だったが、その基礎は安定し、組織も健全であり、元台湾総督府が施策した際に最も重要な機関であった。会員団体は台湾全島にあり、終戦以前に五〇〇以上の会員があり、組合員が八〇万余人、もし組合員の家族を加えると、産業金庫が影響する人口はおよそ四〇〇万人、全島人口の七〇パーセント弱を占めた。

(2)戦時に各項の日常物資、たとえば油、繊維などの統制について、台湾産業金庫が指導した各統制組織はその物資統制を担当した。この統制によって、インフレーションの抑制に成果があった。

(3)日本政府が施策した国民強制貯蓄（たとえば「国民組合貯金」、「国債貯金」など）について、台湾産業金庫が執行し、しかも吸収した貯金の規模が非常に大きかった。

(4)産業金庫を維持する必要性がある。ただし幹部を台湾人に担当させるべきである。

(5)本省における糧食生産を促進するために、産業金庫は農村への貸し付けを中止しなければならない。

(6)台湾産業金庫と中国国内の合作金庫との比較は以下の点である。A.台湾産業金庫の性質とその内容は中国国内の合作金庫に相当する。そして、台湾における各組合、例えば、信用組合、水産業界統制組合、水利組合は中国国内の各種の合作社である。B．全て各組合は産業金庫の会員団体である。この点は、中国国内の合作金庫条例にも同じく規定された。C．中国国内には省市合作金庫が余り成功しておらず、台湾の場合、各合作社の組織が十分健全であり、産業金庫の業績が優秀であったため、産業金庫を維持すべきであり、中国の法令に基づいてその規則を改正する。ここで国内法令に基づいて、及び本省状況を参照した上で、「有限責任台湾省合作金庫章程草案」を提出した。[53]

上述の内容から分かるように、台湾産業金庫に対する改組は、監理委員が監理過程の中で産業金庫の性質、業務運営状況を調査した上で、中国国内の法令に基づき台湾の状況を参照して、台湾省合作金庫章程を制定した。しかし、前述の一九四三年に国民政府が公布した「合作金庫条例」と比べると、台湾省合作金庫の設立は「合作金庫条例」の根本的精神と一致しないことが分かった。もっとも顕著な例は、合作金庫条例で合作金庫は中央合作金庫と県市合作金庫という二級制と規定された。省レベルの金庫は中央合作金庫の支金庫である。中央合作金庫が現時点で成立されていないにもかかわらず、台湾省合作金庫章程草案から見ると、台湾合作金庫は中央合作金庫の支金庫として改組するのではないと分かった。さらに、台湾合作金庫の資本は台湾元五〇〇〇万元で、主として業務地域内に属する社員が引き受けて、不足の部分は台湾省行政長官公署が引き受けることも規定された。従って、台湾産業金庫が台湾合作金庫へ改組したことは、「国内法令に基づいて、本省の状況を参照して」台湾合作金庫章程を修正したというが、実際には、殆ど台湾の状況に基づいて新しく制定した規則だといえる。その章程は、日本植民地期の戦時体制下における「台湾産業金庫令」の経済統制の性格がなくなり、また中国国内の中央合作金庫省支金庫の範囲でもない。

さらに、注意されたいのは、信用組合の接収及び改組の過程で、台湾産業金庫は信用組合が移管される機関であった。以下では、台湾における「檔案管理局」所蔵の公文書の中でもっとも揃っている台中信用組合移管を例として、接収と改組の過程を見てみよう。

一九四六年五月二二日台湾産業金庫は、台中信用組合の清算方針が産業金庫の債権に影響するという疑いを、産金第二一六四号を以って行政長官公署財政処に伺いを立てた。

（前略）台湾産業金庫貸付金七六万八〇〇〇元、有価証券一四四万余元は日本人関係の資産負債表に仮編入し、政府が日本に対する処理方針はまだわからないと言えども、延びると貸付の長期固定化、利子が回収不能という可能性が高い。この問題に関する政治は微妙で計算できず、ご指示ください。

並びに産業金庫の台中信用組合清算案に対する意見を添付した。

一、台中信用組合には元社員が約八〇〇余人で、その中で本省人がわずか四〇人である。そのために現存の財産の殆どは敵産である。従って、当社への清算は、日本人と台湾人との区別をする必要がない。当社の資産を日本人の部分と台湾人の部分を分けてそれぞれ資本負債表が作られるのは、適当ではないようである。

二、合作社清算とはそれ自身は債務返済能力を喪失した事を指す。当社が清算を完了する前に、当社の台湾籍社員はほかの合作社の社員を兼任することができず、別の新合作社を作ることもできない。

三、現在の資本負債表を検査すると、資産は殆ど本省人の名義で記入して、負債は殆ど日本人の名義で記入するのは、公平性を欠くようである。

社土地、建物、台銀券特種定期貯金、特種定期預金、銀行当座六項資産を本省人の資産に合併して、別の合作社を組織する資本として、しかも産業金庫からの借入金七六万八〇〇〇円を日本人の負債項に移転した。

四、銀行の小口預金六万一二三元は、前に金庫に出した金額と比べて、六九五三・一九元の差がある。

上述から見て、現在の社員四〇人は利益をごまかすし、国家の収益を損なう可能性があるので、

一、当社の一切をしばらく産業金庫に保管させて、産業金庫に代わりに清算することを命じる。現在社員はその比例によって権益を分担する。

二、台中市政府に台中信用組合の接収に関する協力を求める。

三、別の清算委員を派遣する。

と三点の意見を行政長官公署に伺いを立てた。行政長官公署財政処はこの公文書が届いてから、五月二五日第二五六一号台湾産業金庫に通知し、清算の原則を指示した。

当組合清算委員会が提案した清算弁法は、本省人と日本人との資産負債表を分けて作るのは妥当ではないようである。元社員の持分によってその利益を比例して分担することはより公平と考えられる。不動産について、そして日本人が得る権益は、接収完成後、まず台湾産業金庫に保管させ、再評価してからそれによって産業金庫への債務を弁償する。

並びに台中市政府に人員を派遣して接収に協力することを通知した(54)。

上述の過程から見れば、日本植民地期の日本人の信用組合が戦後接収された過程において生じた問題を窺うことができる。市街地信用組合は地方政府の指導下で改組を行ったが、産業金庫が行政長官公署に上述の疑いを提出したのは、自身の権益を保護するためにほかならなかった。それにもかかわらず、台中信用組合清算委員会は、清算に関す

る根本的方針を討論する会議に産業金庫代表を招請した。産業金庫はそれによって上述の問題を発見した。このことは、信用組合の改組・清算の過程において、関係組織間には相互監督の仕組みが作られてきたようである。この例からみると、産業金庫は債権者として、重要な監督者という役割をも担当したことが分かった。

（二）戦後台湾における合作社と農会との分離と合併

前述のように、日本植民地期の末期に、台湾総督府は農会を産業組合と統合して農業会を作り出した。統合された産業組合には農村信用組合と信用兼営組合が含まれたので、農業会も信用業務を取り扱うようになった。戦後台湾省行政長官公署は、国民政府が一九三〇年一二月公布した農会法と一九三四年三月公布した合作社法に基づいて、台湾の農業会を解散して、農会と合作社と二系統の組織に分けた。両者とも省、県、郷鎮三級制であった。分ける理由は、事後の資料から見て以下のようにまとめられる。

合作社と農会との組織の構成方式や目的、主要な任務などは全て異なる。組織構成では、農会は職業団体であり、合作社は経済団体である。主要な業務では、農会は農会法第四条の規定を中心に、農民を指導して、政府や自治団体に協力し、農民を組織訓練して、農業発展を促進し、合作社は主として合作法第三条の業務を経営する。[55]ただし、その中でもっとも困難な問題は農業会の財産をいかに区分するかということであった。行政長官公署は一九四六年九月まで、具体的な方法を出してこなかった。一九四六年九月五日時点で行政長官公署はまだ各県市政府と台湾省農会に「本省各級農会及び合作社の財産区分に関する弁法はまだ審議していいる。決定する前に、各農会（元農業会）財産を任意処分してはいけない」と通知している。[56]

しかし、県市政府は早くその弁法ができて、それに基づいて処理することができるようにした。そのため、新竹県政府は当県の区分原則を「致申馬府民地字第九四一〇号」で行政長官公署に伺いを立てた。

農業会を農会と合作社に分けること、及び県市農会区分前に農業会資産負債がいまだに明示されていないことについて、本県は区分する際に紛争を減少するために、県市農会財産及び債務のすべてをもともと持っている出資金によって、比例して分配しようとする。農会と合作社の業務について、指導、試験性質を持つ事務及び肥料配給・分配売買という事項を農会に取り扱わせる。その需要品の供給、生産品の運送・販売という事項を概して合作社に取り扱わせる。(57)

さらに、農会方面では、財産を分けると自分自身に不利益になる恐れがあり、台湾省県市農会聯席会は一九四六年九月三日に開催し、農会財産を分けることをしてはいけないと主張した。その理由は以下のようである。

一、農会が元農業会財産を相続しても、農業会財産はすでに統合される前の性質と違うので、農会財産を分けられない。
二、原則として、合作社は経済業務を目的として、業務の中で新しい財産を作るべきである。
三、過去の経験によって、本省農会と合作社は力を分散しないために一体化すべきである。
四、省県市農会と市郷鎮農会の財産源が異なり、強制して区分すると、両方ともに不利益になる。(58)

農会と合作社の分離は、財産区分の問題はもっとも困難であった。さらに農会自身は経済基盤を維持するために財産を分けないように希望した。しかし、地方政府が要求して、台湾省行政長官公署民政処は一九四六年一〇月一日にその区分原則「以前に農会（農業会の前身）の財産に属したものは、農会に帰属する。以前に合作社（各組合）の財産に属したものは、合作社に帰属する」ことを各県市政府と台湾農会に通知した。(59)従って、表5の示すように一九四六

表5　戦後初期台湾における農業会の改組の推移

時期	台湾全域	県・市	郷・鎮・区・市	村・里
1946.10 ～ 1949.11 農会と合作社の分離期	台湾省農会	県・市農会	郷・鎮・区・市農会	村・里農事小組
	台湾省合作社聯合会	県・市合作社聯合会	郷・鎮・区・市合作社	
1949.12 以降 農会と合作社の合併	台湾省農会	県・市農会	郷・鎮・区・市農会	村・里農事小組

出所：農林処編『農会与合作社之合併』（農林処、1949年）、8頁を参照、筆者整理。

年一〇月より、各レベルの農業会は農会と合作社両組織に分けられた。

しかし、農会と合作社に分けてからも、人事や財産権は依然として明確に区分することができなかったので、紛争が常に生じた。結局、農業会の財産の大部分は産業組合が相続したので、合作社の運営基盤は農会より強化した。さらに、戦後初期に政府財政困難のため、農会に補助金を与えることができず、農会は経営難に直面した。そして、農会と合作社の会員は重なることが常に発生した。そして、その紛争を解決するために、台湾省政府は農会と合作社を合併することを考えた。一九四九年二月に省政府委員会は合併原則を通過した。そして、省政府は各地で農会と合作社を合併する座談会を開催して、各方面の意見を集めた。一九四九年七月一九日に省政府は「台湾省農会与合作社合併弁法及実施大綱」を公布した。郷鎮合作社は再び郷鎮農会に合併された。郷鎮合作社の信用部もそれによって郷鎮農会に改めて隷属して、農会信用部になった[60]。

おわりに

第二次世界大戦後、一九四五年一〇月末に台湾省行政長官公署は台湾の接収を始めた。接収と改組は台湾の法令、制度、組織を中華民国制度に適用させようと改造した過程である。実際、その経過は複雑であった。

金融機関の接収と改組について、銀行のような上層的な金融機関さえ、実際の接収は国民政府が当初設計した計画の通りに行っておらず、結局台湾省行政長官公署が設立した委員会で接収・改組することになった。基層金融機関は地方政府が主導して改組されたが、国民政府時期の法令の影響を大いに受けた。しかし、それにもかかわらず、本稿では、農民に関する組織、すなわち産業組合と農会に対する接収と改組の過程を見ると、国民政府の台湾に対する「中国化」という改造は、実際には「中国化」が行き詰って、結局「台湾化」の方向になったということを明らかにした。

本稿では、まず日本植民地期における台湾の産業組合、信用組合、農会、農業会に関する制度推移及びかかわる法令の変更を概観し、各組織の性質と業務を説明した。次に、既存文献の整理によって、国民政府の合作運動、合作政策及び合作金融の法令を大まかに把握した。なお、「経路依存性」によって解釈すると、戦後基層合作経済組織と農会は本来の制度に深く影響されており、これが戦後の接収と改組が容易に国民政府の法律及び制度を適用することができなかった大きな理由である。

【注】

(1)中央銀行、中国銀行、交通銀行、中国農民銀行、中央信託局、郵政儲金匯業局などの六行を指す。

(2)台湾接収の計画について、秦孝儀、張瑞成編『中国現代史史料叢編(四)光復台湾之籌画与受降接收』(中国国民党中央委員会党史委員会、一九九〇年)を参照。

(3)例えば、波形昭一『日本植民地金融政策史の研究』(早稲田大学出版部、一九八五年)、松田吉郎「日本統治時代台湾における産業組合と農業実行組合」、『現代台湾研究』第二七号(台湾史研究会、二〇〇五年三月、五二-六三頁)、「台湾の産業組合について」、『台湾史研究』第一四号(台湾史研究会、一九九七年一〇月、四三-五八頁)、「保証責任埔仔信用購買販売利用組合について」、『現代台湾研究』第三五号(台湾史研究会、二〇〇九年三月、五七-六八頁)、「頭囲信用購買販売利用組合から頭城鎮合作

社へ」、『現代台湾研究』第三九号（台湾史研究会、二〇一一年三月、四三－六一頁）、などを参考。

（4）石井寛治『日本流通史』（有斐閣、二〇〇三年）、一六二－一六四頁。

（5）渋谷平四郎『台湾産業組合年鑑』（台湾産業経済調査所、一九三七年）、一〇頁。

（6）一九一一年に日本の信用組合（専営と兼営を含む）は産業組合の全体の七三・七パーセントにも達した（台湾銀行総務部調査課『台湾信用組合ニ関スル調査書』（台湾銀行、一九一二年八月）、三頁）。

（7）『府報』号外、一九三七年一〇月一五日、一－三頁（台湾総督府（官）報資料庫、http://db2.lib.nccu.edu.tw/view/showDataForm.php?CollectionNo=0071033108e003）。

（8）法律第八六号「臨時資金調整法」第二条（昭和一二年九月九日）、『府報』、号外、一九三七年一〇月一五日、一頁。

（9）勅令第五九五号「臨時資金調整法ヲ台湾ニ施行スルノ件」第二条（昭和一二年一〇月一四日）、『府報』、号外、一九三七年一〇月一五日、三頁。

（10）台湾総督府財務局金融課『部報』、第六号（台湾総督府臨時情報部、昭和一二年（一九三七）一一月一日）、四頁。

（11）「貯蓄奨励に関し督府も愈よ乗出し」、『台湾日日新報』（台湾日日新報社、一九三八年五月八日第二版）。

（12）「第一回産組指導員研究会終る」、『台湾日日新報』、一九三八年八月二一日第二版。

（13）台湾産業組合聯合会『第二十九次産業組合要覧 附農業倉庫概況 昭和十六年度』、（台湾産業組合聯合会、一九四三年）四－七頁から算出。

（14）「産組聯合会問題で銀行業者の意見を聴取」、『台湾日日新報』、一九三九年二月〇一日第二版。

（15）台湾の産業組合業者は一九二〇年代以来、日本国内のように産業組合中央会のような、産業組合業者の資金仲介機関または上層機関である産業組合聯合会の設置を希望してきた。しかし、総督府当局は金融秩序や銀行業に悪影響を与える可能性が高く、設置する時期がまだ早いという理由で拒否してきた（渋谷平四郎『台湾産業組合史』（産業組合時報社、一九三四年）四九一－四九二頁）。

（16）律令第七号「台湾産業組合規則中左ノ通改正ス」第一条（昭和一六年九月三〇日）、『府報』第四三〇四号、一六六頁。（http://db2.lib.nccu.edu.tw/view/showDataForm.php?CollectionNo=0071034304a001）。

（17）五味田忠『昭和十八年台湾年鑑』（台湾通信社、一九四三年）、一五三－一五四頁。台湾経済年報刊行会編『台湾経済年報　昭和十七年版』（国際日本協会発行、一九四二年）、二九〇－二九三頁。

（18）石井龍猪「大東亜戦争下に於ける産業組合の進路」、『台湾産業組合時報』創刊号（台湾産業組合聯合会、一九四二年一二月一日）、五頁。

(19) 波形昭一「旧植民地における産業（金融）組合の発展と基本文献」『台湾産業組合史』（不二出版、一九九〇年）、一二頁。

(20) 勅令第四四〇号「金融統制団体令」、『台湾総督府官報』号外、一九四二年六月一日。台湾総督府（官）報資料庫、典蔵号 0072030051e001。それにより、台湾では、金融統制団体令は一九四二年六月一日より施行した。

(21) 告示第七五一号「金融統制団体令ニ基ク台湾金融協議会ハ昭和一七年七月二四日成立セリ」『台湾総督府官報』第一〇五号、一九四二年八月五日。台湾総督府（官）報資料庫、典蔵号 0072030105a003。

(22) 告示第六二七号「金融統制団体令第五九条第二項第六一條ノ規定ニ依リ地方金融協議会ヲ設立スベキ地区及会員タル資格ヲ有スル者左ノ通指定ス」、告示第六二九号「金融統制団体令施行規則第一条第二項ノ規定ニ依リ地方金融協議会ノ設立委員左ノ通命ジタリ」、告示第六三〇号「台湾産業組合規則施行規則第三十一條第一項第三号ノ規定ニ依リ信用組合ノ業務上ノ餘裕金ヲ預ケ入ルベキ銀行左ノ通指定ス」、『台湾総督府官報』第七四号、一九四二年六月三〇日。台湾総督府（官）報資料庫、典蔵号 0072030074a009（http://db2.lib.nccu.edu.tw/view/loginAction.php）。

(23) 佐藤寛次『信用組合論』（西ヶ原刊行会、一九三〇年）、八二四頁。

(24) 前掲台湾産業組合聯合会『第二十九次産業組合要覧 附農業倉庫概況 昭和十六年度』、四－五頁。

(25) 陳金満『台湾肥料的政府管理与配銷（一九四五－一九五三）国家与社会関係之一探討』（稲郷出版社）、二〇〇〇年、四三頁。

(26) 『府報』第二五九二号、一九〇八年一二月一五日。台湾総督府（官）報資料庫、典蔵号 0071012592a040。

(27) 『府報』第二五九二号、一九〇八年一二月一五日。台湾総督府（官）報資料庫、典蔵号 0071012592a001。

(28) 農林処編『農会与合作社之合併』（農林処、一九四九年）、二頁。

(29) 『府報』第一六号、一九二七年一月一五日。台湾総督府（官）報資料庫、典蔵号 0071030016a036。

(30) 『府報』第三〇六三号、一九三七年一二月二一日。台湾総督府（官）報資料庫、典蔵号 0071033163a001。

(31) 蔡慧玉「一九三〇年代台湾基層行政的空間結構分析―以「農事実行組合」為例」、『台湾史研究』第五巻第二期、一九九八年一二月、五九頁。

(32) 前掲波形昭一「旧植民地における産業（金融）組合の発展と基本文献」、一二頁。

(33) さらに、一九四四年一月一二日府令第七号によって、台湾農業会令は昭和一九年（一九四四）年一月一五日より施行することが公布された（『台湾総督府官報』号外、一九四四年一月一二日、台湾総督府（官）報資料庫、典蔵号 0071012592a001（http://db2.th.gov.tw/db2/view/showDataForm.php?CollectionNo=0072030531e001）。

(34)陳厳松『中華合作事業発展史』上、下、台湾商務印書局、一九八三年。陳厳松『合作講話』、合作経済月刊社、一九五三年。
(35)飯塚靖『中国国民政府と農村社会─農業金融・合作社政策の展開』、汲古書院、二〇〇五年。
(36)菊池一隆『中国初期協同組合史論一九一一－一九二八　合作社の起源と初期動態』、日本経済評論社、二〇〇八年。
(37)前掲菊池一隆『中国初期協同組合史論一九一一－一九二八　合作社の起源と初期動態』、一七頁。
(38)陳厳松『合作講話』(合作経済月刊社、一九五三年)、六九─七〇頁。
(39)一九二〇年陝西、河南、河北、山東、山西の五省に旱魃が起きた。この被害は国際間で注意を払われて、米、英、仏、などの各国が寄付して、中国政府と一同で被害を救済した。一九二一年一一月ごろ、北京で国際統一救災総会が開催された。天津、済南、開封、太原、上海、西安などの慈善団体がその会議に参加した。会議で救済ための単一の代表機関が必要だと決議された。そして中国華洋義賑救災総会が正式に成立され、各地の華洋義賑会及び北京国際統一救済会などは中国華洋義賑救災総会の会員になった(頼建誠、『近代中国的合作経済運動：一九一二─一九四九』(台湾学生書局、二〇一一年)、七一－七二頁、菊池一隆『中国初期協同組合史論一九一一－一九二八　合作社の起源と初期動態』、二七六－二七九頁から、筆者整理)。
(40)菊池一隆『中国初期協同組合史論一九一一－一九二八　合作社の起源と初期動態』、四〇八－四〇九頁。
(41)菊池一隆『中国初期協同組合史論一九一一－一九二八　合作社の起源と初期動態』、四〇九頁。
(42)前掲陳嚴松『合作講話』、七〇頁。
(43)以下では、飯塚靖の見解をまとめる。「機関化」とは、合作社が理事や監事たちの私的組織になり、それによって、一般の社員が本来の権利を失うことになったということである。それは、合作社の職員が名目上は無給職であったにもかかわらず、実際に使用した膨大な食事代、交際費のために赤字経営に陥ったからである。「営利化」とは、合作社が社員を対象とする業務に従事しておらず、むしろ非社員を対象とする営利活動に従事したことを指す。「土劣化」とは、合作社の経営が知識者に頼らなければならないので、土豪劣紳が合作社に加入しやすく、彼たちが合作社を独り占めにすることとなったということを指す。(前掲飯塚靖『中国国民政府と農村社会─農業金融・合作社政策の展開』、三二七頁)。
(44)前掲飯塚靖『中国国民政府と農村社会─農業金融・合作社政策の展開』、三二七頁。
(45)国民政府令(民国二三年三月一日)、『国民政府公報』第一三七六号、一九三四年三月二日、一一三頁。施行日另於一九三五年七月三一日公布「合作社法」的施行期間為自一九三五年九月一日起(国民政府令(民国二四年七月三一日)、『国民政府公報』第一八〇八号、一九三五年八月一日、八頁)。
(46)陳嚴松『合作講話』、七二頁。

(47)「合作金庫條例」、『国民政府公報』渝字第六〇六号、一九四三年九月一八日、一頁。

(48)「案由　電知中央合作金庫十一月一日正式成立」（台湾省行政長官公署代電）、『台湾省行政長官公署公報』三五・冬、三四、一九四六年一一月一一日、五五一頁。

(49)秦孝儀・張瑞成編『中国現代史史料叢編（四）光復台湾之籌画与受降接收』、一七五－一七八頁。

(50)法幣でなく、別に「台湾流通券」を設けた理由は以下のようである。一、台湾の貨幣を中央銀行の貨幣制度の下に置かせることができる。二、大陸法幣から仕切り、台湾経済が大陸のインフレーションの影響を避けるためである。（台湾銀行編『台湾銀行五〇年』（台湾銀行、一九九六年）、六三頁。

(51)「新出発之合作金融機関　省合作金庫　総股本為二千五百万元」、『民報』（民報社、一九四六年十月四日第四版）。

(52)劉長寧は当時、台湾省行政長官公署財政処金融科科長でもあった（台湾文献館蔵行政長官公署檔案、巻号：二五七六、巻名：台中信用組合清算、典蔵号：00326800004001）。

(53)台湾文献館蔵行政長官公署檔案、巻号二五七六、巻名台中信用組合清算、典蔵号00326800004001。

(54)台湾文献館蔵行政長官公署檔案、巻号二五七六、巻名台中信用組合清算、典蔵号00326800004001。

(55)台湾省行政長官公署民政処代電（致西東署民字第二九五四一号，中華民国三十五年十月一日）、「事由：電知合作社与農会財産画分原則希遵照」、『台湾省行政長官公署公報』、三五・冬、四、五八頁。

(56)台湾文献館蔵行政長官公署檔案、巻号一九八一、巻名「各級農会与合作社財産画分弁法」。

(57)台湾文献館蔵行政長官公署檔案、巻号一九八一、巻名「各級農会与合作社財産画分弁法」。

(58)台湾文献館蔵行政長官公署檔案、巻号一九八一、巻名「各級農会与合作社財産画分弁法」。

(59)台湾省行政長官公署民政処代電（致西東署民字第二九五四一号、中華民国卅五年十月一日）、「事由：電知合作社与農会財産画分原則希遵照」、『台湾省行政長官公署公報』、三五・冬、四、五八頁。

(60)台湾銀行経済研究室編『台湾金融之研究』第二冊（台湾銀行、一九六九年）、三二八頁。

百年の養殖漁場
――清代東石蔡氏による台湾での養殖漁場経営

楊彦杰（小嶋祐輔訳）

台湾南部では、養殖漁場はよく見られる生産手段である。それは、水田、畑と同様、譲渡、売却、経営の対象となり、生産される水産物は人々の日常生活の必需品である。このため、養殖漁場の経営は土地経営同様、社会経済史研究が注目すべき対象なのである。けれども、これまで、土地問題に関する研究は数多あれど、養殖漁場に関する研究は極めて少ない(1)。

養殖漁場の経営には資本が必要であるが、この資本はどこからもたらされるのだろうか。それは商人と何か関係があるのだろうか。生産手段としての養殖漁場はどのように売買され、移転するのだろうか。所有者と生産者の関係はどのようなものなのだろうか。経営形態はどうなのだろうか。どのような変遷を経てきたのだろうか。これらのことは、全て検討すべき問題である。最近、筆者は泉州東石蔡氏の台湾布袋嘴における事業展開に関する家内文書を目にする機会に恵まれた。そこには、家譜、契約書、書簡、帳簿、そして様々な商業関連文書などが含まれる。時期は清代中後期にわたるもので、その中でも布袋嘴での養殖漁場経営に関する資料が最も多かった(2)。これは、清代台湾南部の養殖漁場経営の研究にとって、これまでのこの分野の研究上の空白を埋めるものであり、非常に貴重なものである。本論は、東石蔡氏の家内文書を主として、フィールドワークの結果と地方史の記述を総合して、東石蔡氏の台湾布袋嘴での養殖漁場経営について検討していきたい。

一、東石蔡氏による台湾での養殖漁場経営の始まり

東石蔡氏は泉州の晋江氏東石鎮東石村に集まって住んでいた。彼らの祖先は、明代の初めに移入して開基し、十の「房」と呼ばれる宗族の支系に分かれたが、その内の玉井房が本論と最も密接にかかわってくる。玉井房の開基の祖は十郎公といい、彼から数えて一三代目の蔡文由が乾隆年間に台湾へ移り住み、当時嘉義県に属していた布袋嘴で生活のために事業を起こした。蔡文由には三子があり、長子の章棚（養子）は二三歳で死去、次子の章情、第三子の章涼が父と共に努力し、彼らによって「源利号」が創設された。持ち船で両岸を往来するだけであったが、家業は繁盛し、台湾での東石蔡氏発展の大変重要な基礎となった。

蔡文由がどのようにして台湾で事業を始めたのか。これについての関連資料は乏しい。一族の伝承によれば、彼は乾隆の末年に台湾に渡ったという。「当初は他人のアヒルの面倒をみて、塩を干し、その後に他人の養殖漁場の管理をするようになった[3]」という。こうして見ると、当初は最下層の肉体労働から始まっていることが分かる。その後、彼が管理を任されていた養殖漁場が台風の高波で壊滅し、経営者であった王源利が経営の意思をなくしたため、養殖漁場を蔡文由に金銭で売り渡したのである。これ以降、蔡氏が地方に創設した商店もまた、「源利」を号としたのである[4]。養殖漁場の経営は、蔡氏の各種事業が発展するための礎となった。

蔡文由は乾隆二四年（一七五九年）の生まれで、配偶者の姓は曾氏、彼らの息子の章情は乾隆五五年（一七九〇年）に、章涼は五七年（一七九二年）に生まれた。この時、文由は三二歳から三四歳の間であり（数え年で計算）、婚姻年齢

はそれほど早くはなかった[5]。また、この時、清朝政府は鹿港と蚶江を対岸への渡航のために既に開放しており、生活のために台湾へと移民の波と共に機会を求めて渡って行くというのは、当時の閩南人として極めて自然な選択であった。咸豊年間に編纂されたという「晋江玉井蔡氏長房三惟哲公派下家譜[6]」の記載によれば、文由とその二人の息子は、当初大変な苦労をしたという。この「家譜」の章情伝にはおおよそ次のように記載されている。「経営創始にあっては、風の日も雨の日も苦労を辞さず、財源が確かなものとなるまで、日夜働いたことによって困難もなくなった[7]」。章涼伝にもまた「家は貧しく質素であり、少壮の頃より父兄と共に経営に励み、ついに巨富を成した[8]」という。章情、章涼の生まれた年から考えて、彼らは嘉慶年間、すなわち一八一〇年頃まで奮闘していたようである。

実際、東石蔡氏は嘉慶以降にようやく発展し始めた。現在、目にすることのできる蔡文由の養殖漁場引受契約の文書は、嘉慶一七年（一八一二年）一一月のものが最初である。以下に引用しよう。

借用書を立てる者は郡城の郭遠観、父郭長寿の買った郭天池の北中横養殖場の三分を継承している。嘉義県に属する大坵田保に住み、養殖場の名は北中横であり、先の契約書内にその敷地の境界について明記されている。この養殖場は、前年抵当として布袋口庄の蔡由兄と居兄にわたったが、今般金に不足しているため、この三分を元手として、仲介者を通して由兄と居兄から南蛮銀貨三百元を借りた。銀貨は即日全て領収された。百元毎に毎年銀二十元を利息として支払うことを願い約束し、契約した期日になれば元利を一括で全て返済し、不足のないようにする。もし不足があれば、この三分の養殖場がその管掌するところとなることを認め、永久に既定のこととして、妨げることをしない。この養殖場を保有しているのは、父が残した不動産として受け継いだからであり、同房の叔父、兄弟、甥らの親族とは関係がなく、また不明の第三者が重複して借りているような心配もない。不明の点があれば、自らがその解消にあたることを誓い、由兄、居兄の手を煩わせない。口約束では証拠にならないため、借用書を立て、文書として証拠に残す。
南蛮銀貨三百元は即日全て領収されたことを、ここに再度証明する。

立会人　郭国珍
保証人　蕭恍叔

嘉慶十七年十一月初八日

借用者　郭遠観
代筆者　郭瑞光(9)

この契約書には分析を要する点が多々ある。まずいくつか指摘しておこう。

一、契約書の中の貸し手である「蔡由兄、居兄」とは、蔡文由と彼の父方の従弟の蔡文居である。(10)同族兄弟が台湾で苦労を共にしていたようで、彼らは一定の資本を蓄えるとすぐさま共同で投資に乗り出し、創業の機会をうかがっていたのである。

二、契約書には、これらの養殖漁場が「前年」既に「抵当として布袋口庄の蔡由兄と居兄にわたった」としており、嘉慶一七年に再度これを元手として金を借りている。文由、文居が共同で養殖漁場を抵当に取ったのは、早くも嘉慶一五年（一八一〇年）のことであったことが分かる。

三、この時、蔡兄弟が貸した南蛮銀貨は三〇〇元で、年利二〇パーセントが約定された。つまり、毎年利息として南蛮銀貨六〇元を納めなければならず、抵当の年限は約定されていない。兄弟二人の等分として計算すれば、一人当たり一五〇元を出し、返済される利息のほかに、養殖漁場の経営によってもいくらかの収入が見込めるため、悪くない取引である。

四、彼らが抵当に取った養殖漁場は「北中横」という名であり、大坵田保にあった。この地は非常に重要であり、以降購入された養殖漁場の大部分がここにあった。

嘉慶一五年以降、蔡文由が筆頭になって抵当に取った、或いは購入した養殖漁場は明らかに増えていった。嘉慶一八年（?）、蔡文由（契約名は「蔡由観」）は、郭瑞鍋に二二〇元を貸し、郭家が共同で所有していた北中横の養殖漁場の三分の一を抵当に取り、翌年また四〇元を貸し、更にまた六〇元で郭瑞鍋の養殖漁場を買収している[11]。嘉慶二四年（一八一九年）、蔡文由（契約名は「蔡遠油観」）は、一二七元を郭遠観に貸し、郭の父が共同で所有していた北中横の養殖漁場の三分の一を抵当に取り、その際に蔡文由が先に「税（訳注：閩南語で「租」の意、後述）を取り、それによって利息を相殺する」[12]としている。翌年、蔡文由（契約名は「蔡由観」）は、一一〇元で謝天送を通じて、高春と陳智が共同で所有していた中洲の養殖漁場を買収している[13]。同年、更にフランス銀貨二四〇元で、陳瑞記が共同で所有していた北中横の養殖漁場を抵当に取り、その年限を八年と約定している[14]。また、フランス銀貨五〇元で、陳錦観の祖父が他人と共同で所有していた北中横の養殖魚場と畑を買い取っている[15]。

こうしたことから、嘉慶一七年から二五年（一八一二－一八二〇年）にかけて、蔡文由が抵当や買収によって、少なくとも六箇所の養殖漁場を手に入れ、およそ一〇〇〇銀元以上の金額を投じていたことが分かる。また、最初の養殖漁場を蔡文居と共同で投資したほかは、全て蔡文由が単独で投資しており、嘉慶年間の半ばから末年にかけての頃、蔡文由一家が既に相当な経済的力をもっていたことが分かる。これが彼らの初期段階の様子である。

蔡家の歴史を見ると、養殖漁場の経営と商業活動への従事は、相補的なものである。蔡文由は、養殖漁場の経営から事業を始めたが、一方で商取引の成功もまた、彼の経済的実力の強化に一役買っていた。蔡文由がいつの頃から商取引を始めたかは定かでないが、養殖漁場を抵当に取ったり、購入したりといった投資の仕方から見て、少なくとも嘉慶末年には、既に開始していたと思われる。道光二年（一八二二年）、布袋嘴の多くの養殖漁場経営者達は、ある共同契約を結んだ。その契約は「蔡由」（つまり蔡文由）の「財冠諸伙」（訳注：蔡由を経済的主導者とする組合）と呼ばれ、十分な資金が調達できたようであり、[16]当時の蔡家の経済的力と社会的地位を十分に見て取ることができる。

蔡家の商業活動は、道光、咸豊年間に急速に発展した。現在も残っている商業文書によれば、少なくとも道光年間に、「源利」は一家の基本の「号」となっており、その適用範囲は商業だけでなく、養殖業（「源利養殖」のように）、質屋（「源利質舗」のように）などがあった。また、商業活動の面では、単独出資や合資などの形式で、多くの屋号を生み出した。現在閲覧できる蔡氏の文献からは、道光年間に蔡源利が開いた関連屋号として、少なくとも益利号、玉成号、広利号、振盈号、広盈号、益成号、源徳号、源盛号、協利号などがある。その内、益利、玉成、広利は全て地方の商店であり、笨港に開かれた。道光二八年（一八四八年）の書簡には、この三店舗の経営状況が述べられている。[17]道光二六年（一八四六年）のある文書には、笨港横街で商売を営んでいた泉吉号から失火し、ここと取引していた「厦郊」のいくつかの商店への支払が滞ったとあるが、そのなかに益利号の名が見える。[18]

振盈号、広盈号、益成号はどれも、蔡源利が出資し、人を雇って台湾で経営していたもので、被雇用者は「庇護の下に利益を得る」、つまり労働というかたちで参与し、利益の分配を受けていた。道光二七年（一八四七年）年、沈漢良の契約書には以下のようにある。「納付書を立てる人は、晋江県八都庵前郷の沈漢良、亡くなった祖父は蒙本県十都東石郷の蔡涼官から資本を受け、亡くなった父は台嘉邑朴仔脚の笨泉郊で開業し商売をした。号は振盈号と広盈号である。亡くなった父には元手がなかったため、ひたすらに働き、利益の三分の一を与えられていた」[19]。咸豊四年（一八五四年）、別の益成号の清算に関する合意書には以下のようにある。「合意書を交わすのは、蔡源利、蔡進益、蔡嫣尖らである。蔡源利は以前、蔡進益の父である元縦、蔡嫣尖の父である耽が塩水港に開業した益成号の事業に出資した。道光二七年になって益成号の経営を停止したため、それまでの利益を四分割し、蔡源利が二分の一、元縦と耽がそれぞれ四分の一を得ることとした」[20]。こうして見ると、この三店は、全て蔡源利の単独出資であり、台湾で共同経営したものの内、振盈、広盈の双方は、「笨泉郊で開業し商売をした」ということから、明らかに地方商店であった。

源徳、源盛、協利については、全て合資経営された。源徳は、源利と晋利の合弁で、南北地方間の油、米の輸送を行った。[21] 源盛は、源利とほかの出資者が共同で投資したもので、在布袋嘴庄に杉材の事業を開いた。道光一八年（一八三八年）の正月に協利と改名し、元は五人の出資者から構成されていたが四人となった。その過程で、源利は資本四〇〇元を加増し、二株を占めるようになった。[22] こうしたこともあって、上記の商店の経営範囲は主に両岸貿易であったが、非常に広範なものとなった。また、これらの商店がみな、源利号の資本を中心としていたことも確かである。蔡文由一族の道光年間の巨大な財力の一部が見えてくるだろう。

蔡文由は道光三年（一八二三年）に死去した。その次子である章情もまた、道光一二年（一八三二年）にこの世を去った。このため、蔡氏一族の事業は、第三子の章涼と蔡家第三世代の手に渡った。章情には六人の息子があり、章涼には五子があった。この二つの房頭（二、三房）はそれぞれ「六合」、「五美」と呼ばれ、[23] 共に嘉慶、道光年間に成長した（付録一参照）。咸豊以降、蔡氏一族はその数を大いに増やしただけでなく、各種事業も大いに成功を収め隆盛を極めた。咸豊一〇年（一八六〇年）蔡氏は三房に分家した。しかし、その分家相続書に触れられているのは、大陸の農地と不動産を扱う事業についてのみで、台湾での事業は分けられていない。その中から、大陸の農地を除く、商業と関連する家産について以下に概要を示す。

「二房章情の分家相続書」

復慶船、復順船、復発船。

五升号の借り店舗一間。

鰍老の借り店舗一ならび。二、三房が等分。

船料は半分を等分とする。

全体の不足（額）は瑞瑛の長子である理還が把握している。

益利号、広利号は、光綴兄がその利益を管理し、共同で分配する。

義成の商売は等分する。

台湾の田園、塩田、養殖漁場、商店は公正に整理してから分ける。

湖頭の油工場と田地は等分する。

瑞瑛船は半分を等分する。

追記＝六合が厦門の益利、泉州の広利（との間）に利益の侵犯を確認した場合、彼が処理にあたる。

光綴の金銭は、六合が三、五美が一を得る。

「三房章涼の分家相続書」

瑞琨船、復吉船、復安船。

金順利の艀半分。

質屋の東三間。

元質屋であった三間、透後楼一棟の双方全て。

合源号の借り店舗一間。

鰍老の借り店舗一ならび。二、三房が等分。

船料は半分を等分とする。

全体の不足（額）は瑞瑛の長子である理還が把握している。

益利号、広利号は、光綴兄がその利益を管理し、共同で分配する。

義成の商売は等分する。

台湾の田園、塩田、養殖漁場、商店は公正に整理してから分ける。

湖頭の油工場と田地は等分する。

瑞瑛船は半分を等分する。

追記＝六合が厦門の益利、泉州の広利（との間）に利益の侵犯を確認した場合、彼が処理にあたる。

光緒の金銭は、六合が三、五美が一を得る。(24)


ここに引用した分家資料からは、当時蔡氏が復慶、復順、復発、復吉、復安、瑞琨、瑞瑛等の商船を所有しており、また船料の「半分を等分」していたこと、質屋を開いていたこと、「金順利の艀」を有していたことなどが分かる。商業の面では、厦門貿易の益利号、泉州貿易の広利号、更に義成号などを所有していた。実際、これ以前の道光年間にも、蔡氏は瑞玉号、瑞珠号、瑞隆号などの商船を保有していた。その内、瑞玉号と瑞瑛号、瑞珠号は道光二五年（一八四五年）の六月、象岑湖で暴風に遭い、瑞玉号は高波に遭って大破した。(25)このように多くの船を保有していたため、蔡氏の経営する商業ネットワークは非常に広大で、常時米、植物油原料、豆類、タバコの葉、金銀紙、布などを運んで、台湾と福建、浙江と天津などの地を往来し、南北地方貿易に従事していた。

このような背景の下、蔡源利一族の布袋嘴の養殖漁場の経営も最盛期へと入った。買い入れた養殖漁場は、道光元年（一八二一年）の開始から咸豊一〇年（一八六〇年）の分家までの四〇年間で一六箇所にも達した。布袋嘴の中洲、北中横の養殖漁場のほとんど全てを自らのものとしたのである。論述の便宜のため、以下にまず蔡氏の買い入れた養殖漁場の一覧表を参考までに示した。

表一　蔡源利一族が布袋嘴に所有した養殖漁場の一覧表（嘉慶15年－咸豊10年）

時間	買入対象	場所	買入方法	価格（銀元）	出所
嘉慶15 － 17	郭遠観	北中横	抵当	300	72
嘉慶19	郭瑞鍋	北中横	買収	320	76、78 － 79
嘉慶24	郭遠観	北中横	抵当	127	82 － 83
嘉慶25	高春、陳智	中洲	買収	10	85
嘉慶25	陳学古	北中横	抵当	240	87
嘉慶25	陳錦観	北中横	購入	50	88 － 89
道光1	蔡樹暢、樹裕	中洲	購入	90	90
道光3	謝媽意	中洲	抵当	184	95
道光12	蔡樹滾及びその甥	中洲	購入	30	101
道光16	王衛良	北中横	購入	100	103
道光18	高旺、高三	中洲	購入	120	105
道光18	蔡樹滾	中洲	購入	120	106 － 107
道光18	陳新庇	北中横	購入	74	108
道光18	陳待	北中横	購入	74	110
道光18	蕭敦、裁、颸	北中横	抵当	150	111
道光18	蕭敦、裁、颸	北中横	抵当	230	113
道光21	蕭水、張氏	北中横	購入	212	116
道光22	蕭鴻港、業恩	北中横	購入	60	117
咸豊8	蕭参良	北中横	購入	不詳	120
咸豊9	謝氏二房	北中横	購入	不詳	123
咸豊10	蔡紡ら五人	北中横	購入	80	121 － 123
咸豊10	謝光全ら	北中横	購入	180	123

注：出所欄は『東石源利族人徙台貨殖書契』のページ数を示している。

右記のように、蔡氏は乾隆の末年に生活のために台湾に渡り、当初「家は貧しく質素」であり、蔡文由は他人のアヒルの面倒をみて、塩を干し、その後に他人の養殖漁場の管理をするなど、相当な苦労の中で次第に財産を蓄えていき、嘉慶一五年には既に第三者と共同で養殖漁場を抵当に取っていた。蔡氏の養殖漁場経営は、様々な事業の発展の起点となったが、その一方で商業活動も養殖漁場経営にとっての強大な経済的基礎となったのである。道光、咸豊年間、蔡氏の商業活動は隆盛を極め、台湾での養殖漁場の買い入れも最高潮に達した。では、これらの養殖漁場はどのように経営されたのであろうか。次節では引き続きこの問題を検討していく必要があるだろう。

二、東石蔡氏の台湾における養殖漁場経営

（一）布袋嘴の社会環境

東石蔡氏が買い入れた養殖漁場は布袋嘴に集中している。清代嘉慶年間、この地は嘉義県の海への出口であり、北に笨港、南に塩水港があり、地理的にも大変重要な場所であった。『台湾輿図』は、嘉義県の湾内の港の状況について以下のように記載している。「湾内の港は邑北にあり、笨港といい、県丞が駐する。南は塩水港といい、すなわち佳里興であり、巡検が駐する。また布袋嘴、猴樹港の間は、ただ布袋嘴だけが比較的水深が深く、巨舟が入ることができた」[26]。日本統治時代初期に書かれた『台湾三字経』は、嘉義は「沿海を西へ向かうと急水、塩水、布袋嘴などの港があり、安平の曾文、雲林の笨港地域におよぶ二つの河川の中で、ただ布袋嘴の水深だけが比較的深く、外縁に砂が浮いており、均しく商船だけが出入する。安平口から四草湖をまわり布袋嘴に至ることによってのみ、小輪船は到

着できる」[27]。

布袋嘴港の条件が良かったため、商船の出入が便利であり、両岸を往来する人々は常にここに集まった。このため、ここは清朝政府が大変に注目する地域でもあった。同治初年、漳州で起こった太平軍事件がまだ収束していない中、丁日健は『覆台鎮曾輯五書』で、「この時に海口を固く守ることは、最も急務である。海口の防御とは、つまり最初に台郡及び布袋嘴などの地を重視すべきことである。漳州、厦門との間を制圧するのに、台口であれば即座に対応でき、布袋嘴を厳しく取り締まれば、敵を捕らえるのも容易い」[28]としている。清末嘉義県の属していた三条侖、布袋嘴一帯は海岸地帯で、「塩の密売人にあふれた」地であるとみなされており、「時として強盗事件」も発生していた[29]。東石蔡氏は、このような社会環境のなかで日々発展し、養殖漁場などの事業を経営していたのである。

（二）北中横養殖漁場の基本的状況

蔡氏が布袋嘴で経営していた養殖漁場は、中洲と北中横という二つの地域に分かれていた。両者の内、北中横の養殖漁場がより重要であった。契約書の記載によれば、北中横の養殖漁場は「東は車道、西は海上、南は八掌溪、北は布袋嘴養殖場まで広がって」おり、範囲がかなり広範であり[30]、布袋嘴庄の外まで広がっていたという[31]。

養殖漁場は海水を利用した養殖生簀であった。『台湾語典』によれば、「塭（養殖漁場）とは、魚を飼う池であり、大きなものは数十甲あり、海水を引き入れ、麻薩末（サバヒー）を飼う。麻薩末は外来語であり、またの名を国姓魚という。魚を飼う池は、海水の場合は塭と呼び、淡水の場合は埤と呼ぶ」[32]とある。「麻薩末」は「麻虱目」とも書き、現在でも台湾南部の美味の一つとして有名である。養殖漁場はサバヒーの養殖のほか、主にカキを養殖し、ボラ、エビ、カニを一緒に養殖もした[33]。これらの魚やエビなどの養殖には海水が必要であるため、養殖漁場は通常海辺につくられた。また、多大な労力を投じて防波堤を築き、はじめて生産手段として利用できるようになるのである。

北中横の養殖漁場はいつ始まったのか。最も早いものは、康熙三四年（一六九五年）に辛承賢、韓玉の二人が、諸羅県に許可を求めて建設を始めたものだという。[34] 嘉慶年間には、この北中横の養殖漁場は、既にいくつかの一族が共同で経営する産業となっていた。清末の蔡氏のある呈上書には、「切某が先祖を受け継いで台湾に渡り、嘉慶年間に布袋嘴庄外において郭、顔、王、蔡などの姓の者と養殖漁場一つを共同で設置した。その名は北中横養殖漁場と言った」[35]。けれども、康熙半ばから嘉慶年間まで、この期間にどのような変化があったかは、既にはっきりとしたことが分からなくなってしまっている。現在目にすることのできる最も早期の養殖漁場を抵当に出した際の契約書は、乾隆五八年（一七九三年）のものであり、そこには以下のようにある。

抵当契約を立てる者は麻豆街の郭奕招、父が正式に抵当に取った養殖漁場二厘半があり、所在地の名は北中横、軍餉の義務がある。毎年養殖漁場で採れた魚やエビなどから、漁獲量に照らして均分した。毎年納める軍餉や養殖漁場の堤防の修築などの諸事はまた、分担に照らして行った。今、金が必要であり養殖事業を行う意思がないため、この抵当に取った二厘半に軍餉の額を加えて抵当に出すことを望む。先に、叔父兄弟甥に問い××を望まないというのでなければ、仲介者を通じて蕭藤観が抵当を引き受ける。三者の議論の結果、フランス銀貨時価四〇元ちょうどで結論に達したが、これにこだわらない。（以下略）[36]

この契約書の内容からみると、早くも乾隆の末年、つまり蔡文由が台湾に渡った頃には、北中横の養殖漁場では既に共同経営が行われていたことが分かる。「毎年養殖漁場で採れた魚やエビなどから、漁獲量に照らして均分し」、軍餉の納入、養殖魚場の堤防の修築などの義務は、分担に照らして行った。嘉慶年間に郭、顔、王、蔡などの姓の者と「共同で設置した」北中横の養殖漁場というのは、明らかに事実とは一致せず、或いは少なくとも嘉慶年間に初めて開始されたものではなかった。また、当時養殖漁場から割り当て利益を得ていたのは、多くが商人であり、例えばこの契約書に触れられている「麻豆街」の郭奕招や、前節に引用した契約書の中の「郡城」の郭遠観、笨港布街の陳瑞記らがいた。商人や商業資本は養殖業に投資し、毎年の利益を確保する手段としていたのであり、これはよく見られる現象であった。

これら先達たちが購入した養殖漁場の事業は、数世代経って子孫の数が増えると、その割り当てが減少し続けることになり、内部関係もかなり複雑なっていった。以下に、咸豊一〇年（一八六〇年）、塩水街の謝氏兄弟が共同所有の養殖漁場を売りに出した際の契約書を例として取り上げる。

全てを売却する契約を立てる者は、嘉義県塩水街過橋境の謝光全、阿英、番薯ら。父祖の遺業を受け継ぎ、北中横養殖漁場の大税二分を得ており、それをさらに長子、次子、三子、四子の持ち分に分け、四房交代で徴収し、一回りするとまたもとに戻って始めた。各房は一年分の税を徴収することができた。二房が毎年順番で徴収にあたっていた額については、咸豊九年、既に蔡源記へと全て売却されており、このため長房、三房、四房だけが毎年の徴収にあたっていた。この長房は、謝光全、阿英、番薯らに割り当てられており、四年で一年の額の徴収に相当し、また三房の割当額を受け継いでいたため、四年で二年分の額を徴収することとなった。この長房は現在三つの房に分かれて徴収している。今、金に乏しくこのままにするのを望まないため、この四年で二年分となる徴収額、つまり自身から派生した小長房の謝阿英、番薯、小三房の謝光全らの一族内から集まるところの、四年で二年分となる徴収額を売りに出すことを望む。先に房内の一族に問い、受け入れないということでなければ、仲介者を通じて海口布袋嘴の蔡源記が名乗り出て買い受ける。三者は一八〇銀元、それぞれ六八元ちょうどの価格で合意に達した。金は即日全て支払われ、この北中横養殖漁場の謝光全、阿英、番薯らは、自ら二年分の

養殖漁場の軍餉を銀元で支払い、税の徴収を管理する。これに異議、反対はない。（以下略[37]）

この謝氏の宗族は、既に少なくとも三世代にわたっており、その内第二世代は四房に分かれ、長房は三房の割当額も受け継いでいた。このため、長房は四年間で二年分の養殖漁場の利益を徴収することができた。けれども、長房からは更に三つの房が分かれ、そこから売りに出されたのは小長房と小三房の割当額だけであった。このため、それを一八〇元という価格で買ったとしても、四年で二年分という徴収額の全てが手に入ったわけではなく、「一族内から集まるところ」の小長房と小三房の割当額だけを買ったことになるのである。このような複雑な関係は、売買双方が説明する際の不便さをもたらすだけでなく、買い手を否応なく相手側の宗族関係の中に巻き込むものでもあった。

（三）東石蔡氏の養殖漁場経営

東石蔡氏が布袋嘴で経営する養殖漁場は、当地の複雑且つ敏感な社会環境に直面していただけでなく、養殖業創設以来形成されてきた経営モデルや習慣を継承しなければならなかった。嘉慶から咸豊年間にかけて、大きく分けると集団共同経営と単独請負経営という二つの段階を経てきた。

(1) 大小税制と集団共同経営

嘉慶年間、蔡氏が養殖漁場を購入し開設した当初、布袋嘴の養殖業には既に大税制度と小税制度が存在した。大税は、養殖漁場開設当初の共同出資形態による経営と関連しており、「塭底份」（訳注：養殖漁場税）とも呼ばれた。小税は後々発生したもので、「塭佃份」（訳注：養殖漁場使用税）とも呼ばれた。例えば、嘉慶二三年（一八一八年）塩水港街の張旁舍の抵当譲渡の契約書には、「陳瑞記から正式に抵当に取った北中横養殖漁場の塭底份二厘、塭佃份六厘、その価格と敷地の境界線については、元の契約書内に明確に記載されている[38]」とある。

発展の過程においては、先ほど引用した麻豆街の郭奕招が乾隆末年に立てた抵当契約で、「父が正式に抵当に取った養殖漁場二厘半があり」とのみ述べているので、当時まだ「小税」がなかったということを説明している。嘉慶一七年（一八一二年）、郡城の郭遠観が立てた契約にも、父が正式に購入した「北中横の養殖漁場の割り当て三分」とある[39]。けれども、翌年笨港布街の陳瑞記が立てた抵当契約の中には、父とその仲間が「共同で北中横養殖漁場一口を購入し、塭底份は十口、二厘を得ることを記す。塭佃份は一二・九七五分、七・五厘を得ることを記す。その価格と敷地の境界線については、元の契約書内に明確に記載されている[40]」とある。このことは、「塭佃份」、すなわち小税が出現したのが、嘉慶一八年（一八一三年）或いはこの少し前であり、陳瑞記やその父が生活した年代であったことを示している[41]。また、当時の「塭佃份」は、あわせて一二・九七五分であり、後によく言われた一三・二分ではなかった[42]。清朝末年、蔡氏の子孫が政府に呈上した文書の中に、「塭佃」、すなわち小税の来歴についてふれた部分がある。彼が述べるには、祖先は嘉慶年間に「布袋嘴庄の外で、郭、顔、王、蔡などの姓の者たちと共同で養殖漁場一口を購入し、その名を北中横養殖漁場と言った。元は一〇分の大きさであったであったが、波で崩れたため、一三分二厘の大きさに修築した[43]」という。したがって、北中横養殖漁場に「塭佃份」、すなわち小税ができたのは、養殖漁場が海水によって崩れ、より大規模な資本投入が必要となったため、元いた出資者に加えて何人からの「仲間」が修築に加わり、そうするなかで新たな「塭佃」という株式が形成されたのである。

蔡氏が養殖漁場の経営に着手したばかりの頃は、ちょうど北中横の養殖漁場に大税に加えて新たに小税が出現した時期であった。しかし、全ての養殖漁場で大小税制が採用されていたわけではなく、例えば蔡氏の購入した中洲の養殖漁場では、八人の出資者が共同経営するという基本構造があり、「塭佃份」、すなわち小税が発展する土壌がなかった[44]。けれども、大税のみであろうと、大小税であろうと、その要点は、いずれも投資者の持ち分に依拠しており、これらの割り当ては個人の所有に帰するものであり、自由に売買、抵当譲渡ができ、所有者は経営するなかで利益配当を得ることができたのである。

嘉慶二四年（一八一九年）、北中横養殖漁場の一三人の出資者は、共同で養殖漁場管理の合意書を締結した。その全文は以下のとおりである。

合意書を共に立てる者は、北中横養殖漁場の仲間、蔡遠由、郭玉川、謝管觀、陳立觀、顔陶觀、温保祐、王等觀、蔡居觀、蔡午觀、蔡景觀、蕭廷僯、蕭鴻蘭、陳錦觀。養殖漁場の開基以来、その内部の大税十分、小税一三分二厘、毎年養殖漁場の税は大小税制に照らして等しく割り当てて来た。これは我々が共同で創業したものであり、配当者達で協力して管理すべきである。商売をしていく意思のない者が内部にいれば、それは共に事業にあたる者とは言えない。長年にわたって養殖漁場のなかでは、他人に魚やエビを盗られるといったことが常々あったため、事にあたる者の気持ちは表し難く、小さなものは耐え忍ぶことができても、甚だしければ耐え難く、これを阻む中では必ずや想定外の事態が生じ、或いは世間を騒がせ禍をもたらし、また或いは恨まれて無実の罪を着せられるなどといったことが起こり、様々な災難は予測し難い。そこで我々共に配当を得る者達は、集まり協議し、ひとつの合意書を立てた。今後、養殖漁場のなかで再び他人に魚やエビを盗られたり、養殖漁場施設内の事業に関連する設備を盗難、破損されたり、或いは怨恨から無実の罪を着せられたり、想定外の不測の事態が生じたりした場合には、我々仲間の諸人に知らせ、いつでも養殖漁場施設内に揃って対応を協議する。もし他人の横暴によって損失を受けたり、無実の罪を着せられたりした者があるならば、自ずから協力して官に懲罰を願うこと。この合意の後、知らせを怠った者は、小事にあっては罰として芝居を一席、酒宴を一席ふるまわせ、大事にあってはその配当を共同のものとして充てる。このことは共同で協議したが、口約束では証拠にならないため、合意書を立て、文書として証拠に残す。

嘉慶二十四年十一月　日　共同で合意書を立てる

蔡遠由、郭玉川、謝管観、

陳立観、顔陶観、温保祐、

王等観、蔡居観、蔡午観、

蔡景観、蕭廷僯、蕭鴻蘭、

陳錦観(45)

この合意書は、成立したばかりの大小税の共同負担者達の団結性を高め、北中横養殖漁場の日常管理を強化し、共同で困難をもたらす社会環境の挑戦に対応することを目的としている。しかし、ここで特に注目しなければならないのは、いかにして経営を行うのかという問題である。合意の中には、共同で「大税十分、小税一三分二厘、毎年養殖漁場の税は大小税制に照らして等しく割り当てて来た」とある。つまり、合意を交わした一三人は、当時の大小税株の所有者達であって、彼らはそれぞれの養殖漁場の持ち分を所有し、また共同で雇った管理者或いは長期にわたって形成された請負人（つまり「事にあたる者」）によって養殖漁場を管理及び経営しており、毎年納付する「養殖漁場税」はこれらの所有者に「大小税制に照らして等しく割り当て」られたのである。

養殖漁場の管理者はまた、「長年」とも呼ばれた。『台湾語典』によれば、「長年とは、商船の舵取りをいい、養殖漁場の管理者もまた長年という。その年齢は比較的高く、経験豊富である」(46)。「長年」によって養殖漁場は管理され、また彼の部下として多数の専門的技術を有する者や実際の生産者達が必要であった。こうした生産者たちの中には、長期にわたって養殖漁場で働き、後に「現耕塭分」或いは「現耕浮分」と呼ばれる一種の養殖漁場の経営権を手にする者もいた。例えば、蔡氏が収蔵している契約書の中には、晋江から来た王衛良が「祖父の購入した北中横養殖漁場の現耕塭分三十四分から一分を継承した」とある。更には、陳新庇、陳待の二人も「祖父」の設定した「現耕浮分」を継承したとある。(47)これらの人が契約を交わした年代から見て、彼らの「祖父」が設定した「現耕浮分」は、少なくとも嘉慶年間或いはそれより早くに設定されたものである。

布袋嘴は海辺に位置しているため、時として様々な盗難事件に遭った。このため、集団内の団結によって、共同で対抗する必要があった。嘉慶二四年の頃、北中横の養殖漁場経営者達は、共同で禁止事項の誓約を起草した。以下に引用する。

厳禁の事項を定め、盗賊を警戒し、安心して事業を行うことができるようにする。仲間同士であると聞いているのだから、互いに助け合うことを約束する。農民も同居のよしみに篤く、互いに支えあい、身を寄せ合っているのだから、漁業者も同業者の情を守るべきである。我々北中横養殖漁場は開基以来、元々一体の家族であり、今ではそこかしこに親疎の違いや異なる姓が見られるが、共に瀛洲に登った我らは兄弟の仲である。魚やスッポンが増えれば、財貨も増える。収蔵している財物が盗賊に荒らされるがままになっているわけではないが、欲望の留まるところを知らない者もおり、それに巻き込まれることが懸念される。小人の窃盗は、これまで見過ごしてきたが、毅然とした対応を取って、後々の手本としよう。ここに同業者達が集い、皆の商売が繁盛するために、盟約を立てることによって、将来に備え、規則をまとめ、永遠にこの信義を守ることとする。(48)

このように、嘉慶年間の北中横養殖漁場では、高波による漁場崩壊によって小税制度が設立されて以降、各大小税戸達が養殖漁場内で新たな利益共同体を形成し、内部の団結にこれまで以上に気を配り、彼らの共有財産を守るようになったのである。共同で誓約を立てたのは、当時の環境に迫られたからであり、これらの元々「親疎の違いや異なる姓が見られる」投資者達は、皆が互いを台湾に渡って以降生死を共にしてきた「兄弟の仲」であると見なしていた。東石蔡氏について言えば、こうした出来事もまた、彼らが養殖漁場の経営を開始した際に直面した社会問題であり、それに対する基本的管理のモデルなのである。利益共同体というのは、蔡氏による養殖漁場経営の第一段階に見られる基本的な特徴であった。

(2) 蔡氏単独の請負養殖漁場

道光二年(一八二二年)、北中横養殖漁場は、再び高波によって破壊された。この時、養殖漁場の経営者達は既に養殖漁場の堤防修築のために再投資するだけの財力がなかった。そこで、当時最も経済力のあった蔡文由が皆から推薦され、代表して請負経営を行い、毎年「税」を養殖漁場経営者達に納めることによって、利益配当することになった。こうして、養殖漁場は蔡氏の単独経営という第二段階に入った。

共に契約を立てる者は、北中横養殖漁場の同業者、郭玉川、謝管ら。自らの力が足りないため重責に堪えられず、割り当ても少なければ責任を辞するのにも難くはない、些細なことが必ずや大きな損失につながるだろう。養殖漁場を開基した(嘉)慶年間以来、生産量の収支は何年も赤字が続き、長いこと損失をあがなうこともできていない。近年来魚やエビが少なくなり、労賃ばかりが高く、養殖漁場の生産量からは利益が出ない。これらに加えて今年の冬には、高波で養殖漁場の堤防が崩された。郭玉川らは協力して金を集め、共同で修築すべきであるが、修築費用が途方もなく、庶民には負担できるものではないと嘆くほかない。そこで、養殖漁場の仲間の中でこれを支えることのできる者を考えたところ、蔡由ただ一人だけがいた。その人の力について言えば、財力は同業者達の頂点にあり、養殖漁場の堤防が破損すれば、すぐに金を集めて急を救うことができる、その養殖漁場の持ち分について言えば、すでに半分を所有しており、極めて困難な状況といえども、これを利で推し量り解決しようとし、決して無慈悲に逃げることをしない。郭玉川らは共に長期的な利益を考え、皆で公平な議論をしたうえで、責任を集中させたほうが良いと知り、各人の所有する養殖漁場の持ち分をことごとく蔡由の請負として管理させ、その経営手腕に任せる。養殖漁場全体を査定し、永久に定額で毎年得た一千吊の税を、各持ち分の大小税として配当することとする。本契約の後、蔡由は養殖漁場の生産量から利益が出ないことや、養殖漁場の堤防が破損したことによって辞することはできず、郭玉川らも養殖漁場の生産量がやや多いのを窺い知って、各養殖漁場の税をあげることを求めるなどといった事態があってはならない。あらゆる安定や苦楽は、皆相互の助け合いに求められるのである。口約束では証拠にならないため、共に契約書を交わし、文書として証拠に残す。

道光二年十一月　日(49)

この契約書の最も重要な点は、「責任を集中させたほうが良い」ので、「各人の所有する養殖漁場の持ち分をことごとく蔡由の請負として管理させ、その経営手腕に任せ」、毎年固定の税一〇〇〇吊を納め、「各持ち分の大小税として配当する」というところである。契約締結の後、大小税を所有する養殖漁場経営者は、二度と損失に悩まされる必要がなくなり、毎年自身の固定収入を得ることが可能となったのである。

当時大小税の株を所有していた養殖漁場経営者はどれくらいいたのか。配当された収益はどのようなものだったのか。筆者は、道光一四年（一八三四年）の大税割当額を記した配当明細書を発見した。明細書の記載によれば、蔡氏が毎年引き渡す税額は一〇〇〇元であり、配当すべき大税銀は五九三・六三元であった(50)。上記の契約書では、蔡氏が毎年納める税は一〇〇〇吊とあったが、実際に適用される過程では銀元で渡される場合もあったようであり、一吊が

表二　道光14年北中横養殖漁場の大税配当表

所有者	持ち分額（分）	配当金額（銀元）
涼叔	3.333	197.756
榜舍からの請負分	0.2	11.866
憐叔との合併分	0.333	19.757
保右からの請負分	0.85	50.433
標兄、敦兄、卿志からの請負分	0.3498	20.754
水老からの請負分	0.25	14.833
裁兄	0.2332	13.836
柱生	0.5	29.666
景叔	0.2	11.866
岑叔、款叔、標叔のものを一括して顔陶が請負	0.75	44.499
謝賛官	2.0	118.666
孫兄	0.3333	19.775
光緞	0.3333	19.775
暢兄	0.3333	19.775
合計	9.9989	593.257

資料出所：『東石源利族人徙台貨殖書契』、148頁を参照。

一銀元に換算されている。北中横養殖漁場には、あわせて大税一〇分があり、配当される銀元は五九三・六三元、つまり各大税の割り当ては五九・三六三銀元であった。その他の四〇六・三七元は、小税の配当に使われ、一三・二分で計算すると、各小税の割り当ては三〇・七八五六銀元であった。養殖漁場の大税収益は小税に比べてかなり多く、小税のほぼ倍であった。

表二に道光一四年北中横養殖漁場の大税配当状況を整理し、表にして掲げる。

表中には全部で一四の配当単位があり、これらの人名及びその表記については全て原文から写し取った。その内、「涼叔」というのは、蔡章涼のことであり、当時の東石蔡氏の代表者で、彼の大税持ち分額は三・三三三分と最多であった。また、彼の下の欄にある「請負分」というのも、蔡章涼が請け負った分の養殖漁場の持ち分額であり、この両項目（合計六行）を合計すると、蔡氏に属する大税の持ち分額は過半数を超える。上述の契約書のなかで言われていた、蔡氏の「養殖漁場の持ち分について言えば、すでに半分を所有しており」というのは、少しも間違っていなかったことになる。

更に道光一八年（一八三八年）には、大小税株の収益状況について教えてくれる二つの契約書が作成されている。一つは大税に関するもので、龍蛟潭保崩山庄に住む蕭敦、蕭裁、蕭飈兄弟の所有する北中横養殖漁場の大税〇・三三三三分について、毎年二三・七〇九銀元を配当することが契約されている。(51) もう一つは小税に関するもので、これも同じく蕭敦三兄弟の所有する北中横養殖漁場の小税〇・四五分について、毎年一六・九二銀元を配当するとなっている。(52) この計算によれば、道光一八年、北中横養殖漁場の大税は一分につき七一・一九八銀元が配当され、小税は一分につき三七・六銀元が配当されていたことになり、道光一四年の配当金額に比べ、それぞれ二〇パーセントと二二パーセント上昇している。道光一八年はちょうどアヘン戦争前夜であり、姚瑩は当時の嘉義県朴仔脚も、アヘン密売地域であったと語っている。また、台湾には「耕地荒廃」が出現し、洋銀も欠乏していた。(53) 銀価格の高騰は、必然的に「百貨の騰貴」を招いた。(54) したがって、北中横養殖漁場の大小税の配当金額の増大も、当時の状況と間違いなく何らかの関連があった。前掲の契約書の規定には、「永久に定額で毎年得た一千吊の税を」と記してあるが、この時、蔡氏が毎年納める税は既に一二〇〇銀元以上となっていた。「永久に定額で」というのは変更不可能なものではなかったのである。

咸豊三年（一八五三年）になると、状況にまた変化が生じた。この年、北中横の養殖漁場は、またしても暴風と高波の侵襲を受け、養殖漁場は崩壊し、人々は引き続き修築に投資することを望まず、再度蔡章涼に契約の締結を求めてきた。「敷地のことごとくを」蔡氏の経営に引き渡し、「永久の生業とする」こととしたのである。この、蔡章涼が起草した契約書の全文は以下の通りである。

改めて鉄税納付承認の契約を立てる者は、蔡樹涼。△（蔡樹涼、つまり蔡章涼を指す、以下同）が先に温雅、周埔、蔡光緞、蔡暢、謝然、蔡浅水、蔡剪、蔡丕、蔡景、蔡取、蔡敬天らと購入した北中横養殖漁場については、その持ち株の多寡は後で明らかにする。しかしいずれにせよ、道光年間以来、毎年の利益統計においては支出が抑えがたく、それは風雨の異常、魚やエビが少なくなったことが原因である。思いがけない今年の暴風や海面上昇、港に押し寄せた大波、これらによって養殖漁場の堤防はことごとく崩壊し、その境も分からなくなった。そこで、出資者たちは集まり話し合いを重ねたが、再修築については皆が眉間にしわを寄せ先頭に立とうとしなかった。これは、費用がかさみ、利益が少ないことを考慮してのことであり、一方でこれを手放したいと思っても思い切ることができず、まことに鶏肋のようであった。当時、出資者達は皆辞退を決めたが、△に再度工事費用の負担をして修築し、敷地のことごとくをその経営に帰し、永久の生業とすることを願った。査定の結果、毎年の養殖漁場税を七百千文の鉄税と規定し、持ち株の大小に応じて頭割りにして支給し、不足や遅滞をしてはならないこととする。また、この養殖漁場は毎年、嘉義県の養殖漁場にかかる軍餉を△に帰して納めることとし、その他出資者には無関係のこととする。もし、不幸にして再び風や波による破壊を被ったならば、再修築を行う力があるかどうかにかかわらず△に任せ、ことごとくは△の運命より生じたこととし、ほかの出資者にはかかわりが及ばない。しかし、税はやはり納めなければならず、失業したという言葉を言い訳に、責任の放棄、減税の請求、遅滞、不足などの事態があってはならない。もし今後風雨に異常がなく、海も波立たず、この養殖漁場が平安で損失が出ず、大きな利益を得たとしても、やはり△の運命より生じたこととし、出資者達の税は元の規定に定めたところに照らして等しく徴収し、後から翻意して強制的につり上げたり、何らかの言い訳をして妨げたり、生産費を補填したいがために自ら管理し、生産する状態に戻すことを欲したり、といったことがあってはならない。これは、皆が共同で定め、永久に変えないことを自ら願った契約であり、各々気が変わることはない。口約束では証拠にならないため、一同の依嘱を受け、契約書十三部を立て、それぞれ一部を取り置き、永久に証拠として保存することとする。
右記の通り：この養殖漁場の大税は計十分、△が直接得る七・五五〇一分、税三一三・五九二千文のほかに、その他の人々の分は二・四四九九分、毎年△が納めるべき税は一〇一・七四八千文。小税は計一三・二分、△が直接得る一〇・六五七八七分、税二二九・八三九千文のほかに、その他の人々の分は二・五四二一三分、毎年△が納めるべき税は五四八二一文。これに従って、その中から持ち株の大小に応じて配当した額は、不足があってはならない。持ち株については後で合わせて明記する。

咸豊三年十月　日に立てる

改めて鉄税納付承認の契約を立てる者　蔡△△

代書人(55)

この新たに締結された請負契約は、道光二年に締結されたものと比べて、明らかに大きな前進が見られる。その主なものは以下の諸点である。

まず、この契約書は、北中横養殖漁場の敷地を全て蔡氏の経営に任せ、「永久の生業とする」としており、以前の「請負管理」による経営において、養殖漁場の持ち株のある者が、養殖漁場に対して一定の権力の主張が可能であったのと異なっている。この時、彼らは表面上依然として大小税の配当額をもっていたが、実際には養殖漁場の管理の権限を既にほとんど喪失していたのである。

次に、この契約書は政府に納める養殖漁場にかかる軍餉の義務を、蔡氏に一括して担わせるとしている。これ以前は、明らかに大小税の所有者が分担して納めていたのである。軍餉納付の義務が移転したことは、ある意味で、だれが養殖漁場の一括管理の権限を持っているのかということに対する人々の認識の変化が現れたことを示している。

表三　道光から咸豊にかけての北中横養殖漁場大小税の収益比較表（元／分／年）

年	大税の収益	小税の収益
道光 14 年	59.363	30.7856
道光 18 年	71.198	37.6
咸豊 3 年	41.531	21.565

三つ目に、この契約書は、今後蔡氏が納めなければならない「鉄税」は七〇〇千文（すなわち、七〇〇吊の税）と規定しているが、道光二年の約定では、毎年一〇〇〇吊となっており、三〇〇吊減少している。加えて、この時規定された「鉄税」は再度変更できないとされており、これは明らかに道光末年の税額が上昇してきていたという状況から提起されたものである。

四つ目に、契約書の末尾に掲載された資料から見ると、この時蔡氏は既に北中横養殖漁場の大税七・五五〇一分、小税一〇・六五七八七分という持ち分を有しており、養殖漁場全体の大小税総額の七五―八〇パーセントを占めていた。これに対して、道光二年に蔡氏が占めていた養殖漁場の持ち分は、およそ半分程度であり、ここから、道光年間に蔡氏が請負経営を行う過程で、養殖漁場に対する占有が明らかに加速されていったことが分かる。

このほかに、納める「鉄税」の額が変わったことで、各大小税に含まれる利益にも変化が生じている。この契約書に掲載されている資料に基づき、千文を一銀元に換算して計算すると、咸豊三年の北中横養殖漁場の大税一分毎の配当は四一・五三一銀元であり、小税一分毎の配当は二一・五六五銀元となる。この収益を、これまで見てきた過去の配当金額と対照させて見ると、道光年間から咸豊年間にかけて、三つの年における収益状況の違いが見えてくる。上の表を参照して欲しい。

道光年間から咸豊年間にかけて、蔡氏の単独請負経営が行われた北中横養殖漁場において締結された請負契約は、どれも暴風や高波による養殖漁場堤防の損壊が原因となったものであった。暴風や高波による養殖漁場の損壊は天災であると同時に、蔡氏が次第に養殖漁場を掌握、管理していく契機ともなった。二度の経営契約の変更を通じて、蔡氏の北中横養殖漁場に対する権限は、これまでにないほど強いものとなり、彼らは絶対多数の株を有するだけでなく、実際に養殖漁場の生産、経営および分配のプロセス全体を掌握、管理するようになったのである。養殖漁場株の所有者たちと請負者との関係は、元の利益共同体から、相互の駆け引きによって構成されるものへと変化してしまった。また、天災、状況の変化といったあらゆる要素が、利益の再調整をもたらした可能性がある。このため、異なる年においては、大小税の収益も変動しているのである。しかし、最終的には双方のパワーバランスが反映されている。清朝の末年、東石蔡氏とその他養殖漁場経営者達との矛盾はますます激化し、蔡氏の養殖漁場の経営は衰退へと向かっていくことになる。

三、清末における東石蔡氏の台湾での養殖漁場経営の衰退

同治、光緒年間、蔡氏の布袋嘴での養殖漁場経営には、既に多くの問題が出始めており、かつての輝きは失われていた。

同治三年（一八六四年）、九月五日、台湾で養殖漁場の管理をしていた甥が、大陸にいる年長者に宛てた手紙には、以下のようにあった。「送っていただいた佃丁の名簿一枚を受け取りました。今年の冬、佃丁全部で□人が、どうしても全てを一括返済することができず、三元と少しを返しただけなのです。その銀元はあまりにも□で、一つ一つの成分も正規のものではありません。現段階で徴収できるか不明であり、一括で必要な分を支払えないのであれば、しばらく待ってやるというのは如何でしょうか。事を開始してから、自ら支払いしたものについては、減額しても良い

でしょう」[56]。当時の東石蔡氏は既に分家されていたが、台湾で経営していた養殖漁場などの事業は分割していなかったので、そこでの収入は故郷に送られ、一家を扶養する生活費となっていた。このため、養殖漁場の経営状態も、両岸の一族が情報交換する話題の一つとなっていたのである。

光緒九年（一八八三年）九月二二日、また一通の手紙が大陸の家族に宛てられた。「家業は振るわず、また厳冬に遭い状況が良くないこと、私もよく存じております。養殖漁場では昨年の冬の損失があまりにも多くてどうしようもなく、送金額も乏しくなり、家中を困窮させております。これは全て私の罪です。……今年の冬の養殖漁場の天候状況は、魚が大量に育つほどのものではなく、価格は大変に安く、計算したところ少しは利益も伸びるようですが、さほど多い額ではありません[57]」。天候が悪く、漁獲量が減少し、そのために経営に損失が出ていると述べている。天候が良い時には、「魚が大量に育つ」が、魚が多ければ価格が下がり、やはりそれほど稼げるわけではない。

台湾南部の養殖漁場は、サバヒーの養殖で有名である。この水産物の養殖は台湾鄭成功政権時代には既に開始されており、それゆえサバヒーは別名「国姓魚」とも言うのである。康熙末年に成立した『諸羅県志』は、「サバヒー、養殖漁場にて生産され、夏秋に盛んに出荷される。形状はボラに似て、鱗は細かい。鄭氏政権時、台湾では貴重品であった[58]」としている。清末の蔣師轍の『台遊日記』も、「サバヒー、養殖漁場にて生産され、夏秋に盛んに出荷される。ボラに似た鱗をもち、台中では貴重品である[59]」としている。毎年、夏と秋はサバヒーが盛んに生産される季節である。蔡氏の契約書によれば、彼らの経営する養殖漁場は、佃戸に請負わせて経営されており、そこでは毎年七月の半ばに税の半分を納めるよう約定され、残りは八月の半ばに全て納めることになっていた[60]。このため、旧暦の毎年七、八月は、養殖漁場経営者にとっても収穫の季節であり、先に引用した蔡氏の家に宛てた二通の手紙が共に旧暦九月に書かれたのも、こうした理由があってのことなのである。

東石蔡氏は、北中横養殖漁場の経営権を独占的に請け負っていたが、そこから更に下請のかたちで佃戸に経営をさせていた。そこから徴収された税は、約定の割合に基づいて元々の大小税株の所有者に支給されていた。そのため、もしその年の漁獲量が低ければ、彼らは損失或いは収入不足といった事態に陥った。このほかに、元々の大小税株の所有者達も、その配当される税を元手に蔡氏から金を借り、場合によっては相互に投資をして商売を始める者もあった。このように、養殖漁場経営者と蔡氏の間には複雑な経済関係が形成されたのである。光緒九年（一八八三年）、蔡氏北中横養殖漁場の養殖漁場経営者である蔡浅水が、経済的な問題から紛争を起こし、政府に提訴する事件が生じた。

蔡浅水も東石の人であり、蔡氏とは同郷同族であった。彼の申し立てによれば、彼の祖父蔡尚、同僚蔡郭は、仲介人蔡接観を立てて、塩水港布街の陳瑞記が所有する北中横養殖漁場の小税一株を共同で抵当に取り、蔡尚がその半分を得、年に養殖漁場の税として二六千文を得ることになっていた。光緒二年から、これを請け負っていた源利養殖漁場の蔡豹時らが、この税を滞らせ、今に至るまで支払っていない[61]。官府は、原告被告双方を伴って、審理のため県衙門に人を派遣することを命じた。そこで、源利養殖漁場の蔡膺秀は訴状を呈上したのである。その手稿は以下のようなものであった。

呈上者は蔡膺秀、年は三五、大邱田保布袋嘴庄に住む。そこは県城から五十五里である。訴状を為すものは本庄に住む蔡舍。その任を止む者は本城に住む蔡徳。良心に背き、不当に利益を求めるため、虚言や誣告をし、抵当を自分のものとしたという一件。元々蔡膺秀は養殖漁場の持ち分を有し、生計を立てていたが、道光二十七年の間に、本庄の一族蔡浅水が蔡膺秀の源利養殖漁場を何度も訪れ借金をしたため、決算後、元手一二万六七〇文を欠いてしまい、その利息も未だに計上されていない。また、咸豊　年（利息帳簿は金福兄のところに預けてあるため、年を調べてから記入する）、蔡浅水はこれとは別に、蔡膺秀の塩水港街糖舗玉利号のフランス銀貨九十五元零八の全てを滞らせており、帳簿を官府に提出して調べたが、口先ばかり良い返事を重ねて遅らせている。更に、蔡膺秀の父と祖父は蔡浅水と共に本庄で源盛号を開き、杉材の事業を経営した。元は五株あり、蔡膺秀が一株、蔡香が一株、蔡浅水が一株、蕭鮑が一株、蔡標が一株を得た。道光十八年の正月になって協利号と改号し、同時に四株へと変え、蔡膺秀が二株を得、これに更に資本金四百元を加え、蔡標が一株、蔡浅水が一株を得た。蔡浅水の一株には資本金二百元を加えたはずであったが、再び蔡膺秀の源利養殖漁場に抵当を入れ、金を借り、その元利は未だに返済されていない。思いがけず、商売の利益を記したものや帳簿が、ことごとく水に呑まれて分からなくなり、何度も衙門の役人に訴えたが、蔡浅水は全く協力しようとしなかった。蔡膺秀が元々所有し、蔡浅水に請け負わせた北中横養殖漁場の半株は、毎年二十六千文の税を得られるはずであったが、光緒二年以来、税は滞っている。そこで頻繁に蔡浅水を呼び出して何度も諭したにもかかわらず、蔡浅水は明らかな偽り述べ、言い訳をしてこれを遅らせようとした。こともあろうに、良心に背き、事実を捻じ曲げ、養殖漁場の税を横領しようとする状況をみて、台湾に赴き訴えを呈し、先手を打って勝利を収めることを期したのである。□□□が欺いたのでなければ、これを追求し全てを返済させ、そうすれば蔡膺秀のかけがえない資本金が不当に奪われ、更に誣告を受けたことも、ついには心穏やかになるだろう。切に全てを漏らさず呈上し、法官大老爺が日月のごとく事を明るく照らし、お取り調べのうえ返済がなされるよう追求していただきますよう、切にお慈悲を願います。(62)

これによれば、蔡源利と蔡浅水の間の紛争は、実際のところ商売上の貸し借りや合資経営上の矛盾によって生じたことが分かる。また蔡源利は、光緒二年（一八七六年）から、蔡浅水の養殖漁場の税を差し押さえた。その目的は、相手方の債務を補償するためであった。この事件は、官府の審理を経て一時収束したが、光緒末年にはまた同じことが持ち出され、再度訴えが起こったのである。

光緒二〇年（一八九四年）、布袋嘴庄の「蔡長が派遣した養子蔡泉」が、「武力にまかせて養殖漁場の回復を拒んでいるなどの内容」で源利養殖漁場を告訴し、(63)源利号もまた訴状を呈して告訴し返した。その監生であった蔡昭礼の呈するところによれば、北中横養殖漁場は、咸豊年間に波によって損壊し、合議の結果「これまで所有してきた敷地の全て」を源利号に帰せしめ再建築することになり、蔡氏はこのために最大限の努力をしてきた。「既に家が傾き、多くの人件費を拠出して大きな堤防を再建することはできず、小さな堤防を増設し、樹木を植えて潮を遮り、ようやく崩落を止めることができた」のであった。光緒年間、蔡長、蔡集兄弟と源利養殖漁場は、敷地の税の問題で怨恨が日増しに積み重なっており、衝突にいたったのである。

光緒辛巳の年、布袋嘴庄の蔡長、蔡集の兄弟が、敷地の購入契約二枚によって、△（源利養殖漁場の蔡昭礼を指す、以下同）から、資本金六十元を借り、毎月利息の二分五厘を支払うことを、契約書を立てて証拠とした。△が敷地税の利息を差し押さえてからも、未だに不足が続いており、蓄積した元金と利息の損失は、あわせて一百七十銀元となり、何度も書きつけを並べて問い質したが、蔡長は始終先延ばしにし、清算を促しても清算せず、横領してしまおうとした。ひいては良心に背き武力にまかせ、△を欺き蔡泉を台湾に呼び寄せて脅迫し、横領の助けとし、ついには一族の内、同様に△に負債のある蔡衢、蔡春風を寄せ集めて徒党を組み、敷地税の増額を口実に、今月二十一日に四五十人の荒くれ者を率いて、銃や武器をもち、旗を掲げて鼓を打ち鳴らし、養殖漁場を取り囲み、竹牌を勝手に立て、養殖漁場の財物を強奪しようと試みた。このことについて調査し、証明願います。佃丁らがこれを阻もうとしたが、蔡長らはそれに従わないばかりか、現在海防喫緊の時であり、まさに志を得た日なのであると大げさに述べ、一向にやめようとせず、即座に佃丁らを掃討してしまった。佃丁達の言葉にも従わず、すぐに武力に訴えるため、△はより大きな禍となることを恐れた。△は何度もやめるよう訴え、急いで当局にも知らせたが、当局の官吏はこれを制することなく、△に出向くだけ無駄であると応じた。蔡長らが沿路攻撃してくるのを察知しようもなく、△は遠方まで逃げ身を隠すほかなく、命がけでここまでたどり着いた。無実の罪をそそぐため、法官大老爺が調査し、明らかにしてくださることを何とぞお願いします。

蔡昭礼のこの呈上は、光緒二〇年の一〇月下旬になされ、事件の次第を正直に述べた以外に、現場で拾得した竹牌三九枚と借用書の写し一枚を添付した(64)。

蔡長兄弟と源利養殖漁場の問題を総合してみると、前述の蔡浅水の事件と実際ほぼ同じであり、源利養殖漁場の地税に起因して生じたものである。蔡長兄弟と蔡浅水は共に北中横養殖漁場の大小税株の所有者であり、蔡源利が養殖漁場を請け負った後、彼らは毎年得られるはずの地税によって、源利養殖漁場から事前に金を借りており、税を利息の返済にあてていた。けれども、それ以降返済が滞り続けたため、源利養殖漁場はこれを「横領」だと見なし、相手側はこの機会に「地税を増額」してほしいと主張したのである。蔡源利が請け負った養殖漁場では、請負者と元の大小税株の所有者達の間に、相互に駆け引きを行う対立関係を形成していたのである。蔡氏の財力がまだ強勢であった頃には、この駆け引きの結果は自ずと蔡氏の有利に終わっていた。しかし、形成が変わった現在では、蔡氏は衰微し、もう一方は勢力を強めたため、双方の矛盾と衝突は回避できないものとなったのである。

更に具体的な状況から見ると、当時はまさに日清戦争の時期にあたっており、「海防喫緊」であると共に、布袋嘴は「塩の密売人にあふれた」敏感な地域でもあり、力のある者が地方の支配者としての役割を演じていたのである。蔡氏は布袋嘴で大きな発展を遂げ、一族の者が台湾に移転してきたとはいえ、その主要な人々は一貫して大陸に住んでおり、本部は大陸、支部が台湾という形態を採っていた。このため、蔡昭礼の呈上の中でも「蔡泉を台湾に呼び寄せ」となっているのである。こうした敏感な時期と地域において、蔡氏がそれまで担ってきた主導者の役割は、地域の実力者達の挑戦を受けるようになっており、まさしくこの時、蔡源利の勢力が弱まりつつあったのである。

蔡源利が蔡長、蔡集兄弟と衝突する過程で、相手は武力によって問題を解決しようとした。まず、「四五十人の荒くれ者が、銃や武器をもち、旗を掲げて鼓を打ち鳴らし、養殖漁場を取り囲み、竹牌を勝手に立て、養殖漁場の財物を強奪しようと試みた」。そしてその後、「現在海防喫緊の時であり、まさに志を得た日なのであると大げさに述べ、一向にやめようとせず、即座に佃丁らを掃討してしまった」。こうした描写からは、たしかに地方の梟雄としての性格が伝わってくる。けれども、実際の状況から見るならば、この時蔡長兄弟が仲間を連れて養殖漁場に入ったのは、特別な意図があったわけではなく、単に力ずくで相手の養殖漁場の利益を奪おうとしただけなのである。

実際、早くも光緒一七年（一八九一年）には、蔡氏の経営する北中横の養殖漁場で一斉「強盗」略奪事件が発生していた。この年の一一月二六日の深夜、「三十余名の強盗が各々刀や銃などの武器をもち、松明をかざして門を破り、敷地内に押し寄せ、帳場の金銭契約書と衣装箱の衣類□点を、残らず奪い去った」のである。これと同時に、養殖漁場の管理小屋にいた二人が負傷し、その内の一人は右手を肘から切断され、もう一人は左腿、頭部を銃で撃たれ、危篤状態になった[65]。わずか数年の内に、度々武力強奪事件が発生したことは、源利養殖漁場と地域の実力者達の間の利益紛争が激化したことを示しており、また同時に、光緒末年における布袋嘴地域社会の不安定な情勢、源利養殖漁場が地域実力者達の強奪の対象となっていたことを示している。

源利養殖漁場と蔡長、蔡集兄弟がお互いを訴えている頃、前述の蔡浅水がまたしても機会とみて登場し、再度、源利養殖漁場が税を差し押さえて返さないといって告訴した。けれども、今回の蔡浅水の訴えは、官府の支持を得ることができなかった。光緒二〇年の官府の指示によれば、光緒九年にお互いを訴え、元嘉義県の潘県令から、「下級役人に命じて案件を調査させた後、当該の者についてはすぐに調査したが、訴えは呈上されなかった。現在までの間に十余年も経っており、案件はとうに取り消されている。なぜ再度訴えを起こそうとするのか。二月の間に当該の者の呈上に基づき、既に指示は下っているのだから、くれぐれも再び冒瀆することのないよう」とされた[66]。けれども、蔡浅水は尚も上訴書を呈し、一〇月二七日には再度以下のような指示が下った。

その呈上については、既に明らかとなり案件を退けることが指示されている。今また呈上し、先の指示をよく吟味せず、故意に知らないかのように装うのは、まったくもって狡猾である。その元の訴えの内容を審理し、祖父蔡尚から受け継いだ半株分の養殖漁場税は、毎年二十六千文であると明確に述べ、案件の書類にもそう記録されている。今になって突然蔡甕崎、すなわち蔡昭礼の滞り続けている税を一千八百余銀元だと称し、毎年平均一百元多く計算している。この点から見ても、その訴えるところは全て虚偽であることが分かる。今、蔡昭礼と蔡泉の訴訟案件にかこつけて、再度かつての事件を持ち出し、捏造された訴えと関連付け、それによってゆすり、たかりを行うことは、極めて悪辣である。この捏造について取り調べて追求すべきであるが、元の案件が既に取り消されていことも鑑みて、寛大に再度脚下を申しつける。(67)

光緒二〇年一〇月下旬、ちょうど蔡源利と蔡長兄弟（すなわち「蔡泉訴訟事件」）がお互いを訴えている最中、蔡浅水が再び訴状を呈して蔡昭礼らを訴えたのである。ここからは、蔡浅水がかつて目的を遂げることのできなった訴えをあきらめることがなかったという、その意思の強さと、この時二人の原告が手を組んで蔡源利を倒そうとした可能性も排除できないことが見て取れる。清末、蔡源利一族の布袋嘴における養殖漁場経営がいかに困難であったか、その一部がうかがえるだろう。

光緒二一年（一八九五年）、日本軍が台湾に上陸し、蔡源利一族の養殖漁場はほどなくして実力行使で奪われてしまった。蔡氏一族の文献によれば、この時蔡源利一族の大部分の人は大陸に戻り、混乱から逃れたという。後に、蔡昭礼、蔡昭揺の「六合」父系兄弟は、再度台湾に戻り、「八年間法廷で争い」ようやく事業を取り返したという。(68)この件については、本論の検討対象から既に離れてしまうが、ここで少し触れることによって、事件の流れの全貌を補足した。今後、更に整った史料が発見されれば、別稿にて詳しく検討したい。

四、補論と結論

蔡源利一族は、乾隆末年から台湾で生活のために事業を始め、清朝末年の日清戦争前夜まで、その期間は一〇〇年あまりあった。一族は養殖漁場の経営によって財をなし、後に商取引でも大きな成功を収め、一族は大変に繁栄した。蔡氏の「家譜」の記載によれば、咸豊三年癸丑（一八五三年）に、台湾では林恭、李石事件が発生し、蔡氏一族も多くが軍功によって恩賞にあずかった。懋爾は「咸豊癸丑の年に軍功六品の職位を与え、慣例に従い承徳郎を授け」られた。懋願は、「六品の職位を与え、審議を経て布政使司理問に任じ、慣例に従い承徳郎を授け」られた。懋進は、「七品の職位を与え、慣例に従い文林郎を授け」られた。また、彼らの父と同輩の親族達である章棚、章情、章涼は、共に「慣例に従い承徳郎を授け」られた。このほかに、章涼、懋漱、懋願は、「太学生」の官職を買った。[69]商人が官府と結びつきを持ったのは、その社会的地位を高め、経済的にも政治的にも収めることが、多方面に投資を拡大するうえでも有利となり、さらなる経済的利益を獲得できるからであった。

商人の資本が養殖漁場に投入されたのは、それが容易く儲けられる事業であったからである。『台陽見聞録』によれば、「養殖漁場の利益は田畑に勝る」[70]という。また、乾隆年間に成立した『重修鳳山県志』も、「波食棚や養殖漁場を港商が掌握すれば、納税の負担が軽くなる」[71]としている。収益が非常に豊富であるため、「港商」、つまり貿易に従事する大商人は、この領域に多額の投資を惜しまなかった。道光年間から咸豊年間にかけて、蔡氏の商業経営は最も盛んな時期であり、布袋嘴養殖漁場の経営も最盛期に突入していた。

蔡氏が布袋嘴に購入した養殖漁場には、中洲と北中横の二箇所があり、その内、北中横養殖漁場が最も重要であった。養殖漁場の所有制度について言えば、中洲養殖漁場は一貫して八株による経営がなされており、一方の北中横養殖漁場は、嘉慶年間に大小税制が形成されていた。いわゆる大税、「塭底分」とも呼ばれるものの源流は、養殖漁場開設当初の共同投資の持ち分であり、少なくとも乾隆年間には既に制度化されており、一〇の株（持ち分）からなっていた。一方小税は、「塭佃分」とも呼ばれ、嘉慶年間に高波によって破壊された養殖漁場の堤防の修築のために、別途集められた出資であり、その参加者には元々の「塭底分」の所有者だけでなく、幾人かの「仲間」も加えられて投資がなされ、あわせて一三・二株（持ち分）となったのである。したがって、「塭底分」と「塭佃分」は、二度の異なるかたちの投資によって制定された大小の株式であり、これを大小税と呼んだのである。いわゆる「税」というのは、閩南語の言語環境においては「租（貸し借り）」を表しており、例えば閩南後語で「租房（部屋を借りる）」は「税厝」となり、同じ意味を表している。したがって大小税というのは、北中横養殖漁場の大小株を所有する業者達が、毎年確保しなければならなかった経済的収益なのである。

こうしたことからは、清代台湾の土地経営における「大小租制度」が自然と想起される。しかしながら、養殖漁場経営における大小税と土地経営における大小租とは全く異なるものである。大小租の起源は土地の永久小作権である。つまり、土地請負者（佃戸）が長期にわたって請け負いを続ける過程で、その請け負った土地を実際に現場で耕作する農民へと又貸しし、自らは実際に現場で耕作する農民から地租を取り、その地租を小租と呼んだのであり、そのため彼らは「小租戸」と呼ばれた。そして、彼らはその中の一部の地租を大租と呼んで、元の土地所有者、すなわち「大租戸」に納め、元の土地所有者はそれを更に官府へと納税したのである。一方で養殖漁場経営における大小税制度とは、共に養殖漁場修築のための出資に起源をもち、投資された時期と投資額の大小が異なるだけであり、そのために大小税の配当金額も異なったのである。しかし、彼らは共に養殖漁場の「敷地」に対する所有権をもっており、また、共同で官府に養殖漁場の軍餉を納める義務を負ったのである。

とはいえ、養殖漁場経営の過程では、土地経営と類似した制度も形成されている。北中横養殖漁場の経営過程では、大小税戸の共同経営であろうと、東石蔡氏の請負経営であろうと、全て「長年」を雇って管理することになっており、また、「現耕塭分」或いは「現耕浮分」と呼ばれるものが存在した。これらの「現耕塭分」或いは「現耕浮分」の所有者は、実際のところ、長期にわたって養殖漁場内で働いていた佃丁であった。そして、この「現耕塭分」或いは「現耕浮分」を売買することもできたのである。例えば、道光一六年（一八三六年）六月の契約には、以下のようにある。晋江丙洲郷の王衛良は、「祖父がかつて購入した北中横養殖漁場の現耕塭分三四分の一分を継承しており、そこには日常用品や小屋も含まれる」。仲介者を通して塩水港街蔡益成号に売り渡し、その価格は一〇〇銀元であった。[72]ここから見るに、これらの売りに出された「現耕塭分」は、その持ち主が現場労働に従事してきた時間も長く、また彼らは自らの仕事道具や小屋などの生産手段も所有しており、「現耕塭分」が北中横養殖漁場内の一種の自己の権力、つまり漁業権となっていた。これらの「現耕塭分」或いは「現耕浮分」は計三四分あり、王衛良が売りに出したのは、彼の祖父が「かつて購入した」ものの一分である。そのほかの「現耕塭分」或いは「現耕浮分」を売りに出した契約もまだあり、最も遅い記録として咸豊一〇年（一八六〇年）のものがあるが、ここでは取り上げない。[73]このように、漁業権の株という形式が、養殖漁場経営においても実際存在したのである。それは大小税の株とは異なっており、後者が養殖漁場の「敷地」の所有権を持っていたのに対し、前者は単に漁業権だけだったのである。

これとは別の、養殖漁場の経営に影響を与えた権力として、経営権が挙げられる。嘉慶年間、北中横養殖漁場が集団経営を行っていた頃、彼らの共同経営契約書には、「養殖漁場の開基以来、内部にかかる大税十分、小税一三分二厘、毎年養殖漁場の税は大小税に照らして等しく割り当てて来た。……長年にわたって養殖漁場のなかでは、他人に魚やエビを盗られるといったことが常々あったため、事にあたる者の気持ちは表し難く」[74]とある。ここにある「事にあたる者」とは、毎年大小税戸に「養殖漁場の税」を納める経営者たちであり、清代台湾の文献中にある「長年」のことであり[75]、またその他の専門的技術を有する者や、長期にわたって直接生産に従事した「現耕」戸のことである。これらの経営権をもった「事にあたる者」がどのようにして形成されたのか、毎年納める「養殖漁場税」が一体いくらであり、具体的に誰によって納められたのかについては、ここに引用した契約の内容からは判然としない。いずれにせよ、彼らが養殖漁場の経営と技術管理を担っていたのは確かである。しかし、これらの養殖漁場の経営者たちの一部（主に「長年」とその他の専門的技術を有する者）は、養殖漁場の所有者や、より長期の「現耕」戸によって雇われており、「現耕塭分」或いは「現耕浮分」を有する長期「現耕」戸となっていたが、相対的に分散しており、その数は数十戸にも達していた（合わせて三四分）。そのため、養殖漁場に対してはあまり大きな自主的支配権をもっていなかった。

右記のような経営権が、養殖漁場に対する実際の掌握と管理に変化したのは、蔡氏が単独請負を行った頃、特に咸豊三年（一八五三年）にそれまでとは異なる契約を立ててから以降のことであった。当時の蔡氏は、北中横養殖漁場の単独請負を行っていただけでなく、自らの養殖漁場も経営しており、その一方で毎年約定に照らして大小税を納め、また官府に軍餉を納める義務も負っていた。蔡氏はそれまでの「現耕」戸を、彼が統括していた各請負養殖漁場の経営者へと変えただけでなく、更に自身の管理していた養殖漁場を第三者へと請け負わせ、そこから養殖漁場税を取ることもできたのである。例えば、光緒一四年（一八八八年）、蔡世擁（すなわち蔡昭擁）は、北中横養殖漁場の生け簀二箇所、その名は水溝下堀を、邱幹、蔡尾、戴賊の三人に下請経営させ、毎年税四五・七銀元、手付金三元を支払うことを約定し、一〇年を期限とした[76]。光緒一六年（一八九〇年）、蔡世擁は、再度北中横養殖漁場の生け簀二箇所、その名は水溝頂中堀面を、蔡徳浸、蔡海抛に下請経営させ、毎年税六九・三元、手付金二元を約定し、無期限とした[77]。

したがって、当時の蔡氏は大小税の所有者の一人であっただけでなく、養殖漁場を再度下請にまわす請負経営者でもあり、後者のような性質は、実際既に土地経営における小税戸と同様のものであった。

これまで論じてきたように、東石蔡氏の養殖漁場経営という事例からは、清代台湾南部的の養殖漁場経営が、実際相当に複雑なものであり、長期にわたる合資経営のモデル（中洲養殖場）だけでなく、北中横養殖漁場のように、株形式による経営も歴史の中で多くの形態を生み出してきた。それには例えば、「塭底分」（大税）、「塭佃分」（小税）、「現耕塭分」、そして請負経営者による再下請の実施などがあった。これらさまざまなレベルの権力は、土地経営の方法とある種の関連性や類似性をもっていたが、それと同時に養殖漁場経営だけに見られる特徴も備えていた。

東石蔡氏の養殖漁場経営は、同治に入って以降、次第に衰退していった。養殖漁場の経営は、リスクの高い投資であり、その収益は相当に高いが、リスクもまた高かったのである。天災以外に、人災もまた看過できない要因であった。このため、養殖漁場への投資者には、十分な資本が要求されただけでなく、地域社会において相応の実力者でなければならなかった。蔡氏の原籍は大陸の晋江であり、布袋嘴での養殖漁場経営は、彼らの両岸活動の一部であった。地域社会が不安定な状況において、養殖漁場の所有権の移転率は非常に高かった（付録二参照）。多くの「港商」達が養殖漁場へと進出し、その一方で養殖漁場の持ち分を抵当として商人から金を借りた。そのような中で、東石蔡氏は、自らの社会的影響力の低下と共に、清朝末年には日々大きな試練に直面していた。養殖漁場の経営は、商業活動や地域社会と非常に密接に関連していたのである。こうした点から考えると、養殖漁場経営の研究は、清代台湾における社会経済史の変遷と発展をより深く理解するために有益なものとなるであろう。

付録一　蔡源利一族三世代家系

玉井房第十三世代	玉井房第十四世代	玉井房第十五世代
文由（乾 24 －道 3、1759 － 1823）	章棚（養子）（乾 54 －嘉 16、1789 － 1811）	懋漱（同族養子）（嘉 19 －光 6、1814 － 1880）
		懋願（同族養子）（嘉 25 －咸 5、1820 － 1855）
		懋用（同族養子）（道 23 －同 7、1843 － 1868）
	章情（乾 55 －道 12、1790 － 1832）「六合」の生まれ	懋漱（養子へ）（嘉 19 －光 6、1814 － 1880）
		懋與（嘉 24 －同 4、1819 － 1865）
		懋爾（道 2 －同 8、1822 － 1869）
		懋梧（道 4 －咸 2、1824 － 1852）
		懋進（道 6 －光 1、1826 － 1875）
		懋時（道 11 －光 27、1831 － 1901）
	章涼（乾 57 －同 4、1792 － 1865）「五美」の生まれ	懋願（養子へ）（嘉 25 －咸 5、1820 － 1855）
		懋恤（道 4 －光 9、1824 － 1883）
		懋慈（道 17 －同 11、1837 － 1872）
		懋恥（道 20 －光 3、1840 － 1877）
		懋用（養子へ）（道 23 －同 7、1843 － 1868）

資料出所：『東石源利族人徙台貨殖書契』所収「東石玉井戸文方公家譜」、20-24 頁。『閩台族譜彙刊』第 40 冊所収「晋江玉井蔡氏長房三惟哲公派下家譜」、514-520 頁。

付録二　嘉慶から咸豊年間における北中横養殖漁場大小税所有者の変遷一覧

嘉慶二十年前後	嘉慶二十四年	咸豊三年
温保祐、儛任叔、蔡薦、蔡居、蔡午、蕭廷儛、謝賛瑞、顔陶、蔡景、王挑、蔡遠由、張旁、篤叔、王等、蕭鴻蘭、郭玉川、陳立、陳錦、陳奪	蔡遠由、郭玉川、謝管、陳立、顔陶、温保祐、王等、蔡居、蔡午、蔡景、蕭廷儛、蕭鴻蘭、陳錦	蔡樹涼、温雅、周埔、蔡光緞、蔡暢、謝然、蔡浅水、蔡剪、蔡丕、蔡景、蔡取、蔡敬天

資料出所：『東石源利族人徙台貨殖書契』、139、140 頁及び蔡氏の未公刊資料。

【注】

（1）台湾養殖漁場の研究について、現在筆者の把握しているものとして、日本統治時代に臨時台湾旧慣調査会が刊行した『第一部調査第三回報告書台湾私法付録参考書』に「養殖漁場」の項目があり、関連の契約書類が収録されている（『台湾私法物権編』、台湾銀行、一九六三年）。一方で、伊能嘉矩の著した『台湾文化史』全三冊には、関連の研究が見られない（台湾省文献会中訳本、一九八五年）。台湾人学者によるものとしては、『重修台湾省通志』と周憲文の『台湾経済史』など、日本統治時代以降の水産養殖業に関する内容のほかに、論文としては、一九五六年に発表された蘇国珍の「本省虱目魚養殖」（『南瀛文献』一九五六年第三巻三、四期合併号）があるだけである。最近発表された曾品滄の博士論文「従田畦到餐卓——清代台湾漢人的農業生産与食物消費」（『台湾史研究』第一九巻第四号、二〇一二年一二月）は、この分野の研究において最も重要な論文の一つである。これまでのところ、大陸の学者に専門的な論文を発表した者はいない。

（2）これら東石蔡氏の文書は、既に整理され出版されている（蔡書剣企画、蔡長安編著『東石源利族人徙台貨殖書契』、「晋江文化叢書」第五輯所収、厦門大学出版社、二〇一〇年六月）。しかし、残念なことに誤りが非常に多い。本論で使用する資料は全て原典と照合している、或いは原典から直接採録している。但し、読者が参考とする際の便宜のため、出版されている『東石源利族人徙台貨殖書契』のページ番号を付記している。

（3）『東石源利族人徙台貨殖書契』、二八頁。

（4）同右書。

（5）「東石玉井戸文方公家譜」、『東石源利族人徙台貨殖書契』、二〇–二一頁に所収。

（6）当該の『家譜』には編纂の年代が記載されていない。けれども、章情の第三子懋爾が「咸豊癸丑年に軍功六品の職位を与え、慣例に従い承徳郎を授ける」との記載があり、この「癸丑年」は咸豊三年（一八五三年）である。また、章涼の長子懋願は咸豊五年（一八五五年）に死去しているが、この『家譜』には卒年が記載されていない。つまり、編纂時に彼はまだ生きていたということである。このため、「晋江玉井蔡氏長房三惟哲公派下家譜」は、咸豊三年から五年の間に編纂されたということが基本的に確定でき、おそらくは、咸豊四年（一八五四年）の編纂であろう。上記の「晋江玉井蔡氏長房三惟哲公派下家譜」は、陳支平編『閩台族譜彙刊』第四〇冊（広西師範大学出版社、二〇〇九年五月）の五一五、五一七頁を参照。また、『東石源利族人徙台貨殖書契』所収の「東石玉井戸文方公家譜」、二一頁。

（7）「晋江玉井蔡氏長房三惟哲公派下家譜」、『閩台族譜彙刊』第四〇冊、五一六頁。

（8）同右書、五二〇頁。
（9）『東石源利族人徙台貨殖書契』、七二頁。
（10）蔡文居についての資料は、「晋江玉井蔡氏長房三惟哲公派下家譜」、『閩台族譜彙刊』第四〇冊、五四二頁を参照。彼は蔡文由より二歳年下である。
（11）『東石源利族人徙台貨殖書契』、七六、七七－七八頁。
（12）同右書、八二－八三頁。
（13）同右書、八五頁。
（14）同右書、八七頁。
（15）同右書、八八－八九頁。
（16）『東石源利族人徙台貨殖書契』、九二頁。
（17）同右書、三一－三四頁。
（18）同右書、一五〇－一五一頁。
（19）同右書、一八一頁。
（20）『東石源利族人徙台貨殖書契』、一五七頁。
（21）同右書、三五頁。
（22）同右書、二〇四－二〇五頁。
（23）蔡文由の長子であった章棚は養子であり、嘉慶一六年（一八一一年）に二三歳で死去している。
（24）「玉井蔡氏鬮書」、『閩台族譜彙刊』第四〇冊、五八〇－五八一、五八七－五八八頁。
（25）『東石源利族人徙台貨殖書契』、一九三－一九四頁。
（26）夏献倫『台湾輿図』、台湾文献叢刊第四五種（台湾銀行、一九五九年）、二〇頁。
（27）王石鵬『台湾三字経』台湾文献叢刊第一六二種（台湾銀行、一九六二年）、四八頁。
（28）丁曰健『覆台鎮曾輯五書』、『治台必告録』台湾文献叢刊第一七種（台湾銀行、一九五九年）、五七七頁。
（29）沈葆楨『捜獲布袋嘴土匪正法片』、『福建台湾奏折』台湾文献叢刊第二九種（台湾銀行、一九五九年）、五〇頁。
（30）『東石源利族人徙台貨殖書契』、一一九頁。
（31）同右書、二一七頁。

(32)連横『台湾語典』三巻、台湾文献叢刊第一六一種（台湾銀行、一九六三年）、七四頁。
(33)周憲文『台湾経済史』（台湾開明書店、一九八〇年）、八二〇頁。
(34)当時の建設の許可証は、『東石源利族人徙台貨殖書契』、二四三頁を参照。
(35)『東石源利族人徙台貨殖書契』、二一七頁。
(36)同右書、六二頁。
(37)同右書、一二三頁。
(38)同右書、八一頁。
(39)同右書、七二頁。
(40)同右書、七四頁。ここで引用した契約の中のゴチックで表わした数字は、もともと旧式の記帳法である「蘇州号碼」で記されていたが、印刷の便を考え、筆者がゴチックに改め、その他と区別した。
(41)明清時代の契約では、往々にして「歴史」の叙述に関する点であまり厳密ではないことがある。このため、この契約書から「塭佃份」、すなわち小税の起源が陳瑞記の父から始まったと認定することは困難である。陳瑞記の父の購入した時点も大税のみであり、後に小税が出現したという可能性もある。しかしいずれにせよ、嘉慶一八年には既に大小税制が存在していたことは疑いない。
(42)小税が一三・二分だという説については、最も早くは嘉慶二四年（一八一九年）にあらわれた。『東石源利族人徙台貨殖書契』、一三九頁。
(43)『東石源利族人徙台貨殖書契』、二一七頁。
(44)同右書、六三－六四、六六－六八、八五、九〇、一〇一、一〇五－一〇七の各頁。
(45)同右書、一三九頁。
(46)連横『台湾語典』三巻、台湾文献叢刊第一六一種、六八頁。
(47)『東石源利族人徙台貨殖書契』、一〇三、一〇八、一一〇頁。
(48)同右書、一四一－一四二頁。
(49)同右書、九二－九三頁。
(50)同右書、一四八頁。
(51)同右書、一一三頁。

(52)同右書、一一一頁。
(53)姚瑩『中復堂選集』、台湾文献叢刊第八三種(台湾銀行、一九六〇年)、四二―四三頁。
(54)『福建省例』、台湾文献叢刊第一九九種(台湾銀行、一九六四年)、五八八頁。
(55)『東石源利族人徙台貨殖書契』、一四〇、一四三頁。当該の書籍内ではこの契約書を二つに分けて整理してあり、実際は誤りである。また、引用文中のゴチックの漢数字で表記した箇所は、原文で「蘇州号碼」を用いて書かれている箇所である。以下、同様の注は省略する。
(56)同右書、三七―三八頁。
(57)同右書、四六―四七頁。
(58)周鐘瑄『諸羅県志』十巻、物産志、台湾文献叢刊第一四一種(台湾銀行、一九六二年)、二三九頁。
(59)蔣師轍『台遊日記』三巻、台湾文献叢刊第六種(台湾銀行、一九五七年)、七四頁。
(60)『東石源利族人徙台貨殖書契』、一三〇、一四五―一四六頁。
(61)同右書、二〇六―二〇七頁。
(62)同右書、二〇四―二〇五頁。
(63)同右書、二二〇頁。
(64)同右書、二一七―二一八頁。
(65)同右書、二一五頁。
(66)同右書、二一一頁。
(67)同右書、二一三頁。
(68)「東石玉井戸文方公家譜」、『東石源利族人徙台貨殖書契』、一八六―一八七、二二四―二二六頁。
(69)「晋江玉井蔡氏長房三惟哲公派下家譜」、『閩台族譜彙刊』第四〇冊、五一五―五一九頁。
(70)唐賛袞『台陽見聞録』上巻、台湾文献叢刊第三〇種(台湾銀行、一九五八年)、八五頁。
(71)王瑛曾『重修鳳山県志』一巻「輿地志附録」、台湾文献叢刊第一四六種、(台湾銀行、一九六二年)、一〇頁。
(72)『東石源利族人徙台貨殖書契』、一〇三頁。
(73)同右書、一〇八、一一〇、一二一―一二三頁を参照。
(74)同右書、一三九頁。

(75)連横『台湾語典』三巻、台湾文献叢刊第一六一種、六八頁。
(76)『東石源利族人徒台貨殖書契』、一四五－一四六頁。
(77)同右書、一三〇頁。

第五部　植民地・戦後における官僚の流動

満洲国政府における台湾籍高等官（一九三二〜一九四五年）

許雪姫（湯原健一訳）

はじめに

「満洲国」は一九三二年三月一日建国し、満洲国執政には清の遜帝、愛新覚羅・溥儀が就任、王道政治、五族協和を標榜した。一九三四年には帝制が実施され、溥儀は皇帝に即位する。一九四五年八月一八日、溥儀は逃亡先である通化省の大栗子において退位式を執り行い、満洲国は正式に滅亡することとなる。(1)この間の一三年半、溥儀は傀儡と見なされ、満洲帝国も日本の庇護下に形成されたため、中国史上においては「偽満洲国」と位置づけられている。

本稿において言及する「台湾籍高等官」とは、当時、日本国籍を有し、満洲国政府の公職体系下において高等官に就任した台湾人を指す言葉である。

満洲国に対する研究というものは、中国史・日本史双方においても、一つの独立した研究分野として成立していない。田中隆一による日本における満洲国研究の回顧によれば、一部の先人たちの業績を除いて、戦後の日本の歴史学界が満洲国研究を意欲的に発展させたのは、一九七〇年代以降のことである。これ以降、満洲国研究は、日本帝国主義研究の一部分と見なされ、社会経済史を中心とした分野において着実な進展を見せることとなる。九〇年代以降になると、歴史社会学、教育史などの分野、例えば文化研究や教育・言語政策史など多様な分野での研究が蓄積されていくこととなる。

研究者としては、経済学者が最も多く、次いで社会学、教育学、政治学、文学の各研究者であり、史学者は満洲国研究を東洋史（中国史）の一分野として捉えており、狭義における日本史研究者は、この分野を研究するものはいなかった。日本近現代史の研究者の大半は、満洲国を論じる際には、満洲事変を中心としており、日本の対外政策の一環と見なすのみであった。日本の植民地支配下における満洲／中国東北地域に対する研究は少ないといえるが、経済史分野における研究は既に相当の蓄積を有し、その研究成果も少なくない。しかし、満洲国における権力基盤及び上部構造に対する研究は比較的遅れており、いまだ多様な展開を見せていない。[2]

台湾において戦後、中国東北地域（満洲事変を含めて）の研究を行うものはいたが、「満洲国」を研究するものは多くなかった。その中にあって、丘樹屏による『偽満洲国十四史話』は、満洲国の興亡を紹介しただけでなく、満洲国における重要人物である謝介石を取り上げているが、[3]残念ながら出典が不明であるために、学術的著作とは見なされてはいない。そして、日・台双方の満洲国研究において、満洲での台湾人について注目した研究者は更に少ない。

満洲での台湾人というテーマについて、筆者はかつて謝介石や満洲国における医師たちなど、東北地域における台湾人に関する論文を幾つか発表してきた。[4]また、郭瑋は「大連地区建国前的台湾人及其組織状況」においては、一九一一年から一九四五年までの大連における台湾人及び戦後に組織された「大連市台湾同郷会」について言及した。[5]しかし、満洲において公職についた人物を対象とした検討は、いまだ成されていない。

本テーマに関連する重要な史料としては『満洲国政府公報』、『大同学院同窓会名簿』（一九四二、一九四八年）、『大陸科学院の会　会報と名簿』（一九九五年）、『満洲国現勢』（一九四一年）、『満洲帝国文教関係職員録』（一九三六年）、『満華職員録』（一九四二年）などが挙げられる。以上の史料以外にも、オーラルヒストリーもまた重要である。筆者が既に出版した聞き取り調査が収録されている『口述歴史』の第五・六期、『日治時期在「満洲」的台湾人』の三冊がある。当事者たちの満洲国政府内での役割を理解する上で、役立つものと思われる。

本稿は、まず満洲帝国の官僚体制の確立を検討し、次に台湾人の満洲国政府への就職理由について分析し、台湾人の満洲国における高等官の一覧を作成し、高等官と幾つかの重要な役職に就いた台湾人を示し、彼らについて検討を加えていく。

一、「満洲国」における官僚体制の確立

満洲国における官僚制度は、中央と地方の二つの部分からなる。満洲国成立後、官僚体制がどのように構築され、人事において人材をいかに吸収し、政府に登用するかは、満洲国の未来の発展に関係するものである。そのため、全国の人事行政を統制するために国務院総務庁下に人事処（各部門、各地方の人事と給与を管理する部局）、主計処、需用処が設けられ、人事、会計、需要などの重要な業務を集中的に管理した。(6)もとより日本は日本人の人材を重用した。

一九〇五年、日露戦争の勝利によって、日本は清朝より旅順・大連の租借権を獲得し、翌年関東都督府を設置する。(7)既に一部の日本官僚は、満洲において職を得ていたため満洲についての認識を有していたが、大半は満洲に対して不案内であった。加えて、日本が満洲を占領する以前の中国東北部は張学良の時代であり、中華民国時代から留まっていた官僚が日本へ帰順するならば、彼らを登用することは満洲を速やかに掌握する助けとなった。

日中満の官僚の比率はどのようになっていたか。原則的には日本人一人に対して満洲人四人が採用されたが、様々

な要因によりこの原則は絶対的なものではなかった。[8] そして、決定権は日系官僚が有しており、また特別なものは関東軍司令官が決裁を行っていた。[9]

以下において、まず満洲国の官僚制度を検証し、次いで人事任用について言及する。

（二）官僚体制

満洲国は一九三二年三月一日建国宣言を発表し、九日に溥儀が執政に就任、同時に建国式が挙行され、一〇日満洲国は正式に独立を宣言する。また、同日に各部局の主要人事が発表され、新京（元の地名は長春）を首都と定めた。溥儀の執政府には府中令（特任官）が任命され、執政の命令によって執政府の一切の事務を掌理した。[10]

（1）中央官制

中央官制は皇帝直轄と国務院の二つからなる。溥儀は傀儡の皇帝であり、実権はなく、ただ儀式に形式的に出席するだけの満洲国の象徴としての役割があるだけであった。

『満洲帝国概覧』に掲載されている「満洲国政府組織」によると、その組織には尚書府、宮内府、侍従武官処、軍事諮議院、祭祀府、参事府、立法院秘書処、国務院会議及び国務院があった。国務院の下には総務庁、大同学院、建国大学、興安局、地政総局、審計局、建築局、官需局、大陸科学院、国立中央図書館籌備処があり、さらに十部と呼ばれる治安部、民政部、司法部、外交部、興農部、経済部、交通部がある。

自治体としては特別市である新京があり、奉天、吉林、竜江、熱河、浜江、錦州、安東、間島、三江、通化、牡丹江、東安、北安、黒河、興安東、興安西、興安南、興安北、四平などの一九省が存在した。

例えば、一九四〇年と一九四三年の満洲国の組織表を比較してみると、皇帝の直轄部分を見て取ることができる。一九四三年に増設された「祭祀府」は、建国神廟、建国忠霊廟などの機関を所管する部局で、総務と祭務が置かれた。国務院の下に総務庁と同列の組織として興安局と外務局があったが、一九四三年には国務院の直轄に改められ、両局ともに「部」に昇格している。

（2）地方官制

満洲国の地方行政制度は、初め省と県が設けられた。一九三四年一二月一日に地方制度調査会による調査を経て、第一次改革が実施された。さらに一九三七年七月一日には第二次改革がなされる。この二度の改革の内容としては以下の二点があげられる。第一に地方行政機関を地方の実情にあわせ整備・統合が図られた。第二として協同組合などを普及させ、地方自治制の整備が行われた。これにより従来の一〇省が一六省に改められ、また新京特別市が設けられ、哈爾浜特別市が廃止された。同年末には日本は治外法権を撤廃し、満鉄が所管する附属地を満洲国へ移譲した。[11]これと同時に、省以下に市・街・村制が制定され、地方行政制度が確立していく。一九三九年には辺境地域の防衛、産業開発と東アジア情勢によって、東安、北安両省が増設され、満洲国は一八省となる。さらに一九四二年には四平省を加え、全一九省となる。[12]

省長の下には次長、庁長、参事官、理事官、技正、秘書官、事務官、警正、視学官、技佐、属官、警佐、技士、警衛等の職員が置かれた。省本体の組織とは別に、民生、警務、実業、土木の四庁が設置され、実際の需要に応じた調整が行われた。[13]省の下には特別市があり、一九三七年満洲国は特別市制を発布し、新京と哈爾浜を特別市としたが、一九三七年哈爾浜特別市は廃止された。特別市の他にも省の下には市が置かれた。満洲国の市は一九四二年には一七カ所あった。さらに、省には県があり、県長、副県長が任命された。一九四〇年満洲国全体で一四六県が置かれた。旗長は旗民の居住区を管理する任に当たり、全部で三八旗が置かれた。

街と村は下級の地方団体であり、街には街制が、村には村制があり、両者とも構造的には似たものであった。街・村制は一九三七年一二月一日に実施され、一九四〇年前後には、全体で一八七街、二九八二村が存在した。[14]

（二）人事

（1）官等

一九三二年六月二七日に公布された「暫行文官官等俸給令」により、満洲国の文官は特任官（親任官）、高等官、委任官（判任官）に分けられた。高等官は八等からなる。一、二等は簡任官（勅任官）、三等以下は薦任官（奏任官）と呼ばれた。特任官、簡任官の任免及び昇任は執政が行い、薦任官の任免・昇任は国務院総理が執政に対して推薦する形で行われた。無論、中央・地方の重要な人事はすべて中央政府の手を経て行われた。当時の文官の給与は満鉄職員の給料に相当するものであった。給与額は高く、年俸の他に職務、事務、技術に加俸がなされていた。そして、甲、乙、丙、丁の四種に分けられ、日系、満系を問わず官等と事務能力に応じた加俸がなされた。この他に総長クラス以上の官僚には、「賞与建国功労津貼」が与えられた（まもなく廃止された[15]）。

満洲国は新しい国家として、官吏として必要な訓練を行うこととなる。一九三二年七月の教令六〇号[16]により、「大同学院官制」が発布され、中堅官吏の訓練所とされ、第一期生の募集が開始された[17]。いわゆる、第一部は高等専門以上の学校を卒業し、試験を経た者を大同学院において半年から一年の訓練を受けさせ、後に委任官へ任命した。第二部が成立するのは一九三七年である。日本語の能力を有しない、中学を卒業した満系子弟が入学する。わずかに七期のみ存在したが、これが旧二部であった。

一九三八年満洲国は「文教令」を公布し、一九三二年公布した暫定的な官吏制度を変更し、文官を高等官、委任官、試補に分け、高等官を更に特任官、簡任官、薦任官に分けた。試補は、試補高等官と試補委任官に分けられる。こうした制度は日本にはなく、満洲国が独自に構築したものであった。

特任官は自由任用であり、簡任、薦任と試補高等官は、文官試験を経て高等文官の体系のなかに組み込まれていくことになる。

試験（考試）の分類としては、高等官試験と委任官試験がある。前者は採用・適格及び登格考試とに分けられる。これらの三種の試験が行われ、多くは口頭試問と筆記試験がなされた。適格、登格考試は官僚体制内部における文官の昇進試験であり、採用考試はいわば官僚体制外の人材の登用に用いられた。「文教令」に基づく高等官採用試験の合格者は大同学院に進み訓練を受ける必要があった。

委任官とは、高等文官である薦任官へ選抜されるための手続きであった。「文教令」第六六条には「甲種委任官適格考試に合格したもの、あるいは登格考試の委任官において、試験合格後七年以上在職した者は、高等文官考試委員会の銓衡を経て薦任官に任用される」と規定されていた。高等文官試験の採用考試は、これを経ることにより官等における高等官の試補高等官と見なされ、在職一年以上三年六ヶ月未満のものが、高等適格考試を受験することが可能であり、薦任官として選抜されることができた（すなわち高等官である）[18]。

一九四〇年一〇月一五日には「文官修正令」が出され、主に従来の高等文官採用試験を、更に細かく資格考試と採用考試とに分け、受験者はまず資格考試に合格する必要があり、その後、採用考試を受けることとなった。試験を通過し試補高等官となると、在職一年後に高等官適格考試を受験することができた[19]。一九四〇年に修正された文官令はそのまま一九四五年まで実施されるが、同年五月一四日の勅令一五二号と院令二五号の「文官考試之時局特例」に高等文官試験における資格考試、採用考試は取り消され、便宜的に従来の資格考試の実施項目のなかに繰り入れられることとなる[20]。

いわゆる高等文官の採用考試は、試験に関する略則により、行政官、司法官、技術官に分けられた。一九三八年にはここに教官が加わる[21]。先述した文官たちは五五歳に退職を迎え、退職者には退職金が支給され、その支給されるものとしては、本俸と年功加俸、特別手当、旅費等が含まれている。

表1　1934年日本の奏任官と満洲国薦任官年俸の比較（二号薪を例として）

級俸	日本奏任官（高等官四等から八等）	満洲国（薦任官二等）
一級	3,400	4,680
二級	3,050	4,380
三級	2,770	4,080
四級	2,420	3,780
五級	2,150	3,480
六級	1,820	3,180
七級	1,650	2,880
八級	1,470	2,580
九級	1,300	2,340
十級	1,130	2,100
十一級	1,050	1,920
十二級	—	1,740
法令根拠	勅令第134号「高等官官等俸給令」1910年3月	勅令第89号「高等官俸給令」1934年7月

出典：『台湾総督府職員録』（昭和九年）74—75頁。『満洲国公報』、号外、康徳元年6月30日、513—515、521頁。表作成者：助理陳雅萕（二〇一二）

(三)　給与

満洲国の官吏は年俸制を採用しているが、一二ヶ月に分けて支給された。一九三八年「文官令」が公布され、まもなく「文官給与令」が制定された。薦任官採用以上の日系・満系の官吏の給与には差別はなく、委任官においても同様な政策がなされた。[22]

一九三四年の満洲国の薦任官と日本の奏任官を比較すると、満洲国の給与基準が高いことは明らかだった。これは満洲国と日本の貨幣制度は同一のものではないためである。しかし一九三五年頃には両国の貨幣価値は既に等価値となりつつあった。[23]

この比較から、当時の日本の奏任官たる高等官三等から九等は、満洲国における簡任官たる高等官一等から八等に相当するといえる。

官庁組織、人事、給与などの面から見ると、満洲国は、日本に従来からある統治形態をそのまま利用したわけではない。従来の現地における統治形式などを踏まえながら、それを適用させていったといえる。

例えば、中国的な簡任官、薦任官、委任官といった形式は、勅任官、奏任官、判任官といった形式とは異なるものであった。外面的な形式のみならず、統治においても満洲国では顧問制を採用することはなかった。隔靴掻痒の感はあったが、日本の制度をそのまま用いれば日本による内政干渉と受け止められかねなかったためである。満洲国においては、日本の大和民族は満洲国を構成する一部分であるとされ、次官が統治を行う形式を採用することで外面を装い、実際には日本が直接的に満洲国の内政を掌握しつつ、対外的には独立国と称した[24]。しかし、その実質は日本の保護国であり、植民地と称しても過言ではなかった。その上、日本のような「待遇官吏」というものもなかった。官制の中において、特別なものとして試補高等官というものがあった（警察官、刑務官、教師は試補の試験がなかった）。

この他に、日本帝国の勢力圏内において官吏を相互に転勤させるという動きもあり、公務員と特殊会社、協和会の職員なども相互に人的交流がなされていた。さらには警察と一般行政においても同様であり、常に官吏たちの間に新鮮な空気をもたらしていた[25]。このような手法を山室信一は「統治様式の遷移」と「統治人材の周流」と呼んだ。

満洲国を統治した人材は、満鉄、関東州、台湾、朝鮮から流入した。しかし台湾から流入した初期の人材である三宅福馬、上田茂登治、山田彌平などの日本人を除き、それまでに公職を経験したことのある台湾人はいなかった。この点においては朝鮮と似ていた。しかし、朝鮮は満洲国と距離的に近く、満洲国は何十万にも及ぶ朝鮮移民が存在していた。そのため、開拓局や朝鮮人県である延吉県などの公職には朝鮮人が任命されるという合理的な形式が採用されていた。この点においては、台湾からの人材流入とは違っていた[26]。

朝鮮人同様に台湾人もなぜ満洲へと赴いたのであろうか。また、公的機関のどのような組織において仕事をしたのであろうか。この点が次の二節における主要な検討課題である。

二、台湾人の満洲渡航の背景

台湾人は、なぜ寒冷な満洲国へ活路を求めたのか、その原因は一体なにか。満洲国中央政府内部において台湾人はどのような部門に多くいたのか。これらの人々は高等官（特任、簡任、薦任）へと昇進したのであろうか。

（一）台湾人の満洲渡航の要因

台湾人が満洲へと渡った主な理由として、筆者はかつて満洲国と汪精衛政権下における台湾人に関する論文において検討を加え、次の四つの指摘を行った。第一に勉学の機会を求めた。第二に就職の機会を求めた。第三に商売のため。そして、第四には日本人の統治に対して不満があったためであった[27]。しかし、満洲国へ渡った背景は、更に複雑であった。台湾は一八九五年に日本に割譲されたが、当時は清朝に統治を受けていた。台湾人から見ると、満洲国の執政であり、後に皇帝となる溥儀は、旧清朝の統治者であり、満洲国には「故国」としての思いがあった[28]。

また、陳宝琛や鄭孝胥といった溥儀と密接な関係を有した人物の多くは福建人であったことも、一因としてあげられる。台湾が清朝の統治を受けていた時期の大半（一六八四～一八八五年）が福建省に属していた。このことから閩台（福建省と台湾）は自然と一体となっていたといっても過言ではない。

陳宝琛は、福建人であり、清朝において進士となり、弼徳院侍講に任じられ、溥儀の退位後は、その身辺に侍り、復辟活動中においては、内閣議政大臣に推挙され[29]、満洲国建国後には、溥儀に従い満洲へと赴いた。鄭孝胥は国務院総理である。満洲国には多くの福建人がおり、台湾人はこの二人に推薦されていた。

台湾人が満洲国へ渡ったもう一つの理由として満洲国が成立した後、国務院直轄の総務庁弘報部（宣伝部）を通して、満洲国は五族協和の王道楽土であり、王道政治が行われていると盛んに喧伝したことがあげられる。そのため、日本本土において満洲渡航が流行した。

満洲は文人、報道関係者にとって新天地として絶賛され、人々の憧憬の対象となった[30]。台湾人については『台湾民報』が、満洲国成立以前の一九三〇年一月に台湾人医師が満洲で開業した成功例を報道しはじめている[31]。そして満洲国建国後、日本が満洲国を承認すると、満洲に関する様々な事柄が台湾の新聞紙上においても報道されるようになっていくのである[32]。

初期に満洲国へ渡った台湾人として有名な人物は謝介石や蔡法平、さらに成功した医者たちであった。彼らは台湾人が満洲へと渡るための自信となった。一九三五年に台湾始政記念博覧会が開催された際には、謝介石は満洲国初代駐日大使という身分で台湾に戻ってきた。台湾総督府もその身分に応じた歓迎を行い、台湾人たちはその有様に、「有為の者はかくの如くなる」という感慨に奮い立った。この後、満洲へと赴く者は後を絶たず、その中でも謝報は重要な証左となる存在であった[33]。

また、台湾人が自ら満洲で取材し報道されたものが収集され出版されている。満洲や満洲で暮らす台湾人が実際の体験談により紹介されており、その効果は絶大であった。

黄竹堂の『新興満洲国見聞記』を例とするならば、彼は謝介石、蔡法平などの人物を表敬訪問しただけでなく、「新京在任台湾関係者現勢」という一節を設け、台湾との関係がある台湾人、日本人を報じている。これによると、そのうち台湾人は一九人を数えた[34]。

このように、台湾人は満洲の存在を知り、その地を新天地として渡ったとしても、はやり紹介者といった人脈があってこそ、任用されたといえる。謝介石が朱叔河（大甲・朱麗の子）を秘書としたのがその一例であった。謝介石もまた、国務院総理鄭孝胥に前述した黄竹堂等の台湾人を紹介している[35]。

これ以外にも台湾を経験した日本・満洲の官僚たちが、人脈を駆使して橋渡しをすることで後進を育てていた。例えば、元台湾総督府交通局逓信部長三宅福馬は法制局長として楊蘭洲を任命した。元台湾銀行理事であり、満洲中央銀行総裁となった山成喬六、理事である鈴木謙則、竹本節蔵は呉金川、高湯盤、蕭秀淮、許建裕等の人物を重用していた。[36]陳亭卿は満洲国民生部文教司長の神尾弌春の推薦を受けて文教部に入った。陳の先生である佐藤佐は神尾の同期生であった。[37]

台湾には高等教育機関が不足していた。一九二八年台北帝国大学が設立されたが、日本人子弟の教育が主目的であったために、台湾人子弟が高等教育を受けるためには遥々《はるばる》海を渡り日本や中国（満洲を含む）へ到らざるを得なかった。給与面においても、同一の労働に対して賃金基準が異なっており、台湾における日本人判任官は加俸を六割、高等官は加俸五割を受けていたのに対して、台湾人にはただ本給があるのみであり、差別的待遇を甘受せざるを得なかった。大卒者においても同様であり、台湾における進路としては限界があった。こうした台湾の内在的な要因により、台湾人の満洲国への渡航が促進されていった。

（二）満洲国に台湾人が引き寄せられた要因

満洲国は日本本土より広大であり、日本が満洲国を統治・「保護」するために、大量の日本国籍の官僚が登用されることとなった。これは日本帝国内の人材の環流が一因となっていた。

満洲国の最高学府であった建国大学は、文教部に所属せず国務院に属していた。一九三八年に設置されたこの学校には毎年三名、台湾人に対して定員が設定されていた（定員の二パーセントが採用された）。「満洲国」の滅亡と共にその採用は停止されたが、全体で三〇名の台湾人学生が入学した。修学期間は六年間であり、また満洲国の歴史の歩みが止まってしまったが故に、卒業生は多くない。台湾人がこの大学に入るためには、まず学校から台湾総督に推薦され、その後に試験を受けることとなる。[38]一旦、建国大学へ入学すると学費は全額免除され、卒業後は大同学院での教習を経て、試補高等官に任命され、その一年後に高等官へと昇進することになる。

建国大学以外には、台北・台南の工業学校を卒業し、高度な研鑽を積むことを希望する者には、新京工業大学（元・新京鉱業技術学院）や哈爾浜工科大学、旅順工科大学などが最良の選択として存在した。また、満洲医科大学や新京医科大学、哈爾浜医科大学、佳木斯医科大学、盛京医科大学のほかに、[39]開拓民のために設置された開拓医学院などで、二年修業し、卒業後に医師となることもできた。[40]これらの学校は台湾人学生の需要を満たすことに十分であった。

満洲は広大であり、果てしない平原、多様な情趣は、島という環境で成長した台湾人にとっては夢にまでみた場所であった。加えていうならば、日本語、北京語が使えることは言うまでもなく、教育を受けた台湾人は日本語を理解でき、また台湾人の大半は漢文を読み解くことができた。台湾において、既に北京語を習得していたものもいれば、満洲へ渡ってから北京語をすぐに覚えたものもいるが、彼らは語学試験に通れば、語学奨金を得ることができた。[41]これは南洋へ赴くことと比べても、はるかに魅力的であった。

台湾人が満洲行きを選択するもう一つの理由として、戦争後期における日本の物資欠乏と、アメリカ軍による空襲の危険が迫ったことがあげられる。

林錦文・林黄素華夫妻は東京が米軍機の爆撃を受けた時、叔父の黄春木が満洲国の新京工科大学の教員の職を得たことで、開拓団に参加することを決め、一九四五年六月または七月頃に満洲に到っている。[42]

三、満洲国の公職者における台湾人

先述の通り、満洲国の官僚は中央と省にそれぞれ存在した。省とは地方官僚のことである。一九三二年の満洲国成立以前において、謝介石を除き満洲へと渡った台湾人のほぼすべてが医師である。一九〇八年にやって来た謝唐山が最も早い渡航者であり、一九三二年の満洲国建国後、台湾人による満洲渡航は最盛期を迎え、一九四一年の太平洋戦争勃発後、船での渡航の危険性が増したために、一九四四〜一九四五年における日本からの渡航者を除き、台湾からの渡航者は既に減少していた。

（一）満洲国の高等官と試補高等官

「満洲国における台湾人高等官一覧」（文末付録）を見ると、台湾人高等官五七名の詳細を見て取ることができる。これらの人物たちのうち、職を辞した者や、国策、あるいは準国策会社などに転出した者などもおり、最終の官等はかならずしも一九四五年となっているわけではない。

はじめに職務の種類から見ると、行政官が最も多いことがわかる。高等官五七名の内二七名が行政官であり、次いで技術官一九名、教官七名、司法官四名となっている。初期においては行政官、技術官が多く、教官の大半は学校に在籍していた。

この五七名の高等官の内、特記すべきは唯一の女性技術官の謝久子であろう。謝久子の父は謝秋涫であり、彼は謝秋濤の兄である。謝久子は一九一九年生まれで、一九四二年満洲医科大学専門部を卒業、[43] 同年医師として登録された。それ以前に高等文官試験に合格していたが、[44] 一九四三年に公立医院試補高等官を辞職し、[45] 父親の百川医院に就職している。一九四八年に彼女は台湾へと戻り、一九五〇年同じく満洲医科大学を卒業した夫劉建止とともに沙鹿において開業した。筆者は二〇〇〇年に夫劉建止に、二〇一二年には彼女にインタビューを行った。

司法官では、一九三四年に日本の高等文官試験司法科に合格した林鳳麟がいた。彼は国務院参事官であり、更に司法部参事官、新京法政大学教授を兼任し、満洲国の法律編纂に携わり、「法典制定委員及民事法典起草委員会」の一員として、各国の法律や満洲の地方慣習などを参照し、民法編纂作業に従事した。また哈爾浜地方法院判事や吉林高等法院延吉区法院の裁判官を務め、法学に関する著作も少なくなかった。[46]一九三九年の法改正作業にも参加し、「民事法典審議委員会諸法令調整委員会及司法制度委員会」の幹事を務めた。長年法律編纂の労をねぎらわれ、青木佐治彦ら七人とともに、勲五位を授けられ、景雲章を賜った。戦後、台湾に戻ると、まず省政府参議に任じられ、台中県政府に派遣され、日本の九州大学の級友である県長宋増榘を支えた。一九四九年、宋の農林庁への異動後、一九七九年に退職するまで合作銀行に勤めた。[47]

また、この他に陳茂経がいた。彼も日本の高等文官試験司法科に合格し、一九三八年満洲国の法院検察庁の試補高等官となり、新京地方法院兼新京地方検察庁新京区法院新京区検察庁に務めた。[48]一九四〇年には候補審判官となり、遼陽地方法院兼遼陽区法院に派遣され、[49]一九四二年には安東区法院審判官兼安東地方法院審判官・奉天高等法院東分庭審判官となり、[50]満洲国が滅亡するまで務めた。戦後は、合作金庫輔導室主任を務めた。[51]

陳生は、一九三二年三月一日、新京地方兼同区延吉地方兼同区検察庁候補検察官に任じられ、一九三九年延吉区検察庁検察官を務めた。[52]

温錦堂は、台中師範学校を卒業後、日本の法政大学法律学科を卒業した。一九四二年に満洲国高等文官試験に合格し、一九四三年七月大同学院第一部を第一五期生として卒業し、満洲国の試補高等官、法制処事務官主任などを歴任した。台湾へ帰った後、台北市立大同中学高中部訓導主任を経て、弁護士として新竹、台中で開業した。[53]

教官では台南高等工業学校を卒業し、大同学院第一部を第八期生として卒業した王銘勲がいた。彼は一九三八年一二月民生部試補高等官となり、哈爾浜大学助教授に任じられ、一九四〇年には歯車の研究に没頭し、一九四三年には東京工業大学精密機械研究所に派遣され研鑽を積んだ。一九四五年五月に哈爾浜工業大学へ戻り教員を務め、戦後は東北に留まった(54)。

その他の教官としては、林朝棨、郭松根、黄演淮、周義輝、蔡啓運、董清財等がいる。

林朝棨、郭松根は共に新京工鉱技術院の教授に任命された。蔡啓運は蔡法平の子であり、東京帝国大学農科を卒業し、一九四二年大同学院第一部を第一四期生として卒業する(55)。同年、公立国民高等学校試補高等官に任じられ、北安省立克山国民学校に派遣された(56)。戦後は東北に留まった(57)。

黄演淮は同志社大学法科を卒業。一九三五年新京法政大学で教鞭を執った(58)。戦後、台湾へ戻ると台中家事職業学校の校長を務めた(59)。

董清財は一九三三年武蔵野音楽学校本科を卒業し、同年大連秋月公学校の音楽教員と大連音楽学校嘱託を兼任した。一九三五年には吉林高等師範学院助教授になり、同校が師道学校と改名後、一九三八年から一九四二年の間に副教授兼音楽系主任へと昇進した。一九四一年に満洲の高等官適格、登格考試に合格した。後に満洲国の日本への公費留学生に選ばれ、上野音楽学校研究科で研鑽を積んだ。一九四四年までに吉林高等師道学校教授に任命され、満洲国滅亡後も戦後の中国に留まり、一九六五年の末に退職している(60)。

高等官について言及する際に、満洲国の中堅官僚の教育を行った大同学院（一九三二年設立）に注意を払わなくてはならない。同校を卒業すると、即、高等官の資格を取得することが可能であり、一九三八年の文官令発布以前においては、高等教育機関の代わりとなったものが大同学院であった。大同学院を卒業した台湾人二九名中、周文進が医師へと転身した以外の二八名は少なからず試補高等官の資格を取得することができた(61)。

（二）特任官謝介石と高等官謝秋濤

最終的な官等という角度から分析するならば、特任官、高等官は次のようになる。特任官は謝介石がただ一人、簡二等は謝秋濤、蔡法平、薦一等は楊蘭洲、郭松根の二名、薦二等以下薦八等は四五名おり、試補高等官はみな満洲国へ後にやって来た者たちであり、王銘勲、温錦堂、謝久子、李水清、黄山水、許進来等一〇名がそれにあたる。以下では、特任官である謝介石と高等官謝秋濤を例として、簡潔に述べていく。

（1）謝介石

新竹人。一八七九〜一九五四年。通訳出身で、一九〇四年里見義正新竹庁長の推薦を得て、東洋協会専門学校（現在の拓殖大学の前身）の台湾語教師となる一方で、明治法律学校（後の明治大学）で勉学に励んだ。辮髪将軍張勲の子供と同窓となり、卒業後、張勲の紹介によって閩浙総督の松寿之の法律顧問となった。清朝滅亡後、吉林法政学校の教習兼吉林都督府政治顧問となった。一九一四年には日本国籍を放棄し、その年末に中華民国籍を取得した。国籍取得後、交渉事務に関わるようになり、一九一七年に張勲による復辟事件に参加する。一九二五年、溥儀が天津の日本租界で暮らしていた際に、謝介石に対して遜帝溥儀として謁見を許した。一九二七年末には溥儀は謝介石を招き、翌年六月には謝介石を外務部右丞天津行在御用顧問に任じた。満洲事変後、謝介石は吉林交渉署長に任じられた（吉林は熙洽の影響下にあった）。満洲国成立後、外交部総長に任じられ、特任官となった。国際連盟が任命したリットン調査団への対処に手を尽くした。一九三四年三月一日に帝制に移行した後、翌年の訪日「謝恩」に際して溥儀に随行した。一九三五年には初代駐日大使となり、同年始政四十年記念博覧会に参加し台湾へ戻っている。一九三七年五月に職を辞すと、満洲房産株式会社理事長（一九三八年設立）となった[62]。理事長を退いた後、北京へと居を移し、戦後は逮捕され、懲役一〇年の判決を受け、一九四八年、中共の北京入城以前に釈放された[63]。

（2）謝秋濤

行政官であった謝介石と異なり、謝秋濤は技術官であり、医師出身だった。一九一二年台湾総督府医学校を第一一期生として卒業する。一九一二年一一月東京伝染病研究所に入った後、満洲国へ到り、医官、病院長などを歴任する。[64] 満洲国成立後、奉天省公署警務庁事務官、薦任官六等に叙されている。[65] 満洲国の帝制移行後は、奉天省公署技正に任じられ、以前と同様に奉天省警務庁に務めた。[66] 一九三九年に民生庁と改められた際には、保健科長に任命されている。[67] 満洲国滅亡の半年前の一九四五年四月、省技正の身分で国立医科大学教授に就任し、簡任官二等となり、奉天医科大学（戦後に盛京医科大学に改められる）附属病院長に就任した。[68] 戦後、台湾へ戻るが、一九四八年に東北地域が共産党軍の占領を受けると、一度、満洲医科大学を台湾へ移転させようとするが、のちに台北の汐止に懐安医院を開いた。[69] 彼は最も早く満洲へと渡った台湾人医師であり（一九一四年）、また「科学盛京賞」を初めて得た台湾人でもあった。満洲における台湾人医師の中で最も成功した人物と言っても過言ではなかった。

以上、この二人は満洲国における代表的な人物である。謝介石は外交部で活躍し、謝秋濤は医学研究において傑出した人物であり、特筆すべき存在であったといえる。

おわりに

日本は一九三二年三月中国東北地方に「満洲国」を作り、保護国とした。五族協和（即ち差別のない複合民族国家と見なされた）、王道政治を標榜し、一三年半にわたり存在した。満洲国は一九の省、一つの特別市、面積一三〇三万三五四三平方キロ、人口は約四〇〇〇万から構成された。

満洲の土地は広大であったが、民族問題もあり、政権樹立のために各種の人材を必要としていた。高官はもとより日本や張学良に統治された時代の満洲の官僚から選抜されたが、しかし、中堅官吏は日本、朝鮮、台湾を問わず、みな訓練を経なくてはならず、その為に一九三二年大同学院が設置された。

初期においてはその試験は高等・普通文官試験の代替をなし、一九三八年の文官令発令後は、官吏たちの出世と昇進の端緒として活性化し、徐々に透明化されていった。満洲国建国初期において法令制度などは、模索段階にあり、各部署において常時調整が成されており、そのため各部署の高等官を整理することは容易ならざるものがある。

台湾は既に一八九五年に日本の領土として割譲されており、一九一〇年には朝鮮が日本に強制的に「併合」されてる。そして、一九三二年に再び保護国としての「満洲国」が作られた。これが日本帝国の形成過程である。台湾人、朝鮮人にとって満洲国は日本による植民地差別から逃れられる新天地であり、続々と満洲へ渡った。その中には、抗日的活動を行う者もいた。だが、大半の人間は日本の統治に対して悪い感情を抱いてはいなかった。台湾人が満洲国へ到る一因として指摘すべきは、溥儀に対する特別な感情を抱いていたこと、そして国務院総理鄭孝胥、帝師陳宝琛らの福建人が人脈の橋渡しをしていたことである。台湾人の新聞である『台湾民報』『台湾新民報』、台湾総督府の新聞である『台湾日日新報』などは満洲を新天地であると宣伝していた。

初期に満洲へと渡った台湾人である謝介石のように高官になったものもおり、代表的人物だけでなくとも、台湾人は満洲国に引きつけられた。加えて言うならば、日本は台湾在勤者を満洲へと転出させ、台湾人を起用するなどしていた。台湾人は台湾においては二等国民として扱われたが、満洲へと赴けば日本人と同じ待遇を得ることができ、なおかつ統治階級になることができ、俸給も高かった。台湾人を引きつけた背景にはこうしたことがあった。

戦争後期になると、日本は連合軍による空襲をうけた。身を守るために、少なからぬ若者が満洲へと逃れた。

一九三二年の満洲国建国時、一九三五年の謝介石が駐日大使として台湾での博覧会に参加した時、そして一九四四年以後は戦争という要因、この三つの時期が、台湾人が満洲国へと向かうことが多かった時期である。ただし、戦争時は台湾から向かったのではなく、日本から向かったのであった。

「満洲国」における台湾人高等官の人数について述べると、現在判明しているのは五七名である。彼らは試験を合格し訓練を受けた人材であった。戦後は台湾へ戻ったが、漢奸や戦犯裁判に直面し、年齢に関係なく、審査を経なくては国家試験などに参加することが困難であった。[70] しかし、彼らは有能なエリートであることに間違いはなく、この困難な状況を克服することが可能であった。

例えば、陳錫卿は一九四七年に県長に合格すると、後に台湾省民政庁長となった。楊蘭洲、林永倉、黄千里、黄清塗、呉昌礼、王洛等は台北市政府に入り、いわゆる「東北幇[71]」を形成した。ここから見るに、満洲国（中国東北部）における台湾人を北京、上海、アモイ、広州などの台湾人と比べると、その素養はほぼ同じであったが、公職に就く者は最も多かった。日本統治時期の在外台湾人の評価はとても低かった。しかし、満洲国において現地の人々を圧迫するような反社会的な行為は少なかった。

また、漢奸や戦犯が検挙されていく時、当時の済南総領事呉佐金、前外交総長の謝介石が逮捕されたのは、[72] 福建一帯にいた台湾人とは異なっていた。

台湾人は満洲国において医学・技術・行政経験を得て台湾へと戻り、戦後の台湾の工業建設、医療体制の確立など、共に戦後台湾の建設に携わり、歴史上に大きな意義を残した。台湾人は日本人に歩調を合わせ満洲へ赴いた。それは山室信一がいう「統治人材の周流」であり、当時の満洲国に対して努力貢献をした。満洲国は傀儡政権であったが、この台湾と東北との交流という貴重な経験を黙殺することはできない。

【注】

(1)満洲国国史編纂刊行会『満洲国史・総論』、財団法人満蒙同胞援護会、一九七六年、八七〇－八八〇頁。

(2)田中隆一「『満洲国』における統治機構の形成と『国民』の創出―在満朝鮮人問題を中心に―」、『日本史研究』第五一一号、二〇〇五年三月、六一－六二頁。
本文においてはかつて竹内好が一九六三年に述べた、「国家が意識的に忘却政策を採用したために、学者もまたこれに乗じて研究から逃れたために、満洲国に対する知識の蓄積が阻害された」ということを引用している。また山室信一は、満洲国の法と政治に関する分野はきわめて貧弱であり、特に法制に限ってみても、多くの課題を有しているという。村上勝彦もまた、満洲国に関する実証的、理論的研究はまだ活性化していないという。満洲国の創設者である日本においても、満洲国に対する研究はなお不十分な面がある。

(3)丘樹屏『偽満洲国十四年史話』長春市政協文史和学習委員会、一九九八年、五七七頁。

(4)許雪姫「日治時期在満洲国的台湾医生」『台湾史研究』第一一巻第二期、二〇〇四年一二月、一－七五頁。許雪姫「満洲経験与白色恐怖―「満洲建大等案」的実与虚」許雪姫編『戒厳時期政治案件』専題研討会論文暨口述歴史紀録』、財団法人戒厳時期不当叛乱暨匪諜審判案件補償基金会、二〇〇〇年、一－四〇頁。許雪姫「是勤王還是叛国―『満洲国』外交部総長謝介石的一生及其認同」、『中央研究院近代史研究所集刊』第五七期、二〇〇七年九月、五七－一一五頁。許雪姫「日本統治時期における台湾人の中国での活動――満洲国と汪精衛政権にいた人々を例として」、『中国21』第三六号、二〇一二年三月、九七－一二二頁。

(5)郭瑋「大連地区建国前的台湾人及其組織状況」、『大連文史資料』第六輯、中国人民政治協商会議遼寧省大連市委員会、六〇－六五頁。なお本文を参照するにあたり、清華大学台湾文学研究所所長柳書琴氏よりの提供を受けた。ここにその謝意を記す。

(6)満洲国国史編纂刊行会『満洲国史・各論』財団法人満蒙同胞援護会、一九七一年、二六頁。

(7)「関東」とは山海関以東を指し、関東州とは日露戦争の勝利によりロシアから租借権を継承した旅順・大連であり、大連は二五年の権益が設けられていた。租借期限は一九二三年であり、一九一五年日本は中華民国に対して二十一箇条要求を出し、その期限を九九年間に延長させ、一九九七年までとした。日本は、この地を統治するために一九〇六年に関東都督府を設置し、一九一九年に関東庁へ改組する。関東庁の長官は文官であり、一九三四年に再び関東軍司令官と共になる。第二次大戦後、日本の租借地であった旅順・大連はソ連に接収され、一九五〇年二月に中ソ友好同盟相互援助条約により中国へ返還された。（『日本近現代史辞典』東洋経済新報社、一九九〇年、一二二一－一二二三頁）

（8）満洲国成立当初、政府には三六〇〇人の日本人がいた。一対四は原則であったが、地方公署は対象外とされた。その他にも最重要官庁である総務庁や国都建設局では七割、財政部、実業部では六割、民生部では三割となっていた。『満洲国史　各論』三四－三五頁。
（9）「愛新覚羅・溥儀筆供」、中央檔案局編『偽満洲国的統治与内幕―偽満官供述』中央檔案局、二〇〇〇年、九六頁。
（10）「満洲帝国組織表」（康徳七年六月一日現在）柏崎才吉『満洲国現勢』満洲国通信社、一九四〇年、六七一頁。
（11）関東州には、旅順・大連を管轄する以外に、南満州鉄道の保護及び業務の監督を担っていた。また、日本は旅順・大連を得た以外に、ソ連より哈爾浜以南の鉄道の敷設権を獲得しており、鉄道保護を目的として、駐兵以外に、レールの両側の土地を鉄道建設と鉄道保護のために日本の管轄下に置いた（一キロあたり十五人）。列車運行の安全確保のためのこの土地は附属地と呼ばれたが、一九三七年一二月一日より「満洲国」の管理下に置かれた。
（12）豊田要三『満洲帝国概覧』満洲事情案内所、一九四二年、三八五頁。柏崎才吉「満洲国政府組織表」、『満洲国現勢・康徳八年版』、六七一頁。「満洲帝国政府組織表」によれば外務局は一九三八年に外交局に改められた。しかし一九四三年に再び呼称が外交部となる。
（13）豊田要三『満洲帝国概覧』六八－六九頁。
（14）豊田要三『満洲帝国概覧』四〇－七八頁。
（15）この法令により、国務院総理の年俸は三万円、参議府議員は二万五〇〇〇円、各部総長、総務長官、参議、各省長二万円、特任官一級一万七〇〇〇円、二級一万五〇〇〇円、簡任官一級八〇〇〇円、一八級二八〇〇円、委任官一級三〇〇円、三〇級三〇円となった。古屋哲也『満洲国人事法令年表　大同元年（一九三二）～康徳二年（一九三五）』京都大学人文科学研究所山本有造研究室、一九九二年、一一頁。『満洲国史　各論』二六－二七頁。満洲国での一〇〇元は当時の日本での六〇円に相当する。
（16）「教令」とは執政が発布する命令を指す。
（17）『満洲国政府公報』大同第二三号、大同元年七月一一日、一頁。
（18）『満洲国政府公報』第一二二三号、康徳五年五月七日、一七五－一八八頁。
（19）『満洲国政府公報』第一九四二号、康徳七年一〇月一五日、三〇六－三一四頁。
（20）「勅令一五二号　文官考試之時局特例」『満洲国政府公報』第三二六八号、康徳一二年五月一四日、一七七－一七八頁。「院令第二十五号　文官考試之時局特例」『満洲国政府公報』第三二六八号、康徳一二年五月一四日、一八六－一八九頁。
（21）この四種の官職は、原則二つの試験がおこなわれ、行政官、司法官、技術官、教官に分けられた。しかし、一九四四年の試験からすべて統合された。一九四五年の採用考試（資格考試も併せて）は準備されたが、実際に行われることはなかった。
(22)『満洲国史 各論』二八－二九頁。
(23)満洲国中央銀行『満洲中央銀行十年史』満洲中央銀行、一九四二年、三二四頁。
(24)山室信一「植民帝国・日本の構成と満洲国―統治様式的遷移と統治人材の周流」、ピーター・ドゥス、小林英夫編『帝国という幻想―「大東亜共栄圏の思想と現実」』青木書店、一九九八年、一七〇－一七二頁。
(25)『満洲国史　各論』三四頁。
(26)『帝国という幻想―「大東亜共栄圏の思想と現実」』一八六－一八七頁。
(27)許雪姫「日本統治時期における台湾人の中国での活動―満洲国と汪精衛政権にいた人々を例として」、『中国21』三六号、九九－一〇〇頁。
(28)謝汝銓「満洲国創立有賦」、『雪漁詩集』竜文出版社、一九九二年、八二頁。「満洲国頒帝制溥儀執政即位謹賦」、八八頁。「満洲国頒帝制溥儀執政即位謹賦」、一一二頁。
(29)内尾直『人事興信録第十版別冊付録・満洲国名士録』人事興信所、一九三四年、一三四頁。
(30)許雪姫訪問、王美雪記録「洪在明先生訪問紀録」、『日治時期在「満洲」的台湾人』、三三〇頁。
(31)「馬賊と大豆粕及び張作霖で有名な満洲 上・中・下」『台湾民報』二九四号（一九三〇・一・一）、二九五号（一九三〇・一・一一）、二九六号（一九三〇・一・一八）。
(32)緒方武蔵「九月十八日」、『台湾大年表』台湾経世新報社、一九三八年、二二四頁。「十月十一日」、「十月十四日」二二五頁。
(33)許雪姫訪問、呉美慧・丘慧君記録「謝報先生訪問紀録」、『口述歴史』第五期、一九九四年、一九六頁。彼は「十九、二十歳の時、『台湾始政四十周年紀［記］念』【博覧会】があった。その時に、紀念会場で謝介石の容貌を見た。それが後日、私が『満洲国』へ行くきっかけとなった」と証言している。
(34)黄竹堂『新興満洲国見聞記』「新興満洲国見聞記」発行所、一九三三年、一〇四－一〇七頁。本文中における黄瀛沢は黄瀛酢の誤りである。また陳鎔家は大同学院同窓会名簿のなかに名前はなかった。欧陽公廷は欧陽余慶の別名であり、謝百川は謝秋涫である。
(35)中国歴史博物館編、労祖徳整理『鄭孝胥日記』第五冊、中華書局、一九九三年、二八一九頁。「外交部の紹介により、台湾新聞社社長石川宙平、黄竹堂と会った」。
(36)許雪姫訪問、呉美慧記録「呉金川先生訪問紀録」、『口述歴史』第五期、一二三－一二四頁。『帝国という幻想』一三八頁。

(37)許雪姫訪問、王美雪記録「陳亭卿先生訪問紀録」、『日治時期在「満洲」的台湾人』二九二－二九三頁。
(38)『満洲国公報』一一八一号、康徳五年三月一八日、四二二頁。一五三八号、康徳六年六月二日、八七－八八頁。
(39)一九四〇年六月満洲国政府は哈爾浜（のちに北安に移り、北安開拓医院となる）、斉斉哈爾、竜井の三箇所に開拓医院を設ける。主目的は地方の医師の育成であり、毎年五〇名が、二年にわたり臨床医学を学んだ。一九四二年には安東、錦州省にも開拓医院が設けられた。「民国三十九年春季台湾省立嘉義医院職員録」によれば、蘇夢蘭、羅燦楹、黄元鑫、林啟徽、謝育淳、蔡銘勳等六名が満洲の開拓大学卒業となっている。
(40)豊田要三『満洲帝国概覧』二七一－二七四頁。
(41)「発給語学津貼規則」、『満洲国政府公報』第六五九号、康徳三年六月一日、一一－三頁。
(42)許雪姫訪問、王美雪記録「林黄淑麗女士訪問紀録」、『日治時期在「満洲」的台湾人』、一四一－一四二頁。
(43)JD24,62「満洲医科大学専門部昭和十七年卒業生学籍簿」、遼寧省檔案館所蔵。
(44)『満洲国政府公報』第二六六六号、康徳一〇年四月一七日、四四一頁。
(45)『満洲国政府公報』第二八五三号、康徳一〇年一二月六日、一一三頁。
(46)『満洲国政府公報』第一一四九号、康徳五年二月三日、八頁。
(47)許雪姫訪問、鄭鳳凰記録「林鳳麟先生訪問紀録」、『口述歴史』第五期、二一三－二一六頁。
(48)『満洲国政府公報』第四一〇〇号、康徳五年一二月五日、九一頁。
(49)『満洲国政府公報』第一七二三号、康徳七年一月一五日、三〇七頁。
(50)『満洲国政府公報』第二五二三号、康徳七年一〇月一九日、二七五頁。
(51)許雪姫訪問、蔡説麗記録「許文華先生訪問紀録」、『日治時期在「満洲」的台湾人』、四一五頁。
(52)中西利八『満洲人名辞典』、六二六頁。
(53)許雪姫「在『満洲国』的台湾人高等官―以大同学院的畢業生為例」、『台湾史研究』第一九巻第三期、二〇一二年九月、一三四－一四三頁、付録「満洲国大同学院台籍畢業生履歴表」四八頁より。
(54)許雪姫「在『満洲国』的台湾人高等官―以大同学院的畢業生為例」、四一頁。
(55)許雪姫「在『満洲国』的台湾人高等官―以大同学院的畢業生為例」、四八頁。
(56)『満洲国政府公報』第二五〇〇号、康徳九年九月一七日、二〇七、二一〇九頁。
(57)許雪姫訪問、呉美慧・曾金蘭記録「楊蘭洲先生訪問紀録」、『口述歴史』第五巻、一四七－一四八頁。

(58)中西利八『満華職員録』満蒙資料協会、一九四二年、五四頁。
(59)許雪姫訪問、何金生記録「何金生先生訪問紀録」、『日治時期在「満洲」的台湾人』、一七六頁。
(60)林ひふみ「満州国の台湾人と日本人、その戦後 董清財、吉崎ヨシ夫婦の足跡」、『明治大学教養論集』四四一号、二〇〇九年一月、一一三八頁。
(61)許雪姫「在『満洲国』的台湾人高等官―以大同学院的畢業生為例」、『台湾史研究』第一九巻第三期、二〇一二年九月、一三四－一四三頁、付録「満洲国大同学院台籍畢業生履歴表」四八頁より。
(62)柏崎才吉『満洲国現勢』、四五八頁。この年から謝は理事長を務める。主要な業務は代用官舎の建築や住宅不動産である。
(63)許雪姫「是勤王還是叛国―「満洲国」外交部総長謝介石的一生及其認同」、六〇－九二頁。
(64)許雪姫「日治時期台湾人的海外活動―在「満洲」的台湾医生」、一七－一八頁。
(65)『満洲国政府公報』大同第五五号、大同二年一〇月一四日、一九七頁。
(66)『満洲国政府公報』康徳第一六四号、康徳二年九月一七日、一四六頁。第一一六九号、康徳五年一一月二日、七四頁。この際、事務官より理事官となる。
(67)『満洲国政府公報』第一四五六号、康徳二年二月一四日、二六七頁。
(68)『満洲国政府公報』第三二三四号、康徳一二年四月二日、一八頁。第三二七六号、康徳一二年五月二五日、八、一九、三六一頁
(69)陳国柱『台湾省医師名鑑』大同書局、一九五八年、七四頁。
(70)「弁理台湾省考試注意事項」劉昕主編『中国考試史文献集成』第七巻（民国）上冊、高等教育出版社、二〇〇三年、四二一頁。
(71)呉三連は台北市長就任期間中（一九五〇－一九五四年）、以前天津で知り合った「満洲経験」（満洲赴任の経験）がある能力の高い人物を抜擢し、台北市政府で採用した。彼らは「東北幇」とよばれている。
(72)謝介石の子、謝白倩によれば、父は漢奸として逮捕されたわけではなく、兄が共産党と接近しており、その兄を逮捕しようと家に来たとき、思いがけずそこに謝介石が居合わせ、逮捕されてしまった。懲役十数年の判決を受けたが、一九四八年に中共が北京に入ったときに釈放されたのだという。許雪姫訪問・記録「謝白倩先生訪問紀録」二〇〇六年七月二七日、北京石仏営東里謝宅にて。未発表原稿。

付録：満洲国での台湾人高等官一覧

採用年度		姓名	採用・銓衡考試の名称	最終官歴	官種
1932	1	謝介石		1937.6.24 駐箚日本国特命全権大使	行政官
	2	謝秋濤		1932.8.1 国立医科大学教授　叙簡二	技術官
	3	林景仁		1932.10.30 外交部理事官　叙薦三	行政官
1933	4	張建侯		1933.3.1 外交部事務官　叙薦八	行政官
	5	黄千里	大同学院一部 2 期	1942.2.10 総務庁理事官　叙薦二	行政官
	6	黄瀛沢		1941.6.16 総務庁技佐　叙薦二	技術官
	7	黄清塗		1945.3.1 外交部事務官　叙薦二	行政官
	8	陳錫卿		1939.10.16 民生部事務官 叙薦三	行政官
	9	呉左金	外交部募集の考試	1944.3.1 領事　叙薦二	行政官
	10	林樹枝		1939.7.1 交通部技正　叙薦三	技術官
	11	郭　良		1934.4.24 首都警察庁理事官　叙薦六	行政官
	12	楊蘭洲		1945.4.4 事処長　叙薦一	行政官
	13	謝東光		1939.12.21 特許発明局技佐　叙薦三	技術官
1934	14	蔡法平		1938.10.6 宮内府秘書官　叙簡二	行政官
	15	徐水德	大同学院一部 3 期	1945.2.1 経済部参事官　叙薦二	行政官
	16	廖行貴		1942.9.1 交通部技佐　叙薦二	技術官
	17	呉昌礼		1945.1.20 厚生研究所副研究官　叙薦二	技術官
	18	洪公川 (洪利沢)		1941.3.27 参議府秘書局参事官　叙薦三	行政官
	19	李永清		1939.8.1 外務局事務官　叙薦三	行政官
	20	呉福興	大同学院二部 2 期	1940.6.11 経済部技佐　叙薦三	技術官
	21	陳嘉樹	福岡に於いて受験	1939.5.30 産業部技佐　叙薦三	技術官
	22	郭　輝	1934.8 財政部囑託	1939.4.1 専売署事務官　叙薦三	行政官
1935	23	郭海鳴		1942.3.1 税関理事官　叙薦二	行政官
	24	許伯昭		1937.9.1 審計官　叙薦三	行政官
1936	25	黄演淮		1939.1.1 新京法政大学助教授　叙薦三	行政官
	26	楊金涵		1942.3.1 市技佐　叙薦二	技術官
	27	林鳳麟	1934 日本の高文試験司法科	1945.4.4 国務庁参事官兼司法部 参事官、兼任新京法政大学教授 叙薦二	司法官
	28	呉松興		1940.7.11 省技佐　叙薦三	技術官
	29	陳亭卿	大同学院一部 5 期	1943.12.28 経済部事務官　叙薦二	行政官
	30	邱昌河	大同学院一部 11 期	1944.9.1 経済部事務官　叙薦二	行政官
1937	31	何芳陔		1939.5.15 大陸科学院副研究官　叙薦二	技術官

採用年度		姓名	採用・銓衡考試の名称	最終官歴	官種
1938	32	林耀堂		1940.6.1 大陸科学院副研究官　叙薦二	技術官
	33	蔡森栄		1940.7.11 経済部事務官　叙薦三	行政官
	34	王銘勳	大同学院一部８期	1940.11.1 哈爾浜工業大学　高等官試補	教　官
	35	陳茂経	1937 日本の高文試験司法科 大同学院一部 10 期	1940.1.15 審判官　叙薦三	司法官
	36	林朝棨	新京工鉱技術院教授	1939.4.1 国立大学工鉱技術院教授 叙薦三	教　官
	37	郭松根	新京医科大学教授	1944.9.1 国立医科大学教授　叙薦一	教　官
1940	38	黄春木		1940.8.5 国立大学工鉱技術院教授 叙薦三	教　官
	39	周義輝			
	40	葉炳煌	大同学院二部補６	1942.7.16 黒河省警正　叙薦三	行政官
	41	陳東興	大同学院二部７期	1940.10.28 省事務官　叙薦三	行政官
	42	謝指南		1940.11.1 公立医院医官　叙薦三	技術官
	43	許坤元	1940.12.9 高等官採用考試 大同学院一部 13 期	1944.9.15 経済部事務官　叙薦三	行政官
	44	蔡西坤	1940.12.9 高等官採用考試 大同学院一部 13 期	1941.4.1 総務庁高等官試補	行政官
1941	45	黄禎祥		1941.4.1 公立医院高等官試補	技術官
	46	謝　報	1941.12.6 高等官採用考試	1944.10.1 省事務官叙薦三	行政官
	47	林永倉		1942.9.14 交通部高等官試補	技術官
	48	蔡啟運		1942.9.14 公立国民高等学校 高等官試補	教　官
1942	49	陳　生	1942.5.20 高等官適格、 登格考試及格	1942.3.1 検察官　叙薦二	司法官
	50	董清財		1943.5.1 師道大学教授　叙薦三	教　官
	51	邱欽堂		1942.9.1 営林署長　薦二	技術官
	52	溫錦堂	1942.9.14 高等官採用考試	1944.9.1 総務庁高等官試補	司法官
	53	謝久子	1942.9.23 高等官採用考試	1942.10.1 公立医院高等官試補	技術官
	54	王森井		1944.10.1 経済部技佐　叙薦三	技術官
1943	55	李水清	1943.6.4 高等官採用考試	1943.10.16 外交部高等官試補	行政官
	56	黄山水		1943.6.12 総務庁高等官試補	行政官
1944	57	許進来	1944.9.12 高等官採用銓衡 大同学院一部 18 期	1945.7.1 興農部高等官試補	技術官
説明	高等官は 1934 年の満洲国帝制移行後における特任官、簡任一・二等、薦任一から八等までを指し、また「高等官試補」も含む。行政官、技術官、司法官、教官等の高等官には、その前段階としてすべて「試補」の段階がある。				

出典：『満洲国政府公報』　表作成者：助理李安瑜（2012）

技術系植民地官僚の形成と交流
——中村与資平、相賀照郷を手がかりに

湯原　健一

はじめに

近代日本は、日清、日露という二つの戦争により、台湾、朝鮮、関東州とその領土を拡大させていく。そして、これらの地域に、総督府、都督府を設置し、それぞれの地域を統治させた。

これら統治の役割を担った機関は、それぞれの地域に生活基盤や産業の基盤となる設備や衛生・医療などの施設を建設し、住民生活の向上とそれぞれの地域での日本人社会の定着を促していく。一九四五年の日本の敗戦により、こうした日本がつくり残した施設は、そのまま日本の支配の痕跡として残され、日本の統治の歴史を伝える遺産となった。代表的な遺産として挙げられるのは、韓国のソウル市にあり一九九三年に撤去された朝鮮総督府の本庁舎であり、また台湾の台北市において現在も使用され続けている台湾総督府本庁舎であろう。

こうした植民地支配の象徴となった建築物は、単に歴史的な遺産であるだけでなく、当時の日本が、それぞれの地

域を統治していくなかで、欠くことのできない設備であったことは言うまでもない。

本報告では、日本がこれらの地域（特に関東州を中心に）に残した建築に関わった人物——建築家や官僚を取り上げ、その経歴などから人材の交流や移動を読み取ることを目的とする。

こうした植民地における建築に関わる研究としては、すでに多くの蓄積を有している。代表的なものとしては、西沢泰彦の『東アジアの日本人建築家』や『海を渡った日本人建築家』などの一連の研究や、越沢明の『満洲国の首都計画』、『哈爾浜の都市計画』などが挙げられる。

しかし、こうした研究の蓄積のなかで、人材の交流や移動といった問題を取り扱ったものは少ない。その意味で、建築家、官僚などの経歴を読み解き、彼等の行動と日本の植民地統治との関連を検証することには一定の意義があるものと思われる。

一、海を渡る建築家

中村与資平は、一八八〇（明治一三）年静岡県浜名郡天王村（現・浜松市東区天王町）に中村貞一の長男として生まれた（表1参照）。一八九九（明治三二）年、旧制第三高等学校に入学し、当初は電気技師を目指し、地元である天竜川の水力発電開発を志していたという[1]。しかし、三高在学中に、建築家を志すようになり、東京帝国大学工学部建築学科へ進む[2]。

中村自身が記した「自伝」によれば、一九〇五（明治三八）年、東京帝国大学を卒業すると、そのまま大学院へと進むも、在学中に「辰野事務所」へ入ることとなる[3]。「自伝」に記された「辰野事務所」とは、日本の近代建築の父

表1　中村与資平略歴

1880年	中村貞一郎の長男として静岡県長上郡天王村に生まれる
1902年	第三高等学校卒業
1905年	東京帝国大学建築学科卒業。卒業後、辰野・葛西建築事務所入所
1907年	第一銀行韓国総支店臨時建築部工務長就任
1908年	住居を京城に移す
1912年	朝鮮銀行本店竣工（1910年に朝鮮銀行へ改組）
同年	京城に中村建築事務所開設。（辰野事務所からの独立）
1917年	大連市山県通りに出張所開設。朝鮮銀行大連支店、長春支店着工
1922年	横浜正金銀行長春支店着工。京城、天道教中央協会着工
同年	京城事務所、大連出張所を閉鎖し、東京へ事務所移転
1928年	遠州銀行本店着工
	以降、活動を日本に移す
1963年	死去

出典：『浜松が生んだ名建築家中村与資平』（浜松市立中央図書館、1991年）付録年表より抜粋

ともいうべき辰野金吾が一九〇三（明治三六）年に、同じく建築家の葛西萬司とともに設立した建築設計事務所である「辰野・葛西建築事務所」である。(4)いわば、中村は帝国大学を卒業後、日本有数の建築設計事務所へ入所したといえる。こうして、中村は建築家としての経歴を歩み始めることとなる。

中村が建築家として最初に携わった仕事は、第一銀行の韓国総支店（後の朝鮮銀行の前身）の設計である。(5)辰野事務所へその設計が依頼された際に、辰野金吾が中村を指名したためである。辰野が、中村を指名した理由としては、西沢泰彦の調査によれば、第一銀行副支配人調査室長に、中村の義兄である竹山純平が就任していたということと、帝国大学の同期生である岩井長三郎や国枝博が、「韓国度支所建築所」に所属していたということを指摘している。(6)

「自伝」には、次のような記述がある。

日露平（講）和条約が締結されたのは、明治三九年九月で自分の大学卒業の秋である。世は大戦後の不景気で、就職口が少なく、同期生は満洲・朝鮮・樺太など海外に晩《おく》れて職に就いた。(7)

日露戦争中、日本軍のみならず、多くの日本人が朝鮮半島へ渡り、さらに徐々に満洲へと流入していく。彼等の職種は、軍隊を相手とした物品販売や、豆粕・醤油業者などである。そして、それと同時に、建築などを請け負う業者や、煉瓦などを製造する業者も、そうした日本人と歩調を合わせるように進出していった。彼等は、進出していた地域に日本人社会を形成すると同時に、現地の中国人や朝鮮人をその社会に取り込み、安い労働力として雇傭することによって、その社会を拡大維持していくことになる。[8]

一九一六（大正五）年に刊行された『満洲十年史』[9]の付録である「成功せる人物と事業」には、日露戦争を契機として大陸に進出し、そこに根付いていった人物を列挙している。

代表的な人物としては飯塚松太郎が挙げられる。彼は、日露戦争に際して、当時の天津の日本租界から営口へと進出し、日本の軍政統治へ協力し、営口での日本軍政当局が発注する建築事業を独占的に請け負うことになる。[10]飯塚は、その後大連へと活動の本拠を移し、ついには大連市議会議員に就任することとなる。

先に引用した中村の「自伝」にあるように、日露戦争後の朝鮮半島や満洲といった地域に、こうした人物たちが現れ、活動することにより、中村などの建築や技術を有する人材が蝟集していくことになる。

また時期的には、一九〇七（明治四〇）年に日本の国策会社である南満洲鉄道株式会社（満鉄）が業務を開始した時期でもある。[11]

さらには、日本による関東州統治の実施機関である関東都督府も設置され、民政実施のための部局である民政部が置かれた。民政部には、庶務、警務、財務、土木の各課が設けられた。[12]

「官房竝民政部分課規程」では、土木課の業務を「土木ニ関スル事項」と「営繕ニ関スル事項」と規定している。[13]土木課にはその下に土木係、営繕係、経理係が置かれた。これらの部署の役割は以下の通りである。

第二十五条　土木係ニ於テハ左ノ事務ヲ掌ル
一　土木工事ノ計画、施行ニ関スル事項
二　土地ノ測量及地図ノ調製ニ関スル事項
三　土木ニ属スル技術ニ関スル事項
第二十六条　営繕係ニ於テハ左ノ事務ヲ掌ル
一　営繕工事ノ計画、施行ニ関スル事項
二　営繕ニ属スル技術ニ関スル事項
第二十七条　経理係ニ於テハ左ノ事務ヲ掌ル
一　工事ノ経理ニ関スル事項
二　水道ニ関スル事項
三　工事費支弁ニ関スル物品会計及労力供給ニ関スル事項
四　庁舎、宿舎ノ管理ニ関スル事項
五　前各号ノ外土木営繕行政ニ関スル事項(14)

関東都督府の民政部土木課の初代課長は、山路魁太郎であった(15)。山路は、元台湾総督府の技師であった（次頁表2経歴参照）。台湾総督府の『職員録』によれば、山路は一九〇二（明治三五）年より台湾総督府に所属し、土木課土木局に所属していた。台湾における山路の地位は「技師」であった。山路は一八九八（明治三一）年に東京帝国大学土木学科を卒業した(16)。ちょうど、中村与資平の先輩に当たる存在であるといえる。彼は、一九〇五（明治三八）年まで台湾総督府土木課土木局に所属し、一九〇七（明治四〇）年に関東都

表２　山路魁太郎経歴

年	所属機関	所属部局	肩書	官等
1902 年	台湾総督府	土木課土木局	技師	六等七級
1903 年	台湾総督府	土木課土木局	技師	六等七級
1904 年	台湾総督府	土木課土木局	技師	五等六級
1905 年	台湾総督府	土木課土木局	技師	五等六級
1906 年	記載なし	記載なし	記載なし	記載なし
1907 年	関東都督府	民生部土木課	課長心得	四等三級
1908 年	関東都督府	民生部土木課	課長心得	三等二級
1909 年	関東都督府	民生部土木課	課長心得	三等二級
1910 年	関東都督府	民生部土木課	課長心得	三等
1911 年	関東都督府	民生部土木課	課長心得	三等
1912 年	関東都督府	民生部土木課	課長心得	三等
1913 年	関東都督府	民生部土木課	課長心得	三等

出典：台湾総督府における経歴は『旧植民地人事総覧・台湾編・１・２巻』より、関東都督府における経歴は、『旧植民地人事総覧・関東州編』の各年より採取。

督府へ異動している。

先述したように、関東都督府における山路は民政部土木課の初代課長に就任する。台湾総督府において一人の「技師」であった山路が、関東都督府において「課長」に就任する。いわば、台湾総督府から関東都督府への異動が、単なる異動ではなく、「栄転」であったことが窺える。また、これを官等という視点から見ると、台湾総督府の職員録に記載された最後の官等は、「五等六級」であり、関東都督府において最初に記載された官等は「四等三級」であり、官等も昇進していることが分かる。このことから、台湾総督府から関東都督府への単純な「異動」「栄転」であった以上に、この二つの機関の間の異動は、日本の官僚システムにおける昇進（あるいは出世とも）ルートのひとつに組み込まれており、台湾から関東州へと「異動」「栄転」することにより、そうした階梯を登っていったものが存在したということの証左である。

こうしたことが可能となった背景には、関東都督府と台湾総督府との間にある種の人材的なつながりがあったことが挙げられる。

関東都督府民政部の前身である「関東州民政署」の民政長

官は、台湾総督府参事官長であり、後に台湾総督となる石塚英蔵であった。また、台湾総督府の参事官であった関屋貞三郎も、事務官として関東州民政署へ異動している。「関東州民政署職員表[17]」によれば、関屋貞三郎は、事務官中最上位の高等官であり、台湾総督府において石塚とも上司、部下の関係にあった。こうした人材的なつながりが、山路を台湾から関東州へと「異動」させた一因であったと考えられる。

こうしたいわば日本の進出先の「受け皿」としての体制が整い始め、なおかつ、中村与資平自身の帝国大学卒業という経歴とそれに伴う人脈、日本による満洲開発が始まった時期とが一致した結果が、彼に「海を渡った建築家[18]」としての道を歩ませることとなったといえる。そして、それと同時に、中村同様に技術者としての「建築家」が、日本の外地統治のなかに組み込まれ、活動し始めていたといえる。

二、建築物を建てる意味

先に示した中村与資平の略歴からも分かるように第一銀行韓国総支店の設計を皮切りに、朝鮮半島、満洲で建築活動を行っていく。

満洲、特に大連への進出に関して、中村は「自伝」のなかにおいて、次のように記している。

朝鮮銀行が大連に支店を建築するに至り、自分がその設計を依頼されたので、自分も大連に事務所の出張所を設け、岩崎徳松氏を出張させた。しかるに満洲においては、建築設計を、満鉄の人々が内職するので、設計事務所

旧朝鮮銀行大連支店（筆者撮影）

としては発展の見込みなきをさとり、設計請負を始めた。[19]

中村の「自伝」の文章から、大連などの満洲地域における単独での設計事務所開設の難しさを読み取ることが出来る。そのかわりとして、建築設計を請け負うことによって、こうした地域に進出していくこととなったのである。

事実、大連は日本占領当初より家屋建築規則など厳格な建築基準を採用し、木造建築を排除し、石造建築あるいはコンクリート建築とすることを規定していた。[20]こうした設計基準の厳格な規制に加えて、先述した関東都督府土木課が、主要な行政施設やインフラ施設建設を行っており、単独の建築事務所として設計を行うことが難しかった。[21]そこで、中村は設計事務所ではなく、施工部門のみの進出を図り、大連へ出張所を設けることとなる。

関東都督府において、関東州統治初期の一九〇〇年代、行政官庁や官舎などの新築は、焦眉の問題であった。[22]これは、行政を円滑に執行していく上において、その作業を行う上での設備が必要であるという現実的な問題と同時に別な側面があった。

周知のように、ポーツマス条約の結果、日本は、ロシアより関東州租借地の租借権、旅順～寛城子（現・長春）間の鉄道を譲渡されることとなる。こうした状況に応じて、建物がもつ、周囲に与える影響というものについて、日本側が考慮し始めていたからである。

一九一〇（明治四三）年、在長春日本領事館の新築にあたり、外務省本庁と長春領事館との間のやりとりに、その一端を垣間見ることができる。

当領事館ハ本年六月一日ヲ以テ城内ヨリ現在ノ場所ニ移転致候処右ハ従来ノ場所カ執務上ニモ在留民ノ出入ニモ不便少ナカラス領事館所在ノ場所トシテ到底不適当ナリシノミナス現ニ昨今ノ如キ赤痢疑似症等スラ発生シツヽアル状態ナルニヨリ旧満鉄倶楽部ニ空屋トナリタルヲ幸ヒ現在ノ場所ニ引越候次第ニ有之候処

（中略）

亦旧館ト敢テ異ルナク従テ続発スヘキ小修繕ヲ以テ数年ヲ支フルモ不便ノ大ナルノミニシテ其不便ヲ償フヘキ計算上ノ利益殆ト無之候然ルニ他方清国側ニ於テハ道台衙門ノ新築ハ新タニ竣工シ数棟ノ大厦高屋ハ数千坪ノ敷地ヲ占メテ現在ト溝ヲ隔テテ相対峙シ我領事館ハ彼ニ対シ頗ル遜色アルノミナラス露国領事館モ来年中ニハ新築スヘシト称シ居ル此際我領事館カ現在ノ状態ヲ以テ満足スルハ比較的多数ノ在留民ト多大ノ利益トヲ有シ南満ニ於ケル日清露三国利益ノ接触スル枢要地タル当地ノ日本領事館トシテ頗ル面白カラサル義ト存候ニ就テハ当館モ至急新築ニ着手シ来年秋ヲ以テ新築ヲ竣工シ得ル様御詮議相煩度不堪希望次第ニ有之候(23)

先述の通り、長春はポーツマス条約の結果得た、南満州鉄道の終点であり、引用文中にもある通り、「日清露三国利益ノ接触スル枢要地」(24)であった。その地において、清朝側が道台衙門を新築し、またロシア側も領事館の新築を計画しているという状況を受けて、現在の不便な領事館をそのまま使用し続けることを「頗ル面白カラサル義」としている。

これは、次頁の「長春附属地平面図」を見れば判然とするが、日本領事館と清朝側の道台衙門は道を挟んで反対側にあり、そうした地理的条件に加え、清朝側が新築の官衙を建てる一方で不便な領事館を使い続けることに対する反発と、建築そのものに対して国家の威信を仮託しようとする思いを読み取ることができる。

こうして、新築された長春領事館は、アール・ヌーボ様式の建築物であった。当時のヨーロッパの流行と比べれ

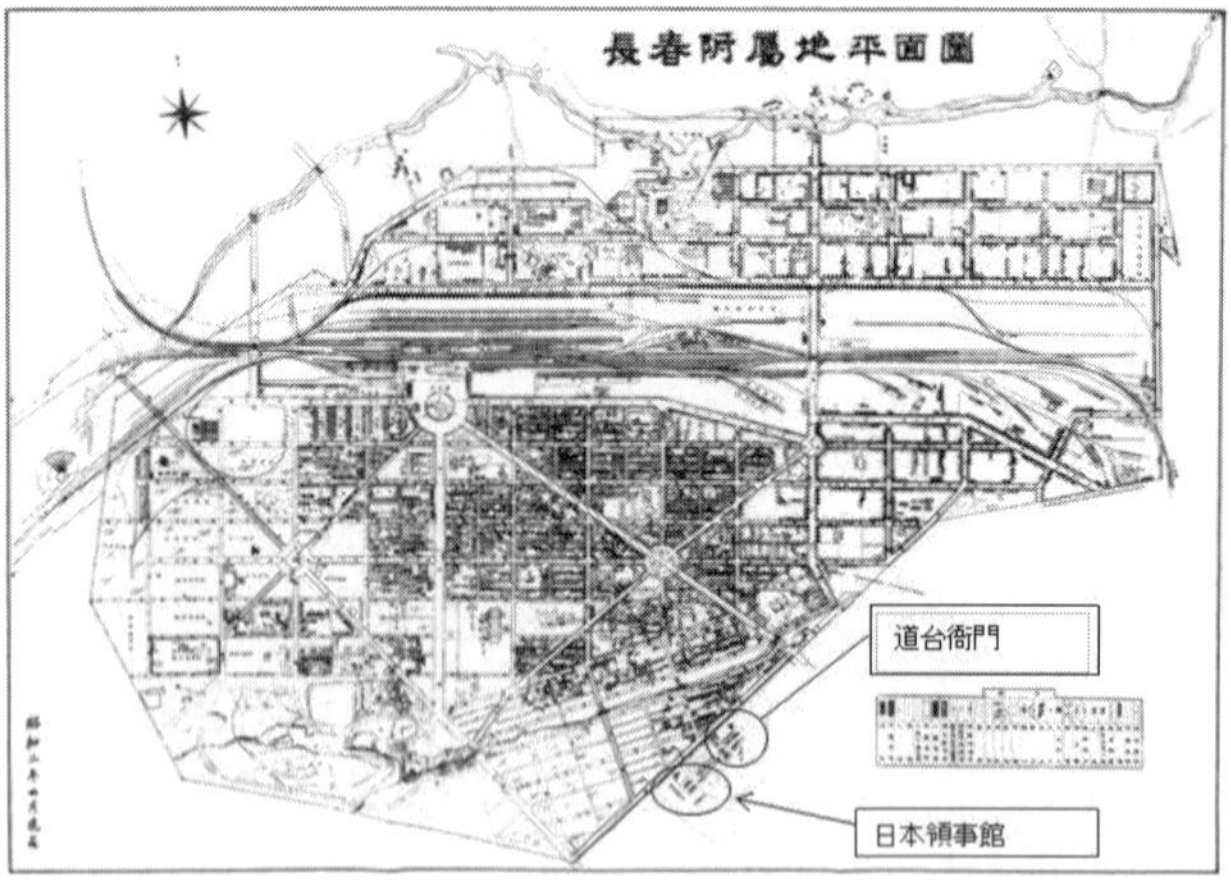

長春附属地平面図

ば、僅かに遅れたものであった(25)。

しかし、問題は、建築の形式として当時流行していた、比較的最新の建築様式を採用したことに関して、やはり先に引用した「新築」に対する意気込みが読み取れる。

長春や大連は、日露戦争の結果、獲得した地域であるが、一九〇〇年代においてはいずれは中国側へ返還しなければならない土地であった。

領事館の新築が着手された時代は、日露戦争が終結し間もない時期であった。ようやく満洲全域が安定化し、日露の再戦の懸念はありつつも、平和な時代へ向かいつつあった。そうした時期にあって、こうした最新の建築様式を用いることにより、日本の国威を示し、また、日本の国力（あるいは文明と読み替えてもいい）を建築物に仮託しようとしていた。

中村与資平が、大連や朝鮮半島で活躍した時代というものは、建築物にそうした役割を担わせる時代でもあったと言える。だからこそ、中村も大連の朝鮮銀行を設計した際には、重厚なコリント式オーダーを用い、都市の中心を飾ったのではないだろうか。そして、それは日本の外地統治に対して、欧米さらには中国側へその威信をしめし、植民地を恒久的に支配していくという意思を表したのである。

三、海を渡る官僚

ここまで、中村与資平という「海を渡った建築家」を通して、関東州などの地域に日本が様々な建築物を建てた意味を検証してきた。では、こうした中村与資平や山路魁太郎といった人物を使う側の人間、即ち官僚側にはどういった人材がいたのであろうか。

これを解き明かす手がかりとして、旅順、大連の民政署長を務めた相賀照郷の経歴を手がかりに検証していく。

相賀照郷は、一九〇〇年東京帝国大学法学部を卒業し、一九〇二年高等文官試験行政科に合格し、内務省へ入省する(26)。

日露戦争が開始され、日本軍の北上と共に満洲地域での日本の支配地域が拡大していくなかで、日本側は一九〇五（明治三八）年、勅令「占領地民政署職員ニ関スル件(27)」を出し、当時のロシア租借地であった遼東半島に民政機関である「関東州民政署」を設置した。

「関東州民政署」は日本軍の満洲軍総兵站監の隷下に属し、関東州内の治安秩序の保持、軍務補助などを目的に編成され、本署を大連に、支署を旅順、金州に置き、一般行政を実施した。設置当時の民政長官は、先述したように当時、台湾総督府参事官長であった石塚英蔵であった(28)。

関東州民政署が成立した当初の「関東州民政署高等官職員表」によると、相賀は「高等官六等」の官等で、「警視」として、民政署職員に採用されている(29)。また、関東都督府の「職員録」では一九〇七年に旅順民政署長となっている(30)。このことから、内務省における相賀照郷は、入省後、地方の県職員としてその経歴を歩みはじめ、当時の内務省の最大の職務である地方行政と警察行政のノウハウを積み上げていたものと推測される。

表3　明治期関東州の民政署長一覧

<table>
<tr><th colspan="2">年代</th><th>大連民政署長</th><th>旅順民政署長</th><th>金州民政署長</th></tr>
<tr><td>1905年</td><td>明治38年</td><td></td><td></td><td></td></tr>
<tr><td>1906年</td><td>明治39年</td><td rowspan="2">関屋　貞三郎</td><td></td><td></td></tr>
<tr><td>1907年</td><td>明治40年</td><td rowspan="5">相賀　照郷</td><td>入沢　重麿</td></tr>
<tr><td>1908年</td><td>明治41年</td><td rowspan="2">力石　雄一郎</td><td>吉田　嘉一郎</td></tr>
<tr><td>1909年</td><td>明治42年</td><td rowspan="2">村上　庸吉</td></tr>
<tr><td>1910年</td><td>明治43年</td><td>吉村　源太郎</td></tr>
<tr><td>1911年</td><td>明治44年</td><td rowspan="2">相賀　照郷</td><td rowspan="2">遠藤　盛邦</td></tr>
<tr><td>1912年</td><td>明治45年</td><td>吉田　豊次郎</td></tr>
</table>

出典：大連民政署長は『大連市史』（大連市役所、1936年）329頁より。但し、事務取扱は含まず。旅順・金州民政署長は『旧植民地人事総覧　関東州編』（日本図書センター、1997年）各年度による。

明治期の関東州における民政署署長の一覧を見ても、通常、民政署長は一〜二年程度で交代していくものだが、相賀は唯一人、旅順署長四年、大連民政署長を二年と合計六年も務めている。[31]

「関東都督府官制」における民政署長の役割は次のように定められている。

第二十五条　民政署長ハ都督ノ指揮監督ヲ承ケ法律命令ヲ施行シ部内ノ行政事務ヲ管理ス

第二十六条　民政署長ハ部内ノ行政事務ニ付其ノ職権又ハ特別ノ委任ニ依リ管内一般又ハ其ノ一部ニ民政署令ヲ発シ之ニ十円以内ノ罰金又ハ拘留ノ罰則ヲ附スルコトヲ得

第二十七条　民政署長ハ管内ノ静謐ヲ維持スル為兵力ヲ要スルトキハ之ヲ都督ニ具状スヘシ但シ非常急変ノ場合ニ際シテハ直ニ其ノ附近ノ守備隊長ニ出兵ヲ要求スルコトヲ得[32]

第二六、二七条からも読み取れるように、たんに管轄地域の地方行政を行うという職務以上に、安寧秩序を求められる職務であるということが分かる。

民政署長の下には、庶務課、警務課、財務課が置かれた。「民政署分課規程」によると、庶務課は「地方行政」「土木」「殖産」に関わる事項を担当

し、警務課は「警察」と「衛生」を、財務課は租税などの収入の事務を担当した。(33)

ここで注目すべき点として挙げられるのは、民政署の職務の中に「土木」が含まれる点である。これは大連、旅順の都市機能としての最大の弱点に水の問題があったためである。

関東州には常時流れる川がなく、川をせき止める形でのダム建設による水源の確保が難しいという状況にあった。また、雨量も年間を通して少なく、「降水量は朝鮮の半分、内地の三分の一」(34)といわれ、しかもその雨の大半は、六～八月に集中しており、また、水分の蒸発量も高いため干ばつなどが発生すると都市全体が渇水状態に陥ってしまうことがままあったといわれている。(35)

歴代の民政署長はこの問題を克服するために、様々なかたちで渇水対策を行ったが、遂に一九四五年の敗戦まで克服することはできなかった。(36)

こうした事態を重くみた関東都督府は、大連に都督府土木課の出張所を設置し、民政署の土木事業の補助を行い密接に連絡を取り合っていた。(37)また、一時的ではあるが一九一〇（明治四三）年には、大連民政署長の代理である「事務取扱」を、土木課事務官の吉田豊次郎が務めるなど、民政署長の役割と水に関わる問題が密接に絡んでいることがうかがえる。(38)旅順、大連と二つの民政署長を務めた相賀が、こうした問題に直面し、処理を迫られたことは想像に難くないと思われる。

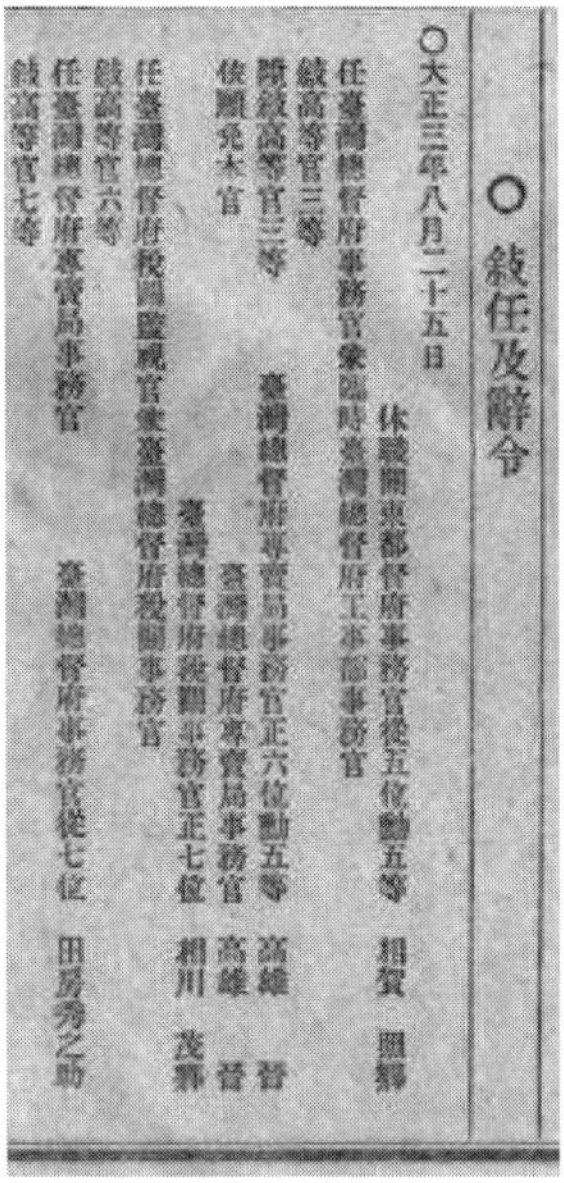
○敍任及辭令
○大正三年八月二十五日
任臺灣總督府事務官兼臨時臺灣總督府工事部事務官　休職關東都督府事務官從五位勳五等　相賀　照鄉
敍高等官三等
陞敍高等官三等　臺灣總督府專賣局事務官正六位勳五等　高雄　晉
依願免本官　臺灣總督府專賣局事務官　高雄　晉
任臺灣總督府稅關監視官兼臺灣總督府稅關事務官　臺灣總督府稅關事務官正七位　相川　茂鄉
敍高等官六等
任臺灣總督府專賣局事務官　臺灣總督府事務官從七位　田房秀之助
敍高等官七等

台湾総督府から相賀照郷への最初の辞令（1914年）

旅順、大連においてこうした経験を蓄積した相賀は、一九一三（大正二）年、関東都督府を休職し、関東州を離れることとなる。そして、翌一九一四（大正

表4　台湾総督府における相賀照郷

年	肩書
1914年	土木局庶務課長
1915年	土木局庶務課長
1916年	嘉義庁長
1917年	嘉義庁長
1918年	嘉義庁長
1919年	土木局長
1920年	台北州知事
1921年	警務局長（土木局長兼任）
1922年	内務局長
1923年	内務局長
1924年	内務局長

出典：『旧植民地人事総覧・台湾編・第3巻』（日本図書センター、1997年）

三）年、台湾総督府事務官に就任することとなる（表4参照）。台湾総督府の辞令によれば、相賀の新たな肩書は、「台湾総督府事務官兼臨時台湾総督府工事部事務官」であり、官等も「高等官三等」となっている（前頁写真参照）。関東都督府における相賀の最後の官等は、「三等一級」であり[39]、やはり、先述の山路魁太郎と逆コースではあるが、関東州〜台湾との間の人材交流があったことが見て取ることができる。

そして、相賀が台湾総督府において担った役割もまた、関東都督府での役割と同様に地方行政と土木であった。

台湾総督府における相賀照郷の経歴は土木と地方行政の道を交互に歩んでいる。

こうした経歴のなかで、特筆する点をあげるならば、嘉義庁長時代に嘉南平原における灌漑設備建設を提言したことであろう。総督府土木局は相賀の提言を受け、八田与一を中心とした調査団を作り、計画作成に乗り出した[40]。この計画は予算上の問題があり、実現をみることはなかったが、こうした提言を行った背景には、関東州、台湾と渡り歩いた相賀の経験に裏打ちされたものがあったのではないだろうか。

おわりに

以上のように、中村与資平、相賀照郷の二人の人物を通じて人材の交流と移動という問題を検証してきた。

中村与資平は、第一銀行の韓国総支店の設計を行ったことを皮切りに朝鮮・満洲各地で活動を行っていく。こうした活動を可能にした背景には、日本が対外進出をした地域において、国家の威信を仮託するための存在としての建築物を日本自身が必要としていたということがあった。それは、日本が恒久的な植民地統治を行う上で、その権威を示し、統治の象徴として欠くことのできないものであった。そのため各地に建てられたこれらの建築物は、当時の最先端の技術が導入され、流行の建築様式を取り入れたものが採用されていくのである。

中村自身、第一銀行韓国総支店や朝鮮銀行大連支店などの建築を見ればわかるように、植民地統治を行う側の要求に十分かなう能力を有していた。同時に、それは中村のみならず、植民地統治機関に採用された技術者たちも同様のことが言えるのである。

また、相賀照郷においても、同様に日本内地での行政官としての経験と関東州での植民地官僚としての技術、この二つを求められ、関東州〜台湾へと官歴を積むことになる。

これはいわば、技術を有したものの植民地間の移動であると言える。中村、相賀ともにそうした技術を有した者であったがために、台湾、朝鮮、関東州という枠にとらわれることなく、これらを越境して移動することが可能だったのではないだろうか。

日本の植民地統治において、こうした人材が各地で経験を積むことにより、植民地間を移動し、そのキャリアを進めていく。中村、相賀という二人の人物の経歴から見て取れるそうした事柄は、日本の植民地統治の実態解明に新たな側面を照らし出すものではないだろうか。

【注】

(1)中村与資平「自伝」、『浜松が生んだ銘建築家中村与資平』(浜松市立中央図書館、一九九一年)、三頁(以下「自伝」と略記)。
(2)同前、「自伝」、四頁。
(3)同前。
(4)『国史大辞典』(吉川弘文館)第九巻、二〇八頁。
(5)「自伝」、五頁。
(6)西沢泰彦「中村与資平の経歴と建築活動について」、『日本建築学会計画系論文報告集』第四五〇号、一九九三年。
(7)「自伝」、四頁。
(8)原田敬一『日清・日露戦争』(シリーズ日本近現代史③、岩波書店、二〇〇七年)、二二五頁。
(9)伊藤武一郎『満洲十年史』(満洲十年史刊行会、大正五年)。(国立国会図書館収蔵)
(10)同前「成功せる事業と人物」、『満洲十年史』、五頁。
(11)加藤聖文『満鉄全史――「国策会社」の全貌』(講談社、二〇〇六年)、三三一‐三三三頁。
(12)関東都督府官房『関東都督府法規提要』、三頁。
(13)同前、八頁。
(14)同前、一二‐一三頁。
(15)『旧植民地人事総覧・関東州編』(日本図書センター、一九九七年)、一四頁。
(16)西沢泰彦『海を渡った日本人建築家――20世紀前半の中国東北地方における建築活動』彰国社、一九九六年、二六‐二七頁。
(17)JACAR Ref. C06040984800(一枚目)
(18)西沢泰彦『海を渡った日本人建築家』、五頁。
(19)「自伝」、一〇頁。
(20)『大連市史』(大連市役所、一九三六年)、六五三‐六五四頁。
(21)西沢泰彦『海を渡った日本人建築家』、二九‐三〇頁。

(22)西沢泰彦「関東都督府の建築組織とその活動について」、『日本建築学会計画系論文集』第四四二号、一九九二年、一一〇－一一一頁。
(23)「領事館新築ニ関スル件」『在長春領事館在奉天領事館新築一件』第一巻、8-4-8-26。(外務省外交史料館収蔵)
(24)同前。
(25)西沢泰彦「関東都督府の建築組織とその活動について」一一一頁。
(26)秦郁彦編『日本官僚制総合事典　一八六八－二〇〇〇』(東京大学出版会、二〇〇一年)、一八二－一八三頁。
(27)JACAR. Ref. A06033516900(一〇－一一枚目)
(28)外務省条約局編『外地法制誌　第一二巻・関東州租借地と南満洲鉄道附属地・前編』(文生書院、一九九〇年)、三六－三七頁。
(29)JACAR. Ref. C06040984800(一枚目)
(30)『旧植民地人事総覧・関東州編』(日本図書センター、一九九七年)、一六頁。
(31)内藤湖南の『游清第三記』によれば、一九〇五年七月一八日の条に相賀照郷が出てきており、内藤は彼を「金州民政支署」の「署長」と記している。あるいは、相賀は三民政署の全てで民政署長を務めた可能性もある。
(32)『関東都督府法規提要』、四－五頁。
(33)同前、三一－三二頁。
(34)『大連市史』、一一頁。
(35)こうした渇水のもう一つの要因としては、大連に流入する人口が多すぎたため、当初のインフラ整備が人口の増加に追いつかなかったと言われている。
(36)最後の大連市長を務める別宮秀夫は、その就任初日の記者会見において、水問題の解決策を新聞記者より問われている。また、日本が敗戦し、ソ連軍が大連に進駐してきた際にも、大連の水源を奪われたため、投降を余儀なくされている。富永孝子『遺言なき自決　大連最後の日本人市長・別宮秀夫』(新評論、一九八八年)。
(37)『関東都督府法規提要』、一七－一八頁。
(38)『旧植民地人事総覧・関東州編』、七〇頁。
(39)同前、一一四頁。
(40)清水美里「日本植民地期台湾における「水の支配」と抵抗――嘉南大圳を事例として」、『言語・地域文化研究』第一五号、東京外国語大学大学院、二〇〇九年、二五八－二五九頁。

水利会組織の変化と人事変遷
――台湾地方エリートの断絶と連続の一考察（一九四一－一九五六）[1]

薛化元（野口武訳）

はじめに

水利会と農会は台湾の地方基層における重要な組織であり、戦後の地方選挙でも特に影響力と動員力のあった団体である。日本統治時代以来、日本本土よりやって来た内地人を除けば、台湾エリートは水利および農業組織の分野でも役割を果したことから、特に地方エリートとみなされてきた。一九四五年に国民政府が台湾を接収して以後、いかに地方の基層組織を掌握したのか、あるいは日本統治期のエリートにいかに取って代わられたのか、いかに国民党当局の地方コントロールに利したのかが、もとより戦後台湾史のなかで重要課題となっていた。過去の研究においても、大部分が一九四八年の二二八事件前後における政治エリートの断絶の問題に偏っており、その内容は台湾の地方基層において政治や社会経済へ重要な影響力を持った水利会が研究対象としてとられ、一九四五年から一九五六年前後に国民党当局が水利組織の「改進」を推進するまでが検討されてきた。[2]対照的に日本統治期においては、一九四一年の台湾農業水利研究会の記載を主な根拠としてきた。[3]

本稿では日本統治期台湾の本土エリートが戦後に連続したのか否かの問題を検討する。従って、まず方法上において日本統治期水利組織の台湾籍エリートを基礎として選択し、その上で、戦後それぞれ異なる段階の水利組織において彼らが依然として継続的に比例して現れた点を導き出し、これらを検討の主軸とする。

戦後初期から国民党が水利組織に対し「改進」を実施する期間まで、水利組織は三つの時期に分けられる。それは、水利組合接管委員会の時期（一九四五ー一九四六）、農田水利協会の時期（一九四六ー一九四八）、水利委員会の時期（一九四八ー一九五六）である。この後、一九五六年の「改進」後は、農田水利会となる。以下に、上記の時期的発展に依拠した上で、水利組織の範疇を検討し、戦後台湾籍エリートと日本統治期の連続と断絶の問題を明らかにしたい。

一、日本統治末期における水利組合の組織制度および人事の情況

明治維新以後、日本の近代国家体制が形成され、また日本内地に関する法律条例が公布されたことから水利組合が成立した。過去に「村組合」や私有化された性格をもって比較的明確な水利事業が行われてきたことから、国家の公権力に組み込まれ、水利組合が法人として政府の監督を受けることとなり、水利事業としては「私有」のものから「公有」化して発展していった。[4]

日本の台湾統治後、台湾の水利事業も同様に「公有化」の道を歩んできたが、日本統治期の水利事業の発展に依拠すると、旧規（一八九五ー一九〇二）、公共埤圳（一九〇一ー一九〇八）、官設埤圳（一九〇八ー一九二一）、水利組合（一九二一ー一九四五）の四つの時期に区分することができる。[5] その内、水利組合については、また台湾水利組合の時期（一九二一

－一九四二）、台湾農業水利臨時調整令の時期（一九四一－一九四五）の二段階に分けられる。

一九四一年に「台湾農業水利臨時調整令」が公布された後、国家権力主導のもと、同一河川、貯水池あるいはその他水源の水利組合や、公共埤圳などを基にして、比較的大規模な事業区域の水利組合を合併させた。この後、日本統治が終結するまで、台湾水利組合組織の合併や、多くの新設された組織の改廃がなされた。基本的には「台湾農業水利臨時調整令」公布後に、まず一〇九個所の水利組合を五〇個所の水利組合に合併した（四六一頁附表1参照）[6]。一九四二年、高雄州下の岡山水利組合は曹公水利組合と合併し[7]、一九四三年に公共埤圳と嘉南大圳組合を嘉南大圳水利組合とした[8]。一九四四年以後は、台南州管轄下の新豊、新化、新営、嘉義、斗六、虎尾の各圳の水利組合を合併し[9]、高雄州下の各水利組合をまた合併してひとつとし[10]、これにより台南、高雄は水利組合をそれぞれひとつとして、一九四五年に中壢水利組合を設立した[11]。日本統治末期までには、台北州には一〇個所、新竹州には八個所、台中州には一二個所、台南州には一個所、高雄州には一個所、花蓮港庁には三個所、台東庁には三個所、総計三八個所の水利組合がつくられている（四六一頁附表1参照）。

一九四〇年代の資料によれば、水利組合の組織制度は基本的に組合長のもと理事を設け、また庶務、財務、工務の三課を設置し、庶務課のもとに庶務係、文書係を設け、課長が事務を司った。財務課は会計係、徴収係を設け、課長を出納役とした。工務課のもとには事務係、技術係、水利係、監視所が設置され、課長を技師とした[12]。しかし、規模においては相違があったため、比較的大きな水利組合は、組織編成も一様ではなかった。全台湾の水利組合のうち、嘉南大圳は日本統治期に台湾の水利灌漑に対してかなり重要な役割を果たしており、このため嘉南大圳組合は植民地体制下にあって政府当局に非常に重視されていた。一九四一年、公共埤圳・嘉南大圳組合の時期には、嘉南大圳組合長のもと庶務、経理、水利、土木、林務、徴収など六課が、課の下には二つから四つの係が設けられ、ほかに嘉義出張所、烏山頭支所、新豊郡、新化郡、曾文郡、北門郡、新営郡、嘉義郡、斗六郡、虎尾郡、北港郡、東石郡などの各郡に支部が設置された。この内またがる水利区域や、細かく分化された組織制度、膨大な吏員の数については、その他の水利組合とは異なっている。[13]

「台湾水利組合令」第八条、第一二条、一四条によれば、水利組合長は知事あるいは庁長によって任命され、任期は四年であり、水利組合は評議会の設置に応じ、評議会は組合長および評議員による組織とし、評議員は無給職のものとし、任期は四年で、評議員の選任は知事あるいは庁長の認可を受けねばならず、知事あるいは庁長は監督の上で必要に応じて組合長あるいは評議員を解任することができた。[14]この他、水利組合の人事面については、組合長を除いて、「台湾水利組合令施行規則」第九条に依拠し、吏員は理事（理事は一職、台湾人から選任しない）、技師、出納役、書記、技師、監視員（巡視員）、その他人員（雇傭員、嘱託）などで、また事務処理および技術の二種類を包括した。[15]総じて、水利組合の組織人事は、吏員と評議会の二つの系統におおよそ分かれていたと言える。

評議会は主に組合長に諮詢の権限を与えていたが、「台湾水利組合令」によれば、評議員は組合員より互選し、このほか知事あるいは庁長は必要に応じて官吏、吏員あるいは組合員のなかから評議員を選任できるものとした。しかし、その人数は互選した評議員数の二分の一を超えてはならなかった。[16]ただし過去の見解とこの規定は、一致しない点がある。[17]さらに各州から選出された評議員の出身について分析すると、その成員の多くは台湾人を主とし、日本人は比較的数が少なく、台東庁、花蓮港庁では漢人、日本人を除くと、原住民が含まれていた。[18]台中州を例にとると、水利組合の吏員は日本人と比べて多いものの、互選した評議員はすべて台湾人であり、政府当局が指定した評議員の中には、日本人、台湾人（本島人）およびフランス人が含まれ、日本人が官選の半数を占めていた。[19]総じて言えば、日本人が約四分の一を占め、評議会の成員は明らかに台湾人勢力が主となっていた。

二、戦後の接収と組織変革

一九四五年一〇月五日、台湾省行政長官公署と警備総司令部が指揮所を設立し、台湾の接収を準備した。これにより各州庁に接管委員会が成立し、各州の接管委員会から派遣された人員が水利組合接管委員会を創立し、各水利組合を接収し、台湾の水利組合業務は行政長官公署農林処に引継がれ、総計三八個の水利組合、および五個の水害予防組合を接収した。[20]

接収初期は、日本統治期の水利組合法規、制度および名称を依然として踏襲したが、「郡」を「区」と改めている。接収の際には、水利組合接収時点での多くの県長あるいは区長が組合長を兼任していた。例えば宜蘭県農田水利会は日本統治期の宜蘭、羅東、蘇澳など三個の水利組合が合併して成立しており、一九四五年一二月に宜蘭、羅東、蘇澳の各水利組合は台北州接管委員会に接収されると、宜蘭区長黄添寿、朱正宗らの二人が派遣されて宜蘭水利組合の代理組合長を兼任し、一九四六年四月の選挙で呉焔樹が第一回民選組合長に任ぜられた。一九四五年一一月に、羅東水利組合は郡守藍淥淮が組合長を代理し、隔年の四月に、藍淥淮が第一回民選組合長に当選した。また、蘇澳水利組合の接収初期は、蘇澳区長廖富本、謝樹徳が組合長を代理した。[21]

桃園農田水利会は、日本統治時期の海山、新荘、桃園、大渓、湖口などの五個の水利組合が合併して成立し、一九四五年に新竹州接管委員会が接収を請け負うと、呂新進が桃園水利組合の代理組合長兼任に任命された。大渓水利組合は当時の大渓区署区長張青雲が組合長を兼任し、湖口水利組合は、第一回、第二回の湖口郷長馮乾裕、黄作仁が代理組合長を兼任した。[22] 高雄水利組合は当時の高雄県長謝東閔が組合長を兼任した。[23] 七星水利組合の接収初期は、台北接管委員会が七星郡守潘光楷を派遣して接収させ、組合長に任ずると、一九四六年一月に黄純青が代理組合長となり、七月に林振声に引継がせた[24]。これら上述した水利組合は新政権が派遣した人員によって接収され、組合長が代理となった情況であると言える。

その他の行政首長が組合長を兼任した事例としては、例えば一九四五年一一月、新竹州接管委員会が張順慶を新竹水利組合の接収管理に派遣すると、一九四六年三月に、かつて台湾省水利局副局長であった鄭昌英が引き続き兼任した。また、台中州接管委員会に接収管理されたいくつかの水利組合は、豊栄水利組合、東勢水利組合、大屯水利組合、后里水利組合などがある。豊栄水利組合はそれ以前に組合評議員を担任していた張文徳が接収に派遣され、東勢水利組合は農会、青果合作社系統の出身であった廖慶年が組合長を担任した。大屯水利組合は大屯水利組合書記を任ぜられていた張文珪が接管業務を請け負い、后里水利組合は張銀河が接収の命を受けた。新高水利組合は頼江和が組合長を担任し、竹山水利組合は黄啓奏が組合長を担任した[25]。

比較的特殊な情況であるのは組織人員が非常に膨大であった嘉南大圳であり、接収初期に台南県長袁国欽が嘉南大圳組合長を兼任したが、嘉南大圳は本来選挙によって生まれた組合長が林蘭芽であった。しかし、行政長官公署が政権変動の際にこれを認め、行政のパワーバランスによって嘉南大圳の水利業務を進めたため、県長の袁国欽は組合長の担当に改められ、林蘭芽は副組合長となった。この後嘉南大圳は再び理事会を設け、林蘭芽を理事長に選挙している[26]。

総じて戦後初期の、全台湾の各地の水利組合における接収情況について述べれば、水利組織は基本的に新政権が各地方に行政首長を派遣して接収したが、台中地区の水利組合および嘉南大圳は、ある程度非官僚系の勢力によって接収管理の業務を請け負わせていたと言える。

三、農田水利協会の時期

一九四六年一一月、台湾省行政長官公署は戌魚農耕字第四一二八一号をもって各県政府に訓令し、一一月三〇日に台湾各地の水利組合を「農田水利協会」と改め、同時に農林処もまた戌魚署農耕字第四一一〇一号をもって各水利組合に「組合」と名称変更するよう打電した。行政長官公署は各地の水利組合を農田水利協会に改組した後[27]、組合長を会長と改め、会員によって選挙した後、再び農林処が委任して、会長の任期を四年とすることとした[28]。本来会長は会員が直接選挙によって決定するものとしたが、二二八事件が発生したため間接選挙に改められると、評議員によって互選が進められ、再度行政当局によって委任されて[29]、評議員が会員選挙によって選ばれることとなった。しかし過去の研究によると、農会組織、人事は決して二二八事件による激しい変動はもたらされなかったとしている[30]。従って、水利協会会長の選挙制度がなぜ二二八事件を受けて改編されたのか、さらに研究を進める必要がある。

制度面についてみると、一九四七年一月一日に農林処がもとの農地課を拡充し、農田処農田水利局とした[31]。二二八事件の後、行政長官公署が廃され、台湾省政府が成立した。行政組織が調整された後は、水利局が省政府建設庁の管轄下となり、章錫綬を水利局長に任命すると[32]、農田水利協会は水利局に帰属した。同年斗六大圳建設において、嘉南大圳との計画に伴い、斗六大圳農田水利協会が独立して成立した。一九四八年台湾省政府は防汛協会を農田水利協会に合併し、また農田水利協会を水利委員会に改め、総計三九個所の農田水利協会を水利委員会に改組した[33]。

農田水利協会期の会長について分析すると、蘇澳農田水利協会会長林奠邦は日本統治期の蘇澳水利組合評議員であり、豊栄農田水利協会会長の張文徳は前組合期の評議員であった。大屯農田水利協会会長の張文珪は大屯水利組合の時期の書記を担当しており、能高農田水利協会会長の許財丁は前組合期の評議員であり、瑠公農田水利協会会長の劉鉄甲は、前組合期の評議員であった。言い換えれば、日本統治末期のすべての台湾水利組合の中には、総計一四五四名の台湾人が存在していたが、農田水利協会の時期には、わずか五名の会長が日本統治期の水利組合に関係する人員であったということである。

ここで再度水利協会の時期の評議員を分析してみると、嘉南、高雄、七星など三個所の農田水利協会の資料から把握できるものとして、嘉南農田水利協会には二三名の評議員が存在し、林金生、郭万安、謝水蘭、李文波、黄秀卿、許水浅、李再源、陳振、楊徳勝、黄烏番、張王、蔡清和、張善継、龔承楷、郭睿、王埤、李義、梅獅、荘明、高清分、曾文貴、徐石来、蔡裕斛であった。嘉南水利組合の時期から日本統治期に到るまで、台南州の水利組合には総計三九〇名の台湾人が存在しているが、農田水利協会の時期には評議員の継続率が一〇パーセントにも満たなかった。[34]高雄農田水利協会には二一名の評議員が存在し、陳啓貞、鐘徳尚、王貴人、鄭来成、劉水胖、陳秋金、林万興、呉見草、王天発、張朝任、李金禄、林文銓、陳文道、鐘潤生、鐘幹郎、蕭阿年、李才祉、李進旺、陳清文、楊明祥、李子焜がおり、日本統治期から続けて、高雄州水利組合には二四二名の台湾人が存在し、その継続率は一二・七二パーセントであった。[35]七星農田水利協会は、李朝芳、鄭士印、何文恭、呉祖徳、陳満堂、陳水藤、陳炎興、蘇渓河の八名の評議員が存在し、日本統治期の七星水利組合から引継いでおり、当時七星水利組合には総計二三名の台湾人がおり、継続率は三五パーセントとなる。[36]しかし、日本統治期の七星水利組合の評議員に対してのみ指摘すれば、一六名の評議員のうち八名が、戦後に農田水利協会の時期の評議員として当選し、その継続率は五〇パーセントほどとなる（表1参照）。

表1　農田水利協会の時期の評議員継続率

名称	評議員数	日本統治期の台湾人数	継続率
嘉南農田水利協会	23	390	5.9%
		（日本統治時期評議員数）226	10.18%
高雄農田水利協会	21	242	8.68%
		（日本統治時期評議員数）165	12.72%
七星農田水利協会	8	23	34,78%
		（日本統治時期評議員数）16	50%

本文の各表はみな游淑如、黄仁姿の作成した表による。出所は以下の通り。
出典：台湾農業水利研究会編『台湾水利事業関係者職員録』（台湾農業水利研究会、1941年）、5-76頁。台湾水利人物誌編輯委員会編『台湾水利人物誌』（台湾水利人物誌編輯委員会、1956年）、1-212頁。

四、水利委員会の時期

一九四八年一月一三日、台湾省政府は、参柒子元政府秘法字第六四七〇号にて「台湾省各地水利委員会組織規定」を公布し、農田水利協会を水利委員会と改めると、「台湾省各地水利委員会設置弁法」および「台湾省各地水利委員会設置弁法」第六条のもと、水利委員会設置委員の若干名は、水利局に招聘された当地の郷鎮市公所の首長を当然の委員とし、残りの委員は会員区での互選とした。また委員選挙によって主任委員、副主任委員が委員会を組織し、主任委員（副主任委員）および委員は、均しく任期を四年とし、連選で連任を得る場合は、委員は無給のものとした（主任委員、副主任委員を除く）[37]。一九五〇年になって、屏東、潮洲、東港、恒春などは高雄水利委員会を離脱し、屏東水利委員会が独立して成立した。従って水利委員会の時期は、全台湾中、総計四〇個所の水利委員会が存在したこととなる[38]。

水利委員会の時期は、宜蘭主任委員の林才添、蘇澳主任委員の林龔邦、桃園主任委員の黄啓得、竹南主任委員の林為恭、苗栗主任委員の徐海碧、豊栄主任委員の張文徳、東勢主任委員の劉阿迓、大屯主任委員の張文珪、大甲主任委員の李晨鐘、能高主任委員の許財丁、竹山主任委員の鄭葆椿、嘉南主任委員の林蘭芽、高雄主任委員の陳清文、屏東主任委員の張山鐘など一九名が、日本統治時期の水利組合から継続した人脈となっている。

再度、水利委員名簿を分析すると、名簿の一部には、すでに豊栄、大甲、后里、嘉南、高雄、七星など六個の水利委員会が存在していること分かる。豊栄水利委員会には、廖允寛、陳清泉、張煥珪、林湯盤の四名の委員が存在し、日本統治期には豊栄水利組合の評議員を担当していた。同組合には日本統治末期に四九名の台湾人が存在し、評議員には二三名がおり、組合内すべての台湾人を計算すると、継続率は一割にも満たず、再度水利組合と水利委員会の二つの時期の評議員を比較すると、継続率は一七・三九パーセントとなっている。大甲水利委員会には黄昆振、劉雲騰、王水河、陳銀波の四名の委員が存在し、それ以前に大甲水利組合の評議員に選出されていた。同組合には三三名の台湾人が存在し、評議員は二二名おり、組合内すべての台湾人を計算すると、継続率は一二・一二パーセントとなり、同組合と日本統治末期の評議員を比較すると、継続率は一八・一八パーセントとなる。后里水利委員会には、劉端生、頼朱福生、李丙生、尤新丁、張振輝の五名の委員が存在し、后里水利組合の評議員を担任したこともある。同組合の日本統治末期には一六名の台湾人が存在しており、評議員は一二名おり、組合内すべての台湾人を計算すると、継続率は三一・二五パーセントとなり、組合評議員を単純計算すると、継続率は四一・六六パーセントとなる。

嘉南水利委員会には林勝昌、廖重光、黄清標、呉天時、梁道、陳華宗、林文樹、林蘭芽、張会、張善継、李義、廖学輝、蔡清和、曾文貴、謝水藍、李再源、王宝珠、荘明、陳徳旺、蘇清、洪復吉、郭睿、梅獅、龔承楷、李文波、黄烏番、黄宗岳、陳麟綢、楊群英、陳振、呉標、黄清標、陳澄沂、許水浅、高清分、王埤、紀聯修、楊徳勝、黄秀卿、林仕君、張王、高文瑞、黄水五、黄大欉、陳徳旺、張文英、黄図、呉添丁の四八名の委員が存在し、台南州水利組合にはすべて三九〇名の台湾人が存在しており、このため水利委員の継続率は一二・三一パーセントとなっている。単純に組合評議員を計算すると、継続率は二一・二四パーセントとなる。

高雄水利委員会には、陳啓貞、王貴人、鄭来成、陳清文、陳万興、王天発、劉水胖、李進旺、呉見草、鍾徳尚、鍾

表2　水利委員会の時期の水利委員継続率

名称	水利委員数	日本統治末期の台湾人数	継続率
豊栄	4	49	8.2%
		（日本統治末期の評議員数）23	17.39%
大甲	4	33	12.12%
		（日本統治末期の評議員数）22	18.18%
后里	5	16	31.25%
		（日本統治末期の評議員数）12	41.66%
嘉南	48	390	12.31%
		（日本統治末期の評議員数）226	21.24%
高雄	39	242	16.12%
		（日本統治末期の評議員数）165	23.63%
七星	4	23	17.39%
		（日本統治末期の評議員数）16	25%

潤生、蕭阿念、張朝任、葉宝山、楊明祥、陳文道、李子焜、李玉琳、張山鐘、阮朝倫、林春雨、林文生、劉福生、張簡五竜、李天輝、林祖鑑、李清輝、楊万法、謝関生、蘇傑、邱昌英、謝順益、林文銓、李慶文、盧老枝、高明源、張朝任、李金禄、林建論の三九名の委員が存在し、日本統治末期から継続して、高雄州水利組合には当時二四二名の台湾人が存在し、継続率は一六・一二パーセントであった。単純に組合評議員を計算すると、継続率は二三・六三パーセントとなる。

七星水利委員会には、鄭士印、何文恭、陳炎興、蘇渓河、黄金士の五名の委員が日本統治末期から存在し、その中でも黄金士は瑠公水利組合の雇員であり、その他四名の委員も七星水利組合の評議員を以前に担当していた。七星水利組合には総計二三名の台湾人が存在し、継続率は一七・三九パーセントであり、水利組合と水利委員会の時期の評議員を比較すると、継続率は二五パーセントとなる（表2参照）。

五、「改進」前の情況と「改進」運動

日本統治末期の水利組合内の台湾人は、一九五〇年代中期に水利組織が改組される直前まで、その流動的な情況は如何なるものであったのであろうか。本稿では、一九五六年前後に編纂出版された『台湾水利人物誌』を引用しているが、同書は水利専門家、水利工程師、水利行政人員、地方建設人員、全台湾水利委員会委員、職員および地方水利事業に協力した人士の、総計一六七〇余人を記載しており、[39]水利に関する人物の記載が詳細なものとなっている。従って、同書に記載された名簿と、日本統治末期の水利組合人事を相互に対比して作成した同書の附表二から表八を利用して、日本統治末期の水利組合において活躍した台湾人を統計したところ、一九五〇年代前後まで、なお水利組織における活動が持続したことが、少なからず比例して現れた点から見て取れる。同書の附表三から附表九によれば、各州水利組合の台湾人継続率は、台北州二〇パーセント、新竹州九・三パーセント、台中州一五パーセント、台南州一一パーセント、高雄州七・四パーセント、台東庁一七パーセント、花蓮港庁七・九パーセントとなっている。継続率について言えば、台北州が最高、高雄州が最低のものとなっており、総数については、日本統治期の全台湾の水利組合には、総計一四五四名の台湾人が存在し、一九五六年の水利会の「改進」実施前後まで一八三名が水利組織でつづけて活動しており、その継続率は一三パーセントとなっている。

一九五三年八月二六日、蔣介石総裁は中央総動員運動会報第一五次会報にて「耕す者がその土地を持つ（耕者有其田）政策の推進と、農会と水利会の改革をなすことは、重要な関係があり……水利会組織は膨大であり、かつ多くが赤字決算であり、台湾省政府は具体的な改革方法を研究しなければならない」として指示した。また第一八、一九次会報にて、前後して「水利会は徹底して整えるべきであり、党の幹部も参加し、その積もる弊害を改革し、台湾省政

府と省党部は具体的な方法を考究し決定する必要がある」などとして指示した。この蔣介石指示によって、国民党の専門家招聘およびそれに従う政党員が「改進弁法」を制定し、第二〇次総動員運動会報の通過を経て、主管する政党員が送られ、水利法を修正し、地方水利自治団体が公法人として確定した。また地下水の管制登録手順を規定し、党籍の立法委員を支持する運用を経て、一九五五年一月に立法手順が完成した。[40]

一九五五年一月、総統は修正水利法第三条二、三項によって「主管する機関は各地区の需要を視察し、それぞれ水利自治団体を設立し、政府の推進する水利事業に協力することを承認する。前項水利自治団体は公法人とし、その組織規定は省政府が行政院に上申してこれを裁定するものと定める」として公布した。この修正以後の法律に依拠し、台湾省政府は「台湾省各地水利委員会改進弁法」および「台湾省各地農田水利会組織規定」を制定し、行政院台四十四経字第五五三四号令を経て一九五五年九月に承認し、省政府が一一月の実施を公布した。[41]「改進弁法」の主要な主旨は以下の通りである。

一、水利会は地方自治団体とし、公法人の資格を授与し、土地、労働、税の徴発および強制入会の権力を備えるものと定める。
二、農民は水利会での権力と地位を高め、会員代表は三分の二を有せば耕作を自任する会員となすべきものとして規定する。
三、水利会組織は立法、監察、執行の三権分立制度を採り、会員の代表大会を最高権力機関とし、評議委員会を監察機関とし、会長を執行首長とする。
四、組織を簡略化し、徴収費を一定に定め、事務員の比率を限定し、人事および会計制度を確立し、不正濫用を排除し、農民の負担を極力軽減すること。
五、会長、総幹事以下の工作人員は、その他の公職を兼任できないものと規定する。[42]

この法律制度の改変を経た後、無論、水利組織内部には組織構造あるいは権力構造ともに重大な変化が現れていった。

六、「改進」後の継続と断裂

農田水利会成立後、桃園農田水利会会長の黄啓得、新竹農田水利会会長の蘇廷清、豊栄農田水利会会長の張文徳、大甲農田水利会会長の李晨鐘、竹山農田水利会会長の鄭葆椿、嘉南農田水利会会長の林蘭芽、新港農田水利会会長の馬栄通の七名は、みな日本統治末期の水利組合の人脈を引継いだ。水利委員の時期から一九名の主任委員が存在していたことと比べると、日本統治末期から、農田水利会の「改進」後にはわずか七名となり、もとの日本統治末期の水利に関連する人士は半分にも満たなかった。

再度、会員代表および評議員の名簿から分析すると、宜蘭農田水利委員会には林阿木、林以士、林再中、呉阿土、張阿良、林木渓、江天恩の七名が存在し、淡水農田水利会には李金竜、黄坤樹の二名、桃園農田水利会には鄭玉樹の一名、苗栗農田水利会には古石満の一名、豊栄農田水利会には廖允寛、林湯盤の二名、大甲農田水利会には陳金城、劉雲騰、陳深居、陳銀波、徐万力の五名、后里農田水利会には張振輝の一名、苑裡農田水利会には詹益松の一名、南投農田水利会には洪調滔の一名、彰化農田水利会には柯武、林朝枝、呉連堪、陳勲、洪万沢、呉紹田の六名、嘉南農田水利会には黄烏番、黄大欉、陳華宗、郭睿、陳徳旺、許水浅、呉添丁の七名、高雄農田水利会には林建論、劉水胖の二名、屏東農田水利会には李金禄、張朝任、呉天来、梁徳英、黄有福の五名、台東農田水利会には徐監の一名、七星農田水利会には何文恭、鄭士印、黄金土の三名の、総計四五名が日本統治末期の水利組合の人脈を引継いでいた。(43)

日本統治末期の全台湾における水利組合には、総計一四五四名の台湾人が存在しており、従って「改進」を経た後は、会員代表および評議員の継続率はわずかに三・〇九パーセントとなっていた。各農田水利会の時期の継続率においては表3（四六八頁）を参照されたい。

おわりに

日本が台湾を統治して以後は、行政当局が水利組織制度を採択した上で、日本明治維新以後の本土制度の影響を受け、台湾の水利組織はもともと私有化した性格から比較的明確な台湾水利事業となった。また同様に「公有化」した過程の中で、水利組合が法人となり、政府の監督を受けるものとして確立した。日本統治末期になると戦時体制への協力が求められたことから、台湾の水利事業は政府の監督から政府の直接指導に転じ、国家統制の道が終始強化されていった。

次に、日本統治期の水利組合は吏員と評議員の二つの流れに分けられる。吏員に関しては、組合長、理事、出納役、書記、監視員（巡視員）、技師、技手、その他人員などであった。基本的には組合長、理事、出納役などの職は、ほぼすべて日本人に任ぜられていたが、監視員、技師、技手、その他人員などの職は実質日本人と台湾人の差がない。この点は過去に嘉南大圳を研究した情況とは異なり、嘉南大圳ではその重要性から、人事構成は日本人が多数を占めていた。評議員に関しては、互選の評議員と官僚派の評議員に分けることができる。官僚派評議員は行政当局が必要な時に特別に指定されるものであったが、人数は互選議員の二分の一を超えてはならず、また、基本的に互選評議員はほぼ台湾人とし、官僚派評議員は半数が日本人としていた。総じて、評議員は官吏の人脈と相反しており、台

表3　農田水利会の時期の会員代表、評議員の継続率

名称	会員代表、評議員数	日本統治末期の台湾人数	継続率
宜蘭	7	82	8.54%
		（日本統治末期の評議員数）71	9.86%
淡水	2	19	10.53%
		（日本統治末期の評議員数）14	14.29%
桃園	1	66	1.52%
		（日本統治末期の評議員数）39	2.56%
苗栗	1	37	2.7%
		（日本統治末期の評議員数）18	5.55%
苑裡	1	29	3.45%
		（日本統治末期の評議員数）15	6.66%
豊栄	2	94	2.13%
		（日本統治末期の評議員数）55	3.64%
大甲	5	33	15.15%
		（日本統治末期の評議員数）22	22.73%
后里	1	16	6.25%
		（日本統治末期の評議員数）12	8.33%
南投	1	33	3.03%
		（日本統治末期の評議員数）19	5.26%
彰化	6	138	4.35%
		（日本統治末期の評議員数）80	7.5%
嘉南	7	390	1.79%
		（日本統治末期の評議員数）226	3.1%
高雄	2	107	1.87%
		（日本統治末期の評議員数）165	1.21%
屏東	5	135	3.70%
		（日本統治末期の評議員数）89	5.62%
台東	1	15	6.66%
		（日本統治末期の評議員数）10	10%
七星	3	23	13.04%
		（日本統治末期の評議員数）16	18.75%

湾人勢力が主であったと言える。日本人統治末期の全台湾水利組合を総じて述べると、台北州には一九四名、新竹州には一九四名、台中州には三七三名、台南州には三九〇名、高雄州には二四二名、台東庁には二三名、花蓮港庁には三八名であり、総計で一四五四名の台湾人が存在していた。

戦後の接収初期から国民党が水利組織に対する「改進」を実施する期間まで、水利組織は、水利組合接管委員会の時期（一九四五－一九四六）、農田水利協会の時期（一九四六－一九四八）、水利委員会の時期（一九四八－一九五六）の三つの時期に分けられる。時系列ごとに異なる時期の水利組織を検討すると、各期間の人事更迭が顕著であったが、しかし日本統治期の水利組合と比較した場合、台湾籍エリートの連続あるいは断裂は、決して一時的に現れたものではなかったと言える。

戦後初期、全台湾各地の水利組合の接収情況について言えば、水利組織は基本的に新政権によって各地方に行政首長が接収管理に派遣されたが、台中地区の水利組合および嘉南大圳は数少ない例外でもある（嘉南大圳は行政長官公署から袁国欽が県長として接収管理に当たった）。

農田水利協会の時期の会長については、三九の会長のうちわずか五名の会長が日本統治末期からの水利組合に関連した人員であった。また水利協会の時期の評議員について分析すると、嘉南、高雄、七星の三つの農田水利協会の資料から目下把握できるのは、嘉南農田水利協会の評議員の継続率は一割に満たず、高雄農田水利協会の継続率は約八・六八パーセントであり、七星農田水利協会は継続率が三四・七八パーセントであったことである。

水利委員会の時期は、名簿の一九名の主任委員から指摘すると、すべて日本統治末期の水利組合からの人脈を引継いでいた。農田水利会成立後は、水利委員の時期から一九名の主任委員が存在していたことと比べると、日本統治末期には、農田水利会に「改進」された後はわずか七名の会長のみであり、日本統治末期の水利に関連する人士は半数にも満たなかった。会員代表および評議員の名簿を分析すると、総計四五名が日本統治末期の水利組合から人脈を引継いでいた。[44] 日本統治末期全台湾の水利組合の中では、総計一四五四名台湾人が存在したが、「改進」を経た後は、会員代表および評議員の継続率がわずか三・〇九パーセントとなっている。

また、一九五六年前後に出版された『台湾水利人物誌』所収の名簿と日本統治末期の水利組合において進められた人事を比較したところ、総数について述べれば、日本統治末期の全台湾水利組合の中では、総計一四五四名の台湾人が存在し、一九五六年に水利会が「改進」を実施した前後には一八三名が水利組織で続けて活動しており、その継続率もわずか一三パーセントとなっている。

一九四五年から一九五六年に到るまで、一九四八年以前に、もともと日本統治時期の水利組合出身であったエリートは、水利組織での影響力が大幅に低下した現象が生じており、特に水利組織の指導者については顕著なものがあると言えよう。しかし、一九四八年以後は、こうした趨勢が新たな転換点として現れている。水利委員会の時期はもともと行政部門の支持した指導者が大幅に更迭され、日本統治期の水利組合出身エリートが各地方の委員会を全面的に掌握していった。一九五六年に国民党当局が「改進」を推し進めて以後、農田水利会の責任者で日本統治期の水利組合出身のエリートは、わずか七人のみであった。この点について言えば、水利組織の面からすると、組織の責任者となった地方エリートが日本統治期の水利組合出身であった情況については、未だはっきりと現れてはいないと言えるであろう。ただし、おおむね一九五六年以後は、エリートと日本統治期の断裂した情況は常態化しており、特に『台湾水利人物誌』には顕著に現れている。

附表1　日本統治末期から戦後初期までの水利団体組織（1941-1948）

水利団体の名称	1941 水利組合	1945 水利組合	1946-1948 農田水利協会
台北州（計10）	七星（16）	七星	七星
	瑠公（19）	瑠公	瑠公
	文山（4）	文山	文山
	羅東（20）	羅東	羅東
	宜蘭（40）	宜蘭	宜蘭
	蘇澳（12）	蘇澳	蘇澳
	基隆（／）	基隆	基隆
	淡水（14）	淡水	淡水
	海山（16/1）	海山	海山
	新荘（16）	新荘	新荘
新竹州（計8）	桃園（／）	桃園	桃園
	大渓（8）	大渓	大渓
	湖口（20）	湖口	湖口
	霄裡（20/2）	中壢	中壢
	竹南（17/2）	竹南	竹南
	新竹（26/2）	新竹	新竹
	苗栗（20/2）	苗栗	苗栗
	苑裡（16/1）	苑裡	苑裡
台中州（計12）	后里（14/2）	后里	后里
	大甲（29/7）	大甲	大甲
	東勢（17/2）	東勢	東勢
	豊栄（34/9）	豊栄	豊栄
	大屯（24/4）	大屯	大屯
	南投（21/1）	南投	南投
	能高（16/2）	能高	能高
	新高（12）	新高	新高
	八堡圳（46/15）	八堡圳	八堡圳
	彰化（26/4）	彰化	彰化
	北斗（32/4）	北斗	北斗
	竹山（12）	竹山	竹山
台南州（計7）	新豊（16/3）	嘉南大圳	嘉南
	新化（10/2）		
	新営（18/3）		
	嘉義（52/12）		
	斗六（29/6）		斗六
	虎尾（39/5）		
	嘉南大圳（107/6）		
高雄州（計7）	曹公圳（41/2）	高雄	高雄
	岡山（20/2）		
	旗山（23/2）		
	屏潮（46/5）		
	枋寮（20/1）		
	東港（31/2）		
	恒春（／）		
台東庁（計3）	卑南（20/6）	台東	台東
	関山（14/4）	関山	関山
	新港（14/2）	新港	新港
花蓮港庁（計3）	花蓮港（／）	花蓮港	花蓮
	鳳林郡（24/9）	鳳林郡	鳳林
	玉里（14/5）	玉里	玉里
総計	50	38	39

一、本表は1941年の水利組合の統計総数を50としているが、陳鴻図の統計とは異なる。しかし実際のこれら水利組合については、意見が一致しないわけではない。陳鴻図、281-282頁、308-315頁を参照。

二、本表の「文山水利組合」は、資料には「大坪林水利組合」と記載されているが、同組合は1923年に名を改めている。このほか霄裡水利組合は1940年に湖口水利組合と合併した。

三、括弧内の数字は、代表評議員の総数および日本人評議員の人数である。例えば「嘉南大圳（107/6）」は、代表評議員がすべて107人、日本人が6人存在する。括弧内の数字が未記載のもの「（／）」は、新任評議員が未選出であったものによる。

出典：

一、専門書・刊行論文

1. 陳鴻図『台湾水利史』228-229頁、281-282頁、308-315頁。
2. 張添福「嘉南農田水利組織与営運分析」（台中：国立中興大学農業経済研究所、1978）34頁。
3. 呉進錩「台湾農田水利事業演化之研究」、21、324、591-605頁。
4. 台湾農業水利研究会編『台湾水利事業関係者職員録』（台湾農業水利研究会、1941）5-76頁。

二、檔案

1. 台湾総督府公文類纂数位化檔案、岡山水利組合ヲ曹公水利組合合併ニ認可、11190-1。
2. 台湾総督府公文類纂数位化檔案、公共埤圳嘉南大圳ヲ嘉南大圳水利組合ト為スノ件、10502-12、395。
3. 台湾総督府公文類纂数位化檔案、新豊、新化、新営、嘉義、斗六、虎尾各郡水利組合合併ニ関スル件、11196-1。
4. 台湾総督府公文類纂数位化檔案、合併ニ因ル高雄州水利組合設立命令ノ件、11198-1。

【注】

（1）本稿は政治大学台湾史研究所博士の黄仁姿および計画団隊のメンバーの協力によって完成したものである。ここに謝意を表したい。

（2）本文において「改進」と使用するのは、一九五六年国民党当局が水利会組織に対するコントロールを強化するべく推進した「台湾省水利委員会改進弁法」を援用しているためであり、制度の改善とは関係がない。台湾省改進各地水利委員会指導委員会『台湾省各地水利委員会改進工作総報告』（台湾省改進各地水利委員会指導委員会、一九六五年）、一、七頁。

（3）台湾農業水利研究会編『台湾水利事業関係者職員録』（台湾農業水利研究会、一九四一年）。

（4）陳鴻図『台湾水利史』（五南図書出版、二〇〇九年）、二一一－二一七頁。

（5）陳鴻図『台湾水利史』、二一八－二二六頁。

（6）一九四一年の「台湾農業水利臨時調整令」公布後から、一九四五年の戦後に接収した期間まで、多少の水利組合を共有したが、既存の研究成果では意見の一致を見ていない。特に統計の総数は同じであるが、実際に示しているものはいくつかの水利組合はむしろ表記が異なっているものがある。ある研究者は合併前には一〇八個所の水利組合が成立したことを認めている（邱淑娟「戦後台湾農田水利組織変遷歴程之研究（一九四五－一九九五）」（国立台湾大学政治学研究所碩士論文、一九九五）。陳鴻図『台湾水利史』二二八－二二九頁）。しかし呉進錩は、一〇八個所の記載は『嘉南大圳大事記』においては、その統計を一〇九個所としていると指摘している（『嘉南大圳大事記』、二一頁、二八一－二八二頁）。同時に、研究者は一九四一年の合併後における水利組合の総数についてはまた異なる見方を示しており、四七、四九、五〇と分かれている（張添福「嘉南水利会組織与営運分析」、国立中興大学農業経済研究所碩士論文、一九七八年、三四頁。陳鴻図『台湾水利史』、二八一－二八二頁、三〇八－三一五頁）。ただし、過去の研究をまとめ、および黄仁姿が総督府の関する檔案を整理した結果、現状では本研究が把握する総数としては五〇個所のものとする。

（7）台湾総督府公文類纂数位化檔案、岡山水利組合ヲ曹公水利組合合併ニ認可、11190-1。

（8）台湾総督府公文類纂数位化檔案、公共埤圳嘉南大圳組合ヲ嘉南大清水利組合ト為スノ件、10502-12、395。

（9）台湾総督府公文類纂数位化檔案、新豊、新化、新営、嘉義、斗六、虎尾各郡水利組合合併ニ関スル件、11196-1。

（10）台湾総督府公文類纂数位化檔案、合併ニ因ル高雄州水利組合設立命令ノ件、11198-1。

（11）台湾省台中農田水利会編『台湾省台中農田水利会会誌』（台湾省台中農田水利会、二〇〇九年）、三二一－三二二頁。

(12)新竹水利組合『新竹水利組合要覧』(新竹水利組合、一九四一年)、八頁。

(13)嘉南大圳には庶務、経理、水利、土木、林務、徴収など六課を設け、課の下に二つから四つの係を設け、別に出張所、支所、各郡支部などがあった。台湾農業水利研究会編『台湾水利事業関係者職員録』、五－七六頁。

(14)「台湾水利組合令」、『台湾総督府府報(号外)』(第二五五四号、一九二一年一二月二八日)。「台湾水利組合令施行規則」、『台湾総督府府報』(第二六六一号、一九二二年五月二二日)。台湾水利組合令施行期限ノ件」、『台湾総督府府報』(第二六六一号、一九二二年五月二二日)。

(15)「台湾水利組合令施行規則」、『台湾総督府府報』(第二六六一号、一九二二年五月二二日)。台湾農業水利研究会編『台湾水利事業関係者職員録』(台湾農業水利研究会、一九四一年)五－七六頁。陳鴻図『台湾水利史』、二二六頁。

(16)「台湾水利組合令」第十三条：評議員ハ台湾総督ノ定ムル所ニ依リ組合員ヨリ之ヲ互選ス。前項ノ規定ニ依ルノ外知事又ハ庁長ハ必要ト認ムル場合ニ於テハ台湾総督ノ定ムル所ニ依リ官吏、吏員又ハ組合員ノ中ヨリ評議員ヲ選任スルコトヲ得。但シ其ノ員数ハ互選ニ依ル評議員ノ定数ノ二分ノ一ヲ超ユルコトヲ得ス。筆者と異なる見解として、陳哲三「沿革篇」、『南投農田水利会志』(台湾省南投農田水利会、二〇〇八年)、一九七－二〇六頁。

(17)呉進錩「台湾農田水利事業演化之研究」(中国文化大学実業計画研究所博士論文、一九九三年)、二八〇頁。陳鴻図『台湾水利史』、二二六頁。張添福「嘉南水利会組織与営運分析」(国立中興大学農業経済研究所碩士論文、一九七八年)、三四頁。台湾省桃園農田水利会『台湾省桃園農田水利会会誌』(台湾省桃園農田水利会、一九八四年)、一〇〇頁。

(18)卑南水利組合には一二名、関山水利組合には一名、新港水利組合には六名、鳳林郡水利組合には二名、玉里水利組合には一名の原住民が存在した。台湾農業水利研究会編『台湾水利事業関係者職員録』、五－七六頁。本文における水利組織の人事に関する資料は、他の説明を除き、みな前掲書および台湾水利人物誌編輯委員会編『台湾水利人物誌』(台湾水利人物誌編輯委員会、一九五六年)、一－二一二頁、を参照した。

(19)台中州『台中州水利梗概』(産業部土地改良課、一九四二年)、四三頁。

(20)日本統治期に接収した水害予防組合の数に関しては、資料の記載には一五個所存在している。呉進錩「台湾農田水利事業演化之研究」、三〇七頁。台湾省農田水利協進会編印『進歩中的台湾農田水利』(台湾省農田水利協進会、一九五九年)、一二頁。

(21)薛化元「政権替換与台湾地方菁英的流動(一九四〇－一九五〇)」(未刊行)、五二頁。

(22)薛化元「政権替換与台湾地方菁英的流動(一九四〇－一九五〇)」(未刊行)、五二－五三頁。

(23)薛化元「政権替換与台湾地方菁英的流動(一九四〇－一九五〇)」(未刊行)、五六頁。

(24)当該資料は何思翹教授の提供によるもの。
(25)薛化元「政権替換与台湾地方菁英的流動(一九四〇－一九五〇)」(未刊行)、五四－五五頁。
(26)「嘉南大圳水利組合長袁国欽派任案」、行政長官公署檔案、典蔵号：00303234014001。
(27)「電為水利組合応改農田水利協会希遵照弁理据報」、『台湾行政長官公署公報』三五年冬季号、三三期。
(28)高雄農田水利会編輯委員会『台湾省高雄農田水利会会誌』(高雄農田水利会編輯委員会、一九九七年三月)、四九三－四九四頁。
(29)陳鴻図『台湾水利史』、三〇一－三五六頁。
(30)黄仁姿「外来政権与地方菁英——以一九五〇年代農会改組為例」(政治大学台湾史研究所碩士論文、二〇〇九年)。
(31)「農林処農田水利成立日期通報案」、行政長官公署檔案、典蔵号：00301100008037。
(32)「建設庁成立及庁長到職視事」、省級機関檔案、檔号：0040110000001005。
(33)薛化元「政権替換与台湾地方菁英的流動(一九四〇－一九五〇)」(未刊行)、二九－三十頁。
(34)薛化元「政権替換与台湾地方菁英的流動(一九四〇－一九五〇)」(未刊行)、六六－七一頁。
(35)薛化元「政権替換与台湾地方菁英的流動(一九四〇－一九五〇)」(未刊行)、七一－七五頁。
(36)薛化元「政権替換与台湾地方菁英的流動(一九四〇－一九五〇)」(未刊行)、七六－七七頁。
(37)「制定『台湾省各地水利委員会組織規定』、『台湾省各地水利委員会設置弁法』」、『台湾省政府公報』、民国三七年一月一五日、一六三－一六五頁。
(38)陳鴻図『台湾水利史』、三三〇頁。
(39)台湾水利人物誌編輯委員会『台湾水利人物誌』(台湾水利人物誌編輯委員会、一九五六年)。
(40)国民党七届中常会第一六二次会議紀録、檔号：7.3.1/188。「為配合耕者有其田政策之推行、農会与水利会之改革、至関重要……水利会組織龐大、且多虧欠、台湾省政府応研究具体改革弁法」。「水利会要徹底整頓、需有党的幹部参加、改革其積弊、台湾省政府与省党部希即研擬具体弁法」。
(41)台湾省改進各地水利委員会指導委員会『台湾省各地水利委員会改進工作総報告』、二〇九頁。「主管機関得視各地方区域之需要、核准設立水利自治団体、協助政府推行水利事業。前項水利自治団体為公法人、其組織規程由省府擬定呈請行政院核定之」。
(42)国民党七届中常会第一六二次会議紀録、檔号：7.3.1/188。
一、確定水利会為地方自治団体、賦予公法人資格、具有征地征工征費及強制入会的権力。
二、提高農民在水利会中的権力与地位、規定会員代表須有三分之二為自任耕作的会員。

三、水利会組織採立法、監察、執行三権分立制度、以会員代表大会為最高権力機関、評議委員会為監察機関、会長為執行首長。
四、簡化組織、確定収費標準、限定事務人員比率、建立人事及会計制度、以期剔除浮濫、尽量減軽農民負担。
五、規定会長、総幹事以下工作人員、不得兼任其他公職。

(43)薛化元「政権替換与台湾地方菁英的流動（一九四〇－一九五〇）」（未刊行）、五九－七七頁。会員代表、評議員はみな日本統治末期の水利人脈から継続しているのではなく、基隆、新海、石門、新竹、竹南、能高、花蓮農田水利会からのものである。南投、花蓮農田水利会は会員資料が失われており、雲林農田水利会、瑠公農田水利会は会員、評議員の資料が失われている。

(44)会員代表、評議員はみな日本統治末期の水利人脈から継続しているのではなく、基隆、新海、石門、新竹、竹南、能高、花蓮農田水利会からのものである。南投、花蓮農田水利会は会員資料を失っており、雲林農田水利会、瑠公農田水利会は会員、評議員の資料を失っている。

第六部　戦後再建

戦後日本における台湾協会の再建
——引揚から一本化まで

鍾淑敏

はじめに

一八九八年四月、東京の九州倶楽部において、台湾協会の発起総会が開かれ、ここに有力な日台親睦団体が誕生した。この団体は、日本帝国最初の植民地である台湾にその基盤を有するが、帝国の拡張に伴って、一九〇六年一二月、台湾協会の臨時総会において、目的範囲に台湾の外、満洲・朝鮮を加えることが決議されるとともに、「東洋協会」に改称された。台湾の名こそ失われたが、台湾支部は「東洋協会台湾支部」の名で引き続き運営されることとなった。

協会の機能の一つに「親睦団体」であることが挙げられるが、これと性質の近い組織に「台湾倶楽部」がある。一九一〇年三月成立の台湾倶楽部は、台湾協会の東洋協会への拡大後、日台交流に重要な役割を果たした。台湾倶楽部は、一九四三年一月、時局の関係から、倶楽部を協会に改称する旨決議し、ここに「台湾協会」の名を冠する団体が復活した。台湾協会と台湾倶楽部はそれぞれ異なる源流を有するが、共に日本統治時代において日台間の連携、交流に努めた重要な団体であった。

戦争末期及び戦後初期において、台湾協会は、有名無実と化していたが、一九五〇年九月二七日になってようやく新団体「財団法人台湾協会」が、外務・厚生両大臣の認可のもと成立することとなった。しかしながら、新生台湾協会は、日本の戦後処理の過程において、在外財産の返還、賠償などの処理問題に直面して複数の団体に分裂してしまう。とは言え、主張や目的の相違によって分裂すると同時に、台湾関係団体の「一本化」を求める声も絶えることはなかった。最終的に、終戦から一八年経った一九六三年五月に、新宿の台湾協会ビルが落成するに至り、台湾関係団体はついに「一本化」の目的を達成したのである。

これまで、台湾協会と東洋協会に関する学術的紹介については、『拓殖大学百年史研究』における掲載論文が最も多くを占め、台湾協会学校から東洋協会学校に至る経緯や、関係者である後藤新平、新渡戸稲造などの研究が主な課題であった。また、植民と日本の対外拡張の観点から検討を加えたものとして、山根幸夫、松田吉郎、向山寛夫らの研究や、上沼八郎による『台湾協会会報』の解題的性質を兼ね備えた研究がある。戦後の台湾協会研究については、今後開拓されるべき分野と言えよう。

戦前、戦後に歴史的な断絶があり、日台双方の関係は、植民母国と外地との関係から国際関係へと変貌し、団体の性質もそれに伴い異なるものとなった。しかしながら、戦後の台湾協会の再建と発展は、戦前を引き継いでなされたものである。本稿では、その組織と事業、役員会人事、日本における戦後処理、及び日台間の相互関係の分析を通じて、この団体を再確認することにとどまるが、将来には当該団体の日本統治時代台湾史及び日台百年関係史における意義を検討し、百年来の日台関係の一面を考察することを試みる。

一、引揚から台湾協会の新設まで

一九五〇年一〇月、成立間もない台湾協会は、機関誌『台湾協会報』において、終戦から協会成立に至る経緯を次のように述べている。

（略）台湾総督府残務整理事務所（略）専ら総督府及び所属官公衙の官公吏の身分、給与、恩給その他各般の残務事務を処理してきた。官公吏以外の一般の民間関係の引揚、援護、厚生事務については、台湾引揚民会及び旧台湾協会がまた在外資産の対策処理については台湾事業協会が、総督府残務整理事務所と緊密な連絡をとって夫々対策処理に当って来たのであるが、時日の経過と共に台湾引揚民会も旧台湾協会もその活動は極めて微弱な状態に置かれるに至ったのである。かような状勢の下にあって、過去五十年の歴史的、地縁的繋がりのある台湾関係者が、歳月の流れとともに連絡の途なく離散して行くことは、他の外地引揚者の団体が強固な基盤の下に、積極的な活動を続けていることを見聞する度に、真に遺憾に考えられてきた。殊に内外の諸状勢は幾変転し伝えられるようならば、講和条約締結の曙光も間近く見出されるのではないかと思われる。この秋に因縁の最も深い台湾との連絡親善を図って文化経済、貿易の興隆に寄与することは、われ〳〵台湾関係者に課せられた重要な使命であると痛感させられるのである。（略）殊に総督府残務整理事務所が閉鎖された暁は、一層その必要性が要請される（略）幸いに台湾としては先輩が残してくれた建物（七星寮）が東京都中央区銀座七丁目三番地の一角にあるので、これを基礎として関係有力者の援助協力によって、若干の基金を集め財団法人組織の新団体を結成してはとの声が高まってきた。爾来一年余各界有力者の賛同を得て、総督府残務整理事務所が斡旋役となって、新団体結成準備委員会が昨年九月に結成された[1]。

前述の述懐から、台湾協会の成立は、官庁たる「台湾総督府残務整理事務所」の斡旋のもと、台湾引揚民会、旧台湾協会、台湾事業協会などの関係者が連携して準備が進められ、サンフランシスコ講和条約調印と官庁閉鎖を間近に控え、他の外地の引揚者団体が確固たる基盤のもと積極的に活動していることを念頭になされたのであった。そして、一年にわたる議論の結果、七星寮の経営を財務基盤として、ついに新たな「財団法人台湾協会」が成立したのである。では、前述の機関・組織は一体いかなる団体であり、また、過渡期においてそれぞれいかなる役割を果たしたのだろうか。

一九四五年九月、連合軍と日本が米国戦艦ミズーリ号艦上において降伏文書調印式を行った後、日本政府は、台湾在留の日本人が大挙帰国することを予期し、受け入れ態勢、引揚者の処遇援護、各種権益資産の処置、そして総督府所属機関の残務処理などを軌道に乗せるため、総督府東京出張所が善後処置の全責任を負うように同所の組織を拡充・強化することにした。一九四六年一月三一日、日本政府はまず、勅令第五五号をもって外務省官制を改正し、総督府の管轄官庁を内務省から外務省に移行させ、総督府の事務を外務大臣の管理下に置いた。同年三月一一日、財務局長に命じて同局の五、六名を台湾総督府残務調理員として出張所に配置させるのと同時に、日本の各府県に駐在員を配置し、引揚関連事項を主管させた。四月、「台湾総督府東京出張所」を「台湾総督府残務整理事務所」に改称した。五月、勅令第二八七号により、各外地の官公吏は一部の未帰還者を除き殆ど全員が一斉に自然廃官となって退職したが[2]、日本政府は残務整理要員を指定し、総務部（庶務、人事）、援護部、経済部、財務部（主計、会計）、交通部（海運、鉄道、逓信）の五部七課を設け、それぞれ官公吏の昇格、昇任、昇給、叙位、叙勲、死亡賜金、軍政要員復帰などの関連業務を行わせた[3]。ところで、当該事務所は台湾から日本本土に引揚げた政府組織であったため、最初の官吏、例えば所長（元総督府農商局長）須田一二三、総務部長（経済部長兼任）森田俊介、援護部長西村徳一、財務部長根井洸、交通部長小菅芳次らはすべて総督府の官吏であった。(4) そのため旧台湾協会、台湾引揚民会、或いは台湾事業協会は共に同事務所と緊密な関係を維持していた。従って、同事務所は、閉鎖される前に各方面と協調して、すべての台湾関係者を結びつける共同団体を成立させる責任を負っていた。

十分な支援を受けていた公務員を除く一般の引揚者に対する救済として、整理事務所は、旧来の台湾協会を通じて「引揚援護事務」を処理し、引揚者の為の共同宿泊所の設置、住宅の斡旋・管理、相談所の開設、及びその他の援護厚生に関する事項を担当した。(5) この時、台湾協会は松岡一衛が主導していたが、松岡はかつて嘉義市尹、台北市尹、台中州知事、殖産局長などを歴任しており、一九二一年から一九四一年退職まで台湾と極めて深い関わりを有していた。ちなみに、旧台湾協会東京支部所在の丸ビル一階の事務所は、一九四五年一二月在日台湾人により占拠されたため、事務所を有楽町糖業会館の一室に移転さることになった。(6)

新台湾協会のもう一つの母体は、一九四六年一一月五日成立の「台湾引揚民会」である。(7) これは総督府残務整理事務所が一般引揚者に援護、厚生、救済の機関が欠けていたことに鑑みて、元総督府総務長官成田一郎が引き揚げてきた総督府各局長と協議し、台湾関係の大企業の支援を求めて組織化したものであった。引揚民会は総督府側の三二〇万円、台湾関係大企業側の一八〇万円を資金源として、東京に本部を、各府県に支部を設置した。役員は会長河村徹、顧問は成田一郎、近海郵船社長松本晄吉、明治製糖社長小塚泰一であり、理事は台湾関係大企業と総督府各局長から選出された。執行部には常任理事として大企業より三名、総督府局長二名、専務理事には総督府を代表して文教局長西村徳一、事務局長に藤原耕治が選ばれ、職員一〇名をもって発足した。(8) その後、同会は阿佐ヶ谷と早稲田に住居を新設し、引揚民を収容した。また同会では海産物干物年二万八〇〇〇貫の特別割当許可を得て、全国的「背負販売」ができ、そして神戸税関保税倉庫にあった敗戦直前台湾の繊維公団に代金支払い済みの綿布、化繊、羊毛等の繊維品を無料配布することができた。一九四九年六月、台湾引揚民会は所期の目的と使命を果したとして、解散することを決定し、精算残額金一四五万円を新台湾協会に活動資金として全額委譲した。[9]

新台湾協会のもう一つの母体である「台湾事業協会」は、台湾における事業経営者、財産所有者及び台湾経済関係者によって設立された組織である。その目的は、「終戦以来在外利害関係者が当面してきた諸種の問題に関し、又今後予想せられた賠償問題に関連して生すべき種々の事態に対処し、常に関係当局と連繫を密にしつつ或は指導を乞ひ、或は時に請願陳情等を行ひ、究極に於いては在外資産の適正なる補償を期せんとする」ことにあった。同協会は、一説には一九四六年七月以前には「海外事業戦後対策中央協議会」の台湾部会として成立したとされ[10]、一説には残務整理事務所の協力のもと一九四六年一一月一日に成立したとされる[11]。いずれにせよ、会員名簿から、これが日本による台湾統治五〇年間において最大規模の日本企業であったことが分かる。その会長は日糖興業社長の藤山愛一郎、理事長は専売局長、州知事、殖産局長などを歴任した中瀬拙夫、常任理事は元鉄道部長、高砂香料工業会社長の渡辺慶之進（幹事兼任）であり、理事は、日糖興業の秋山孝之進、台湾製糖の武智勝、明治製糖の山田貞雄、塩水港製糖の田口弼、三井農林の大島卓爾、台湾興業の切本実、日本石油の川久保修一、帝国石油の立石信郎、日本鉱業の三毛菊次郎、南海興業の山内卓郎、台湾電力の滝口陸造、東邦金属製錬の小橋熙、鐘淵曹達の本木誠三、三井物産の宮崎清、台湾協会の松岡一衛であった[12]。台湾事業協会は、その性質において、新台湾協会に統合された団体の中でも日本の在外財産の補償・返還の問題と最も関係の強いものであった。ただ、協会のメンバーは主として製糖会社などの大企業であり、全体的活動において積極性に欠けていたため、「海外事業戦後対策中央協議会」が設立されたのである。

台湾事業協会と関係のある団体としては、更に「台湾経済問題研究懇談会」が存在した。同会は台湾事業協会によって設立されたが、その経緯として、「台湾関係者は政府の方針が決定しない今日、政府がどの程度これを保証するかにつき意見を具申陳情するための機関である台湾事業協会の別動隊として左記会員を以て台湾経済問題研究懇談会を結成、既に運動を開始した」のであり、そのメンバーは、渡辺慶之進（外務省指名、幹事長）、西村高兄（外務省指名、幹事）、藤山勝彦（製糖その他の関係）、小塚泰一（製糖その他の関係）、三巻俊夫（一般経済関係）、池田鉄作（技術関係）、森田俊介（政治関係）等であった[13]。

台湾事業協会は大企業による団体であったため、庶民には縁のない組織であった。従って、台湾協会が中心になって台湾からの引揚者の更生に乗出したのは一九四六年五月であった。その引揚団体の事業部が独立して設立したのが後日の蓬莱商事株式会社であり、株主は同社社長の河村徹氏をはじめ台湾関係者で占められていた。例えば高井廉造（台湾銀行本店支配人代理、台陽鉱業常務）、沼越正己（元総督府警務局長）、松岡一衛、貝山好美、須田一二三、藤江醇三郎（台湾土木建築協会長）、上滝汎（地方法院検察官長）、竹内清（台湾新報社台中支社長）、福田定二郎（歯科医）等がおり[14]、彼らによって一般民衆の支援が行われた。

新台湾協会成立の経済的基盤の一つに七星寮の運営が挙げられる。七星寮について、在台日本人実業界の重鎮であった古賀三千人の未亡人・古賀千代子が主催した『全国引揚者新聞』に、次のように記されている。「七星寮は戦時、空襲の頻繁に行われたとき、銀座料亭歌磨を台湾総督府が十五万円で買収し、役人の宿舎に当てたのであるが戦後前の所有者歌磨より買戻しの交渉あり、その他地の利に目をつけて各方面よりの買収交渉があり、引く手あまたの状況であると伝えられ、その成り行きが注目されたが、松岡一衛氏などの台湾関係者懇談会では左の如く決議しこれを外地引揚者の福祉のため全面的に利用することとなった[15]」。「地の利に目を付け」たのは占拠を計画した台湾華僑だけでなく、総督府東京出張所の応援によって松岡一衛が個人名義で買い取ったのにも問題があった。一九四八年五月「松岡は台湾華僑の分割譲り渡し要求を未然に防ぐため、台湾協会東京支部を解散して、旧台湾協会のすべてが存在せぬことを社会一般に明らかにした。ここにきて七星寮は全く松岡一衛氏個人のものの如き観を呈し、この事態をめぐっていろいろな人たちの画策対象となった」のである。[16]事態を打開するために、毎週月曜日に会合が開かれた台湾関係者懇談会において、全国台湾引揚民会会長河村徹、元総督府総務長官成田一郎、元台中州知事森田俊介、松岡一衛、須田一二三、塩見俊二（財務局事務官）、坂口主税（高雄州知事）ら官界出身の主導者と、前根寿一（南日本漁業統制会社、南星水産社長）、古屋貞雄（弁護士）、沼越正己、平田末治（高雄海人草組合長、高雄市会議員）、藤原耕治（台北師範出身）、中村誠司（糖業連合会支部長）などが、総督府残務整理事務所所長古屋義輝立会いの下、七星寮を台湾引揚者並びに台湾縁故者の相互連絡、懇親宿泊及び福祉増進のため利用することを決議した。また、台湾引揚民会の事務所も七星寮内に設けられた。[17]

ところで、七星寮の所有権移譲について、名義人たる松岡一衛の「移譲の社会的条件が満たされればいつでも私は移譲してよいが、現在はまだその時期ではない」という言訳に対して、交渉側はその機が熟していると主張した。長い協議の結果、新財団の基本財産として、松岡一衛名義の七星寮を移譲することを確約し、それに基づいて一九四九年七月に新財団設立委員として、成田一郎、河村徹（台湾引揚民会会長）、松本晄吉（近海郵船）、新関八州太郎（三井物産）、雨宮謙次（日本郵船）、前根寿一（日本水産）、武智勝（台糖）、小塚泰一（明糖）、藤山勝彦（大日本製糖）、後宮信太郎（東邦レーヨン）、須田一二三、森田俊介、藤原耕治（台湾引揚民会常務理事）の一三名が推薦された。[18]翌三月三〇日、「財団法人台湾協会」は「国内的には台湾関係者全体の新たな連絡・親睦・援護・厚生をはかり、国際的には、今後進展が予想される日台関係について、その親善友好、文化、貿易、経済等の万般に関し、構想を新にしてその発展に寄与すること」を宣言し設立された。[19]協会は台湾関係者相互の連絡、親睦、共栄を図ることを目的とする団体であり、具体的に行う事業は一．宿泊所七星寮を経営する、二．援護厚生事業、三．日台貿易の振興、四．会報発行、五．懇談会、講演会の開催[20]などである。

台湾協会最初の理事は、須田一二三、西村高兄（総督府事務官、台湾拓殖理事）、沼越正己、渡部慶之進、河村徹、川

村直岡、松本晄吉、松本雄吉（三菱商事台北支店長）、前根寿一、藤山勝彦、福井亘、藤原耕治、小塚泰一、雨宮謙次、坂口主税、平田末治、森田俊介であり、監事は、三巻俊夫（台湾倉庫専務）、武智勝であった[21]。その後、松本晄吉が筆頭常務理事を、西村高兄、森田俊介、沼越正己、藤原耕治が常務理事を務めることとなった。一〇月三一日の役員会において、組織の拡大強化の基本問題として評議員の選任、会長の推戴の二件を中心に協議され[22]、その結果、一九五一年三月、藤山愛一郎が会長に推挙された。そして組織の強化については、前台湾引揚民会全国支部長と在京達識の人々四一名が評議員となり、評議員及び理事などを増員することによって、参画の基盤を拡大することとなった。

一九五一年一〇月一一日、台湾協会は第二回理事会を開催し、西村高兄、松本晄吉、森田俊介の三名を常務理事に推挙することを決議した。理事会では、在外資産返還運動者の要求に対応し、在外資産の補償に関する陳情の件について、日本政府に対する国内的問題として、全国引揚者団体運動など関係団体と連絡して善処することを決議した[23]。台湾協会は、人事の面では柔軟性と多様性を見せたが、元官吏と大企業の経営者を運営母体とする団体であり、在外財産問題に正面から取り組むことについて強力に機能するよう要求する声には依然として応えることができなかった。台湾協会に一体どのような矛盾対立が生じたのか、次節で議論する。

二、台湾同盟と在外資産の返還促進運動

森田俊介が発行兼編集人を務め、財団法人台湾協会により発行された『台湾協会報』は、一九五〇年一〇月に第一号が発行された。これは四ページからなる機関誌であり、一九五一年末の第一五号から会長藤山愛一郎の名が付され、一七号（第三年第二号）以降『日台通信』と改称された。改称後の機関誌『日台通信』は、尚四ページを維持し、

会長及び発行人は変わらず、編集長を三島文平が務めた。しかしながら、この台湾協会を代表する機関誌は、「財務問題」を理由に、三〇号（一九五三年五月）、三一号（一九五三年七月）を臨時に二ページ構成の「台湾残置私有財産返還促進特集号」とした。[24]その後、「台湾残置私有財産返還促進期成同盟」は、一九五四年六月に『台湾同盟会報』を発行した。渡辺剛が編集発行兼印刷人を務めたが二号しかもたず、一九五四年九月からは『台湾同盟通信』と改称し、発行所も正式に台湾同盟通信社と記され、理事長平田末治の名が編集兼発行人として冠され、編集責任者を戦前台湾で著名な新聞人であった泉風浪が務めた。『台湾同盟通信』は、『日台通信』の継承を宣言し、一九六三年四月の第一〇三号まで継続発行され、その後は台湾関係団体の「一本化」によって「発展的解消」を遂げ、再出発なった台湾協会に吸収され、『台湾協会報』の名を取り戻すに至った。機関誌の名称の変化は、台湾協会という団体の変遷と発展を如実に物語っている。

「引揚者」にとっては、苦労して手に入れた血と汗の結晶を如何にして取り戻すか、或いは、失われた財産の補償を如何にして勝ち取るかが、当然最大の関心事であった。一九四六年一一月には、総数四〇〇万人の引揚者を代表する「全国引揚者団体連合会（略称－全連）」が結成された。委員長は「北支」代表の日本キリスト教会最長老阿部義宗、副委員長は朝鮮代表の前朝鮮総督府局長の穂積真六、事務局長は台湾代表の弁護士古屋貞雄、事務次長は満蒙代表の元満鉄理事の北条秀一であり、中央委員には各地域団体、各府県別団体より各一名が選出されて運営に当たり、台湾からの中央委員は台湾引揚民会の常務理事藤原耕治が選出された。この全国引揚者団体の補償要求運動は、結成以来毎年春と秋の二回、日比谷公園に三万人を動員して大会が開かれ、首相官邸などを取囲んで一週間にもわたる示威運動が連日展開された。[25]

引揚者は一様に、外国と関連する未帰還者及び残置財産問題だけでなく、国内の冷淡な視線にも向き合わなければならなかった。一九四八年一一月、全国引揚者新聞社主催の座談会において、「外地に行くと内地にいる人との間に国民としての感情的差別が生まれているのです。つまり勝手にいったのだから、今帰ってきても吾々の責任ではない[26]」、甚だしくは「引揚者のある子供が郷里に帰ってきたとき、ゼンモンと呼ばれたそうです。方言で乞食ということだそうです[27]」などと引揚者の置かれた地位が赤裸々に語られている。つまり、引揚者は、政府からの補償を獲得するために、政府に対して各国との交渉を要求する以外に、国内同胞の同情を喚起する必要があったのである。

台湾関係団体中、最も早く在外私有財産返還・補償運動を行っていたのは、一九四八年八月に神戸で成立した「高雄同志会」である。主導者は平田末治で、終戦時の総世話役の岩佐直則（高雄にて岩佐建築設計事務所を開設）、田中泰作（医学博士、高雄産婦人科医院）などであった。一九五二年四月二日、彼らを中心に、台湾引揚者有志によって「台湾残置私有財産返還促進期成同盟」が組織され、台湾引揚者の厚生援護及び台湾残置財産補償などの問題の解決を図ることとなった。

「高雄同志会」の平田末治らは、他の引揚者団体との連合を図る一方、他の台湾関係者団体に対し共闘するよう鼓舞した。まず広島台湾同志会（代表者は藤田敏男）が成立し、衆参両院、大蔵大臣、厚生大臣などに対し、「台湾における被接収邦人資産の補償方に関する件」請願書を提出した。その中で「我々が台湾引揚に際し中国政府から受けた接収財産清冊、又は右に対する海運局の保管証は、何れも各自が保管中で何時でも提出の用意がある」と述べた[28]。具体的に補償の内容、方法が提起されているが、そのうちいわゆる「接収財産清冊」というのは、「美濃版ぐらいの紙に『私人財産清冊』の見出しに、三寸に二寸位のでつかい角印が押してある。昭和二一年二月にＧＨＱ命令による「在外財産等報告書」を（略）全引揚者に手数料を払って強制的に提出せしめられた[29]」物であり、台湾省長官公署が引揚者に発行した財産証明であった。当事者は自分の財産が過小評価されたと称えたが、財産を有する証明であることに変わりはなかった。

一九五二年五月、「近畿台南会集会」において、台湾協会を通じた政府への要求提出が決議された。政府に対して陳情、要求するには力を結集する必要があったが、「非力、弱さをカバーする途はただ一つある。それは財団法人台湾協会にすがることである。その指導下にあって戦いつづけることである。台湾関係諸団体の母体であり、中枢であり、我々の『心の頼り所』である台湾協会が、この際本問題に対して従来以上に真剣な闘争に突入してほしい」と嘆願した。[30]台湾協会が代表窓口となって指導力を発揮できることに対する期待が伺える。同年六月、静岡県支部は、私有財産補償に関する運動方針を決議し、「我々引揚者は総意をもって即時我等が在外資産に対する時価による補償と、引揚によって蒙った損害に対する賠償並びに慰謝料を強硬に要求する」決議書を大蔵政務次官西村直己に手交した。その内容の主旨は政府が在台私有財産を賠償として用いた以上は、当然その補償を行わなければならず、政府は軍人恩給よりもまず無辜の引揚者に対する財産の補償を優先させるべきだとした。[31]決議では「日華平和条約」(一九五二年四月二八日調印、同八月五日発効)に言及しているが、その第三条において、「日本国およびその国民の財産で台湾および澎湖諸島における中華民国の当局およびその住民に対するものの処理並に日本国におけるこれらの当局および住民の財産並に日本国およびその国民に対するこれらの当局および住民の請求権(債権を含む)の処理は、日本国政府と中華民国政府との間の特別取極の主題とする」と規定されている。つまり、平和条約締結後、両国は財産問題について別途議論することが可能であり、これが引揚者に一縷の望みを与えていたのである。

各地で団体が起こり、台湾協会が代表して要求を出せることを期待するムードが醸成される中で、高雄同志会は、第六回大会の後、各地の有志を連合し、台湾協会評議員でもある平田末治が、一九五二年九月七日七星寮に赴き、正式に常務理事である松本晄吉に面会した。平田評議員、江藤、三巻両監事、三島会報編集長、東京及び地方代表有志として原田歳寿(台湾貯蓄銀行常務)、泉風浪、森方男(台湾電気工事業組合副組合長)、田中泰作、船橋武雄(山中商店社長、高雄市会議員)、岩田由夫(医科器具岩田由夫商店)、福島実、神田隆平(台湾貯蓄銀行支配人)、若林善雄、産婦人科医迎諧の夫人、新見正喜(大森診療所長)、刈込孝、阿久沢俊雄(高雄ライジングサン)、上滝利雄(澎湖畜産専務取締役、台湾水産澎湖支店長、馬公街協議会員）の諸氏が出席、全連から大滝克己副理事長、小西恭介（総督府専売局、税関、土木局を歴任。弁護士）氏が特に参加した。[32] 台湾協会本部に対して、台湾に残置した私有財産の返還要求運動について決起方を申入れた在京及び地方の有志者は、さらにこれを促進すべく、一〇月四日午後二時、東京京橋の明菓ビル、同運動臨時委員名で召集した会合を開いた。委員会は一〇月六日の初会合で、今後の動きの目標について「促進委員会を編成し、逐次組織の拡大強化をはかり、多年渇望の所志を貫徹しよう」と、[33] 促進委員会を更に組織することを決議した。二度にわたる熱烈な要求を受け、台湾協会は評議会、理事会において、会長の名で政府の関係官庁に対して陳情を提出することを決議した。[34]

台湾協会による請願提出を実現した後、「台湾残置私有財産返還促進期成同盟」は、委員長平田末治の主導のもと、その全国的な組織の枠組みを創出し、各県に代表委員を委託した後、[35] 全国大会を開催した。一九五三年一月二四日の大会では、全国から三二〇名が参加した。台湾関係議員である自由党代表倉石忠雄（南日本化学社長）、自由党東郷実、改進党松野孝一（元逓信部長）、社会党浅沼稲次郎、全国引揚者団体連合会小西副理事長、在外資産補償処理期成同盟総本部松岡副執行委員長、古屋貞雄（社会党左派）らも招かれて参加し、大いに気勢を上げた。[36]

第一回全国大会の後、一九五三年二月、「台湾残置私有財産返還促進期成同盟」は、機構の確立と内容の整備、請願及び陳情の継続、新聞雑誌言論放送による世論の喚起、衆参両院議員に対する協力方要請、議会内に在外資産特別調査委員会設置方要請などを要目として定めた。[37] 一九五三年三月、同盟は第二回全国大会を開催し、副委員長に渡辺剛、副委員長兼常任監事に藤江醇三郎、常任監事に鶴作次（高雄州会議員、台湾製糖営業部長）を推挙して平田委員長を補佐させ、森田俊介、高橋衛（元台北州知事）を常任顧問として推挙し、本年度の方針として、預貯金の払戻請求の運動、清冊融資の獲得（財産清冊を見返りに国民金融公庫などの機関から融資を仰ぐ方法）を設定することを決議した。[38]

他の引揚者団体の運動が漸次進展しつつある中、同盟は、台湾協会が「動かぬ協会」であることに気づかされた。

同盟は次のように力なく嘆いている。「協会に対する申入れは、正式には前後二回行われている。（略）然るに協会の態度は、二回共ににえきらず、同盟側の誠意が通じなかった。同盟と協会との関係についてとかく誤解もあるので、以上のように同盟としては一応筋をはっきり通していることをこの際あきらかにしておく」[39]。しかしながら、同盟はそれでも元総督府総務長官だった下村宏と河原田稼吉、藤山愛一郎、河田烈、石井光次郎、倉石忠雄、高橋衛、山県勝見らを顧問として招聘し、六月一日東京の中国大使館を通じ、蔣介石に対して「私有財産処理返還願」を提出し、さらに七月一日再訪し特別取極めの促進を要請した[40]。ところが、同盟はその後機関誌において一層強い批判を加え、「財団法人台湾協会が我々の期待に全く反し、在外資産について何ら積極的な反応を示さなかった。（略）同盟の苦闘に対して水をささんとするものがある」[41]と、怒りと失望を微塵も隠そうとしなかった。失望のあまり、同盟は、台湾協会と次第に距離を置くようになった。

一九五五年六月には台湾協会の役員の改選が行われ、理事として新たに藤山勝彦、高橋衛、平田末治、山形章（塩水港精糖社長）の四氏を加え陣容を整えたが、会長藤山愛一郎氏は辞任を申し出、後任はそのままになっている[42]。台湾同盟委員長平田末治も台湾協会の理事として名を連ねているものの、依然、台湾協会に先頭を切って在台資産の処理を行わせることはできなかった。

すべての引揚者団体が共闘した結果、一九五三年一一月一三日に内閣は、閣議決定で在外資産問題調査会を設置した。在外財産問題調査会は、一九五四年二月二二日に「未払い送金為替及び在外預金処理」並びに「持帰り旧日銀券処理」について答申し、同年四月一九日には「軍事郵便貯金等の処理」について答申した。その結果、政府は「引揚者給付金」を支払うこととなり、引揚者問題は一段落したかに見えた。

同盟は、一九五七年三月一〇日の全国代表者会議において、会名を「台湾残置私有財産返還促進期成同盟」から「台湾同盟」に改めた。翌年の三月、台湾同盟は社団法人に改組された。改組後の台湾同盟は、預貯金の補償返還問題によって、再度内部分裂した。これは内閣が「ポツダム宣言の受諾に伴い発する命令に関する件（昭和二二年勅令第五四二号）」に基づき、昭和二四（一九四九）年八月一日政令第二九一号を以て、旧日本占領地域に本店を有する会社の、本邦内にある財産整理に関する政令を施行し、在外会社の指定をなすと共に、同指定会社の在内地財産の特殊整理をなさしめた結果、台湾商工銀行、彰化銀行、台湾貯蓄銀行（何れも株式会社）がすべて指定範囲に含まれることになったことに端を発する。(43)一九五四年五月、国会で「閉鎖機関令改正法案」が可決されるに至り、未だ支払われていなかった外地送金預金などの支払いができるようになった。

台湾商工銀行、彰化銀行、台湾貯蓄銀行三行では、それぞれ与田四郎が商工の、吉市米太郎が彰化の、原田歳寿が貯蓄銀行の特殊整理人となって、この三人が当該銀行の内地における財産の特殊整理責任者となった。整理過程においては、主務大臣たる大蔵大臣の処理に対して関係者が憂慮を表明しているが、(44)一九五九年には上記三行が合併して第二会社・協和商工信用組合株式会社が設立され、二月三日に開店営業を始めた。「台湾時代なじみ深い地方三銀行が一本になって国内で中小銀行への金融に再出発した。資本金八千万円、準備金五千万円余。なお元台湾銀行の第二会社・日本貿易信用とは引き続き姉妹関係にあり日貿信から日高友衛が専務として入った。業務は手形割引、貸付、不動産売買、仲介など、人事は社長与田四郎、専務日高友衛、取締役：鈴木幹一、倉橋善三郎、神田隆平、常務監事吉市米太郎、監査役後宮信太郎、顧問原田歳寿（日貿信監査役兼）(45)」であった。前述報道から、三銀行の再出発が引き起こした問題は比較的少ないことが分かるが、その主な理由の一つとしては、利子の支払いにおいて、台湾貯蓄、商工、彰化の三行が完全に支払ったことが挙げられる。(46)

一方、清算後の台湾銀行も、第二会社「日本貿易信用会社」を設立して再出発した。しかし、台湾銀行による、貯蓄額の三分の二を預金者に補償返還するやり方は、極めて大きな不満を呼び起こした。そこで台湾銀行は、引揚者の福利向上を名目として三千万円を寄付したが、こうしたやり方に対し、反対者は、未払いの三分の一の返還を引き続き追求されることを回避するための行為であって預金者の利益を犠牲にする政策のもとで焦点をすり替えるものだとして非難した。反対者は利息の支払いにおいても、台湾貯蓄、商工、彰化銀行の三行が完全に支払ったのに対し、台湾銀行は最大でも四割しか支払わなかったため、清算後に莫大な残額を手にし、預金者に不公平な手法で補償返還問題の解決を図ったと台湾銀行を酷評した。(47) しかし、清算後の台湾銀行は第二会社「日本貿易信用会社」を設立して再出発し、その寄付金三千万円は新たな台湾関係団体である「高砂協会」の財務基盤となった。

一九五七年四月、財団法人高砂協会は登記を済ませ、正式に公益法人としての資格を獲得した。当該協会は、上山英三（台湾銀行頭取）、堀武英、渡辺忠雄、武智勝、藤山勝彦、小塚泰一、山形章、長谷川清（元総督）、本橋兵太郎、森部隆（元総督府総務局長）、越藤恒吉（台湾拓殖理事）、木村泰治（総督府評議会員）、三巻俊夫ら一三名を顧問として招聘した。(48) 成立した当初こそ台湾銀行の支払方法を巡って不満を呼び起こし、台湾同盟内部に分裂の危機をもたらしたが、一九五八年五月の理事会において、当初の役員の任期満了に伴って理事、監事が刷新された。新たな理事として、渡辺剛、原田歳寿、田中泰作、金子滋男（元台湾銀行本店部長、日華信用組合長）、赤司大介、加藤正午、平田末治、田村作太郎（田村組主、台湾土木建築請負業副組長）、西村高兄、竹腰進一、新見正喜、吉岡清一、佐々木義彦（理事長）、日高友衛（専務理事）、鶴作次らが就任し、監事として、田村宏（台湾銀行台北頭取席人事部長）、大沢貞吉が就任するに至り、(49) 基本的には各方面の代表が含まれ、台湾縁故者育英事業が専門的な経営業務とされた。

前述のように、在外財産の返還、補償問題の処理を積極的に勝ち取るため、高雄同志会等は、台湾協会に代表として政府に請願、陳情させることのできない無力感のもとで、自ら「台湾残置私有財産返還促進期成同盟」を設立し、他の引揚者団体と共同で奮戦した。その成果については、台湾同盟理事、台湾協会理事、高砂協会理事であった田中泰作の談話からその具体的内容を知ることができる。すなわち、「一．銀行問題：預金者にとっては不充分な解決でありましたけれども一応三分の二の支払いをさせた。二．信用組合貯金の支払問題：渡辺慶之進特殊精算人の協力により円満に解決した。三．全引揚者に対する政府の給付金問題では全引揚者団体たる全連と協力し、全連会長には大野伴睦氏を、全連理事長には平田現同盟会長を、また外資同委員には多くの同盟役員を参加させ、五百億円の給付金獲得にまで持っていた。高砂協会を成立させ、在台湾日本人墓地の整理と収骨、東京『台湾物故者慰霊碑建設会』の発足を促し、長谷川清を会長（以下略）」[50]そしてこの団体は、政府の対応政策及び日本の戦後復興の中で、しだいに独自の舞台を失い、他の関係団体と合併する運命を歩んで行く。

五、「一本化」運動

一九五六年一〇月一三日、愛光新聞社主催の会食「台湾の会」において、木村泰治が主賓として招かれた。木村は戦前の在台日本人社会における重鎮であったため、出席者として台北菊元百貨店の重田栄治、池田又四郎（台北州会議員、台湾土地建物専務）、上滝利雄、渡辺剛、杉本良（総督府文書局長）、深川繁治（逓信部長、台北州知事）、鈴木秀夫（新竹州知事）、西川満（文学者）、原田歳寿、森田俊介らが集まった。木村泰治が「近頃思うまま」という談話で「台湾関係者による親睦団体を全国的にまとめられないか」と提起すると、活発な議論が巻き起こった。報道によれば、そのムードは当時隣室で「北条秀一彰顕会」を開いていた全連副理事長山下好太郎が飛んで駆けつけて来たほど盛り上がっていたという。当該会においては台湾同盟副委員長渡辺剛も関連する意見を述べ、一〇月一〇日にすでに台湾協会に正式に提案したことを伝えた。台湾協会の常務理事森田俊介が協会の立場を説明していると、全連理事・台湾同盟会長である平田末治も駆けつけ、期せずして会場は台湾関係団体の首脳会談となった。そこで木村は、委員会を設立し、台湾協会の幹部と踏み込んだ商談を進めることを提案した。[51]その後、木村泰治は、間に立って仲介する役割を果たした。

木村泰治の「台湾の会」における発言によって、「台湾関係諸団体の一本化による親睦グループ結成」への動きは急に活発になり、愛光新聞によれば、「一一五日木村泰治は深川繁治と共に台湾協会常務理事の松本晄吉を近海郵船に訪い懇談、同日東銀座七星寮で開かれた常任理事会（松本、森田、西村三氏）後に重ねて木村氏は鈴木秀夫（世界基督教教育大会準備会事務長）、原田歳寿、大沢貞吉の三委員と共に協会側首脳と会談、木村氏から台湾関係者の親睦交遊に役立つような具体案について進言、新役員の木村案をも示し懇談したのに対し、西村高兒や森田、松本両氏から『趣旨には賛成する。近くビル建設問題その他理事会を開かねばならぬ事情もあり、それに諮って協会としてやり得る範囲で懇親会のようなものを開きたい腹案を持っている』旨の回答があり会見を終わったが、木村氏は『私のこの希望は恐らく台湾に関心を持つ人たち殆どの気持ちだと思う』と付け加え終始熱心に台湾協会の開放措置について懇請を続けた。なおその後の情勢では木村氏の下山を機会に松本氏らの提案で『二木会』が開かれた他、木村泰治は親睦団体結成のため旧知数十名を一〇月二七日丸ビル内精養軒にまねき隔意なき懇談を交わした」(52)。

一九五六年一一月八日、それまでの共通認識に基づいて、台湾協会、台湾同盟などの関係者である江藤昌之、大沢貞吉、筧干城夫（高雄州会議員、台湾製糖重役）、木村泰治、竹腰進一、西村高兒、原田歳寿、平田末治、深川繁治、松本晄吉、三巻俊夫、森田俊介を発起人として、団体を横断する集会が開かれ、名称を「何となない懇親会」とし、まさに立場を問わないことを明確に示した。なぜなら、「今日まで台湾関係者を網羅した一般人の会合はなかった」からである。今回の党派を超えた集会について、愛光新聞は会場の雰囲気を次のように伝えている。「とにかく対立して感情的にもマズかった団体代表者たちが一本になって、この会合をまとめあげ、関係団体や個人間のチグハグの気持ちをほぐして地ならし工作が一歩前進したことは大きな収穫だとも見られる」(53)。もともと愛光新聞が主催した「台湾の会」は、一九五六年一一月に元台北高商教授で大蔵省財務参事官である鈴木源吾を招待し、「台湾引揚前後の事情」

について語ってもらった後、「発展的に解消合流することになった」[54]。そしてそれに代わったのがこの「何とない懇親会」であった。

第二回「何とない懇親会（何とない皆さんの会）」が一九五六年一二月八日に開かれた。発起人として、松本晄吉、西村高兄、森田俊介、筧干城夫、平田末治、森部隆、木村泰治が名を連ね、また出席者は、下村宏、長谷川清、成田一郎、諫山春樹（台湾軍参謀長）、大里武八郎（地方法院長）、高橋衛、竹下豊次（台中州知事）らであった[55]。その後、愛光新聞は二度と主催者となることはなかったものの、依然としてこの「台湾の会」と略称される会のその後の活況ぶりを毎月報道している。この会は、原則として毎月第二土曜日の正午に開かれ、会費は無料で、参加者は食事代三〇〇円（のち三五〇円に）を納めるだけでよかった。一九五七年七月の「台湾の会」では、同時に木村泰治の八八歳を祝う「米寿の宴」が開かれ、長谷川清、後宮信太郎、河田烈、赤堀鉄吉ら一一〇余人が出席した[56]。一九五七年一〇月一二日には、一周年祝賀会が開かれ、尼崎から来た中沢亮治（総督府工業研究所技師）、岡山から来た日下辰太（台湾拓殖理事）を含む八〇人余りが出席し、席上、台湾に慰霊塔を建立するとともに「先人慰霊祭」を執り行うべきとの提案が出された[57]。この会は、政界人を祝う会、新しい台湾の見聞・訪問記などを介して、台湾関係者の旧縁を繋ぐのみならず、台湾の現状に対する認識を深めるものでもあった。

「台湾の会」を主宰し、台湾関係団体の一本化促進の後押し役を演じたのは月刊『愛光新聞』である。同社の編集兼発行人である大沢貞吉は、かつて『台湾日日新報』編集局長を務め、台北州会議員や皇民奉公会中央宣伝部長だった有名な人物で、台湾の官民双方に深い関わりを持っていた。ちなみに、『愛光新聞』は、一九五四年一〇月創刊後、大沢貞吉が病に倒れ休刊となる一九六二年九月の九六号まで継続して発行され、一九六三年には台湾関係団体一本化のため、この四ページ構成の新聞が台湾協会報に組み込まれるに至った。

『愛光新聞』は、台湾関係団体一本化の過程で後押し役となっただけでなく、掲載された台湾関係者の「人事消息、台湾二世、女性二世」などの内容によって台湾への感情を繋ぎ留め、ひいては創刊時より同社は台湾統治資料収集の重要性を強調し、台湾資料の蒐集を呼びかけていた。一九五四年九月一一日、台湾引揚関係者二〇余名による集まりにおいて、元総督府逓信部長であった深川繁治が「日本の台湾統治五十年間の仕事中には貴重なものもあり、将来五十年史とうの編纂が行われる場合しっかりした資料がなくてはならぬ」との発言が出席者である鈴木秀夫、沼越正己の共感を得、大沢貞吉らが「差当り沼越を通じて台湾協会あたりへ提議してみることに」なった。[58]元台湾総督府情報課長森田民雄は、森田俊介、長谷川清らの奔走と呼びかけを通じて財産を有する台湾協会の協力のもと行うことができる旨提案した。[59]その後、これについて、台湾協会の責任者である森田俊介が、或いは協会の特別会計において寄付を得ることが可能であると述べ、「とにかく統治史編纂の急速着手の必要には議論ないのですから心当たりの方面を廻って意見等も探ってみたい」とし、[60]資料を蒐集して台湾統治史を編纂する考えは瞬く間に広く受け入れられた。

一九五六年一一月に始まった「何となない懇親会（何となない皆さんの会、台湾の会）」毎月の会食は、台湾縁故者に懇談、交流の場を提供し、特殊な目的のない状況で長年続けられ、世話人が森部隆、筧干城夫らへと継がれていった。この会ではそのうち、婦人部が設立され、台湾縁故者の婚姻縁結びが促進された。[61]集会によって台湾縁故者の親睦、交流の機会は増えたが、一本化の進捗状況は依然実質的には進んでいなかった。一九五九年四月、台湾関係諸団体の一本化を要望する台湾関係者一本化促進委員会（世話人代表衛藤俊彦、元台湾日日新報政治部長）が発足、二月二六日発起人会を開き趣意書を作成、さらに三月一四日丸の内に集まり第一回準備委員会を開いた。協議の結果、運動を具体的に進めるため準備委員会代表には森部隆、衛藤俊彦が選ばれた。[62]その後、「台湾縁故者の一本化を運動している促進委員会の代表衛藤俊彦らはその後台湾協会の常務理事松本晄吉や塩見俊二らに面会懇談したが、同協会としても一本化に大した異議はなく例の協会ビル建設計画もあることゆえ台湾縁故者側からもその計画に協力してほしい」と報道された。[63]つまり、台湾協会自体も台湾関係団体の一本化に反対していたわけではなかった。その原因は、協会内部の人事にも変化が見られたことと関係しているようである。「協会内部にも台湾協会を中心とする一本化の必要を認める空気が濃化し内々で再建築を練るようになった。その第一着手が昨年の協会役員陣の強化案で、藤山会長辞任後空席になっていた会長に後宮信太郎氏を、顧問に木村泰治、長谷川清氏らを、また理事には台湾の会や台湾同盟系と見られる森部隆、田中泰作らを新たに加えて一応陣容を整えてきた」(64)。これを受け、一九六〇年二月一三日、台湾関係諸団体の一本化促進運動委員が丸の内精養軒で開かれ一〇余名が出席した。席上、強硬論がある一方で、実現可能の穏健論も出て熱心に討議され散会した(65)。

台湾協会再建の方策として、二つの案が考えられた。A案は、七星寮のある土地を購入した後その地に再建するもので、B案は、七星寮を売却した後、その収入を基本財産として、別の場所に再建又は建物を借りるものであった。一九五九年一二月、台湾関係一本化促進委員会では代表衛藤俊彦の名義でB案支持を求める旨、台湾協会会長に申入れた(66)。翌年二月、台湾協会は理事会、評議員会、役員総会を開き、「七星寮の建物とその地上権を処分すれば借入金を要さないという新宿ビル案がよい」との提案を二名の反対を除きほぼ全会一致で可決し、建設委員は松本晄吉、武智勝、小塚泰一、森部隆が務めることとなった。新宿の土地購入は全日本木船相互保険組合所有のもので松本常務理事が理事長である関係から話は円滑に進み(67)、そして、一九六〇年五月、台湾協会の七星寮が処分された後は、大森寮を改築して暫時活動及び宿泊場所として提供することとした(68)。

ここに至り、「会員数も全国で千余名に達し機関紙等も発行した（略）経営其の他の都合で同協会の仕事はストップし開店休業の状態になり会員からの会費も集まらなくなった(69)」台湾協会は、再三にわたる要求を経て、ついに同会としてあるべき経営業務を再始動することになり、機関誌である『台湾協会報』を再発行し、親睦を旨とする集会活動を執り行い、引揚者による利権獲得の運動を支援して行く運びとなった。初代会長藤山愛一郎、二代会長後宮信太郎の下に、松本晄吉は理事長として剛腕を発揮し、個人保証として銀行からビル建設費四億円を融資借り入れ協会ビルの建設を完成させ、台湾協会の経済的礎を築いたが、協会ビル完成の二年後の一九六六年、健康のため理事長を辞任した。その後、台湾に一代で「赤司財閥」を作った赤司初太郎の長男の協和商工信用取締役赤司大介が、また「経済人理事一斉辞任」の後は長い間「台湾同盟」系の田中泰作、岩佐直則が相続いで協会の理事長に就任した。

一九六四年七月一日、日本政府によって第三次在外財産問題審議会が設置され、一九六六年一一月三〇日、同審議会が「在外財産に対し、なお措置すべき方策の要否及び要するとあれば、その処理方針」について答申を行い、一九六七年八月一日、引揚者に対する特別交付金の支給に関する法律（法一々四）が公布され、外地において財産、生活利益等の一切を喪失した引揚者等に対し、特別交付金（十年償還国債、額は年齢等別）が支給されることになった。(70)戦後処理は、ここにようやく一段落し、台湾協会も、紆余曲折を経て改めて再出発を果たしたのである。

おわりに

戦後の台湾協会再建においては、帝国崩壊後の局面に立たされ、戦後処理の問題に不可避的に直面することとなった。「財団法人台湾協会」は、「台湾総督府残務整理事務所」の斡旋のもと、台湾引揚民会、旧台湾協会、台湾事業協会などの団体を母体として、一九五〇年九月に成立し、元は総督府東京宿舎であった「七星寮」を所在地とした。しかしながら、戦後の台湾協会の再出発にあたって、引揚者は、台湾関係者の相互連絡、親睦、共栄、そして将来的な日台親善交流、貿易の促進以外に、その心に刻み込まれた個人資産の返還問題の方をより切実な問題と捉えていた。そのため、在外私有財産の返還・補償を促進・督促するための団体が積極的に動き、台湾協会が運動の連合・主導における代表になるよう試みた。しかしながら、この元総督府の官吏や大企業が主導する団体が機能し得ないことに気づいた時、活発にそして積極的に対応することを求める期成同盟の主導者は、単一目標たる「引揚者の厚生救援及び台湾残置財産の補償」を追求する団体「台湾残置私有財産返還促進期成同盟」（「台湾同盟」）を別途新たに組織した。ここに台湾協会は実質的に分裂することとなった。

「台湾同盟」は「引揚者団体全国連合会」、「在外資産補償獲得期成同盟」とともに奮戦した。サンフランシスコ講和条約、日華平和条約が相次いで締結され、日本は、戦争状態から脱し、平和を回復すると同時に、国内経済も急速に復興を遂げた。そして一九五六年、日本政府は、『経済白書』において「もはや戦後ではない」という言葉で戦後からの脱却と新たな時代の訪れを表現した。戦後の復興と経済的活況のもとで、日本政府は、三回にわたって「在外財産問題審議会」を設置することで、引揚者の要求に応え、引揚によって生活基盤を失った者に対し「引揚者寄付金」を交付した。一九六〇年代後半から、日本では「一億人総中流」の国民意識が次第に形成されていった結果、実質的な生活レベルが改善され、引揚者の補償要求運動も一九六七年に政府から「特別交付金」が支給されると一段落した。

一九五二年、日華平和条約が締結されたが、在台日本人の私有財産問題の取り扱いについて、日台双方は正式な会談による交渉を行わなかった。こうした情勢のもと、「台湾同盟」は長年にわたり奮闘を続けたが、依然として前向きな回答を得ることができなかった。むしろ一九五三年における指定会社の在内地財産に関する特殊整理や一九五四年における「閉鎖機関令改正法案」等関連法規の改正によって、外地からの送金・預金などの補償・返還問題は部分的解決を見るに至った。その後、台湾銀行及び商工、彰化、貯蓄銀行などによって整理後の資金を用いて第二会社が新設されると、在外資産の問題は具体的な解決が図られるかと思われた。

この過程において、台湾関係者は、複数の重要な団体を創出した。以下主要な団体を四つ挙げる。一．平田末治、山下好太郎、藤江醇三郎、渡辺剛、田中泰作、上滝利雄、岩佐直則、海野利作ら在台数十年、生活基盤を台湾に築いた者を主要な幹部とし、在外資産補償獲得のために積極的に闘争を行った「台湾残置私有財産返還促進期成同盟」（「台湾同盟」）。二．一九五七年に台湾銀行が寄贈した三千万円を基金として成立した「高砂協会」。三．親睦、交流を目的として毎月集会を開いた「台湾の会」。四．総督府の旧官吏及び大企業を主導者とする「台湾協会」。これらの団体のうち、影響力や特殊な目的をもたないように見える「台湾の会」が、台湾関係団体の一本化を促すという議題において、却って重要な役割を果たした。即ち、元『台湾日日新報』編集局長・愛光新聞社発行人である大沢貞吉が交流の場を設け、元在台日本人の長老である木村泰治がその交流の場を利用して調整、糾合の役割を積極的に果たした。その後、元総督長谷川清が自ら調整役を買って出るとともに、木村泰治同様在台日本人の間で地位の最も高い民間人である後宮信太郎が台湾協会会長に就任するなどのタイミングを利用することにより、一九五六年に木村泰治が間に立って仲介調整する役を買って出てから、一九六三年五月に台湾協会新宿ビルが落成するに至り、台湾関係団体はようやく一本化の目標を実現することとなった。戦後再出発した「財団法人台湾協会」は、各主要構成団体それぞれの組織の目的を包括的に継承し、統合された台湾関係団体を代表する機関として現在に至っている。

本稿は、戦後の台湾関係団体の成立、分裂及び再生を概観し、百年来の日台交流に対する検討の一環とするものである。しかしながら、本稿では、焦点を特に関係者の戦前の台湾との関連性に当てており、日台間の交流・発展に影響・制限を及ぼした外交的・経済的側面の問題については、今後更なる検討が行われなければならない。

〔付記〕本稿の執筆に用いた台湾協会関係資料は、筆者が中央研究院台湾史研究所・劉士温女史に委託して台湾協会において複写したものである。河原功氏解題による『台湾引揚者関係資料集』にはこれら台湾協会関係資料が収録されているが、同資料集は本稿発表後に出版されたものであるため、本稿では参考にすることができなかったことをここに付記しておく。

【注】

（1）「財団法人台湾協会の設立まで」、『台湾協会報』第一号（二）、一九五〇年一〇月一五日。
（2）財団法人台湾協会編『台湾引揚史―昭和二十年終戦記録』（東京財団法人台湾協会、一九八二年）、四〇三頁。
（3）「（台湾総督府残務整理事務所）事務引続報告書」、加藤聖文編『海外引揚関係史料集成（国外篇）第三十一巻』（ゆまに書房、二〇〇二年）、一三五－一七五頁。
（4）「（台湾総督府残務整理事務所）事務引続報告書」、一七五頁。
（5）「（台湾総督府残務整理事務所）事務引続報告書」、一六四－一六五頁。
（6）（財）台湾協会史編纂委員会編『（財）台湾協会四十五年史』（東京：財団法人台湾協会、一九九四年）、一八頁。
（7）『（財）台湾協会四十五年史』、一四六頁。ところで、「（台湾総督府残務整理事務所）事務引続報告書」一六五頁によると、一九四六年五月六日に成立した。
（8）『（財）台湾協会四十五年史』、一四六頁。「（台湾総督府残務整理事務所）事務引続報告書」、一六五頁。
（9）『（財）台湾協会四十五年史』、一四五－一五二頁。なお、同書二七頁によると、残額金は一五五万円があった。
（10）「（台湾事業協会、台湾総督府残務整理事務所）引揚者の手引」加藤聖文編『海外引揚関係史料集成（国外篇）第三十一巻』（ゆまに書房、二〇〇二年）、一九〇頁。
（11）「（台湾総督府残務整理事務所）事務引続報告書」加藤聖文編、一六六頁。
（12）「（台湾事業協会、台湾総督府残務整理事務所）引揚者の手引」、一九〇頁。
（13）「台湾経済問題研究懇談会結成さる」、『全国引揚者新聞』第一号（二版）、昭和二三年九月一日。
（14）「蓬莱商事の慰霊法要」、『愛光新聞』二二号、昭和三一年七月一日（四）版。
（15）「もみ抜いた七星寮（元料亭歌磨）顚末記」、『全国引揚者新聞』第一号（三版）、昭和二三年九月一日。
（16）（財）台湾協会史編纂委員会編『（財）台湾協会四十五年史』、一九－二二頁。
（17）「もみ抜いた七星寮（元料亭歌磨）顚末記」。
（18）（財）台湾協会史編纂委員会編『（財）台湾協会四十五年史』、二三－二四頁。
（19）（財）台湾協会史編纂委員会編『（財）台湾協会四十五年史』、二六－二七頁。
（20）「本会の行う事業」、『台湾協会報』第一号（二）、一九五〇年一〇月一五日。

(21)「財団法人台湾協会の設立まで」、『台湾協会報』第一号（三版）、一九五〇年一〇月一五日。
(22)「常任理事会、役員会で会務の運営を積極化」、台湾協会『台湾協会報』第二号（一）、一九五〇年一一月一五日。
(23)「常務理事（三名）を選任　理事、評議員陣も強化　本会第二回の理事会で」、台湾協会『台湾協会報』第一三号（四）、一九五一年一〇月二〇日。
(24)台湾同盟によれば、「台湾協会が全くの資金難に陥って、遂に日台通信を三月、四月と引きつづいて休刊した。五月号も同様に発行不能なのであるが台湾残置私有財産返還促進期成同盟の手によって、私産問題の特集号として、すべて我が同盟の負担において二頁建で発行することにした」。
(25)『（財）台湾協会四十五年史』、一五三―一五四頁。
(26)「本社主催引揚者対策座談会（一）」、『全国引揚者新聞』第五号（一）（一九四八年一一月一五日）。
(27)「本社主催引揚者対策座談会（二）」、『全国引揚者新聞』第五号（二）（一九四八年一一月一五日）。
(28)「在外私有財産の補償　我々はかく主張する」、台湾協会『日台通信』第一九号（四）（第三年第四号、昭和二七年四月二〇日）。
(29)「当面の問題を語る　台湾同盟同人座談会その二」、台湾同盟『台湾同盟通信』第九一号、一九六二年四月一日（二版）。
(30)「在外資産の補償は　陳情から要求の段階　近畿台南会で決議」、台湾協会『日台通信』第二〇号（四）（第三年第四号、一九五二年五月二〇日）。
(31)「引揚損害の賠償と私産の補償を要求　静岡支部の要求書」、台湾協会『日台通信』第二三号（四）（第三年第八号、一九五二年八月二〇日）。
(32)「在京、地方代表が協会に決起を申入れる　在外資産の補償問題」、台湾協会『日台通信』第二四号（四）（第三年第九号、一九五二年九月二〇日）。
(33)「全国の有志者で私有財産返還委を編成　委員長に平田末治氏」、台湾協会『日台通信』第二五号（四）（第三年第一〇号、一九五二年一〇月二〇日）。
(34)「台湾に残置の私有財産　協会で請願の第一弾　役員会で案文を決定」、台湾協会『日台通信』第二六号（四）（第三年第一一号、一九五二年一一月二〇日）。
(35)「返還促進同盟の大会は明一月央　全国代表委を委嘱」、台湾協会『日台通信』第二七号（四）（第三年第一二号、一九五二年一二月二〇日）。
(36)「台湾残置の私有財産速かに返還処理をせよ　全国大会に代表の熱弁」、台湾協会『日台通信』第二八号（四）（第四年第一号、一九五三年一月二〇日)。
(37)「台湾残置私有財産返還促進期成同盟規約」、台湾協会『日台通信』第二九号(四)(第四年第二、一九五三年二月二〇日)。
(38)「第二回の全国代表大会　本年度の方針・予算を審議　預金の払戻・清冊融資の獲得え」台湾協会『日台通信』第三〇号「台湾残置私有財産返還促進特集号」(一)(第四年第三号、一九五三年五月二〇日)。
(39)「運動の発端から第二次全国大会まで」、台湾協会『日台通信』第三〇号「台湾残置私有財産返還促進特集号」(一)(第四年第三号、一九五三年五月二〇日)。
(40)「駐日中華大使を通じ蒋総統にも願書を　委員長平田末治(談)」、台湾協会『日台通信』第三一号「台湾残置私有財産返還促進特集号(二)」(一)(第四年第四号、一九五三年七月二〇日)。
(41)「我々の運動の足をひっぱるな」、台湾協会『日台通信』第三一号「台湾残置私有財産返還促進特集号(二)」(一)(第四年第四号、一九五三年七月二〇日)。
(42)「台湾協会の新企画」、『愛光新聞』第九号、昭和三〇年六月一日、(四)版。
(43)「預貯金問題の経過と大蔵省の重大過誤　副委員長渡辺剛」、台湾協会『日台通信』第三一号「台湾残置私有財産返還促進特集号(二)」(一)(第四年第四号、一九五三年七月二〇日)。
(44)「預貯金問題の経過と大蔵省の重大過誤　副委員長渡辺剛」。
(45)「協和商工信用発足　台湾三行の第二会社」、『愛光新聞』五四号、昭和三四年三月一日、二版。
(46)「日本貿易信用株式会社　台銀第二会社成立　森株主総会席上　預金問題を追及」、『台湾同盟通信』三二号、昭和三二年五月一日、三版。
(47)「日本貿易信用株式会社　台銀第二会社成立　森株主総会席上　預金問題を追及」、『台湾同盟通信』三二号、昭和三二年五月一日、三版。
(48)「動き出す高砂協会　学生寮など重点的に　第一回理事会で実施の大綱決る」、『愛光新聞』三五号、昭和三二年八月一日、三版。
(49)「高協新役員　主に原始役員」、『愛光新聞』四五号、昭和三三年六月一日、三版。
(50)「団体一本化を前にして」、台湾同盟『台湾同盟通信』一〇三号、一九六三年四月一日、二版。
(51)「台湾の会が議論でわく」、『愛光新聞』二六号、昭和三一年一一月一日、三版。
(52)「台湾関係者で　親睦団体つくれ　木村泰治氏の呼びかけ」、『愛光新聞』二六号、昭和三一年一一月一日、三版。
(53)「〝何とない懇親会〟台湾関係者間で結成」、『愛光新聞』二七号、昭和三一年一二月一日、二版。

(54)「本社主催の『台湾の会』鈴木源吾氏を囲む」、『愛光新聞』二七号、昭和三一年一二月一日、三版。
(55)「つながる縁故に〝わん気分〟満喫　百余名出席の「台湾の会」」、『愛光新聞』二八号、昭和三二年一月一日、三版。
(56)「木村翁の米寿宴　「台湾の会」大いにはずむ」、『愛光新聞』三五号、昭和三二年八月一日、三版。
(57)「われらの「台湾の会」早くも創立一年　祝賀気分わき立つ」、『愛光新聞』三八号、昭和三二年一〇月一日、三版。
(58)「台湾資料の集シウ要望」、『愛光新聞』第一号、昭和二九年一〇月一日、四版。
(59)「日本人の手によって台湾は〝地上の楽土〟　ジャワとくらへてみて明か　台湾統治史の必要説高まる」、『愛光新聞』第三号、昭和二九年一二月一日、四版。
(60)「朝鮮旧総督府筋でも統治史の編集を計画　台湾会の森田俊介起ち　統治正史編さん熱望に応えん」、『愛光新聞』第四号、昭和三〇年一月一日、四版。
(61)「身近の結婚問題台湾の会婦人部で取上ぐ　早くも申込み十組くらい」、『愛光新聞』四四号、昭和三三年五月一日、三版。
(62)「縁故者の一本化　促進委設け運動」、『愛光新聞』五五号、昭和三四年四月一日、二版。
(63)「台協も一本化賛成　協会ビル本格化すか」、『愛光新聞』五六号、昭和三四年五月一日、二版。
(64)「台湾協会の再建築　七星寮処分に甲乙案　近く役員会で慎重審議予定」、『愛光新聞』六四号、昭和三五年一月一日、三版。
(65)「一本化促進委の硬軟両論」、『愛光新聞』六六号、昭和三五年三月一日、三版。
(66)「台湾一本化委から申入た」、『愛光新聞』六三号、昭和三四年一二月一日、一版。
(67)「新宿ビルを建てる　台湾協会の総会で本決り　年内竣工の見通しもある」、『愛光新聞』六七号、昭和三五年四月一日、三版。
(68)「悦に入った台協　七星寮跡の地上権で　約千六百万円の収益増　大森寮　七星寮代りすでに開寮」、『愛光新聞』六九号、昭和三五年六月一日、三版。
(69)「一本化促進委の硬軟両論」、『愛光新聞』六六号、昭和三五年三月一日、三版。
(70)厚生省援護局『引揚げと援護三十年の歩み』昭和五三年。

台湾北部角板山タイヤル族の戦中と戦後
――ロシン・ワタンを中心に

菊池一隆

はじめに

本報告では、台湾北部タイヤル族の視点から見た日本植民地時代、蔣介石・国民政府の台湾収復、二二八事件、「白色テロ」などについて論じる。その際、角板山（現在の桃園県復興郷）を中心に論じたい。父ワタン・セツが日本に激しく武力抵抗したが、ロシン・ワタン（Losin Watan。日本名「日野三郎」、中国名「林瑞昌」。発音から「楽信・瓦旦」とも表記する）。ロシンは武力に圧倒的差があるという現状の中で、タイヤル族に多くの被害をだし、絶滅の危機を招く危険性すらあると考え、日本との融和を図った。さらに蔣介石・国民政府が台湾を回復すると、それとの融和の中にタイヤル族を含む原住民の生き残る道を探った。だが、「白色テロ」下で国民政府に処刑されるという運命を辿った。それは何故か。歴史的にどのように位置づければよいのか。日本植民地時代、台湾の国民政府復帰後、それぞれのロシンの言動、さらに逮捕、処刑における国民政府の言い分、そして、彼の長男の林茂成の生き方を通じて、当時の台湾の実態、原住民の位置についてメスを入れたい。

一、日本植民地時代のロシン・ワタン

警務局の瀬野尾寧によれば、公安上禁止又は改善を致すべきものとして、「狩猟を原則として廃止」するのは理蕃の方針である。彼らが凶暴性から脱せず、蕃地内の治安が保持ができないとするならば、狩猟の減滅を期すべきではあるまいか。[1] このように、治安のため、狩猟を問題とする。また、警務局のK生は、むしろ狩猟で使用する銃を問題とし、その回収の重要性を述べる。すなわち、「生蕃人」の銃器は生存上、或いは旧慣よりの儀式上の要件を充たすため、生命同様のもので引き揚げは容易なことではない。元来、銃器引揚は武力による強制的押収と「提出」であるが、「提出」とはいえ、結局、彼らの落度をとらえておこなう半強制的なものである。他に買い取る方法もあるがそれがよくないとなれば、「提出」を余儀なくさせる以外ない。ともあれ統治上一日も早く理蕃の成果を収めるために銃器引き揚げは不可欠とした。そして、①銃器は蕃人の生存上必要ではない。なぜなら狩猟時代から半農業時代に移り、食料は土地から得る作物、または家畜で狩猟物に代替できる。②狩猟は蕃人の最も快楽としており、また固有の儀式等で狩猟の犠牲を必要とし、完全に銃器と絶縁させることはできない。そこで全銃器を従順に提供した蕃社には若干の銃器弾薬等を貸与して監督を厳重におこない、使用後、駐在所が回収し、授受を明確にすればおそらく弊害はなくなる、[2] とした。

ロシン・ワタンは日本の理蕃政策に積極的に呼応した。一九三五年九月中旬、台湾の「始政四〇周年記念博覧会」(一〇月開催)を機に、総督府理蕃課で「同族の向上発展に関し過去の経験を語り将来の抱負を述ぶ」をテーマに原住

民各民族による青年会幹部懇談会が開催された。角板山青年会長の日野三郎（ロシン）は以下のように述べた。私は大渓郡から青年会幹部として理蕃課に出頭した。まず第一文化施設館を見学した。明治天皇、北白川宮殿下の御物の陳列を拝観、第二文化施設館で司法、警察、理蕃における艱難辛苦の開拓史、さらに国防館で陸海軍出品の新兵器、軍艦、新兵器などを見学し、「帝国の無敵軍備が驚嘆の外なし」と感想を述べる。総督も出てきた。二七日、第一会場を見学、まず「満州館」で産業交通の躍進的な発達、殊に移民団の活躍など、および交通特設館、交通土木館、産業館、林業館を見た後、朝鮮、三井、日本製鉄、鉱山館、糖業館等を参観、理科学・文化の発達に驚いた。二八日は台湾神社大祭のため円山へ向った。分館はフィリピン館、シャム館、福建館等で、南洋方面における日本移民の進出状況をうかがえた。二九日、最大目的なる懇談会の当日、警務局長、理蕃課長、理蕃課員、大学教授、新聞記者が出席し、君が代の合唱、警務局長の訓示があり、その後、理蕃課長を議長に懇談会が開催された。まず新竹の日野は現在も「指導命令の障碍となり、又はなりつつある隠匿銃器の押収の必要と自分が官の手足となつて活動した苦心談」を簡単に述べた(3)。つまりロシンは総督府の銃回収に積極的に協力したのである。

また、ロシンによれば、「社会教化」は蕃社の中堅人物たる青年教育を最大急務とする。その理由は、教育所卒業生がほとんど未成年者、しかも公民的教育不十分のため「個人と社会」、「社会と国家」という観念を全く理解していないことである。青年期は最も大切な修養期間で、青年教育（公民教育）によって正しく伸ばしたい。現在、当青年会が苦心指導しつつあるのは、①健全なる農村青年団の建設（愛郷の念を培養）、②勤労精神培養、③公民としての性格陶冶と共に自立精神の涵養、④感恩の念と質実なる思想の涵養である。官の方針としては立派な農民を作るための教育が主眼であると思う。今日では奉職しなければ官の指導を援助できないのでなく、社に在って援助することが真の先覚者、卒業生の価値である。「蕃社の先覚者は何時迄も指導者と主従の関係であらねばならない。我々は従」であり、「蔭になり陽になり指導者を援助しなければならない(4)」、と。

最後にロシンは今回の収穫として以下のように述べている。①各種族が共通の「国語」（日本語）で親しく語りあえたこと。昔なら言葉の不通の為に相互に反目しなければならないのに、恰も同社と語り合っているような親しみ。教育と「国語」の必要を体験した。②我々は幸福で、感謝しなければならぬ。外国植民地では、差別的に土着民を扱い、なるべく野蛮のままとする政策である。独り大日本帝国は何等差別せず「一視同仁」の御聖徳に浴せしめんとしている。③各種族青年会員との共同生活と懇談会により貴い経験を得た。④博覧会を見て一同産業、文化、国防、日本精神の現れを見聞し、大日本帝国が世界の最高位に躍進しつつある姿を体得した。⑤総督閣下を始め当局の方々が真にタイヤルを慈愛を以て教導同化せんとの念願を持っている。⑥台湾神社大祭で皇道精神を益々深く脳裏に刻み、忠良なる国民たらんことを覚悟した。(5) いわば博覧会の威容、「国語」の意義を含め、日本の狙い通りの発言をしている。否、ロシンは日本の政策を肯定、その枠内で原住民の生き残りをかけた。

横山恒雄（職種不明）は二月二五日は角板山調査旅行をし、日野や「原」巡査に出迎えを受け、教育所で国語授業を参観した。(1)教育所内外の清潔整頓、専ら道徳教育の実践に重点を置いていること、(2)話し方も概ね良く会話主義に洗練されていること。その他、同窓会、「国語」普及会、青年会保護者会などに至るまで、着々と実績をあげつつある。しかし改善すべき点も多々見受けられた。①教室内の装飾は児童教育（の観点）からいえば殺風景である。この点、馬武督（?）の教育所は大変良く工夫され、正面には天皇始め、宮城、台湾神社、および歴代総督の写真を掲げて国民性の涵養に努めている。②寄宿舎の設備。神棚を設け朝夕礼拝させている事は誠に敬服に値するが、無装飾で物足りない。とはいえ、全体的には、自他共に認める角板山の教育所だけあって教育成績が顕著である。その後、角板山苗圃へ向かった。かつて日野、「原」が主幹となって、前山蕃一一社のために設置された苗圃の整備、本格的な経営振りには驚嘆の他はない、(6) との高い評価を与えた。

一九三七年「北支事変」（盧溝橋事件）が起こると、『理蕃の友』は、有事に際しても山地をして些の微動だにせし

表1　ロシン・ワタン略歴

1899年 8月16日	台北県三峡鎮大豹で生まれる。後に戸籍を桃園県復興郷志継、渓口台、角板山などに移す
1909年10月 1日	角板山蕃童教育所に入学
1911年11月14日	桃園尋常小学校に転校
1916年 4月20日	台湾総督府医学専門学校予科に入学（その後、本科に編入）
1921年 3月24日	台湾総督府医学専門学校卒業
1921年 4月～ 1945年 8月	総督府派遣の公医。控渓（新竹県尖石郷秀巒）、高崗（桃園県復興郷三光）、角板山（桃園県復興郷）、象鼻（苗栗県泰安郷）、尖石（新竹県尖石郷）など
1929年 1月	その間、愛媛県伊予郡の日野茂吉の次女サガノと結婚
1945年 4月 1日	台湾総督府特任評議員
同10月	尖石郷初代衛生所所長
1946年 1月	尖石郷郷長、兼任尖石郷衛生所所長
同 3月	台湾省山地流動治療隊隊長
同12月	角板郷（現、復興郷）衛生所所長
1948年 7月	台湾省政府諮議
同11月	山地建設協会理事
1949年12月21日	台湾省参議員に当選
1950年10月31日	蔣介石の台湾来訪第1回祝賀会を角板山賓館で開催
1952年 1月	台湾省議員に当選
11月	逮捕され、台北市青島東路の保安司令部軍法処に入獄
12月21日	妻サガノは夫逮捕、入獄に心痛のあまり精神錯乱状態となり、死去、享年49歳
1954年 4月17日	「白色テロ」により約1年半の拘禁後、処刑される。享年55歳

出典：「泰雅族英霊楽信·瓦旦（前省議員林瑞昌）簡歴」、『追思泰雅族英霊前省議員楽信·瓦旦（林瑞昌）』（ロシン・ワタン銅像落成式の時、配付された私家版）1993年、2頁等から作成。

めざるのみならず、場合によっては平地の治安確保にも貢献し得るが如き指導訓練こそ望ましい。而して指導訓練の標的は青年にして、根本的施策は真に国民的情操と信念と資質とを培う「国語」の普及練熟と「国語」を通しての指導訓練にある、[7]とした。

では、ここでロシン・ワタンの略歴について書いておきたい（表1参照）。

日本植民地時代におけるロシン・ワタンの活動を概括すると、以下の通り。

（1）狩猟地域の争いでタイヤル族間で相互に殺し合い、また外敵侵入に抵抗して郷土防衛のために戦闘した。こうした状況下では山地社会の開発も、近代的生活を送ることも不可能であった。そこで、まず紛争の根源ともいえる銃回収工作をおこなう必要があった。だが、当時、タイヤル族は銃が生命よりも重要と深く信じており、実に困難な工作であった。ロシンは高崗（現在の復興郷三光村・華陵村）で公医をしていた時、総督府の委託を受け、一方で医療工作をおこない、他方で危険を冒して単身で各地に赴き、銃器を差し出すよう説得し、断続的に銃器を回収した。一九二五年南澳（現在の宜蘭県南澳郷）、高崗両蕃の大部分、二七年八月北部タイヤル族の銃器回収をすべて完遂した。回収銃器は一五〇〇丁以上に上る。その後、「狩猟用銃器貸借弁法」が公布され、狩猟時に登記借用できるようになり、管理も容易になった。これにより銃による惨殺事件は消滅した。

（2）一九三〇年一〇月霧社事件が発生した。事件は日本警察の不当な指導から引き起こされた抗日活動である。もし日本警察が厳しい報復行動を採ったならば、その結果は想像に難くない。そこで、ロシンは総督府と台中州庁の間を積極的に駆け回り、厳しい制裁を採ると事件が拡大し、収拾困難になると建議した。その結果、日本政府（総督府?）は極少数部分の制裁に限る「寛大な善後処置」をとり、一般の「同族」の生命財産を保護した。

（３）ロシンは従来の焼き畑・輪作、および狩猟生活の廃止を指導し、定住農業を大々的に提唱した。そこで、まず日本政府に対して資金を支出しての開墾奨励、道路と水圳（水溝）の修理、住宅建設の支援、及び農牧生産の指導を要望した。劣悪な環境に居住する「同族」に対しては、日本政府へ環境良好な地域に集団移住させ田を開発し、定住する特別予算を建議、実現させた。

（４）ロシンは環境衛生の改善を指導し、タイヤル族の疾病を減らし、日本政府に医療費免除の実施を求め、死亡率を減少させた。その結果、タイヤル族の敬愛を受けた。なお、一九三七年ロシンは苗栗県泰安郷象鼻で公医となった。当時、大安渓上流両岸のタイヤル族北勢蕃では流行性感冒がはやり、病死者も少なくなかった。この原因を「異民族」（日本人）の領土侵犯によると見なした。北勢蕃総頭目バイスオ・ボウヘル（Baisuo Bouhel）の指導下で抗日蜂起の準備を始めた。ロシンはバイスオを説得し、この計画を取り止めさせた。こうして北勢蕃の生命財産を保護した。(8)

以上、原住民の保護と近代的生活への貢献が少なくないことから、台湾山地人民代表に選ばれた。一九四〇年一一月東京で開催の「紀元二六〇〇年式典」に招かれ、受勲した。四五年四月台湾総督府の特任評議員となり、台湾施政に参画している。

二、日本敗戦と中華民国「光復」初期のロシン・ワタン

一九四五年八月日本降伏、一〇月国民政府による台湾回復により状況は一変する。当初、それを植民地からの「解放」として台湾民衆は素直に喜んだ。だが、接収人員の質は悪く、収賄や、公共物の私物化などをおこなった。こう

した行為は台湾民衆の失望と憤りを生み、ついに四七年には二二八事件を引き起こした。これに対して、三月四日ロシンは「二二八対策会議」を開催、過去の抗清、抗日を回顧すれば、準備がない状況下で「軽挙妄動し、突発的な事件に軽々しく参与」すべきではないとした。そして、事件関係者の入山を「タイヤル族社会の秩序を維持するために阻止」するように、タイヤル族各部落に伝達した。ロシン自身も北部タイヤル族の山地や郷を巡り、「平地人民」（本省人）に呼応しないようにと説得、公務員や教職員を保護し、事変の山地拡大を防いだ。そのため、国民政府はその行動を高く評価し、賞状と賞金を発給した。(9) こうして、タイヤル族は二二八事件に参加しなかったが、阿里山ツオウ族は嘉義民衆に呼応し、四七年三月五日呉鳳郷郷長の高一生は湯守仁ら四十数人を下山させた。彼らは嘉義民衆と合流して飛行場を攻撃し、紅毛牌空軍第一九軍の弾薬庫から武器を奪い、阿里山（嘉義県呉鳳郷）に持ち込んだ（一九四八年七月ロシンが台湾省政府諮議の時、阿里山にある銃器回収工作を順調に達成した。これは、政権が変わっても抵抗しないというロシンなりの宣言でもあった）。当時、ロシンはむしろ台湾県三峡鎮大豹社にある三井物産の茶園をタイヤル族が取り戻すことにに全力を挙げ、陳情していた。いわばロシンは原住民の「土地返還」を要求した最初の一人である。だが、政府はこの行為を反政府的と見なし、諜報員を送って監視させた。(10) この土地返還要求問題から国民政府との矛盾を孕み始める。

一九四八年七月ロシンは台湾省政府諮議になった時、山地資源を開発し、そこから自治財源の確保を提起した。そして、アメリカの「先住民自治区構想」を念頭に山地建設協会の設立を求めたが、国民政府は理事長を官選にするという条件で許可し、一一月省政府は理事長として山地行政処長の王成章（警務処長）を送り込んだ。四九年五月戒厳令が公布され、高一生と湯守仁らは逮捕された。ロシンは自ら保釈手続きをおこない、釈放させた。この後、湯守仁は保安司令部軍官に就任、ツオウ族の危機を回避させた。一九四九年一二月台湾省参議会参議員に当選した。ロシンは任期中、台中県和平郷の「同族」が国民政府軍との間で、闇で砂金をもって新式銃と交換する事件が発生した。ロシンは自ら乗り込み、説得し、新式銃を回収した[11]。その他、ロシンの甥・林昭光も五一年最初の郷民の直接投票で角板郷郷長に当選した。教育も言語も一新した状況下で、彼らは極めて高い民族的な自尊心を有し、学校入学試験での優待合格を望まず、平地人と同等に扱うことを要求した。また、高い理想を有し、タイヤル族の人々に自らの歴史と伝統を認識するように求め、自立自強を希望した。ロシンは山地各郷を奔走し、若い世代にその「精神」を教えた[12]。

では、林瑞昌（ロシン）「本省山地行政的検討」から一九五〇、五一年当時の主張を押さえ、それが何故、蔣介石・国民政府との対立に至ったかを考察したい。

（1）「光復以来、すでに五年、政府は山地同胞を自由、平等に待遇するとしながらも、山地行政は以前と比較して顕著な進展がないばかりか、かえって若干の面では過去に到達した水準を維持できていない」。回顧すると、日本による台湾占領初期、日本政府当局は台湾蕃地の豊かな資源は国益のため開発を待ち、かつ山地は日本人の植民に適している、と述べている。このことから日本人の山地に対する魂胆と理蕃の真の動機がわかる。当時、山界の一切の土地は山地同胞に属し、権利保全のため、侵入者は馘首の報復を受けた。日本人は山地事業、例えば樟脳製造、材木伐採、鉱山採掘はすべて妨害された。そこで、明治時代に「五年大討伐」があり、山地同胞の武器を奪い、威圧と監視をおこなった。この後、日本は広大な土地を必要とする狩猟や焼き畑を放棄させ、山地を奪取し、日本人の開発に供した。だが、これによって山地同胞の生活は次第に進歩し始めた。

（2）山地同胞は古来の観念に固執し続け、企業家は酒肉や金銭を与えなければ、山地で開発事業をすることは難しい。殺戮を好む風紀は変わったとはいえ、武力解決の野蛮な風習は時に現れる。これらは生活が不安定で、仕事の目標を失った自暴自棄の心理からである。したがって、生活を合理的に改善し、社会進歩の目標を与えることが特に必要である。山地警察は交通が阻害された山地にあり、全体の警察力と連繋しておらず、法秩序の維持は難しい。もし適切な時機に積極的に改革しなければ、将来、山地事業はおそらく基盤を打ち立てることができなくなる。山地同胞の風俗が再び退化しないと誰が保証するのか。

（3）国民政府の山地行政は三民主義に依拠して定めており、日本の理蕃と根本的に異なる。だが、光復以来、生活は日増しに困窮し、文化も堕落している。これが、山地同胞の三民主義不信の最大の要因である。我国（中国）は広大で、辺境の「落後民族」に台湾山地政策を実施すれば、あるいは進歩と繁栄への道を歩ませることが可能かもしれない。だが、この政策は台湾の山地同胞に対しては良好な結果を招かない。何故か。日本統治時代、受けた生活文化は現在の山地行政から受けるものをすでに超えていたからである。日本統治の最後の一〇年間、山地同胞の文化は長足の進歩を見せた。とりわけ光復前の三、四年、日本の理蕃警察は山地で徴兵をおこなうため、高度な文化政策をおこなわざるを得ず、山地同胞の生活は日進月歩であった。だが、これらの生活は決して山地同胞が自力で勝ち得たものではない。監督者の不断の指導と鞭撻、並びにかなりの物質が新たな環境を創り出したのだ。光復後、多くがこの点を留意せず、大陸辺境民族に対する態度で対応している。

（4）山地行政の目標は経済と文化の近代化が平地同胞と肩を並べることにある。だが、光復以来、政府の山地行政は全体計画がない。水路修築を例にすれば、部分的な要求に応じて現状に修復するだけで、水溝や水田を増加させることは非常に少ない。政府が山地行政設計委員会を組織し、山地行政二〇年計画を立てることを熱望する。国父（孫文）は民族主義の中で「世界の人種は顔色は異なるが、その才知は何らの差異もない」、と述べている。山地同胞の天賦の才能は平地同胞と同様で遜色はない。もし生活環境を高め、適切な教育を施せば、一切のものの改善は可能である。試しに日本理蕃の成果、あるいは近代教育に僅かでも触れたことのある青年を見れば、このことを証明できる。現在、もし適切な教育を施せば、二〇年後、国家の新教育を受けた指導人材が山地社会の一切の中枢を掌握し、現在の統治指導者や補助員の仕事を引き継ぎ、山地の特殊行政は自ずと撤廃される。

（5）山地同胞は元来、山焼きの蕃田農耕によっていた。この粗雑な農法は消耗が多く、利が少ない。なぜなら略奪農耕は地力の消耗が甚だしく、二、三年後にはこの土地を捨て他の地を開拓せざるを得なかった。これによって、耕地は分散し、労働時間の大半は道を歩くことに費やした。かつ作物の種類は限定せざるを得ず、その収穫も増大できなかった。また、山林の焼却と傾斜地の田畑崩壊により、山地を荒廃させ、自らの生活環境を破壊したのみならず、平地の水災、旱魃の原因となった。日本の理蕃はこの種の害を減らすために、少なからぬ努力と長期の忍耐を費やした。ついには集落への集団移住を決定し、水田耕作を強制した。そこで、水稲が山地同胞の食糧となり始め、その生産方式は次第に経済化し、生活も次第に近代化した。これは、日本人による五〇年間の長期にわたる経験に基づいた措置であり、山地同胞の経済を改善する根本弁法として踏襲できる。

（6）遠大な理想と緻密な計画があっても、経費が不足すれば一切は画餅となる。上述した二〇年計画は尨大な経費を必要とする。こうした経費は山地各事業の税収から支出するのが最もよい。山地内の林業グループの鉱山を数ヵ所、指定して山地行政機関に経営させ、その利益を山地行政の用に充てる。山地の林業グループが商業経営をすれば行政上の利益ともなり、政府も林工業を経営すればよい。経費準備はそれほど難しくはない。

結論：光復後の山地行政の不振から、誰もが日本人の理蕃が成功したという。日本人が為し得たことを、我々も必ずさらによく為し得ることができる。上述の観点から積極的に改善すれば、山地は二〇年後、落後した山地同胞を見ることはないであろう。現在、失望し、不遇を嘆いている山地同胞はその時、必ず祖国に抱かれる暖かさを感じ、山地行政の成功は世界に向けて三民主義の偉大さを宣言することができる[13]。このように、日本の利権のためとはいえ、集団定住、経済、文化諸政策などにより植民地時代、原住民生活は進歩した。国民党政権の山地政策はそれよりもかなり遅れ、計画性もなく、場当たり的である。したがって、日本の理蕃を踏襲、それを発展させることが必要であるとする。かなり厳しい筆致で書いており、日本との比較など挑発的にも見える。

三、一九五〇年代台湾「白色テロ」とロシン・ワタン

一九四七年国民党は二二八事件により台湾民衆との間で緊迫した状況が続いていた。それを打開するため、国民党はまず「二二八事件容疑者保釈委員会」の設立と「五年以下懲役者の保釈準備」を採択した。これに則って「二二八事件の関係容疑者」七十数人を、五〇年二月保釈した。さらに四月五日、行政院は蔣介石の指示に基づき、「二二八事件容疑者で未保釈者に対して法に則って保釈」することを決定、五月二三日審議を終えた。だが、実際は国民政府はこれで終わらず、むしろ次の弾圧策を着々と準備していた。当時、中国大陸戦場で全面勝利を収めた中国共産党（以下、中共と略称）が台湾を攻撃する可能性があった。国民党は大陸戦場での挫折と敗北により「共産党を恐れ、共産党を恨む」心情がとりわけ深く、「白色テロ」の準備を開始していたのである。すなわち、一九四八年国民政府はまず第一回国民代表大会で「動員戡乱時期臨時条款」を強行提出し、蔣介石独裁の基礎を確立した。そして、四九年五月一日台湾全島で戸口調査を実施し、二〇日には戒厳令を発布した。その他、関連法案として「国家総動員法」、「懲治叛乱条例」、「動員戡乱時期匪諜粛清条例」（「防共」のために、四九年七月から省級公務員に連座制を採用）、「非常時期

人民団体法」、および「台湾地区戒厳時期出版物管制弁法」（省政府がマルクスの『資本論』などを「反動書籍」として査禁）等々、矢継ぎ早に出した。かくして、五〇年五月末までに秘密裏に検挙された「政治嫌疑犯」は一〇〇〇人以上に達した。[14]

白色テロ政策の下、逮捕から裁判までの状況は以下の通り。①逮捕機構は非常に多く、警察、憲兵、特務など法的手続きを無視して逮捕する。例えば、必ずしも逮捕状を示さず、尋問には時間的制約はなく、家族に通知をするとは限らない。多数の人々は各地の秘密監獄の中で数ヵ月から数年にわたり痛めつけられる。②一九五〇年代初期には軍事法廷への移送後、起訴状はなく、弁護士はつかず、傍聴人もいず、上訴できない。中期にはやや改善され、弁護士をつけ、上訴権もあり、判決書もだすようになったが、「白色テロ」の雰囲気の下、弁護士の多くは「反乱嫌疑者」案件の弁護をしようとはしなかった。③幸いにも死刑の判決を免れた被告は執行機関に送られる。「反乱」案件の受刑者は国防部軍人監獄に入るが、形式の異なる分支機構があり、なかでも有名なのが集中営方式を採り、絶海の孤島である「緑島新生訓導処」である。④残酷なのは政策執行の必要からでた捏造案件、あるいは「予防」目的の脅迫性の案件である。軍内、教育界、公務界、文化界、および原住民、華僑などに一連の冤罪事件が発生した。この中に「タイヤル族山地青年」案件も包括される。[15]

山地では、一九五〇年初頭、国民政府が台湾に完全撤退すると、当局の山地行政政策は台湾防衛の原則の下、「山地の治安」を重視し、「共産党スパイ」の摘発など反共的雰囲気を生み出した。その背景としては、①原住民の先覚者は国民政府にかなりの希望を持ったが、すぐに失望に変わった。そして、その不満を直接表明した時、当局は徹底的な圧迫へと転じた。②原住民は日本統治時代の安定した生活、文化水準の持続を求めたが、それが当局の許容範囲を超えていた。③当局は二二八事件で示された「反政権行動」を経験し、山地に対しても神経過敏となり、政権安定に脅威となると見なしたことなどがあげられる。[16]

他方、タイヤル族をはじめとする原住民は国民政府との融和をはかるため、涙ぐましい努力をしていた。例えば、一九五〇年三月、全省山地同胞表敬団七〇人余が省主席兼保安司令の呉国禎を訪問し、山地同胞と全省同胞が共同合作することで、台湾を守りたいと述べた。同時に民意代表としてロシンが献旗（青天白日満地紅旗）して敬意を表した。その後、各郷代表が山地生活の種々の問題、例えば、交通、生計、教育、医療などについて意見を述べ、省政府に改善を要請した。呉国禎はこれに支持を表明すると同時に、山地同胞が山地人口の精査に協力し、山地社会を安定させることを希望した。全省山地同胞代表は「反共復国」の決意を宣誓した。四月には、呉鳳郷郷長の阿里山ツオウ族高一生は原住民の生活改善を目的に新美集団農場をつくるため、土地銀行に五〇万元の貸付を求め、農業技術改良に用いるとした。ロシンは借入保証人となった。当初、当局もこの計画を重視し、これを山地同胞の生活改善の模範にしようとした。五月高雄新峯区瑪雅山区の歌舞慰問団が、ロシンらに率いられ、保安司令部を訪れた。その目的は山地同胞が国民政府を熱意をもって擁護し、国民政府軍の「大陸反攻」に誠意をもって合作することを表明することにあった。さらに、一九五〇年一〇月三一日ロシンは蔣介石が角板山貴賓館で暮らせるように手配し、かつ誕生祝いをおこなった。五一年三月に国防部の「山地精査令」公布に対して、ロシンは高一生と共にツオウ族表敬団を率いて省政府に赴き、国民政府擁護の決意を伝えた。そして、政府がすぐに農業投資を回収しないように要求し、かつ上述の新美農場への貸付利子の減免によってツオウ族の農業発展を求めた。だが、五二年一月政府の厳しい制止の下、ロシンは第一回省議員に立候補して当選し、二回の大会に参加後、一一月逮捕された。[17] 約一年半後の一九五四年四月一七日、ロシンらは処刑されることになる。

ロシン処刑の前日、台湾省保安司令部桃園山地治安指揮所による銃殺執行の「公告」が角板山の四ヵ所に張り出された。「公告」の内容は以下の通り。まず「売国をおこない、同胞を害する匪徒林瑞昌と高沢照の両犯罪者はすでに死刑執行の裁定が下った」とし、「二大罪状」を指摘した。

（1）「匪党」（中共）参加、政府転覆の陰謀・省参議員の林瑞昌（ロシンの省参議員当選は四九年一二月のことで、当時はなっておらず誤認）と大渓警察署巡査官の高沢照（林により抜擢された親族）は民国三八（一九四九）年夏、匪湯守仁（嘉義県商人）と共に「朱毛匪幇」（朱徳・毛沢東の中共）に参加した。そして、台北市川端町の月華園に二度集まり、「匪党」の山地行政、活動などのについて討論した。並びに「高砂族自治委員会」を組織し、林瑞昌が自ら主席に就任し、山胞に「匪党主義」（共産主義）を宣伝し、山地で共産工作を展開した。高沢照も中共党員と連絡をとり、その台湾攻撃に呼応する計画を練り、「阿里山武装支部」を成立させた。こうした反乱工作がさらに積極的に進められた一九五〇年治安部隊が逮捕、現場を捜索したところ、獲得した武器は甚だ多く、罪状は明確である。

（2）汚職、農場公費の横領：林瑞昌と匪徒高一生（呉鳳郷郷長）は、新美農場準備のため、土地銀行から五〇万元を借り受け、まず利息分を差し引いた四四万一四六一元を受領した。だが、二人はこの資金を支出するに当たり、第一農場の表示価格一八万八〇〇〇元から二万七七〇〇元、第二農場の表示価格一二万四〇〇〇元から三万四一〇〇元をピンハネした。そして、彼らは二万元を山分けした。その他、「幾つかの不正があるが、すべてを出しているわけではない」と、他にも不正があるかの如き印象を与えようとしている。

最後に民衆に対して注意事項として、①林と高は国法により制裁を受けたが、財産は家族に必要なものを除き、すべて没収した。そして、家族には罪がないのみならず、政府の保障を受けるし、「一部の財産は没収されるが、家族の生活には決して影響を及ぼさない」と寛大さをアピールする（ただし林茂成の証言によれば、その後の窮乏や嫌がらせなど、上記の言と真っ向から対立する現状を告発する）。②今日、社会の安全のために一人の「悪人」を見逃さないし、絶対に「好い人」を冤罪にすることはない。「中共のスパイを厳しく防止し、中共のスパイを検挙しよう」と呼びかけ、かつ特務分子に「政府は仁愛の心をもっており、自首の門は常に開かれている」とする。このように、「中共のスパ

表２　「山地工作委員会」案件

姓名	性別	年齢	戸籍	職業	判決
林瑞昌	男	54	桃園	省議員（医者）	死刑
高沢照	男	38	桃園	山地警員	死刑
卓中民	男	27	新竹	商人	死刑
黄雨生	男	24	台北	無職	死刑
楊熙文	男	30	嘉義	教員	死刑
陳顕冨	男	30	嘉義	無職	死刑
黄垚	男	29	嘉義	石油公司社員	死刑
黄天	男	43	台中	商人	死刑
魏如羅	男	32	台中		死刑
林立	男	48	台南	医者	死刑
簡吉	男	48	高雄	無職	死刑
呉金城	男	28	高雄		死刑
楊火木	男	50	嘉義	医者	1年
呉茂松	男	30	嘉義	教員	1年
黄秋爽	女	20	台中	学生	1年
黄秋笙	女	18	台中	無職	1年
劉地春	男	31	台南	教員	1年
林素愛	女	31	高雄	無職	1年

出典：藍博洲主編（台湾民衆史工作室）『50年代白色恐怖――台北地区案件調査与研究』1998年4月、28～29頁。なお、「発生時期」1950年4月25日、「判決期間」（1950年10月21日～1953年11月10日）、18人中、死刑12人（執行1950年12月19日～1954年8月31日）。18人の内訳は、教員3人、商人・医者各2人、省議員・山地警員・会社員・学生各1人、その他、無職5人、不明2人。なお、林瑞昌を含めれば医者は3人となる。

イ」摘発の徹底的な強化を打ち出しており[18]、当然のことながら冤罪も激増したものと考えられる（前頁表2参照）。なお、高一生（ウオン・ヤタウヨガナ）は台南師範学校卒。警官と蕃童教育所教師を兼務、かつ定住農業と水田開発をおこない、ツオウ族唯一の指導者であった。ロシンと高一生の関係は日本植民地時代に遡る。一九三〇年代にロシンは高砂協会設立を提唱、本部を高砂協会会館（光復後の山地会館）に置いた。各州に分会を設置し、先住民集落の各頭目を自助会長と改称した。そして、定期的に各自助会の状況と生活改善問題を討論した。この時、ロシンとツオウ族の高一生は本部会員として互いに励ましあう関係であった[19]。

四、ロシン・ワタン入獄・処刑後の家族——林茂成を中心に

ロシンの処刑後、彼の長男である林茂成は遺体引き取りに置き場に行った。「沢山の遺体が並んでいて父をなかなか見つけられなかった。奥の方で両手を後ろに縛られ、パンツ姿の父の遺体をやっと見つけた。縛ったまま手の付近を三発くらい撃ち、最後に首の後ろを一発撃ったようだ[20]」。

ロシンが一旦当局の逮捕、粛清の対象となると、彼が啓蒙していた若い世代は離れていった。原住民の発展と自救の道を探求する集会、団体は反政府的と見なされた。一九五二年一一月ロシンの入獄前、まず甥の林昭明が「匪党に参加」という罪名で逮捕された。一二月林茂秀が「知情不報」（情報を知っていて報告しなかった）という罪で逮捕された。甥の郷長林昭光は各方面に救援を求めて奔走したが、一一月彼もまた逮捕された。ところで、林昭光は郷長在任中に、最も早く山地椎茸栽培に成功し、山地経済を改善し、また郷内で奉仕労働を発動し大渓から復興に至る公路を敷設する貢献をしたにもかかわらず、四年間、入獄を余儀なくされ、政治生命を断たれた。五四年四月ロシンに判決

が下り、「匪諜罪」で処刑されることになった。同じ罪でタイヤル族の高沢照、阿里山ツォウ族の高一生、湯守仁、武義芳、汪清山らが処刑の判決であった。年齢の若い林茂秀は懲役二年、林昭光四年、林昭明一五年で、他に幾人かの原住民の師範学校生も懲役一五年となった。[21] こうした政治的圧迫の中で、ロシンの息子たちは教師や医者になることに活路を見出した。

一九五二年ロシンが入獄、一九五四年四月一七日に処刑されたことは家族の運命を直撃した。家族には「汚名」が着せられ、ロシンの兄弟二家は閉門、外出できなくなった。長男林茂成は養育の責任があり、最も苦しい生活を強いられた。すなわち、林茂成は二四歳で、妻宝金は二三歳、娘は二人であった。林茂成の弟で次男茂秀は二二歳で入獄二年目、三男は高農在学中、四男昌運は一三歳で初級中学在学中、妹紫苑は八歳で小学在学中で、生活能力はなかった。ロシン処刑の直前、長男の林茂成は教師となったが、角板山国民小学校で仕事を続けることができず、平地郷の国民小学校に転勤し、単身赴任した。次々と他校に転勤させられる嫌がらせを受け、生活が安定しなかった。結局、一九五六年に教師を辞め、故郷に戻り、勝和材木店の会計となった。五七年角板山近郊の羅浮に一〇年間分割払いで土地を購入し、家を建てた。その後、「国賊の遺児」として国民政府に監視され、公職に就くこともできず、親類、友人も関係するのを恐れ、林茂成の訪問を避けた。電話も盗聴され、訪問客は毎月派出所の担当警察官より報告されるので、友人に迷惑をかけることを避け交流を差し控えて来た。三七年にわたった戒厳令が八四年七月に解除され、安心して会えるようになったという[22]（二二頁表3参照）。

なお、林茂成は私のインタビューに答えて、「教師をしたけれども、日本語と台湾語しか話せない。必死で北京語を勉強して簡単な話は北京語で、難しい話は日本語と台湾語で説明した。努力した。にもかかわらず、日本語と台湾語の授業だといって外省人教師から数々の批判と嫌がらせを受けた。『日野三郎の子供』ということで酷かったですよ[23]」、と当時を述懐している。

林茂成の弟である林茂秀と林昌運は前後して高雄医学院山地医師専修科に進学、卒業した。二人ともトップの成績優秀者として賞を獲得している。当時、医学院長であった杜聡明は卒業式の祝辞で、「林昌運君は桃園県復興郷のタイヤル族出身、山地名医の林瑞昌先生の五男（四男？）であり、「父子二代で三人の医者を輩出した。山地社会指導者は喜びを抑え難いであろう」、と賞讃した。だが、この二人は故郷では医者になれなかった。その原因はおそらく治安を乱すと見なされたことにある。家族は長期にわたって監視され、一定期間を置いて必ず警察が訪問した。一人は台中の和平に行き、一人は台北の烏来に向かった。次男の林茂秀は衛生所の医師を一〇年間、勤めたが、長期監視から逃れる決断をし、愛知医専（名古屋大学医学部？）に留学、日本の医師免許を取得し、内科医病院を開業した。[24]

おわりに

第一に、ロシンの父ワタン・セツは対日武力抵抗をしたが、軍事力の圧倒的な差からタイヤル族を絶滅に追いやる危険性すらあった。そこで、ロシンは日本の理蕃政策である狩猟の禁止、銃回収工作、定住農耕政策などに協力することで、原住民の権利拡大、文化的生活を一歩一歩築いてきた。銃回収工作への参画は対日武力抵抗を放棄したとの証になり、理蕃政策の枠組の中で原住民の権利拡大を期すものといえた。これが可能であったのは、ロシンが総督府任命の公医として山地医療工作に従事し、かつ原住民の信頼を得ていたからである。換言すれば、総督府と原住民のパイプ役としての役割を果たし、行政の恩恵を山地に持ち込み、山地を近代化していった。

第二に国民党による「光復」後も、ロシンのそうした姿勢は変わらなかった。二二八事件への原住民の呼応を極力阻止し、国民政府から高い評価を受けた。原住民から新式銃回収も積極的におこなった。また、国民党との融和を図

表3　林茂成（ユカン・ロシン）略歴

1930年 2月	桃園県復興郷角板山で生まれる（10日）
1936年 3月	台北市東門小学校に入学
1936年 9月	東京の小石川区林町小学校に転校
1940年 9月	新竹州太湖小学校に転校、卒業（～42年3月）
1942年 4月	新竹州立新竹中学校に進学
1945年10月	高雄州左営における海軍予備練習生後、佐世保の予科練で海上特攻隊の訓練を受けた。日本降伏により新竹中学に復学、46年3月旧制4年を卒業（第21期生）
1946年 9月	省立台北建国中学国府中部2年に編入、48年7月卒業
1949年 2月	復興郷義盛村の林明生の長女ヤゴ・シラン（林宝金）と結婚
同 4月	角板山国民小学校教員に任じられる
1952年 8月	従兄弟の林昭明、および弟林茂秀が逮捕され、入獄
同11月	父ロシン・ワタンが逮捕され、入獄。その後、面会も許されず、54年4月全財産没収の上、処刑され、永久の別れとなる。その間、52年12月、母日野サガノ死去
1953年12月	従兄弟林昭光が逮捕され、入獄
1954年 3月	大渓鎮内柵国民小学校への転勤を命じられる
同 9月	八結小学校に転勤、着任当日、福安小学校への転勤が命じられる
1955年10月	八徳郷茄苳小学校に転勤
1956年 3月	嫌がらせに耐えられなくなり、茄苳小学校を辞職。計7年間の教師生活にピリオドを打ち、故郷に戻り、勝和材木店に就職、会計を担当
1957年 7月	復興郷供銷（購買販売）会の会計に転職
1965年 2月	復興郷供銷会を解散、復興郷農会が新設され、会計係長に就任
1974年 2月	復興郷農会を辞職し、景進株式有限会社（伐採業）の会計に転職
1975年 4月	弟敝夫が交通事故で死去、享年40歳
1985年 3月	復興郷農会第5回理事に選出される
1989月 3月	復興郷農会第6回常務監事に選出される
1993年 3月	復興郷農会第6回理事長に選出される（～1997年3月退職まで）
同年 8月	林家祠堂の落成式典、ロシン・ワタンの位牌を安置
同年10月	ロシン・ワタンの銅像落成除幕式典を挙行
1995年 7月	財団法人・台米基金会が「タイヤルの先駆者――その悲運と宿命、ロシン・ワタン」をテーマに、台北の国父（孫文）記念館で展示

出典：中村平編集『ロシン・ワタンをめぐる史料紹介』http://www.geocities.jp/husv83/LosinWatan.htm 等から作成。

り、中共による台湾攻撃阻止への協力を申し出た。いわば国民党政権の枠内で原住民の生活、権利を守ろうとしたのである。だが、日本が占領していた土地の原住民への返還要求から国民政府との関係は軋み始めた。その上、ロシンは日本の理蕃政策を評価し、国民政府の山地政策をそれより後退していると批判、日本植民地時代に獲得した権利、生活などの踏襲、維持、発展を強く求めた。大陸で中共に敗北し、台湾に追い詰められ、自信を喪失していた蒋介石・国民政府にとって日本の植民地政策を高く評価、返す刀で国民政府を批判するロシンの主張は屈辱と感じたかもしれない。だが、植民地時代も国民党時代初期もロシンは体制内改革者、明白な改良主義者であったにもかかわらず、国民政府はロシンを「共産党との関係」、「政府転覆」や、新美農場新設も「汚職」と強引に結びつけ、一九五四年処刑するという暴挙に至った。

第三に、「白色テロ」下でのロシンの逮捕、処刑が家族には苦痛であったばかりではなく、当時の台湾社会の閉塞した政治状況下でのさらなる苦悩の始まりであった。長男茂成は幼い妹弟や自分の子供を養育しなければならず、困窮した。彼は小学校教師となったが、そこでも嫌がらせを受けた。父母の葬儀を挙行できず、遺骨は寝室にある仏壇の中に安置した。一九七六年に羅浮の自宅のわきに仮埋葬した。処刑されてから三八年後の一九九二年九月一七日になって、やっと「林家祠堂」を建てた。そして、ロシン・ワタンの銅像落成式を挙行し、名誉主席、主任委員、総幹事なども決められ、ロシンが活動した仁愛郷、和平郷、泰安郷、五峰郷、尖石郷、復興郷（林昭光ら五人）、烏来郷、大同郷、南澳郷から多数の人々が参加し、盛大におこなわれた。それはロシンがかつて医療活動をおこない、尊敬を集めたところである。ただし、地元である復興郷の人々は「白色テロ」、およびその後の状況を思いだして恐がり、郷長も来ず、一般の人々の参加も少なかったという。(25)

【注】

（1）瀬野尾寧（警務局）「陋習何故に改むべきか」、『理蕃の友』第二年二月号、一九三三年二月。

（2）K生（警務局）「銃を握つて罪あり」、『理蕃の友』第二年六月号、一九三三年六月。

（3）（4）（5）「懇談会出席の感想」、『理蕃の友』第五年二月号、一九三六年二月。

（6）横山恒雄「角板山紀行」、『理蕃の友』第五年五月号、一九三六年五月。

（7）「時局と理蕃人の覚悟」、『理蕃の友』第六年八月号、一九三七年八月。

（8）林茂成「我的父親楽信瓦旦」（覚書）、『追思泰雅族英霊前省議員楽信・瓦旦（林瑞昌）』（紀念台湾省第一届原住民議員林公瑞昌—楽信・瓦旦—銅像落成掲幕典礼委員会編印、一九九三年九月）、二六－二八頁。以下、『追思楽信・瓦旦』と略称。

（9）林茂成著、中村平訳「タイヤル民族リーダー　ロシン・ワタン（林瑞昌）とツォウ族リーダー　ウオン・ヤタウヨ（高一生）の交際」一九九九年一二月執筆、中村平編集『ロシン・ワタンをめぐる史料紹介』http://www.geocities.jp/husv83/LosinWatan.htm。以下、「タイヤル民族リーダー」と略称。林茂成「我的父親楽信瓦旦」（覚書）、『追思楽信・瓦旦』二八頁。

（10）（11）「タイヤル民族リーダー」。同前「我的父親楽信瓦旦」、二八－二九頁など。

（12）范燕秋「淪亡於二二八原住民英霊」、『追思楽信・瓦旦』所収、二〇頁。

（13）林瑞昌「本省山地行政的検討」、『旁観雑誌』第二期、一九五一年二月。

（14）（15）　藍博洲主編（台湾民衆史工作室）『五〇年代白色恐怖——台北地区案件調査与研究』（台湾市政府委託、台湾史文献会執行、一九九八年四月）、一二一－一二三、一六一－一七頁。

（16）范燕秋、前掲論文、一九頁等参照。

（17）范燕秋、同前、一一頁。「タイヤル民族リーダー」。

（18）「為林匪瑞昌高匪沢照執行死刑告角板山胞書」、中村平編集『ロシン・ワタンをめぐる史料紹介』http://www.geocities.jp/husv83/LosinWatan.htm。

（19）「タイヤル民族リーダー」。

（20）菊池一隆「林茂成氏へのインタビュー」二〇一一年三月二五日。未発表。以下、同じ。

（21）范燕秋、前掲論文、二〇－二一頁など。

（22）林茂成「我的父親楽信瓦旦」（覚書）、『追思楽信・瓦旦』三〇頁。同「半世紀も長引いた同学との再会」、中村平編集、前掲『ロシン・ワタンをめぐる史料紹介』。
(23)菊池一隆「林茂成氏へのインタビュー」二〇〇六年八月一三日。
(24)范燕秋、前掲論文、二二頁など。
(25)菊池一隆「林茂成氏へのインタビュー」二〇一一年三月二五日。

あとがき

愛知大学東亜同文書院大学記念センターは、かつて二〇〇六年から二〇一〇年にかけて文部科学省の私立大学学術研究高度化推進事業（オープン・リサーチ・センター整備事業）に採択された時に、本センター主催で日本や欧米や中台の研究者を招いて、大規模な国際シンポジウムを開催した。しかし本書のもとになった国際シンポジウムのように台湾の研究機関との共催での開催というのは初めての経験であった。その準備も兼ねて事前に中央研究院台湾史研究所前所長でもあった許雪姫先生が来日して、シンポジウムの打合会を行った。その際、許先生の話された内容は、大変的を得ており、このような国際シンポジウムをたびたび行った経験があることを感じさせられた。その後、日本の台湾史研究者にも連絡して、報告者、コメンテーター、司会をお願いしたところ、皆さん快く引き受けていただき、また会議自体も成功裏に終了した。

そして会議の論文集を発行することになり、愛知大学現代中国学会で編集している『中国 21』を出版・発売している（株）東方書店にお話しをもっていったところ、快く引き受けていただいた。そこで中央研究院台湾史研究所と愛知大学東亜同文書院大学記念センターと東方書店が提携して本書を出版することになった。会議の開催から本書の出版まで謝国興所長、許雪姫先生をはじめとする中央研究院台湾史研究所には大変お世話になった。編集にあたっては序文にも記したコンテンツ事業部の川崎道雄氏に大変お世話になった。その他お忙しい中、本書の各論文を執筆していただいた台湾や日本の方々、翻訳をしていただいた方々に感謝したい。また会議の開催から本書の出版まで多大の助力をしていただいた愛知大学豊橋研究支援課の田辺勝巳課長、小林倫幸職員、東亜同文書院大学記念センターの森健一職員にもお世話になった。以上の方々に感謝の意を表したい。

二〇一三年一一月

愛知大学東亜同文書院大学記念センター長、現代中国学部教授

馬場毅

愛知大学現代中国学部教授

黄英哲

や

ら

な

は

ま

さ

た

索引

執筆者一覧

編　者

馬場毅（ばば　たけし）

早稲田大学博士（文学）、現愛知大学東亜同文書院大学記念センター長、国際問題研究所所長、現代中国学部教授。

中国近現代史、日中戦争史、中国秘密結社史、中国水利史。共著『中国八路軍、新四軍史』東京：河出書房新社、1989年。単著『近代中国華北民衆と紅槍会』東京：汲古書院、2001年。共編『改革・変革と中国文化、社会、民族』東京：日本評論社、2008年。共編『文化、民主与両岸関係的東亜観点』台北：松慧文化、2012年。

許雪姫（Hsu, Hsueh-chi）

国立台湾大学歴史学研究所博士、現中央研究院台湾史研究所研究員。

清代台湾制度史、台湾家族史、台湾人の海外活動専攻。主著「在『満洲国』的台湾人高等官：以大同学院的畢業生為例」、『台湾史研究』第19巻第3期、中央研究院台湾史研究所、2012年9月。『楼台重起（上編）：林本源家族与庭園歴史』新北市：新北市文化局、2011年二刷。「去奴化、趨祖国下的書写：以戦後台湾人物伝為例」、『師大台湾史学報』第4期、2011年9月。

謝国興（Hsieh, Kuo-hsing）

国立台湾師範大学歴史学博士、現中央研究院台湾史研究所研究員兼所長。

中国近代史、台湾社会経済史、台湾民間信仰専攻、主著『台南幫：一個台灣企業集団的興起』台北：遠流出版公司、1999年。『陳逢源：亦儒亦商亦風流（1893-1982）』台北：允晨文化公司、2002年。「戦後初期台湾中小企業的殖民地伝承」、謝国興主編『辺区歴史与主体性形塑：第四届国際漢学会議』台北：中央研究院、2013年。

黄英哲（Huang, Ying-che）

立命館大学博士（文学）、現愛知大学現代中国学部教授。台湾近現代史、台湾文学専攻。主著『「去日本化」「再中国化」：戦後台湾文化重建（1945-1947）』台北：麦田出版、2007年初版、2011年二刷。「跨界者的跨界与虚構：陶晶孫小説〈淡水河心中〉顕現的戦後台湾社会像」、『台湾史研究』第18巻第1期、中央研究院台湾史研究所、2011年3月。「許壽裳与戦後台湾研究的展開」、『近代国家的型塑：中華民国建国一百年国際学術討論会論文集』、台北：国史館、2013年。

執筆者　※掲載順

馬場毅（ばば　たけし）	愛知大学東亜同文書院大学記念センター長、国際問題研究所所長、現代中国学部教授
武井義和（たけい　よしかず）	愛知大学東亜同文書院大学記念センター研究員、愛知大学非常勤講師
佃隆一郎（つくだ　りゅういちろう）	愛知大学東亜同文書院大学記念センター研究員、豊橋技術科学大学非常勤講師
王泰升（Wang, Tai-sheng）	国立台湾大学法律学院教授、中央研究院台湾史研究所合聘研究員
曾文亮（Tseng, Wen-liang）	中央研究院台湾史研究所助研究員
劉恒妏（Liu, Heng-wen）	国立台湾師範大学公民教育與活動領導学系副教授
陳培豊（Chen, Pei-feng）	中央研究院台湾史研究所副研究員
黄美娥（Huang, Mei-e）	国立台湾大学台湾文学研究所教授
工藤貴正（くどう　たかまさ）	愛知県立大学外国語学部教授
李衣雲（Li, I-yun）	国立政治大学台湾史研究所副教授
黄紹恒（Huang, Shao-heng）	国立交通大学人文社会学系教授、中央研究院台湾史研究所合聘研究員
謝国興（Hsieh, Kuo-hsing）	中央研究院台湾史研究所研究員兼所長
李為楨（Li, Wei-chen）	国立政治大学台湾史研究所助理教授
楊彦杰（Yang, Yanjie）	福建社会科学院客家研究中心主任
許雪姫（Hsu, Hsueh-chi）	中央研究院台湾史研究所研究員
湯原健一（ゆはら　けんいち）	韓山師範学院外語系日語科教師
薛化元（Hsueh, Hua-yuan）	国立政治大学台湾史研究所教授兼所長
鍾淑敏（Chung, Shu-min）	中央研究院台湾史研究所副研究員兼副所長
菊池一隆（きくち　かずたか）	愛知学院大学文学部教授

翻訳者一覧　※掲載順

村上享二（むらかみ　きょうじ）	愛知大学大学院中国研究科博士後期課程
加藤紀子（かとう　のりこ）	中部大学第一高等学校非常勤講師
大野絢也（おおの　じゅんや）	愛知学院大学大学院文学研究科歴史学専攻研究生
三好祥子（みよし　よしこ）	翻訳家
武井義和（たけい　よしかず）	愛知大学東亜同文書院大学記念センター研究員、愛知大学非常勤講師
佃隆一郎（つくだ　りゅういちろう）	愛知大学東亜同文書院大学記念センター研究員、豊橋技術科学大学非常勤講師
小嶋祐輔（こじま　ゆうすけ）	愛知大学国際問題研究所客員研究員
湯原健一（ゆはら　けんいち）	韓山師範学院外語系日語科教師
野口武（のぐち　たける）	愛知大学大学院中国研究科博士後期課程

近代《きんだい》台湾《たいわん》の経済《けいざい》社会《しゃかい》の変遷《へんせん》
日本《にほん》とのかかわりをめぐって

二〇一三年一一月三〇日　初版第一刷発行

編　者●馬場毅・許雪姫・謝国興・黄英哲
発行者●山田真史
発売所●株式会社東方書店
東京都千代田区神田神保町一―三　〒一〇一―〇〇五一
電話〇三―三二九四―一〇〇一
営業電話〇三―三九三七―〇三〇〇
組　版●株式会社シーフォース
装　幀●堀博
印刷・製本●大日本印刷

定価はカバーに表示してあります

ISBN978-4-497-21313-6　C3022

東方書店出版案内

蔣介石研究　政治・戦争・日本

山田辰雄・松重充浩編著／資料の公開・刊行、中国と台湾の政治的対立の緩和といった新たな研究環境のなかで、日本・中国・台湾の研究者がそれぞれの立場・視角から論考した蔣介石研究論文を一七篇収める。

Ａ５判五七六頁◎定価四七二五円（本体四五〇〇円）978-4-497-21229-0

中国21 *Vol.36*　台湾——走向世界・走向中国

愛知大学現代中国学会編／中台関係の将来と日本（岡部達味）、戦後台湾における非常時体制の形成過程に関する再考察（薛化元）、葉榮鐘における「述史」の志——晩年期文筆活動試論（若林正丈）など。

Ａ５判三三〇頁◎定価二一〇〇円（本体二〇〇〇円）978-4-497-21212-2

台湾意識と台湾文化　台湾におけるアイデンティティーの歴史的変遷

黄俊傑著／臼井進訳／ポスト戒厳時代の台湾で注目される概念「台湾意識」について、明清から戦後に及ぶ数百年の歴史を辿り、その多層性と複雑性に分け入るとともに、二一世紀の新たなアイデンティティーを探る。

Ａ５判二〇八頁◎定価二九四〇円（本体二八〇〇円）978-4-497-20804-0

台湾文学と文学キャンプ　読者と作家のインタラクティブな創造空間

赤松美和子著／文学キャンプとは、作家・編集者・読者ら文学愛好者が一堂に会する文学研修合宿のことをいう。五〇年に及ぶこの独特の活動を実際に参加した著者が分析し、現代台湾文学の一側面を論述する。

Ａ５判二〇〇頁◎定価三三六〇円（本体三二〇〇円）978-4-497-21224-5

東方書店出版案内

王育徳の台湾語講座

王育徳著／近藤（王）明理序文／近藤綾前書／中川仁解題／故王育徳教授が、一九六〇～六四年に雑誌『台湾青年』（一九六〇年創刊、台湾青年社、東京）に日本語で連載した「台湾語講座」を復刻版として、影印する。

B５判一六〇頁◎定価二一〇〇円（本体二〇〇〇円）978-4-497-21217-7

台湾新文学運動四〇年

彭瑞金著／中島利郎・澤井律之訳／日本統治期から一九八〇年代中期に至る激動の歴史の中で、台湾文学はいかなる発展を遂げてきたのか。ポスト日本統治時代を中心に、文学結社や文学思潮なども取り上げる。

A５判四九六頁◎定価四四一〇円（本体四二〇〇円）978-4-497-20420-2

よみがえる台湾文学

下村作次郎・中島利郎・藤井省三・黄英哲編／国際学術シンポジウムにおける報告文に基づく論文集で、戦前と戦後を通した一世紀を総合的視野に入れた、台湾文学の原点を再発見、再評価する貴重な試みとなっている。

A５判五七六頁◎定価四二八二円（本体四〇七八円）978-4-497-95462-6

台湾新文学と魯迅

中島利郎編／国民党政権下で長らくタブーとされてきた魯迅と、日本統治下で日本語による著述を行い、戦後も苦難の歴史を歩んだ台湾人作家たち。両者を関連付けながら台湾の文学状況を再検証する。

四六判二六八頁◎定価二一〇〇円（本体二〇〇〇円）978-4-497-97528-7